UNIQUE ET PLURIELLE

Des plages de carte postale, une extraordinaire biodiversité préservée, des jardins fantastiques, quelques volcans assagis, et partout, des témoignages de son passé tumultueux...

Petit bijou de terre baignant dans les eaux caribéennes, la Martinique est une île aux multiples facettes. Sa faune et sa flore débordent de couleurs et regorgent de trésors. Entre randonnées le long des côtes caribéennes, trails au cœur de la forêt tropicale, cascades, mangroves, bassins naturels, sommet de la montagne Pelée et anses paradisiaques, celle que l'on surnomme l'île aux fleurs surprend par son extraordinaire diversité. Elle a plus d'un tour dans son sac pour vous étonner : activités nautiques, sensations fortes, événements hauts en couleur…

Empreinte d'une identité historique et culturelle forte, elle abrite une nature sauvage et exubérante qui se laisse apprivoiser par ceux qui tentent de percer ses secrets. Comme ses habitants d'ailleurs, métissés et chaleureux, qui font régner ici une ambiance joyeuse et une douceur de vivre communicatives. Terre de traditions, à la tête d'un patrimoine et de coutumes qu'il faut absolument sauvegarder pour les générations à venir, c'est aussi une île courage qui se relève de tous ses déboires : colonialisme, ouragans, séismes…

Cette île attachante à l'histoire bouleversante vous accueille les bras ouverts, fière de son terroir et de ses richesses, et saura vous surprendre, loin, très loin de nos quotidiens assommants. Dépaysement garanti !

PEFC™
10-31-1895
Certifié PEFC
Ce produit est issu de forêts gérées durablement et de sources contrôlées.
pefc-france.org

Retrouvez cette offre en page 142

SOMMAIRE

© JCH DUSANTER

© JCH DUSANTER

© FABIEN R.C. - FOTOLIA

© JCH DUSANTER

SOMMAIRE

Martinique
GRAND-RIVIERE
MACOUBA
BASSE-POINTE
Réserve Biologique Intégrale du Prêcheur Grand'rivière
Réserve Biologique Intégrale de la Montagne Pelée
LA MONTAGNE PELÉE
[1397]
Piton Marcel
[1026]
Cône de 1902
[1364]
Sommet Ouest
[1388]
Petit Bonhomme
[1140]
L'aileron
[1107]
LE PRÊCHEUR
LE LORRAIN
N1
AJOUPA-BOUILLON
LE MARIGOT
Océan
Atlantique
N3
D15
SAINTE-MARIE
Havre de La Trinité
ANSE-AZEROT
Réserve Naturelle de la Presqu'île de la Caravelle
TARTANE
MORNE-ROUGE
Morne-Jacob
[884]
N2
Rade de Saint-Pierre
SAINT-PIERRE
LA TRINITÉ
Baie du Galion
MORNE-DES-ESSES
FONDS-SAINT-DENIS
D15
GROS-MORNE
D3
N4
LE CARBET
LE-MORNE-VERT
Piton Boucher
[1070]
Piton Lacroix
[1197]
N3
SAINT-JOSEPH
LE ROBERT
Havre du Robert
D3
BELLEFONTAINE
N2

LE LAMENTIN
N2006
LE FRANÇOIS
SCHŒLCHER
D41
FORT-DE-FRANCE
N6
N6
La Manzo
Aéroport Aimé Césaire
Baie de Fort-de-France
Montagne du Vauclin (504)
Bois la Charles
LES TROIS-ÎLETS
LE VAUCLIN
RIVIÈRE-SALÉE
N8
Morne Bigot (467)
Morne la Plaine (393)
Morne Gardier (399)
N5
N6
N8
Domaine du Grand Macabou
RIVIÈRE-PILOTE
LES ANSES-D'ARLET
LE DIAMANT
Mer des Caraïbes
Morne Larcher (477)
SAINTE-LUCE
Morne Aca (268)
LE MARIN
Cul-de-sac du Marin
SAINTE-ANNE
Réserve Naturelle des Îlets de Sainte-Anne
Étang des Salines
2 KM

QUAND Y ALLER

JANVIER

21° / 29°

$ $ $

FÉVRIER

21° / 29°

CARNAVAL DE LA MARTINIQUE
L'événement majeur de l'île ! Cinq jours de fête absolue du dimanche précédent le Mardi gras jusqu'au mercredi des Cendres.

SEMAINE NAUTIQUE INTERNATIONALE DE SCHOELCHER
Cette régate internationale de haut vol réunit chaque année à Schoelcher tous les grands amateurs de voile.

$ $ $

MARS

21° / 30°

FOIRE EXPOSITION DE LA MARTINIQUE
Avec plus de 200 entreprises présentes (automobile, loisirs, prêt-à-porter, gastronomie...), ce salon attire les foules.

$ $ $

JUILLET

24° / 31°

TOUR DE LA MARTINIQUE DES YOLES RONDES
L'un des événements les plus attendus de l'année ! Sept étapes à la voile qui font le tour de l'île et font chavirer les cœurs !

TOUR CYCLISTE DE LA MARTINIQUE
Cette course internationale à travers les paysages de l'île est très suivie par les Martiniquais, nombreux à y participer.

$ $

AOÛT

24° / 32°

BIGUINE JAZZ FESTIVAL
Un temps fort de l'agenda musical de la Martinique qui célèbre le jazz et les musiques caribéennes.

$ $

SEPTEMBRE

23° / 32°

JOURNÉES DU PATRIMOINE
Visites guidées, démonstrations de savoir-faire et expositions pour découvrir les trésors cachés du patrimoine culturel de l'île.

$

Idéalement située dans l'arc antillais, la Martinique jouit d'une douceur de vivre qui la caractérise tout au long de l'année. A chaque saison, des manifestations culturelles, gourmandes et sportives de haut vol réunissent la population, particulièrement friande de ces événements fédérateurs qui animent l'île pour le plaisir de chacun, depuis l'incontournable carnaval jusqu'au tour des yoles rondes, en passant par le semi-marathon et le Martinique Jazz Festival.

AVRIL

22° / 30°

FOIRE AUX CRABES
Le grand rendez-vous des amateurs de crustacés qui réunit vendeurs de crabes, cuisiniers, exposants, et consommateurs !

FOIRE AGRICOLE ET ARTISANALE DE RIVIÈRE-PILOTE
Produits *péyi*, artisanat martiniquais et cuisine créole sont au programme de cette grande foire 100 % locale.

MAI

24° / 31°

LE MAI DE SAINT-PIERRE
En mai, Saint-Pierre s'éveille pour célébrer en grande pompe l'éruption de la montagne Pelée et l'abolition de l'esclavage.

COMMÉMORATION DE L'ABOLITION DE L'ESCLAVAGE
Rencontres culturelles, expositions et spectacles célèbrent aux quatre coins de l'île l'abolition de l'esclavage en Martinique.

JUIN

24° / 31°

RENDEZ-VOUS AUX JARDINS
Pendant 3 jours, tous les jardins de l'île s'animent pour faire découvrir leurs richesses au grand public. Un incontournable !

OCTOBRE

23° / 31°

TOURNOI INTERNATIONAL DE PÊCHE SPORTIVE AU MARIN
Qui rapportera le plus gros poisson ? C'est le défi des pêcheurs chevronnés lors de ce tournoi international de pêche sportive.

NOVEMBRE

22° / 30°

SEMI MARATHON INTERNATIONAL DE FORT-DE-FRANCE
L'un des événements sportifs de l'année qui accueille des centaines d'athlètes venus de toute la Caraïbe et de la métropole !

LA TOUSSAINT ET LE JOUR DES DÉFUNTS
Illuminations, musique et réunions familiales. En Martinique, la commémoration des défunts est une tradition bien vivace.

DÉCEMBRE

22° / 30°

LA TRANSMARTINIQUE
Une randonnée sportive de près de 134 km qui rallie Sainte-Anne à Grand-Rivière à travers les mornes, pitons et ravines de l'île.

LES BONNES RAISONS D'Y ALLER

© STEFANO ZACCARIA - SHUTTERSTOCK.COM

UNE DESTINATION PARADISIAQUE

Cocotiers, sable blanc et eau turquoise : embarquez pour des paysages de carte postale !

UNE ÎLE AUX MULTIPLES FACETTES

Du nord au sud, de la côte caraïbe à la façade atlantique, l'île étonne par sa diversité.

© STEVEGEER - ISTOCKPHOTO.COM

© MICHAEL - STOCK.ADOBE.COM

UN CLIMAT AGRÉABLE TOUTE L'ANNÉE

Avec une moyenne de 27 °C, la chaleur prédomine et les pluies ne durent jamais longtemps.

© JCH DUSANTER

UNE NATURE EXTRAORDINAIRE

Sa nature généreuse et sa biodiversité unique lui ont valu son surnom d'île aux fleurs.

© MARIDAV - SHUTTERSTOCK.COM

LA DOUCEUR DE VIVRE À LA CRÉOLE

En terre créole, on prend le temps : de vivre, de profiter de la vie et de se poser !

© PETR KOVALENKOV - SHUTTERSTOCK.COM

UN RICHE PATRIMOINE CULTUREL

Musées, jardins et anciennes habitations livrent une histoire passionnante et complexe.

© CATHERINELPROD - SHUTTERSTOCK.COM

UN SPIRITOURISME EN PLEIN ESSOR

Et si vous goûtiez au meilleur rhum du monde, dans l'une des sept distilleries de l'île ?

LES BONNES RAISONS D'Y ALLER

UNE TERRE DE TRADITIONS

Belè, lasotè, jardin créole…, l'île cultive des traditions qui ont traversé les siècles.

© GILLES MOREL

© BLUEORANGE STUDIO - SHUTTERSTOCK.COM

A VIVRE EN FAMILLE

Châteaux de sable, activités nautiques et balades en forêt : le rêve pour les enfants !

© EQROY - SHUTTERSTOCK.COM

UNE LOCALISATION PRIVILÉGIÉE

La Dominique, Sainte-Lucie et les îles alentour ne sont qu'à quelques encablures !

LES 12 MOTS-CLÉS

#CARNAVAL

C'est sans conteste la plus grande fête de l'année, liesse qui emporte l'île entière dans son sillon. Au cœur du carnaval, chaque journée est unique : lundi et ses mariages burlesques, Mardi gras marqué d'un rouge et noir diabolique, mercredi des Cendres en noir et blanc en signe de deuil (c'est le jour où l'on brûle Vaval, le roi du carnaval).

© T PHOTOGRAPHY - SHUTTERSTOCK.COM

#COMBATS DE COQS

Ici on les appelle aussi « pitt ». Les combats de coqs sont une pratique séculaire en Martinique, qui consiste à faire s'affronter deux coqs préparés au combat sur un gallodrome (ou « pitt »). Chaque coq a son lot de supporters coqueleurs derrière lui. Cette pratique, interdite en France, est toujours tolérée en Martinique mais très décriée.

#CRÉOLE

Né à l'origine du besoin de communication entre maîtres blancs et esclaves noirs déracinés, le créole est une langue à part entière, et non un patois, avec sa grammaire et ses règles. Langue suggestive par essence qui fait allusion à de nombreuses images, souvent à connotation sexuelle, elle est un élément fort de l'identité martiniquaise.

#FLEURS

Ce n'est pas un hasard si l'on surnomme la Martinique « l'île aux fleurs ». Ici, les fleurs sont partout présentes : alpinias, bougainvilliers, hibiscus, allamandas, balisiers, cassia alatas, roses de porcelaine, reines de Malaisie, orchidées, pervenches..., et poussent toutes seules, prospérant dans leur habitat naturel ou dans les jardins dédiés.

#FONDS BLANCS

Honnis par les navigateurs, plébiscités par les touristes, ils participent au mythe paradisiaque de l'île. Ces fonds sablonneux immaculés, offrant très peu de profondeur, prospèrent le long de la côte atlantique, entre le Robert, le François et Sainte-Anne, en passant par la légendaire baignoire dans laquelle Joséphine aimait tant se rafraîchir...

#HABITATION

Le terme désigne par extension le domaine du propriétaire d'une plantation de canne à sucre ou de tabac. Elle se compose de la maison de maître, souvent perchée en haut d'un morne, de bâtiments administratifs, de magasins pour entreposer les marchandises, d'ateliers, avec autour les célèbres rues cases-nègres où s'entassaient les esclaves.

#LANGOUSTE

Jadis considéré comme le plat du pauvre (les temps ont changé !), ce crustacé aux longues antennes est roi à la Martinique. Il se déguste à toutes les sauces. Sa pêche est interdite entre le 1er janvier et le 31 mars (période de reproduction) et sa taille ne doit pas être inférieure à 22 cm (ou 14 cm pour la brésilienne) au moment de la capture.

© HLPHOTO - SHUTTERSTOCK.COM

#MARCHÉS

Ils commencent très tôt le matin et chaque commune possède le sien. Souvent de petite taille, simples, conviviaux et parfois folkloriques, les marchés aux fruits et légumes sont hauts en couleur. On commente le fait du jour autour d'un kilo de patate douce, d'igname ou de manioc. Le tutoiement est de rigueur et le créole vivement recommandé !

LES 12
MOTS-CLÉS

#MORNE

Nombreux en Martinique, les mornes sont des petites collines aux altitudes très diverses selon les endroits, de quarante à plusieurs centaines de mètres. Ils offrent généralement des panoramas somptueux sur les côtes, caraïbes ou atlantiques, et se transforment parfois en pitons au nord, voire même en mini-montagnes un peu partout sur l'île !

© PACK-SHOT - SHUTTERSTOCK.COM

#YOLE

L'histoire de cette embarcation unique au monde, typique de l'île, commence avec les premiers navigateurs amérindiens. Fruit d'un savoir-faire hérité des anciens pour réaliser une coque aux lignes pures dotée d'une large voilure carrée, sans lest ni quille plombée, la yole, avec ses voiles colorées, symbolise l'osmose entre l'Homme et la mer.

© T PHOTOGRAPHY - SHUTTERSTOCK.COM

#TI-PUNCH

Certains l'aiment « sec-sec » (sans rien d'autre), d'autres le préfèrent avec un trait de citron et un soupçon de sucre. Quoi qu'il en soit, le ti-punch est une institution en Martinique. L'expression s'inspirerait du « punchon », petit fût servant au conditionnement du tafia, lui-même dérivé du vieux français « ponçon », « ponchon », « poinçon »...

#ZOUK

Ce genre musical créé au début des années 1980 a été popularisé par le groupe Kassav'. Si l'oreille avertie distingue facilement les différents types de zouk (zouk béton, zouk love et même zouk métal), aujourd'hui « zouk » désigne la musique, la danse ou le lieu de fête. Bien mieux qu'un médicament, c'est un véritable remède contre la morosité.

VOUS ÊTES D'ICI, SI...

- **« Pani pwoblem » est votre devise.** Réputés pour leur coolitude, les Martiniquais prennent en effet toujours la vie du bon côté et sont plutôt relax. Ici, le stress n'a pas droit de cité et on prend le temps de vivre.
- **Vous êtes matinal** et sautez du lit dès les premiers rayons du soleil. En Martinique, la vie démarre tôt. Les gens s'organisent pour avoir tout fait avant la tombée de la nuit à 18h. Attention aux noctambules car, au-delà de 22h, il n'est pas toujours évident de trouver un restaurant ouvert.
- **Vous achetez des noix de coco** sur le bord de la route, du poulet boucané et du marlin frais dans les ronds-points.
- **Vous faites du stop** plutôt que d'attendre le bus !
- **Vous préférez la Lorraine** à la 1664 et l'eau de coco au jus de pomme.
- **Vous dites bonsoir** à partir de midi et tutoyez tout le monde.
- **Vous appelez votre moitié** « doudou ».
- **Le zouk est votre religion !**
- **Vous vous baladez toujours avec votre maillot** et votre serviette à portée de main, car en Martinique la mer n'est jamais bien loin !

TOP 10

HÉBÈRGEMENTS INSOLITES

Le *glamping*, vous connaissez ? Une nouvelle tendance qui allie glamour et camping, luxe et nature, confort et respect de l'environnement. Ce type de tourisme, en plein essor en Martinique, permet de dormir dans des hébergements insolites, originaux, luxueux et écoresponsables, déployant tout un tas de prestations haut de gamme (piscine, spa, accès Wifi, séances de massage, dîner gastronomique…). De la cabane tout équipée au dôme de luxe, notre sélection coup de cœur de logements, offrant le temps d'une nuit, une véritable communion avec la nature, sans rogner sur le confort.

© AIR STREAM

AIRSTREAM PARADISE

Passer la nuit à bord d'une superbe caravane vintage, tout droit sortie d'un film hollywoodien : un voyage dans le voyage…

© BATEAU HÔTEL RÊVE D'ANTILLES

BATEAU HÔTEL RÊVE D'ANTILLES

Amarré dans une magnifique baie, on embarque à bord de ce bateau pour une nuit inoubliable, entre plongée, pêche et farniente.

AQUALODGE

Arrimées au large du Marin, ces villas flottantes allient l'évasion d'un catamaran et le confort d'une bonne chambre d'hôtel.

© AQUA LODGE

© HABITATION DU SIMON

DOMAINE DE L'HABITATION DU SIMON

Le temps d'une nuit, au cœur d'une plantation de canne à sucre, vivre au rythme de la production (et de la dégustation) de rhum !

DOMAINE DE LA VALLÉE

Trois maisonnettes en bois, joyaux de l'agritourisme, immergées au cœur de la forêt tropicale, pour ceux qui rêvent d'authenticité.

© DOMAINE DE LA VALLÉE

© KAWAIDA - GLAMPING

KAWAIDA

Sous une tente ultra luxe, goûtez aux plaisirs du glamping dans un logement insolite, parfaitement équipé, entre mer et montagne.

DOME NATURE LODGE

Sous un dôme de luxe, laissez-vous bercer par les étoiles et les premiers rayons du soleil, en communion totale avec la nature.

© DOME NATURE LODGE

MARTINIQUE TREE HOUSE

Au cœur de l'exubérante nature du Canton Suisse, on se prend pour un Tarzan des temps modernes avec wifi, piscine et bain à remous.

© MARTINIQUE TREE HOUSE

© DREAMLAND

DREAMLAND CARAÏBES

Posées sur le sable, ces villas de rêve grand standing, les pieds dans l'eau, semblent ne faire qu'un avec le Rocher du Diamant.

© REDOUTE PARADISE

REDOUTE PARADISE

Quatre logements lovés dans un jardin luxuriant de 2 000 m², offrant de belles prestations (piscine, bain bouillonnant, massages…)

TOP 10

LES PLUS BEAUX SPAS

Et si l'on profitait des vacances pour prendre enfin du temps pour soi ? Pour s'accorder une pause, recharger ses batteries et déconnecter totalement ? La meilleure solution : s'offrir une parenthèse dans un Spa. Nous avons sélectionné aux quatre coins de l'île des établissements nichés dans des écrins de verdure sublimes, des paradis verts et des mains expertes dans lesquelles on s'abandonne. Car, au-delà de ses paysages sublimes, la Martinique recèle des trésors de nature, cascades, forêt tropicale, plages de sable blanc, qui invitent à la détente et au lâcher-prise.

ALTERNATIVE ZEN

Dans une piscine chauffée à 33 °C, on se laisse aller à une séance de relaxation profonde, de méditation et d'éveil : l'*Atma Janzu*.

CARESSE ANTILLAISE MASSAGE

Entre les mains expertes de Carole, surdouée dans l'art du massage, on s'abandonne et on profite de cet instant rien que pour soi.

BOULIKI BIO

Dans la forêt de Rabuchon, on profite des bienfaits de la nature avec le tisanecuzzi, un bain bouillonnant infusé aux plantes *péyi*.

HARMONIA INSTITUT ET SPA

Dans un écrin de verdure, sensations, émotions et évasion s'associent pour procurer un lâcher prise profond et salvateur.

LA SUITE VILLA & SPA

Un havre de paix, où les mains expertes des praticiens, les senteurs voluptueuses et la vue paradisiaque invitent à la détente.

© LA SUITE VILLA & SPA

© SPA JOSEPHINE

LE SPA JOSÉPHINE

380 m² entièrement dédiés au bien-être et à la relaxation avec enveloppement d'algues, gommages et massages à 2 ou 4 mains.

REVI MYREVIHOLIDAYS, NATURAL SPA & EXCURSIONS

Guidé par un coach de développement personnel, on part à la découverte de l'exceptionnelle nature martiniquaise pour décompresser.

© REVI MYREVIHOLIDAYS

VILLA EDENGIL & SPA

Dans ce spa spécialisé dans les massages relaxants situé dans l'enceinte d'une villa au bord de l'eau, seule règne la zénitude.

© SPA DE L'EDEN PARADISE ECOLODGE

SPA DE L'EDEN PARADISE ECOLODGE

Dans un cabanon à ciel ouvert, au beau milieu de jardins luxuriants, on succombe avec volupté dans ce lieu hors du temps.

© VILLA EDEN GIL

© VILLA VICTORIA FDF

VILLA VICTORIA SPA

Dans ce spa magnifique sur les hauteurs de Fort-de-France, installé dans une maison créole, on profite de prestations VIP.

TOP 10

PARCS ET JARDINS

Célèbre pour son exceptionnelle biodiversité, celle que l'on surnomme l'île aux fleurs abrite une faune et une flore uniques, que l'on peut découvrir au gré des multiples jardins et parcs qui fleurissent sur ce petit bout de paradis. Prétextes à de belles balades à faire en famille, ces dix sites, arboretums, lieux de mémoire, jardins tropicaux et botaniques, plantations et parcs thématiques célèbrent à merveille cette nature sauvage et généreuse qui s'épanouit en Martinique. Entre essences rares, plantes médicinales et ornementales, partez découvrir ces paysages fascinants.

LE DOMAINE D'ÉMERAUDE

Un splendide parc de 25 ha dédié à l'exceptionnelle biodiversité de l'île où la nature s'observe dans son plus simple appareil.

HABITATION CLÉMENT

Le jardin de cet ancien domaine sucrier abrite plusieurs centaines d'espèces, sublimées par une mise en scène bucolique.

HABITATION CÉRON

L'un des plus beaux endroits de l'île, de par sa faune et sa flore uniques, notamment un zamana âgé de plus de 250 ans.

HABITATION LATOUCHE

Entre vestiges du passé et flore exceptionnelle, l'un des plus beaux jardins de l'île sert aujourd'hui d'écrin à un parc animalier.

JARDIN CRÉOLE ÉCOTOURS

Une extraordinaire collection de plantes médicinales, épices et essences rares pour tout savoir sur la flore de l'île !

© GILLES MOREL
299

© GILLES MOREL
213

LE JARDIN DE BONNE-VILLE

Un écrin végétal où prospère une multitude de plantes ornementales, d'arbres fruitiers martiniquais, ainsi qu'un verger d'agrumes.

© LAURE LAMBERT
110

JARDIN DE BALATA

Le jardin le plus célèbre de l'île, où vit une nature sauvage, patiemment domptée par le magicien paysagiste Jean-Philippe Thoze.

PLANTATION BEAUVALLON

L'on se perd volontiers dans cette somptueuse forêt tropicale, à la découverte des plantes, arbres et fleurs qui s'y épanouissent.

© EGI – STOCK.ADOBE.COM
132

LE JARDIN DE BEL AIR

Une balade au gré des broméliacées, orchidées, calebassiers, cacaoyers, cocotiers, balisiers et bien d'autres plantes tropicales.

© ISABELLE DREZEN
294

© JC DUSANTER
156

LA SAVANE DES ESCLAVES

Ce village unique rend hommage aux savoirs des Anciens et raconte l'histoire tumultueuse de l'île. Un remarquable devoir de mémoire !

DISTANCES

TEMPS DE TRAJET

	LE CARBET	FORT-DE-FRANCE	LE FRANÇOIS	LE LAMENTIN	LE MARIN
LE CARBET		31 KM 45mn	54 KM 1h	40 KM 45mn	55 KM 1h15
FORT-DE-FRANCE	31 KM 45mn		22 KM 30mn	9 KM 15mn	24 KM 30mn
LE FRANÇOIS	54 KM 1h	22 KM 30mn		15 KM 30mn	17 KM 30mn
LE LAMENTIN	40 KM 45mn	9 KM 15mn	15 KM 30mn		21 KM 30mn
LE MARIN	55 KM 1h15	24 KM 30mn	17 KM 30mn	21 KM 30mn	
LE ROBERT	48 KM 1h	17 KM 30mn	13 KM 30mn	9 KM 15mn	28 KM 45mn
SAINT-PIERRE	7 KM 15mn	34 KM 45mn	56 KM 1h10	42 KM 55mn	75 KM 1h35
SAINTE-ANNE	78 KM 1h30	47 KM 1h	28 KM 45mn	45 KM 1h	26 KM 45mn
SAINTE-LUCE	58 KM 1h15	26 KM 30mn	30 KM 45mn	24 KM 30mn	7 KM 15mn
SAINTE-MARIE	47 KM 1h15	35 KM 45mn	31 KM 45mn	27 KM 30mn	45 KM 1h
SCHOELCHER	26 KM 45mn	12 KM 15mn	34 KM 45mn	20 KM 30mn	35 KM 45mn
LES TROIS-ILETS	57 KM 1h15	26 KM 30mn	30 KM 45mn	24 KM 45mn	14 KM 45mn

Les transports en commun étant peu nombreux en Martinique, louer un véhicule est fortement recommandé pour sillonner l'île. Sachez que les environs de Fort-de-France sont très encombrés, et ce, dès 6h du matin (et dans le sens retour, dès 15h). Dans l'ensemble, le réseau routier martiniquais est plutôt bien entretenu. Mais gare aux dos d'âne et, sur les départementales, aux nids de poule et aux chiens qui traversent. En cas de pluie, levez le pied et redoublez de prudence.

LE ROBERT	SAINT-PIERRE	SAINTE-ANNE	SAINTE-LUCE	SAINTE-MARIE	SCHOELCHER	LES TROIS-ILETS
48 KM 1h	7 KM 15mn	78 KM 1h30	58 KM 1h15	47 KM 1h15	26 KM 45mn	57 KM 1h15
17 KM 30mn	34 KM 45mn	47 KM 1h	26 KM 30mn	35 KM 45mn	12 KM 15mn	26 KM 30mn
13 KM 30mn	56 KM 1h10	28 KM 45mn	30 KM 45mn	31 KM 45mn	34 KM 45mn	30 KM 45mn
9 KM 15mn	42 KM 55mn	45 KM 1h	24 KM 30mn	27 KM 30mn	20 KM 30mn	24 KM 30mn
28 KM 45mn	75 KM 1h35	26 KM 45mn	7 KM 15mn	45 KM 1h	35 KM 45mn	14 KM 30mn
	40 KM 1h05	41 KM 1h	32 KM 45mn	18 KM 30mn	28 KM 45mn	32 KM 45mn
40 KM 1h05		80 KM 1h45	60 KM 1h15	40 KM 55mn	30 KM 40mn	60 KM 1h15
41 KM 1h	80 KM 1h45		25 KM 45mn	59 KM 1h30	58 KM 1h15	35 KM 45mn
32 KM 45mn	60 KM 1h15	25 KM 45mn		48 KM 1h	38 KM 45mn	15 KM 30mn
18 KM 30mn	40 KM 55mn	59 KM 1h30	48 KM 1h		46 KM 1h	49 KM 1h
28 KM 45mn	30 KM 40mn	58 KM 1h15	38 KM 45mn	46 KM 1h		37 KM 45mn
32 KM 45mn	60 KM 1h15	35 KM 45mn	15 KM 30mn	49 KM 1h	37 KM 45mn	

IDÉES DE SÉJOUR

Accessible grâce à des billets d'avion souvent attractifs, la Martinique est une destination qui cumule les atouts: plages de rêve, randonnées faciles, loisirs nautiques, le tout en parfaite sécurité ! L'île se prête volontiers à des vacances en famille, seul ou entre amis, d'une durée variable : une semaine pour les plus pressés, quinze jours pour les plus chanceux ! Partez sillonner des lieux paradisiaques ourlés d'eaux turquoise. Ce sera aussi l'occasion, au détour de vos pérégrinations, de découvrir un patrimoine riche, aux traditions fortes, des habitants accueillants fiers de leur incroyable terroir et d'authentiques villages de pêcheurs. D'escapade entre terre et mer, entre farniente et sports, prenez le temps de savourer les richesses qu'offre la forêt tropicale, les anciennes plantations à l'histoire mouvementée, de goûter aux saveurs colorées de la gastronomie martiniquaise et de prendre le temps d'apprécier. Tout simplement.

DEUX SEMAINES SOUS LE SOLEIL DE MARTINIQUE

En raison du décalage horaire et du temps d'adaptation au climat tropical, deux semaines en Martinique semblent une très bonne formule. Une telle durée vous permettra d'allier découvertes de la culture martiniquaise et longues après-midi détente, sorties en mer et snorkeling, découvertes gastronomiques et activités sportives. Un bien beau séjour en perspective, en somme.

› Arrivée en Martinique

Vous arrivez à l'aéroport du Lamentin. Vous êtes peut-être épuisé par le voyage et vous n'avez qu'une idée en tête : filer vers votre lieu de villégiature. Une bonne douche, un ti-punch de bienvenue et au lit.

› Détente et préparatifs

Réveil au lever du soleil vers 6h. Après une nuit de sommeil, vous êtes en pleine forme : vous goûtez déjà au plaisir du bien-être tropical. Le ciel est bleu avec une forte luminosité. Nous vous suggérons de profiter de l'hôtel (farniente, piscine, plage) et de prendre vos repères afin d'organiser votre semaine.

› Côte sous le vent – jour 1

Vous commencez à vous accoutumer au décalage horaire. Profitez-en pour partir de bon matin à la découverte de la côte Ouest dite « sous le vent ». Remontez la côte Sud caraïbe, arrêtez-vous au bourg des **Anses d'Arlet** ★★★ (p.180) pour le petit déjeuner. Puis direction **Fort-de-France** ★★★ (p.105) pour une après-midi shopping dans le pittoresque marché de la capitale, avant de rejoindre la plage de l'Anse Madame pour y admirer le coucher du soleil.

› Côte sous le vent – jour 2

Faites route vers le nord pour remonter jusqu'au Prêcheur. Visite du **jardin botanique de Balata** (p.110) et déjeunez sur la plage du Carbet. Dans l'après-midi, marquez un arrêt à **Saint-Pierre** ★★★ (p.275), puis repartez en bifurquant par la route de **Morne-Rouge** ★★ (p.292) via la forêt tropicale de la Trace, qui descend vers **Fort-de-France** ★★★ (p.105). Tout simplement grandiose.

› Côte au vent – jour 1

Vous commencez par **Le Vauclin** ★★★ (p.240), adorable village de pêcheurs authentiques. Poursuivez par **Le François** ★★★ (p.244) (arrêt essentiel pour observer à l'élégante **Habitation Clément** (p.246)) puis **Le Robert** ★★★ (p.254) et la presqu'île de la Caravelle. Restaurez-vous à **Tartane** ★★★ (p.301) chez Mamy Nounou puis attaquez le Nord-atlantique. A **Sainte-Marie** ★★★ (p.311), visitez le cimetière, le musée du Rhum ou **de la Banane** (p.312).

› Côte au vent – jour 2

Visite du **Marigot** ★★ (p.314), **du Lorrain** ★★ (p.315), puis de **Macouba** ★★ (p.317), où vous découvrirez dans la matinée la Distillerie JM. Dans l'après-midi, dirction **Grand-Rivière** (p.318) et ses falaises au parfum de bout du monde, avec au loin la Dominique qui pointe le bout de son nez. Offrez-vous ici une bonne glace coco avant de revenir sur vos pas. Après **Le Lorrain** ★★ (p.315), empruntez la route qui part vers **Morne-des-Esses** ★★ (p.310) et **Saint-Joseph** ★★ (p.139) pour terminer la journée. Retour vers votre lieu de résidence.

› Journée aux fonds blancs

Cap à l'est pour une journée «aux fonds blancs». Tout est dans le nom : ce sont des fonds sablonneux et peu profonds situés tout le long de la côte Atlantique entre Le Robert ★★★ (p.254) et Cap-Chevalier. Quitter la Martinique sans avoir bu son verre (de rhum, de préférence) assis dans l'eau et loin de la côte... est un gâchis ! De nombreuses sociétés organisent ce genre d'excursion : départ le matin vers 9h, découverte des îlets, commentaires sur la végétation, arrêt baignade et baptême du rhum aux fameux « fonds blancs », déjeuner et retour en fin d'après-midi.

› Excursion en 4x4

Grâce à la topographie et au climat de l'île, de nombreux prestataires organisent des balades (p.226) en 4x4. C'est une façon assez originale d'explorer l'île, et de manière générale, la formule plaît. Deux circuits et deux concepts forts différents sont proposés : le Nord ★★★ (p.259) ou le Sud ★★★★ (p.143). Pour l'authenticité et la forêt tropicale, préférez le Nord.

› Journée sportive - 1

Vous pouvez consacrer les deux journées suivantes à des activités sportives : plongée sous-marine (1/2 journée), balade en scooter des mers (1/2 journée) ou en canoë-kayak du côté du Robert ★★★ (p.254), du François ★★★ (p.244), des Trois-Ilets ★★★ (p.148) ou de Cap-Chevalier, mais aussi planche à voile à Cap-Chevalier, survol touristique en avion ou en hélicoptère, canyoning... Les possibilités sont multiples.

› Journée sportive - 2

Seconde journée active. Adonnez-vous à l'activité de votre choix. Les plus contemplatifs préfèreront une belle journée de farniente en bord de plage.

› Journée en mer : côte Sud ou Sainte-Lucie

Journée *day charter*, ce qui signifie balade en mer à bord d'un bateau, souvent des « maxi-catamarans ». Départs proposés depuis Les Trois-Îlets, Le Marin ★★★ (p.211) ou Sainte-Anne ★★★ (p.223). Le circuit le plus classique est la côte Sud caraïbe et pour les amoureux de la mer, la journée à Sainte-Lucie (île anglophone située au sud). Départ vers 9h et retour au coucher du soleil. Déjeuner à bord, arrêts baignade avec possibilité de snorkeling.

› Journée culturelle

Dédier une journée à la culture locale n'est pas de trop. Vous pourrez pour ce faire entreprendre la visite d'une des célèbres distilleries martiniquaises dans la matinée. Tour au musée de la Maison de la Canne (p.152) dans l'après-midi, avant d'assister à un combat de coqs dans un pitt, du côté de Rivière-Pilote ★★ (p.208).

› Départ

C'est déjà le départ. La plupart des vols sont fixés en fin d'après-midi. Certaines structures d'hébergement vous permettent de vous changer avant le départ à l'aéroport en mettant à votre disposition une bagagerie et des douches. C'est un avantage car vous pouvez ainsi profiter pleinement de vos derniers instants dans l'île, en prévoyant une petite baignade par exemple.

LA MARTINIQUE POUR LES SPORTIFS

Pas de place à l'ennui sur les Îles sous le vent ! Adeptes de la randonnée, du 4x4, du vélo ou de la plongée découvriront la grande diversité de la Martinique, loin des foisonnantes cités balnéaires. Pour les férus de sport nautique, les Antilles sont aussi célébrées pour leur climat et leur régime de vents. Les amateurs de golf peuvent se renseigner auprès du golf des Trois-Îlets ou de tour-opérateurs spécialisés.

› Arrivée en Martinique

Vous arrivez à l'aéroport du Lamentin. Vous êtes peut-être épuisé par le voyage et vous n'avez qu'une idée en tête : filer vers votre lieu de villégiature. Une bonne douche, un ti-punch de bienvenue et au lit.

› Excursion en 4x4

Histoire de faire connaissance avec le territoire martiniquais, commencez votre séjour par une excursion en 4x4. Deux circuits et deux concepts forts différents sont proposés : le Nord ★★★ (p.259) ou le Sud ★★★★ (p.143). Pour l'authenticité et la forêt tropicale, préférez le Nord.

› Plongée sous-marine

Pour cette journée à la découverte des foisonnants fonds marins du littoral martiniquais, le plus difficile sera de choisir le spot, tant ils sont nombreux ! Les Anses d'Arlet ★★★ (p.180) demeure néanmoins un point de départ assez sûr : d'ici on pourra explorer la pointe Burgos et sa faune abondante, ainsi que l'épave du Nahoo, du côté du Cap Salomon.

› Sortie VTT

Une fois votre matériel récupéré dans l'une des agences de location de l'île, choisissez l'itinéraire de votre choix. Là encore, les propositions sont nombreuses et les régions à parcourir sont toutes plus splendides les unes que les autres. Entre la boucle de 10 km et les circuits de 50 km plus escarpés, les niveaux de difficultés sont également assez divers.

IDÉES DE SÉJOUR

› Sports nautiques

Consacrez cette journée à vos sports nautiques favoris : balade en scooter des mers ou en canoë-kayak du côté du **Robert** ★★★ (p.254), du **François** ★★★ (p.244), des **Trois-Ilets** ★★★ (p.148) ou de Cap-Chevalier, ou peut-être planche à voile à Cap-Chevalier.

› Randonnée dans la Savane des Pétrifications

Il s'agit peut-être de l'une des randonnées les plus originales de l'île : le chemin de randonnée qui traverse la **Savane des Pétrifications** (p.226) (5h aller-retour, niveau facile), dans la presqu'île de **Sainte-Anne** ★★★ (p.223). Dans cette étendue désertique qui doit son nom aux arbres fossilisés, on pourra apercevoir quelques cactus et acacias. Le paysage est saisissant.

› Départ

C'est déjà le départ. La plupart des vols sont fixés en fin d'après-midi. Certaines structures d'hébergement vous permettent de vous changer avant le départ à l'aéroport en mettant à votre disposition une bagagerie et des douches. C'est un avantage car vous pouvez ainsi profiter pleinement de vos derniers instants dans l'île, en prévoyant une petite sortie en mer par exemple !

TREKKING EN MARTINIQUE

Paradis du randonneur, la Martinique est bien loin d'être une destination uniquement « plages et transats ». Au nord comme au sud, les marcheurs ont de quoi s'occuper. Voici un itinéraire ultra-sportif prévoyant une randonnée par jour, sur une semaine. Prévoyez quelques jours de plus pour profiter de l'atmosphère relaxante de l'île, et pour digérer le décalage horaire en début de séjour

› Nord – Montagne Pelée

Incontournable, l'ascension de la **montagne Pelée** (p.298) peut se réaliser par plusieurs sentiers de niveaux différents. Au départ du **Morne-Rouge** ★★ (p.292), le sentier de l'Aileron (6h aller-retour, niveau moyen) offre de magnifiques panoramas. Par Le Prêcheur (6h l'aller, niveau moyen/difficile), vous aurez le moyen d'observer des traces encore tangibles de l'éruption de 1902.

› Nord – Le canal des Esclaves

En descendant vers la côte orientale, les alentours de **Fonds-Saint-Denis** ★★ (p.291) regorgent de randonnées intéressantes. Plus facile mais à éviter si vous souffrez de vertiges, le canal des Esclaves (4h aller-retour, niveau facile) suit le cours du canal de Beauregard avec de très beaux panoramas sur les pitons du Carbet.

› Nord - Pitons du Carbet

Plus difficile, le long de la route de la Trace, l'ascension des pitons du Carbet (8h aller-retour, niveau difficile) permet de découvrir la forêt tropicale. Attention ! La randonnée est difficile et comporte beaucoup de dénivelés car les six pitons s'étendent sur 16 km et atteignent parfois les 1 000 m de hauteur.

› La presqu'île de La Caravelle

Une journée vous suffira pour découvrir les beautés naturelles de la réserve de La Caravelle. Le grand ou le petit sentier sont ombragés en grande partie et de niveau facile. Le petit sentier

© BAPTISTE DE IZARRA - SHUTTERSTOCK.COM

Randonnée sur la presqu'île de La Caravelle.

(2h environ) serpente entre la mangrove et la forêt sèche en passant par le **château Dubuc** (p.303). Le grand sentier (4h environ) arrive jusqu'au phare de La Caravelle et permet de profiter de très belles vues sur la Baie du Trésor. Attention, certains traits sont en plein soleil : prévoyez suffisamment d'eau.

› Sud – Le chemin des Anses d'Arlet

Quittez les montagnes pour rejoindre les plages. Le chemin des **Anses d'Arlet** ★★★ (p.180) (6h, niveau facile) vous permettra de faire le tour de la presqu'île de **Sainte-Anne** ★★★ (p.223) et de découvrir ainsi ses plages et ses paysages.

› Sud - La Trace des Caps

Toujours dans le sud de l'île mais cette fois-ci côté Atlantique, la randonnée de la Trace des Caps est l'une des plus pittoresques, à parcourir à pied ou à vélo, en une ou plusieurs étapes.

› Sud – Le Grand Macabou ou la Savane des Pétrifications

Du côté du Vauclin, vous parcourrez le domaine du Grand Macabou en longeant le littoral de la Petite à la Grande Anse Macabou. Mais l'une des randonnées les plus originales reste celle qui traverse la **Savane des Pétrifications** (p.226) (5h AR, niveau facile) dans la presqu'île de **Sainte-Anne** ★★★ (p.223). Dans cette étendue désertique qui doit son nom aux arbres fossilisés, on pourra apercevoir quelques cactus et acacias pousser. Le paysage est saisissant.

ESCAPADES MARTINIQUAISES

Île des Petites Antilles aussi nommée l'île aux fleurs, la Martinique est une terre on ne peut plus idéale pour passer des vacances réussies. La profusion de plages paradisiaques et d'espaces naturels luxuriants est la promesse d'après-midi relax et de sorties sportives de qualité. En famille, en couple ou entre amis, une semaine sous le soleil tropical martiniquais est toujours un agréable moment.

› Arrivée en Martinique

Vous arrivez à l'aéroport du Lamentin. Vous êtes peut-être épuisé par le voyage et vous n'avez qu'une idée en tête : filer vers votre lieu de villégiature. Une bonne douche, un ti-punch de bienvenue et au lit !

› Détente et préparatifs

Réveil au lever du soleil vers 6h. Après une nuit de sommeil, vous êtes en pleine forme : vous goûtez déjà au plaisir du bien-être tropical. Le ciel est bleu avec une forte luminosité. Nous vous suggérons de profiter de l'hôtel (farniente, piscine, plage) et de prendre vos repères afin d'organiser votre semaine.

› Côte sous le vent

Vous commencez à vous accoutumer au décalage horaire. Profitez-en pour partir de bon matin à la découverte de la côte Ouest dite « sous le vent ». Remontez la côte Sud caraïbe, arrêtez-vous au bourg des **Anses d'Arlet** ★★★ (p.180) pour le petit déjeuner. Puis direction **Fort-de-France** ★★★ (p.105) pour le shopping et le marché. Faites ensuite route vers le nord pour remonter jusqu'au **Prêcheur** ★★★ (p.286). Visite du **jardin botanique de Balata** (p.110) et déjeunez sur la plage du Carbet. Dans l'après-midi, marquez un arrêt à **Saint-Pierre** ★★★ (p.275), puis repartez en bifurquant par la route de **Morne-Rouge** ★★ (p.292) via la forêt tropicale de la Trace, qui descend vers **Fort-de-France** ★★★ (p.105). Tout simplement grandiose.

› Journée en mer

Journée *day charter*, ce qui signifie balade en mer à bord d'un bateau, souvent des « maxi-catamarans ». Départs proposés depuis **Les Trois-Îlets** ★★★ (p.148), **Le Marin** ★★★ (p.211) ou **Sainte-Anne** ★★★ (p.223). Le circuit le plus classique est la côte **Sud caraïbe** ★★★★ (p.143) et pour les amoureux de la mer, la journée à Sainte-Lucie (île anglophone située au sud). Départ vers 9h et retour au coucher du soleil. Déjeuner à bord, arrêts baignade avec possibilité de snorkeling.

› Journée sportive

Si vous n'êtes pas trop épuisé, vous pouvez consacrer cette journée à des activités sportives : plongée sous-marine (1/2 journée), balade en scooter des mers (1/2 journée) ou en canoë-kayak du côté du **Robert** ★★★ (p.254), du **François** ★★★ (p.244), des **Trois-Îlets** ★★★ (p.148) ou de Cap-Chevalier, mais aussi planche à voile à Cap-Chevalier, survol touristique en avion ou en îlets, canyoning... Les possibilités sont larges.

› Journée culturelle

Dédier une journée à la culture locale n'est pas de trop. Vous pourrez pour ce faire entreprendre la visite d'une des célèbres distilleries martiniquaises dans la matinée. Tour au musée de la **Maison de la Canne** (p.152) dans l'après-midi, avant d'assister à un combat de coqs dans un pitt, du côté de **Rivière-Pilote** ★★ (p.208).

› Départ

C'est déjà le départ. La plupart des vols sont fixés en fin d'après-midi. Certaines structures d'hébergement vous permettent de vous changer avant le départ à l'aéroport en mettant à votre disposition une bagagerie et des douches. C'est un avantage car vous pouvez ainsi profiter pleinement de vos derniers instants dans l'île, en prévoyant une petite baignade par exemple.

SE REPÉRER / SE DÉPLACER

DE L'AÉROPORT AU CENTRE-VILLE

La Martinique se trouve à environ à 7 000 km de Paris, 3 150 km de New York et à 3 600 km de Montréal. Pour l'Amérique du Sud, le Venezuela, terre la plus proche de l'arc antillais, se trouve à un peu plus de 1 000 km.

Trois compagnies aériennes assurent plusieurs liaisons quotidiennes entre la métropole (Paris Orly) et Fort-de-France : Air France, Corsair et Air Caraïbes. Il n'y a pas de vol direct depuis la Belgique ni la Suisse. Comptez à partir de 450 € en basse saison (d'avril à octobre, à l'exception de juillet et août), et à partir de 700 € en haute saison (novembre à mars et juillet, août et Noël).

La variation de prix dépend de la compagnie empruntée mais surtout du délai de réservation. Pour obtenir des tarifs intéressants, profitez des promotions fréquentes tout au long de l'année.

Côté formalités, la carte d'identité et le passeport en cours de validité sont obligatoires.

L'aéroport international Aimé Césaire situé à 9 km de Fort-de-France est celui de référence pour tous les vols en provenance de métropole, des petites Antilles et de l'étranger. Depuis l'aéroport Aimé Césaire, situé au Lamentin, il faut une vingtaine de minutes pour rejoindre le centre-ville de Fort-de-France.

Aucune navette ne dessert le centre-ville. Les taxis (entre 25 et 50 € pour rejoindre Fort-de-France) et la location de voiture restent la meilleure solution.

ARRIVÉE EN BATEAU

Il est possible de venir en Martinique en bateau cargo depuis la métropole. Néanmoins, sachez que ce mode de transport est tout sauf économique : il faut prévoir une centaine d'euros par jour de voyage, y compris les repas. Et la durée de la traversée prend une dizaine de jours. Autre paramètre : la réservation doit se faire très longtemps à l'avance, car la fréquence de la traversée est d'une seule fois par semaine. On ne recommande donc pas forcément.

En revanche, on peut tout à fait se rendre de la Guadeloupe à la Martinique en bateau. La compagnie maritime L'Express des Iles propose, plusieurs fois par semaine, une traversée en bateau qui relie Pointe-à-Pitre à Fort-de-France. Les navires font escale à Saint-Pierre chaque mercredi et chaque samedi. La traversée dure 4h30.

Par ailleurs, se déplacer en navette en Martinique peut être une bonne option pour éviter les embouteillages. La compagnie Vedettes Tropicales propose de nombreuses navettes maritimes qui desservent Fort-de-France, les Trois-Ilets et Case-Pilote.

TRANSPORTS EN COMMUN

La région de Fort-de-France dispose d'un réseau de bus Mozaik bien organisé, qui dessert Fort-de-France et ses alentours comme Schoelcher, Saint-Joseph et le Lamentin. Les arrêts de bus sont signalés par des abris en verre. Renseignez-vous auprès du chauffeur ou des kiosques pour connaître la direction car la destination n'est pas toujours indiquée sur le bus. Retrouvez le plan des lignes détaillé, les horaires et les itinéraires sur www.mozaik.mq. Dans les autres régions, c'est plus aléatoire.

Il y a également le taxi collectif ou « taxi co ». Cela ressemble à un service de taxi traditionnel, sauf que vous ne serez pas seul mais plusieurs dans une sorte de minibus. Le taxi ne part qu'une fois rempli et le tarif affiché à bord est conventionné selon la destination. La fréquence des taxis co reste régulière et fiable, garantissant une liaison pour chacune des communes de l'île. Les retours sont assurés par les mêmes taxis avec des descentes et montées possibles sur le trajet. A essayer si vous n'avez pas de voiture car l'ambiance y est unique ! Le service peut néanmoins paraître difficile d'accès car il n'y a aucune indication présente sur la route.

Et pour ceux qui auraient loupé leur taxi co retour, il reste toujours le stop ! Vous croiserez un nombre incalculable de personnes le pouce tendu en Martinique.

Le TCSP, le transport collectif en site propre : il se présente sous la forme d'un grand bus ayant sa propre voie de circulation.Il assure les liaisons entre Fort-de-France et le Lamentin à l'instar d'un tramway, avec dc multiples arrêts jusqu'à l'aéroport.

VÉLO, TROTTINETTE & CO

Fort-de-France se parcourt facilement à pied ou en trottinette car son centre est relativement concentré et piéton. Pour les vélos, si les Martiniquais sont des fous de la petite reine, les routes sont plutôt dangereuses compte tenu du nombre de voitures. Éventuellement le week-end quand les routes désemplissent un peu… Ailleurs, on ne recommande pas vraiment la trottinette.

AVEC UN CHAUFFEUR

Le taxi est un moyen de transport onéreux. Pour les longues distances, négociez le prix à l'avance. Et vérifiez que le taxi dispose d'un compteur.

EN VOITURE

Louer une voiture est indispensable en Martinique. L'île compte plus de 300 agences de location, donc le choix est large. En haute saison, on vous conseille de réserver votre véhicule avant d'arriver. Evitez les heures d'affluence aux abords de Fort-de-France car le trafic tourne vite au cauchemar. L'agglomération foyalaise est saturée dès l'aube (6h) et le milieu de l'après-midi.

L'autoroute A1, limitée à 110 km/h, relie l'aéroport à Fort-de-France. Elle est gratuite. La route Nationale 2, elle, relie Saint-Pierre à la capitale et la Nationale 5 couvre les plages du sud de l'île.

Pour ceux qui rejoignent le centre-ville en voiture, voici quelques parkings publics :

- **Parking Lafcadio Hearn**, rue du Gouverneur Ponton, ouvert du lundi au vendredi de 6h à 20h, le samedi de 7h à 14h.
- **Parking Gilbert Gratiant,** entre les rues Ernest Déproge et Schoelcher, ouvert 7j/7 et 24h/24.
- **Parking Pointe-Simon,** entre les rues Déproge et de la Pointe, ouvert du lundi au vendredi de 6h à 20h, le samedi de 7h à 14h.
- **Parking Savon,** boulevard Alfassa, ouvert 7j/7 et 24h/24.
- **Parking de la Savane,** rue de la Liberté, ouvert 7j/7 et 24h/24.
- **Parking Renan,** rue Schoelcher, ouvert 7j/7 et 24h/24.
- **Parking Perrinon,** 79 rue Victor Sévère, ouvert de 6h à 20h avec sorties possibles 24h/24.

ACCESSIBILITÉ

Les aménagements pour les personnes handicapées et les poussettes sont assez limités en Martinique. A part dans le centre de Fort-de-France et dans les grandes villes, il y a peu de trottoirs mais souvent des bas-côtés peu praticables en fauteuil roulant ou en poussette. Quelques restaurants, hôtels et administrations commencent à proposer des aménagements mais beaucoup de chemin reste encore à faire dans ce sens.

L'aéroport Aimé Césaire propose, lui, un service pour les personnes à mobilité réduite ; n'oubliez pas d'en faire la demande lors de l'enregistrement de vos bagages au départ de votre voyage.

LES ATTRAPE-TOURISTES

Renseignez-vous sur les garanties et le prix de la franchise auprès de votre loueur de voiture. Etant donné l'état de certaines routes et leur fréquentation, une assurance complémentaire tous risques peut être judicieuse. Attention également aux locations de voiture à des tarifs très compétitifs : ce sont souvent des tarifs à la journée, avec kilométrage non compris. Vérifiez toujours que le loueur est lui-même couvert. Enfin, sachez que les voitures consomment beaucoup en Martinique au vu du relief. Ne soyez pas étonné de faire souvent un tour par la pompe !

© JEANETTE DIETL - SHUTTERSTOCK.COM

HORAIRES
Les établissements en Martinique sont généralement ouverts de 9h à 17h ou 18h en ville, le samedi de 9h à 18h. Rythme tropical oblige, on se lève tôt, mais on se couche tôt également, car la nuit tombe vite.

A RÉSERVER
Inutile de réserver vos visites dans les musées, jardins ou distilleries : l'attente n'est jamais bien longue.

BUDGET / BONS PLANS
Cartes étudiantes et seniors peuvent servir à l'entrée de certains musées et jardins pour bénéficier de tarifs réduits. Pensez à les prendre avec vous.

LES ÉVÉNEMENTS
Evénement incontournable en février : le carnaval qui embrase toute l'île pendant cinq jours, surtout à Fort-de-France. Il se prépare à partir du dimanche de l'Epiphanie et de multiples fêtes ont lieu dès la mi-janvier aux quatre coins de l'île. Parmi les dates importantes figure également le 22 mai, jour férié en Martinique qui célèbre l'abolition de l'esclavage. En décembre, la période de Noël est précédée par les « chanté Nwel » : les habitants se réunissent sur les places publiques pour entonner des chants de Noël en créole.

VISITES GUIDÉES
L'écotourisme est en plein développement en Martinique. Randonnées en forêt, hébergements en gîtes familiaux, séjours nature les pieds dans l'eau, balades en kayak, visites à la découverte des plantes médicinales et des trésors locaux, consommation plus locale… : les initiatives pour l'essor d'un tourisme plus respectueux de la nature se multiplient alors, autant que possible, fuyez les grandes infrastructures touristiques et misez sur les structures à taille humaine.

FUMEURS
Comme en métropole, il est interdit de fumer dans les lieux publics. Sachez que la Martinique est l'un des départements français où l'on fume le moins donc les fumeurs sont vite repérés !

LES ATTRAPE-TOURISTES
Les côtes de la Martinique représentent un habitat privilégié pour l'alimentation, la reproduction et la migration des mammifères marins dont on recense plus d'une vingtaine d'espèces : baleines, dauphins, cachalots, orques naviguent près du littoral. Une belle attraction touristique qui se développe chaque année, et les opérateurs touristiques, les plaisanciers et les plongeurs sont de plus en plus nombreux à partir à la rencontre de ces créatures fascinantes… Mais l'observation de ces animaux protégés répond à des critères d'approche et d'attitude bien particuliers, qui ne correspondent pas toujours aux pratiques des opérateurs touristiques, parfois terriblement destructrices. Notamment, les cétacés sont sensibles aux agressions sonores, ce qui génère du stress et modifie leur comportement. Ainsi, nous vous conseillons de demander, lorsque vous sélectionnez un prestataire, si ce dernier est signataire de la charte pour une approche et une observation responsables des mammifères marins. Un logo avec le millésime de l'année en cours est affiché.

PRATIQUE

SE RÉGALER

HORAIRES

En Martinique, on se lève tôt et on se couche tôt. Par conséquent, dans les restaurants, on déjeune à partir de 11h30. Au-delà de 14h, faites une croix sur le déjeuner… Pour le dîner, il n'est pas rare de voir les restaurants ouvrir leurs portes dès 18h30, certains ne servant plus après 21h30. Mais le plus souvent, le service démarre à 19h et se termine généralement autour de 22h (22h30-23h le week-end). Le dimanche, nombre d'établissements proposent un brunch ou un buffet pour le déjeuner et sont fermés le soir.

BUDGET / BONS PLANS

Les prix sont souvent un peu plus élevés qu'en métropole. Côté paiement, les cartes bleues sont acceptées partout, les American Express aussi. Le cash est le bienvenu, ce qui n'est pas le cas des chèques, surtout ceux libellés avec une adresse métropolitaine, qui ne sont quasiment acceptés nulle part.

EN SUPPLÉMENT

Comme partout en France, le service est compris mais le pourboire est apprécié. Quant à la TVA, elle est réduite à 8,5 % mais ce taux est très largement compensé par des taxes locales comme l'octroi de mer.

C'EST TRÈS LOCAL

En Martinique, on prend le temps de vivre… et de servir ! N'allez jamais au restaurant si vous êtes pressé. L'attente peut parfois en effet être longue, mais cela fait partie des vacances !

ENFANTS

Les enfants sont accueillis comme des rois partout en Martinique. De nombreuses chaises bébé sont à disposition et des tables à langer également.

(SE) FAIRE PLAISIR

HORAIRES

Les magasins sont ouverts généralement de 9h à 17h, voire 18h dans les grandes villes ou zones touristiques. La nuit tombe vite sous les tropiques : au-delà de 18h, il ne vous restera plus qu'à vous rendre dans les centres commerciaux qui jouent les prolongations au quotidien en restant ouvert généralement jusqu'à 20h30. Les boutiques sont ouvertes souvent le samedi jusqu'à 13h, certaines jusqu'à 17h. Et le dimanche, elles sont généralement fermées.

BUDGET / BONS PLANS

De plus en plus d'enseignes affichent « Prix métropole » sur leurs devantures. Et en effet, les prix sont les mêmes que dans l'Hexagone.

SOLDES

En Martinique, les soldes d'été ont lieu au mois d'octobre. En revanche, les soldes d'hiver se déroulent aux mêmes dates qu'en métropole, de début janvier à début février. Ce sont essentiellement les boutiques de vêtements et de chaussures qui soldent.

C'EST TRÈS LOCAL

Evitez de marchander : cette pratique est très peu usitée en Martinique, voire même carrément mal vue. Seule exception : sur les marchés.

LES ATTRAPE-TOURISTES

Lorsqu'un produit est « *made in* Martinique », qu'il s'agisse d'un bijou, d'un fruit ou d'une épice, n'hésitez pas à demander des précisions sur la provenance exacte. Il peut arriver qu'il y ait quelques ratés en termes de traçabilité du produit.

FAIRE UNE PAUSE

HORAIRES

Les bars sont généralement ouverts dès 17h jusqu'à minuit en semaine et facilement 2h le vendredi et le samedi soir. Ils sont concentrés autour de Fort-de-France (du côté de l'Etang Z'abricots), et dans le sud, aux Trois-Ilets à la pointe du bout, au Diamant, à la marina du Marin et à Sainte-Anne.

BUDGET / BONS PLANS

Beaucoup de bars proposent des *happy hours* en *afterwork*, entre 18h et 19h. La plupart des restaurants les pieds dans l'eau sur les plages proposent des cartes pour venir boire un verre avant le dîner.

C'EST TRÈS LOCAL

Si le ti-punch est une institution, nombre de bars proposent des cartes de cocktails à rallonge et il n'est pas rare d'aller boire un verre en sortant du travail en grignotant quelques tapas ou accras.

ENFANTS

Les enfants sont les bienvenus et acceptés avec le sourire quasiment partout !

PRATIQUE

BOUGER & BULLER

BUDGET / BONS PLANS

Avec une eau chaude toute l'année (28 °C en moyenne), la Martinique est le paradis des baigneurs et du snorkeling ! Armé simplement d'un masque et d'un tuba, on découvre une vie sous-marine incroyablement riche et colorée. Un conseil toutefois : ne partez jamais seul et pensez à vous signaler à l'aide d'une bouée tractée de couleur vive.

Randonnée. Sur terre, l'île est également un véritable Eden pour les randonneurs : pas moins d'une quarantaine de sentiers balisés sont disséminés à travers la Martinique. Classées en quatre catégories, les randonnées ne présentent pas de difficulté majeure. Les offices de tourisme fournissent un plan départemental des itinéraires de promenades et de randonnées. Pour les excursions et randonnées comportant des passages montagneux, il est fortement conseillé d'être encadré par des guides habilités et brevetés et de prendre connaissance des conditions météorologiques qui peuvent changer très vite. Plusieurs associations sérieuses sauront vous proposer des visites et des promenades de grande découverte. Des accompagnateurs en moyenne montagne ont fait le choix de la qualité pour faire reconnaître leur profession. Tous professionnels, ils se sont associés au sein de l'Association Martiniquaise des Accompagnateurs en Montagne. Respectant la législation sur les randonnées en montagne, ils se chargent de tout. Venez avec vos vêtements et chaussures de marche et une idée de la région que vous souhaitez parcourir, ils définissent l'itinéraire selon vos souhaits et fournissent tout le nécessaire en matière d'équipements complémentaires ou de nourriture. Sécurité donc, facilité, mais aussi agrément, grâce à leur connaissance de l'île.
Dans tous les cas, prévoyez toujours de bonnes chaussures, un chapeau, de la crème solaire et une bouteille d'eau.

Kitesurf. La côte sud-atlantique (Cap-Chevalier, Le François) et le plan d'eau de la Pointe-du-Bout (face à Fort-de-France) sont particulièrement prisés pour la pratique de ce sport de glisse, curieux mélange entre le surf, la planche à voile et le cerf-volant ! Des clubs se sont installés dans ces endroits et offrent des stages d'initiation ou de perfectionnement. Un certificat médical d'aptitude à la pratique du kitesurf est à présent obligatoire. De même, si vous êtes déjà un kitesurfer autonome, il faut prouver que vous avez les niveaux verts FFVL et niveaux 3 IKO. Si vous les avez déjà, vous pouvez louer le matériel au club. Sinon, les cours sont obligatoires.

Scooter de mer. Cette discipline est désormais accessible à tous sans avoir le permis mer, à condition d'être encadré par des moniteurs diplômés exerçant dans une base agréée par les Affaires Maritimes. Ces conditions permettent aux moniteurs ayant un brevet d'Etat d'enseigner la pratique du scooter dans un cadre sécuritaire adapté. Ils sont habilités à encadrer jusqu'à quatre machines (soit huit personnes) lors de randonnées le long des côtes de la Martinique.

Surf. Le spot de Tartane (commune de La Trinité, côte nord-atlantique) est le mieux servi en vagues grâce à la régularité et la taille de la houle. Celui de Grand-Rivière, à l'extrémité nord de l'île (face à la Dominique), est réservé aux surfeurs plus que confirmés. Pour l'équipement, l'idéal est de voyager avec sa propre planche, mais attention aux conditions de transport. Mieux vaut se renseigner auprès de la compagnie d'aviation. Ce sport individuel qui se pratique sur des sites naturels est, bien entendu, gratuit. Mais il est conseillé de se munir de sa licence, afin d'éviter toute mauvaise surprise, et de contracter une assurance de responsabilité civile en cas d'accident dans l'eau avec d'autres surfeurs.

Plongée. Accessible à tous à partir de 8 ans et sans limite d'âge, la plongée sous-marine est la première activité touristique de l'île, et trop de personnes pensent encore qu'elle n'est réservée qu'aux plongeurs confirmés. Lors de votre baptême, vous êtes encadré par un moniteur de plongée diplômé d'Etat. Après avoir reçu les explications nécessaires, vous partez à la découverte de ce monde merveilleux. Pour les plongeurs confirmés, la Martinique dispose de nombreux sites remarquables. N'hésitez pas à demander à être encadré pour certaines plongées, afin de ne pas passer à côté des plus belles choses. Il y en a en effet pour tout le monde ! Le nord, avec ses tombants vertigineux et ses épaves historiques coulées lors de l'éruption de la montagne Pelée en 1902. Le sud, avec son sable blanc et ses eaux turquoise. Des plateaux coralliens offrant des plongées entre jardin, piscine, mais aussi quelques beaux tombants. Sans oublier le célèbre rocher du Diamant. Plongeurs plus aguerris, les clubs de plongée martiniquais proposent de se former en plongée FFESSM et ANMP du niveau 1 au niveau 4, ainsi que les formations PADI du Discover Scuba

Diver au diplôme professionnel du Dive Master. Si vous êtes déjà détenteur d'un niveau, pensez à apporter votre diplôme.

Canyoning. Le nord de la Martinique offre un prodigieux terrain de jeu aux amateurs de canyoning. Les gorges des rivières sur les contreforts du volcan se prêtent aux descentes à sensation. De la balade quasi familiale jusqu'au canyon plus technique, réservé aux connaisseurs (par exemple un rappel de 70 m !), il y en a pour tous les goûts ! Sensations fortes garanties. Ne vous aventurez jamais seul et choisissez des moniteurs agréés qui proposent des formules « canyoning », en forfaits journée ou demi-journée.

C'EST TRÈS LOCAL

Les Martiniquais raffolent du vélo ! Le dimanche, vous croiserez régulièrement des clubs de cyclistes en balade. Si les routes ne sont pas forcément les meilleurs endroits pour pratiquer, les champs de canne et de banane offrent de magnifiques alternatives. Encore faut-il les connaître… Demandez votre chemin.

VOS PAPIERS SVP

Le permis bateau est obligatoire pour les bateaux à moteur à partir de 6 CV. Attention, la navigation dans la zone caraïbe est celle des Etats-Unis, c'est-à-dire que tout est inversé (vert à bâbord, rouge à tribord) !

La pêche au fusil avec des bouteilles est formellement interdite. De même que le fait de ramasser des coraux, même morts. Vous n'avez pas non plus le droit de pêcher des lambis ni des oursins blancs de janvier à septembre.

Enfin, la vitesse en zone littorale est de 5 nœuds jusqu'à 300 m des côtes et autour des îlets.

A RÉSERVER

On peut pratiquer toutes sortes de sports de plein air en Martinique : équitation (une dizaine de ranchs à travers l'île), golf (celui de l'Espérance aux Trois-Ilets est le seul 18-trous de l'île), et bien sûr toutes sortes d'activités nautiques : rafting, canyoning, kayak, voile, kitesurf et paddle, très en vogue. De l'initiation à la pratique plus aguerrie, pensez, en haute saison, à réserver à l'avance auprès d'un opérateur pour choisir ce qui vous convient, du stage sur plusieurs jours à l'excursion d'une journée. Sachant que c'est la météo qui aura le dernier mot de toute façon. Mais mieux vaut être prudent justement et anticiper si certaines activités vous tiennent à cœur. Les centres proposent la formule « location » à l'heure, à la demi-journée ou en forfait plus long. Des stages de formation sont organisés pour tous les niveaux, des néophytes aux plus avancés. Certains clubs se trouvent dans l'enceinte des hôtels mais restent ouverts au grand public, d'autres sont des structures privées ou publiques indépendantes.

LES ÉVÉNEMENTS

En juillet, deux événements sportifs déchaînent les passions en Martinique : le Tour des yoles rondes, une course en sept étapes qui fait le tour de l'île à bord des célèbres embarcations colorées martiniquaises, et le tour cycliste de la Martinique, qui se déroule en neuf étapes et rassemble une centaine de participants.

SORTIR

HORAIRES
D'une manière générale, la vie nocturne n'est pas très agitée en Martinique. On se couche tôt et on se lève tôt. Les bars et clubs ferment leurs portes vers minuit en semaine et environ 2h le vendredi et le samedi soir.

TRANSPORTS NOCTURNES
Pour sortir, on ne saurait que trop vous recommander la voiture si vous ne voulez pas dormir sur place. Il est difficile au-delà de 20h de trouver un taxi-co ou un bus.

A PARTIR DE QUEL ÂGE
L'âge légal de consommation d'alcool est 18 ans, comme en métropole.

C'EST TRÈS LOCAL
Les fêtes patronales et bals de village sont encore assez répandus en Martinique. Renseignez-vous sur ces soirées ultra typiques et bon enfant.

SE LOGER

BUDGET / BONS PLANS
D'une manière générale, la Martinique est une destination plutôt onéreuse. La plupart des logements sont concentrés dans le sud avec des tarifs assez élevés à la nuitée. Les familles auront tout intérêt à opter pour des locations meublées proposées par des particuliers ou des agences. Les tarifs sont souvent dégressifs au bout d'une semaine, voire deux semaines. En clair, plus on reste, plus c'est intéressant ! Néanmoins, les prix varient énormément d'une saison à l'autre. Les logements sont 30 à 50 % moins chers en basse saison. Un conseil : réservez à l'avance et regardez du côté des offres « all inclusive » proposées par certains tour-opérateurs qui permettent de fixer le budget : sur place, il ne vous restera plus que les extras à payer (consommations, essence...). Bon à savoir : l'installation des Gîtes de France permet d'organiser ses vacances dans d'excellentes conditions de confort aux meilleurs prix. De même, beaucoup de résidences et villages de vacances offrent des solutions intermédiaires entre la location meublée indépendante et l'hôtel. Le site Internet du Comité Martiniquais du Tourisme recense pas mal d'offres à tous les prix : www.martinique.org

A RÉSERVER
Réserver à l'avance pendant la haute saison, soit de décembre à mars, c'est l'assurance de bénéficier des meilleurs prix.

C'EST TRÈS LOCAL
En Martinique, on vit tout le temps dehors. Il est donc fréquent que les cuisines soient localisées sur les terrasses, une tradition héritée des habitations coloniales (on avait peur que les cuisines prennent feu) et ça évite les odeurs. Bien sûr, l'électroménager ne dure pas *ad vitam aeternam* mais tant pis.

POUR LES GOURMANDS
De plus en plus d'hôtels et de gîtes proposent des formules tables d'hôtes à base de produits « péyi » Un bon moyen de manger local et de découvrir des produits du terroir martiniquais méconnus.

FUMEURS
C'est la même législation qu'en métropole : depuis 2008, il est interdit de fumer dans tous les établissements recevant du public, y compris les hôtels.

VIE QUOTIDIENNE

ALLO ?

L'indicatif téléphonique de la Martinique est le 05 96 pour les téléphones fixes et 06 96 pour les mobiles.
Pour appeler la Martinique depuis la métropole, il faut composer les 10 chiffres sans faire le 00 et sans faire de code international. Pour joindre la métropole depuis la Martinique, il n'est pas nécessaire de faire le 00 33.
Pour appeler l'étranger depuis la Martinique, il faut composer le 00, le code du pays que vous voulez avoir, puis le numéro de votre correspondant.
Les portables fonctionnent correctement en Martinique. Depuis 2017, si vous êtes titulaire d'un forfait de téléphonie mobile en métropole, celui-ci fonctionne de la même façon en Martinique. Les appels sont compris dans votre forfait, ainsi que la connexion Internet en 3G ou 4G. Des plafonds de consommation de données Internet sont néanmoins fixés par les opérateurs (renseignez-vous auprès de votre opérateur avant de partir). Plus besoin donc d'acheter une carte SIM sur place.
Attention en revanche si vous voyagez dans les îles voisines anglophones (croisière ou autre). Là, vous risquez d'avoir des surprises niveau tarification si vous utilisez votre forfait. Un conseil donc : mettez-vous en mode avion ou désactivez les données cellulaires à l'étranger.

ACCESSIBILITÉ

L'accessibilité n'est pas le point fort de la Martinique. Mais de plus en plus d'établissements sont équipés pour recevoir les personnes à mobilité réduite. L'infrastructure en général dans les lieux publics est aux normes françaises. Dans les centres-villes, les trottoirs ne sont pas franchement accessibles en fauteuil roulant à cause de leur étroitesse. Que vous soyez une personne à mobilité réduite ou accompagnant, les associations ou organismes spécialisés peuvent vous aider à faciliter votre séjour.

SANTÉ

Le niveau d'hygiène à la Martinique est proche de celui de la métropole et les quelques précautions sanitaires à prendre relèvent plutôt de l'ambiance insulaire tropicale : attention au soleil (bien plus fort qu'en métropole, penser à bien s'hydrater) et aux piqûres de moustiques.
La plus grande prudence devra être observée en cas de petites plaies (qui ont souvent du mal à cicatriser dans ce milieu).
Enfin, la mer est parfois dangereuse et il faut donc être prudent : ne pas se baigner seul, loin du bord, pas après un repas lourd (de surcroît bien arrosé) et éviter une exposition solaire prolongée ; toujours entrer dans l'eau progressivement.
Se méfier des oursins, coraux et autres méduses ou poissons venimeux. Sur les plages souillées par les déjections canines, il est classique d'attraper la *Larva migrans*, une maladie de peau facile à traiter, mais aussi à éviter par le port de sandales et les nattes.

La Martinique étant soumise aux mêmes réglementations sanitaires que la métropole, n'oubliez pas d'apporter votre carte Vitale au cas où vous devriez être hospitalisé sur place, ainsi que votre carte de mutuelle.

URGENCES SUR PLACE

Les services médicaux ne manquent pas en Martinique. Parmi les plus importants, le CHU de Fort-de-France (✆ 05 96 55 20 00) et la clinique Saint-Paul (✆ 05 96 39 40 00).

Si vous avez un problème, contactez SOS Médecins ✆ 05 96 63 33 33. Ils établiront un pré-diagnostic par téléphone et vous renseigneront sur le médecin le plus proche de votre lieu de résidence.

SÉCURITÉ

La Martinique est une destination très sûre. On peut tout à fait voyager avec des enfants qui profiteront des activités balnéaires à profusion, des sports et loisirs adaptés pour eux ! Un seul petit bémol : le décalage horaire. Attention également à bien protéger leur peau des méfaits d'un soleil particulièrement ardent. Et bien sûr attention aux moustiques.

LGBTQ

Un club, une plage (les Petites Salines), quelques restaurants et des hébergements : si l'île est un endroit gay friendly, il y a assez peu d'établissements exclusivement pour les gays en Martinique.

C'est surtout dans la capitale, Fort-de-France, que l'on retrouve le plus d'établissements pour la communauté LGBTQ.

POSTE

L'affranchissement est le même qu'en métropole. Les lettres ou les cartes doivent porter la mention « Par avion ». Le délai d'acheminement est de 5 à 7 jours. En dehors de la poste, les timbres sont rares, ce qui provoque de considérables files d'attente. Les levées sont quotidiennes pour le transfert postal par avion. Quant aux bureaux de poste, généralement bondés, ils sont ouverts de 8h à 16h en semaine et le samedi matin.

MÉDIAS LOCAUX

Tous les titres de presse de la métropole sont disponibles en Martinique (à un prix souvent plus élevé, transport oblige…).

Parmi la presse, il y a *France Antilles*, le seul quotidien de la Martinique, *La Tribune des Antilles Magazine, Choubouloute, Bois Lélé, Martinique Bonjour, Amina*.

Côté sites Internet : www.bellemartinique.com, www.zananas-martinique.com.

Les radios de métropole sont toutes relayées en Martinique par des radios locales. La chaîne Martinique la 1ère diffuse les JT de France Télévisions en plus des décrochages locaux.

La Martinique est une destination où il est facile de voyager avec des enfants.

DÉCOUVRIR

Lézarder sous les cocotiers de l'anse des Salines, découvrir les ruines de Saint-Pierre, tenter l'ascension de la Montagne Pelée, sillonner les villages de pêcheurs du nord, faire du kayak sur la mangrove des Trois-Ilets, plonger dans les eaux cristallines des caraïbes, admirer le coucher du soleil sur le rocher du Diamant, visiter l'une des distilleries de l'île… impossible de s'ennuyer en Martinique !

Petit paradis dissimulé dans l'archipel des Petite Antilles, l'île aux fleurs fascine tant pour la diversité des paysages qu'elle abrite que pour sa douceur de vivre. La Martinique, c'est aussi un patrimoine culturel riche, avec des traditions fortes comme la yole, des savoir-faire uniques comme son rhum AOC , le seul au monde, ou encore sa gastronomie colorée et pleine de saveur. C'est aussi une terre d'intellectuels de renom, tel Aimé Césaire dont l'œuvre et la pensée ont incontestablement marqué la Martinique et le monde.

SUR LA ROUTE DU RHUM

Avec sept distilleries en activité sur l'île, le rhum a toujours été ancré dans l'histoire et la vie des Martiniquais. Mais il est aujourd'hui bien plus que ce cliché sympathique. Le rhum martiniquais est en effet le seul au monde à bénéficier d'une appellation AOC, et sa qualité ne cesse de progresser. Les fabricants martiniquais ont ainsi développé une filiale d'excellence, dont le savoir-faire s'exporte aujourd'hui à travers le monde entier et rivalise sans complexe avec la concurrence internationale des meilleurs spiritueux. Face à cet engouement, les distilleries martiniquaises développent des circuits axés autour du spiritourisme, avec des visites thématiques, qui offrent un réel attrait touristique culturel, pour tenter de percer les secrets de fabrication de ce divin breuvage. Et n'allez pas croire que toutes les distilleries sont les mêmes : chacune a ses spécificités, ce qui rend le rhum d'autant plus fascinant.

L'invention du rhum agricole

Impossible de parler de la Martinique sans évoquer son rhum, considéré comme l'un des meilleurs au monde. Que l'on soit simple amateur de ti-punch, symbole même des vacances, ou grand connaisseur capable d'en apprécier les plus fines bouteilles, ici le rhum et sa dégustation font partie de la culture locale. Si le rhum traditionnel fabriqué dans le monde entier est obtenu par la distillation du résidu de la fabrication du sucre, la mélasse, le rhum agricole martiniquais, lui, est issu du produit de la fermentation du pur jus frais de la canne. Il bénéficie d'une appellation AOC, qui garantit la qualité et la provenance de la canne ainsi que le respect des principales étapes de fabrication.

L'invention du rhum serait liée au Père Labat. En 1694, le moine dominicain est victime d'une terrible fièvre dont il aurait été sauvé par une décoction à base d'un alcool encore méconnu à l'époque, le tafia, l'ancêtre de ce qu'on appelle aujourd'hui le rhum. Il met alors au point un procédé ingénieux de fabrication avec un alambic des Charentes, permettant d'obtenir un liquide clair très aromatique, issu de la fermentation de différents déchets sucrés provenant de la fabrication du sucre.

Durant la seconde moitié du XIXe siècle, l'arrivée de la machine à vapeur va révolutionner le rhum et donner naissance au rhum agricole. Face à la crise que traverse la canne à sucre, après la découverte de la betterave, les sucreries se regroupent en usines centrales. La canne à sucre, elle, est acheminée des champs jusqu'à l'usine via le réseau ferroviaire.

Difficulté majeure, la topologie particulière de l'île ne permet pas de relier les habitations les plus enclavées qui sont, de fait, marginalisées du circuit sucrier. En conséquence, certaines d'entre elles décident de distiller directement le jus de la canne (vesou) et donnent naissance au rhum agricole qui s'appelle alors à l'époque « rhum z'habitants ». A la fin du XIXe siècle, la chute des cours mondiaux du sucre incite les petits planteurs à se reconvertir vers la fabrication de ce rhum nouveau.

Le seul rhum AOC au monde

En Martinique, l'Appellation d'Origine Contrôlée assure de l'utilisation exclusive du jus de canne issu d'un territoire délimité, de tradition régionale, présentant une certaine qualité.

Mais c'est surtout son goût qui va faire la différence, un rhum agricole présentant des arômes plus fruités et un bouquet plus riche qu'un rhum industriel. Du point de vue technique, toutes les étapes de la fabrication du produit suivent un processus parfaitement encadré, de la sélection rigoureuse des variétés de canne autorisées à l'art délicat du vieillissement.

Elaboration du rhum agricole. Concrètement, la canne est lavée, récoltée puis broyée par une batterie de moulins. Elle produit du jus, le vesou (ainsi que de la bagasse, qui servira de combustible), qui est mis à fermenter avant d'être distillé rapidement pour conserver tout son potentiel aromatique. Le vesou, soigneusement filtré, est placé dans des cuves à fermentation pendant 36 à 48 heures. Démarre alors le travail de fermentation, étape cruciale qui conditionne les saveurs finales du rhum : sous l'action des différentes levures, le sucre est transformé en alcool. A l'issue de la fermentation, on obtient un vin de canne titrant à 5-6° d'alcool. Vient ensuite l'étape de la distillation. Introduit dans le haut de la colonne, le vin descend de plateau en plateau, en chauffant au contact de la vapeur introduite par le bas de la colonne, ce qui per-

© T PHOTOGRAPHY - SHUTTERSTOCK.COM

Récolte de la canne à sucre.

met de séparer l'eau de l'alcool et des composants aromatiques qu'il contient. A la sortie de la colonne à distiller, les vapeurs donnent, une fois refroidies, un rhum blanc qui titre autour de 70° ! Celui-ci est ensuite brassé, aéré, mis au repos pendant trois mois, puis coupé à l'eau distillée ou de source pour revenir autour de 50 à 55°. Idéal pour les ti-punchs, le rhum blanc garde intacts les arômes de la canne fraîchement coupée.

▶ **Rhum ambré.** L'autre partie du vesou distillé passe par une phase de vieillissement sous-bois (généralement en fût de chêne) pour élaborer des rhums ambrés et vieux. Le rhum paille ou ambré séjourne en fût de chêne pendant 12 à 18 mois, pendant lesquels il prend une légère coloration, marquée par quelques arômes rappelant le rhum vieux.

▶ **Le rhum vieux**, quant à lui, ne devient vieux qu'au bout de 3 ans, mais on peut obtenir un vieillissement plus poussé en le conservant plus longtemps encore : il s'appelle alors « hors d'âge ». « Very Old » (VO) pour les rhums élevés sous-bois pendant 3 ans, « Very Special Old Pale » (VSOP) pour ceux qui ont vieilli pendant 4 ans minimum, « Extra Old » (XO) pour 6 ans et plus de vieillissement. S'ajoutent à cela les rhums millésimés, issus d'une récolte unique, qui témoignent d'une année exceptionnelle. Ces rhums vieux extraordinaires rivalisent avec les plus grands spiritueux et s'apprécient à la manière des vieux cognacs ou armagnacs.

▶ **L'AOC.** En termes de reconnaissance internationale, l'Appellation d'Origine Contrôlée assure aux rhums martiniquais une notoriété et une originalité qui leur permettent de conquérir de nouveaux marchés à l'instar du Japon, de l'Europe ou des Etats-Unis. D'autant que les rhums martiniquais remportent tous les ans de nombreuses médailles dans les concours internationaux de spiritueux.

Le spiritourisme

Face à l'engouement que suscite aujourd'hui le rhum martiniquais à travers le monde, la Martinique s'ouvre de plus en plus au spiritourisme. A l'instar de l'Ecosse pour son whisky et de la France pour son vin, ce type de tourisme thématique autour des spiritueux permet d'inclure la découverte des procédés de production aux traditionnels séjours touristiques. C'est une nouvelle façon d'aborder la découverte d'une destination sous le prisme des secrets de production de son alcool local et de s'imprégner ainsi de la culture martiniquaise. L'île compte aujourd'hui, du nord au sud, douze distilleries dont sept distilleries fumantes, c'est-à-dire en activité et qui produisent du rhum. Les non-fumantes ne distillent plus : elles ont confié la distillation de leur rhum à une autre usine active.

Parmi les distilleries fumantes figurent Neisson au Carbet, Maison La Mauny (qui distille également les rhums Trois-Rivières), l'Habitation du Simon (où sont produits les rhums A1710, Clément et HSE), Saint-James (qui distille également les rhums Hardy), Depaz, la distillerie JM et La Favorite. L'ancienne production de sucre se limite, elle, à la seule usine du Galion à La Trinité, dernière sucrerie de l'île encore en activité.

Les distilleries en activité se visitent toute l'année. La plupart proposent des visites payantes avec un guide. On y aborde le rhum martiniquais d'une manière assez généraliste, avec des explications techniques mais à visée pédagogique, qui séduiront les connaisseurs et ne décourageront pas les néophytes !

Les visites peuvent souvent se faire en famille, surtout dans les sites où ont été aménagés des petits trains. Elles sont l'occasion de passer une agréable journée, permettant de combiner visites d'un jardin attenant à la distillerie, des chais, dégustation, visite des boutiques, déjeuner sur place, et escale à la plage.

© CATHERINELPROD - SHUTTERSTOCK.COM

Broyage de la canne à sucre.

La force de ces visites spiritouristiques ? Elles s'adaptent à vos attentes et peuvent se faire plus pointues pour un public averti. Visites sur-mesure en petits groupes, dégustations de cuvées exceptionnelles comme des rhums extra vieux, ateliers d'accords mets-rhums, rencontre avec des maîtres de chai, des artisans ou des chefs. En clair, autour du rhum viennent se décliner différents aspects du patrimoine martiniquais. Et pourquoi pas aussi loger sur place et se laisser happer, le temps d'une nuit, par la douceur des plantations de cannes environnantes ? N'hésitez pas à faire votre demande directement auprès des distilleries citées. Cette tournée des distilleries permet de découvrir la Martinique autrement, en abordant à la fois l'histoire de l'île et son savoir-faire en matière de rhums. Car, d'une distillerie à une autre, l'histoire, le terroir et les pratiques sont différentes. On vous invite donc à vous rendre dans chacune d'elles : vous y trouverez des spécificités intéressantes.

Les distilleries de la Martinique

Distillerie Saint-James. La visite de la distillerie Saint-James et de son musée, situés au bord de la rivière Sainte-Marie depuis 1860, est une excellente introduction pour découvrir l'histoire et les techniques de fabrication de ce fameux rhum. A la suite d'un édit, signé par Louis XIV, interdisant la vente du rhum en métropole, le père Lefebvre, fondateur de la distillerie, décida de donner à son rhum un nom facile à prononcer par les Anglais, afin de faciliter la vente de sa production aux colons de la Nouvelle-Angleterre. Et c'est ainsi que naquirent les rhums Saint-James. C'est la seule distillerie qui produit encore quelques milliers de litres de cœur de chauffe provenant de la distillation par alambic charentais. La gamme est très large et comprend le rhum impérial des plantations à 50°, le rhum paille à 50°, le royal ambré à 45°, vieilli au moins 12 mois en foudre de chêne. Mais aussi plusieurs catégories de rhum vieux : rhum vieux à 42° (âgé d'au moins 4 ans), le hors-d'âge à 43° (minimum 7 ans) et une gamme de millésimés, produits les années de récoltes exceptionnelles. Sur le site se trouve un musée qui retrace l'histoire du rhum agricole martiniquais. La visite se fait en parfaite autonomie et elle est gratuite. Aménagé dans l'ancienne habitation créole des précédents propriétaires, datant de 1874, le musée expose, à l'aide de gravures anciennes, vieilles bouteilles, affiches publicitaires et matériel agricole, les méthodes de culture de la canne, l'évolution des procédés de fabrication du rhum, l'amélioration des techniques industrielles et du matériel employé depuis l'apparition de la canne à la Martinique en 1654 puis par Saint-James depuis 1765. A l'extérieur du musée, après le jardin où prospèrent les anciens moulins, les chaudières, les machines à vapeur, se trouve la maison de la distillation qui retrace l'histoire et l'art distillatoires à travers les différents appareils utilisés selon les époques. La collection d'alambics et de colonnes à distiller y est impressionnante ! Le site propose également une balade (en supplément) de 3 km dans l'ancien train des plantations qui servait autrefois à acheminer la canne à l'usine à travers les champs de canne à sucre et les bananeraies. Entre février et juin, on passe tout près de l'usine en pleine effervescence.

Distillerie JM. A Macouba, à l'extrême nord de la Martinique, au cœur de la forêt tropicale, la distillerie JM occupe depuis le XIXe siècle le fond de la vallée de la Rivière-Roche. D'une simple roue hydraulique entraînant un moulin (dans un champ de canne à sucre) est née l'un des rhums les plus célèbres au monde. La canne distillée provient uniquement de l'Habitation Bellevue située sur un plateau au-dessus de la distillerie entre montagne Pelée et océan Atlantique, elle est entièrement utilisée pour la production du rhum agricole. Le rhum ainsi produit est de grande qualité, méritant un long vieillissement en fûts de chêne.

Fait rare, la distillerie abrite l'unique tonnellerie de la Martinique (de septembre à décembre).

La visite, à la scénographie très élégante et séduisante, est particulièrement intéressante. On y découvre toute l'histoire de cette distillerie. Tout a commencé en 1790 avec Antoine Leroux-Préville. Six cuves, placées par ordre croissant de taille, recueillent le jus de canne. Après cristallisation, on récolte le sirop (la mélasse) dont on tire le rhum ou tafia. Puis, de simple sucrerie, la maison devient distillerie en 1845 avec Jean-Marie Martin (d'où les initiales JM). Gustave Crassous de Médeuil, déjà propriétaire de l'habitation Bellevue, l'acquiert en 1914 des mains de son frère Ernest. En 1971, la société civile agricole Héritiers Crassous de Médeuil est constituée. La visite de la distillerie se poursuit par celle des jardins du rhum, une promenade bucolique qui démarre par le jardin des cannes, où l'on découvre les trois variétés de cannes hybrides sélectionnées par la maison parmi les cannes autorisées par l'AOC pour leur qualité et leur meilleure résistance à la coupe mécanique : la canne paille, la canne bleue et la canne rouge. Le jardin reprend la disposition typique en carrés séparés qui prévalait autrefois pour la culture de la canne dans les plantations. La promenade longe une végétation riche, née d'une terre exceptionnellement fertile et d'un métissage d'espèces : fleurs, plantes ornementales, arbustes, lianes ou grands arbres, le jardin des épices (basilic, citronnelle, gingembre, poivre, piment, muscadier, giroflier, bois d'Inde, cannelier, vanille...), avant de se terminer par la boutique pour goûter aux divins nectars produits sur place. Là vous serez amené à découvrir la saveur olfactive exceptionnelle de ces « grands crus » et nectars de caractère servis dans un cadre somptueux. Le meilleur pour la fin avec une halte à la boutique qui abrite quelques pépites comme du hors-d'âge de 15 ans, des single casks singuliers et d'exceptionnels rhums vieux qui ont fait et font toujours la réputation de JM.

Habitation Clément. Située au sud du François, l'Habitation Clément est célèbre pour ses rhums AOC, sa Fondation d'art contemporain mais aussi pour son splendide parc botanique labellisé Jardin remarquable. L'Habitation Clément comprend l'ancienne distillerie aménagée en Centre d'interprétation des Rhums Clément, des chais de vieillissement où reposent paisiblement les célèbres rhums vieux Clément, une maison créole classée au titre des monuments historiques de France et un parc botanique au cœur d'une propriété agricole où l'on cultive la canne à sucre. Située dans la commune du François, cette habitation rachetée par Bernard et Yves Hayot en 1986 est un élément majeur du patrimoine architectural et industriel de la Martinique. La visite est payante, mais libre. On se balade dans un grand parc arboré. On visite la maison créole du XVIIIe siècle avec ses meubles d'époque et ses photos anciennes. Dans l'espace dégustation, on peut apprécier et acheter le fameux nectar. Pour accompagner sa politique axée sur la promotion des artistes caribéens, et plus particulièrement martiniquais, l'Habitation Clément s'est également dotée d'une Fondation qui organise des expositions d'artistes martiniquais et caribéens.

Très créative, Clément a été la première distillerie à proposer des rhums blancs monovariétaux, c'est-à-dire issus d'une seule variété de canne, en l'occurrence la canne bleue.

© PACKSHOT - STOCK.ADOBE.COM

Bouteilles de punch vendues sur le marché de Fort-de-France.

SUR LA ROUTE DU RHUM

© JEAN-BAPTISTE BARRET

Habitation Clément.

Habitation Saint-Etienne. C'est l'une des rhumeries les plus avant-gardistes de Martinique. Depuis 1994, Florette et José Hayot redonnent à ce domaine situé à Gros-Morne un nouvel élan. Ils perpétuent le savoir ancestral au sein de leur production qui se décline avec le traditionnel rhum blanc, reconnu pour sa fraîcheur et sa typicité, les rhums d'assemblage tels le VSOP et le XO, et les expert casks millésimés.

La visite de cette habitation a un double intérêt : d'une part le parc botanique de 5 hectares, avec une flore admirable de plus de 200 espèces végétales. D'autre part l'ancienne distillerie qui abrite des vestiges industriels comme une machine à vapeur de 1925, des chaudières, une turbine hydraulique... Les rhums HSE sont produits à l'habitation du Simon mais vieillissent dans les neuf chais du site. Grâce à sa maîtrise toute particulière du travail des fûts, HSE produit une large gamme de rhums très vieux et bien connue des amateurs, qui lui doit d'être régulièrement primée. La mise en bouteille se fait sur place et est visible avant 15h en semaine.

La gamme des rhums HSE se décline en deux grandes parties : les produits traditionnels et ancestraux tels que le blanc, l'élevé sous-bois, le VSOP, le XO et les expert casks, et la gamme innovante des finitions d'une autre part. Agrémentée d'expositions permanentes ou temporaires honorant des plasticiens locaux ou internationaux, la boutique de l'Habitation propose un large choix de produits ainsi que des dégustations gratuites. La particularité de HSE est le travail des fûts et le vieillissement dont les finitions du monde sont un bel exemple : finitions en fûts de porto, sauternes, whisky…

Distillerie Dillon. Aux portes de Fort-de-France, la distillerie Dillon produit plusieurs variétés de rhums vieux et blancs. L'aventure de la distillerie démarre avec Arthur Dillon, arrivé en Martinique dans les années 1770, qui s'éprend de l'héritière d'une famille de planteurs. La visite rappelle que la marque a traversé les époques. Aujourd'hui, la distillerie est non-fumante : les cannes se trouvent dans le nord de la Martinique, le rhum est distillé quelque part dans l'île. Attenants à la boutique, les chais accueillent les rhums vieux en pleine maturation ainsi que l'embouteillage réalisé sur place.

Au cours de la visite qui illustre les différentes phases de fabrication, une ancienne machine à vapeur de 1922 ne manquera pas de vous surprendre : elle fonctionne encore pour activer le système de broyage de la canne.

Distillerie La Favorite. Fondée en 1842, la distillerie La Favorite est l'une des deux dernières distilleries familiales de l'île. Elle est aussi la dernière unité de production de rhum en Martinique qui fonctionne entièrement à la vapeur. Au milieu de 60 hectares de cannes à sucre, elle produit chaque année entre février et juin environ 500 000 litres de rhum issus du pur jus de canne de façon traditionnelle et artisanale grâce à sa machine à vapeur de 1905. Régulièrement primés aux concours de dégustation nationaux et internationaux, les rhums blancs, vieux et hors-d'âge La Favorite ravissent le palais des amateurs du monde entier. La visite de la distillerie est libre, on peut y flâner à son aise, découvrir étape par étape la production du rhum agricole jusqu'à l'embouteillage, ainsi que l'histoire des lieux, rencontrer les ouvriers agricoles travaillant sur place, avant de finir par la boutique flambant neuve, où Emmanuelle et Célina se chargent de la partie dégustation.

Jamais à court d'idées, la distillerie La Favorite propose des visites et dégustations guidées en petits comités… de nuit ! On évolue à travers la distillerie équipé d'une lampe frontale avant de terminer par une traditionnelle dégustation. Une originalité qui se paye (comptez 15 € environ par personne) et surtout qui se réserve !

Distillerie Hardy. C'est au cœur de la presqu'île de la Caravelle, haut lieu de la piraterie dans les Caraïbes, que se trouvent les terres du rhum Hardy, entre la baie du Trésor, les ruines du château Dubuc, et la baie du Galion. Juste avant la plage de la Brèche, sur la droite, se trouvent la distillerie Hardy et sa boutique attenante. Depuis 1994, la distillerie Hardy a cessé de fumer mais la production de ce rhum mythique, elle, n'a pas été interrompue et se poursuit au sein d'une autre distillerie, pas très éloignée (Saint-James !). Pour autant, pas question de renoncer à la typicité de ce rhum emblématique de la Martinique. D'autant que ce sont toujours les descendants de la famille Hardy qui sont aux commandes et qui ont su conserver cette distillerie au sein de leur patrimoine. Dans les années 1970, Gaston Hardy, ingénieur, modernise l'outil de production (mécanisme du moulin, cheminée en béton, colonne à distiller). Aujourd'hui, c'est son petit-fils, Jean-Pascal Hardy, qui a décidé de redonner vie à cette distillerie en ruine en lançant une gamme de rhums d'exception et en réfléchissant à un projet de réhabilitation. Cela passerait par la restauration et la mise en valeur des machines, la création d'un musée, d'un chai de vieillissement, etc.

Distillerie Depaz. Elle est la seule distillerie survivante de Saint-Pierre. Avant l'éruption de la montagne Pelée de 1902, plus de vingt distilleries étaient implantées dans la région. La plantation, détruite en 1902, fut reconstruite sept ans plus tard par Victor Depaz, unique rescapé de la famille, qui était à Bordeaux au moment de la catastrophe. La plantation se tient à l'écart de la ville, surveillée par l'impressionnante montagne Pelée. Le climat et l'environnement apportent au rhum une qualité estimée, renforcée par un travail de haute qualité dont le secret se transmet de génération en génération. Aujourd'hui, le jus de canne fermente dans 12 cuves de 30 000 litres de capacité chacune. Un circuit libre à travers ce lieu chargé d'histoire, ponctué de panneaux explicatifs, permet de comprendre la fabrication du rhum agricole. La visite (gratuite) de l'habitation principale transformée en musée complète agréablement le parcours, qui s'achève par la dégustation à la boutique. Au-delà de toutes ses machines, le château Depaz, reconstruit à l'identique, surplombe un magnifique parc de 5 hectares avec ses arbres majestueux et centenaires et le visiteur aura désormais la joie de découvrir les différentes pièces de l'habitation : son hall d'entrée, sa salle à manger, son fumoir, sa salle de jeux, sa salle d'archives ainsi que le bureau de monsieur Depaz.

Distillerie Neisson. Créée en 1932, la distillerie Neisson au Carbet est l'une des dernières distilleries familiales en Martinique à cultiver sa propre canne à sucre. Les amateurs de rhum blanc prétendent que le « zepol karé », célèbre bouteille rectangulaire, avec un arôme particulier, plus intense et plus fruité que les autres rhums, serait le meilleur de l'île. Cette saveur particulière serait liée au fait qu'à Neisson, les cannes à sucre, qui s'étendent tout autour de la distillerie, poussent sur des terres volcaniques très fertiles.

Depuis peu, la distillerie Neisson produit un rhum agricole A.O.C. bio, unique au monde, sans oublier l'étonnant Esprit à 70°. La visite de la distillerie est libre, ponctuée de panneaux explicatifs qui permettent au visiteur de suivre les différentes étapes de fabrication et de découvrir l'outil de production, sans omettre la case dégustation à la boutique qui abrite les breuvages premium de la distillerie. En 2018, Neisson a obtenu le label « Entreprise du Patrimoine Vivant », une première pour une distillerie de rhum en Martinique.

© GÉRARD GERMAIN

Rhum JM.

© PACKSHOT - FOTOLIA

Habitation Clément.

Maison La Mauny. C'est l'un des domaines les plus emblématiques de la Martinique. L'effigie de la tête marée, coiffe traditionnelle qui symbolise l'élégance martiniquaise, n'y est pas étrangère. Visiter la Maison La Mauny à Rivière-Pilote, c'est entrer au cœur de la production du rhum AOC en Martinique. Il faut dire qu'elle est l'une des plus importantes productrices de rhum de l'île, déversant près de trois millions de litres de rhum par an !

C'est en 1749 que Ferdinand Poulain, un Breton fraîchement débarqué en Martinique, acquiert cette exploitation après avoir épousé la fille d'un planteur local. Il lui donne le nom de sa femme : La Mauny. D'abord dédiée à la production de sucre, l'exploitation, nichée dans une vallée verdoyante du sud de la Martinique, entourée de champs de canne à sucre, se lance dans le rhum en 1820. Passé entre de nouvelles mains dans les années 1930, le domaine connaît une forte expansion après la Seconde Guerre mondiale. Détenue aujourd'hui par BBS, créée par la famille Bellonnie, associée à la famille Bourdillon, qui a grandement contribué à la promotion du rhum agricole de Martinique, la Maison La Mauny fait partie du même groupe que Trois-Rivières (Campari).

La visite du site est bien rodée. A bord d'un petit train, un guide commente les différentes étapes de l'élaboration des rhums agricoles, de la récolte de la canne à sucre (de février à fin mai) à la distillation en passant par son broyage et la fermentation du jus obtenu, puis l'assemblage et le vieillissement. La visite mène justement jusque dans les chais, qui permettent de mieux cerner l'art de l'assemblage et du vieillissement des «rhums vieux». A bord du train, on découvre également l'ancienne maison de maître, les vergers, les champs de canne, avant l'étape ultime : la dégustation au sein de la Cabane à Rhum. On y découvre les dernières créations du domaine, les rhums gourmands et généreux, signatures de la maison La Mauny, ceux vieillis en fût d'acacia (une nouveauté !), la gamme monovariétale La Wouj (à base de canne rouge), et bien sûr les liqueurs, l'un des produits phares du domaine.

Le domaine organise également des visites thématiques sur mesure, pour tous les publics (plus ou moins connaisseurs, croisiéristes, séminaires…). Certaines vous permettront même de rencontrer Daniel Baudin, maître de chai de la maison, sacré « Meilleur Maître de Chai du monde » par l'International Rhum Conférence en 2019.

Les familles peuvent y passer une journée agréable, et prendre le temps de visiter, d'apprendre, de déguster, et même de se restaurer sur place, chez Kay Mimi, le restaurant sur site, situé au pied de la distillerie.

A noter que la visite est vivement recommandée lorsque l'usine est en activité, de février à fin mai. Au milieu des camions qui acheminent la canne (coupée à la main exclusivement ici), on est alors au plus près de la fabrication de rhum. Très axée sur le spiritourisme, la Maison la Mauny propose également des ateliers sur le thème « Food Pairing » (accords mets-rhums) animés par la cheffe et blogueuse culinaire Prisca Morjon, sous réserve d'inscription à l'avance. Et pourquoi pas finir la journée avec un bain sur la jolie plage de l'Anse Figuier ?

A l'IWSC (l'International Wine and Spirit Competition) de Londres en novembre 2020, considéré comme l'un des concours les plus reconnus de l'univers des spiritueux, la distillerie Trois-Rivières et la Maison La Mauny ont remporté les distinctions suivantes : « Meilleur producteur de rhum 2020 » et « Meilleur producteur de spiritueux 2020 ».

Les Trois-Rivières. En allant plus au sud, on parvient à la distillerie des Trois-Rivières avec son magnifique moulin d'inspiration Père Labat. Avec en fond une vue à couper le souffle sur le rocher du Diamant, la distillerie semble sortir tout entière d'un décor de film. Elle produit l'un des rhums blancs les plus plébiscités de Martinique et l'un des rhums vieux les plus primés ! Ici, on dit que les cannes poussent la tête au soleil (d'où la puissance du rhum liée au fort ensoleillement) et les pieds dans l'eau, de par leur proximité avec la mer, une salinité et une minéralité que l'on retrouve en bouche.

Fondée vers 1660 par Nicolas Fouquet, surintendant des finances du roi Louis XIV, la Plantation Trois-Rivières compte parmi les premières distilleries de la Martinique. On peut y apprécier les vestiges de l'ancienne usine (qui n'est plus en activité) mais qui se visite toujours. Les guides rappellent les méthodes ancestrales d'élaboration des rhums agricoles Trois-Rivières, de la coupe de la canne au vieillissement. Un moment d'échange privilégié. En repartant, faites une halte au pied du majestueux fromager habité par des milliers de « Touloulous » (petits crabes rouges de Martinique), qui grouillent de partout !

Depuis la terrasse dominant la plantation, on peut ensuite déguster les prestigieux millésimes et cuvées de Trois-Rivières qui se distinguent à l'échelle mondiale de par leur puissance, leur extraordinaire richesse aromatique. Le talent de l'audacieux maître de chai, Daniel Baudin, n'y est pas non plus étranger.

Habitation du Simon. Au François, l'habitation du Simon distille les rhums Clément, les rhums HSE et la toute nouvelle et talentueuse marque A1710, dernière-née des distilleries de l'île. Cette ancienne sucrerie transformée en purgerie a été reprise en 2010 par Yves Assier de Pompignan, descendant direct de Jean Assier, le fondateur de la plantation. L'homme d'affaires, passionné de rhum, se lance alors dans un pari fou : celui de créer une nouvelle rhumerie portant en elle l'histoire et la richesse de ce terroir unique. Et c'est ainsi qu'est lancée la marque A1710 : A pour artisanal (car ici tout est fait manuellement), 1710 qui correspond à l'arrivée de Jean Assier en Martinique. Dès le départ, le positionnement est clair : produire des rhums d'excellence. Souhaitant élaborer des rhums avec différentes variétés de cannes, avec des fermentations plus longues pour conserver tout le potentiel aromatique de la canne fraîche (le fer de lance de la marque), une distillation dans un alambic charentais entièrement en cuivre, complété d'une colonne à sept plateaux, A1710 a volontairement choisi de ne pas faire partie du cahier des charges AOC du rhum agricole martiniquais afin de se laisser un maximum de liberté créatrice.

Très orienté vers le spiritourisme, A1710 propose des visites thématiques particulièrement intéressantes et a même réaménagé l'ancienne maison principale en maison d'amis, pour y accueillir des séjours rhumiers. Les hôtes viennent participer à toutes les étapes de fabrication du rhum, depuis la coupe des cannes en passant par le broyage, la fermentation, l'habillage des bouteilles (toutes logotées du fameux trigonocéphale, serpent responsable de la mort de milliers de coupeurs de canne dans les plantations). Et six mois plus tard, les apprentis techniciens reçoivent la caisse du rhum qu'ils ont fabriqué eux-mêmes ! Un séjour initiatique particulièrement enrichissant, au cœur même de la fabrication du rhum, qui permet de montrer toute l'étendue du savoir-faire lié à ce divin breuvage, dont la qualité ne cesse de s'améliorer.

© HENRI SALOMON

Habitation Saint-Etienne.

AIMÉ CÉSAIRE EN SA DEMEURE

Poète engagé, essayiste, dramaturge, homme politique, intellectuel surdoué et visionnaire… : les qualificatifs ne manquent pas pour qualifier Aimé Césaire, un homme rare qui a donné une fierté immense à la Martinique et qui a embrassé les causes de la justice et de l'émancipation. Un homme au destin hors du commun aussi, connu à travers le monde entier pour être le chantre de la « négritude », un concept né dans les années 1930 à Paris avec ses amis de toujours : le Sénégalais Léopold Sédar Senghor et le Guyanais Léon-Gontran Damas. Le 17 avril 2008, Césaire s'est éteint à 94 ans, laissant les Martiniquais orphelins, et leur léguant une œuvre qui a marqué le XXe siècle. Sur les hauteurs de Fort-de-France, on peut visiter la maison où Aimé Césaire a passé les quarante dernières années de sa vie. Un témoignage vibrant d'émotion qui va prochainement fermer ses portes et faire l'objet d'un vaste et ambitieux projet de réhabilitation.

Un destin hors du commun

C'est à Basse-Pointe, dans une famille modeste, qu'Aimé Césaire a vu le jour le 26 juin 1913. Tout petit déjà, il se passionne pour la littérature. Elève brillant, il obtient une bourse pour partir étudier à Paris, intègre le lycée Louis-le-Grand en 1931 puis l'Ecole Normale Supérieure. C'est là qu'il rencontre ses fidèles amis, notamment le Sénégalais Léopold Sédar Senghor, son aîné de quelques années, qui deviendra plus tard écrivain et président de son pays, ainsi que sa femme Suzanne, native elle aussi de Martinique, intellectuelle engagée et militante de l'antillanité, qu'il épouse en juillet 1937. A Paris, Aimé Césaire découvre l'Afrique sous le prisme du colonialisme. En 1935, il fonde le journal *L'Etudiant Noir*, fortement influencé par le surréalisme et la culture africaine, puis invente le concept de la « négritude ». Il écrira notamment : « Si l'assimilation n'est pas folie, c'est à coup sûr sottise, car vouloir être assimilé, c'est oublier que nul ne peut changer de faune ; c'est méconnaître « altérité » qui est loi de Nature ». Ce combat contre le racisme et le colonialisme, qu'il dénoncera plus tard dans son fameux *Discours sur le colonialisme*, Césaire le poursuit ensuite en politique. En 1945, il est élu député de la Martinique à seulement 32 ans, se rallie au Parti Communiste, pour « travailler à la construction d'un système fondé sur le droit à la dignité de tous les Hommes sans distinction d'origine, de religion et de couleur » comme il l'explique dans la brochure *Pourquoi je suis communiste*, et devient le rapporteur du projet de loi sur la création des départements d'outre-mer. En plus de son mandat de député, l'une des plus longues carrières parlementaires (Césaire est resté député jusqu'en 1993), il devient maire de Fort-de-France en 1945, jusqu'en 2001. En 1956, Césaire rompt avec le Parti Communiste et crée le Parti Progressiste Martiniquais, un mouvement anticolonialiste inspiré de l'idéal socialiste.

Une demeure à son image

Cette même année, Aimé Césaire achète une maison dans le quartier de Redoute avec sa femme Suzanne, pour accueillir leurs six enfants. C'est dans cette maison familiale et authentique que Césaire va passer les quarante dernières années de sa vie.

Située au 131 route de Redoute, cette maison, rachetée par la ville de Fort-de-France à la mort de Césaire est aujourd'hui classée monument historique et labellisée « Maison des illustres » en 2019, une distinction qui « honore les maisons qui conservent et transmettent la mémoire de femmes et d'hommes qui les ont habitées et se sont illustrés dans l'histoire politique, sociale et culturelle de la France ».

D'architecture typiquement créole, avec de larges ouvertures et fenêtres persiennes pour ventiler et permettre une bonne aération, cette maison est située sur un site qui domine l'agglomération foyalaise, tout en étant nichée au cœur d'une nature généreuse, avec un jardin verdoyant en contrebas.

Au premier abord, cette maison frappe le visiteur par son extraordinaire sobriété, à l'image de son propriétaire : simple et sans fioritures, perdue au milieu des autres habitations. Même lorsqu'il était maire honoraire de Fort-de-France (c'est-à-dire plus en fonction), les Martiniquais continuaient quotidiennement de venir porter leurs doléances tous les matins devant chez lui, preuve de l'extraordinaire générosité de Césaire. Rien ne semble avoir changé d'ailleurs depuis la disparition de l'auteur du *Cahier d'un retour au pays natal*. Partout, la présence du poète est palpable, à travers des objets et souvenirs lui ayant appartenu. Immédiatement, on est happé par l'émotion forte qui se dégage de ces lieux, qui sont restés intacts comme lorsqu'il y vivait.

Dès l'entrée, on se glisse dans l'intimité et le quotidien de Césaire, en pénétrant dans sa chambre qui faisait aussi office de bureau : son armoire est remplie de ses vestes, chaussures, cravates. Sur sa table de chevet trônent son vieux poste de radio ainsi que plusieurs montres, une paire de lunettes, un mouchoir et sa carte électorale. Au-dessus de son bureau, le long de l'armoire formant la séparation avec le lit où sont éparpillés une dizaine d'ouvrages qu'il affectionnait particulièrement (Césaire dormait peu et lisait beaucoup la nuit), comme *L'Age d'homme* de Michel Leiris, *L'Indien au sang noir* de Sacarabani…, un mur de photos nous plonge dans la sphère ultra privée du poète. Il y a aussi un chèque de 4 823,65 francs que Césaire n'a jamais encaissé pour sa contribution à la revue *Tropiques*. Chaque objet rapproche un peu plus de l'homme. Puis il y a le salon, où Césaire aimait lire et consulter ses vieilles encyclopédies botaniques, *Exotica* et *Tropica*, notamment lorsqu'il rentrait de ses longues promenades à travers l'île, les bras chargés de feuillages et de branches afin d'identifier chaque feuille. On trouve encore quelques feuilles séchées entre les pages. On peut aussi lire la longue réponse écrite par Maurice Thorez suite à sa démission du Parti Communiste en 1956. Surmonté d'une affiche de Senghor placardée par Césaire lors de la mort du président sénégalais, un couloir mène à deux anciennes chambres ainsi qu'à une bibliothèque. Celle-ci abrite quelque 4 000 ouvrages ayant appartenu à Césaire, rapatriés en Martinique lorsqu'il a quitté ses fonctions de député en 1993 ! Nul ne sait si cet intellectuel surdoué et polyglotte (il lisait et parlait couramment plusieurs langues) les a tous lus, mais ce qui est sûr, c'est qu'il les a pratiquement tous « manipulés » et parcourus car la plupart sont surlignés et griffonnés. Véritable trésor, cette bibliothèque fait la part belle aux ouvrages poétiques et philosophiques. En regagnant le salon, où trônent diverses lithographies dédiées à la faune et la flore, puis la terrasse, on peut apercevoir le banc où Césaire, face à son jardin, aimait lire quotidiennement les journaux, comparant les différentes éditions, avec son café glacé. Ce point presse était un rituel chez lui, tout comme ses promenades l'après-midi à travers la Martinique.

Un ambitieux programme de restauration

Dès 2021, cette maison va faire l'objet d'un vaste projet de restauration en vue de créer un centre d'art autour de Césaire. L'objectif : restaurer, animer cette maison tout en conservant son esprit afin que les Martiniquais puissent se l'approprier, mais aussi les artistes de tout bord et les publics qui la visiteront, pour que l'on ait envie de créer, de lire, d'écouter la poésie de Césaire. Les travaux doivent démarrer début 2021 et s'achèveront fin 2022. Une cellule d'architectes, de paysagistes et de chercheurs travaille actuellement sur plusieurs scénarios de rénovation et de mise en scène pour cette maison appelée à devenir un lieu d'échanges, de rencontres et d'événements culturels liés à la mémoire d'Aimé Césaire, tout en l'accompagnant d'une muséographie moderne. Certains objets et souvenirs de l'homme politique pourront être utilisés et complétés dans le cadre d'une scénographie autour de sa vie et de son œuvre.

Chacun pourra en fonction de sa sensibilité (artistique, politique) aller plus loin : lire, consulter des courts métrages, entendre des récits avec des témoignages de personnes qui l'ont côtoyé de près, écouter des vers de Césaire dans des langues différentes. Et bien sûr, les scénographies s'adapteront en fonction du public : scolaires, artistes, visiteurs… Des prêts de collections seront également envisagés pour reconstituer cette maison qui s'est nourrie de rencontres d'autrui, notamment des amitiés que Césaire avait nouées au fil de son existence. L'esprit des lieux sera conservé le plus fidèlement possible. L'ambiance du bureau, du salon et de la chambre sera sobrement mise en valeur avec des outils modernes, audioguides, QR codes pour smartphones et tablettes, et tables d'orientation numériques accessibles au jeune public. Les autres espaces intérieurs et extérieurs de la maison seront transformés pour rappeler aux visiteurs le parcours de vie d'Aimé Césaire, ses liens avec l'Afrique, le surréalisme, l'art, le théâtre. Souhaitant attirer les visiteurs dans le quotidien d'Aimé Césaire, notamment son amour pour la lecture, divers ouvrages seront en accès libre. Quant aux 4 000 livres de sa bibliothèque personnelle, en cours d'inventaire, ils seront protégés et mis en valeur sous des vitrines, indexés et classés par thématiques.

Certains espaces, en revanche, seront employés autrement. C'est le cas des anciennes chambres d'enfant qui seront transformées en lieux d'émulation artistique pour créer un lien entre création passée et contemporaine. Des créations d'artistes contemporains, écrivains et plasticiens, viendront ainsi ponctuer cette évocation du passé et rendre hommage au génie créatif de Césaire et à son engagement politique. De même, l'ancienne cuisine extérieure sera détruite et réaménagée en un espace dédié à l'art qui sera abrité par une verrière tout en transparence. Celle-ci aura une vue plongeante sur les jardins qui feront, eux aussi, l'objet d'un réaménagement total : à terme, ils accueilleront un jardin médicinal, un jardin merveilleux évoquant Absallon, un jardin onirique, sans oublier un théâtre de verdure où auront lieu des événements et manifestations culturels et artistiques.

Ce vaste projet de réhabilitation de la maison d'Aimé Césaire concernera d'abord la maison en elle-même avec la création d'un parcours muséographique qui explique l'homme et l'œuvre, puis dans un second temps l'aménagement des espaces extérieurs. Il vise à faire de ce lieu un site culturel incontournable de la Martinique.

LES YOLES, PATRIMOINE MARITIME

A l'origine utilisée par les pêcheurs, la yole, cette embarcation étroite, légère et ronde, est devenue un élément fondamental de la culture martiniquaise. Preuve en est avec l'engouement que les régates de yoles suscitent sur l'île ! Bien plus qu'un sport ou un moyen de transport, ici, c'est une tradition, une pratique unique au monde, héritée d'un savoir-faire ancestral transmis oralement par quelques initiés, sans l'aide d'aucun plan ni maquette. C'est la raison pour laquelle on dit des yoles martiniquaises que ce sont de véritables œuvres d'art ! Autant d'atouts qui ont permis à la yole de figurer à l'inventaire national du patrimoine culturel immatériel français et, désormais, de candidater à l'inscription au patrimoine culturel immatériel de l'Unesco. De la yole, outil de travail, à l'élément culturel fort qu'elle symbolise aujourd'hui, l'histoire de la yole ronde va de pair avec celle de l'architecture navale en Martinique.

Les courses de yoles

En Martinique, les régates de yole dépassent la seule dimension sportive ou événementielle : « C'est une affaire de tout un peuple », estimait Aimé Césaire. Cette embarcation utilisée en Martinique pour la pêche depuis plus de trois siècles a évolué au fil du temps pour se transformer en un canot très populaire, rapide et effilé, grâce aux courses de yoles. Un événement sportif et culturel majeur sur l'île qui se déroule chaque année au mois de juillet, depuis 1985, et voit s'affronter une dizaine d'embarcations dans les eaux martiniquaises pendant cinq à sept jours, au cours d'étapes qui font le tour de l'île. C'est le Tour de la Martinique des yoles rondes.

L'héritage d'une tradition ancestrale

L'histoire de cette embarcation commencerait au XVIIe siècle, du temps des premiers navigateurs amérindiens qui sillonnaient les îles de l'arc antillais pour se déplacer mais surtout pour pêcher. Ils utilisaient alors des bateaux légers à voile, hérités des pirogues africaines, fabriqués à partir de gommier. C'est de cet arbre typique des Caraïbes, du nom du « bwa fouyé » (creusé) dans le tronc de l'arbre que la yole est inspirée. On creusait son tronc, on le taillait et on obtenait un canot léger et rapide.

Mais les pêcheurs réalisant que le gommier était plutôt instable et surtout qu'il se raréfiait sur l'île, ils ont commencé à construire une embarcation d'un autre genre : un canot de pêche, avec d'abord un fond plat pour la stabilité et permettre d'augmenter la surface de la voile pour pouvoir naviguer plus loin. Puis, au fil du temps, la technique s'est améliorée et ces embarcations sont devenues des yoles, fruit d'un mélange de techniques navales issues de différentes composantes, donnant naissance à un bateau de pêche d'une longueur d'environ 6,50 mètres, étroit, léger et ... rond pour une meilleure stabilité sur l'eau.

Un bateau sans quille et sans gouvernail ! Une véritable prouesse technique, qui fait que la yole tient sur l'eau uniquement grâce au bois dressé. Evidemment, l'élaboration d'une yole n'est pas donnée à tout le monde. Elle requiert un savoir-faire unique, issu d'une tradition héritée des charpentiers de marine. La yole est conçue par assemblage de planches, ou « bordés », fixées horizontalement sur une ossature en bois pour former la structure transversale de la coque.

La transmission de la technique de construction de la yole ne s'improvise pas. Elle est issue d'un savoir-faire ancestral qui se transmet oralement, par quelques rares initiés à l'aide d'un apprentissage proche du compagnonnage et souvent familial, sans l'aide d'aucun plan, ni maquette : tout est dans la tête de ces charpentiers de marine, les seuls à connaître les secrets de fabrication bien gardés de la yole ! Il faut, à ces artisans de la mer, tout le savoir-faire hérité des anciens pour réaliser en quelques marées une coque aux lignes pures dotée d'une large voilure carrée sans lest.

La coupe des bois est effectuée en adéquation avec le cycle lunaire dont l'influence sur le trajet de la sève est avérée. Ainsi, il faut attendre que la sève redescende pour pouvoir couper le bois servant à fabriquer la yole. En tout, pour construire une yole, il faut compter au minimum entre deux et trois mois de travail ! Le tout, sans plan.

Symbole du savoir-faire martiniquais

Au fil du temps, la coque de la yole a encore été modifiée pour obtenir une embarcation encore plus rapide. En rentrant de leur pêche quotidienne, il n'était pas rare que les pêcheurs organisent entre eux des compétitions amicales, se challengeant pour savoir qui allait arriver le premier.

Enfin un voisin prêt
à vous rendre service !
ucar
RENT SMARTER
DUCATO
MICRA
ucar
RENT SMARTER
0696 56 99 63
BOULEVARD DE LA POINTE DE JARRY
97122 BAIE-MAHAULT

Régate de yoles.
© T PHOTOGRAPHY - SHUTTERSTOCK.COM

LES YOLES, PATRIMOINE MARITIME

© ISABELLE DREZEN

Navigation à la yole sur les eaux du Marin.

D'un moyen purement utilitaire, la yole est devenue un objet de compétition, un sport unique au monde, typique de la Martinique. Et c'est ainsi qu'est né en 1985 le Tour de la Martinique des Yoles rondes, qui offre le spectacle unique au monde d'embarcations aux voiles colorées s'affrontant sur le grand bleu dans les différents ports de l'île. L'activité devient un objet symbole, un moment intense qui mobilise aujourd'hui des dizaines de milliers de Martiniquais.

Dans le même temps, la yole se « professionnalise ». Elle n'est plus totalement ronde, devient un peu plus plate et légèrement remontée sur les rebords, pour pouvoir allier stabilité et vitesse. Longtemps réalisée avec du bois de Martinique (le seul matériau autorisé pour la construction d'une yole est le bois massif.), notamment issu du poirier, les yoles sont essentiellement aujourd'hui conçues en mahogany blanc ou avec du bois de Guyane. Le plus souvent, il s'agit de bois importé déjà traité et surtout léger, car plus le bois est lourd, moins la yole ira vite. Quant au mât, il est de deux sortes : on utilise soit un mât de côte, soit un mât en carbone, plus coûteux que le premier.

En plus de son procédé de construction unique, la yole nécessite des techniques particulières de navigation, fondées sur un esprit associatif et collaboratif. Parmi l'équipage à bord, figure le capitaine du bateau ou « patron », seul maître à bord. Il est entouré d'aides patrons et d'un manœuvrier d'écoute, en charge du cordage relié aux extrémités de la voile. C'est lui qui donne du mou à la voile ou au contraire la tend. Viennent ensuite les « bwa dressés » ou équipiers dresseurs. Au nombre de dix environ, ils ont pour rôle d'équilibrer la yole en fonction de la force du vent. Autant de spécificités qui ont conduit le comité des yoles, la Fédération des Yoles Rondes de la Martinique, chargé de la défense et de la promotion de l'embarcation martiniquaise, de faire reconnaître la yole ronde de la Martinique, devenue un symbole fort de l'île.

Une démarche qui a porté ses fruits puisque la yole a été reconnue comme discipline sportive, puis inscrite en 2017 à l'inventaire national du patrimoine culturel immatériel en France. Elle concourt aujourd'hui pour une inscription au patrimoine culturel immatériel de l'Unesco, en vue d'une reconnaissance potentielle de cette pratique culturelle immatérielle. Une candidature massivement soutenue pour sauvegarder ce patrimoine précieux propre à la Martinique, et le transmettre aux futures générations. Bien plus qu'une simple accréditation, cela serait une reconnaissance du savoir-faire des Martiniquais. Affaire à suivre de près avant le verdict final attendu en 2021.

GÉOGRAPHIE

D'une superficie de seulement 1 128 km^2, la Martinique est le plus petit des départements d'outre-mer. Mais, avec une population de 376 480 habitants, c'est celui qui affiche la densité de population la plus élevée : 319 habitants au km^2 (la moyenne en France métropolitaine étant de 105,8 habitants au km^2). L'île se distingue ainsi des autres départements d'outre-mer par son exiguïté et la forte densité de sa population. Cette densité est beaucoup plus faible dans le nord, la plupart de la population étant regroupée dans le sud avec Fort-de-France et les stations du littoral. Constituée d'un ensemble de massifs volcaniques très anciens, la Martinique arbore un relief accidenté qui fait d'elle une île unique, entre massifs montagneux et forêts généreuses. Une île à la physionomie particulière, entre falaises abruptes, mornes peu élevés, et côtes découpées plongeant dans la mer turquoise. Située à 7 000 km de Paris, la Martinique fait partie de l'archipel des Petites Antilles, une vingtaine d'îles qui s'étendent entre le tropique du Cancer et l'équateur, depuis Anguilla au nord jusqu'à Grenade au sud.

Du nord au sud...

Traditionnellement, on a l'habitude de découper la Martinique en deux grandes régions, très différentes, façonnées par l'activité volcanique :

- **Le nord,** géologiquement plus récent, est dominé par des massifs élevés, les pitons du Carbet et la montagne Pelée, une végétation tropicale luxuriante, une nature spectaculaire (gorges, ravins, cascades) et des cultures exigeantes en eau (comme le bananier). Le groupe montagneux formé des pitons du Carbet et de la montagne Pelée offre de superbes balades aux randonneurs, entre forêts généreuses et rivières gazouillantes qu'abrite le Parc Naturel Régional de Martinique.
- **Le sud,** quant à lui, est issu de phénomènes volcaniques plus anciens. Il est caractérisé par des mornes (petites collines) plus modestes parmi lesquels la Montagne du Vauclin, un ancien volcan qui atteint modestement les 500 mètres d'altitude, et des étendues arides ponctuées de baies et anses somptueuses où viennent se lover les fameuses plages de sable blanc. C'est ici que s'épanouissent les mangroves, écosystèmes précieux qui jouent un rôle essentiel dans la conservation des littoraux tropicaux. Le sud abrite les communes littorales les plus fréquentées de l'île : les Trois-Ilets, les Anses-d'Arlet et le Diamant à l'ouest, Sainte-Anne, Sainte-Luce et le Marin à l'est, sans oublier les quarante-huit petits îlets qui constituent de véritables observatoires naturels de la faune et de la flore martiniquaises.
- **Ces deux régions, nord et sud,** sont séparées par la plaine du Lamentin où vit plus d'un tiers de la population martiniquaise, et qui se déploie autour de la capitale, Fort-de-France.

© NICOLA PULHAM - SHUTTERSTOCK.COM

Le village de Saint-Pierre au pied de la montagne Pelée.

La plage du Diamant.

La topographie est également très accidentée (plus de la moitié de l'île présente des pentes supérieures à 20 %), ce qui a une forte influence sur la régulation des vents, l'écoulement de l'eau, l'érosion des sols et bien sûr la localisation de la végétation.

En réalité, le paysage martiniquais est formé de six grands ensembles, avec, du nord au sud : la montagne Pelée, la « Grande Dame du nord », qui culmine à 1 397 mètres et dessine un cône raide qui plonge directement dans la mer ; les Pitons du Carbet, prolongés par le morne Jacob, issus d'anciens volcans ; la baie très urbanisée de Fort-de-France au centre qui relie les pentes des Pitons du Carbet et celles de la presqu'île du sud-ouest ; la presqu'île du Diamant, au sud-ouest, dominée par le morne Larchet et ses anses peu exposées au vent (Anses-d'Arlet, Petite Anse et Grande Anse) ; les paysages vallonnés du Marin et de Sainte-Luce, surplombés par la Montagne du Vauclin, prolongés en mer par de petits îlots ; la presqu'île de Sainte-Anne, à l'extrême sud, plus aride et sauvage, avec ses plages et sites naturels très prisés.

Un visage façonné par l'activité volcanique

En Martinique, les volcans sont responsables, en grande partie, de la richesse de la biodiversité de l'île. L'île est localisée au centre des Petites Antilles qui se situent à la limite entre des mouvements de coulissement des plaques caribéenne et atlantique. On parle de subduction de la seconde sous la première, qui est le processus par lequel une plaque tectonique océanique s'incurve et plonge sous une autre plaque avant de s'enfoncer dans le manteau terrestre.

L'activité sismique est liée à la dérive des continents, un jeu des plaques tectoniques qui, par effet de déplacements des unes par rapport aux autres, emmagasinent des tensions dans les roches qui, tôt ou tard, finissent par se relâcher et occasionner des séismes. Dans la région des Petites Antilles, le mouvement de convergence de la plaque atlantique avec la plaque caribéenne progresse à une vitesse de 2 cm par an : cette frontière, appelée zone de subduction, est le siège de séismes pouvant être importants.

L'activité volcanique de la Martinique a débuté il y a 50 millions d'années par un volcanisme sous-marin, faisant émerger les premières formations : les presqu'îles de la Caravelle et de Sainte-Anne, à l'est et au sud de l'île. Cette époque est appelée arc ancien ou arc externe : elle correspond à une période pendant laquelle le volcanisme était entièrement sous-marin. L'activité volcanique se poursuit ensuite par l'édification de volcans « boucliers », comme on peut voir dans la région du François constituée d'une multitude de mornes, vestiges de cette période.

Entre 6 et 1 million d'années, se dressent le morne Jacob, les Pitons du Carbet, puis le Mont Conil (entre 1 et 0,5 million d'années) et enfin la montagne Pelée (autour de 0,5 million d'années).

L'histoire de Madinina a donc été marquée par ces nombreux épisodes d'activité volcanique, qui ont exercé une action souvent destructrice sur la faune et la flore. Contre toute attente, cette alternance entre phases d'activité volcanique et phases de repos a été propice à l'apparition de nouveaux écosystèmes. Une végétation spécifique s'est installée sur les pentes volcaniques de la montagne Pelée et des Pitons du Carbet. Les effets du volcanisme (gaz, chaleur) combinés à ceux de l'altitude (vent, variations météorologiques) contribuent ainsi à la diversité biologique et à la sélection d'espèces adaptées.

NATURE

Avec une forêt tropicale grouillante d'espèces végétales et animales, des hauteurs qui grimpent jusqu'à 1 300 m, un littoral partagé entre le sable fin et les falaises abruptes, plus de 80 espèces d'oiseaux et plus de 300 espèces de poissons, « l'île aux fleurs » présente un environnement des plus variés mais aussi des plus fragiles. Un équilibre délicat qui est régulièrement mis à mal par les ouragans, mais surtout par l'action humaine. Face à l'industrialisation et à l'urbanisation, la mangrove et son écosystème ont déjà reculé de 30 % en dix ans. Des données affolantes que de nombreux acteurs s'emploient à combattre chaque jour davantage, en mettant en place des politiques en faveur de la protection de l'environnement, de sensibilisation de la population, ainsi que la promotion du développement durable, pour faire prendre conscience aux habitants, et ce, dès leur plus jeune âge, de la valeur inestimable de ce patrimoine naturel.

Une biodiversité exceptionnelle

Tous les explorateurs qui ont abordé la Martinique se sont dits autant fascinés par la végétation enchanteresse de l'île qu'effrayés par son caractère indomptable. Une abondance végétale qui a largement contribué à la naissance du mythe de « Madinina, l'île aux fleurs ».

Au centre de l'archipel des Petites Antilles, la Martinique abrite un patrimoine naturel d'exception façonné par l'activité volcanique et les mouvements de population. Une biodiversité unique, marquée par une diversité d'espèces, à la fois locales et implantées, mais qui demeure fragile. De par l'exceptionnelle richesse de ses écosystèmes, la Martinique est classée parmi les 36 «points chauds » ou « hotspots » mondiaux car elle héberge un nombre important d'espèces animales et végétales.

Sur une superficie restreinte (70 km de long pour 12 à 30 km de large), la Martinique abrite un kaléidoscope végétal qui varie en fonction du relief, des vents, de la pluviométrie et des températures. On trouve ainsi : de hautes montagnes avec des savanes altitudinales ; des forêts humides (caractérisées par des précipitations abondantes); des plaines et prairies agricoles ; des mornes peu élevés ; des plages de sable blanc ou de sable noir ; des mangroves, ces fameuses forêts inondées qui sont des écosystèmes fragiles d'une importance capitale car elles sont des réservoirs de biodiversité et abritent des habitats pour de nombreuses espèces qui viennent s'y nourrir et s'y reproduire.

Le mythe de l'île aux fleurs

On recense en Martinique près de 3000 espèces végétales, parmi lesquelles : 1 500 plantes autochtones, 442 arbres, 323 espèces de fougères, 202 taxons d'orchidées.

Une végétation luxuriante. La topographie de l'île et le climat tropical favorisent en effet une végétation luxuriante. Bougainvillées, flamboyants, alamandas (fleur en forme d'entonnoir, jaune et dorée ou rose, originaire d'Amérique centrale et d'Amérique du Sud), balisiers (l'emblème de l'île avec ses superbes fleurs rouge orangé), anthuriums, hibiscus (la Martinique en compterait plus de 150 espèces !), bégonias, ixoras (aux fleurs jaunes), oiseaux de paradis, orchidées de toutes sortes, roses de porcelaine ou encore alpinias (plante herbacée tropicale à la fleur en épis rouge, rose ou blanche)... On dénombre aussi plus de 200 familles de plantes à fleurs en Martinique, mais aussi sans compter les plantes sans fleur, également très nombreuses : algues, lichens, mousses, fougères et champignons.

Une diversité qui s'explique par l'histoire. Après avoir essayé en vain d'acclimater en Europe les espèces tropicales, les botanistes ont compris que la Martinique pourrait, en revanche, devenir le terreau de précieuses plantes récoltées à travers le monde. La végétation de l'île est très diversifiée.

© JCH DUSANTER

Forêt tropicale.

Le balisier.

© JCH DUSANTER

Sous le couvert de grands arbres tropicaux qui filtrent la lumière, les bégonias et les fougères tapissent le sol. Plus haut, les magnifiques balisiers (Heliconia) aux larges feuilles rubanées présentent d'énormes fleurs richement colorées, uniques dans le monde végétal. Ici, on les produit en grande quantité pour la vente locale et surtout pour l'exportation vers les grands ateliers français ou américains d'art floral. La rose de porcelaine, aux pétales cireux rosés et aux grandes tiges rigides, fait aussi le bonheur des fleuristes. De minuscules parcelles de terrain, sans cesse reconquises sur la forêt, sont plantées d'anthuriums aux fleurs rouges, roses ou blanches.

Cette diversité exceptionnelle de la flore martiniquaise s'explique en effet par l'histoire géologique singulière des Petites Antilles. Les végétaux ont été transportés facilement par les vents, les oiseaux et les courants marins, sous forme de graines ou de bois flottés (des portions d'arbres) qui auraient dérivé depuis les côtes d'Amérique du Sud. La Martinique étant située au cœur de l'archipel des Petites Antilles, elle a bénéficié en priorité de ces apports végétaux d'Amérique et des Grandes Antilles. Mais la plupart ont été introduits au gré des mouvements de population, par les Amérindiens, les Européens, les Africains, les Indiens.... Certaines se sont si bien implantées qu'elles sont aujourd'hui caractéristiques du paysage martiniquais. C'est le cas du flamboyant, venu de Madagascar, tout comme l'arbre du voyageur, du bougainvillier, originaire du Brésil, et bien sûr de nombreux palmiers, comme le cocotier, d'origine asiatique. Quant à l'arbre à pain, il a été importé de Tahiti à la fin du XVIIIe siècle par les Britanniques. Il en va de même pour les fruits et les légumes. Ainsi, l'avocatier, le cacaoyer, le calebassier, le manioc, le goyavier, le manguier ou encore le papayer ont été apportés par les Amérindiens. La banane et la canne à sucre, quant à elles, seraient arrivées en Martinique grâce aux colons européens.

La forêt

Couvrant plus de la moitié de la surface de l'île, les forêts sont omniprésentes en Martinique.

Elles sont l'un des atouts majeurs de l'île, favorisant l'émergence d'un tourisme vert en plein développement. Leur diversité en fait un objet d'étude précieux pour les scientifiques et une source d'émerveillement pour les touristes. Sachez quitter la plage pour entrer dans les bois et y découvrir la splendeur des arbres centenaires, la richesse des couleurs et des parfums, les cascades d'eau cachées dans les falaises et les arbres ruisselant d'épiphytes... La forêt la plus importante de Martinique est celle qui recouvre les massifs de la Montagne Pelée, des pitons du Carbet et de Morne-Jacob. La Martinique abrite plusieurs types de forêts :

- **la forêt xérophile dite sèche** sur les basses pentes des mornes et des îlets du sud, où prospèrent le fromager, le figuier maudit, le gommier rouge ou encore le frangipanier ;
- **la forêt mésophile ou humide** (entre 200 et 500 mètres d'altitude), dite aussi intermédiaire. C'est dans cette zone que se trouvent les beaux arbres fruitiers (cacaoyer, manguier, arbre à pain, goyavier) et surtout la mangrove, qui occupe environ 1 800 hectares en Martinique, reconnaissable à ses palétuviers rouges, dont les racines aériennes en échasse jouent un rôle de filtre et contribuent à garder une eau claire, favorable à la croissance des récifs coralliens ;
- **la forêt hygrophile ou forêt de la pluie :** c'est le royaume de la « forêt vierge », luxuriante, riche en lianes et en épiphytes qui colonisent les grands arbres dépassant allègrement les 30 mètres de hauteur, en raison des précipitations abondantes qui s'y abattent. Ici on croise toutes sortes de lianes, fougères, orchidées, balisiers et de broméliacées ;
- **la forêt altitudinale enfin,** à partir de 1000 mètres d'altitude, où s'épanouissent mousses, lichens, fougères arborescentes et savanes.

© JEAN-FRANCOIS MANUEL - SHUTTERSTOCK.COM

Mangouste.

Un patrimoine vert sous haute protection

Un tel patrimoine justifie en effet que se développe une gestion adaptée fondée sur la préservation des écosystèmes, aujourd'hui menacés par l'urbanisation galopante. La protection de ces espaces naturels est l'un des grands enjeux des politiques publiques en Martinique. Afin de protéger cette biodiversité exceptionnelle, plusieurs dispositifs permettent de sauvegarder ces espaces naturels, à commencer par les réserves naturelles, notamment la réserve de la Montagne Pelée (1 540 ha), la réserve des pitons du Carbet (1 330 ha) et la réserve du Morne Jacob (1 330 ha).

Colibri et rose de porcelaine.

La préservation des milieux passe par la création de périmètres de protection. Une cinquantaine de sites sont aujourd'hui inscrits ou classés en Martinique, notamment autour des littoraux qui font l'objet d'importantes actions de protection : la presqu'île de la Caravelle, le site des Salines, le rocher du Diamant ou encore les îlets du François bénéficient d'une règlementation spécifique permettant de préserver la faune et la flore de ces écosystèmes. il y a également des acquisitions de sites (forêts...) par le Conservatoire du Littoral et le Parc Naturel Régional de Martinique (PNRM) afin de les placer sous haute protection. Le PNRM est né en 1976 de la volonté d'allier le développement économique de l'île avec la préservation de ses richesses naturelles et culturelles. Il englobe aujourd'hui 70 % du territoire, 32 communes, soit la majeure partie des forêts de Martinique et la plupart des zones naturelles et paysagères remarquables. Depuis plusieurs années, le PNRM soutient d'ailleurs une démarche visant à inscrire les Volcans et Forêts de la Montagne Pelée et des Pitons du Nord sur la liste du patrimoine mondial de l'UNESCO. L'île héberge en effet des espèces faunistiques et floristiques reconnues comme irremplaçables à l'échelle de l'humanité.

Une faune précieuse et variée

Si la flore martiniquaise est reconnue comme étant exceptionnelle, la faune n'est pas en reste.

Des espèces endémiques. Bien que certaines espèces présentes au début de la colonisation, comme le lamantin des Antilles (un phoque d'eau douce) ou l'agouti (un petit rongeur) aient aujourd'hui disparu de l'île, victimes d'une chasse excessive, la faune de la Martinique demeure riche et variée. Certaines espèces animales endémiques préfèrent néanmoins rester discrètes, à l'instar des mangoustes, mammifère originaire d'Inde à mi-chemin entre l'écureuil et le rat, de la même famille que les suricates, des manicous (sortes d'opossum au museau pointu) et du serpent trigonocéphale. Egalement appelé fer-de-lance ou vipère jaune, c'est la seule espèce de serpents présente sur l'île (et l'une des plus dangereuses). Pour information, il aime être à l'écart, dans les champs de canne, les forêts ou les sous-bois. Il est difficile à débusquer car il se cache de la mangouste, son prédateur, introduite dans l'île pour le combattre. D'ailleurs, il n'est pas rare que les mangoustes et les serpents remplacent les coqs dans les *pitt*...

Vous croiserez très facilement, un peu partout, des anolis (des lézards verts) et des crabes sur les plages, éventuellement quelques chauves-souris. Le reptile le plus spectaculaire de l'île demeure l'iguane, espèce très protégée, tout comme les tortues marines.

Oiseaux. Côté air, on recense quelque 200 espèces d'oiseaux sur l'île. Le plus célèbre de Martinique est indiscutablement le colibri, oiseau mouche qui ne mesure pas plus de 10 cm et se reconnait aisément à son long bec ! Quatre espèces de colibri vivent en Martinique, parmi lesquels le madère, le plus gros des colibris (12 cm !). Dans le ciel et dans les arbres, on peut admirer aussi des grives, des carouges (endémiques de l'île), des sucriers et des merles, traditionnellement posés sur les hibiscus, et butinant les fleurs aux côtés des papillons aux mille et unes couleurs. Dans les forêts du nord, c'est le siffleur des montagnes qui domine, dans les sentiers, les ortolans, devenus si rares en métropole, et sur les littoraux, les hérons et les aiglons.

Faune aquatique. Dans les eaux limpides martiniquaises, la faune et la flore des barrières de corail offrent un spectacle éblouissant par la variété des couleurs et la diversité des espèces : le nageur curieux évoluera au milieu de bancs de petits poissons colorés et en prendra plein la vue, entre les multiples étoiles de mer, éponges, coraux, oursins et bien sûr lambis, célèbre coquillage des Antilles, qui peuplent les fonds marins. Poissons-volants, poissons-papillons, sergent-major, poissons-pyjamas et poissons-chirurgiens sont, eux, plus discrets, mais tout aussi présents. Tout comme les vivaneaux, thons, thazards, langoustes sortant timidement leurs antennes des anfractuosités sous-marines et même raies ! Comme leurs cousins terrestres, les fonds marins martiniquais font l'objet de mesures de protection pour sauvegarder les espèces qui y vivent.

Insectes. Enfin, on dénombre environ 500 insectes différents en Martinique. Papillons (notamment le fameux monarque américain) et libellules prolifèrent, sans oublier malheureusement les moustiques, véritable fléau aux Antilles, d'autant que le moustique tigre est vecteur de maladies (dengue, virus Zika...). Insaisissables mais bien présents, le grillon et le cabrit bois (de la même famille que les sauterelles) vous régaleront tous les soirs d'un harmonieux concert musical, auquel s'ajoutera le coassement typique des grenouilles martiniquaises. En résumé, la faune en Martinique apparaît plus bigarrée que méchante, plus insouciante que dangereuse.

Des nuisances d'origine naturelle

Le problème des algues sargasses. Depuis 2011, entre mars et juillet, les plages antillaises voient arriver en nombres des invités indésirables : les sargasses, des algues brunes flottantes qui se développent en milieu tropical au nord-est du Brésil. Elles sont connues depuis longtemps des pêcheurs, mais envahissent désormais une grande partie du littoral antillais à cause des courants marins, occasionnant une gêne considérable.

Car ces algues, sans danger en cas de contact direct sur la peau, libèrent un gaz toxique nauséabond lorsqu'elles se décomposent : le sulfure d'hydrogène. Celui-ci peut provoquer irritations des yeux, maux de tête, vomissements, difficultés respiratoires, ce qui, bien sûr, compromet grandement la baignade, mais altère fortement les conditions de vie des habitants, à cause des émanations de gaz dues à l'accumulation des sargasses en décomposition.

Les professionnels de la mer sont également confrontés à ce désagrément, comme les pêcheurs qui se retrouvent fortement handicapés pour la pose de leurs filets. Face à cette situation, les collectivités tentent de faire leur possible en dégageant les plages, mais il ne faut que quelques jours à ces algues pour reprendre leur place et stagner le long des côtes de l'île. Plusieurs solutions sont envisagées pour faire face à ce nouveau type d'invasion des côtes : étaler ces algues en couches minces afin qu'elles sèchent au soleil sans pourrir et provoquer des odeurs désagréables, les utiliser comme compost, les récupérer en pleine mer grâce à un navire dépollueur avant qu'elles n'atteignent les côtes... L'ARS et Madininair ont en octobre 2019 mis en place un réseau de capteurs H2S dans les principales zones impactées afin d'assurer la surveillance renforcée des émanations d'hydrogène sulfuré, mais à ce jour aucune solution efficace n'a été mise en place.

Autre nuisance qui touche la Martinique : les brumes des sables. De mars à septembre, l'île est régulièrement touchée par des épisodes de pollution de l'air. Ces brumes des sables venues du Sahara sont en réalité des grains de sable qui retombent sur les Petites Antilles en formant des particules fines responsables de la pollution de l'air. Le seuil d'alerte est déclenché à partir de 50 microgrammes. Les martiniquais sont alors invités à limiter leurs activités sportives, tout particulièrement les enfants et les personnes âgées.

Les algues sargasses envahissent les côtes de la Martinqiue.

CLIMAT

27 °C en moyenne, des pointes à 32 °C et rarement moins de 20 °C : voici le quotidien de la Martinique. Côté baignade, on recense de 20 à 24 °C sur la côte atlantique, et autour de 25-26 °C avec une mer plus calme sur la côte caraïbe. Les vents venant de l'est, les alizés, contribuent à modérer sensiblement la chaleur tropicale. L'humidité de l'air, elle, reste constante toute l'année. De même que l'ensoleillement, généreux sur cette partie du globe (attention, un coup de soleil est très vite arrivé !). On a souvent tendance à opposer la Martinique du nord, plus encline aux précipitations qui lui confèrent une nature généreuse, avec la Martinique du sud, plus aride. La réalité est un peu plus complexe puisque plusieurs dizaines de microclimats ont été recensés sur l'île ! Une pluralité qui s'explique par le relief très accidenté de l'île. La Martinique est également particulièrement exposée aux aléas climatiques, notamment aux ouragans.

Carême et hivernage

Chaleur et humidité : ce sont ces deux mots qui viennent immédiatement à l'esprit quand on pense à la Martinique. Pas de doute, vous êtes bien sur une île tropicale ! L'humidité de l'air est très élevée et joue un grand rôle sur la croissance des espèces végétales, d'où l'extraordinaire biodiversité de l'île. Si la température moyenne tourne autour de 26 °C toute l'année, on peut néanmoins distinguer deux saisons principales qui rythment le calendrier martiniquais.

- **De janvier à juillet, c'est le carême**, qui correspond à la saison sèche et calme. Les entrées d'air issues de l'anticyclone des Açores apportent un ensoleillement maximal, de faibles précipitations (le mois le plus sec étant mars) et des températures maximales élevées, de 28 à 30 °C. Cette période correspond aussi à la haute saison touristique, le nombre de vacanciers augmente nettement sur l'île et la plupart des hôtels affichent complet.
- **A partir de juillet, place à l'hivernage.** Le climat est chaud et humide, et les pluies, très fréquentes (plus des trois quarts des pluies annuelles s'abattent de juillet à octobre). Les faibles vents accentuent la sensation de temps lourd avec des températures pouvant aller jusqu'à 32 °C. Soumis aux alizés (les vents du nord-est et de l'est), le temps change en un clin d'œil : soleil et nuages jouent à cache-cache ! Le pic de précipitations est atteint au mois d'août. C'est durant cette saison chaude et tourmentée qu'ont lieu les tempêtes tropicales et ouragans.
- **Entre les deux,** il y a des intersaisons plus ou moins marquées. A partir de fin février, on entre dans une période de récession pluviométrique : l'eau se fait rare, au grand désarroi des agriculteurs. Beaucoup d'arbres perdent leurs feuilles.

Baie du Robert.

En décembre et en janvier, il peut arriver que la température frise avec les 20 °C la nuit et que cela vous oblige à remettre un petit drap.

Vents et pluies

En raison de la topographie, l'exposition aux vents et le régime des pluies ont des répercussions importantes sur le climat. Pour la pluviosité, on peut diviser la Martinique en deux zones :

- **Une zone humide :** il s'agit du nord de l'île où le relief montagneux favorise les fortes précipitations. La végétation y est plus verte et riche.
- **Une zone sèche :** la partie méridionale de l'île et le sud de la ligne Le Lamentin-Le Robert reçoivent moins de 1 500 mm de pluie par an. Plus aride, le sud de la Martinique fait face à des périodes de sècheresse plus intenses.
- **Côté vents** aussi, la Martinique est binaire. A l'est de l'île, on parle de « côte au vent », exposée aux alizés, les vents dominants, humides et relativement frais, tandis qu'à l'ouest, la « côte sous le vent » est nettement plus abritée, profitant de la protection offerte par les hauts reliefs.

Les aléas climatiques

Depuis toujours, les Antilles font face, de par leur situation géographique, à de nombreux aléas climatiques, notamment le risque cyclonique.

- **Le risque cyclonique.** Qu'il s'agisse d'ouragan, de cyclone ou de typhon, ces trois termes désignent la même chose : un phénomène tourbillonnaire qui se forme au-dessus des eaux chaudes tropicales et qui s'accompagne de pluies intenses et de vents forts (supérieurs à 118 km/h). La désignation dépend simplement de l'endroit du globe où se produit le phénomène. Le terme cyclone est réservé à l'océan Indien et au Pacifique Sud. On parle d'ouragan en Atlantique Nord et dans le Pacifique Nord-Est, et enfin de typhon dans le Pacifique Nord-Ouest. En Martinique, il s'agit donc d'ouragan.

Ce dernier terme, apparu en 1986, est une reprise du mot américain « hurricane », qui vient lui-même du langage des indiens caraïbes qui appelaient Hurracan le dieu qui, pour eux, était responsable des malheurs et des catastrophes climatiques.

La période cyclonique dure de juillet à fin octobre. Selon son intensité, on parle de dépression tropicale (vents inférieurs à 63 km/h), de tempête tropicale (vents compris entre 63 et 117 km/h) ou d'ouragan (vents supérieurs à 117 km/h).

On estime que les Antilles françaises sont touchées en moyenne tous les dix ans. Il faut savoir que le phénomène cyclonique présente une particularité assez curieuse : à l'origine, il s'agit d'une simple dépression qui naît au large de l'Afrique avant de se diriger vers la côte est des Etats-Unis. Elle doit être combinée à d'autres

© ODJECTIF - STOCK.ADOBE.COM

L'Est de l'île est exposée aux vents.

critères pour être qualifiée d'ouragan, comme la présence de vents en altitude relativement homogènes, une forte humidité et une mer dont la température dépasse les 26 °C. Par ailleurs elle doit se former suffisamment loin de l'équateur. De l'Afrique elle se dirige alors vers le continent américain (à l'ouest). Il arrive aussi que cette dépression ne frappe aucune région et remonte carrément vers le pôle Nord : elle fait alors le tour de l'hémisphère Nord et revient vers l'Europe sous forme de tempête...

Contrairement à l'idée reçue, ce ne sont pas tellement les vents, souvent violents, qui sont à craindre, mais les très fortes pluies, dévastatrices. Ces dernières entraînent en effet des éboulements et des glissements de terrain importants en Martinique, provoquant des lahars, des coulées de boue volcanique très denses et dangereuses.

- **Le risque sismique.** Autre risque important en Martinique : le risque sismique. Située au centre des Petites Antilles, qui marquent la frontière entre la plaque caribéenne et la plaque atlantique (la seconde s'enfonce sous la première), la Martinique tremble régulièrement plus ou moins fort. Toutefois, pas de panique... L'arc est sous haute surveillance et le dernier grand séisme à Fort-de-France remonte au 11 janvier 1839 (magnitude de 7,5). Plus récemment, un tremblement de terre de 7,4 a été ressenti en 2007, provoquant quelques dégâts matériels, mais heureusement aucune victime.
- **Enfin, reste le risque volcanique** existe mais dans une moindre mesure. Bien que toujours active, la montagne Pelée est un volcan endormi dont les éruptions sont rares. La dernière éruption remonte aux années 1929-1932 avec un pic d'activité le 18 octobre 1929.

ENVIRONNEMENT

Située dans l'Arc volcanique des Petites Antilles, en mer des Caraïbes, la Martinique est classée comme un « hotspot » de biodiversité. Des espaces naturels visent à concilier préservation des milieux et accueil du public. Madinina offre ainsi de nombreuses possibilités d'écotourisme et de beaux terrains de randonnée. L'île aux fleurs est soumise à de nombreux risques naturels, exacerbés par les pressions anthropiques. L'urbanisation et l'agriculture intensive ont notamment contribué à l'artificialisation des sols, et engendré une pollution durable des eaux et des sols. La contamination au chlordécone reste un sujet très sensible. Le phénomène de prolifération des sargasses illustre quant à lui les effets des dérèglements planétaires engendrés par l'Homme. La Martinique pourrait être sous les eaux d'ici la fin du siècle, si rien n'est fait pour limiter le réchauffement climatique. Un défi majeur pour l'île, encore très dépendante des énergies fossiles.

Une île exposée à de nombreux risques et pressions

La Martinique, au carrefour de différentes plaques tectoniques, est soumise à un certain nombre de risques naturels : séismes, inondations, tsunamis, cyclones tropicaux, qui font l'objet d'un plan de prévention. Les activités humaines engendrent également des impacts sur les équilibres naturels. Ainsi, les pressions anthropiques (notamment l'agriculture et l'urbanisation) accentuent l'érosion des sols, la fragmentation des milieux naturels et les pollutions. Les espèces exotiques envahissantes, comme le Miconia, constituent également une menace pour la biodiversité. L'activité touristique contribue elle aussi à la pression sur les ressources (eau, énergie) et à la production de déchets.

Des espaces pour protéger les équilibres naturels

La Martinique, qui figure parmi les « hot spots » de biodiversité mondiale, déploie des actions afin de préserver la dynamique évolutive du vivant. la réserve naturelle nationale de la Caravelle (p.304), la réserve naturelle nationale des îlets de Sainte-Anne, et la réserve marine du Prêcheur - Albert Falco ont été créés à cette fin. Une réserve biologique intégrale existe également sur l'un des versants de la montagne Pelée. Le Parc naturel régional de la Martinique vise quant à lui à concilier protection des milieux et activités économiques, au travers notamment de projets éco-touristiques.

Les défis environnementaux de l'agriculture

La colonisation du territoire s'est fondée sur une agriculture intensive (culture de la canne à sucre et de la banane) et une urbanisation qui ont entraîné déforestation, dégradation des sols et pollutions des milieux. Les eaux de ruissellement chargées en intrants chimiques ont également contribué à l'eutrophisation du littoral et à la fragilisation des écosystèmes marins. La contamination des milieux au chlordécone reste aujourd'hui un sujet de préoccupation environnemental et sanitaire. Cet insecticide organochloré considéré comme persistant, fut utilisé de 1972 à 1993, pour lutter contre le charançon bananier. Son utilisation a pollué non seulement les sols mais aussi les nappes phréatiques et l'ensemble de la chaîne alimentaire. L'exposition au chlordécone est aussi un facteur de risque sanitaire. La stabilité de la molécule a pour conséquence sa rémanence dans les sols et nécessite la surveillance des zones contaminées. Une cartographie des zones polluées est mise à disposition par l'Etat. Un « plan IV chlordécone » devrait voir le jour pour la période 2021-2027, visant à mettre en place des actions de limitation de l'exposition des habitants au pesticide incriminé. Le territoire Nord-Ouest de l'île aurait quant à lui été épargné par le chlordécone. Cest là, sur la commune de Fonds-Saint-Denis que l'on trouve notamment une agriculture biologique fondée en partie sur des savoirs ancestraux et des espèces locales et adaptées, promue par l'association L'esprit Lasoté.

L'invasion des sargasses ou le symbole de la pollution planétaire

La Martinique est confrontée de manière épisodique à l'échouage sur ses côtes d'algues – les sargasses- *Sargassum fluitans* et *Sargassum natans*. La prolifération de ces algues brunes a des répercutions économiques directes sur le territoire (activités balnéaires et pêche) mais présente aussi des impacts environnementaux (perturbation de la biodiversité locale), et des risques sanitaires pour les personnes exposées. Ce phénomène serait lié à l'agriculture intensive en Amazonie. En d'autres termes, la

© STAN-972 - STOCK.ADOBE.COM

La presqu'île de La Caravelle.

déforestation massive et l'utilisation intensive d'intrants - phosphates et nitrates- génèrent un lessivage des sols, dont les effluents se retrouvent ensuite dans le fleuve puis dans l'océan, où ils créent les conditions favorables au développement des sargasses. Les courants entraînent ensuite les algues jusque en mer des Caraïbes. Les brumes de sables issues du Sahara contribueraient également au déplacement des sargasses. Le réchauffement climatique quant à lui pourrait induire la survenue plus fréquente de ces brumes de sables.

Les défis énergétiques du territoire : sortir de la pétrodépendance

Le mix énergétique de la Martinique en 2019 mettait en exergue une forte dépendance aux énergies fossiles (essentiellement produits pétroliers importés), liées en majeure partie au secteur des transports. Le territoire a cependant commencé sa transition énergétique, conformément à la réglementation française, qui vise l'autonomie énergétique du territoire d'ici 2030. La Martinique entend notamment développer les énergies renouvelables (photovoltaïque, éolien, biomasse) et maîtriser la demande énergétique (l'installation de chauffe-eau solaire et de LED ont permis de faire diminuer les consommations). La mobilité reste un enjeu fort. Il s'agit de décarboner les transports, en favorisant le report modal de la voiture vers les transports en commun et les mobilités actives, mais aussi de développer les véhicules électriques. Parce que chaque geste compte, le voyageur est également invité à participé aux efforts de sobriété énergétique.

La Martinique face au changement climatique

Le réchauffement planétaire en cours pourrait affecter de manière forte la Martinique, notamment avec l'intensification des phénomènes extrêmes (cyclones tropicaux, inondations). La montée des eaux et l'érosion des côtes pourraient menacer non seulement les infrastructures mais l'ensemble des activités humaines, et les ressources (eau et biodiversité).

Pour une « écologie décoloniale »

Conceptualisée par le chercheur martiniquais Malcom Ferdinant, « l'écologie décoloniale » associe selon lui, « l'exigence de préservation des équilibres écosystémiques de la Terre et l'exigence décoloniale ». Elle a trait non seulement aux luttes pour le climat mais aussi aux combats sociaux, féministes ou antiracistes. L'idée est d'intégrer dans la pensée environnementale « les destructions humaines ou environnementales » mises en œuvre par différentes formes de domination : impérialismes, colonisations, esclavage. Un concept en résonance avec l'histoire de la Martinique.

HISTOIRE

L'histoire de la Martinique est avant tout liée aux mouvements de population qui ont contribué à modeler sa physionomie et à y faire naître des sociétés pluriethniques, fruits d'un métissage étalé sur plusieurs siècles. Depuis les premiers indiens arawaks en passant par les colons français installés dès 1635, celle que l'on surnomme « l'île aux fleurs », pour son extraordinaire végétation, occupe une position stratégique dans l'ensemble de la Caraïbe qui lui vaut d'être courtisée par les colonisateurs. A partir de 1670, la culture de la canne à sucre entraîne la déportation massive d'esclaves venus d'Afrique. De la période précolombienne jusqu'à la décolonisation et l'assimilation par la République française, la Martinique garde des traces visibles de chaque époque, tant sur le plan culturel que social. Une histoire fascinante mais mouvementée, sur fond de catastrophes naturelles, de tragédies humaines et de luttes pour la liberté.

2 000 AV. J.-C

Premières traces de présence humaine en Martinique

Les fouilles archéologiques ont permis d'estimer les premiers peuplements de l'île à environ 2 000 ans avant J.-C. Il s'agit alors de tribus nomades venues d'Amérique centrale et du bassin de l'Orénoque, en Amérique du Sud.

100 AV. J.-C. – 300 AP. J.-C

Etablissement des Arawaks dans les îles de l'archipel caribéen. Ce peuple de cultivateurs, originaire de l'actuel Venezuela, apporte avec lui de nombreuses espèces végétales. En 295, les Arawaks auraient fui la Martinique suite à une éruption de la montagne Pelée.

Éruption de la montagne Pelée en 295.

700-1350

Des Tainos aux Caraïbes

De nouvelles peuplades, les Tainos, cultivant la terre et pratiquant la pêche et la chasse, s'installent sur l'île. Ils y vivent paisiblement jusqu'à la conquête des Petites Antilles entamée par les Caraïbes, un peuple de navigateurs guerriers, autour de 1350.

15 JUIN 1502

Christophe Colomb débarque au Carbet

Lors de son 4e voyage vers les Indes, le navigateur espagnol atteint les côtes du Carbet. Longtemps, la Martinique va faire office d'escale pour le ravitaillement : les aventuriers français, hollandais et anglais échangent de l'alcool et des outils contre du tabac, de l'eau et des vivres avec les Caraïbes.

Christophe Colomb.

15 SEPTEMBRE 1635

Début de la colonisation

Le flibustier Pierre Belain d'Esnambuc débarque à Saint-Pierre avec 150 colons français. Il fonde la première colonie française sur l'île pour le compte de la Compagnie des Isles d'Amérique. Saint-Pierre devient ainsi la capitale des Antilles françaises. L'année suivante, Louis XIII autorise l'introduction d'esclaves dans les Antilles françaises. C'est le début de la colonisation.

1650

La Compagnie des Isles d'Amérique fait faillite. Jacques Dyel du Parquet, neveu de Pierre Belain d'Esnambuc, achète la Martinique, les Grenadines et Sainte-Lucie. A sa mort en 1658, une guerre éclate entre les colons français et les Caraïbes. Ces derniers sont massacrés. Les survivants sont obligés de se réfugier à Saint-Vincent et à la Dominique. Les colons vont alors développer sur l'île la culture de l'indigo, du café puis de la canne à sucre.

AVRIL 1664

Louis XIV rachète la Martinique, les Grenadines et Sainte-Lucie. Il confie à son ministre Jean-Baptiste Colbert la fondation de la Compagnie des Indes occidentales.

Jean-Baptiste Colbert.

1673

La Martinique passe sous l'autorité directe du roi. La traite négrière est désormais ouverte à tous les ports français.

MARS 1685

Promulgation de l'Edit royal « touchant la police des isles de l'Amérique française », appelé Code Noir de Colbert, qui définit en soixante articles la condition des esclaves sur l'île. A partir de la seconde moitié du XVIIe siècle, la France, à l'instar de l'Angleterre et des Pays-Bas, entre dans le commerce triangulaire avec la traite des Africains vers le Nouveau Monde et utilise massivement des esclaves noirs dans les plantations. Le but du Code Noir est d'encadrer les relations entre maîtres et esclaves, quatre fois plus nombreux que les premiers. Ce texte qui fait des esclaves des « êtres meubles » (pouvant être achetés et vendus) règlemente notamment la torture des esclaves, impose aux maîtres des rations hebdomadaires aux esclaves et limite le métissage.

1759-1814

Vagues successives d'occupation anglaise

Jusqu'en 1814, la Martinique est attaquée à plusieurs reprises par les Britanniques. Cette période est marquée par des batailles retentissantes, telle la bataille de la Martinique en 1779 devant Fort Royal qui oppose treize vaisseaux de Hyde Parker à la flotte de La Motte Picquet et qui se solde par la victoire de la France.

SEPTEMBRE 1793

L'île est déchirée entre le pouvoir officiel révolutionnaire et les grands propriétaires blancs, les békés, partisans de la royauté. Ces derniers entament une contre-révolution royaliste. C'est dans ce contexte houleux que les Britanniques envahissent Saint-Pierre en février 1794. Pendant ce temps, l'esclavage, de plus en plus contesté en métropole, est aboli par la Convention. Mais la Martinique, sous occupation anglaise, n'applique pas le décret.

25 MARS 1802

Signature du Traité d'Amiens : les Anglais se retirent de la Martinique. L'île redevient française et l'esclavage y est maintenu par Napoléon.

1803-1814

Reprise des hostilités franco-britanniques

En 1803, la flotte anglaise s'empare du Rocher du Diamant qu'elle fortifie. Sept ans plus tard, les Anglais prennent Fort-de-France. La Martinique ne sera rétrocédée à la France qu'en mai 1814 avec le Traité de Paris.

22 MAI 1848

Abolition de l'esclavage

Soulèvement des esclaves en Martinique qui obtiennent l'abolition immédiate de l'esclavage. L'information du décret rédigé par Victor Schoelcher, qui prévoit de libérer dans un délai de deux mois 250 000 esclaves noirs dans les colonies françaises, se répand rapidement dans les Antilles françaises. Partout dans l'île, l'atmosphère entre maîtres et esclaves est explosive. C'est l'arrestation de Romain, esclave de l'habitation Duchamp au Prêcheur, emprisonné pour avoir continué à jouer du tambour, qui va mettre le feu aux poudres. Dans les rues, les esclaves commencent à s'amasser. Le 22 mai, Romain est relâché mais Huc, le maire du Prêcheur, tire sur la foule, faisant trois morts et dix blessés. Une flambée de violence s'abat alors sur Saint-Pierre. Le 23 mai, le conseil municipal de Saint-Pierre décrète l'abolition immédiate de l'esclavage. Le gouverneur Rostoland publie l'arrêté suivant : « Art. 1er : L'esclavage est aboli à partir de ce jour à la Martinique. Il n'y a plus parmi nous de maîtres ni d'esclaves ; la Martinique ne porte aujourd'hui que des citoyens ». Les « nouveaux libres » deviennent des citoyens à part entière, reçoivent notamment un patronyme, ont le droit de voter, de s'instruire, de travailler. Les colons, eux, seront indemnisés pour la perte de leur main-d'œuvre gratuite. Cette date du 22 mai (fériée en Martinique) est célébrée avec ferveur car elle marque la fin de deux siècles de traite négrière sur l'île mais surtout elle souligne le rôle clef joué par les esclaves pour conquérir leur liberté.

1871 — Représentation des colonies à l'Assemblée nationale, à la Chambre des députés, puis au Sénat. Les nombreuses réformes lancées en France (laïcité, gratuité de l'enseignement…) sous la IIIe République trouvent un écho en Martinique.

8 MAI 1902 — **Eruption de la montagne Pelée**

Après plusieurs semaines de pluies de cendres et de grondements souterrains, une nuée ardente s'échappe du volcan de la montagne Pelée. Ce nuage de gaz enflammés dévale à une vitesse de près de 700 km/h (et à une température proche de 1 000 degrés) vers Saint-Pierre. Cette catastrophe, la plus meurtrière du XXe siècle, fait près de 30 000 morts en trois minutes ! La capitale économique et culturelle de l'île est rayée de la carte. Avec elle, c'est toute l'industrie rhumière qui s'effondre. Le 30 août, une nuée ardente tue un millier de personnes au Morne-Rouge.

DE SEPTEMBRE 1939 À JUILLET 1943 — **An Tan Robè (du temps de Robert)**

L'île passe sous le régime de Vichy, représenté par l'amiral Robert. A partir de 1942, un blocus imposé par les Américains vers les îles françaises prive les Martiniquais de vivres.

19 MARS 1946 — Adoption de la loi de départementalisation et d'assimilation défendue par le jeune député martiniquais Aimé Césaire. La Martinique devient un département français, administré par un préfet.

MARS 1958 — Création du Parti progressiste martiniquais (PPM), par Aimé Césaire et Pierre Aliker, qui se définit comme un parti inspiré de l'idéal socialiste, progressiste et humaniste.

DÉCEMBRE 1959 — **Les Trois Glorieuses**

Fort-de-France est secouée par trois jours d'émeutes suite à un incident raciste. La répression fait 3 morts.

1961 — Création du BUMIDOM (Bureau pour le développement des migrations dans les départements d'outre-mer) qui prend en charge l'organisation des flux migratoires des habitants des départements d'outre-mer vers la France métropolitaine.

1973 — Alfred Marie-Jeanne, Lucien Veilleur, Marc Pulvar et Garcin Malsa fondent le mouvement « La Parole au Peuple ». Il deviendra cinq ans plus tard le Mouvement Indépendantiste Martiniquais, dont l'objectif était l'indépendance de la Martinique. Il a été dissout le 12 novembre 2019.

1983 — Création du Conseil Régional de Martinique, dans le cadre de la décentralisation. L'île devient une Région à part entière. Aimé Césaire en est le premier président.

1996

Vote de la loi de finances qui entérine l'égalité sociale entre la France métropolitaine et les départements d'outre-mer sous la présidence de Jacques Chirac. Le but de cette loi est de réduire les disparités en matière de protection sociale entre les départements d'outre-mer et la métropole. Le SMIC ultramarin est aligné sur celui de la France métropolitaine, et les Martiniquais ont désormais accès aux mêmes aides sociales.

MARS 2001

Election de Serge Létchimy (PPM) à la mairie de Fort-de-France. Il succède à Aimé Césaire qui a passé 56 années à la tête de la capitale foyalaise.

17 AVRIL 2008

Mort d'Aimé Césaire

Le monde entier lui rend hommage lors d'obsèques nationales.

5 FÉVRIER – 14 MARS 2009

Grève générale

L'île est secouée par un mouvement social sans précédent contre la vie chère. Celui-ci débouche sur une baisse des prix d'une centaine de produits de première nécessité.

JANVIER 2010

Les Martiniquais rejettent par référendum l'application de l'article 74 de la Constitution et préfèrent le maintien du système actuel en reconduisant l'article 73. La Martinique devient un DROM, département et région d'outre-mer, soumis au régime d'assimilation législative tel que défini par l'article 73 de la Constitution, qui prévoit pour ces entités un régime d'identité législative, c'est-à-dire que « les lois et règlements sont applicables de plein droit », sous réserve d'une possibilité d'adaptation ou de dérogation des lois et les règlements, afin de tenir compte des caractéristiques et contraintes particulières de ces DROM.

DÉCEMBRE 2015

Fusion des deux collectivités territoriales, le Conseil Régional et le Conseil Général. Alfred Marie-Jeanne devient le premier président du Conseil Exécutif de la Collectivité Territoriale de la Martinique.

MAI 2019

Réhabilitation du musée Franck Perret de Saint-Pierre, rebaptisé Mémorial de la Catastrophe de 1902.

22 MAI 2020

Deux statues de Victor Schoelcher sont arrachées par un groupe d'activistes le jour de la commémoration de l'abolition de l'esclavage. Ces manifestants anti-héritage colonial mettent en avant le fait que les esclaves se sont libérés eux-mêmes et non grâce à Victor Schoelcher, et qu'il faut rendre hommage avant tout aux esclaves et à leur combat.

Le 26 juillet, ce sont les statues de l'impératrice Joséphine de Beauharnais, déjà privée de tête depuis 1991, et de Pierre Belain d'Esnambuc sur la place de la Savane qui sont détruites. Les motivations sont les mêmes : les manifestants disent être entourés de « symboles insultants ».

TOP 10

PERSONNAGES HISTORIQUES

Personnages connus ou moins connus, ces hommes et ces femmes, natifs de l'île aux fleurs ou simples visiteurs, ont marqué l'histoire de la Martinique par leur destin, leur engagement politique ou leur vocation artistique. Ils illustrent à merveille la diversité culturelle de l'île.

LOUIS-AUGUSTE CYPARIS [1874-1929]

Emprisonné à Saint-Pierre, il est l'unique survivant de la catastrophe de la montagne Pelée en 1902.

JOSÉPHINE DE BEAUHARNAIS [1763-1814]

Née aux Trois-Ilets, elle épouse le général Bonaparte en 1796 avant d'être couronnée impératrice en 1804.

HOMÈRE CLÉMENT [1852-1923]

Maire du François de 1885 à 1923, ce médecin achète l'Acajou, devenue aujourd'hui l'Habitation Clément.

AIMÉ CÉSAIRE [1913-2008]

Poète de la négritude, il s'engagea dans la politique en fondant le Parti Progressiste Martiniquais.

© DUNCAN1890 - ISTOCKPHOTO.COM

VICTOR SCHŒLCHER [1804-1893]

Ce député est à l'origine du décret de 1848 abolissant l'esclavage dans les colonies françaises.

© INSTANTS - ISTOCKPHOTO.COM

FRANTZ FANON [1925-1961]

Ce psychiatre foyalais est l'une des grandes figures de la lutte anticoloniale et de l'antiracisme.

JEAN-BAPTISTE LABAT [1663-1738]

Ce missionnaire, fin connaisseur des techniques de distillation, est surnommé le père du rhum martiniquais.

VICTOR SÉVÈRE [1867-1957]

Maire de Fort-de-France pendant 35 ans, il s'opposa au régime de Vichy et entra dans la Résistance.

EDOUARD GLISSANT [1928-2011]

Prix Renaudot en 1958 pour son roman *La Lézarde*, il est l'un des théoriciens de l'identité créole.

BELAIN D'ESNAMBUC [1585-1637]

Ce navigateur débarque en Martinique en 1635 avec 150 colons français venant de l'île de Saint-Christophe.

LES ENJEUX ACTUELS

Depuis 1946, date à laquelle la Martinique est devenue département français à part entière, son visage n'a cessé de se modifier. Très attendue, cette loi de départementalisation et d'assimilation a notamment permis de conforter le cadre démocratique et apporté la stabilité et la paix nécessaires au progrès social sur l'île. Par rapport à ses voisins de l'espace caribéen, la Martinique affiche ainsi un niveau de vie relativement élevé. Comme dans la plupart des terres industrialisées, l'économie martiniquaise se caractérise aujourd'hui par la prédominance du secteur tertiaire, le tourisme en tête, au détriment de l'agriculture, dont l'essentiel de la production repose aujourd'hui sur la banane et la canne à sucre. Si le taux de chômage semble se stabiliser et les inégalités sociales s'amenuiser, de nouvelles problématiques émergent, à commencer par les enjeux environnementaux et la question identitaire.

L'évolution des structures politiques depuis 1946

La départementalisation revêt pour l'île une importance aussi capitale que l'a constitué en son temps l'abolition de l'esclavage. Réclamée depuis longtemps, cette loi d'assimilation qui transforme les anciennes colonies (la Martinique, la Guadeloupe, la Guyane et la Réunion) en départements français est défendue avec vigueur par Aimé Césaire. Néanmoins, dans les faits, la situation économique et sociale et la répression de certains mouvements politiques rendent difficile son application sur place. Il faut attendre 1996 et le vote de la loi sur l'égalité sociale entre la France métropolitaine et les départements d'outre-mer pour que les Martiniquais disposent véritablement des mêmes dispositifs d'aide sociale (allocation, alignement du SMIC ultramarin sur celui de la métropole) et d'une égalité juridique, politique et sociale avec leurs pairs métropolitains. Si le nouveau statut a sans aucun doute une importance législative, au niveau social, la vie ne change pas jusque dans les années 1950 où la Caraïbe va connaître des mouvements de migration. L'Etat prend très vite les choses en main et met sur pied une réglementation : le Bumidom, Bureau des migrations des départements d'outre-mer, est créé en 1961. Le flux s'accélère dans la décennie 1960 pour ralentir à partir des années 1980 : sur la période, ce sont près de 190 000 Martiniquais qui s'élancent vers la métropole, pour aller y travailler ou étudier. La Martinique se voit ainsi privée d'une grande partie de sa jeunesse, ce qui, au fil des années, va accélérer le vieillissement démographique de l'île. On recense aujourd'hui en métropole 365 000 « domiens ».

Une collectivité unique. En janvier 2010 a lieu une consultation sur le statut de l'île. Le référendum doit déterminer l'évolution à donner au cadre politique dans lequel se positionne la Martinique : conserver le département, statut prévu par l'article 73 de la Constitution ou évoluer vers une collectivité d'outre-mer dotée d'une autonomie élargie en dehors des pouvoirs régaliens de

© VIKTOR HLADCHENKO - SHUTTERSTOCK.COM

Fort-de-France.

l'Etat et relevée par l'article 74 de la Constitution. Les urnes ont été relativement claires, les électeurs ayant répondu « non » à 79,3 % à la transformation du DOM en collectivité. Les martiniquais se prononcent en faveur de la « création d'une collectivité unique exerçant les compétences dévolues au département et à la région ». Cette réforme constitutionnelle doit permettre une rationalisation des tâches en évitant les « doublons » et les inévitables chevauchements de compétences entre les institutions. Avec, à la clef, des économies de l'ordre de 185 millions d'euros grâce aux départs en retraite.

Pour Alfred Marie-Jeanne, partisan du oui, la défaite est cuisante et le candidat indépendantiste doit s'incliner face à la liste conduite par Serge Letchimy, farouche partisan de l'article 73. Ce dernier devient alors le nouveau président du conseil régional de la Martinique. En novembre 2015, cependant, renversement de situation. Les Martiniquais, appelés aux urnes pour réunir le conseil général et le conseil régional en une seule collectivité dite territoriale, font confiance à Alfred Marie-Jeanne qui est élu président de la Collectivité Territoriale de Martinique.

Autre enjeu politique de taille pour la Martinique : la question de la parité hommes femmes, ces dernières étant encore trop peu représentées parmi les élus politiques. En 2019, l'Insee a enregistré une légère amélioration de la parité mais il reste encore du chemin à parcourir pour que les femmes parviennent à se faire une place dans la vie politique martiniquaise.

D'évidents progrès économiques et sociaux

L'économie martiniquaise se caractérise par un secteur public particulièrement développé (près de 42 % des salariés). Secteur numéro un en Martinique, avec plus d'un million de visiteurs annuels, le tourisme connaît actuellement de nombreuses interrogations. La fréquentation a bénéficié depuis ces dix dernières années du regain d'intérêt pour les croisières. Mais les incertitudes liées au contexte actuel laissent les professionnels perplexes.

Par rapport à ses voisins de l'espace caribéen, la Martinique affiche un niveau de vie relativement élevé. La loi d'assimilation a notamment permis de conforter le cadre démocratique et apporté la stabilité et la paix nécessaires au progrès social en Martinique. Le système de santé apparaît comme l'un des plus performants de la région. L'espérance de vie moyenne en Martinique a progressé (75 ans pour les hommes, 81 ans pour les femmes), se rapprochant de celle de la métropole. Il en va de même pour l'éducation, la Martinique affichant un taux d'alphabétisation supérieur à 90%.

Le secteur du logement, quant à lui, a continué de s'améliorer, marqué par une résorption de l'habitat insalubre, en particulier dans des quartiers populaires de Fort-de-France. L'aménagement territorial assure une infrastructure moderne, qu'il s'agisse du volet sanitaire, distribution (électricité et eau), mais aussi communication, aéroport, port, routes.

© DREZEN ISABELLE

Culture de la vanille.

Pour encourager le développement des départements et territoires d'outre-mer, l'Etat a mis en place une série d'outils. Outre les subventions accordées par l'Union Européenne dans le cadre du Fonds Européen de Développement Economique et Régional (FEDER) et du Fonds Social Européen (FSE), la Martinique bénéficie de mesures spécifiques comme une politique douanière, commerciale et fiscale plus avantageuse, des zones franches, ainsi qu'une politique de défiscalisation qui vise à inciter à l'investissement en outre-mer et à pallier le surcoût du matériel et les difficultés d'accès au crédit dans ces territoires.

L'agriculture en Martinique

L'économie martiniquaise porte l'empreinte d'un passé colonial profondément marqué par les activités agricoles. L'île a longtemps produit du coton, du tabac, de l'indigo, des épices (cannelle, poivre), du café et du cacao, mais aussi des cultures fruitières, légumières (dachine, piment, igname, manioc) et maraîchères (tomate, melon, concombre). Héritière de ce passé, l'île se trouve aujourd'hui devant une situation assez paradoxale : un secteur agricole développé mais fragile. Si l'agriculture pèse dans les recettes d'exportations, les surfaces consacrées aux terres agricoles sont en recul constant. La Martinique est ainsi dépendante à près de 80 % des importations de l'extérieur afin de satisfaire le marché local. Actuellement, l'essentiel de la production agricole repose sur deux productions principales : la banane et la canne à sucre, destinées essentiellement à l'exportation.

© JVPHOT - SHUTETRSTOCK.COM

Bananeraie.

Premier produit d'exportation de l'île, la banane bénéficie d'un ancrage historique et culturel fort. Les producteurs de bananes sont cependant mis à mal par la concurrence de bananes venues d'autres pays et vendues moins cher (la fameuse banane dollar), et les cyclones à répétition. L'agriculture de l'île doit aussi faire face au scandale du chlordécone, un insecticide utilisé massivement pour lutter contre le charançon dans les bananeraies. Interdit aux Etats-Unis depuis 1977 et en France depuis 1989 en raison de sa toxicité avérée, le gouvernement français a toutefois autorisé son utilisation en Martinique et en Guadeloupe jusqu'en 1993, causant la contamination d'un tiers des terres agricoles martiniquaises, notamment au nord-est de l'île, et des nappes phréatiques pour des milliers d'années. Car cette molécule, très persistante dans l'environnement, pourrait être la cause principale des cancers de la prostate en Martinique, qui détient le triste taux d'incidence annuel de cancer de la prostate le plus élevé au monde. Les producteurs de banane décident alors de s'orienter vers une culture bananière durable. Leur objectif est clair : diminuer l'impact de cette culture sur les autres écosystèmes. En dix ans, la filière banane martiniquaise a réussi à réduire de 75 % l'utilisation des produits phytosanitaires.

Après la banane, c'est la canne à sucre qui arrive en numéro deux des productions martiniquaises. 80 % de sa production est dédiée à la fabrication de rhum AOC, et les 20 % restants sont destinés à la fabrication du sucre. Principale activité agroalimentaire de la Martinique, le rhum, deuxième produit d'exportation après la banane, participe à l'émergence d'un spiritourisme à forte dimension culturelle, les distilleries étant devenues de véritables pôles de valorisation du patrimoine martiniquais.

De nouvelles pistes. Cependant, de plus en plus de voix s'élèvent contre le monopole de ces deux monocultures. Pour y remédier, les agriculteurs martiniquais choisissent d'explorer des pistes nouvelles pour produire de manière plus respectueuse et durable, comme la permaculture, l'agroforesterie et l'agroécologie. Des traditions héritées du jardin créole, que pratiquaient les Anciens et qui reviennent au goût du jour en Martinique. De même, des initiatives privilégiant les circuits courts « lokalvores » (paniers, marchés locaux) se multiplient pour inciter les Martiniquais à consommer en priorité leurs produits, avec le moins d'intermédiaires possible, et surtout la possibilité de rencontrer directement les producteurs.

Depuis quelques années, on observe également le retour de nouvelles cultures à forte valeur ajoutée, telles que le cacao, la vanille et le café. Ces nouvelles filières représentent un potentiel de croissance important pour le territoire, soutenu par une demande internationale forte.

L'agriculture martiniquaise bénéficie en outre du programme européen d'appui aux régions ultrapériphériques : le POSEI (Programme d'options spécifiques à l'éloignement et à l'insularité), qui s'inscrit dans le cadre de la Politique agricole commune (PAC). Le premier volet, intitulé Régime spécifique d'approvisionnement (RSA), est destiné à alléger le coût des intrants. Le second volet comporte des mesures en faveur des productions agricoles locales (MFPAL) qui concernent quatre secteurs d'intervention : la banane, le secteur canne-sucre-rhum, la filière animale et la diversification des productions végétales.

ARCHITECTURE

La Martinique est une île plurielle et son riche patrimoine architectural en est la preuve. Ici séismes, cyclones et incendies dictent leurs lois, charge aux bâtisseurs de s'adapter. L'évolution de la case, habitat antillais traditionnel, en témoigne. Des petites structures de paille aux maisons de bourg, toutes ont été pensées en adéquation avec leur environnement. Des forts militaires à l'architecture métallique, qui s'invita jusque dans les églises, les édifices d'influence européenne témoignent aussi de cette nécessité de s'adapter au milieu. Autre élément clé du patrimoine martiniquais : l'habitation, lieu complexe, symbole d'une modernité industrielle indissociable de l'oppression esclavagiste. Un patrimoine à découvrir et surtout à recontextualiser. La préservation de cette riche identité créole est aujourd'hui le fer de lance de l'île qui n'en garde pas moins un œil tourné vers l'avenir. Bon voyage au cœur de ces inoubliables trésors !

Une île convoitée

La Martinique fut longtemps au cœur de conflits qui façonnèrent son littoral, le jalonnant de défenses militaires. Simples palissades en bois, ces structures se perfectionnèrent sous l'influence de la couronne française et de son célèbre ingénieur Vauban. Ce dernier ne construisit pas directement sur l'île, mais ses disciples y appliquèrent son grand principe : réconcilier l'art de la fortification avec la nature. Les grands forts de l'île tirent ainsi avantage des nombreux éperons rocheux, véritables forteresses naturelles. Chaque fort possède arsenal, batterie, redoute, bastions polygonaux et autres remparts et talus. Le Fort Saint-Louis à Fort-de-France en est le plus célèbre représentant. A côté des forts, le pouvoir s'exprime aussi dans un urbanisme où règnent ordonnancement et symétrie. C'est l'avènement du plan en damier pour les cœurs de ville qui s'organisent autour de bâtiments clés (église, mairie, places…) comme à Fort-de-France ou Saint-Pierre qui fut longtemps surnommée le petit Paris des Antilles et dont les vestiges du grand théâtre avec ses larges volées de marches et son péristyle très classiques témoignent de cette volonté qu'avait la puissance coloniale d'insuffler ses préceptes urbanistiques et architecturaux.

La case ou l'identité antillaise

La case antillaise trouve ses origines chez les peuples amérindiens, premiers habitants de l'île. Ces derniers s'organisaient en village au centre duquel trônait le *carbet*, grande hutte circulaire en bois et végétaux qui servait de centre politique et religieux, tandis que les *ajoupas* abritaient les chambres. Des constructions plus légères abritaient cuisines et ateliers, témoignant d'un souci fonctionnel déjà très poussé. D'anciens sites d'habitation sont à voir au Vivé (Le Lorrain) et sur la plage de Dizac (Diamant).

DÉCOUVRIR

© PETR KOVALENKOV - SHUTTERSTOCK.COM

Le Fort Saint-Louis, à Fort-de-France.

Les premiers colons s'en inspirèrent pour construire leurs cases, abris légers mais parfaitement adaptés aux contraintes du climat. Dans le sud de l'île, notamment sur le site la Savane des Esclaves aux Trois-Ilets, vous pourrez découvrir des cases dites à gaulettes, modèles typiques des débuts de la colonisation. Leur sol est en terre battue, leur toiture en feuille de canne et leur façade faite en palissades de bois tressés (ti-baume, bambou, campêche) souvent enduites d'un torchis réalisé à base de bouse de vache ou de boue végétale mélangée avec de la paille. La case est pensée de façon modulaire et fonctionnelle. Comportant au départ deux pièces, elle s'agrandit en fonction des besoins et moyens de ses habitants. Progressivement, les cases se dotent d'une base cimentée plus résistante à l'humidité, leurs couvertures - originellement en paille ou en palmier - sont réalisées à base d'une tuile ronde locale appelée « tuile-pays » puis plus tard en tôle ondulée, le bois brut se pare de couleurs vives et, au XIXe siècle, la façade de la case se dote d'une galerie ouverte ou véranda. Se transformant au fil du temps en véritable pièce à vivre, cette dernière est devenue le symbole de la culture antillaise faite de convivialité et d'hospitalité. Protégée des assauts de la pluie par un large toit avancé, elle offre une vue sur le jardin, autre élément phare de la case antillaise. A partir du XIXe siècle, la multiplication des cases individuelles entraîne la création de hameaux dont l'organisation est là encore calquée sur celle des villages amérindiens. Grand-Rivière a su garder cette atmosphère des villages d'antan. Au XXe siècle, la création des bourgs a vu naître des cases urbaines appelées « maisons de bourg ». Ces dernières suivent le schéma de la case rurale,

© LAURE LAMBERT

Cases traditionnelles, La Savane aux Esclaves.

mais les terrains en ville étant chers, les maisons de bourg se développent en hauteur, se dotant d'un ou deux étages. Le rez-de-chaussée, construit en ciment pour limiter les risques d'incendie, abrite souvent commerces et ateliers. Les étages, eux toujours en bois, se font plus décoratifs avec des balcons en fer forgé, et surtout des persiennes et jalousies pour assurer la ventilation naturelle de la maison. Là encore, la cuisine est séparée du reste de l'habitation et installée dans une arrière-cour. Les rues du centre de Fort-de-France, en particulier la rue Blénac, en comptent de beaux exemples.

L'habitation : le poids du passé

Typiquement antillaise, l'habitation est une structure complexe, entre exploitation agricole et établissement préindustriel, pensée pour mettre en valeur les terres à des fins spéculatives. Sucre, cacao, tabac, indigo, café puis rhum… : tout y a été produit et transformé. D'un point de vue industriel, ces habitations sont extrêmement modernes et au cœur d'un système d'infrastructures très étudié. On peut ainsi encore apercevoir les digues et coulisses permettant l'acheminement de l'eau, les tours en moellons des moulins à vent avec leur toiture pivotante et leurs puissantes ailes, mais aussi les hangars à chaudières et alambics, témoins de l'évolution des techniques. Champs de cannes et jardins entourent ces différents éléments, tandis qu'au centre trône la maison de maître. Au départ simple case améliorée, cette dernière va se développer au rythme de la prospérité de ses propriétaires et devenir le symbole du système colonial. Si certaines maisons se basent sur les styles et principes architecturaux venus de la métropole (fortes influences normandes et bretonnes), très vite les maisons de maître vont adopter un style adapté aux contraintes du milieu. Construite toujours légèrement en hauteur pour garder une vue sur les unités de production, la maison de maître est conçue pour permettre une ventilation parfaite de la maison : des galeries ou vérandas bordent toutes les faces de la maison, les fenêtres ne sont pas vitrées mais ajourées et équipées de persiennes et les pièces du rez-de-chaussée n'ont bien souvent pas de portes. Pour préserver la maison des dégâts de la pluie, une toiture en tuiles de terre cuite ou en écailles est privilégiée, suivant souvent un style à la française, tandis que les avancées du toit permettent une évacuation de l'eau dans des jarres maçonnées. Le sol est souvent surélevé et réalisé dans de superbes dallages polychromes. Le deuxième étage, légèrement en retrait, est appelé belvédère et fait la part belle à des décors finement ciselés dans le bois. Ce souci du décor se retrouve dans l'attention portée au mobilier : berceuses, lits à colonnes et grandes dessertes peuplent ces maisons où l'apparat triomphe.

Rappelant les grandes propriétés coloniales de Louisiane, avec laquelle la Martinique a longtemps entretenu des liens étroits, les maisons de maître antillaises restent plus fonctionnelles et moins ostentatoires. Une beauté stylistique qui ne doit pas faire oublier que la dénomination « maison de maître » ne désigne pas ici simplement une demeure bourgeoise cossue, mais bien une structure composée d'un maître… et d'esclaves. Longtemps ignoré, le patrimoine lié à l'esclavage est aujourd'hui mis en lumière, notamment les « cases-nègres », regroupements de cases alignées, toutes bâties sur le même modèle et installées en contrebas de la maison de maître pour en permettre le contrôle. Ces cases étaient souvent entourées de jardins, dits serviles, permettant aux esclaves de subvenir en partie à leurs besoins. Ce riche patrimoine est à découvrir dans les habitations Pécoul, Clément, Leyritz, ou bien encore Anse Latouche, qui comptent parmi les plus belles et les mieux conservées de l'île.

Patrimoine religieux

La Martinique est peuplée d'un très grand nombre d'églises. Certaines sont directement inspirées des modèles européens à l'image de l'église du Carbet avec son plan en croix latine à trois nefs et son clocher rehaussé d'une flèche et d'un bulbe doré, de l'église du Marin avec son décor baroque tout en volutes et sinuosités ou bien de l'étonnante église de Balata, réplique de la basilique du Sacré-Cœur de Montmartre. D'autres témoignent de l'influence des marins-charpentiers qui réalisèrent de nombreuses charpentes en carène ou coque de bateau renversée. Mais la plupart témoignent de la nécessité d'adapter l'architecture aux conditions climatiques, comme le montre l'église Notre-Dame-de-la-Nativité à Ducos avec l'inclusion dans sa façade d'une des faces du clocher de manière à offrir une meilleure résistance aux vents. Certains clochers seront même séparés de l'édifice.

Ce souci culmine avec l'avènement de l'architecture métallique popularisée sur l'île par l'architecte Henri Picq à qui l'on doit la superbe et étonnante cathédrale Saint-Louis de Fort-de-France. Sa nef est entièrement soutenue par des arches métalliques d'inspiration néogothique offrant un sentiment d'espace et de clarté renforcé par la belle luminosité se dégageant des vitraux et verrières. C'est également à Picq que l'on doit la très belle Bibliothèque Schœlcher avec son lumineux dôme de verre, ainsi que de nombreuses halles. Ce rôle de centre d'expérimentations architecturales se poursuit au XXe siècle avec l'église Saint-Christophe à Fort-de-France. Construite en 1955, elle est le symbole du renouveau de l'art sacré avec son utilisation du béton, ses pavés colorés filtrant la lumière et son beau clocher semi-circulaire.

© PIXELDOM - SHUTTERSTOCK.COM

L'église de Balata.

Evolutions et perspectives

Avant même l'église Saint-Christophe, Fort-de-France a vu naître, dès les années 1930, quelques très beaux exemples de modernisme architectural. La Villa Monplaisir, œuvre de Louis Caillat, grand représentant du modernisme en Martinique, impressionne par sa blancheur et ses formes géométriques élémentaires. La Maison Didier, elle, fait la part belle aux courbes et volumes Art déco. L'ancien immeuble « La Nationale » étonne avec ses hublots et rambardes métalliques directement inspirés du style Paquebot. Autre étonnante particularité, il s'organise autour d'un patio, une structure d'héritage mauresque très rare dans l'île, que l'on retrouve dans un autre bâtiment phare, la Maison des Syndicats, avec ses formes circulaires et son plan en couronne. Mais le béton n'a pas toujours été associé à une modernité de forme, comme en témoigne la Préfecture, directement inspirée… du Petit Trianon. Un mélange pour le moins éclectique. Par la suite, les grandes villes de l'île ont toutes subi une politique d'intense bétonisation avec multiplication d'hôtels, centres commerciaux et lotissements, les grands ensembles y remplaçant les maisons individuelles. Avec sa Tour Lumina de 105,5 m de hauteur, le complexe de la Pointe Simon dénature quelque peu le centre de Fort-de-France alors même qu'il s'en voulait le phare. Mais d'autres réalisations contemporaines tentent de s'intégrer de façon plus harmonieuse avec le bâti existant à l'image du technopôle de Kerlys dont les courbes du toit rappellent celles de l'église Saint-Christophe. Fort heureusement, la ville a su en parallèle conserver sa riche identité grâce aux campagnes de revalorisation de nombreux quartiers où l'habitat antillais est mis à l'honneur !

BEAUX-ARTS

Qu'on se le dise : les Martiniquais ont la fibre artistique. Depuis le milieu du XXe siècle, l'île est le théâtre d'un développement culturel en accéléré. Peintres et sculpteurs rassemblent les tendances les plus marquantes des cent dernières années. Autodidactes, formés ici ou ailleurs, figuratifs, naïfs ou abstraits, en solo ou réunis en associations, les artistes locaux constituent une scène variée. Une chose est sûre, les natifs connaissent le pouvoir de l'échange. Pour preuve, le musée Gauguin met en lumière les œuvres peintes et dessinées lors du séjour du maître sur l'île en 1887 mais il présente en parallèle son apport sur la création locale. En Martinique, l'art n'hésite pas à descendre dans la rue, au plus près de son public. Le street-art prend sur l'île les formes les plus diverses. Les œuvres plus ou moins éphémères font désormais partie intégrante d'un paysage aux tonalités vibrantes qui reste longtemps en mémoire.

Vers le XXe siècle

Les colons ont longtemps étouffé toute forme d'expression artistique dans les îles. Par conséquent, l'héritage culturel européen a continué de dominer jusqu'au XXe siècle. La peinture se limitait aux traits d'artistes européens de passage en Martinique, tel Gauguin. De rares tableaux conservés au musée de la Marine de Paris, exécutés par des peintres officiels, offrent cependant un témoignage de la vie quotidienne d'alors. Il faut attendre 1937 pour que le lycée de Fort-de-France propose l'enseignement du dessin et de la peinture par l'intermédiaire de Paul Bally. Durant la Seconde Guerre mondiale, les artistes européens immobilisés sur l'île en raison du blocus ouvrent les premiers ateliers artistiques publics. En 1943, la création de l'École des arts appliqués donne l'impulsion à l'éclosion de l'art martiniquais. Après cela, on assiste à l'émergence de la première génération d'artistes locaux. Les mouvements qui se succèdent attestent de la vitalité de la peinture en Martinique.

Fortement marqué par le contexte politique, le premier courant pictural martiniquais se nomme l'Atelier 45. Il réunit les peintres Raymond Honorien (1920-1988), Mystille et Tiquant. A la même époque, Aimé Césaire fonde la revue *Tropiques*.

Groupement des artistes martiniquais

Une sculptrice est à la tête d'un mouvement pictural déterminant formé en 1950 : Marie-Thérèse Julien Lung-Phu. Née en 1908 aux Trois-Îlets, l'artiste-poétesse entreprend d'étudier la sculpture en France. Rentrée en Martinique en 1948, elle réalise une sculpture de Victor Schoelcher qui lui vaut de recevoir les palmes académiques. Elle reste à ce jour une personnalité honorée pour la richesse de son parcours et son attachement à la culture martiniquaise.

Plusieurs tendances cohabitent dans les décennies suivantes. Un art symboliste, et même mystique, représenté par Hector Charpentier ; une peinture naïve aux tons vifs qui privilégie les panoramas et les scènes de pêcheurs ; d'autres combinent artisanat et art par l'emploi de matériaux naturels. Ainsi Joseph, dit Khoko René Corail, mêle bambou et peinture.

De plus en plus d'artistes vont se former en métropole. A leur retour, chacun participe à sa façon à enrichir l'identité de l'art typique de l'île aux fleurs. C'est ainsi qu'apparaissent les courants symbolistes et surréalistes. L'art martiniquais a bien entendu été influencé par le mouvement de la Négritude, sans oublier le Festival des Arts nègres qui s'est tenu en 1967.

En 1983, le GEP, ou Groupement d'expression plastique, est fondé dans le but de promouvoir la peinture et la sculpture martiniquaises et caribéennes sur la scène internationale. Cet élan ne cesse de se confirmer à tel point que l'on assiste à une véritable explosion dans le domaine des arts plastiques.

De nos jours

De nos jours, des expositions sont proposées tout au long de l'année avec un pic en mai et juin. La peinture domine la scène artistique qui laisse la place à tous les styles : figuratif, naïf, abstraction, thèmes liés à l'esclavagisme mais aussi « figurabstraction », genre entre figuratif et abstraction, né sous le pinceau d'Hector Charpentier. La sculpture martiniquaise n'acquiert ses lettres de noblesse que tardivement avec Laurent Valère (1959). Hiératiques et puissantes, ses œuvres appellent à la réflexion. La plus célèbre reste *Le Mémorial de l'Anse Caffard*, érigée en 1998 dans la commune du Diamant. Quinze imposantes statues de pierre tournées vers la mer commémorent le naufrage tragique de 1830, où nombre d'esclaves enchaînés périrent dans les flots, sans avoir la possibilité de se sauver.

© JUDITH LIENERT - SHUTTERSTOCK.COM

Sculptures de Laurent Valère au Mémorial de l'Anse Caffard.

Dans la lignée des grandes sculptures monumentales, le *Lambi* des Anses-d'Arlet et la tête de *Manmand'lo* exaltent la même puissance esthétique. Le *Lambi* (2009) trône dans le bourg des Anses-d'Arlet. Sculpture-fontaine aux lignes élégantes, de sa conque coupée se diffuse une brume liquide rafraîchissante. Quant à *Manmand'lo* (2004), il s'agit d'une tête de femme-sirène monumentale posée à dix mètres de profondeur au large de la baie de Saint-Pierre, comme la réconciliation de l'Homme et de son cocon marin, fragile et magnifique. Sa notoriété attire toujours plus de touristes.

L'année 2013 voit l'ouverture de l'espace d'art contemporain 14°N 61°W à Fort-de-France. L'objectif de ce lieu avant-gardiste est de conjuguer création artistique et préoccupations sociales, économiques et politiques.

Spots street-art

Le paysage martiniquais s'est encore embelli ces dernières années avec l'essor de l'art urbain. Cette forme d'expression qui s'adresse directement au plus grand nombre a rapidement trouvé sa place en Martinique. De Fort-de-France à Schoelcher, on retrouve les thèmes chers aux Antilles. Quatre graffeurs se distinguent : Oshea, R-Man, Xän et Moksa. Coup de cœur pour le génialissime portrait de Spike Lee réalisé par Xän sur un mur de la rue du Port. Un gros plan avec cheveux végétalisés ! Dans les rues adjacentes, vous dénicherez quantité de joyaux du street-art.

Les plus curieux s'aventureront à Schoelcher. Comptez une heure et demie pour débusquer les pépites qui ornent les ruelles de ce joli bourg. Ici, le sport est le meilleur ami de l'art urbain. La piscine municipale, lieu de rendez-vous des joggers du soir, a bénéficié du projet municipal Art dans la ville. Grâce à ce soutien officiel, les fresques fleurissent dans ce quartier. De même, au Pont Case-Navire, la fresque des Amérindiens signale l'emplacement d'un ancien village d'indiens, aux abords de la rivière. Caruge et Cauquil signent ici une fresque à ne pas surtout pas manquer. Au stade municipal, une autre peinture murale amérindienne joliment colorée vous attend. Ici, un enfant sur sa barque pagaie sur un vaste pan de mur. Le long du parcours sportif aménagé en bord de mer, la place des Arawaks et les terrains de basket accueillent un foisonnement de graffitis en perpétuel renouveau. En redescendant vers le bourg, repérez les œuvres qui se cachent un peu partout en bord de plage. De joyeux visages d'enfants ornent la frise du bien nommé *Mur des sourires*, dans le quartier la Colline. Terminons ce panorama sur une note typiquement antillaise avec une réalisation signée Oshea. Sur les murs d'un transformateur électrique, sa Doudou tend son panier de fruits aux gourmands amateurs d'art.

MUSIQUES ET SCÈNES

Magique pour le regard, à l'oreille, la Martinique devient même ensorcelante. Véritable île de musique, on ne passe pas une minute sur place sans être accompagné de rythmes chaloupés. Du zouk, mondialement connu et en pleine résurgence, à la biguine, le swing caribéen par excellence, sans oublier le *bèlè*, cette expression très théâtrale mère de toutes les musiques (ou presque) ici, la Martinique possède plus d'un atout pour faire remuer la tête et les hanches. Très souvent, les hanches. Un des moments privilégiés pour gouter à la musique locale demeure bien entendu le carnaval. Vrai concentré de Martinique, il offre un panorama complet – et festif, cela va sans dire – sur l'ensemble des expressions artistiques de l'île. Voire même des Caraïbes. En vous rendant sur place, n'oubliez pas de fermer aussi les yeux et laissez la Martinique se raconter au rythme de la mazurka ou de l'incontournable zouk. Un dépaysement pour tous les sens.

La musique traditionnelle

Au même titre que chez sa cousine guadeloupéenne, le carnaval est en Martinique un des emblèmes de l'île. Durant cinq jours de frénésie défilent costumes splendides, musiques, fanfares et tambours au sein de ce qui est la plus grande fête de l'année. Le grand Vaval – gigantesque statue de plusieurs mètres représentant un thème d'actualité – porté aux nues par la foule, ouvre les festivités puis les ferme avec son enterrement, le dernier jour du carnaval (le mercredi des Cendres). Entre les deux, chacun donne libre cours à son imagination et fait la fête parmi les « vidés » ces splendides cortèges et chars carnavalesques que la population suit avec ardeur en se déhanchant.

Autre tradition musicale incontournable de Martinique : le *bèlè*. Mêlant chant, musique, danse et conte, le *bèlè* (ou « bel air ») s'organise autour d'un chanteur qui mène l'ensemble d'une voix imposante tandis que dialoguent les danseurs et le *tambouyé* (joueur de tambour). Le terme « bèlè » désigne d'ailleurs également l'instrument principal, le *tambour bèlè*, membranophone conique recouvert d'une peau de cabri ou de mouton qui se joue en frappant et frottant les mains et les doigts. Si son origine est sujette à débat, on estime que cette musique serait née durant la période esclavagiste, d'une transplantation des traditions musicales africaines et d'influences européennes. Pour se faire une idée plus précise, les albums de grands maitres du genre comme Ti Émile ou Edmond Mondésir (dans les années 1980) sont d'excellents points de départ. Découlant du cœur rythmique du *bèlè*, on trouve aussi le *chouval bwa*, une musique qui accompagnait les manèges de chevaux de bois traditionnels. Si le genre semble un peu plus marginal, il a connu quelques vraies stars comme Dédé Saint-Prix ou Claude Germany.

Et bien entendu, impossible d'aborder la musique traditionnelle en Martinique sans évoquer la biguine. Forme musicale parmi les plus populaires de l'île, la biguine prend forme à la fin du XIXe siècle, peu après l'abolition de l'esclavage, en se constituant (elle aussi) à partir de *bèlè* et d'influences européennes comme la polka, avant de s'enrichir de jazz dans les années 1970. A l'origine, la biguine était jouée par un orchestre regroupant une flûte, un violon, une clarinette, une guitare, un banjo, un saxophone, une trompette et une batterie, mais les formations sont devenues plus fluides et variables avec le temps. Bien que très protéiforme et touche-à-tout, Malavoi, le groupe iconique de Martinique a joué de la très belle biguine. Eugène Delouche, superbe clarinettiste des années 1930 (hélas tombé dans l'oubli) ou Alexandre Stellio, vrai dynamiteur de la biguine furent deux grands acteurs de ce swing des Caraïbes.

Côté concerts, les événements organisés par la maison du *bèlè* à Sainte-Marie sont de très bonnes occasions d'en entendre, l'endroit s'étant fixé pour mission la préservation et la transmission du genre. Autrement, on peut écouter de la bonne biguine le dimanche chez Tante Arlette, restaurant de Grand Rivière ou au Biguine jazz festival, rendez-vous annuel qui égrène sa bonne programmation sur toute l'île. Sinon, le Festival Culturel de la ville de Fort-De-France, organisé chaque année dans les premières semaines de juillet, ouvre une fenêtre intéressante sur les traditions musicales de Martinique.

Musique populaire

Lorsque l'on pense « musique martiniquaise », on pense forcément au zouk. Indissociable des Antilles françaises - dont il est un pilier de l'identité - le zouk apparait dans les années 1980, descendant de la kadans (meringue haïtienne populaire dans les Antilles françaises durant les années 1970) et de la cadence-lypso (kadans de la Dominique) tout en conviant de nombreux éléments locaux comme la biguine.

© T PHOTOGRAPHY - SHUTTERSTOCK.COM

Carnaval à Fort-de-France.

Si le genre est on ne peut plus populaire en Martinique, c'est une icône guadeloupéenne qui va le populariser en France et dans le monde : Kassav. Tout commence en 1979, quand Pierre-Edouard Décimus, membre de l'orchestre phare de kadans Les Vikings de la Guadeloupe, décide avec Freddy Marshall, autre musicien antillais, de renouveler et de moderniser la musique qu'ils ont toujours jouée. Jacob Desvarieux les rejoint et le groupe prend forme. Via son premier album, *Love and Ka dance*, ce tout jeune groupe nommé Kassav donne naissance à un nouveau genre musical : le zouk. Avec le second album, *Lagué mwen*, entre en piste Jocelyne Beroard, martiniquaise de naissance. Le groupe s'agrandit alors et Kassav est couronné de succès dans le monde entier : Paris, Cap-Vert, New-York... Sous l'impulsion du groupe, le zouk s'exporte et devient vite un carton mondial.

Depuis sa naissance, le genre n'a cessé d'évoluer en incorporant de nouveaux courants. Fin des années 1990, le rythme se simplifie et les paroles tournent au mièvre avec la vague « zouk love » puis début des années 2000, le zouk se teinte de hip-hop ou de r&b et des artistes comme la Martiniquaise Perle Lama connaissent le succès en chantant en français (et non plus en créole).

Bien que beaucoup moins joués aujourd'hui, le compas (Kompa) et la kadans, deux formes distinctes de méringue haïtienne, ont toujours le vent en poupe en Martinique. Les vétérans de La Perfecta, actifs dès les années 1970, en sont un parfait exemple.

L'île regorge d'endroits où écouter du zouk. À Fort-de-France, ce grand complexe qu'est l'Atrium en programme régulièrement. On en entend aussi beaucoup à la Nouvelle Savane, en plein air, autour des petits kiosques ou encore les soirs de concerts au café le **Babaorum** (p.123).

Les musiques actuelles

Amoureuse de musique et attentive à ce que l'ensemble des Caraïbes produit, la Martinique a accueilli à bras grands ouverts le ragga. Produit purement jamaïcain, le ragga (ou *dancehall*) a vite trouvé ses marques en Martinique et de nombreux artistes locaux (font et) ont fait date : Kalash, qui a collaboré avec le rappeur Booba, Matinda, le pionnier, Paille reconnaissable à son chapeau (de paille...) ou encore X-MAN un temps considéré comme un des meilleurs de sa génération. Si les concerts ragga se déroulent majoritairement à l'Atrium, de très bonnes soirées avec DJ peuvent avoir lieu dans des clubs comme le **COSMOPOLITE** (p.146) de Rivière-Salée ou (plus chic) le **Kinky Mango** (p.136) du Lamentin. Autrement, poser quelques questions au marché rasta de Saint-Pierre permettra de connaître les meilleurs tuyaux et d'acheter quelques bons albums.

Danse

Autre pan de culture largement connu et développé de l'île : la danse. Entre zouk, *bèlè*, biguine, kalenda, mazurka, les possibilités d'expression physique ne manquent pas et l'île propose aussi à voir quelques formes singulières et typiques. Parmi elles, la *mazouk* (ou mazurka créole), danse où le cavalier enlace sa partenaire au plus près du corps, est une des plus sensuelles. Le *ladja*, quant à lui, frappe par sa proximité avec la *capoeira* brésilienne. Cette danse de combat accompagnée de tambour et chant, aussi appelée *danmyé*, fut interdite au moment de la départementalisation avant de connaître un regain dans les années 1980.

LITTÉRATURE

Initialement peuplée d'Indiens, la Martinique abrite aujourd'hui des habitants issus d'origines différentes, un métissage lié pour partie à l'esclavage imposé par les Français qui se sont emparés de l'île en 1635. Ici, peut-être plus qu'ailleurs, la question de l'identité n'a cessé d'alimenter une littérature qui, plus souvent qu'à son tour, s'est faite philosophie. Après l'abolition, obtenue de haute lutte, les écrivains n'ont cessé d'interroger les conséquences de la colonisation sur l'âme du peuple noir. Ainsi, après le rejet du « doudouisme » qui flattait les fantasmes métropolitains, les écrits sont devenus politiques. René Maran, dès 1921 avec son roman *Batouala*, pointait du doigt les dérives du colonialisme, quelques années plus tard Aimé Césaire définira la notion de Négritude, un concept qui ne cessera dès lors d'évoluer et d'inspirer à d'autres maintes nuances et diverses pistes de réflexion.

Au temps de l'esclavage

Île aux femmes ou île aux fleurs - ce qui pour un esprit romantique relèverait presque de l'analogie - la Martinique ancestrale garde encore ses secrets. Tout juste la sait-on habitée depuis des millénaires, mais ce n'est qu'à notre ère que se nomment les peuples qui y vivent, Arawaks, Caraïbes. La légende personnifie l'arrivée inaugurale d'un Européen sous les traits de Christophe Colomb le 15 juin 1502, pourtant l'île figurait déjà sur cartes maritimes antérieures. Enfin, mystère là encore, c'est un auteur dont l'identité reste inconnue, l'Anonyme de Carpentras, qui la cite pour la première fois dans sa *Relation d'un voyage infortuné fait aux Indes occidentales* dans laquelle il raconte ses péripéties entre 1618 et 1620, ses rencontres avec les Indiens autochtones, une grosse décennie avant que les Français ne décident de s'emparer de Matinino qui deviendra Martinique.

Dès lors, la conquête par Pierre Belain d'Esnambuc, en ce 15 septembre 1635, augure des différentes vagues d'immigration qui donneront naissance à une population métissée qui s'élève aujourd'hui à 375 000 habitants. Ceux-ci sont pour partie descendants des colons, on leur donne alors le surnom de Béké, mais également des affranchis, car l'île sera aux prises avec l'esclavage qui sévira jusqu'au milieu du XIXe siècle.

Si les peuples se mêlent, parfois contraints et forcés, la littérature s'imprègne de ces influences et la langue à son tour se réinvente en créole. C'est de ce langage que naissent certaines des premières pages écrites en Martinique, là où la tradition orale se gardait jusqu'alors la part belle, s'inventant dans les contes qui mettaient en scène les héros populaires, de Ti-Jean à Compé Zamba, de Misyé Li Wa à Manman Dlo. Le lecteur curieux s'aventurera sur le site Gallica de la Bibliothèque Nationale de France sur lequel il pourra consulter à loisir *Les Bambous : Fables de La Fontaine travesties en patois créole par un vieux commandeur*.

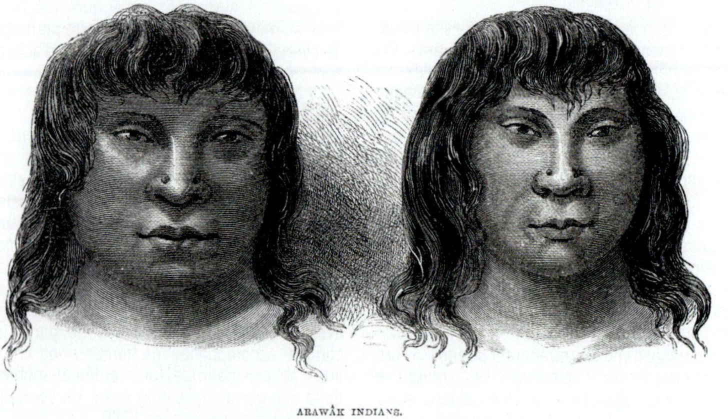

© DUNCAN1890 - ISTOCKPHOTO.COM

Les indiens Arawaks, premiers habitants de l'île.

© PACKSHOT - SHUTTERSTOCK.COM

Bibliothèque Schoelcher.

Nées au sein d'un groupe d'amis réunis par François-Achille Marbot, ces variations de style furent imprimées en 1846 et initièrent des publications en créole qui n'ont jamais cessé jusqu'à nos jours.

Impossible, néanmoins, d'appréhender la littérature martiniquaise sans prendre en considération un texte antérieur, ***Les amours de Zémédare et Carina***, œuvre d'Auguste Prévost de Sansac de Traversay datée de 1806 qui, bien que boudée depuis sa parution, sert pourtant d'intéressant contre-point au célèbre *Paul et Virginie* de Bernardin de Saint-Pierre (1788). Dans ce dernier, roman mondialement célébré qui use de l'Île Maurice comme décor là où l'auteur aurait pu tout aussi bien camper la Martinique qu'il connaissait pour y avoir voyagé avec son oncle dans sa prime adolescence, naît le fantasme du paradis perdu, vision idéalisée d'un métropolitain sur les îles du bout du monde et, sans doute, vision en partie utopique sur les colonies et les rapports, pourtant reconnus comme empreints de domination, qu'entretiennent ceux qui y vivent.

Sous ses abords sentimentaux, le roman de Traversay prône un autre idéal, un patriotisme qui s'affirme dans l'union entre les Antilles et la France et s'incarne dans le destin de Joséphine de Beauharnais, née aux Trois-Îlets en 1763, future Impératrice de France. Ces deux auteurs, chacun au faîte de son horizon, avaient peut-être envisagé que la situation ne pourrait perdurer sans fracas, et l'histoire leur donna raison. L'abolition ne se fit effectivement pas sans mal : proclamée le 27 avril 1848 lorsque le ministre François Arago apposa sa signature sur les décrets rédigés par Victor Schœlcher, elle devait entrer en vigueur deux mois plus tard mais des émeutes en précipitèrent en Martinique sa mise en application. De cette fracture, et de la réflexion sur l'esclavage puis sur le colonialisme qui s'en suivra, vont découler les grands mouvements littéraires qui s'inventeront ici au cours du XXe siècle.

Le temps de la réflexion

Jusqu'aux années 1920, se dessinent deux courants assez consensuels, la littérature *béké* d'un côté s'inspire résolument des écrivains français tant par la forme que par le fond, de l'autre s'écrivent des textes « exotiques » qui font fi des réalités et leur préfèrent des clichés convenus qui plaisent aux métropolitains. Cette vision tronquée se retrouvera dans tous les territoires d'outre-mer et est désormais désignée par un terme plutôt péjoratif, le « doudouisme », auquel est rattachée par exemple l'œuvre du poète Daniel Thaly qui, durant sa vie, oscilla entre la Dominique anglophone où il était né en 1879 et la Martinique où il occupa le poste de conservateur au sein de la bibliothèque Schœlcher. Mais le mois de mai 1921 allait voir paraître un livre qui fera évoluer cette littérature en lui octroyant un tour autrement plus politique.

C'est sur l'océan que naît René Maran en 1887, puis successivement en Martinique et à Bordeaux qu'il est élevé. Devenu administrateur en Oubangui-Chari, territoire français d'Afrique centrale, il délaisse un temps la poésie pour écrire un roman, ***Batouala***, qui recevra le Prix Goncourt l'année de sa parution aux éditions Albin Michel et fera de Maran le premier auteur Noir à être couronné par cette distinction. Sous couvert d'une rivalité amoureuse, dans son histoire se dresse en filigrane une violente dénonciation des excès du colonialisme, ce n'est pourtant sans doute pas par principe que l'auteur finira par quitter l'administration pour laquelle il travaillait, mais pour se consacrer à l'écriture journalistique et littéraire.

Bien que dans sa correspondance privée il lui arrivait de se montrer de temps à autre critique vis-à-vis de la France, l'homme n'en demeurera pas moins patriote. Il aura, de fait, d'autant plus de mal à se reconnaître dans un nouveau mouvement en train d'émerger, celui de la Négritude, qui lui attribuera un rôle de précurseur qu'il refusera d'endosser, se déclarant humaniste et redoutant, avant toute chose, le rejet de l'autre. Autant dire que les conversations auxquelles assistèrent les salons de Paulette Nardal (1896-1985), au 7 de la rue Hébert à Clamart, furent certainement passionnantes quand elle présenta, dans les années 30, René Maran à un tout jeune homme, Aimé Césaire, né en 1913 à Basse-Pointe et venu en métropole poursuivre ses études.

À la même époque, en 1932, parait l'unique numéro d'une revue qui allait, quant à elle, véritablement confirmer qu'un nouveau virage avait été pris : *Légitime Défense*. Initiée par un groupe de jeunes intellectuels martiniquais qui se réclamaient du communisme tout autant que du surréalisme, cette publication se voulait manifeste et dénonçait les dangers de l'assimilation, c'est-à-dire la contorsion de « l'âme blanche dans un corps noir », conséquence directe de la colonisation. Parmi les signataires - Étienne Léro, Simone Yoyotte, Thélus Léro ou encore Jules-Marcel Monnerot - se détache le nom de René Ménil (1907-2004) qui, quelques années plus tard, en 1941, se retrouvera fer de lance d'un nouveau projet éditorial, *Tropiques*, en compagnie d'Aimé Césaire et de l'épouse de celui-ci, Suzanne. Aimé Césaire a, en effet, de son côté, poursuivi les idées qu'il avait pu développer dans le cercle littéraire créé par Paulette Nardal. En 1934, entouré notamment de Léon Gontran Damas et de Léopold Sédar Senghor, il fonde le journal *L'Étudiant noir*, dans lequel apparaît pour la première fois le terme de Négritude, un concept qui englobe le refus de l'assimilation mais se teinte, en outre, d'une revendication de l'identité noire. Maintes fois repris, en divers points du globe, il deviendra sous la plume de Sartre une formule restée célèbre : « la négation de la négation de l'homme noir », c'est-à-dire la reconnaissance de la tentative d'annihilation, par l'esclavage puis par la colonisation, d'une culture qui désormais compte bien s'imposer.

C'est à nouveau à la censure que sont confrontés Aimé Césaire et les siens quand le régime de Vichy freine la publication de *Tropiques*, mais l'écrivain est plein de ressources, il est ainsi brillant orateur, et l'après-guerre le voit prendre des responsabilités politiques puisqu'il est en 1945 élu maire de Fort-de-France et, par la suite, nommé député, mandat qu'il occupera jusqu'aux années 1990. Sur ce nouveau terrain, il est soutenu par un jeune Martiniquais, Frantz Fanon (1925-1961), qui se destine à devenir psychiatre. La période où celui-ci vivra en Algérie l'incitera à réfléchir aux conséquences de la colonisation, à cette « dépersonnalisation » qui fait du colonisé un être brimé par les préjugés du colon, et à ce sentiment d'infériorité qui devient névrose à laquelle il faut trouver réponse au temps de la décolonisation. Ses deux œuvres principales, *Peau noire, masques blancs* (1952) et *Les Damnés de la Terre*, paru quelques jours avant sa mort précoce en 1961, sont toujours matière à réflexion. Un Prix littéraire portera son nom et sera décerné en 1994 à un Martiniquais qui, bien que plus discret, est certainement l'un des plus représentatifs de la littérature antillaise, Joseph Zobel (1915-2006) qui fit de son enfance le matériau de son célèbre roman *La Rue Cases-Nègres* paru en 1950.

D'autres écrivains philosophes poursuivront le cours des réflexions entamées. Ainsi, Édouard Glissant (1928-2011) développera le concept d'Antillanité et ouvrira la voie de la Relation en élaborant le « Tout -Monde », espace de rencontre ouvert aux différences qui rapprochent. Après lui, trois écrivains creuseront la notion de Créolité. Ils œuvreront concrètement pour la reconnaissance d'une langue et d'une culture, ainsi Jean Bernabé, linguiste, interviendra pour que le créole entre à l'université et fondera en 1973 le GEREC (Groupe d'études et de recherche en espace créole), tandis que Raphaël Confiant publiera le premier dictionnaire créole martiniquais et usera de cette langue pour rédiger ses premiers romans. Leur *Éloge de la Créolité* (1989) recueillera tout de même la critique d'être trop élitiste, un argument auquel sera particulièrement sensible le troisième signataire, Patrick Chamoiseau, qui se rapprochera des thèses de son ami Édouard Glissant. Patrick Chamoiseau, né en 1953 à Fort-de-France, a par ailleurs remporté le Prix Goncourt en 1992 pour son roman *Texaco*.

© NATATA - SHUTTERSTOCK.COM

Frantz Fanon.

TOP 10

LECTURE

Depuis les débuts du XXe siècle, la littérature martiniquaise a vu fleurir de belles plumes dont la réputation dépasse largement les limites naturelles de l'île. Chaque lecteur aura tout le loisir de se plonger dans un roman, un recueil de poésie ou, pourquoi pas, une méthode de langue pour s'initier au créole.

IL ÉTAIT UNE FOIS LA MARTINIQUE

Un conte qui séduira les petits et les grands, où la montagne Pelée devient la demeure d'Antan lontan, déesse du feu.

Danièle Fossette et Stéphane Conseil, Éditions Orphie.

LES SINGES ROUGES

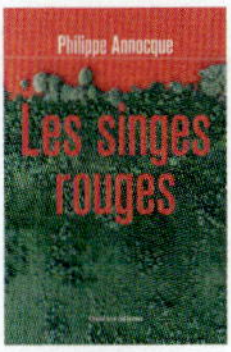

© QUIDAM ÉDITEUR

Encore une fois la question de l'identité hante le romancier qui s'attache aux pas d'une petite fille entre la Martinique et la Guyane.

Philippe Annocque, Éditions Quidam.

CAHIER D'UN RETOUR AU PAYS NATAL

La réédition attendue du premier texte inaugural du mouvement de la Négritude, ou l'affirmation d'un peuple, et d'une voix.

Aimé Césaire, Éditions Présence Africaine.

MARTINIQUE VUE DU CIEL

© DR

L'écrivain pose ses mots sur le travail de la photographe et en profite pour faire entendre son admiration autant que son inquiétude quant à l'avenir de son île.

Anne Chopin et Patrick Chamoiseau, Éditions Hervé Chopin.

TEXACO

© EDITIONS FOLIO

Du drame de l'esclavage aux problématiques de la société contemporaine, l'histoire d'un peuple dans ses petites et grandes histoires.

Patrick Chamoiseau, Éditions Folio.

GRAND CAFÉ MARTINIQUE

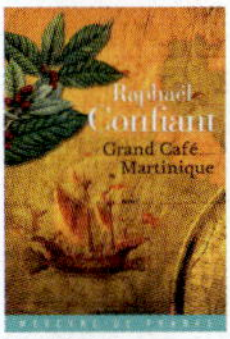

© ÉDITIONS MERCURE DE FRANCE

Au XVIIIe siècle, un jeune mousse décide d'initier à la Martinique la culture du café, une histoire rocambolesque et pourtant véridique.

Raphaël Confiant, Éditions Mercure de France.

BELEM - ENFER EN MARTINIQUE

© BELEM, TOME 02, DE JEAN-YVES DELITTE ÉDITIONS GLÉNAT 2008

Le second tome des aventures du célèbre trois-mâts revient sur l'éruption de la montagne Pelée en 1902 à laquelle il a échappé de peu.

Jean-Yves Delitte, Éditions Glénat.

TOUT-MONDE

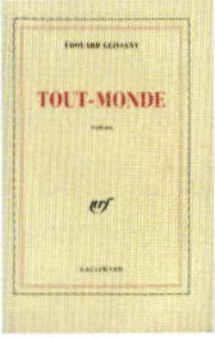

© GALLIMARD

En maints portraits, ce roman se décrit comme une « anthologie de toutes les sortes de voyages possibles, hormis ceux de la conquête ».

Édouard Glissant, Éditions Gallimard.

JARDINS DE LA MARTINIQUE

© ÉDITIONS HERVÉ CHOPIN

L'île aux fleurs est devenue au fil des siècles île de jardins, une nature exceptionnelle à laquelle rendent hommage les illustrations de cet ouvrage.

Isabelle Specht, Éditions Hervé Chopin.

BLOGODO !

© ÉDITIONS CARAÏBÉDITIONS

L'écrivain rend hommage aux onomatopées de Martinique et en dresse l'inventaire avant qu'elles ne disparaissent complètement.

Raphaël Confiant, Éditions Caraïbéditions.

À L'ÉCRAN

Si la Martinique est connue pour ses paysages de rêve, son identité antillaise déclinée à travers les vêtements, les danses, la musique et la gastronomie, il ne faut pas pour autant oublier son histoire avec le cinéma. L'Île aux Fleurs est apparue sur les écrans dans l'hexagone dans les années 1950, avec la projection notamment de *La montagne verte* de Jean Lehérissey. C'est à l'occasion que le public y découvre un territoire d'une région du monde encore mal connue, mais aussi une histoire mouvementée. Si l'esclavagisme et le colonialisme ont été portés à l'écran à diverses périodes de l'histoire contemporaine, ce sont désormais principalement les paysages paradisiaques de l'île, entre mer et montagnes, qui attirent certains producteurs pour des tournages. Le cinéma est aussi célébré à divers moments de l'année, à l'occasion de festivals qui présentent le 7e art sous toutes ses formes et qui ne cessent d'attirer le public en nombre.

Un cinéma engagé

La Martinique est une île des Antilles à l'histoire complexe, et c'est pour mieux la comprendre que certains réalisateurs ont souhaité la porter à l'écran. Dans la catégorie du cinéma qui se veut engagé, nous pouvons donc citer *La montage verte* de Jean Lehérissey (1950). Ce documentaire de 35 minutes est un passionnant reportage sur l'abolition de l'esclavage aux Antilles françaises. Il relate notamment la façon dont les esclaves noirs ont été les principaux acteurs de leur sort et de leur histoire. En 1983, c'est le film *La rue case-nègres,* de la réalisatrice locale Euzhan Palcy, qui se fait remarquer et récompenser d'un Lion d'Argent (en 1983), puis du César de la meilleure première œuvre (en 1984). Le film, tiré d'un roman, raconte l'histoire d'un enfant noir que sa grand-mère et son instituteur encouragent à étudier dans la Martinique agricole du début des années 1930. En 2004, le réalisateur martiniquais Guy Deslauriers produit *Biguine*, long-métrage qui prend place à la fin du XIXe siècle et au cours duquel un couple de musiciens abandonne la plantation dans laquelle ils travaillent pour s'installer dans la ville culturelle de Saint-Pierre. Souhaitant vivre de leur passion, ils vont vite se rendre compte que leur musique folklorique de plantation est rejetée au profit de la musique venue d'Occident. En 2009, le même réalisateur produit le film *Aliker.* Celui-ci met en avant l'histoire vraie d'André Aliker, militant communiste martiniquais qui prit la tête de l'organe de presse du parti et n'hésita pas à dévoiler plusieurs scandales, jusqu'à en payer le prix fort.

© FABIEN R.C. - STOCK.ADOBE.COM

Saint-Pierre, lieu de tournage du film L'Affaire Thomas Crown en 1999.

La Martinique comme décor de cinéma

Île aux paysages variés, la Martinique sert aussi de décor pour le tournage de films entiers ou de quelques scènes. En 1971, c'est en Martinique que les rescapés du polar *Laisse aller… c'est une valse* de Georges Lautner partagent leur butin. On peut ainsi voir des paysages dans *Promotion canapé*, la célèbre comédie française réalisée par Didier Kaminka et sortie en 1990. En 1999, le remake de *L'Affaire Thomas Crown* s'est déroulé à Saint-Pierre, mais aussi sur l'aéroport de Fort-de-France. Citons aussi *30° Couleur,* réalisé en 2012 par Lucien Jean-Baptiste et Philippe Larue. Ce film pétillant met en scène un historien réputé qui, s'il a oublié ses racines martiniquaises depuis son arrivée en Métropole, part en urgence avec sa fille sur l'île au moment du carnaval pour voir sa mère mourante.

Les festivals de cinéma

La Martinique accueille plusieurs temps forts autour du cinéma, à l'image de l'incontournable Festival international du Film Documentaire de la Martinique, qui prend place en avril dans plusieurs communes et plonge le public au cœur de l'histoire et des luttes martiniquaises (www.revoltesdelhistoire.fr) ; le CinéMartinique Festival se tient lui en octobre aux Tropiques Atrium Scène Nationale et permet de vivre le cinéma dans toute sa diversité (www.tropiques-atrium.fr).

POPULATION

Avec près de 400 000 habitants, la Martinique est constituée d'une mosaïque de communautés pluriethniques, issues d'un métissage qui participe à la singularité de l'île. On y croise des noirs, des métis, des hindous, des békés, des descendants de Syriens fuyant les conflits du Moyen-Orient, des « métros » ou encore des immigrés caribéens en quête d'un avenir meilleur. A l'origine peuplée par des tribus amérindiennes, la société martiniquaise s'est construite sur les ruines du système esclavagiste, faisant se côtoyer sur un territoire cinq fois plus petit que la métropole des populations extrêmement différentes, qui ont appris au fil du temps à cohabiter. Il en résulte l'apparition d'une culture créole, née de la rencontre entre traditions précolombiennes, africaines, européennes et bien sûr caribéennes. Tous parlent ou comprennent le créole, une langue plurielle qui dépasse largement le cadre de la Martinique et des Antilles.

Une terre de métissage

Occupant une position stratégique au cœur de l'archipel des Petites Antilles, la Martinique a été peuplée par vagues d'immigrations successives : d'abord par des tribus amérindiennes provenant d'Amérique du Sud, puis par les colons européens, par les Africains victimes de la traite négrière, et enfin, plus tard, par les Hindous, les Asiatiques, les Moyen-Orientaux et les Caribéens. Dans ce tableau pluriculturel évolue une population plutôt jeune, essentiellement citadine (un quart des Martiniquais vit à Fort-de-France), de confessions religieuses différentes, même si le catholicisme domine largement en Martinique.

Les Amérindiens. Présentes dès 2000 avant notre ère, les différentes tribus amérindiennes (Arawaks, Tainos et Caraïbes) ont toutes été massacrées par les colons européens. Cependant, les pratiques et traditions héritées de ces populations précolombiennes demeurent bien vivaces en Martinique. Fins connaisseurs de la nature, les Amérindiens ont introduit une grande partie des végétaux aujourd'hui consommés sur l'île (mangue, ananas, avocat...). C'est à eux que l'on doit aussi certaines pratiques, comme la culture sur brûlis, l'art de consommer le manioc ou de tresser la vannerie.

Les Noirs et les Métis. Ce sont les descendants des Africains arrachés à leur terre natale pour venir travailler dans les plantations. Ils représentent près de 90 % de la population martiniquaise, un groupe très hétérogène fortement métissé. Quant au terme mulâtre, il désigne au départ les enfants illégitimes des maîtres blancs et des femmes noires. Si le terme est péjoratif et raciste en anglais et très peu usité en métropole (on lui préfère le terme métis, mais qui a une acception plus large), il est courant aux Antilles. Beaucoup de ces mulâtres occupent aujourd'hui des postes à responsabilité et exercent des professions libérales respectées (avocats, médecins...).

Les Békés. Issus des premiers colons européens venus s'installer sur l'île à partir du début du XVIIe siècle au cœur de la traite négrière pour cultiver la canne à sucre, les Békés (ou blancs-pays) sont des Blancs « nés à la Martinique, dont la famille a habité l'île depuis plusieurs générations ». Ils forment aujourd'hui une population d'environ 3 000 personnes. Dans les faits, seule une minorité provient de la noblesse, et la plupart des Békés descendent d'aventuriers ou d'engagés. Au fil du temps, ces colons ont fini par former une certaine aristocratie de propriétaires largement indemnisés au moment de l'abolition de l'esclavage pour compenser à l'époque ce qui était perçu comme la perte d'une main-d'œuvre bon marché. Même s'ils n'ont plus le monopole économique (une grande bourgeoisie noire, métisse, indienne et chinoise a émergé dans les années 1990 et des investisseurs métropolitains se sont installés sur l'île), ils constituent une minorité dominante qui conserve encore de nombreuses exploitations de bananes et de cannes à sucre.

© DUNCAN1890 - ISTOCKPHOTO.COM

Martiniquaise du XIXe siècle.

Beaucoup se sont reconvertis dans le secteur de la grande distribution (alimentation, concession automobile…) ou font partie des cadres dirigeants dans les grandes entreprises de l'île. Certains se préservent des incertitudes économiques des Antilles en investissant ailleurs, en métropole, aux Etats-Unis, en République dominicaine et au Canada. Les Békés parlent le français mais aussi le créole.

Les Chinois, les Syriens et les Libanais. Originaires du sud de l'Empire du Milieu, les Chinois sont arrivés en Martinique par trois vagues d'immigration successives. La première dans les années 1860, la deuxième entre 1920 et 1970, et la troisième dans les années 1980. Souvent très pauvres à l'arrivée, ces communautés parfaitement intégrées et parlant le créole ont rapidement délaissé les campagnes pour investir le tissu économique à travers les supermarchés, restaurants ou petites boutiques d'alimentation.

A partir des années 1880, les premiers Libanais et Syriens débarquent en Martinique, s'inscrivant dans le vaste mouvement migratoire en direction de l'Amérique latine et des États-Unis. Majoritairement chrétiens, ils formaient à l'origine une communauté de commerçants ambulants (vêtements, tissus, bijoux…) qui parcouraient les campagnes. Ils se sont finalement sédentarisés dans les grandes rues commerçantes de Fort-de-France.

Les Hindous. L'abolition de l'esclavage en 1848 va entraîner de nouvelles filières d'immigration : la France passe des accords avec le gouvernement anglo-indien et des Indiens, appelés « Coolies » ou « Malabars », s'installent en Martinique. Leur immigration est très réglementée, le gouvernement anglo-indien s'assurant des droits et des avantages des populations qu'il envoie. Les patrons doivent fournir un logement, de la nourriture, des vêtements et un salaire à leurs nouveaux travailleurs. Les premiers moments de l'intégration se font délicats, les Coolies doivent faire face à l'hostilité des Noirs affranchis car ils font baisser les salaires sur le marché du travail. Avec force de temps, ils réussissent cependant à s'intégrer parfaitement à la société antillaise : le colombo, d'origine tamoule, est devenu un plat national antillais, et la langue créole a conquis tous les foyers hindous. Dans les campagnes, les temples indiens se repèrent facilement à leurs mâts multicolores sous lesquels des réceptacles accueillent offrandes, bougies et lampes à huile.

Les « Métros ». Depuis quelques années, les Métropolitains (blancs-France) sont de plus en plus nombreux à venir s'installer en Martinique. Parmi eux, les gendarmes, les militaires et les fonctionnaires forment le gros des troupes, mais pas seulement. Beaucoup de retraités et d'amoureux du soleil viennent tenter leur chance sur l'île aux fleurs tout en cherchant à s'intégrer et se mêler aux autres communautés déjà présentes.

A ces aventuriers pris de passion pour la Martinique s'ajoutent les Martiniquais de métropole, qui reviennent souvent passer leur retraite sur l'île, après des années loin de leur famille.

Les Antillais. Depuis récemment, la Martinique accueille de plus en plus d'Antillais venus de la Dominique, de Sainte-Lucie ou encore d'Haïti. Affichant un niveau de vie plus élevé par rapport à la plupart des îles de l'arc antillais, la Martinique suscite des convoitises chez ces populations espérant y mener une vie plus prospère.

Le créole, symbole du métissage culturel caribéen

Né du besoin de communication entre maîtres blancs et esclaves noirs, le créole est une langue à part entière, dont la portée dépasse les distinctions de classe, de couleur et d'ethnie.

Les origines du créole antillais. Agé de quatre siècles, le créole de la Martinique est un créole antillais (par opposition aux créoles louisianais, guyanais ou bourbonnais). Il est issu des langues maternelles des esclaves africains (qui bien souvent ne se comprenaient pas entre eux, étant originaires de pays différents) et de leur utilisation imparfaite du français, les planteurs ne cherchant pas à leur enseigner la langue et employant un langage rudimentaire pour se faire comprendre. Le créole a également été influencé par l'anglais et l'espagnol, Britanniques et Hispaniques ayant occupé

Illustration d'une femme martiniquaise au XIXe siècle.

La rue de la République à Fort-de-France.

eux aussi la Martinique, et bien entendu par la langue des Amérindiens. La structure grammaticale du créole antillais est africaine, les mots de vocabulaire européens, même si l'on peut reconnaître des mots africains malgré les déformations phonétiques. Pendant des siècles, le créole s'est transmis oralement, de génération en génération, devenant par là même la langue maternelle des descendants d'esclaves. Les plus anciens textes connus en créole remontent au milieu du XVIIIe siècle. Longtemps, le créole a été considéré comme un français mal parlé, simplifié à l'extrême, un vulgaire patois aux intonations étranges, qualifié même de « parler de Nègre »... Sous la Révolution pourtant, un changement s'amorce.

La réhabilitation du créole. Chansons populaires, textes humoristiques et surtout déclarations politiques des envoyés de la Convention écrits en créole voient le jour. On écrit des grammaires, Lafcadio Hearn publie des contes, des feuilletons en créole paraissent dans la presse, comme *Les Mémoires d'un vonvon*, de Tonton Dumoco. Il faut attendre néanmoins la seconde moitié du XXe siècle, grâce notamment au combat d'intellectuels comme Aimé Césaire et Patrick Chamoiseau, pour voir le créole réhabilité : les bandes dessinées créoles déferlent, la pub se transforme, la musique zouk explose. Le combat pour le créole devient un enjeu politique. Fait sans précédent, l'université Antilles-Guyane institue, en 1973, un cours de linguistique créole. Trois ans plus tard est soutenue la première thèse consacrée à la langue créole. En 1981, un institut d'études créoles et francophones s'installe à Aix-en-Provence. Pour fédérer ce courant, chercheurs et pédagogues s'emploient à définir un lexique commun au créole des Antilles, et lancent un nouveau mouvement : Bannzil Kréyôl (Archipel créole). De cette tentative subsiste surtout une fête internationale du créole, le 28 octobre, diversement célébrée. Depuis 2000, les lycéens des académies de Guadeloupe, de Guyane, de Martinique et de Réunion peuvent passer les épreuves obligatoires et facultatives de créole dans leurs académies. C'est le résultat d'un long combat mené par les défenseurs de la langue créole tels Raphaël Confiant, Daniel Boukman, Sylviane Telchid, Hector Poullet et de nombreux autres ardents défenseurs de l'identité antillaise.

La joie de vivre à la Martiniquaises.

RELIGIONS

Terre de croyances, la Caraïbe abrite une diversité de communautés et de religions. La Martinique ne fait pas exception, et chacun est libre de pratiquer sa religion comme il l'entend. La ferveur y est très présente, les lieux dédiés au culte, nombreux, et les célébrations religieuses donnent l'occasion aux familles de se rassembler. Si les croyances rythment la vie quotidienne martiniquaise, il en va de même des traditions qui connaissent un renouveau depuis quelques années. Outre son très célèbre Carnaval, haut en couleurs, l'île aux fleurs abrite en effet un riche patrimoine immatériel culturel enrichi d'influences amérindiennes, africaines et européennes, à l'origine de pratiques singulières qui se sont transmises oralement au fil du temps : combats de coqs, *bèlè, lasotè*, costumes... Des traditions auxquelles sont très attachés les Martiniquais.

Prédominance du catholicisme

En Martinique, si les confessions religieuses sont nombreuses, c'est la religion catholique qui prédomine. Très présente dans la vie quotidienne, elle joue un rôle fondamental dans la culture martiniquaise. On dénombre une cinquantaine de paroisses à travers tout le territoire et chaque village possède sa propre église. Détruite par un incendie puis reconstruite, la cathédrale Saint-Louis à Fort-de-France est l'une des plus belles des Caraïbes, véritable chef d'œuvre métallique, destiné à résister à tout jamais aux caprices de Dame Nature.

La messe dominicale attire une foule importante de fidèles qui prennent plaisir à se retrouver et entonner en chœur les chants liturgiques. Outre les pèlerinages et processions, chaque enterrement rassemble toute la commune et les avis d'obsèques sont quotidiennement énoncés après les bulletins d'information.

Fêtes religieuses. Toutes les fêtes du calendrier chrétien sont scrupuleusement célébrées, à commencer par la Toussaint, où tous les cimetières de l'île s'illuminent tandis que, dans les maisons, des bougies sont allumées en souvenir des défunts. L'on vient ainsi en famille trinquer dans les cimetières en mémoire des défunts, en prenant soin de verser une petite goutte de rhum à terre pour faire participer les morts.

De même, la période de restriction liée au Carême est particulièrement respectée. La population a l'habitude de se retrouver le dimanche et le lundi de Pâques autour du traditionnel plat, le crabe « matoutou ». Cette tradition est issue de la période esclavagiste : peu friands du crabe pimenté que préparaient autrefois les Amérindiens, les colons obligeaient les esclaves, convertis de force au christianisme, à consommer pendant la période du Carême quantités de crustacés plutôt que des viandes grasses. Le dimanche de Pâques, les esclaves célébraient ainsi le « droit » de consommer à nouveau du bœuf et de la volaille en se réunissant autour d'un immense festin destiné à finir les réserves de crabe. C'est ainsi que le crabe « matoutou » est devenu le plat traditionnel pascal en Martinique.

Dès la mi-novembre, c'est toute l'île qui vibre au son des innombrables « chanté Nwel » qui égaient dès la tombée de la nuit les rues et les places publiques, ces chants religieux traditionnels qui célèbrent la naissance du Christ.

Une diversité de confessions

Bien que très pratiqué (plus de 80 % de la population martiniquaise est de confession catholique), le catholicisme coexiste en Martinique avec d'autres religions plus confidentielles, comme les témoins de Jéhovah, les évangélistes baptistes ou les adventistes du septième jour (2e communauté religieuse après les catholiques), qui possèdent leurs propres lieux de culture (le temple Ephèse par exemple). Les Indiens ont également conservé leurs rites, comme la cérémonie sacrificielle de Bon Dié Coolie, où pendant quatre jours, se succèdent sacrifices d'animaux et danses rituelles hautes en couleurs. Les campagnes martiniquaises recèlent les temples hindouistes, comme à Basse-Pointe, berceau de la communauté Tamoule venue entre 1858 et 1885 remplacer la main d'œuvre esclave. La ville abrite deux temples hindouistes que l'on peut tenter de visiter le dimanche.

Les religions juive et musulmane sont également représentées. Les juifs possèdent même leur synagogue à Schoelcher, et les musulmans, leur mosquée et leur école coranique à Fort-de-France. La Trinité, Saint-Joseph et Sainte-Marie sont les hauts lieux du mysticisme martiniquais où se mêlent et se rejoignent les cultes, hindouisme, vaudou, croyances africaines et européennes. Le mélange est assez détonant et participe de près à la vie quotidienne, chaque geste, chaque événement ou chaque cérémonie ayant sa part de spiritualité. Quoi qu'il en soit, ce qui compte, c'est avant tout la ferveur religieuse.

« Z'esprits », quimboiseurs et magie noire

En Martinique, les superstitions sont légion. Incontournables de la civilisation antillaise, elles sont le reflet de l'histoire et des composantes diverses de la population. Miracle, magie et autres incantations font partie des croyances fortes, même si les Antillais font souvent semblant de ne rien savoir sur la question.

Les quimboiseurs. C'est ainsi que les « quimboiseurs » ou « gadé z'affaires » locaux sont très populaires en Martinique. Ces sorciers comptent la bonne aventure en interprétant les lignes de vie de la paume de la main, et prescrivent toute sorte de bains corporels, décoctions et amulettes pour éloigner le mauvais sort, assurer bonheur et prospérité, faire revenir l'être aimé ou encore soulager les panaris ! Le quimbois n'est autre qu'un « charme » ou philtre magique qu'administraient autrefois les rebouteux et les guérisseurs. Cette médecine ancestrale, enrichie de savoirs amérindiens et africains, a longtemps été pratiquée sur les habitations et dans les mornes. Sa transmission a été assurée de génération en génération, par la personne la plus âgée de la famille, le plus souvent la femme, qui faisait office de thérapeute.

Pour trouver la source du mal, les quimboiseurs ont souvent recours à la communication avec les « z'esprits ». Le mythe des « zombis » et « dorlis », ces fameux morts-vivants qui terrorisent les âmes sensibles dans les films de série B, reste toujours bien vivace dans la mythologie antillaise. Il désigne des personnages diaboliques, des défunts qui errent après leur mort et qui surgissent la nuit au détour des routes peu éclairées et des forêts denses.

Les plantes magiques du jardin créole. Fruit d'une tradition héritée des Amérindiens, des Européens et des Africains, le jardin créole, petit écosystème typique des Antilles destiné à la survie de la famille qui le cultive, abrite lui aussi des plantes cultivées pour des raisons mystiques, disposées selon un ordre précis, suivant leur symbolique ou leur usage. Certaines sont censées apporter protection, chance et bonheur (l'ail, le bois bandé, le pois d'Angole), d'autres la santé et sont associées à des prières, d'autres éloignent les mauvais esprits (le roseau des Indes, l'acacia, l'armoise, le persil), d'autres encore favoriseraient le passage d'une âme lors de la mort (la fougère queue de poisson). Opérant un retour en force remarqué en Martinique, le jardin créole est ainsi porteur d'une dimension magico-religieuse très forte. Ce n'est d'ailleurs pas un hasard si c'est à la femme, gardienne des traditions, tout particulièrement dans la société matrifocale martiniquaise, que revient le soin exclusif de ce jardin.

Le retour en force des traditions

Fidèle à ses traditions, la Martinique possède un patrimoine immatériel culturel fort, qui s'est transmis oralement de générations en générations et auquel la population est très attachée. Ainsi en va-t-il du costume traditionnel, des combats de coqs, et des pratiques solidaires, sans oublier bien sûr, le Carnaval.

Le costume martiniquais. Fruit de la rencontre entre style indien (le tissu de madras) et style européen (le corsage et les jupons), le costume martiniquais a longtemps été l'apanage des esclaves. Un luxe qui, dans un premier temps, fut mal accepté par l'administration coloniale. D'un tissu brillant, le grand costume de cérémonie se compose d'un corsage froncé et d'une jupe large pincée de côté pour découvrir le jupon. De moins en moins porté, le costume féminin traditionnel a été progressivement abandonné au profit de tenues plus contemporaines. On peut néanmoins encore apercevoir quelques silhouettes joliment parées de bijoux, de coiffe et de jupons de madras des grandes occasions ou pour la messe. Quelques modèles anciens sont visibles au musée régional d'Art et d'Ethnographie de Fort-de-France.

Combats de coq, une tradition controversée. Appelés communément « pitt » selon la diction anglaise, les combats de coqs sont l'un des passe-temps favoris des Martiniquais, ou plutôt d'un certain public généralement masculin. C'est dans l'ambiance brûlante d'un « dimanch bomaten » que, lâchés dans l'arène, deux coqs se livrent un combat parfois très sanglant. Âmes sensibles s'abstenir ! A éviter absolument avec des enfants. Au premier rang, sous la fournaise de la tôle ondulée, les juges et leurs aides font signe aux invités de s'installer dans un bric-à-brac de planches multicolores. Au centre de cette invraisemblable construction, l'arène est d'un diamètre de 4 m à 10 m dans lequel tous les espoirs sont permis. En terre battue, elle est le plus souvent recouverte de moquette rouge, verte ou bleue pour éviter les tempêtes de poussière. Séparé des gradins du public comme il se doit, le cercle est agrémenté d'une ou deux portes d'accès permettant aux patrons, jury et arbitres de s'affairer aux préparatifs de la joute. Au centre de ce charivari, dans un compartiment hissé d'un coup de corde au plafond, coq « chien » et coq « major » sont enfin libérés. Nourris à grand renfort de sardines mélangées, les coqs, la cape coiffée, attendent leur tour dans des « calojs » (petits boxes) numérotées. Dès lors, s'engage un combat sans merci pendant lequel les parieurs, accrochés à la rambarde capitonnée, la gorge déployée, encouragent leur champion. Les paris s'enchaînent et les voix s'élèvent, sur fond d'envolée de plumes, de cris et d'ergots acérés. Parfois une mangouste et un serpent remplacent les deux volailles.

© VINCENT FORMICA

Carnaval à Fort-de-France.

L'ambiance frôle l'excitation d'un stade pendant un match de foot. Cette attraction, même si elle fait partie de la tradition martiniquaise, est sujette à controverse pour des questions évidentes de respect du bien-être animal. Le Conseil constitutionnel a d'ailleurs confirmé l'interdiction d'ouvrir sur le territoire national de nouveaux gallodromes. Cela autorise implicitement ceux existant à poursuivre leurs activités. L'objectif est de les voir disparaître peu à peu et que cette tradition s'essouffle avec le temps. Même s'ils ne ressortent jamais indemnes de ces combats, il est rare que les animaux décèdent (ils valent trop chers !). Les « pitt » se terminent souvent par un *bèlè* improvisé au centre de l'arène qui se mue en piste de danse.

Le *bèlè*. Depuis quelques années en effet, la Martinique se réconcilie avec son passé. Des pratiques longtemps considérées comme honteuses car héritées du temps des colonies refont surface et connaissent un renouveau. C'est le cas du *bèlè*, un ensemble de musiques, de chants créoles et de danses rythmés par le *tambouyé* (le joueur de tambour). Appelé aussi « bel air », le *bèlè* a fait son apparition pendant la période coloniale et permettait de travailler les champs souvent éloignés les uns des autres en musique, tout en racontant l'histoire de l'île et des communautés. Longtemps délaissé, le *bèlè*, symbole d'entraide et de partage, fait aujourd'hui un retour en force en Martinique qui compte trois principaux foyers : au nord caraïbe (Basse-Pointe et ses environs), à Sainte-Marie, et au sud de l'île, aux Anses d'Arlet.

Le *lasotè*. Même regain de dynamisme pour le *lasotè* (littéralement « à l'assaut de la terre »), une tradition qui a émergé après l'abolition de l'esclavage en 1848, lorsqu'une petite paysannerie à faibles revenus a hérité de terrains pentus difficilement exploitables. On faisait alors appel à ses pairs qui, en cadence, levaient leurs outils en chœur et les écrasaient dans la terre, encouragés par le rythme du tambour pour ne pas relâcher leurs efforts. Cette pratique de labour collectif qui décuple la solidarité et la fraternité s'est étiolée dans la seconde moitié du XXe siècle avec le départ des populations vers les villes, mais à la faveur de quelques passionnés, comme l'association Lasotè à Fonds-Saint-Denis, elle opère un retour remarqué en Martinique, dans un esprit d'échange et de transmission de ces savoir-faire et savoir-être.

Le carnaval de Martinique. Enfin, impossible de parler des traditions martiniquaises sans évoquer le Carnaval, la plus grande fête populaire de l'année, véritable liesse qui emporte l'île entière dans son sillon. Venu d'Europe, le Carnaval fut introduit sur l'île par les colons français au XVIIe siècle ; les esclaves prirent tout de suite le goût de fêter dans l'euphorie générale les derniers jours avant le Carême. Déguisés (parfois en maîtres), les esclaves défilaient en convois (l'ancêtre du vidé) et vivaient ce moment comme une parenthèse de liberté. A partir de la libération de 1848, cette tradition est célébrée chaque année dans l'euphorie générale. C'est dans les rues que vont naître les principaux personnages du carnaval martiniquais (Caroline Zié Loli, Mariann La Po Fig...). A partir de 1950, la place de la Savane ne suffit plus à contenir la foule, toujours plus nombreuse à venir célébrer le Carnaval. Du dimanche au mercredi précédant les Cendres, la Martinique est en effet à l'arrêt et ne vit que pour et par son Carnaval, symbole de trêve dans la vie quotidienne. L'événement démarre le vendredi qui suit le jour des Rois (l'Epiphanie) et se termine le mercredi des cendres. Pendant les semaines qui précèdent le carnaval ont lieu les élections des rois et des reines de la manifestation des communes de la Martinique, de certains lycées ou quartiers qui viendront fièrement représenter leurs localités dans les grands vidés (parades dans les rues sur des rythmes de carnaval au son des sonos des chars ou des groupes à pied) de Fort-de-France ou de la Parade du Sud. Au cœur du carnaval, chaque journée est unique : lundi et ses mariages burlesques, Mardi gras marqué d'un rouge et noir diabolique, mercredi des Cendres en noir et blanc en signe de deuil (c'est le jour où l'on brûle Vaval, le roi du carnaval). Jours et nuits se succèdent donc dans une atmosphère de frénésie et de joie, expiatrice avant le Carême, très observé.

QUE RAPPORTER ?

Riche d'une culture métisse où convergent de multiples influences, amérindiennes, africaines, américaines, européennes et indiennes, la Martinique peut se targuer d'avoir un artisanat coloré. Les méthodes ancestrales demeurent vivaces. Les artisans conservent jalousement leurs techniques qui se transmettent souvent au sein de la cellule familiale, de génération en génération, comme la fabrication du chapeau *bakoua* traditionnel. Objets en feuilles de cocotier, en calebasse, bijoux, tissus madras, coiffes, épices *péyi*, fleurs coupées, et bien sûr du rhum (blanc, vieux, ambré ou revisité sous forme de liqueur)... Côté souvenirs, vous ne rentrerez pas bredouille de l'île aux fleurs, en plus de vos clichés paradisiaques. Un conseil : prévoyez un peu de place dans votre valise pour pouvoir rapporter l'un des innombrables trésors *made in* Martinique, et surtout beaucoup de soleil, dans votre smartphone mais aussi dans votre cœur !

Le rhum

Impossible de repartir de la Martinique sans lui : le rhum agricole martiniquais fait partie des meilleurs au monde. C'est en effet le seul rhum à bénéficier d'une Appellation d'Origine Contrôlée avec un cahier des charges strict qui garantit la provenance de la canne et surtout le respect d'un processus de fabrication de qualité. Qu'il soit blanc, ambré ou vieux (voire très vieux ou même extra vieux), une bouteille ou un BIB de ce divin breuvage des îles fera forcément plaisir. Sachez que l'on peut transporter dans ses valises au maximum dix litres de rhum par personne. On peut aussi rapporter l'accessoire qui va avec le rhum : le bois lélé (« bwa lélé »). Ce sont les indiens caraïbes qui utilisaient ce petit bâton pour mélanger les liquides. Issu du *Quararibea turbinata*, un petit arbre qui pousse dans les forêts caribéennes, le bois lélé sert à « léler », c'est-à-dire à touiller les boissons et cocktails à base de rhum. Une habitude exclusivement martiniquaise. On en trouve sur tous les marchés et dans les boutiques d'artisanat. Il s'achète généralement par botte ou à l'unité (environ 2 € pièce).

Douceurs des îles

Peu encombrantes dans les valises, les douceurs créoles, sucrées ou salées, sont des valeurs sûres côté souvenirs. Du panier gourmand rempli de confiseries *péyi* (*filibos, lotchios*) au petit pot de confiture aux fruits exotiques (mangue, ananas, carambole, papaye, gelée de coco ou de goyave), les spécialités locales font toujours le bonheur des papilles.

▸ **Chocolat et café.** On n'oubliera pas les tablettes de chocolat élaborées à partir de fèves de cacao 100 % martiniquaises. Une prouesse réalisée par l'association Valcaco qui, depuis 2012, œuvre à la relance d'une filière cacao d'excellence en Martinique. Les fèves de cacao de Valcaco ont en effet été inscrites parmi les 18 meilleures mondiales au Concours des International Cocoa Awards au Salon du chocolat de Paris. A retrouver chez les frères Lauzéat.

QUE RAPPORTER ?

© T PHOTOGRAPHY - SHUTTERSTOCK.COM

Bouteilles de punch sur le marché.

Si vous craignez que les chocolats supportent mal le trajet, vous pouvez toujours vous rabattre sur le bâton de « kako » ou de cacao pur avec lequel on peut préparer le délicieux chocolat chaud servi lors de la première communion avec un pain au beurre, une institution en Martinique. Le bâton *kako* s'utilise râpé en poudre ou fondu pour préparer un délicieux chocolat chaud au coin du feu. Vous pouvez aussi rapporter du café *made in* Martinique, un Arabica Typica grand cru mondialement recherché, rare et goûteux, aux arômes fins et parfumés. De quoi bien démarrer la journée une fois de retour de vacances !

Epices. Pour mettre un peu de soleil dans vos préparations, misez sur les épices et les piments séchés. Feuilles de gros thym, de bois d'Inde, colombo, piment et sauce chien en poudre, voilà quelques idées de souvenirs peu encombrants pour tenter des recettes antillaises à la maison ! Sans oublier bien sûr de rapporter de la vanille martiniquaise : on la reconnaît à ses énormes gousses noires très parfumées. Pour conserver l'onctuosité des gousses, disposez-les dans un pot avec un fond de rhum. On en trouve sur les marchés (faites-vous bien préciser la provenance, comptez entre 5 et 10 € la gousse). Il y a également la cannelle de Martinique, vendue sous la forme de tuyaux ou d'écorces brunes. S'il reste un peu de place dans votre valise, embarquez avec vous un livre de recettes créoles, que vous aurez glané dans l'une des librairies de l'île. Ce précieux sésame vous permettra de percer quelques secrets bien gardés de la cuisine créole.

Des trésors de couleurs

Très présent, l'artisanat en Martinique regorge de trésors colorés. Vannerie, peintures, masques, poteries, sculptures inondent les marchés locaux. Quelques boutiques d'artisanat local en proposent également.

Vannerie. Chapeaux *bakoua*, ces fameux couvre-chefs en fibre tressée qu'arborent beaucoup de Martiniquais, paniers de toutes les tailles, corbeilles et bien d'autres objets tressés sont le fruit d'un travail extrêmement minutieux issu d'un savoir-faire ancestral qui se transmet dans les ateliers traditionnels de vannerie, tels que la Vannerie Paille Caraïbe à Morne-des-Esses.

Tissu madras. La Martinique est également célèbre pour ses tenues traditionnelles en tissu madras, cette étoffe en fibres de bananier, de coton et de soie aux couleurs vives, alternant carreaux et rayures. Ce tissu très coloré a été apporté par les Indiens originaires de la ville de Madras, au sud-est de l'Inde, venus vivre en Martinique à la fin du XIXe siècle. Vous trouverez toutes sortes d'articles en tissu madras : masques, casquettes, tabliers, torchons, jupes..., sans oublier les coiffes, nouées, à poser sur la tête. On raconte que la façon dont le tissu était enroulé et le nombre de pointes donnaient une indication sur l'état du cœur de la belle qui le portait autrefois.

Bijoux et artisanat. Moins *flashy* mais tout aussi soigneusement réalisés, beaucoup de bijoux martiniquais sont confectionnés avec des graines de l'île (la graine l'église qui donne des petites perles rouge écarlate, la « Larme de Job » aux reflets nacrés gris bleuté, ou encore la perle couleur caramel de la graine chacha...). Il y en a aussi en coquillages, en pierre de lave ou encore en feuilles de bananier. L'artisanat se décline également à travers des masques en bois, des aquarelles très colorées, sans oublier le *coui*, une demi-calebasse évidée qui peut servir de saladier, une tradition héritée des indiens caraïbes. Nombre d'instruments et de sculptures sont également issus du calebassier, petit arbre tropical réputé pour ses fruits aux parois dures et solides.

« Caribbean touch »

La Martinique est réputée pour ses petits savons artisanaux dont les parfums (ananas, goyave, mangue...) vous rappelleront vos vacances sous les tropiques. À 3 ou 4 € l'unité (ou 10 € la barre), ce petit souvenir « gain de place » fera forcément des heureux et des heureuses. Les plus écolos pourront opter pour des shampoings solides fabriqués localement, ou encore une fragrance à base d'alcool issu de la distillation de la canne à sucre martiniquaise. Fruits d'un savoir-faire précis, ces eaux parfumées exhalent des notes subtiles et gourmandes (le pamplemousse local, le *chadèk*, ou encore la coco). Enfin, vous pourrez toujours emporter avec vous un bouquet de fleurs tropicales : rose de porcelaine, balisier, bec de perroquet, anthurium, acheté et emballé avec le certificat à l'aéroport.

SPORTS ET LOISIRS

Si le football, l'athlétisme ou le cyclisme sont parmi les disciplines les plus populaires en Martinique, les locaux se passionnent aussi depuis des générations pour les courses de yoles, ces bateaux petits et robustes à la curieuse voile carrée. Les combats de coqs sont aussi l'un des passe-temps des Martiniquais, ou plutôt d'un certain public généralement masculin. Mais même faisant partie d'une forte tradition locale, cette attraction est sujette à controverse. Reste que les locaux et les touristes profitent surtout de l'incroyable diversité de la nature martiniquaise. Une nature qui offre de nombreux loisirs : des loisirs bleus comme la mer et ses eaux cristallines, entre balades et croisières, sports nautiques, pêche au gros ou plongée sous-marine, mais aussi des loisirs verts pour profiter d'une nature luxuriante avec ses multiples rivières et cascades et ses sentiers escarpés.

Un paradis balnéaire aux possibilités infinies

Les plages de Martinique ravissent par leur beauté et la diversité de leurs paysages, qu'il s'agisse des plages paisibles du sud caraïbe ou de celles plus tumultueuses de la côte atlantique. Le sable est tantôt d'une blancheur éclatante, tantôt d'un noir intense comme sur les plages volcaniques du nord. A ceux qui n'aiment pas lézarder au soleil et rester inactifs, la mer ouvre ses bras et offre une profusion d'activités nautiques.

Balades en mer. Une journée en bateau à la découverte des côtes martiniquaises ou un peu plus loin, comme vers Sainte-Lucie, l'île voisine située au sud, est un vrai bonheur. Les départs ont lieu principalement de la Pointe-du-Bout (commune des Trois-Ilets), de Sainte-Luce ou de la marina du Marin. Départ le matin vers 9h et retour vers 17h. La journée se déroule généralement en plusieurs temps, avec arrêt baignade et snorkeling et déjeuner à bord, sur une plage ou dans un restaurant.

Les fonds sous-marins en bateau. Cette sortie est conseillée aux personnes accompagnées d'enfants. L'ambiance est familiale et l'excursion permet de découvrir sommairement les fonds marins, les bateaux étant équipés de fond de verre pour admirer la vie sous-marine.

Balades en kayak. La mangrove est une niche écologique pour les oiseaux et pour la reproduction des crustacés, des mollusques et des poissons. Plusieurs zones de mangrove sont accessibles : la Grande-Rivière-Salée, celle du Marin… Sans oublier la côte atlantique du côté du Robert qui vous dévoile les secrets de ses petits îlets cachés. Des prestataires proposent sa visite sous plusieurs formes : en yole ou en kayak. C'est une merveilleuse balade à faire en famille.

Croisières en voilier. La Martinique est un excellent point de départ pour débuter une croisière dans la Caraïbe, notamment vers les mythiques Grenadines. Si vous prenez quinze jours de vacances, nous vous suggérons de louer un bateau la première semaine et de séjourner à l'hôtel la seconde pour visiter la Martinique.

Balade à cheval sur la plage de Macabou.

SPORTS ET LOISIRS

© STEVEGEER

Randonnée dans la Montagne Pelée.

Vous pouvez louer des voiliers avec, en option, un skipper et une hôtesse. Une option vivement conseillée aux marins en herbe pour plus de sécurité. La base de départ la plus courue est la marina du Marin. De nombreuses sociétés de location sont implantées au Marin et à la marina de la Pointe-du-Bout aux Trois-Ilets.

▶ **Sports nautiques.** Les amoureux des sports nautiques seront comblés ! Ils pourront tous les pratiquer en Martinique : ski nautique, wakeboard, jet-ski, hobbie-cat, planche à voile, kayak de mer, paddle… Les centres proposent la formule « location » à l'heure, à la demi-journée ou en forfait plus long. Certains clubs se trouvent dans l'enceinte des hôtels mais restent ouverts au grand public, d'autres sont des structures indépendantes.

▶ **Surf.** Le surf a fait son apparition en Martinique il y a plus de trente ans. Le spot de Tartane (commune de La Trinité, côte nord-atlantique) est le mieux servi en vagues grâce à la régularité et la taille de la houle. Deux pics bien distincts permettent aux surfeurs confirmés de s'amuser sur une belle vague et aux surfeurs débutants de s'essayer aux joies de la glisse, sur une vague plus petite. Celui de Grand-Rivière, à l'extrémité nord de l'île (face à la Dominique), est réservé lui aux surfeurs confirmés.

▶ **Kitesurf.** C'est le dernier-né des sports de glisse, un mélange entre le surf, la planche à voile et le cerf-volant ! Ses adeptes débarquent de plus en plus nombreux en Martinique qui bénéficie de conditions météorologiques très favorables. L'alizé y souffle de décembre à août de façon régulière (15/20 nœuds). La côte sud-atlantique (Cap-Chevalier, Le François) et le plan d'eau de la Pointe-du-Bout (face à Fort-de-France) sont particulièrement prisés pour la pratique de ce sport. Des clubs se sont installés dans ces endroits et offrent des stages d'initiation ou de perfectionnement.

▶ **Pêche au gros.** Les Antilles sont le paradis des pêcheurs et la région offre des sorties mémorables, vu la taille des poissons. Les professionnels vous indiqueront les bons coins où traquer le thazard, à la chair très estimée, la bonite (toute l'année), le barracuda et le marlin bleu (surtout pendant le second semestre), le lancier (de mars à octobre), le coryphène (de novembre à mai), le voilier (de juin à novembre) et l'espadon (durant les pêches de nuit). En règle générale, le prix de la pêche au gros est d'environ 200 €/personne pour la journée (équipement complet avec, la plupart du temps, boissons et casse-croûte).

▶ **Plongée.** La plongée sous-marine reste la première activité touristique de l'île. Plongeurs débutants ou confirmés se font plaisir ici dans un décor d'éponges fluorescentes, de gorgones et de poissons multicolores. Pour les plongeurs confirmés, la Martinique dispose de nombreux sites remarquables. Le nord, avec ses tombants vertigineux et ses épaves historiques coulées lors de l'éruption de la montagne Pelée en 1902. Le sud, avec son sable blanc et ses eaux turquoise. Des plateaux coralliens offrant des plongées entre jardin, piscine, mais aussi quelques beaux tombants. Sans oublier le célèbre rocher du Diamant. Vous découvrirez aussi la joie de plonger légèrement, vêtu seulement d'un *shorty* dans une eau à 28 °C d'une visibilité exceptionnelle à toute profondeur. Entre faune et flore, vos yeux vont découvrir des multitudes d'espèces et de couleurs. On a dénombré jusqu'à présent plus de 300 000 espèces vivant dans les eaux de la Martinique. Et le snorkeling (plongée avec palmes, masque et tuba) permet aussi de se faire plaisir un peu partout.

▶ **A la découverte des fonds blancs.** Ces célèbres fonds sablonneux (et blancs) situés au large entre les communes du Robert et de Sainte-Anne (jusqu'à Cap-Chevalier) sont la grande attraction proposée aux touristes et une célèbre curiosité martiniquaise. Ils permettent de se baigner en pleine mer dans un mètre d'eau. Ces taches blanches (magnifiques vues du ciel mais cauchemar des bateaux à fort tirant d'eau) sont disséminées un peu partout : chaque initié a d'ailleurs son petit coin. Renseignez-vous donc ! Certains y vont tout simplement pour se baigner, d'autres pour y passer une grande partie de la journée. Crème solaire obligatoire !

Un tourisme vert d'exception

L'attrait principal de la Martinique réside dans ses paysages. Ses trésors naturels sont propices à une exploration pédestre ou motorisée partout à l'intérieur de l'île.

Randonnée et trekking. Les sentiers de randonnée ont été balisés par l'Office national des forêts, certains alternant la forêt et la côte dans des paysages de pure merveille. Les randonnées incontournables sont l'ascension de la montagne Pelée ou celle du morne Larcher situé sur la commune du Diamant, la presqu'île de la Caravelle à Tartane ou bien encore la Trace des Jésuites au morne Rouge. Pour les plus endurants, nous suggérons le parcours qui conduit du Prêcheur à Grand-Rivière. De nombreux endroits ne sont accessibles qu'à pied et il peut être dangereux de s'y aventurer seul. Renseignez-vous auprès des offices de tourisme et des structures spécialisées

Canyoning. Le nord de la Martinique offre un prodigieux terrain de jeu aux amateurs de canyoning. Les gorges des rivières sur les contreforts du volcan se prêtent aux descentes à sensation. De la balade quasi familiale jusqu'au canyon plus technique, réservé aux connaisseurs (par exemple un rappel de 70 m !), il y en a pour tous les goûts ! Descentes de cascades en rappel, sauts, toboggans dans des sites exceptionnels, les sensations fortes sont garanties. Plusieurs sociétés proposent des formules « canyoning », en forfaits journée ou demi-journée, toujours accompagnés d'une équipe de moniteurs agréés.

Parcours d'aventure. Les parcours d'accrobranche se sont développés en Martinique ces dernières années. Ils offrent un large choix de balades inédites. Ils permettent également de découvrir la canopée, cette formation végétale la plus complexe au monde. On enfile son harnais et on joue à Tarzan en sautant de liane en liane ! Une activité accessible aux adultes comme aux enfants.

Équitation. Les amateurs d'équitation seront comblés. De grandes balades sur la plage, une promenade plus tranquille dans les bois, une escapade à travers les champs de cannes à sucre… Plusieurs clubs offrent ces prestations aux cavaliers chevronnés comme aux débutants.

Quad et 4x4. Pour partir à la découverte de l'île, rien ne vaut une excursion à la journée en 4x4. Les prestataires proposent des formules incluant le transport, le guide accompagnateur et le repas de midi. Le quad lui est aussi un moyen de locomotion ludique et accessible et une activité agréable pour découvrir l'île autrement, à travers les champs de canne à sucre, les chemins dans la forêt tropicale ou en traversant des ruisseaux. Que vous soyez un débutant ou un amateur confirmé, les circuits sont adaptés en fonction de votre niveau.

Golf. S'étendant sur 60 ha, le golf de la Martinique est l'une des plus belles réalisations de l'architecte Trent-Jones. Ce Par 71 offre un large éventail de difficultés : bunkers, plans d'eau, collines, mer et de nombreux autres obstacles. Avis aux amateurs !

La Martinique vue du ciel

La Martinique vue du ciel offre un visage différent et des souvenirs inoubliables aux chanceux qui auront la chance d'en profiter !

Tour en hélicoptère. Le survol touristique vous permet d'apprécier au mieux les merveilles de la côte sud-est : barrière de corail, lagon, fonds blancs, îlets, mangroves. La vue en surplomb de ces joyaux met en évidence les contrastes de couleur entre l'océan profond et le corail. Tout au long des cinquante kilomètres de la barrière de corail, vous admirerez la grande diversité des paysages : ceux de la presqu'île de la Caravelle (baie de Tartane et parc naturel), du petit îlet du Loup-Garou (perdu en plein océan au large du Robert) ou des îlets tropicaux - sauvages ou habités - qui parsèment le lagon. Vous reviendrez de ces vols ébloui ! Bien sûr, cette activité est soumise aux caprices de la météo et il est conseillé de choisir un jour bien ensoleillé pour faire son vol.

Croisière en bateau à voile, les Anses d'Arlet.

GASTRONOMIE

A la croisée des cultures et du monde, la gastronomie martiniquaise s'épanouit dans un mélange de traditions savoureuses. Le climat tropical de l'île permet la culture d'une multitude de fruits et de légumes, alors que dans un même temps les épices originaires d'Asie parviennent dans les Antilles grâce aux travailleurs indiens. C'est ainsi que naquit le colombo, parfumé avec une myriade d'aromates. Dans ce carrefour culinaire, il n'est donc pas rare de croiser acras, boudin, féroce d'avocat, crabe farci et poulet boucané accompagné de riz, lentilles ou haricots rouges. Sans oublier le meilleur de la cuisine internationale dans les nombreux hôtels de l'île. Pour les becs sucrés, le flan au coco, la banane flambée, les fruits savoureux et les sorbets maison sont au rendez-vous. Mais la Martinique, ce sont aussi des rhums agricoles d'excellence, jouissant – chose rare – d'une AOC, un présent idéal à rapporter dans ses valises.

Produits caractéristiques

Les poissons et les fruits de mer sont indissociables de la cuisine de la Martinique. Parmi les espèces les plus appréciées citons la morue, le vivaneau (un gros poisson très commun), le balaou (un poisson long mangé frit), la pissiette (un petit poisson, frit, mangé sans son arête centrale) et enfin le requin, souvent mijoté longuement avec de la tomate et des épices à l'étouffée (*touffé*).

Le lambi est un énorme mollusque recherché tant pour sa chair délicate que pour sa magnifique coquille finement décorée souvent vendue aux touristes. Sa chair à la texture ferme, plus fine que celle du calamar, est un mets très apprécié. La langouste s'impose comme la star des Antilles. Elle fut longtemps considérée comme un plat de pauvre par les pêcheurs, car elle était abondante dans les criques et les lagons, avant que l'engouement occidental ne la transforme en mets de luxe, bien qu'elle reste toujours plus accessible dans les Antilles qu'en France métropolitaine. On la sert grillée, accompagnée de sauce chien à base d'oignon, d'ail, de cive, de piment, de citron vert, de persil et d'huile. La cigale de mer est un crustacé à la carapace plate et à la chair très fine, alors que la *cirique* est un petit crabe. L'*ouassou*, grosse crevette d'eau douce, vit dans les rivières et est consommée à Pâques. Les palourdes (appelées *soudons*) sont directement ramassées dans le sable. Enfin le *chatrou*, un type de petit poulpe, se prépare en ragoût.

Pour accompagner ces nombreux produits de la mer, les Martiniquais utilisent une foule de légumes, comme le *giraumon* (potiron), le *manioc*, le *gombo* (qui a l'aspect d'un piment vert, mais qui est apprécié pour sa chair gélatineuse qui permet d'épaissir les sauces), l'igname, la patate douce et le fruit à pain dont la chair farineuse après cuisson ressemble presque à un pain un peu dense. On peut même en faire des frites. La *christophine* est un légume ressemblant à une poire, mais avec un goût proche de la pomme de terre, souvent préparé en gratin.

© MARC BRUXELLE - SHUTTERSTOCK.COM

Accras de morue.

Boudin noir créole, accompagné d'une purée de patates douces.

Tous ces ingrédients sont assaisonnés avec beaucoup d'épices. Bien sûr impossible de ne pas citer le mélange colombo à base de curcuma, de cumin, de coriandre, de clous de girofle, de poivre noir, de fenugrec (aux graines légèrement amères), de moutarde et de gingembre. Préparé sous forme de poudre ou de pâte, il contient aussi parfois de la cardamome, du fenouil ou de l'anis. En Martinique la cuisine est parfois féroce grâce notamment au piment antillais ou *habanero* ressemblant à un minuscule poivron et au piment oiseau long d'à peine quelques centimètres. Les deux variétés sont particulièrement fortes. Le tamarin est un condiment issu d'un arbre qui possède des gousses remplies d'une pulpe aigre-douce aussi bien utilisée pour le salé que pour le sucré.

Les classiques de la cuisine martiniquaise

On commencera un repas antillais avec des acras, les immanquables beignets à la morue, parfois aux crevettes ou au crabe, voire au giraumon pour le jeûne. Ils sont plus ou moins pimentés selon les cuisiniers. Sans oublier les pâtés salés, de petits chaussons feuilletés farcis de chair à saucisse finement épicée. Le *dombré* est un type de boulettes de farine cuites avec des légumes secs, souvent des haricots rouges. Le *dombré de ouassous*, plus raffinée, est garni de crevettes d'eau douce. Autre soupe, le *calalou* contient gombos, épinards et légumes divers avec du crabe ou du porc. Sinon le pâté en pot est en réalité une soupe épaisse d'abats de mouton et de légumes, typiquement martiniquaise. Plutôt réservée aux habitués, la soupe de pied contient en effet du pied de bœuf qui mijote longuement avec des légumes. La féroce, enfin, se présente sous la forme d'une purée d'avocat, de morue, de farine de manioc, d'oignon vert et de piment.

Recette emblématique, le boudin créole, blanc ou noir, est une spécialité à base de sang (noir) ou de viande (blanc) de porc finement épicée, d'originaire française. On retrouve également des boudins à base de morue ou de lambi. On ne peut pas non plus rater le très populaire poulet boucané. Il s'agit d'un poulet fumé que l'on cuit dans un four fermé aux trois quarts, coiffé d'une cheminée. La viande marinée est placée très au-dessus du foyer et cuit tout doucement, la fumée lui donnant un goût inimitable. Enfin le colombo – de cabri, de poulet ou de porc – est probablement le plat en sauce le plus connu de Martinique, la viande mijotant longuement dans un mélange d'oignon, d'épices et de bouillon.

Le crabe farci, spécialité typiquement martiniquaise également, se compose d'un mélange de chair de crabe, de pain et d'oignon, que l'on utilise pour garnir la carapace de l'animal avant de la faire gratiner au four. Pour les fêtes, on retrouve quelques plats spécifiques, comme le jambon de Noël, caramélisé à l'ananas, les pâtés salés, les boudins créoles et l'igname de Noël.

On observe également des plats plus simples dont certains en-cas comme le *bokit*, un petit pain brioché qui a la particularité d'être frit, puis ensuite garni avec des crudités, de la morue ou du poulet grillé. Sans oublier *l'agoulou*, un pain moelleux, grillé, puis fourré de viande hachée et de légumes. Le *ti-nain-morue*, un plat servi le matin, se prépare avec de la morue accompagnée de banane plantain. Une variante connue sous le nom de *tripe ti-nain* est un mélange de tripes et de viande de bœuf, savamment cuisinées avec des épices, de la tomate, des oignons et une pointe de piment. Le macadam est un riz crémeux à la morue, légèrement pimenté. Sinon on dégustera le blaff qui contient du poisson ou des fruits de mer cuits au court-bouillon.

© PACK-SHOT - SHUTTERSTOCK.COM

La banane, fruit emblématique de la Martinique.

Testez le blaff d'oursin, que l'on appelle parfois «caviar des Antilles». Munissez-vous d'une cuillère et savourez ce mets délicat avec du citron et des feuilles de laurier. Citons aussi le *matoutou,* une fricassée de crabes, alors que le *souskai* est constitué de morue grillée et émiettée, servie en vinaigrette.

Desserts et boissons

Côté entremets et pâtisseries, ne manquez pas le Robinson ou amour caché, un gâteau à base d'un appareil de quatre-quarts, de pâte brisée et de confiture de goyave, mais aussi le flan coco (ou blanc-manger) à la texture délicieusement soyeuse, couvert d'une croûte de noix de coco bien dorée, sans oublier le classique gâteau retourné à l'ananas. Le saucisson est le surnom local donné au gâteau roulé que l'on fourre de garnitures diverses. Typiquement antillais, le Mont-Blanc coco est une génoise moelleuse garnie d'une crème rhum-coco et couverte de noix de coco râpée. Sinon testez le pudding aux pruneaux, à base de pain généreusement parfumé de rhum, ou encore les pâtes-confiture, de petits chaussons croustillants souvent garnis de goyave.

De fabrication artisanale, les sorbets ici sont à base de lait, le plus souvent aromatisés à la noix de coco, avec un goût prononcé de cannelle ou de vanille. Glacé toujours, le snowball est un gobelet de glace pilée arrosée d'un trait de sirop (grenadine, menthe ou orgeat). Plutôt réservé au matin, le cassave est une galette de farine de manioc, cuite sur une plaque, que l'on agrémente souvent de confiture de coco. Enfin évoquons les doucelettes, des petites friandises communes sur les marchés ou les stands ambulants un partout en Martinique, à base de lait de coco et de lait concentré.

Il existe une extraordinaire variété de fruits tropicaux succulents sur l'île. Bien sûr on retrouve les classiques comme l'ananas, la banane (en accompagnement comme la plantain ou en dessert comme la fressinette ou la figue-pomme), l'avocat, la mangue, la papaye, le pamplemousse, la goyave, le fruit de la passion (maracuja) et la noix de coco. Mais il existe bien des espèces plus étonnantes comme la carambole en forme d'étoile quand on la coupe en tranches, l'abricot-pays à la chair orangée et sucrée, le corossol à la pulpe blanche crémeuse et très sucrée ou encore la prune de Cythère à la chair fibreuse riche en vitamine C.

De ces fruits aussi savoureux on extrait bien sûr des jus tout aussi délicieux. Les trois principaux producteurs de jus de fruits antillais sont Caresse Antillaise, Royal et Mont Pelé. Prenez du plaisir en savourant les jus frais de goyave, de mangue et de papaye, peu communs en métropole. Les jus de fruits industriels sont toujours à base de concentré. Vous trouverez, dans les snacks et sur le bord des routes, des bouteilles de jus traditionnels locaux, souvent très savoureux.

Rhums et autres alcools

Le rhum et sa dégustation jouissent d'un véritable culte dans les Antilles. Deux sortes de rhums cohabitent dans le commerce : les rhums agricoles, produits aux Antilles françaises (Martinique, Guadeloupe, Marie-Galante) et les rhums industriels, fabriqués dans le monde entier. Les rhums martiniquais, contrairement aux rhums guadeloupéens, possèdent une AOC.

La fabrication du rhum agricole provient de la distillation directe du vesou (jus de canne à sucre) et de la transformation de son sucre en alcool. Une tonne de canne à sucre permet de produire environ 100 litres de rhum agricole. Le rhum industriel est élaboré à partir de la mélasse – issue du raffinage du sucre – mise à fermenter avec des levures. On retrouve ainsi différents rhums agricoles comme le rhum blanc, base du ti-punch, que l'on peut servir frappé (glacé). Le rhum vieux est issu du rhum blanc placé en fûts de chêne pour une durée d'au moins 3 ans. Certains peuvent atteindre 40 ans d'âge et rivalisent avec les plus grands spiritueux. À Noël on prépare également le shrubb, un rhum arrangé parfumé aux écorces d'orange, que l'on aromatise parfois d'un soupçon de cannelle, de vanille ou de gingembre.

Côté bière, la Lorraine a la prééminence, mais la Carib vient d'arriver de Trinidad et est en passe de détrôner la Corona qui connaît un réel succès auprès des jeunes branchés. Toujours servie avec un quartier de citron... La Corsaire – venue de Guadeloupe – est légère et agréable. Bien sûr il est possible de trouver du vin sur l'île, mais il est importé de l'étranger ou de métropole et on le retrouve à des tarifs prohibitifs.

AGENDA

Réputés pour leur sens de la fête, comme en témoigne le carnaval, l'un des temps forts de la vie sur l'île, les Martiniquais le sont aussi pour leur attachement à la cellule familiale. La famille revêt une importance prépondérante dans la vie quotidienne. Les fêtes sont l'occasion de retrouvailles toujours animées. A Noël, lors du jour de l'an, à la Toussaint, à Pâques, les rassemblements entre parents et amis sont nombreux et s'étalent autour de repas mémorables et toujours très rythmés !

Si la musique sert souvent de prétexte à des fêtes improvisées, il n'en demeure pas moins que les Martiniquais apprécient aussi les manifestations musicales et sportives, ainsi que celles qui mettent à l'honneur leur patrimoine naturel et culturel. Tour des yoles, tournois de pêche, courses cyclistes, mais aussi journées du patrimoine et rendez-vous aux jardins animent avec panache l'agenda martiniquais.

CARNAVAL DE MARTINIQUE

A Fort-de-France et dans toute l'île

En février

C'est le grand rendez-vous de l'année en Martinique. Cinq jours de fête absolue durant lesquels la vie s'arrête sur l'île, qui ne vit plus qu'au rythme des défilés carnavalesques. Cet événement majeur se déroule durant les cinq jours « gras », du dimanche précédent le mardi gras jusqu'au mercredi des Cendres, alternant « vidés » (groupes à pied qui défilent dans les rues), chars, musique et danses en tout genre. Un seul mot d'ordre : tout est permis ! En Martinique, le carnaval se prépare dès l'Epiphanie, avec une succession de fêtes dans les différentes villes : élection de la reine du carnaval, bal *péyi*, parades en tout genre… Le dimanche gras, la foule se donne rendez-vous sur la place de la Savane pour célébrer, au son des tambours, *ti bwa*, cuivres et percussions, le début des festivités. Le lundi, les rôles s'inversent lors du mariage burlesque. Madame enfile son smoking noir masculin et Monsieur se balade en robe blanche. Le jour de mardi gras, tout le monde est debout avant l'aube. Les rues se peuplent de personnes affublées d'un pyjama et d'une robe de chambre. L'après-midi, le vidé en rouge et noir bat son plein et les diables rouges sont partout ! Le mercredi, le deuil est de mise pour le dernier jour de fête. Vêtus de noir et de blanc, les carnavaliers viennent célébrer la dernière danse du roi Vaval. Chaque année, la réalisation de l'emblème du carnaval est confiée à un ou plusieurs artistes martiniquais. Le lundi a lieu également la très attendue parade du sud, qui a lieu chaque année dans une ville différente du sud.

DÉCOUVRIR

Carnaval à Fort-de-France.

THE ROUND MARTINIQUE REGATTA

En février, à la marina de « l'Etang Z'abricot » à Fort de France

Lancée à l'origine par le Club Nautique Le Neptune, cette régate à la voile qui s'étale sur trois jours propose quatre courses avec une cinquantaine de bateaux engagés. Cette course est ouverte aux monocoques et multicoques, aux amateurs de voile comme aux professionnels. Quatre temps forts rythment cette compétition : le Round Raid, le Round Rallye, le Round Rock et la Round Bay. Un savant mélange entre compétition, découverte et joie de vivre, sur fond de paysages sublimes et de plages de sable blanc typiques de l'île.

SEMAINE NAUTIQUE INTERNATIONALE DE SCHOELCHER

En février ou mars à Schoelcher

Organisée par le cercle nautique de la ville de Schoelcher, cette manifestation réunit chaque année tous les grands amateurs de voile. Il s'agit d'une régate internationale de voile légère inscrite au calendrier officiel des grandes manifestations nautiques de la Fédération française de voile. Une centaine de compétiteurs étrangers de haut niveau viennent se mesurer aux régatiers martiniquais. Un rendez-vous sur l'eau à ne pas manquer.

FOIRE EXPOSITION DE LA MARTINIQUE

Première semaine de mars, stade de Dillon à Fort-de-France

Avec plus de 200 entreprises présentes, ce salon attire à chaque édition près de 40 000 visiteurs. La foire expo accueille des professionnels de différents secteurs : automobile, tourisme, habitat, ameublement, loisirs, prêt-à-porter, gastronomie... Au total, ce sont 10 000 m² d'expositions et d'animations qui sont mis à la disposition des entreprises participantes, avec un pays différent invité, venu présenter ses produits artisanaux, sa gastronomie et sa culture.

FOIRE AUX CRABES

Le samedi qui précède le week-end de Pâques, au Vauclin

Une semaine avant le week-end de Pâques, des milliers de crabe sont vendus lors de cette foire ultra familiale et bon enfant où se réunissent vendeurs de crabes, cuisiniers et cuisinières exposants, et, bien sûr, amateurs de crustacés ! Au programme : dégustation de crabes en sauce, jeux, animations… le tout, dans une ambiance conviviale. Cette fête est aussi l'occasion d'en apprendre davantage sur la vie des crabes, où ils vivent et où ils se reproduisent, et de rappeler l'importance de protéger la faune et la flore martiniquaises.

SUR LA ROUTE DU SUCRE

En avril, à l'usine du Galion, à la Trinité

Au printemps, la Trinité vous invite à emprunter la Route du Sucre qui vous conduit tout droit jusqu'à l'usine du Galion, dernière unité sucrière de la Martinique. Au programme : visite du village de l'artisanat et du sucre, visite- guidée de l'usine qui produit une large gamme de sucres de canne, balades équestres en quad et randonnées sur les terres du Galion, animations festives, conférences, spectacles, feux d'artifice… Un événement gourmand qui permet de faire découvrir et de valoriser la récolte sucrière « *made in* Martinique ».

LE MAI DE SAINT-PIERRE

Du 1er au 31 mai, à Saint-Pierre

Chaque année, la ville de Saint-Pierre commémore pendant tout le mois de mai plusieurs événements qui ont marqué son histoire : l'éruption de la montagne Pelée du 8 mai 1902 évidemment, lors de laquelle près de 30 000 personnes ont péri, mais aussi l'abolition de l'esclavage le 22 mai 1848 et l'arrivée des premiers Indiens le 6 mai 1853, venus prêter main forte dans les plantations. Un mois de commémoration pendant lequel se succèdent expositions, spectacles, conférences, randonnées, concerts et marché rasta (à ne manquer sous aucun prétexte !).

SEMAINE GASTRONOMIQUE DE LA VILLE DE SAINTE-MARIE

2e quinzaine de mai, à Sainte-Marie, place Félix-Lorne

C'est l'événement culinaire incontournable de la cuisine créole en Martinique. Pendant sept jours, les meilleurs chefs du département sont là pour promouvoir les saveurs du terroir martiniquais, que ce soit sous les chapiteaux ou dans les restaurants de Sainte-Marie. Point d'orgue de cet événement qui rassemble des milliers de gourmands : l'incontournable concours international de cuisine organisé par l'office de tourisme et la municipalité samaritaine.

COMMÉMORATION DE L'ABOLITION DE L'ESCLAVAGE

Le 22 mai, dans toute l'île.

Le 22 mai 1848, porté par le député Victor Schoelcher, auteur du décret qui met fin à

DÉCOUVRIR

l'esclavage dans les colonies françaises, l'esclavage est officiellement aboli en Martinique sous l'impulsion d'hommes et de femmes en quête de leur liberté. Chaque année, cette date (ce jour est férié en Martinique) donne lieu, depuis la veille au soir, à des animations, des rencontres culturelles, des expositions et des spectacles, aux quatre coins de l'île. L'occasion d'en savoir plus sur l'une des pages les plus importantes et les plus tragiques de l'histoire la Martinique.

RENDEZ-VOUS AUX JARDINS

Du vendredi au dimanche, la première semaine de juin, dans toute l'île

Coordonnée par la Direction des Affaires Culturelles de Martinique, cette manifestation nationale a pour mission de valoriser pendant trois jours la richesse des différents jardins de Martinique, qu'ils soient privés ou publics (historiques, d'agrément, partagés, fermes agricoles…) et de sensibiliser les Martiniquais au patrimoine exceptionnel de l'île. Les particuliers peuvent ouvrir, eux aussi, leurs jardins aux visiteurs pour leur faire découvrir certains savoir-faire et traditions. Chaque propriétaire de jardin peut d'ailleurs s'associer avec d'autres jardins à proximité, afin de créer des circuits découverte avec plusieurs types de jardins. Pendant toute la durée de la manifestation, les jardins participant à l'événement proposent des ateliers pour s'initier au jardinage, au compostage, découvrir les techniques permaculturelles, ou encore l'agriculture locale, l'herboristerie créole. Un événement riche d'animations, particulièrement apprécié des familles martiniquaises incitées ainsi à préserver la nature.

Un thème différent est choisi chaque année, mettant généralement à l'honneur les pratiques et savoirs immatériels fondés sur l'oralité, dont la transmission a été assurée de génération en génération pendant des décennies. Ces savoirs étant mal connus par les plus jeunes, cette manifestation permet de les faire connaître et de les transmettre pour assurer leur pérennité, qu'il s'agisse de savoirs liés aux jardins, aux pratiques culturales, ou encore à la connaissance de la faune et de la flore locales.

FÊTE DE LA FIN DE LA RÉCOLTE DE LA CANNE À SUCRE

Fin juin ou début juillet, à Sainte-Marie

Berceau de la plantation et des rhums Saint-James, la ville de Sainte-Marie fête chaque année la fin de la récolte de la canne à sucre. Au programme : dégustations de rhum, spectacles, exposition d'artistes, soirées musicales ou encore stands artisanaux de bijoux et de vêtements. Pour l'occasion, des flacons rares de rhum et des vieux millésimes peuvent être commercialisés. À consommer avec modération, bien évidemment. L'événement a lieu au bord de la mer.

FESTIVAL CULTUREL DE LA VILLE DE FORT-DE-FRANCE

En juillet, à Fort-de-France

Organisé chaque année dans les premières semaines de juillet par la ville de Fort-de-France et l'association le Sermac, ce festival est un incontournable culturel de l'île, riche d'une programmation éclectique aux influences régionales et internationales, avec l'objectif de mettre à l'honneur les cultures noire et métisse. Au programme : concerts (certains sont gratuits), expositions, spectacles de danse, soirées animées par des DJ locaux antillais ou internationaux…

TOUR DE LA MARTINIQUE DES YOLES RONDES

Dernier week-end de juillet

Depuis des générations, les courses de yoles déchaînent les passions chez les Martiniquais. Très attendu, le Tour des Yoles Rondes représente un vrai moment de fête, presque au même titre que le carnaval. La compétition se dispute entre les différentes communes de la côte Atlantique et est suivie par des milliers de spectateurs. La course part de Fort-de-France et se déroule en sept étapes qui font le tour de l'île.

Petit bateau robuste à la curieuse voile carrée, la yole tient son nom du néerlandais « jol », qui désigne « une embarcation légère et allongée, d'un faible tirant d'eau ». Ce sont les premiers habitants de l'île qui transmirent l'art de la navigation aux Martiniquais. Les Indiens caraïbes avaient l'habitude de tailler de longues pirogues dans le tronc des gommiers, des arbres géants de la forêt tropicale, généralement réservés à cet usage. Aujourd'hui, construite en bois de cèdre ou de poirier, la fabrication de la yole n'en demande pas moins d'attention. Une ou deux voiles de forme carrée, tendues par une vergue diagonale, lui donnent sa force de propulsion. Lors du Tour des Yoles Rondes, les performances des équipages tiennent souvent de l'équilibrisme, car pour ne pas faire chavirer la yole dépourvue de quille, les membres sont obligés de se suspendre aux rames… à l'extérieur du bateau ! Les équipes les plus réputées sont celles du Robert et du François, mais nombreuses sont les communes martiniquaises habituées à se livrer à ce sport local, particulièrement apprécié des Martiniquais.

TOUR CYCLISTE DE LA MARTINIQUE

Mi-juillet, course à travers l'île

Savez-vous que les Martiniquais étaient des aficionados de la petite reine ? Ils sont nombreux à pratiquer le vélo et à suivre avec beaucoup d'enthousiasme le Tour Cycliste, cette course internationale créée en 1965. Elle compte chaque année une centaine de participants et se déroule en neuf étapes à travers l'île. Frédéric Delalande est le cycliste le plus titré du Tour, avec trois victoires à son actif. Une course très populaire en Martinique et attendue par les locaux, nombreux à venir féliciter les coureurs à l'arrivée.

BIGUINE JAZZ FESTIVAL

Mi-août, dans différentes communes de l'île

Créé en 2001 par deux passionnés de jazz caribean, éduqués sur les notes d'une culture familiale inscrite dans le patrimoine martiniquais, le festival Biguine Jazz métisse le jazz et les musiques caribéennes. Partout dans l'île, des concerts sont organisés et célèbrent ce genre musical, sans oublier les nombreuses révélations issues des Antilles françaises et de la Caraïbe ! Le programme est toujours soigné et qualitatif, l'ambiance au rendez-vous. Bref, c'est un temps fort de l'agenda musical de la Martinique.

LA TOUSSAINT ET LE JOUR DES DEFUNTS

1er et 2 novembre, partout sur l'île

Le 1er et le 2 novembre font partie des jours importants du calendrier martiniquais. On se rend au cimetière pour fleurir les tombes des défunts, pique-niquer près d'eux. A la nuit tombée, les cimetières s'illuminent. On se recueille et on écoute de la musique près des personnes disparues. Aux Antilles et à la différence de la plupart des départements français, la fête des Morts est célébrée partout… Ce culte tient une place considérable dans la vie des Martiniquais.

MARTINIQUE JAZZ FESTIVAL

Début décembre, à l'atrium de Fort-de-France

Ce festival qui a lieu soit la première, soit la deuxième semaine de décembre décline une programmation variée, dense et centrée autour du jazz caribéen. Chaque année, des artistes comme Richard Bona et Alfredo Rodriguez, Omar Sosa & Yilian Cañizares, Thomas Enhco, Hervé Celcal, Marialy Pacheco, Diego El Cigala, se produisent. Avec cet événement, la scène jazz afro-anglaise et la jeune scène martiniquaise sont à l'honneur. Au programme : de nombreux concerts gratuits et en salle un florilège d'artistes martiniquais et internationaux.

SEMI MARATHON INTERNATIONAL DE FORT-DE-FRANCE

Fin novembre, à Fort-de-France

C'est l'un des événements sportifs de l'année martiniquaise ! Chaque année, le semi-marathon de Fort-de-France accueille des centaines d'athlètes venus de toute la Caraïbe et même de la métropole. Outre les traditionnels 21 km à travers l'île, d'autres courses alternatives de 5 et 10 kilomètres se sont ajoutées pour les moins préparés : on les appelle les Jou Ouvé. Pendant la course, de nombreuses festivités ont lieu dans toute la capitale foyalaise.

LA TRANSMARTINIQUE

Première semaine de décembre.

Superbe épreuve physique et morale, la Transmartinique est une randonnée sportive de près de 134 kilomètres avec pas mal de dénivelés ! Elle rallie Sainte-Anne à Grand-Rivière à travers les mornes, pitons, falaises, *chimin chiens*, ravines, fonds et lits de rivières qui façonnent le paysage martiniquais. Sportifs chevronnés et amateurs de randonnées s'adonnent avec plaisir à cette plongée unique au cœur du poumon vert de l'île, déclinée du grand sud au haut nord verdoyant. Ne tardez pas, les inscriptions démarrent dès le mois d'avril.

FORT-DE-FRANCE ET SA RÉGION

Nichées au pied des pitons du Carbet, Fort-de-France et sa région jouissent d'une situation stratégique exceptionnelle, au cœur d'une baie protégée qui permettait aux navires de faire escale en toute sécurité. Après avoir longtemps vécu dans l'ombre de Saint-Pierre, Fort-de-France devient la capitale de la Martinique au début du XXe siècle et doit faire face à l'arrivée des habitants rescapés de l'éruption de la montagne Pelée. Dès lors, la population de Fort-de-France et de sa région ne va cesser d'augmenter. Depuis les années 1990, la capitale a fait l'objet de plusieurs restructurations. On vient s'attarder avec plaisir dans ses rues animées, pour profiter de la beauté de l'architecture, des premiers étages colorés et des vérandas en bois, ou encore flâner sur la promenade métamorphosée qui longe la place de la Savane. On s'y restaure, on y danse parfois et on y regarde la vie s'écouler tranquillement.

Fort-de-France et sa région
N3
D47
D45
N4
D13
N2
D48
N3
FORT-DE-FRANCE
D41
SCHOELCHER
N1
D43
ÎLE DE MARTINIQUE
Océan Atlantique
Îlet à Ramiers
D38
D7
D7
30 KM

D13
D3
N1
D28
N2006
LE LAMENTIN
N5
N8
DUCOS
N8
N5
Îlet
Mandoline
D7
RIVIÈRE-
SALÉE

PAGES

● ● FORT-DE-FRANCE ET SA RÉGION

Au cœur d'une baie parmi les plus belles du monde, offrant une faune et une flore marines exceptionnelles, la région de Fort-de-France est une excellente introduction à tout voyage en Martinique, pour sa position stratégique judicieuse, ses marchés et étals colorés qui vous immergeront dans la culture créole, ses musées, ses jardins et son riche patrimoine culturel. C'est aussi dans cette région, cœur économique de l'île, que l'on trouve les zones commerciales, l'aéroport et toutes les commodités utiles à tout séjour.

FORT-DE-FRANCE ★★★

Surnommée la baie des Flamands, la baie de Fort-de-France est classée parmi les trente plus belles du monde ! Avec ses eaux cristallines et sa biodiversité exceptionnelle, notamment sa mangrove, un écosystème unique, cette région est un excellent point de départ pour sillonner l'île. Le piton du Carbet et les jolies plages de Schoelcher ne sont pas loin, tout comme Absallon et sa nature exubérante.

SCHOELCHER ★

Schoelcher jouit de sa proximité avec Fort-de-France. Cette petite agglomération formée au cours du XVIIIe siècle devint commune en 1888 et récupéra un an plus tard le nom du héros des Antilles qui obtint et signa l'abolition de l'esclavage. Si son discours sur l'esclavage rencontra un formidable écho et reste vif jusqu'à aujourd'hui, la statue originale de Victor Schœlcher ne connaîtra qu'une brève et furtive carrière, soumise aux aléas de la vie et aux dégradations dès 1991 avant d'être déboulonnée en 2020 par un groupe de militants.

LE LAMENTIN

Touchée par la crise depuis les premières difficultés de la canne à sucre, la commune du Lamentin a connu des grandes grèves agricoles et des drames sociaux comme la mort de trois manifestants tués sans sommation par le commissaire de l'époque (1961). C'est aujourd'hui l'une des communes les plus dynamiques de l'île.

Le Jardin de Balata.

FORT-DE-FRANCE ★★★

Surplombée par le Fort Royal, construit pour déjouer les attaques ennemies en 1672 (c'est lui qui donna aux habitants le nom de Foyalais, Fort-Royal en créole se disant Foyal), Fort-de-France est une ville trépidante la journée. Dès l'aube, les rues s'éveillent avec ses marchés aux poissons, aux légumes et aux épices, ses boutiques colorées, d'où résonnent des rythmes de zouk, et ses monuments historiques, qui témoignent de son riche passé. Sous la houlette d'Aimé Césaire, le visage de Fort-de-France a beaucoup changé, tout en conservant le charme de ses quartiers historiques, notamment la célèbre Savane, piquée de ses nombreux kiosques.

Aujourd'hui, la ville a su conserver les traces de son passé historique, avec de nombreux monuments et musées rappelant l'époque coloniale. Le fort Saint-Louis, qui a gardé sa fonction militaire, abrite le siège du haut-commandement de la marine nationale. Traversez la grande place de la Savane pour vous rendre dans l'un des monuments les plus emblématiques de la ville : la bibliothèque Schœlcher, puis direction la cathédrale Saint-Louis classée monument historique. Faites ensuite un tour dans l'un des musées de la ville, avant de vous infiltrer dans le centre, et de vous laisser happer par l'atmosphère unique de ses marchés et ruelles animées. Le centre-ville s'apprécie plutôt le matin. Profitez-en pour déjeuner au grand marché au Djol Dou.

Balade

Fort-de-France est une cité extrême que l'on adore et parfois abhorre sans jamais pouvoir se l'expliquer ou s'en passer. Premier impératif, vous devez apprendre à anticiper les embouteillages : après 9h, les places de parking libres se font rares, mais le réaménagement récent de la Savane et du front de mer tend à réduire le problème. En cause jusqu'ici : des commerçants, résidents ou touristes qui se lèvent souvent très tôt. La marche reste donc, de par la concentration du centre, la fraîcheur de ses petites rues et la difficulté d'y circuler en voiture, le meilleur moyen de visiter sereinement Fort-de-France. Songez bien à lever la tête en direction des premiers étages colorés et des vérandas en bois : la plupart des bâtiments et des maisons du centre-ville ne dépassent pas trois étages.

De part et d'autre des rues étroites, vous apercevrez des petits restaurants et de nombreuses boutiques. Afin d'éviter la chaleur, préférez les premières heures de la matinée pour visiter la ville. Et dans les environs proches de la ville, plusieurs points d'intérêt sont aussi à citer. Voici nos immanquables de la ville et ses environs.

- Le centre historique, ses ruelles colorées à l'ambiance typiquement créole, ses marchés et ses musées.
- La place de la Savane avec ses jolis kiosques qui regardent la mer et la jetée du Malecon, jusqu'à la plage de la Française, chapeautée par le Fort-Saint-Louis.
- Les plages les plus proches de Fort-de-France se trouvent en direction de Schoelcher après la Rivière Madame. Celles de l'Anse Madame et du Lido sont parmi les plus agréables, bien qu'urbaines. Et sinon, au cœur de Fort-de-France, au pied du Fort-Saint-Louis, se cache la plage de la Française, agréable pour tremper les pieds mais beaucoup moins pour s'y détendre.
- De Fort-de-France au pont de Chaîne, la route de la Trace (RN3) en direction de Morne-Rouge vous introduit à une autre facette de la Martinique. La végétation tropicale se fait plus dense et vous enveloppe de sa fraîcheur et de son ombrage.
- Ne manquez pas d'admirer quelques belles maisons coloniales de style créole ainsi que le Sacré-Cœur, la belle église de Balata. À la base du dôme, on lit cette inscription : « Au Sacré-Cœur, la Martinique reconnaissante ». En plus de ses vitraux et ses mosaïques murales remarquables, le site offre une vue splendide sur Fort-de-France et sa baie.
- On marquera un arrêt dans les superbes jardins de Balata pour admirer la richesse des collections botaniques regroupées en un véritable tableau végétal pour le plaisir des sens.
- La Trace s'ouvre ensuite sur de nombreux sentiers au cœur d'une nature luxuriante et offre le point de départ de belles randonnées à travers la montagne. Au niveau du petit pont sur la rivière Alma, prenez le temps d'admirer les paysages superbes qui s'étalent à perte de vue.
- Un peu plus loin, on trouve la route forestière de Rivière-Blanche. Celle-ci mène au Cœur-Bouliki où s'écoule une charmante rivière dans un cadre agréable pour pique-niquer. La destination finale ? Fonds-Saint-Denis à 5,6 km.

Pratique

L'office de tourisme de Fort-de-France a conçu un dispositif ludique et interactif appelé Audiopen. Grâce à lui, découvrez les sites les plus remarquables de la capitale en toute autonomie : on le pointe sur un point de la carte-support et on apprend des choses intéressantes sur l'histoire et le patrimoine.

Le circuit est composé de 12 étapes. Il est disponible en 4 langues : français, anglais, espagnol et italien. Comptez 3 € la location. Disponible au siège de l'office de tourisme au 76, rue Lazare-Carnot ou au kiosque d'information touristique situé place de la Savane.

Se loger

Résider dans le centre de Fort-de-France conviendra davantage à une clientèle d'affaires plutôt qu'aux vacanciers. L'agitation de la ville et le manque d'attractions en soirée rendent les alentours peu attrayants, sauf la Pointe-du-Bout (20 minutes de bateau), la baie d'en face, préférable pour un séjour de plaisance. L'offre en elle-même est d'ailleurs plus restreinte et orientée vers les professionnels réservant cependant de belles surprises dans la périphérie de la ville, à l'instar de l'historique hôtel L'Impératrice.

Shopping

La majorité des boutiques se trouvent dans le centre-ville, dans les rues Lamartine, Blénac, Moreau-de-Jones, Sévère, Victor-Hugo et Schœlcher. Vous y trouverez quantité des vendeurs de tissus au détail, de chaussures, de prêt-à-porter, de restaurants, d'objets divers, de souvenirs et d'orfèvrerie. Le centre commercial Cour Perrinon est idéal pour compléter vos emplettes et vous offrir une petite pause café ou thé et la place Perrinon pour y déguster de délicieux jus de fruits frais.

Sortir

Bien que les soirées foyalaises ne soient pas des plus animées, la ville essaie de satisfaire la demande... Les concerts fleurissent actuellement grâce aux nouveaux groupes musicaux antillais. Et la Nouvelle Savane, depuis quelques mois, s'anime tous les soirs de la semaine autour de petits kiosques où l'on peut se restaurer. Cependant, nous vous recommandons la plus grande vigilance, la nuit, dans le centre-ville. Les rues ne sont pas constamment bien éclairées et bien fréquentées. Pour les couche-tard, les boîtes de nuit se situent plutôt du côté du Lamentin... On en trouve quelques-unes le long du canal Levassor. Il est conseillé à la gent féminine d'éviter de se promener seule la nuit dans ce quartier de la ville.

Fort-de-France.

ANCIEN PALAIS DE JUSTICE

Place José Marti

Ancien palais de justice construit au cœur de la ville entre 1905 et 1907, l'édifice abrite aujourd'hui le Sermac, le service municipal de l'action culturelle de Fort-de-France. L'architecture de style académique néoclassique (colonnes, architraves, frontons, pilastres) présente une façade ordonnée sur la partie supérieure sur laquelle sont gravés les trois mots « Liberté, Egalité, Fraternité ». Devant l'édifice se trouve un monument commémorant l'abolition de l'esclavage. Reposez-vous dans son parc au rythme de sa fontaine.

BIBLIOTHÈQUE SCHŒLCHER

1 rue de la Liberté ✆ 0596 55 68 30

www.collectivitedemartinique.mq/la-bibliotheque-schoelcher/

Ouvert le lundi de 13h à 17h30. Du mardi au vendredi de 8h30 à 17h30. Le samedi de 8h30 à 12h. Entrée libre.

C'est l'un des bâtiments les plus visités de la capitale. En 1883, Victor Schœlcher fait don d'une partie de sa bibliothèque personnelle à la Martinique (10 000 livres) mais à une condition : celle de créer une bibliothèque qui soit ouverte à tous, en particulier pour l'instruction des anciens esclaves noirs. Le bâtiment – en structure métallique – a été imaginé et construit pour l'Exposition de 1889 à Paris avant d'être minutieusement transporté poutre par poutre à Fort-de-France. C'est l'un des rares édifices de l'île d'un style aussi éclectique, d'influences romaine, byzantine, égyptienne et arabe. Dessinée par l'architecte Pierre Henri Pick (1833-1911) et fidèlement reconstituée suivant les plans de son concepteur, elle est un remarquable monument de la ville capitale. Le bâtiment comme l'éclaire Siméon Petit, conservateur du lieu de 1919 à 1939, « n'a pas été construit en tant que pavillon de la colonie à l'Exposition Universelle de Paris en 1889 et transporté ici pour servir à l'usage auquel il est affecté. C'est plutôt le contraire. Il a été commandé pour loger le généreux don de Schœlcher. Comme on était proche de la date de l'Exposition à laquelle la colonie se disposait à prendre part, ce monument a figuré au Champ-de-Mars, remplissant l'office de pavillon de la Martinique ». La bibliothèque renferme une collection de vieux ouvrages consacrés à l'histoire de l'île.

CASCADES DE DIDIER

Route de Didier

A Fort-de-France, prendre la sortie Cluny. Au rond-point du Vietnam à droite direction Didier. Suivre la D45 jusqu'à la station d'épuration.

Voilà une randonnée courte mais efficace... Elle démarre sur le petit chemin qui longe la station d'épuration sur la droite. Après une descente aussi brève que pentue, vous traverserez un tunnel sombre et découvrirez une première cascade. Comptez vingt minutes pour arriver jusque-là. En traversant la rivière et en empruntant un sentier exigu, vous aborderez ensuite une deuxième chute d'eau (vingt minutes de marche supplémentaire). N'oubliez pas votre maillot de bain, une lampe torche et surtout le pique-nique ! Une petite rando sympa à faire en famille.

CATHÉDRALE SAINT-LOUIS

Rue Victor Schoelcher

✆ 05 96 73 59 78

https://cathedralesaintlouis.fr

Ouvert tous les jours de 6h30 à 11h30. Messes du week-end : le samedi à 18h et le dimanche à 7h30 et 10h30.

C'est l'un des joyaux de Fort-de-France. Plusieurs fois détruite (notamment par le terrible incendie de 1890), l'ancienne chapelle en paille et fourche fut remplacée en 1891 par l'actuelle cathédrale en dur. Son ossature est entièrement métallique afin de pouvoir résister aux tremblements de terre, mais aussi en référence aux techniques employées alors en métropole par Gustave Eiffel. Elle abrite les tombes de plusieurs gouverneurs de l'île dont elle conserve l'emplacement exact scrupuleusement secret. Elle a été classée monument historique en 1989.

ÉGLISE DU SACRÉ-CŒUR DE BALATA

Route de Balata

✆ 05 96 64 34 18

Sur votre gauche au km 7 de la route de Balata.

Entrée libre.

Au détour d'un virage de la route de Balata se profile, au cœur d'un environnement tropical, cet édifice, qui est une réplique de la basilique du Sacré-Cœur de Montmartre à l'échelle 1/5e, œuvre de l'architecte anglais Charles Albert Wulfleff (1929). A la base du dôme, on lit cette inscription : « Au Sacré-Cœur, la Martinique reconnaissante ». En plus de ses vitraux et de ses mosaïques murales remarquables, le site offre une vue splendide sur Fort-de-France et sa baie.

DILLON OU UN CONTE EN RACCOURCI

C'est en 1777 à l'âge de 28 ans que le jeune colonel d'origine irlandaise Arthur Dillon, ou plus précisément Arthur comte de Dillon, s'embarque vers les Amériques pour combattre les Anglais. Victorieux sur l'île de Grenade et remarqué pour sa bravoure lors du siège de Savannah, il s'illustre pendant la guerre d'Indépendance des Etats-Unis d'Amérique. Deux ans plus tard, il débarque en Martinique suite à l'entrée de la France dans le conflit. Il est hébergé chez une Créole, Laure de Girardin de Montgérald (1764-1816), cousine de l'impératrice Joséphine de Beauharnais. En 1784, la guerre terminée, Dillon revient en Martinique, renoue avec Laure, et l'épouse. Elle est alors veuve et héritière d'une riche exploitation. De cet heureux mariage naît une fille baptisée Elisabeth France Dillon. L'habitation Girardin devient alors la plantation puis la distillerie Dillon. En 1789, il rejoint la France en tant que député de la noblesse des colons de la Martinique et participe aux Etats Généraux où il défend surtout les intérêts des colonies. Accusé de complot sous la Révolution, il est condamné le 13 avril 1794 à être guillotiné sans sommation, ne laissant de ce comte défait qu'un nom gravé sur le verre du flacon d'un rhum si bien en bouche...

FORT SAINT-LOUIS ★★

Boulevard Alfassa

✆ 05 96 75 41 44

Du mardi au samedi 9h-12h et 14h-16h. Point de départ au kiosque touristique place de la Savane. Adulte 8 €, enfant 4 €.

Promontoire rocheux de près de 600 mètres de long, creusé, retaillé, habillé de pierres et surélevé par endroits, le Fort Royal, rebaptisé Fort Saint-Louis depuis 1802, est une pièce maîtresse de l'arsenal défensif de la Martinique. C'est l'une des forteresses les mieux préservées des Antilles. C'est elle qui a donné son nom aux habitants de Fort-de-France : les Foyalais, Fort Royal en créole se disant Foyal.

L'histoire du Fort Saint-Louis commence vers 1640, lorsque du Parquet, gouverneur de la Martinique, décide de fortifier la petite péninsule rocheuse qui avance dans le cul-de-sac Royal, baie des Flamands. Ce qui, au départ, n'est qu'une simple palissade en bois devient progressivement, par la volonté de gouverneurs généraux tels que Baas ou Blénac, et avec les subsides octroyés par Louis XIV, un fort «à la Vauban», imposant, solide, robuste, avec son dédale de bastions, de casemates et de chemins de ronde. Le Fort a été édifié à partir de roches volcaniques issues de la montagne Pelée ! L'endroit est d'ailleurs toujours bien gardé ! Toujours actif, il a conservé sa vocation militaire et abrite le siège du commandement de la Marine aux Antilles. L'office de tourisme de Fort-de-France y organise des visites guidées très intéressantes, d'une heure environ, à faire absolument ! Vous croiserez au cours de votre promenade une colonie d'iguanes (dont certains atteignent 1,50 m de long !). Ces reptiles herbivores d'Amérique tropicale sont les témoins du passé zoologique de cette forteresse.

FONDATION AIMÉ CÉSAIRE

131, Route de Redoute

Visite de 9h à 13h, tous les dimanches. Départ de la dernière visite à 12h30.

Créée en juillet 2018, la Fondation Aimé Césaire est vouée à faire perdurer la mémoire et la vision de l'écrivain Aimé Césaire. L'ancienne maison, où a vécu le poète et homme politique durant les quarante dernières années de sa vie, est désormais un musée retraçant son parcours, ses connaissances et ses convictions qui conduisirent à la valorisation de la «Négritude» qu'il a tant défendue. La vieille demeure, subissant au fil des années les ravages du climat, est en cours de rénovation. La fondation est active et œuvre à de nombreuses manifestations culturelles.

GRAND MARCHÉ

Rue Isambert

Du lundi au samedi de 6h à 15h.

Prenez du temps pour découvrir ce marché traditionnel si haut en couleur : c'est l'un des plus beaux clichés de la ville. Sous la grande halle, les étals débordent de fruits de saison, de légumes (avocats, ignames, christophines), de fleurs (alpinias, anthuriums, roses de porcelaine), d'épices et de condiments (muscade, piment, bois bandé, cannelle, bois d'Inde). Les « doudou, vini-vini » sont les interpellations caractéristiques qui installent une ambiance soudainement familiale. On sympathise rapidement en faisant ses courses. Tutoiement de rigueur !

© DILLON

© DILLON

© DILLON

DISTILLERIE DILLON

9 route de Châteaubœuf
✆ 05 96 75 20 20
A côté de Carrefour Dillon.
www.rhums-dillon.com
Site industriel fermé au public. Boutique en ligne disponible.

Depuis 1779, la marque Dillon s'inscrit dans l'histoire et le patrimoine de la Martinique. Pour une image de marque et de qualité, la distillerie cultive sa propre canne à sucre pour produire sa large gamme de rhums. Parmi sa riche saga, on retrouve rhums vieux, rhums blancs, punchs et sirops de canne. Aujourd'hui fermé au public, le site industriel continue sa production, développe ses recettes et son savoir-faire à l'abri du public. Rendez-vous pour votre shopping sur la boutique en ligne pour un choix unique de rhums d'exception.

© DILLON

© DILLON

MUSÉE D'ARCHÉOLOGIE PRÉCOLOMBIENNE ET DE PRÉHISTOIRE

9 rue de la Liberté ✆ 05 96 71 57 05
www.collectivitedemartinique.mq/le-musee-darcheologie-precolombienne-et-de-prehistoire
Ouvert le lundi de 13h à 17h. Du mardi au vendredi de 8h à 17h. Le samedi de 9h à 12h. Tarifs : adulte 4 €, enfant 2 €.

C'est l'un des rares endroits consacrés à la préhistoire antillaise. Situé près de la place de la Savane, dans un ancien immeuble de l'intendance militaire du XIXe siècle, le musée détaille l'histoire du peuplement amérindien des Petites Antilles. Les collections rassemblent plus de 2 000 pièces de l'époque précolombienne, en particulier des céramiques et des outils en pierre ou en coquillages datant des Amérindiens jusqu'à 4 000 ans avant J.-C. !

MUSÉE D'HISTOIRE ET D'ETHNOGRAPHIE

10 boulevard du Général De Gaulle
✆ 05 96 72 81 87 – www.collectivitedemartinique.mq/musee-histoire-et-ethnographie/
Du lundi au vendredi de 8h30 à 17h et le samedi de 8h à 12h. Fermé le mardi matin. Adulte : 3 €.

Situé au cœur de Fort-de-France à l'ombre de manguiers, poiriers et mahoganys, le musée régional d'Histoire et d'Ethnographie est l'une des plus anciennes villas bourgeoises (1887) du centre-ville. A travers les différentes pièces de la maison, reconstitution d'un intérieur typique de l'époque, vous découvrirez une collection de costumes traditionnels créoles, de bijoux, de tableaux, de livres anciens et de documents retraçant quelques grands épisodes historiques de la Martinique.

MUSÉE DU PÈRE PINCHON

33 rue du professeur Raymond Garcin
✆ 05 96 59 80 46 – www.collectivitedemartinique.mq/ouverture-du-musee-du-pere-pinchon/
Ouvert lundi, mercredi, jeudi et vendredi de 8h à 17h, mardi de 14h à 17h et samedi de 8h à 12h. Entrée libre.

Ce musée donne à voir toute la passion et le travail du père Pinchon, grand amoureux de la nature et précurseur dans la connaissance de la biodiversité martiniquaise, à travers des panneaux et vitrines d'animaux de l'île organisés par type de milieu. Il abrite aussi une exposition de planches d'herbiers : les fougères, une passion du père Pinchon, et les petites bêtes de notre jardin créole en collaboration avec Martinique Entomologie. Différents ateliers et expositions y sont organisés toute l'année, une visite passionnante pour toute la famille.

JARDIN ATOUMO

Rue Kann Ribanne Cité Dillon
✆ 0596 03 84 03
www.acsionservices.com/
Ouvert du mercredi au vendredi de 9h à 17h, mardi et samedi de 9h à 12h.

Géré par l'association Acsion Services, le jardin Atoumo (du nom de la plante qui guérit «tous les maux») abrite plus de 250 variétés de plantes médicinales endémiques de la Martinique. Inauguré en 2015, il met en valeur l'utilisation traditionnelle des plantes médicinales et permet de transmettre ce savoir aux futures générations. Outre les scolaires et les habitants du quartier qui viennent suivre les ateliers pour apprendre à cultiver quelques plantes médicinales, ce jardin accueille aussi le grand public et vend des plants à mettre en terre directement.

JARDIN DE BALATA

Km 10, route de Balata ✆ 05 96 64 48 73
www.jardindebalata.fr
Tous les jours de 10h à 17h30. Adulte 14 €. Enfant 8 €. Billet combiné avec le Zoo adulte 28,50 € et enfant 15 €.

Avec plus de 3 000 espèces de plantes, Balata est le jardin le plus célèbre de l'île. Plusieurs dizaines de milliers de visiteurs s'y pressent chaque année pour découvrir l'incroyable richesse botanique de ce jardin créé de toutes pièces par Jean-Philippe Thoze, horticulteur amoureux de la nature.

Cette propriété, le paysagiste la connaît bien : sa grand-mère y avait fait construire une maison de campagne, dans laquelle il entreposait les plants rapportés de ses innombrables voyages et les semences trouvées sur place, en Martinique. Au milieu des années 1980, Jean-Philippe Thoze a l'idée de réunir sa collection de plants et semences dans cet écrin de verdure autrefois entièrement recouvert par la forêt pour donner naissance à un jardin unique. Dans cette vallée surplombant Fort-de-France, une nature tropicale exubérante et sauvage s'épanouit librement depuis des siècles. Il baptise ce jardin Balata, du nom de ce quartier situé au nord de l'agglomération foyalaise, autrefois peuplé de balatas, un arbre qu'affectionnaient les Amérindiens, et devenu aujourd'hui très rare. Commencé en 1982 autour de l'habitation familiale, l'endroit ne cesse de s'enrichir : palmiers royaux, balisiers, hibiscus, broméliacées, roses de porcelaine, anthuriums et orchidées sauvages.

Pour compléter cette découverte, la balade « à la cime du jardin botanique », à plus de 15 mètres de haut, entièrement sécurisée par des filets et accessible à tous (dès 8 ans), offre un panorama à couper le souffle sur la baie de Fort-de-France et les pitons du Carbet.

Collectivité Territoriale de Martinique

FORT DE FRANCE UNE CAPITALE RÉSOLUMENT CULTURELLE

BIBLIOTHÈQUE SCHŒLCHER

Œuvre du célèbre l'architecte Henri Picq, disciple de Gustave Eiffel, qui compte parmi ses réalisations la cathédrale Saint Louis, la bibliothèque Schœlcher est un joyau architectural, classée monument historique, Cet élégant édifice propose une belle façade. Riche de 165 000 ouvrages, dont 1 200 issus de la collection de Schoelcher, sauvés de l'incendie de la capitale en 1890, la Bibliothèque est un lieu patrimonial majeur.

Rue la Liberté - 97200 Fort-de-France
Tel. : 0596 55 68 30

MUSÉE D'ARCHÉOLOGIE PRÉCOLOMBIENNE ET DE PRÉHISTOIRE

Le musée d'archéologie précolombienne et de préhistoire propose une collection d'archéologie précolombienne qui retrace environ 4 000 ans d'histoire amérindienne de la Martinique.

9 rue de la Liberté - 97200 Fort-de-France
Tél. : 0596 71 57 05

MUSÉE D'HISTOIRE ET D'ETHNOGRAPHIE

C'est l'une des plus anciennes villas bourgeoises (1887) du centre-ville de Fort-de-France.A travers les différentes pièces de la maison, reconstitution d'un intérieur typique de l'époque : collection de costumes traditionnels créoles, de bijoux, de tableaux et de documents retraçant quelques grands épisodes historiques de la Martinique.

10 bd Général de Gaulle - 97200 Fort-de-France
Tél. : 05 96 72 81 87

MUSÉE DU PÈRE PINCHON

Le musée du Père Pinchon abrite les trésors de la collection de l'illustre Robert Pinchon, homme de foi et homme de sciences. Le musée met en lumière les années de recherches d'un homme en avance sur son temps, sensible à la biodiversité. Ouvrages, papillons, oiseaux, petits mammifères, 10 000 pièces représentant la flore et la faune caribéenne sont exposées dans ce lieu idyllique.

Route de Didier – 97200 Fort-de-France

www.collectivitedemartinique.mq

JARDIN PARTAGÉ DE TRENELLE CITRON

Jardin Urbain Partagé De Trenelle
✆ +596 696 10 97 20
Ouvert du lundi au samedi de 8h à 14h.

Sur les pentes du morne Garnier pousse une mini-jungle urbaine où vivent en harmonie plantes potagères, plantes médicinales et arbres fruitiers. Depuis cinq ans, le Centre de Culture Populaire Ypiranga de Pastinha Martinique (CCPYPM) a développé un jardin urbain expérimental dans une ancienne carrière qu'il a fallu entièrement déblayer et réaménager.

Un projet un peu fou au départ, mais qui porte ses fruits puisque l'association s'est vu confier le développement d'un écolieu, situé cette fois à Tivoli.

Il faut dire que l'association CCPYPM a de l'énergie à revendre. Une dizaine de personnes, salariés, services civiques et bénévoles, œuvrent au quotidien pour reconnecter les habitants à la nature et utiliser le jardin comme support d'éducation à l'environnement.

A travers le travail de la terre, l'idée est de transmettre des valeurs comme le partage, sensibiliser aux problématiques écocitoyennes (recyclage des déchets, sauvegarde du patrimoine local) et apprendre à manger sainement. Ici, une partie des parcelles est gérée par l'association et les jeunes du quartier ; l'autre partie est mise à la disposition des habitants pour cultiver leurs légumes.

Des événements sont régulièrement organisés. On vient ici pour apprendre à jardiner, regarder fonctionner les bassins d'aquaponie et nourrir les lapins et les poules du jardin. L'association a également développé une boutique solidaire qui livre des paniers aux personnes isolées, ainsi qu'un mini-marché chaque premier samedi du mois.

PLACE DE LA SAVANE

Place de la Savane

Longtemps, la Savane ne fut qu'un vaste champ d'instruction militaire sur lequel s'exerçaient les soldats de la garnison du Fort-Saint-Louis.

Cette zone gagnée sur la mangrove par le gouverneur de Blénac a été aménagée au XIXe siècle pour devenir le « Jardin du Roy », flanqué d'une place d'armes. Elle est alors plantée d'une multitude d'essences indigènes : palmiers royaux, bakouas, figuiers et fromagers. Ces arbres séculiers seront dévastés par le cyclone Dean en 2007.

Point d'orgue de la restructuration du front de mer de Fort-de-France au début des années 2010, cette vaste esplanade verte de 5 hectares a été entièrement réhabilitée avec, au centre, une mini-forêt de palmiers royaux, ornée de bougainvilliers et d'arbres du voyageur. Tout autour, des kiosques abritant terrasses de snacks et boutiques de souvenirs bordent la place qui s'ouvre sur la jolie Plage de la Française. Elle était autrefois jalonnée des statues de Joséphine et de Pierre-Belain d'Esnambuc, qui s'installa sur l'île juste avant l'arrivée des colons français en 1635, mais ces dernières ont été déboulonnées et renversées en juin 2020 par un groupe d'activistes.

La Savane est aujourd'hui l'un des sites emblématiques de Fort-de-France et l'un des lieux de promenade favoris des Foyalais : elle y accueille la plupart des manifestations et devient chaque année le centre névralgique de l'île lors du carnaval. Pour les Martiniquais, outre son rôle historique, la Savane est aussi un lieu de rencontre : c'est ici que se donnaient rendez-vous autrefois les amoureux.

MARCHÉ AUX POISSONS ET MARCHÉ AUX VIANDES

Boulevard Allègre
Près de la Rivière Madame.
Ouvert du lundi au samedi de 6h à 15h.

Typique du développement de l'architecture métallique, le marché aux viandes date du début du siècle dernier. Erigé la même année que le grand marché couvert, il se distingue par de magnifiques ferronneries. Les stands sont tenus par des hommes plutôt discrets, mais son ambiance unique tient aux ménagères qui, dans un fracas verbal, décident du cours de la boucherie ! Même ambiance assurément créole au marché aux poissons, qui, lui, se tient le long du canal.

COMITÉ MARTINIQUAIS DU TOURISME

5 Avenue Loulou-Boislaville
✆ 05 96 61 61 77
www.martinique.org
Ouvert lundi, mardi et jeudi de 8h à 16h30, mercredi et vendredi de 8h à 13h.

Avec son site bien illustré, empli d'une mine d'informations pratiques, le Comité Martiniquais du Tourisme offre une superbe introduction à tout séjour sur l'île. Photos enivrantes, calendrier des manifestations, le site complète une offre digitale visant à répondre à tout type de besoin pour tout type de clientèle. Et pour les moins connectés, rendez-vous directement dans l'immeuble situé sur le front de mer de la capitale pour dénicher plans et autres conseils précieux.

FOCUS

RHUM DEPAZ

À RHUM D'EXCEPTION, HISTOIRE ET SITE D'EXCEPTION

Le rhum Depaz tire sa singularité de la localisation de sa plantation sur les flancs de la montagne Pelée, mais également de son histoire intimement liée à celle de la Martinique. Berceau de la marque Depaz, l'Habitation La Montagne est à l'origine un domaine agricole fondé en 1651 par Jacques Duparquet, premier gouverneur de l'île.

Des rhums de caractère

Terres volcaniques fertiles, où la pluie et le soleil abondent : la plantation DEPAZ est située sur le flanc de la Montagne Pelée, entre mer et montagne, côté nord-caraïbe.

Les cannes à sucre gorgées de soleil, les sols volcaniques et l'eau de la montagne Pelée d'une extrême pureté, participent au goût exceptionnel des rhums et cela donne des produits extraordinaires. Ceux-ci se déclinent en rhums blanc particulièrement aromatique (cuvées classiques ou parcellaires) et en rhums vieux, Plantation (3 ans), Réserve Spéciale (7 ans), Grande Réserve (8 et 10 ans), ainsi que d'autres cuvées millésimées.

Un site ouvert et vivant

La visite de la distillerie Depaz vous fait découvrir tous les stades de la préparation du rhum. Grâce à un circuit libre avec panneaux, vous appréciez ce lieu empreint d'histoire et flânez à travers les allées de ce domaine.

Au-delà de toutes ses machines, le château Depaz, reconstruit à l'identique, surplombe un magnifique parc de 5 hectares avec ses arbres majestueux et centenaires et le visiteur a désormais la joie de découvrir les différentes pièces de l'habitation : son hall d'entrée, sa salle à manger, son fumoir, sa salle de jeux, sa salle d'archives ainsi que le bureau de monsieur Depaz.

Une pause déjeuner est idéale au restaurant le Moulin à Cannes situé dans l'enceinte du parc. A la fin de votre visite, après une halte désaltérante à la Case à Louisette, vous découvrez la boutique pour faire vos provisions de rhums et de cadeaux originaux ; une dégustation vous y sera offerte.

Prévoir 2 heures, site + château + dégustation

HABITATION DEPAZ

Plantation de la Montagne Pelée
SAINT-PIERRE
✆ 05 96 78 13 14
www.depaz.fr

© DEPAZ

© DEPAZ

© DEPAZ

DIRECTION DES AFFAIRES CULTURELLES DE MARTINIQUE

54 rue du Professeur Raymond Garcin
✆ 05 96 60 05 36
www.culture.gouv.fr/Regions/DAC-Martinique
Lundi, mardi et jeudi de 8h à 12h30 et de 14h à 17h, mercredi et vendredi de 8h à 12h30.

Créée en 1984, la Direction des Affaires Culturelles de Martinique est le service déconcentré du ministère de la Culture. Ses missions sont de plusieurs ordres : encourager l'implantation d'infrastructures culturelles sur le territoire, démocratiser l'accès à la culture à tous, valoriser le patrimoine martiniquais, positionner la Martinique comme un acteur majeur de l'action culturelle de la zone caribéenne et faire de la culture un vecteur de croissance économique.

OFFICE DE TOURISME DE FORT-DE-FRANCE

29 rue Victor Hugo
✆ 05 96 80 00 70
www.tourisme-centre.fr
Ouvert du lundi au vendredi de 8h à 16h et le samedi de 8h à 13h30.

L'office de tourisme organise des visites guidées de Fort-de-France hors des sentiers battus. Nous vous conseillons la « visite audioguidée du cœur de ville » qui permet de découvrir les sites les plus remarquables de Fort-de-France en toute autonomie. Le circuit est composé de 12 étapes. Disponible en 4 langues : français, anglais, espagnol et italien. Faites un tour aussi sur le site **www.tourisme-centre.fr,** véritable vitrine de l'office de tourisme truffée d'informations.

RELAIS DU PARC [PNRM]

Avenue Desproges
✆ 05 96 64 56 45
www.pnr-martinique.com
Ouvert du mardi au samedi de 9h30 à 14h.

Le Parc Naturel Régional de la Martinique propose des «relais» à différents points de l'île. Ces lieux sont dédiés à l'information et à la sensibilisation du public sur des thématiques liées au patrimoine, à la culture et à toutes les activités de pleine nature proposées par le PNRM sur l'ensemble du territoire. Vous trouverez également des informations sur les visites de sites, les randonnées et les balades à faire dans les communes avoisinantes, ainsi qu'une boutique qui propose une large variété de produits locaux et artisanaux.

SERVICE D'ACTION CULTURELLE [SERMAC]

Place José-Marti
✆ 05 96 71 66 27
www.fortdefrance.fr
Ouvert lundi, mardi et jeudi de 7h15 à 13h et de 14h30 à 17h. Mercredi et vendredi de 7h15 à 13h.

Bien plus qu'un centre d'action culturelle, ce pôle d'activités reçoit les jeunes talents martiniquais pour leur faire découvrir la danse, la musique ou encore le théâtre et les arts plastiques traditionnels. Les implantations du SERMAC s'épanouissent au coeur du parc floral et culturel qui abrite aussi la salle de spectacle Le Grand Carbet, haut lieu du festival culturel de Fort-de-France. C'est aussi un bel espace de verdure au cœur de la ville basse.

ANOLI TOURS

52 Rue de la Rivière
✆ +596 696 786 705

Passionnée par la Martinique et férue d'histoire, Meri Saaristo propose des excursions personnalisables à travers toute la Martinique. La guide gérante finlandaise crée avec vous l'itinéraire de vos rêves, sur mesure, en français, anglais ou finlandais. A bord de son mini-van confortable et climatisé, pouvant accueillir jusqu'à 8 personnes, on sillonne la Martinique en petits groupes et surtout à son rythme, en fonction de ses points d'intérêt. Découverte d'une distillerie du nord et du sud, visite de Fort-de-France à pied : tout est possible !

KARAMBOLE TOURS

✆ +596 696 316 313
www.karamboletoursmartinique.com
Tous les jours de 8h à 18h. Tarifs à partir de 39 € pour le circuit «Flech Kann».

Amoureuse de son île natale, Christelle adore partager sa culture avec les visiteurs de passage. L'idée est de vous immerger dans le cœur de la Martinique authentique et de vous conter son histoire, agrémentée d'anecdotes. Le fil conducteur est de partager la gastronomie, les saveurs et spécificités locales. Plusieurs types de circuits sont proposés : le best-seller est le « Pile ou face » qui retrace l'histoire de Saint-Pierre à travers la forêt tropicale. On aime aussi le « RockSandSip » qui vous transporte à l'époque des Amérindiens.

TÉTÉ DWÈT

✆ 0696 51 36 65
www.tetedwet.com
Sur RDV uniquement les Samedis, durée 2h30 environ. Tarif : 35€ par personne.RDV à 7h45 pour un départ à 8h.

Tété Dwèt est une jeune structure qui propose des visites guidées gourmandes à travers un circuit dans le centre-ville de Fort-de-France. Cette promenade vous permet de découvrir la capitale sous un angle gastronomique, grâce aux différentes spécialités culinaires traditionnelles que vous découvrez et goûtez, mais aussi sous un angle culturel, à travers le marché, ses petits commerces foyalais et les diverses communautés (indienne, amérindienne, asiatique) qui composent la Martinique. Cette visite sera à coup sûr «Tété Dwèt» (délicieuse).

LUXIANE CAR

11, rue des Arts et métiers
✆ 06 96 24 86 30
www.luxianecar.com
Tarifs dégressifs à partir de 7 jours.

Une agence de location de voitures inédite en Martinique : la location de prestige et le service personnalisé. Luxiane Car s'est orienté vers la location sur-mesure. Ici, on vous livre votre voiture quel que soit le lieu, le jour et l'heure. L'accueil est personnalisé et le service haut de gamme : vos désirs sont des ordres, « Pani Problem». Les véhicules sont de catégories supérieures, la plus petite voiture proposée est une Peugeot 208 (en version automatique également) et la gamme se développe sur du 4x4 et des BMW (manuelles et automatiques).

L'EXPRESS DES ÎLES

Quai ouest - Bassin de Radoub
✆ 05 96 42 04 05
www.express-des-iles.com
Call center (anglais et français) tous les jours de 7h à 19h. A partir de 35 € aller-retour.

L'Express des Îles dessert au départ de Fort-de-France ou Saint-Pierre (pour la Martinique) la Guadeloupe, la Dominique mais aussi Sainte-Lucie, Marie Galante et les Saintes sur des catamarans ultra modernes tous équipés d'un pont supérieur à l'air libre. La durée du trajet pour la Guadeloupe est de 3h sans escale et 3h45 avec escale à la Dominique, 1h20 pour Sainte-Lucie, 1h30 pour la Dominique et 2h45 pour les Saintes. Nombreuses réductions (bébé, enfant, jeune, personne âgée, abonné). Vous pouvez voyager avec votre véhicule d'une île à l'autre.

R.CAR MARTINIQUE

17, Route de Châteauboeuf
✆ 06 96 94 20 81
www.location-voituremartinique.com
Disponible du lundi au vendredi de 7h à 22h et samedi et dimanche de 14h à 22h.

R.Car Location est une agence de location de voitures en Martinique. Grâce à son emplacement proche de l'aéroport de Fort-de-France, elle vous prend en charge directement à l'aéroport, au port inter-îles ou croisiéristes. Les tarifs très concurrentiels de cette agence ainsi que ses véhicules récents rendront votre séjour agréable. A noter que RCar dispose à présent de voitures automatiques et de 9 places. Vous pouvez réserver votre voiture de location sur le site Internet clair et précis, ce qui facilite une réservation rapide.

LOCATION DES ILES

Aéroport
✆ 06 96 21 11 79
www.locationdesiles.com/
Du lundi au samedi de 7h à 21h.

Location des îles est un loueur local solidement implanté en Guadeloupe, en Martinique et à Marie-Galante depuis plusieurs années. La structure dispose de véhicules récents et climatisés, avec kilométrage illimité et assurances tous risques, à des tarifs attractifs. Elle propose un pack 2 îles avec un seul contrat, sans frais d'abandon dans une autre agence. Une carte de fidélité valable en Martinique, en Guadeloupe et à Marie-Galante est disponible. Possibilité également de réserver des billets de bateau à tarif réduit pour Marie-Galante.

BUS MOZAÏK

Terminus Pointe Simon ✆ 0800 802 972
A côté des taxi-co.
www.mozaik.mq
A partir de 1,45 € pour un ticket valable 1h. Carte pass possible pour circuler.

Mozaïk est le service de bus urbain qui dessert les quatre communes de la Communauté d'agglomération du Centre de la Martinique : Fort-de-France, Schoelcher, le Lamentin et Saint-Joseph. Le réseau est géré par la Compagnie foyalaise des transports urbains. Le terminus se situe le long du port à la Pointe Simon. Les arrêts en ville sont signalés par des petits abris en verre. Renseignez-vous auprès du chauffeur ou des kiosques pour connaître la direction car la destination n'est indiquée que sur le bus même. Horaires, plans et itinéraires en ligne.

ECO TAXI 972

✆ 06 96 82 56 36
www.ecotaxi972.com
Excursion centre-ville 40 min : 10 à 15 € par adulte (7 € pour les -12 ans, bébé gratuit). Formule taxi 1 € la minute.

L'écotaxi, c'est tout nouveau à Fort-de-France : voilà une façon agréable et écologique de visiter le centre-ville de la capitale martiniquaise. Pas de stress, bien installé à l'arrière de votre écotaxi et à l'ombre, vous allez vous laisser guider par votre conducteur expérimenté de ce vélo calèche jaune aux allures de ***tuk-tuk*** et d'une capacité de 2 à 3 places adultes ! On vous propose deux types d'excursions de 40 ou 90 minutes, ainsi qu'une formule libre comme un taxi classique, avec tarif à la minute. Une nouveauté fun et sympa !

TAXI COLLECTIF

Pointe-Simon
Service actif de 5h à 17h environ. Entre 1,50 € et 10 € selon la destination.

Cette solution originale appelée « taxi-co » ressemble à un service de taxi ordinaire, à la différence près que vous ne serez pas seul dans la voiture mais plusieurs dans une sorte de minibus. Le tarif affiché à bord est conventionné selon la destination. La fréquence des taxis-co reste régulière et fiable garantissant une liaison pour chacune des communes. Notez que les retours sont assurés par les mêmes taxis avec des descentes et des montées possibles sur le trajet. Seul bémol : le taxi ne part qu'une fois rempli. L'attente peut donc parfois être longue...

TCSP

www.tcsptoutsavoir.com
C'est le transport collectif en site propre .Tarifs : Ticket 1 voyage à 1,45 € ou A/R à 2,70 €.

Il se présente sous la forme d'un grand bus ayant sa propre voie de circulation. Géré par la collectivité territoriale, il assure les liaisons entre Fort-de-France et le Lamentin à l'instar d'un tramway, avec de multiples arrêts jusqu'à l'aéroport. Le but est de limiter les embouteillages très fréquents sur ces portions de routes qui regroupent une forte activité économique et commerciale. Les tickets s'achètent dans des distributeurs automatiques situés à chaque station. Consultez le site Web pour accéder au plan du réseau.

CARIB HÔTEL €

9 Rue Redoute-de-Matouba ✆ 05 96 60 19 85
www.accueil-martinique.fr/FR/visite-carib-hotel-_712341.html
Chambre double à partir de 65 € la nuit. Supplément petit déjeuner 8 €.

L'un des points forts de ce petit hôtel, c'est son emplacement : il est situé en plein centre-ville, à côté de la place de la Savane, à deux pas de la plage de la Française et du Fort Saint-Louis, tout près de l'animation de la capitale foyalaise. Autre atout non négligeable : l'hôtel dispose d'un parking. Les quinze chambres sont sans prétention, propres et convenables pour une première nuit à peine débarqué de l'avion. Elles sont toutes dotées d'une TV à écran plat et d'une connexion wifi. Certaines sont même agrémentées d'un coin salon.

CENTRE INTERNATIONAL DE SÉJOUR MARTINIQUE €

Rue Ernest Hemingway ✆ 05 96 39 09 09
www.cis-martinique.com
Chambre simple à partir de 69 €, double à partir de 43 €. Petit déjeuner compris. Tarif réduit -25 ans.

Dans un esprit de tourisme social, le CIS se rapproche des auberges de jeunesse sans réellement en être une. Initialement destiné aux jeunes, il accueille tous les publics pour de courts séjours. Les 66 chambres de 2 à 4 lits sont simples et propres. Elles disposent toutes d'une salle de bain, de la climatisation, d'une télévision, d'un téléphone et du wifi. Une vraie bonne adresse pour les petits budgets. A conseiller vivement si vous êtes en transit sur un vol (aéroport proche).

PACKIT'S GUEST HOUSE €

12 Boulevard
de la Point des Nègres
✆ 05 96 61 95 1

Accueil de 17h30 à 20h. Départ de 7h à 10h. Lit en dortoir à partir de 26 € la nuit. Petit déjeuner compris.

Les petites auberges de jeunesse se font rares en Martinique, mais fort heureusement nous en avons déniché une à Fort-de-France. Située au cœur de la ville, la Packit's Guest House vous offre l'assurance d'un séjour accessible. Vue sur mer, montagne ou jardin, vous disposerez d'un lit en dortoir de six personnes et d'une salle commune avec jeux de société et télévision, cuisine et salons communs. Chambres propres avec connexion wifi incluse. Le petit déjeuner buffet est compris et il s'apprécie sur une agréable terrasse colorée.

L'IMPÉRATRICE €€

15, rue de la Liberté ✆ 05 96 63 06 82
Face à la Savane, à côté de la poste.
www.limperatricehotel.fr

A partir de 95 € pour une chambre double standard hors petit-déjeuner.

Face à la place de la Savane, cet hôtel, dirigé depuis 1957 par la famille Glaudon et récemment rénové, a su séduire les adeptes d'hôtels de charme. Les 21 chambres ont été entièrement refaites avec beaucoup de goût. Son restaurant, Le Joséphine, propose une cuisine créole traditionnelle. Avec son business center, équipé d'un bureau avec ordinateur, d'un accès Internet, d'une imprimante, d'une bibliothèque et d'un petit salon pour recevoir les clients, les hommes et femmes d'affaires y ont élu domicile. Un établissement de caractère.

REDOUTE PARADISE €€

41 bis Rocade du Bel Horizon
✆ 06 96 85 59 15 – www.redouteparadise.com

Ouvert toute l'année. Chambre double dès 198 €. Appartement dès 129 €. Tente supérieure dès 134 €.

Coup de cœur pour cette adresse intime et chic, nichée dans un jardin tropical luxuriant. Cette structure familiale, tenue par Patrick et son épouse, propose des logements particulièrement réussis, de la chambre d'hôtes au T2, en passant par des tentes de luxe dispersées dans le parc. Les prestations sont de qualité : piscine, bain bouillonnant, espace massage, sauna et salle de sport, billard, bibliothèque, enceinte *bluetooth* au bord de la piscine… sans oublier le petit déjeuner, fait sur place, où l'on vous fait découvrir les produits du terroir.

APOLLINE €€€

61, rue Marie-Thérèse-Lung-Fu
✆ 05 96 10 82 62
www.apollinemartinique.com

Chambre double à partir de 250 €, suite à partir de 300 € et grande suite à 450 € la nuit.

Dominant Fort-de-France et sa baie, cet élégant hôtel particulier créole, au beau milieu d'un parc boisé de 7 000 m² décline une véritable prestation haut de gamme. Dès votre arrivée, les terrasses de bois rouge vous invitent jusqu'à la piscine à débordement d'où la vue est à couper le souffle. La demeure entièrement rénovée, à la décoration Art déco tropical, originale et raffinée, abrite trois suites et une chambre climatisées, très bien équipées. Pour une occasion spéciale, vous pouvez demander à bénéficier d'un accueil personnalisé.

FORT SAVANE €€€

5, rue de La Liberté
✆ 05 96 80 75 75
www.fortsavane.fr

Chambre double à partir de 99 €, studio à partir de 110 € et suite dès 160 €.

Face à la place de la Savane, cet hôtel à la décoration résolument contemporaine allie matériaux nobles, équipement et confort de grand standing. 14 luxueux logements (4 chambres doubles, 8 studios avec kitchenette et 2 suites), dont certains disposent d'un large balcon donnant sur une cour intérieure aménagée, offrent de beaux volumes. Côté aménagement on apprécie le lit *queen size*, l'espace bureau, le minibar et le plateau de courtoisie avec thés et cafés. Un service conciergerie est disponible 24h/24. Un excellent rapport qualité-prix.

MAISON CLÉMENTINE €€€

22, route de l'Union
✆ 05 96 64 96 00
www.lamaisondeclementine.com

Chambre double avec petit déjeuner à partir de 140 € la nuit. Table d'hôtes 25 €.

Rare dans la région, cette charmante maison d'hôtes se situe dans le quartier chic de Didier sur les hauteurs de Fort-de-France. La villa dispose de 5 chambres décorées avec goût, avec vue sur parc ou sur mer, dont une avec piscine et terrasse privative. Chaque matin, le petit-déjeuner aux saveurs tropicales vous sera servi sur la grande terrasse extérieure remarquablement décorée. A votre disposition : une piscine et une petite salle de sport. Si vous souhaitez dîner sur place, il faut réserver. Une adresse idéale pour les week-ends en amoureux.

SIMON HOTEL €€€

1, avenue Loulou-Boislaville, ✆ 0596 50 22 22
www.hotel-simon.com
Chambres à partir de 135 € la nuit et la suite à partir de 315 € la nuit.

Ce City Hotel s'érige élégamment face à la baie de Fort-de-France dans un quartier en pleine évolution. L'architecture est très contemporaine, le mobilier design et fonctionnel. Le complexe offre 95 chambres spacieuses, décorées dans un style trendy qui tranche totalement avec ce qu'on a l'habitude de voir sur l'île. L'établissement se veut expressément urbain et propose une vie à l'intérieur de ses murs : 2 restaurants dont un gastronomique signé par le célèbre Chef Marcel Ravin, un lounge bar avec terrasse extérieure pour siroter un cocktail en admirant la vue.

RÉSIDENCE COULEURS PAYS €€

136 Rue Victor Hugo
✆ +596 696 08 15 15
http://cosykay.com
Ouvert toute l'année. Wifi.

Cette nouvelle agence spécialisée dans la location de vacances, gérée par un couple de jeunes Martiniquais, propose une sélection d'appartements et de villas de standing à Fort-de-France mais aussi sur les communes du Diamant et de Sainte-Anne. Les logements sélectionnés offrent de beaux volumes, sont dotés d'équipements de grand standing, voire même high-tech pour certains, et arborent une décoration très contemporaine. C'est une solution idéale pour les voyageurs indépendants. Accueil charmant et professionnel à la fois. On aime !

BAGUET SHOP €

23 Rue Victor Sévère
✆ 05 96 64 97 19
www.baguet-shop.com
Ouvert du lundi au vendredi de 6h à 16h30. Le samedi de 7h à 13h30.

Plusieurs points de vente où l'on vous propose de bonnes choses à déguster sur place ou à emporter. Le décor chic contemporain, l'accueil et la qualité du pain sont les maîtres mots d'une enseigne bien implantée un peu partout sur l'île. La diversité des pains, les viennoiseries et les pâtisseries vous attendent dès le matin. Au déjeuner, retrouvez les délicieux sandwiches confectionnés sous vos yeux à l'aide d'ingrédients frais, les plats cuisinés, les tartes salées ainsi que des salades composées. Une petite pause gourmande tout en délices.

BAGUET SHOP €

Avenue Louis Domergue, Quart. Montgérald
✆ 05 96 60 10 15
www.baguet-shop.com
Ouvert du lundi au samedi de 6h à 19h30 et le dimanche de 6h à 13h.

A deux pas de la rhumerie Dillon, le magasin de Montgérald de l'enseigne Baguet Shop (qui dispose d'une quizaine de points de vente à travers l'île) vous ouvre ses portes tous les jours dès 6h pour déguster le pain frais, cuit sur place par des boulangers professionnels. Dans un cadre moderne et cosy, parfait pour une pause gourmande, ou pour un déjeuner sur le pouce, on confectionne soi-même son sandwich, avec le pain et la garniture de son choix. Large gamme de viennoiseries, pâtisseries, salades, tartes salées et sucrées et wraps.

BAGUET SHOP €

1 rue de la République
✆ 05 96 60 10 15
Ouvert du lundi au vendredi de 6h30 à 16h, le samedi de 6h30 à 14h.

Situé en face de l'embarcadère et de la gare routière, dans une rue piétonne, voici l'endroit parfait pour se délecter à n'importe quel moment de la journée de douceurs sucrées (viennoiseries, pâtisseries, tartes...) ou salées (sandwichs, wraps, plats cuisinés aux saveurs créoles et du monde, salades...). Les produits sont frais et la plupart sont réalisés à la minute, sous vos yeux. Large choix de pain frais à toute heure. Une fois le ventre plein, on est prêt à partir à l'assaut de la découverte du cœur de Fort-de-France !

GREEN IS BETTER €

5 rue Antoine-Siger
✆ 05 96 62 30 88
www.greenisbetter.fr
Du lundi au vendredi de 11h30 à 15h30. Commandes possibles à partir de 9h30 jusqu'à 11h30 sous réserve de disponibilité.

Situé à deux pas de la place de la Savane, ce concept international de bar à salades et à soupes a choisi le cœur de la capitale foyalaise pour s'implanter. Ici, on vient composer son assiette gourmande et saine parmi plus d'une vingtaine d'ingrédients ultra frais. Des tartes salées faites maison, des soupes, des desserts sur mesure sont proposés dans deux beaux espaces climatisés. On s'y régale à petits prix. L'accueil est jeune et sympathique. Une adresse à noter sans hésiter dans ses carnets, pour une pause rapide et gourmande.

LINA'S CAFÉ €

15 rue Victor-Hugo
✆ 05 96 71 91 92

Ouvert du lundi au vendredi de 7h à 18h et le samedi de 9h à 16h. Sur place, à emporter ou livré. Accès wifi.

Le Lina's, c'est aujourd'hui cinq enseignes en Martinique, de Fort-de-France à Ducos en passant par le Lamentin. Sa devise ? Le bien-être est bon pour la santé ! L'endroit est élégant et agréable tant pour une pause café qu'un déjeuner ou un goûter. Les sandwichs et les salades sont originaux et délicieux tandis que les verrines et les gâteaux sont à craquer. Ici, on vient petit-déjeuner, déjeuner, goûter, mais également partager entre collègues ou amis avec le service traiteur By Lina's. Un concept *healthy* qui fait des émules.

DJOL DOU €

27 Rue Garnier Pagès
✆ 05 96 63 10 84

Ouvert du lundi au vendredi de 12h à 17h.

Envie de déguster des plats typiques de la gastronomie créole ? Direction Djol Dou, un établissement tenu par la charismatique Françoise-Pierrette Guioubly, surnommée « Mamie Djol Dou ». Les recettes, elle les tient de sa grand-mère qu'elle adorait accompagner au marché pour choisir les produits les plus frais. Légumes péyi tout droit venus du marché tiennent une place importante dans ses plats. De l'entrée au dessert, tout est fait maison : blaff de poisson, souris d'agneau au curcuma… Une cuisine d'émotions qui vous plongera dans vos souvenirs d'enfance.

GALANGA FISH BAR €

31, Route de l'Union
✆ 06 96 24 51 26

Ouvert du lundi au vendredi de 12h à 15h.

Dans un lotissement résidentiel situé sur les Hauts de Fort-de-France, rien ne laisse présager que derrière ce petit portillon, où il faut sonner, se cache un petit bijou de restaurant 100 % bio et local. Le concept est simple : déguster du poisson frais dans toutes ses déclinaisons possibles mais surtout en bowl. Le chef et propriétaire confectionne chaque jour trois spécialités au choix, accompagnées de légumes, racines et fruits, toujours du pays, travaillés de toutes les façons. La petite case et sa terrasse sont mignonnes à souhait. Un coup de cœur !

MILLE ET UNE BRINDILLES €

27 rue du Professeur-Raymond-Garcin
✆ 05 96 71 75 61

Ouvert du lundi au vendredi de 12h à 15h.

Voici un restaurant végétarien autour d'un décor zen et reposant. L'endroit est cosy et le moment délicieux. La maîtresse des lieux vous proposera ses 3 saveurs fraîches (fromagère, végétarienne ou marine), composées de produits frais qui font la part belle au sucré-salé. La carte change toutes les semaines et chaque assiette est préparée à la demande. Le brunch du samedi est délicieux avec, entre autres, des yaourts maison, des tartes salées, des cakes et des salades variées, sans oublier les fameux desserts à base de chocolat. Réservation vivement conseillée.

NATY'S FOOD €

31 rue Jacques Cazotte
✆ +596 696 19 21 91

Ouvert du lundi au vendredi de 7h30 à 22h, samedi et dimanche de 10h à 22h.

Face à l'Atrium, voici un nouveau concept qui allie art et cuisine. L'idée : se régaler tout en lisant un bon bouquin glané à la bibliothèque attenante, en écoutant de la musique du piano-bar, ou encore en travaillant sur son ordi en wifi dans ce joli cadre ultra convivial. Et bien sûr, on savoure les délicieuses galettes avec ou sans gluten réalisées par Michel. Egalement jus locaux, sandwichs péyi et spécialités locales : ti nain morue, poisson au four… Car ici, on donne la priorité aux produits locaux. Bref, une adresse à découvrir !

LE NUEVO MEJICO €

108 rue Ernest-Deproge
✆ 05 96 60 60 21

Du lundi au vendredi de 12h à 14h30 et de 19h à 23h30, vendredi et samedi de 19h à 00h30. Fermé dimanche et samedi midi.

Un restaurant tex-mex à découvrir d'urgence ! Ici, l'ambiance est latino, et la carte est variée, aux saveurs épicées. Les traditionnelles *fajitas*, le *chili con carne*, les *chimichangas* au poulet ou encore le risotto aux fruits de mer se dégustent avec un bon verre de vin rouge chilien. La décoration colorée est une réussite, la salle climatisée est très agréable à l'heure du déjeuner comme en soirée. L'accueil chaleureux est parfois rythmé en fin de semaine d'animations «caliente» ! Bref, un endroit au cœur de Fort-de-France qui vaut le déplacement !

LA PRÉFECTURE CAFÉ €

12 rue du Gouverneur Félix Eboué

✆ 06 96 31 29 00

Ouvert du lundi au mercredi de 6h30 à 19h30 et du jeudi au dimanche de 6h30 à minuit.

A deux pas de la bibliothèque Schoelcher et de la préfecture, ce petit restaurant vous réserve un accueil chaleureux et une cuisine étonnante de fraîcheur, variée et aux saveurs créoles, le tout pour un prix plus que raisonnable. La carte change tous les jours, suivant les produits du marché. Et surtout, ici, tout est fait maison. En semaine, possibilité de livraison dans les environs du centre de la capitale. Le samedi soir, rendez-vous pour un karaoké dans la bonne humeur. Une adresse *Petit Futé*, à venir tester sans modération.

LE CAFÉ BOHÈME €€

28, Route de Clairière

✆ 05 96 73 94 76

Ouvert du lundi au samedi de 8h à 18h.

Situé dans l'enceinte de la Villa des Lucioles, le Café Bohème est un lieu tendance dans une ambiance cosy et chic. Ici tout est fait maison, avec des jus de fruits frais au yaourt au lait d'amande, des salades composées, des plats uniques, jusqu'aux délicieuses pâtisseries. C'est l'œuvre de Karine, la propriétaire des lieux, qui signe de son charme la créativité de ce café-traiteur. Des plats à la carte, un côté snacking pour les petites faims et les brunchs du week-end à ne pas manquer ! Prestations sur demande (baby shower, EVJF...).

LE TI SAINT-LOUIS €

29 rue Blénac

✆ 0596 96 33 52

www.letisaintlouis.com

Ouvert du mardi au vendredi de 7h à 17h et le samedi jusqu'à 21h.

Marc, bourguignon et cuisinier hors pair, a ouvert, avec sa « doudou », ce « ti » restaurant ultra-central (la terrasse fait face à la cathédrale Saint-Louis, d'où son nom) où l'on se régale d'une cuisine authentique qui fait la part belle aux spécialités françaises et créoles. Au menu : pizzas, bœuf bourguignon revisité, moules (à emporter si on le souhaite, bien qu'il soit dommage de se priver de l'ambiance de la capitale foyalaise), sans oublier les glaces maison. Le tout accompagné d'une jolie sélection de vins (bourguignons mais pas que !).

COMTESSE DU BARRY €€

41 route de Cluny

✆ 05 96 64 30 06

www.comtessedubarry.mq

Ouvert du lundi au samedi de 10h30 à 22h00.

La fameuse enseigne réputée pour ses produits d'épicerie fine, et notamment son foie gras, est représentée en Martinique de façon inédite à travers ce restaurant éponyme. C'est un peu un établissement « pilote ». Niché dans une jolie villa dans un cadre élégant et lumineux, le restaurant offre une cuisine gourmande, concoctée par un chef qui met en valeur les produits de la marque et imagine des recettes à base de produits locaux. Les suggestions se déclinent à l'ardoise chaque semaine. Epicerie fine sur place pour dénicher des produits gastronomiques d'exception.

4 SENSES €€

Esplanade de la Pointe Simon, 1 rue Loulou Boislaville

✆ 05 96 67 08 75

Ouvert du dimanche au mercredi de 12h à 23h et du jeudi au samedi de 11h à minuit. Samedi et dimanche, brunch à 49 €.

Au pied de l'Hôtel Simon, ce nouveau *concept food store* réunit en un seul lieu restaurant, bar, épicerie fine et vinothèque. Dans ce lieu unique à la déco à la fois chic et cosy, on vient pour déjeuner, dîner ou déguster un de leurs délicieux cocktails en admirant la superbe vue, mais également pour faire un tour dans l'épicerie fine, véritable caverne d'Ali Baba des gourmets. Les brunchs du samedi et du dimanche sont très appréciés, on est chouchouté par une équipe de professionnels aux petits soins. Le plus : un voiturier à votre service !

LES FINES BOUCHES €€

41 rue du Professeur Raymond Garcin

✆ 0596 71 07 10

www.lesfinesbouches.com

Ouvert le midi du mardi au vendredi de 12h à 14h30 et le soir du lundi au samedi de 19h30 à 23h00.

Dans une jolie villa créole, les Fines Bouches offrent un panel d'excellents produits frais et bio, importés de tous les coins du monde. Cette épicerie fine est aussi un restaurant très prisé, où l'on déguste sur la terrasse extérieure, des suggestions à l'ardoise : tartare de thon au coco, focaccia à la Provençale pour les amateurs de saveurs italiennes. Les amateurs de cuisine italienne seront comblés ! C'est frais, savoureux et le service est très professionnel. On y déniche des vins et des produits de grande qualité. Un conseil : réservez !

GRENADE ET BASILIC €€

4, rue Garnier Pages
✆ 06 96 82 55 10
https://grenadeetbasilic.fr/fr
Ouvert tous les jours de 12h à 15h et de 19h à 22h sauf lundi midi.

Dans une ruelle pittoresque de Fort-de-France, ce restaurant est une divine surprise. Aux fourneaux, Michel, le chef propriétaire, a posé ses valises en Martinique après avoir exercé ses talents dans de grands établissements gastronomiques en France et au Canada. Il décline une cuisine de qualité, qui sublime les saveurs locales. En entrée il faut absolument goûter son mini tartare de poisson qui est un vrai délice ! Côté plats, testez la fricassée de lambi et dorade au lait de coco, le magret de canard au miel ou encore le tartare de bœuf. Un vrai coup de cœur !

LE JOSÉPHINE €€

15 rue de la Liberté ✆ 05 96 63 06 82
www.limperatricehotel.fr
Ouvert du lundi au samedi de 12h15 à 14h30 et de 19h15 à 21h30.

Véritable lieu culte de Fort-de-France, l'Hôtel l'Impératrice abrite une table de qualité dans son restaurant le Joséphine. Sa carte pourrait vous faire tourner la tête tant sa gastronomie créole est savoureuse. La salle s'ouvre sur un mobilier local en bois précieux, avec, au sol, un magnifique parquet et des couleurs pastel sur les murs. Une décoration sobre et élégante. Vous dégusterez une cuisine raffinée aux accents créoles, tout en vous réjouissant du spectacle de la Savane. Ne manquez pas le buffet créole du jeudi midi. Réservations vivement conseillées.

KAY ALI €€

145 avenue Condorcet
✆ 05 96 50 17 72
Ouvert du mardi au vendredi à midi et pour le dîner jeudi, vendredi et samedi.

Situé sur l'ancienne route de Schœlcher, ce restaurant, installé dans une magnifique maison créole aux allures coloniales, dans un cadre idyllique, décline une cuisine martiniquaise de qualité, signée les frères Alivon. Amoureux de leur île, tous deux ont confectionné avec amour une carte proposant deux entrées, deux plats et deux desserts, un choix justifié pour une cuisine d'exception. Vous pourrez aussi choisir parmi les quiches, soupes et tartines du brunch. Charles et Vincent ne négligent rien et vous feront voyager à travers leurs créations respectives.

LE BABAORUM €€

42, route de Châteaubœuf
✆ 05 96 75 03 32
Au carrefour de Dillon (centre commercial Carrefour à droite pour repère), prendre la route de Châteaubœuf.
www.lebabaorum.com
Ouvert du lundi au vendredi à partir de 12h.

Dans la case créole pimpante, entièrement rénovée, le Baba est depuis plus de 25 ans un incontournable de l'île ! La carte offre une cuisine métissée alliant les saveurs créoles et la tradition culinaire française ; elle change d'ailleurs toutes les semaines selon l'humeur du chef. Côté bar, les banquettes bigarrées vous accueillent pour siroter un mojito ou un cocktail «création» du Baba. On se partage de grandes assiettes pour picorer quelques tapas maison pour accompagner votre boisson. On aime l'ambiance conviviale et la générosité dans les espaces des salles.

© BABAORUM

© BABAORUM

FORT-DE-FRANCE ET SA RÉGION

O PORTE D'AFRIQUE €€

139, avenue Condorcet ✆ 05 96 71 97 53

A côté de la caserne des pompiers de Fort-de-France.

Ouvert de 11h30 à 15h et de 18h30 à 22h. Fermé dimanche et jours fériés.

Tiep Bou Yap, Mafé, Yassa et Kedjénou sont les spécialités de ce restaurant authentique qui promet un voyage à travers les goûts et les saveurs d'Afrique de l'Ouest et du Centre. Goûtez l'excellent jus de gingembre et le punch bissap. Les mets sont l'œuvre d'Aurélie qui fait découvrir à ses hôtes la cuisine de ses racines. Les tables aux nappes bariolées sont installées sur une jolie terrasse qui surplombe le jardin. Le voyage se poursuit à la boutique Maggida de la même gestion où vous trouverez tout type d'artisanat africain.

LE STEEL PAN €€

Centre Commercial la Veranda - Rond Point du Vietnam Heroique

✆ 05 96 56 90 64

www.lesteelpan.fr

Ouvert du mercredi au samedi, de 18h15 à 22h30.

Une adresse 100 % caribéenne qui réunit dans un même lieu tout le métissage des îles, avec une décoration aux couleurs chamarrées conçue avec des objets de récupération un peu vintage. Gabi, un chef martiniquais revenu au pays, est à l'origine de ce beau projet. Ici le maître mot, c'est l'authenticité ! L'évasion se poursuit dans votre assiette avec des saveurs caribéennes. A noter que tout est frais, conçu maison avec des produits du terroir. Les assiettes sont joliment décorées. Le personnel est avenant, issu de ce melting-pot caribéen. On adore !

LE SUNSET €€

60, rue du Petit Pavois

✆ 05 96 39 21 37

Ouvert du mardi au vendredi de 12h à 14h30 et du mardi au dimanche de 1 ! h à minuit.

Situé à 10 minutes à pied du centre-ville, le Sunset satisfait les curieux du monde de la nuit caribéenne. Restaurant de bord de mer à son ouverture, votre dîner se transforme vite en soirée avec l'apparition de DJ locaux dans un style métissé ou électro. Côté culinaire, l'équipe en cuisine propose des plats d'inspiration française et caribéenne qui sortent de l'offre martiniquaise, comme l'agneau glacé au tamarin ou encore le poisson frit à la farine de manioc. Régalez-vous dans une ambiance lounge avant de dépenser ces calories sur la piste de danse.

THE YELLOW €€

51 rue Victor-Hugo

✆ 05 96 75 03 59

Du lundi au vendredi midi de 12h à 14h30. Du lundi au mercredi soir de 19h à 22h. Du jeudi au samedi soir de 19h à 23h.

Trois entrées, trois plats, trois desserts ! Le bar-restaurant The Yellow propose une petite carte volontairement réduite et en mouvement perpétuel pour une qualité de produits exceptionnelle. Dans vos assiettes, on retrouve les classiques français adaptés aux produits locaux : velouté de patate douce au lait de coco, marlin au basilic accompagné de légumes frais. Ici, même le pain est fait maison à la farine de manioc. Une fois par mois, ne ratez pas les soirées à thème lors de la pleine lune ! En amoureux ou entre amis, une halte à faire absolument.

LE BISTROT DES FLAMANDS €€€

1 rue Loulou Boislaville ✆ 0596 50 22 22

www.hotel-simon.com

Ouvert du lundi au samedi de 19h30 à 22h (22h30 les vendredis et samedis).

Situé dans l'enceinte du nouvel Hôtel Simon, le Bistrot des Flamands est la version « bistronomique » de la Table de Marcel. Le Chef exécutif Lindley Lanappe propose ici une cuisine aux influences résolument créoles, délicieusement réinventée. On aime (re) découvrir les recettes de grand-mère revisitées avec raffinement. Si vous êtes pressé, le Bolibar propose une carte sur le pouce qui rivalise de fraîcheur et d'originalité. Ne manquez pas le fameux brunch du dimanche. La vue sur la baie depuis la terrasse panoramique à 360° est époustouflante.

HAROLD'S €€€

Rue piétonne

✆ 05 96 60 03 74

https://www.harolds.fr/

Ouvert du lundi au vendredi de 12h à 15h et le vendredi et le samedi de 19h30 à 23h.

Le chef Harold Jeanville propose une cuisine d'ici et d'ailleurs à travers sa riche expérience. Sa créativité et son inventivité sont la promesse de subtiles saveurs à déguster sans modération. Parmi ses plats signatures, on retrouve une belle déclinaison d'œufs d'oursin et d'œufs de poule. Carte de vins minutieusement sélectionnés pour parfaire le menu gastronomique. A chaque jour sa nouveauté pour ne pas décevoir les habitués. Le chef propose un menu en exclusivité constitué d'une minutieuse sélection d'entrées et de plats selon les produits du jour.

LA TABLE DE MARCEL €€€

1 rue Loulou-Boislaville
✆ 05 96 50 22 22
www.hotel-simon.com
Ouvert du mardi au samedi de 19h30 à 22h.

Cette table d'excellence conçue par le chef étoilé Marcel Ravin, originaire de la Martinique dont il est un merveilleux ambassadeur, se veut intimiste avec seulement 24 couverts. Sur place, c'est son bras droit, le jeune chef Lindley Lanappe, qui est aux commandes. La carte sublime les petits producteurs et se décline au gré des trouvailles du marché. On aime les écrevisses de M. Mangatal servies avec des christophines et chou coco, le foie gras de canard au vieux rhum, la langouste cuite à basse température ou le triptyque de fruits péyi. A découvrir !

LE BABAORUM

42, route de Châteaubœuf ✆ 05 96 75 03 32 - Au carrefour de Dillon (centre commercial Carrefour à droite pour repère), prendre la route de Châteaubœuf. - www.lebabaorum.com
Le bar du Baba est ouvert tous les jours de 12h à 14h30 et de 17h à 22h (23h le week-end). Fermé le dimanche.

Le Babaorum s'est offert un lifting pour ses 20 ans et un grand bar central réunit désormais l'espace terrasse bar et les carbets du restaurant. Le cadre est idéal pour l'apéro et une carte de grignotage existe pour ceux qui ne veulent pas dîner au resto. Côté cocktails, si les mojitos et *piña colada* font la réputation du lieu, vous tenterez peut-être une création maison comme le Ginger ou le Rihana ! On apprécie particulièrement le bar à rhum où on peut déguster toutes les marques de l'île. Les jeudis soir, on retrouve les concerts joliment appelés «Baba Zik».

LE CLOUD

Rue Ernest Hemingway
Etang Z'Abricots
www.cloudrooftopbar.com
Ouvert du mardi au vendredi de 17h à minuit et le samedi de 19h à 2h.

C'est l'endroit où sortir en soirée. En semaine comme en week-end, ce magnifique bar lounge avec sa vue incroyable sur le port de Fort-de-France propose dans une ambiance musicale, champagnes, cocktails et spiritueux dans une atmosphère raffinée. Sur des ardoises suspendues, tapas, planches de foie gras, fromages ou charcuteries et vin au verre s'apprécieront en regardant le soleil couchant sur la baie. Résolument urbain, ce lieu design, dont le bar central appelle à l'épicurisme, est décidément l'un des coups de cœur des noctambules foyalais.

ÉPI SANTÉ

Avenue Salvador Allende
✆ 05 96 51 25 47
Boulangerie ouverte du lundi au vendredi de 6h à 18h30, le samedi de 7h à 13h et le dimanche de 7h à 12h.

Épi santé est une PME martiniquaise spécialisée dans la boulangerie artisanale et la pâtisserie fine. Elle se soucie de la santé de ses clients en proposant des produits plus digestes et qui s'adaptent aux tendances du marché et à leurs demandes. La particularité de la boulangerie c'est sa forme toute particulière : vous pouvez précommander vos achats en ligne et récupérer votre commande toute prête en boutique, mais aussi vous faire livrer ! Vous pouvez aussi vous y arrêter et commander directement en boutique comme toute autre boulangerie.

LE TAJ €€

124 rue Victor Hugo
✆ 05 96 70 33 02
Ouvert du lundi au samedi de 12h à 14h15 et de 19h à 22h.

© TAJ MARTINIQUE

En plein cœur de la capitale martiniquaise, cette vraie table indienne installée dans un décor des *Mille et Une Nuits* vous permet de vous évader le temps de votre repas ! Les amateurs reconnaîtront aisément toutes les saveurs et l'authenticité de la cuisine indienne. Piments et épices se déclinent au gré de la carte avec notamment d'excellents *naans*, des currys savoureux, et des plats végétariens. Atmosphère tamisée reposante et accueil irréprochable. On peut également se faire livrer ou commander à emporter. Une adresse à recommander vivement !

FRÈRES LAUZÉA

23, route du Professeur-Garcin
✆ 05 96 70 17 97
www.frereslauzea.com
Ouvert du mardi au samedi de 9h30 à 17h30.

Les artisans chocolatiers Thierry et Jimmy Lauzéa font aujourd'hui partie des 20 meilleurs chocolatiers du monde. Fidèles à leurs racines créoles, ils vous reçoivent dans un cadre aux couleurs chaudes. Dans un souci d'authenticité et d'arômes tropicaux, nos créateurs de saveurs ont su se tailler une réputation à la hauteur de leurs douceurs. Ganaches, rochers, fondants ou « Neg'Marron » mais aussi toutes sortes de tablettes nature et aux éclats de caramel et de fruits secs n'ont été inventées que pour le bonheur des gourmands.

ATELIERS MARÉ TÊT

✆ 06 96 28 05 47
Possibilité d'organiser des ateliers à domicile et sur l'ensemble de la Martinique sur rendez-vous.

Emmanuelle Soundjata met son talent de styliste au service du «Maré Têt», l'art de nouer des turbans sur sa tête. Fière de ses origines, elle souhaite transmettre, valoriser et diffuser ce savoir-faire unique afro-caribéen auprès de toutes les femmes du monde. Entre ses doigts, les turbans de coton se transforment en œuvres d'art. La styliste éco-designer propose ainsi des ateliers pour apprendre à changer de look à travers l'art de nouer le turban, un art qui exige une certaine technicité et permet de sublimer les femmes de tout âge et de toute origine.

MAISON SURÉNA

83 Rue Victor Hugo
✆ 05 96 70 28 42
https://patisserie-surena.fr
Ouvert du mardi au vendredi de 7h à 17h et le samedi de 7h à 13h.

C'est une institution à Fort-de-France. Depuis 1906, la Maison Suréna régale les Martiniquais avec ses gros gâteaux à la crème ou à la confiture, ses pains au beurre, ses pâtés sucrés et d'autres douceurs pays. Mais le produit phare de la pâtisserie, c'est bien le «Robinson», une pâte brisée garnie de confiture et agrémentée d'une douce saveur de fruit des îles… On peut savourer l'une des divines créations de la maison sur place ou à emporter afin de pouvoir déambuler dans les rues colorées et animées de l'agglomération foyalaise.

BOUTIQUE SATURNE

5 rue Victor Hugo ✆ 05 96 63 29 62
www.boutiques-saturne.fr
Ouvert du lundi au vendredi de 8h à 16h et le samedi de 9h à 13h.

En balade au centre-ville de Fort de France, allez visiter la Boutique Saturne de la rue Victor Hugo, c'est une boutique prestigieuse de vins, spiritueux et cadeaux par excellence, et ce depuis plusieurs années. Vous trouverez à coup sûr le cadeau idéal, une large gamme de vins, spiritueux et surtout de prestigieux rhums martiniquais. En plus de l'accueil, des conseils avisés vous sont réservés pour vous permettre de choisir le cadeau parfait, également parmi les coffrets cadeaux, art de la table, caves à cigares, accessoires pour femme et homme, décorations...

LE NEW CORNER

Rond Point du Vietnam Héroïque
✆ 05 96 77 00 21
Ouvert du mardi au samedi de 17h à 2h.

Le New Corner est l'un des espaces les plus « design » de l'île : lignes épurées, contraste entre le noir et le blanc, photographies artistiques aux murs signées Robert Charlotte, célèbre photographe martiniquais... Au rez-de-chaussée, un club lounge élégant où l'on déguste entre amis une carte de cocktails, de vins et de champagnes, et autres tapas ou amuse-bouches dans de confortables et élégants canapés en cuir. Des soirées musicales et à thème y sont organisées. N'hésitez pas à consulter leur page Facebook ou leur site web.

CAS'A BULLES MARTINIQUE

135-137 rue Lamartine
✆ 05 96 71 10 08
www.kazabulmartinique.fr
Ouvert du mardi au samedi de 9h à 18h sans interruption.

Cette librairie générale indépendante, qui a fait des émules également en Guyane, est l'un des hauts lieux fréquentés par les familles martiniquaises. On y trouve une sélection variée de romans, d'essais et de livres jeunesse… Sa grande spécialité reste néanmoins la bande dessinée et les mangas japonais. La librairie vous accueille dans un espace spacieux avec plus de 13 000 ouvrages référencés. A l'étage, la Kazajeux est dédiée aux jeux de société et de stratégie pour adultes, adolescents et enfants avec plus de 600 références.

LIBRAIRIE ANTILLAISE

Centre Commercial Perrinon
✆ 05 96 60 05 62
www.librairieantillaise.com
Ouvert du lundi au samedi de 8h à 18h.

Créée il y a plus de 60 ans, la Librairie antillaise est le leader en Martinique dans les domaines de la librairie et de la papeterie avec six magasins. Elle propose un large rayon littérature, beaux livres, bandes dessinées, tourisme et livres scolaires, ainsi qu'un rayon papeterie très développé (jeux éducatifs, fournitures de bureau, loisirs créatifs...). De plus, la Librairie antillaise propose régulièrement des activités autour du livre (dédicaces et rencontres avec des auteurs), mais aussi des concours et ateliers créatifs.

TILO

26 Rue E. Deproge
✆ 05 96 60 31 31 – www.tilo.fr
Ouvert du lundi au samedi de 9h à 18h

Situé en plein cœur du centre-ville, face à la mer, Tilo reste le plus emblématique des magasins de souvenirs. Pourquoi Tilo ? Tout simplement parce que le propriétaire s'appelle Laurent, d'où son surnom de Ti-Laurent. On y trouve un très grand choix de madras, la plus importante collection de T-shirts ornés de dessins caraïbes, des vêtements pour enfants, des casquettes, des cartes postales et des hamacs. On peut même y faire personnaliser son T-shirt ! Sans oublier de nombreux objets d'artisanat local, liqueurs et paréos, pour vos cadeaux-souvenirs.

CANAL DE BEAUREGARD

✆ 05 96 55 62 21
www.cg972.fr
Tarif : gratuit. Durée : 1h30. Difficulté : facile.

Aussi appelé « canal des esclaves », le canal de Beauregard est érigé à la fin du XVIIIe siècle pour produire de l'énergie et irriguer la vallée. Il accueille aujourd'hui les randonneurs aventureux qui peuvent le remonter sur 3,5 km en marchant sur sa margelle. Le chemin pavé est très étroit, alternant passages en forêt dense et à flanc de colline. En file indienne, il faudra être discipliné pour ne pas faire de faux pas, et le premier aura pour mission de dénicher les petits crabes jaunes qui ont élu domicile dans les eaux du canal.

COMITÉ DE LA RANDONNÉE PÉDESTRE DE MARTINIQUE

30 rue Ernest-Deproge
✆ +596 596 70 54 88
martinique.ffrandonnee.fr

Cet organisme propose une série d'activités en lien avec la randonnée en Martinique. On y apprend à lire une carte d'orientation, on se renseigne sur une série de balades encadrées par des accompagnateurs professionnels... Des randonnées thématiques sont proposées, comme la découverte de réserves naturelles ou des sorties « Sport et Santé ». La protection de l'environnement et l'accompagnement des personnes en situation de handicap sont également au programme.

IOÜANACERA SAS

70 route de Châteauboeuf
✆ 06 96 20 60 82
www.iouanaceraecoexcursion.com
Réservation en ligne.

Tenu par Raymonde et Bruno, deux passionnés de nature et de leur île, la Martinique, Ioüanacera Eco Excursion propose des randonnées accompagnées à la journée avec brunch et goûter créole. Plusieurs excursions sont disponibles : le «tour 360° étourdissant» sur les hauteurs des Salines ; le «Dépaysement exquis» à Cap Macré et Anse Grosse Roche ; la «Monté riviè» au Carbet ou encore «l'Aventure turquoise» à l'Anse Caritan. Certifié accompagnateur d'écotourisme, votre guide vous transmettra tous ses savoirs sur la faune et la flore de son île natale.

KAIRIDREAM

✆ 06 96 02 14 82
https://www.kairidream.com

Mickaël et Gaby organisent au départ de Fort de France ou des Trois Ilets, des balades en mer, à bord de leur bateau *Revs Mwen* («Mes rêves» en créole). Mickaël, pêcheur de métier, adore partager sa passion pour la mer. Côté Nord Caraïbes, l'excursion vous amène à la découverte des dauphins, voire des baleines quand c'est la saison. Côté Sud, vous découvrirez les fonds coralliens, les tortues, la grotte aux chauves-souris et bien d'autres merveilles de la nature. Ici on privilégie l'intimité car le bateau dispose d'une capacité de 12 personnes seulement.

TAÏMA MASSAGE

✆ 06 96 21 79 06
www.taimabienetre.fr/home
Massage à domicile ou au salon.

Experte du massage, Klelia vous accueille dans son institut au cadre sobre et élégant, bercé par les alizés. Vous êtes un peu un VIP car l'unique cabine de soin fait de vous une personne privilégiée. Klelia se déplace aussi jusqu'à vous, dans votre villa ou votre hôtel. Le forfait inclut un gommage du corps et un modelage d'une heure. Possibilité également d'opter pour un massage en plein air, dans un cadre exceptionnel, à BoulikiBio, au cœur de la forêt de Saint-Joseph (mercredis, vendredis et samedis). Il est indispensable de prendre rendez-vous en amont.

VILLA VICTORIA SPA

99 Route de Ravine Villaine
✆ 06 96 82 12 10
www.villa-victoria.fr

Un spa magnifique sur les hauteurs de Fort-de-France, installé dans une maison créole aménagée à cet effet : piscine, bain bouillonnant avec vue superbe sur la capitale. La salle de massage peut accueillir un couple. L'accueil est VIP et l'espace est privatisé pour que vous puissiez profiter d'un pur moment de détente et d'évasion. Nous vous conseillons le massage balinais d'une heure, accompagné d'un moment autour de la piscine, un verre de mojito à la main pour sublimer cet instant. Possibilité de privatiser la villa pour des événements privés.

THÉÂTRE MUNICIPAL AIMÉ-CÉSAIRE

Rue Victor Sévère angle rue de la République
✆ 05 96 59 43 29

Cet ancien hôtel de ville transformé en charmant petit théâtre offre chaque saison une programmation diversifiée de qualité. Inauguré le 21 septembre 1901, après 15 ans de travaux, le bâtiment a été rebaptisé Aimé Césaire, suite au décès du grand écrivain en 2008, qui a longtemps tenu ses quartiers généraux dans ses murs. Son style néoclassique et sa façade frappée aux armes de la ville (laurier, couronne, hache et faisceaux des licteurs) font la fierté des Martiniquais.

TROPIQUES ATRIUM

6 rue Jacques-Cazotte
✆ 05 96 60 78 78
www.tropiques-atrium.fr

Complexe inauguré en 1998, Tropiques Atrium s'appuie sur une programmation pluridisciplinaire ouverte sur la Caraïbe, l'Europe et le monde. Cet EPCC (Établissement Public de Coopération Culturelle) accueille des spectacles, des expositions, des festivals mais également des animations ou des congrès. Doté de deux salles polyvalentes et de nombreux espaces dédiés, il est né de la fusion du CMAC et de l'Atrium et bénéficie du label Scène nationale du ministère de la Culture. La structure programme environ 160 représentations très diversifiées par saison.

LES ARBRES DE LA LIBERTÉ

A Schoelcher, une sculpture monumentale est venue depuis 2001 sublimer la place des Arawaks, ne formant plus qu'un avec la nature alentour. Réalisés par l'artiste martiniquais Henri Guédon, homme de paix, engagé contre le racisme, *Les Arbres de la Liberté* représentent huit ornements hérités des écritures Abakua des indiens caraïbes : ils symbolisent l'Homme libéré. Ces cinq sculptures en bronze forment des statues à mi-chemin entre l'Homme et le végétal, évoquant la fraternité et la symbiose qui liait la nature aux premiers habitants de l'île.

SCHOELCHER ★

Autrefois baptisée Case Navire car sa magnifique baie protégeait les embarcations des colères de la mer, cette petite agglomération fut l'un des lieux préférés des premiers colons français attirés par la beauté de sa baie. Depuis les années 1960, celle qui a hérité du nom du député qui signa l'abolition de l'esclavage, se développe rapidement, profitant des atouts de la montagne qu'elle occupe jusqu'à Fonds-Saint-Denis et aux pitons du Carbet. Les mornes les plus élevés comme la Colline ou la Démarche constituent des sites résidentiels privilégiés, tandis que le bord de mer de Schœlcher constitue un lieu de promenade des plus agréables en famille.

Tourisme

Schœlcher s'impose comme le premier centre nautique de la Martinique. La commune est d'ailleurs classée station balnéaire depuis 1969 et bénéficie d'un label Station-Voile qui certifie la qualité de ses installations en matière de tourisme nautique et notamment de son Cercle Nautique. La ville s'étale sur le littoral caraïbe, le long d'une côte alternant falaises rocheuses et criques abritant de discrètes plages de sable noir souvent prisées des nageurs réguliers. A seulement cinq kilomètres de la capitale, Schœlcher possède un très bon niveau d'équipement et une vie culturelle et sportive intense abritant notamment le pôle Martinique de l'université des Antilles.

BUREAU D'INFORMATION TOURISTIQUE DE SCHOELCHER

5 Emilius Lovince
✆ 05 96 61 83 92
www.mairie-schoelcher.fr

Ouvert toute l'année du mardi au samedi de 8h à 13h.

L'office de tourisme de Schoelcher accueille et informe les touristes sur l'actualité, notamment les manifestations et événements organisés par la ville. Le site assure la promotion touristique de la commune, sur bien des plans : nautisme, patrimoine, culture, hébergement, sorties ou encore gastronomie. Vous pourrez également réserver directement sur place certaines excursions et sorties touristiques. Pas mal d'informations à destination des familles.

RAPID AUTO

41, rue Camille Junkere
✆ 05 96 61 82 73
www.rapidautolocation.com

Le slogan de cette agence est clair : « Des prix bas toute l'année avec, en plus, le savoir-faire ». Jugez-en par vous-même... Sur la base d'une Hyundai Getz, un véhicule trois portes équipé de la climatisation, en haute saison, vous pouvez faire le calcul directement sur leur site. Rapid Auto vous accorde 20 % de remise toute l'année selon la durée de la location. Livraison à l'aéroport gratuite (pensez à ajouter le coût du parking). Regardez régulièrement sur le site Internet, nombreuses offres régulières et réductions ponctuelles.

LA BATELIÈRE €€

20 rue des Alizés
✆ 05 96 61 49 49
www.la-bateliere.com
Chambre double standard à partir de 130 €, petit déjeuner buffet inclus.

Composé de 185 chambres spacieuses et de 8 suites, cet imposant bâtiment de charme conserve une qualité indéniable. Avec son emplacement idéal face à la mer en bordure d'une petite plage préservée de la houle, l'établissement se situe à cinq minutes à peine de l'agitation de la capitale foyalaise. Côté loisirs, profitez d'une belle piscine avec vue plongeante sur la mer, du restaurant le Bleu Marine, des boutiques, d'un espace fitness, d'un centre de soins corporels, sans oublier le parc de 5 hectares ainsi qu'un excellent club de plongée.

© HÔTEL LA BATELIÈRE

© HÔTEL LA BATELIÈRE

LE PÉLICAN €€

13 bis Rue Joseph Shympho
✆ 06 96 33 69 26
https://www.hotelpelican.fr
Ouvert toute l'année. Accueil 24h/24.

Il se dresse fièrement face à la mer, lové dans un bâtiment moderne récemment transformé en hôtel. L'accès à la plage de Case Navire est direct. 25 chambres joliment décorées dans un style moderne et coloré. Elles bénéficient d'une terrasse extérieure avec vue sur mer et d'une petite kitchenette pour se faire à manger. On apprécie le beau volume des pièces (entre 30 et 65 m^2) et leur luminosité. Une piscine et ses transats vous tendent les bras pour une «bronzette» ou un plouf. Accueil charmant de tout le personnel. Un très bon rapport qualité-prix.

L'AROBASE €€

Casino Batelière Plazza
✆ 0596 61 73 23
Ouvert 7j/7, service continu de 12h à 0h30, et jusqu'à 1h30 les vendredis, samedis et veilles de jours fériés.

Dans une ambiance feutrée et avec sa décoration baroque aux allures de cabaret, l'Arobase est le restaurant du casino de la Batelière. Vous pourrez y dîner tout en assistant aux concerts tous les week-ends ou encore aux spectacles avec des troupes venues des quatre coins du monde une fois par mois. Vous retrouverez ici l'ambiance des anciens cabarets parisiens. De belles programmations pour une soirée réussie tout en découvrant de nouvelles saveurs gourmandes. Attention, l'accès est strictement réservé aux majeurs (pièce d'identité à l'appui !).

LE SCÉNARIO €€

1 rue Simon Cottrell
✆ 05 96 61 93 30
Ouvert le midi du lundi au vendredi de 12h à 14h30, et le soir jeudi et vendredi de 19h à 22h.

Avec sa savoureuse cuisine du Sud-Ouest, le Scénario fait son cinéma. Dans un décor feutré avec un grand bar autour duquel il fait bon refaire le film de la soirée, on se délecte des spécialités fusion, des recettes maison et surtout des produits de qualité et frais : magret de canard sauce au poivre, tête de veau sauce gribiche, blanquette de veau à l'ancienne, brochette de lambi. Les moules sont en tête d'affiche et, de l'avis de tous, il faut goûter les samoussas au poulet. Buffet à volonté ainsi qu'un plat du jour chaque midi.

L'EDEN €€€

CC Patio de Cluny
✆ 05 96 73 35 61

Ouvert du lundi et mardi de 12h à 15h. Le mercredi, jeudi et vendredi de 12h à 15h et de 19h à 22h.

L'Eden propose une cuisine fine et raffinée qui puise ses richesses dans les jardins de la région. Nathanaël Ducteil est le créateur de la carte, assisté par le chef Frédéric Leton qui dresse des assiettes inventives et colorées. Ici, attendez vous à une explosion de saveurs ! Au choix : 2 entrées, 2 plats et 2 desserts (ces derniers sont l'arme secrète du chef). Le soir, menu gourmand. Pièce de viande de sélection aux fruits de pays, poisson frais de la pêche ou encore tarte fine aux œufs de caille... L'expression d'une jeune table à l'avenir florissant.

L'ÉPICERIE D'ÔJOURD'HUI

Centre commercial Espace Cluny
✆ 05 96 73 05 54
www.lepiceriedojourdhui.com

Ouvert du lundi au samedi de 10h à 18h30. Restauration sur place du lundi au vendredi.

C'est l'épicerie fine au sens propre du terme. Vous entrez ici dans un monde de saveurs, pour gourmands et gourmets aux palais sucrés ou salés, il y en a pour tous les épicuriens. Il est difficile de faire une sélection de produits, tant le choix est grand. La qualité et l'originalité sont bien présentes, ainsi que les produits des artisans locaux 100 % Martinique. On déniche des tartines de poissons fumés délicieuses et bien d'autres mets... Claire, la maîtresse des lieux, propose des dégustations sur place et des formules déjeuner sur une terrasse ombragée.

LINA SPA

57 Les Sommets de Terreville
✆ 0696 53 81 64
https://linaspa.fr

Du lundi au samedi de 8h à 18h30. Fermé le dimanche.

Formée dans son pays d'origine en Asie, Lina, maintenant implantée en Martinique, propose des soins 100 % dédiés aux femmes, en utilisant les meilleurs produits de la luxueuse gamme Pure Altitude qui respecte l'environnement, sans matière première animale et prône la phytothérapie. Elle propose dans son institut une large gamme de massages bien-être (à l'huile, aux pierres chaudes), des épilations et des manucures : pose, dépose, décoration, vernis. Professionnelle avertie, Lina offre au client l'assurance d'une expérience sur mesure et personnelle.

CASINO BATELIÈRE PLAZZA

Rue des Alizées
✆ 05 96 61 73 23
www.casinobateliereplazza.com

Machines à sous de 10h à 3h en semaine et 4h le week-end et veille de jours fériés. Jeux traditionnels à partir de 20h.

Avec une large variété d'activités, et des machines à sous, roulettes électroniques, jeux de table, un restaurant-bar, une terrasse lounge, une salle de spectacles, le Casino Batelière-Plazza satisfera toutes vos envies. Assistez aussi aux animations feutrées et élégantes et découvrez l'ambiance musicale du week-end, faisant la part belle aux artistes de renom. Ouvert du dimanche au jeudi de 10h à 3h et jusqu'à 4h les vendredis, samedis et veilles de fêtes. A vous de jouer !

© CASINO BATELIÈRE

© CASINO BATELIÈRE

PARADISE SERENITY

© +596 696 95 27 82

www.paradiseserenity.fr

Une parenthèse de bien-être dédiée exclusivement aux femmes ? C'est ce que propose Sabrina, esthéticienne expérimentée, à domicile ou en institut privé à Schoelcher. Spécialisée dans les massages ayurvédiques, elle a concocté plusieurs escales 100 % *péyi* inspirées de ses connaissances et de celles de ses grands-mères pour proposer des soins naturels à base de plantes médicinales locales. Attentive aux besoins de ses clientes, elle vous embarque dans un univers propice à la relaxation. Un délicieux moment rien que pour vous mesdames !

THÉÂTRE DU FLAMBOYANT

Espace A'zwel

© 05 96 66 25 81

http://cietheatreduflamboyant.blogspot.com

Sur rendez-vous.

Centre de recherches pour la création et la diffusion d'œuvres théâtrales, le Théâtre du Flamboyant propose des ateliers (thématiques, sessions intensives et masterclass) pour les enfants, les adolescents, les adultes et les seniors animés par des comédiens professionnels... Clown, conte, comédie, écriture dramatique, théâtre gestuel, mise en scène... Une bonne manière de développer sa créativité et sa confiance en soi via l'expression orale. Orienté jeune public, le théâtre peut également se louer et propose des spectacles à partir de 5 ans.

LE LAMENTIN

Située au centre de la Martinique, la commune du Lamentin s'étend sur le territoire le plus vaste de l'île. La ville conserve dans son nom le souvenir des lamantins – avec un a –, des animaux aquatiques aujourd'hui disparus en Martinique, car traqués par les colons européens à cause de leur peau. La voisine de Fort-de-France est l'une des communes les plus dynamiques et les plus peuplées de l'île.

Ce succès ne lui vient pas de ses plages ou d'autres atouts touristiques, mais de son aéroport (l'un des plus modernes de la Caraïbe), de sa situation géographique et surtout de ses zones commerciales qui la rendent incontournable dans l'économie de l'île.

Histoire

La paroisse du Lamentin, riche de sa mangrove et de ses pays noyés, reste au XIXe siècle le grenier de la Martinique. A cette époque, le territoire de la commune, inhabité à cause de ces nombreux marécages, y héberge toutes sortes d'espèces fluviales, et notamment le fameux lamantin. La lézarde courant sur 35 kilomètres y abritait cet étrange animal qui tire son nom de ses lamentations.

Pourvu d'un buste généreux, ce dernier était souvent confondu avec la sirène par des marins perturbés par un trop long séjour au large. Cette vache de mer, mesurant entre 2,50 et 4,50 m et pesant jusqu'à 600 kg, n'avait rien en commun avec ces belles de mer... si ce n'est leur large queue ! A l'arrivée des colons, la chasse fut ouverte : en moins d'un siècle le lamantin disparut de la rivière laissant les Lamentinois à leurs rêves siréniens. Depuis la nuit des temps, ce légendaire mammifère, au déplacement lent et maladroit, reste ce que l'on a trouvé de mieux pour brouter les plantes aquatiques bouchant les canaux d'irrigation.

La ville aujourd'hui

Aujourd'hui, et au-delà de son aéroport et de ses nombreuses zones commerciales, le Lamentin possède aussi un centre-ville très animé, entre concerts, manifestations culturelles et vie commerçante. Ses vastes champs s'étendent de toutes parts, vers Fort-de-France, le Robert ou Ducos, et témoignent eux aussi du large dynamisme de la deuxième commune de l'île.

CENTRE CULTUREL DU BOURG

Rue Ernest-André

© 05 96 51 15 33

Ouvert du mardi au jeudi de 9h à 17h. Les cours se déroulent d'octobre à juin.

Chaque année, la maison de la culture du Lamentin organise un spectacle-concert autour de la clarinette et du trombone ainsi qu'une rencontre autour du gospel en novembre. En mars, découvrez les nuits du conte antillais, en avril la fête de la poésie, en juin la nuit de l'Armonica et en février le célèbre carnaval. Pour le plaisir de tous, ténors et jeunes talents vous feront partager leur amour pour ces instruments un peu négligés et vous feront danser sur des rythmes ensorceleurs. Un centre culturel très actif avec de nombreux talents.

DISTILLERIE LA FAVORITE

D13 - ancienne route du Lamentin
✆ 05 96 50 47 32
www.rhum-lafavorite.com
Ouvert du lundi au vendredi de 9h à 16h sans interruption (et le samedi de 9h à 12h de novembre à mai).

Fondée en 1842, La Favorite est l'une des deux dernières distilleries familiales de l'île. Elle produit chaque année environ 500 000 litres de rhum de façon traditionnelle et artisanale grâce à sa machine à vapeur de 1905. Régulièrement primés aux concours de dégustation nationaux et internationaux, les rhums blancs, vieux et hors d'âge ravissent le palais des amateurs du monde entier. La visite de la distillerie est libre, on peut y flâner à son aise, avant de terminer par la dégustation dans le nouvel espace de vente, menée par Emmanuelle et Célina.

LA FERME DE PERRINE

Quartier Carrère ✆ 05 96 57 17 16 - En venant de Fort-de-France par la N1, prenez la sortie de Carrère sur votre droite et suivez les panneaux indicateurs.

http://la-ferme-perrine.ferme-martinique.com

Ouvert du mardi au dimanche de 9h à 17h et jusqu'à minuit le vendredi et le samedi.

Cette ferme d'élevage créée en 1993 abrite des jardins, un restaurant, une boucherie, une salle de concert, ainsi qu'un parc animalier, à travers une collection permanente de végétaux locaux. Ici, les locataires ne sont autres que des perroquets aras, des ibis, des flamants, des paons, sans oublier les animaux de la basse-cour. Un parc d'activités ludiques pour les enfants avec tyrolienne, balançoires, bateau des pirates complète le tableau... Tous les samedis, un marché de producteurs labellisés bio de la région y prend place.

HABITATION BELFORT

Chemin Belfort

✆ 06 96 25 25 89

www.visitebelfort.com

Du mardi au samedi de 9h à 13h. Petit train mercredi et samedi à 10h. Adulte 14 €, 4-12 ans 6 €, pass famille 35 €.

Il est impensable de séjourner en Martinique sans prendre le temps de s'intéresser un peu à la banane, symbole avec la canne à sucre des Caraïbes et première production de l'île. Implantée depuis plus de trente ans sur la commune du Lamentin, l'Habitation Belfort est une exploitation agricole spécialisée dans la culture de la banane : elle exporte 90 % de sa production et s'étend sur un domaine de plus de 65 hectares. Cette exploitation a pour but de préserver et de pérenniser l'activité agricole. Depuis décembre 2019, l'habitation Belfort a obtenu le label Agriculture Biologique et ZRP (zéro résidu de pesticide). L'intérêt de cette visite est de pénétrer dans une véritable exploitation qui fonctionne au quotidien, afin de mieux comprendre la réalité de la production. La visite commentée par un guide se fait à bord d'un petit train touristique ; elle dure environ une heure et s'achève par une dégustation des produits du terroir. Après votre visite, nous vous conseillons de faire un stop à la jolie boutique située à l'entrée : on y déniche des produits locaux issus de la banane. Enfin, la visite *Banana kids* pour les bambins ajoute une dimension pédagogique à la visite. Le domaine abrite aussi une majestueuse villa créole, appelée « Les Jardins de Belfort », un lieu de rêve au milieu de la plantation. Cette villa et le petit train sont souvent privatisés pour des séminaires, des mariages ou des manifestations culturelles. Réservation en ligne pour la formule Banana Tour (petit train) fortement conseillée.

LE JARDIN DE BEL AIR

✆ 0596 51 59 70

Sur la nationale 2 entre le Lamentin et le François.

Situé à Morne Pitault, le Jardin de Bel Air s'étire sur un site fortement pentu, qui témoigne de l'activité volcanique très ancienne de l'île. La création de ce havre de paix n'a pas été une tâche facile mais Jean-Louis Marie-Rose et sa femme ont réussi le défi fou de mettre en culture toutes les parcelles de ce terrain au relief tourmenté. Il leur aura fallu neuf années de dur labeur pour permettre à cette nature plutôt rebelle de s'exprimer librement. Aujourd'hui, le Jardin de Bel Air déroule ses presque 4 000 m^2 d'arbres fruitiers, fleurs tropicales et plantes médicinales en escaliers. Une foule de végétaux s'épanouit ici : des broméliacées, des orchidées, des calebassiers, des pruniers de Cythère, des cacaoyers, des cocotiers, des dracénas, des balisiers, des rosiers et bien d'autres plantes tropicales.

Toutes les plantes du jardin ont été introduites par les propriétaires. Mais toutes semblent vivre dans une symbiose parfaite. Il faut dire qu'elles sont cultivées dans le plus grand respect de la nature et de l'Homme, sans pesticides ni engrais, mais avec des techniques culturales ancestrales, chères à Jean-Louis Marie-Rose. On y croise une étonnante collection de fruits (pomme-liane, barbadine, pomme cannelle, cerise péyi...), de légumes racines (dont l'igname coco bourik), des rimed razié, plusieurs variétés de canne à sucre... A l'issue de la visite, allez faire un tour au petit musée Antan Lontan avec sa belle collection de machines à coudre puis allez nourrir les animaux de la ferme.

OFFICE DU TOURISME DU LAMENTIN

26 rue Zobda-Quitman-Bas-Mission

✆ 05 96 42 35 87

www.martinique.org

Du lundi au vendredi de 8h à 12h30 et de 13h30 à 16h30. Août et septembre de 8h à 14h.

Accueil chaleureux pour ce bureau d'informations touristiques qui facilitera la découverte de la ville et, plus généralement de l'île. L'office de tourisme organise des excursions en mer, des circuits et randonnées découverte de l'arrière-pays et du nord de l'île. Vous trouverez également pas mal de renseignements concernant les événements, les offres d'hébergement et de location de voiture. Bref, tout pour passer un séjour des plus agréables sur l'île.

CŒUR DES ÎLES

ZI La Jambette

© 05 96 50 28 86

www.coeurdesiles.travel

Bureau d'accueil à l'aéroport, par téléphone et sur le site web.

Né de la fusion en 2014 des activités de l'agence martiniquaise Carib Recept et de l'opérateur guadeloupéen Karukera Tours, Cœur des Iles est le tour-opérateur leader des Antilles françaises et propose un panel d'excursions et d'activités sur mesure entre accueil et assistance, transferts, location de voitures, visites guidées thématiques de l'archipel (patrimoine, culture...), croisières, traversées maritimes, canyoning, séjours à Sainte-Lucie, randonnées équestres ou VTT... Vous pouvez acheter en ligne vos excursions directement.

AÉROPORT MARTINIQUE AIMÉ CÉSAIRE

© 05 96 42 16 00

A 9 km de Fort-de-France.

www.martinique.aeroport.fr

Plusieurs bureaux d'agences touristiques se trouvent dans l'aérogare ainsi que des distributeurs d'argent. Sur place également : un bureau de change, une pharmacie, des bureaux de location de voitures, des boutiques et des restaurants. L'aéroport du Lamentin est accessible aux PMR. Lors du débarquement à l'arrivée, il propose un service aéroport dédié : n'oubliez pas d'en faire la demande lors de l'enregistrement de vos bagages au départ de votre voyage.

AIR ANTILLES

Agence Aréoport Aimé Césaire

© 05 96 42 18 07

www.airantilles.com

La compagnie se positionne sur le créneau des prix. Elle effectue des rotations régulières au départ de la Martinique vers la Guadeloupe, Saint-Martin, Sint Maarten, Saint-Barthélemy, Cayenne, Saint-Domingue, Porto Rico, Miami, la Barbabe. Les destinations d'Antigua et de la République dominicaine (La Romana et Punta Cana) font l'objet de rotations uniquement en saison. Vous pouvez réserver en ligne en quelques clics en temps réel et 24h/24 votre billet d'avion. La compagnie effectue la continuité régionale dans le cadre d'un partenariat avec Air France.

AIR CARAÏBES

Aéroport Aimé Césaire © 0820 835 835

www.aircaraibes.com

Centrale de réservation ouverte du lundi au samedi de 8h à 21h, dimanche & jours fériés de 8h à 18h (horaires Métropole)

Sur son réseau régional, Air Caraïbes dessert la Martinique (Fort-de-France), la Guadeloupe (Pointe-à-Pitre), Saint-Martin (Grand Case), Sainte-Lucie et la République dominicaine (Saint-Domingue). La destination de Saint-Barthélemy est aussi proposée avec une desserte opérée par St. Barth Commuter. Au départ de Paris-Orly, la compagnie propose plusieurs départs par jour. A cela s'ajoute un partenariat avec la SNCF qui permet de relier les grandes villes de métropole (Marseille, Toulouse, Bordeaux...) avec la capitale et de bénéficier d'un billet tout compris.

AIR FRANCE

Agence Aéroport Aimé Césaire

© 08 20 82 08 20

www.airfrance.com/mq

Toujours leader même sur les Petites Antilles et la Caraïbe, le groupe franco-hollandais propose des vols quotidiens aller-retour entre Paris Orly et Fort-de-France. La compagnie assure également des dessertes régionales vers Cayenne, Pointe-à-Pitre, Port-au-Prince, Miami ou Saint-Domingue depuis l'aéroport Aimé Césaire. Selon la saison, n'hésitez pas à vous rendre sur le site Internet : de nombreuses promotions vers Les Antilles y circulent. Certaines sont vraiment intéressantes ! Service attentionné, professionnel et courtois.

AÉRODREAM

Aeroport-zone aviation générale

© +596 696 90 40 25

www.aerodream.fr

Tarifs : baptême 75 € les 15 min et 30 € les 10 min supplémentaires. Tarifs des circuits de 120 à 165 €.

Osez l'air libre ! C'est la devise de Sophie, qui vous propose une expérience volante exceptionnelle à bord de son autogire, un drôle d'oiseau ancêtre de l'hélicoptère. Celui-ci permet d'observer au plus près cette belle nature qu'offre la Martinique. Plusieurs circuits commentés vous sont proposés, du nord au sud, pour découvrir la Martinique vue du ciel autrement. Car à 300 mètres d'altitude, vous ne pourrez jamais voir la Martinique et ses trésors cachés aussi bien. Et vous rendre compte à quel point il est important de préserver cette nature unique...

ALWEGO - SAINT-PIERRE LOCATIONS

43 Rue Emmanuel Courant ✆ 05 96 78 35 58
www.alwego.rent
Consultez les offres et profitez du code promo «petitfute -15% MQ GP». Location de véhicules automatiques également.
#AlwegoCestCeQuilTeFaut

Le credo est clair, la communication pétillante et dans le vent, à l'image de son équipe. On apprécie cette agence locale, dynamique et accessible, implantée depuis trente ans en Martinique. Alwego loue tous types de véhicules, de la petite citadine jusqu'au minibus neuf places. Les catégories intermédiaires comme les SUV et berlines sont également proposées à de bons tarifs. Réservez en ligne, c'est plus efficace et rapide.

AVIS

Aéroport Martinique Aimé Césaire
✆ 05 96 42 11 00
www.avis-antilles.fr
Ouvert tous les jours de 7h à 22h.

Avis propose un choix varié de véhicules, tous climatisés, de la petite voiture économique au 4x4 familial 7 places, en passant par les berlines, les cabriolets et les véhicules tout terrain. Nouveauté depuis peu : la très classe gamme Prestige composée de Jaguar et Range Rover Evogue cabriolet. La livraison est possible dans tous les points de l'île. Avis dispose également de trois agences sur place : aux Trois-Ilets, au Marin et au Lamentin. C'est la valeur sûre en matière de location de véhicules : choix, qualité du service et véhicules récents.

BUDGET MARTINIQUE

Rond-point de l'aéroport
✆ 05 96 42 04 04
www.budget-martinique.com
Ouvert tous les jours de 7h à 21h30.

La société Budget est présente en Martinique depuis plus de 25 ans. Budget dispose également de trois agences sur l'île basées à l'aéroport, à Fort-de-France et aux Trois Ilets (pointe du bout). De l'Opel Corsa à la Kia Sorento en passant par l'Audi A3 cabriolet, un 4x4 Nissan Pathfinder... jusqu'au minibus de 9 places : vous trouverez forcément votre bonheur ! Tous les véhicules sont récents, équipés de la climatisation (indispensable en Martinique), et la livraison se fait directement sur votre lieu de vacances. A votre guise !

CORSAIR

Agence Aréoport Aimé Césaire
✆ 08 20 04 20 42
www.corsair.fr

Corsair assure des vols directs durant toute l'année de Paris Orly en direction de Fort-de-France et vers le reste des Antilles françaises. Possibilité de départ depuis la province (18 villes) avec connexion à Paris avec TGV. Le site web de la compagnie offre la possibilité de s'enregistrer 24 heures à l'avance, de choisir son siège, d'éditer sa carte d'embarquement et même de commander des repas « à thème ». Le client peut aussi réserver en ligne les produits qu'il souhaite acheter en duty free à bord de l'avion avec des réductions pouvant atteindre les 40 %.

EUROPCAR LAMENTIN

Quartier Aéroport
✆ +596 596 42 42 42
www.europcar-martinique.com

On ne présente plus Europcar, l'un des leaders de la location de véhicules de tourisme. L'agence de l'aéroport Aimé Césaire propose des véhicules de toutes catégories et de toutes marques (van, berline, économique, 4x4, sans oublier les traditionnelles Twingo et Clio). Essence ou diesel au choix, certains véhicules avec possibilité de GPS, de boîte automatique ou encore de siège bébé. Tous sont évidemment climatisés ! Réservez sur le site Internet (www.europcar-martinique.com) pour éviter une trop longue attente à la sortie de l'avion.

UCAR

Habitation Union ✆ 06 96 56 99 63
www.ucar.fr/martinique
Ouvert du lundi au vendredi de 7h30 à 17h30, le samedi de 8h30 à 12h30.

Spécialiste de la location, UCAR propose un large choix de véhicules de tourisme récents. Une enseigne de proximité à votre service, où vous serez accueilli chaleureusement. Ce loueur propose une flotte variée entre modèles citadines 3 portes parfaits pour les courts trajets, les économiques 5 places, les familiales plus puissantes et les utilitaires (de la camionnette de 4 m^3 jusqu'au fourgon 11 m^3). À votre disposition également, un service sur mesure avec la navette UCAR gratuite qui vient à votre rescousse partout dans le Lamentin en cas de besoin.

AIR ANTILLES

Agence Aréoport Aimé Césaire
✆ 05 96 42 18 07
www.airantilles.com

La compagnie se positionne sur le créneau des prix. Elle effectue des rotations régulières au départ de la Martinique vers la Guadeloupe, Saint-Martin, Sint Maarten, Saint-Barthélemy, Cayenne, Saint-Domingue, Porto Rico, Miami, la Barbabe. Les destinations d'Antigua et de la République dominicaine (La Romana et Punta Cana) font l'objet de rotations uniquement en saison. Vous pouvez réserver en ligne en quelques clics en temps réel et 24h/24 votre billet d'avion. La compagnie effectue la continuité régionale dans le cadre d'un partenariat avec Air France.

BAGUET SHOP €

Aéroport – Aimé Césaire
✆ 0596 42 18 52
https://martinique.baguet-shop.com
Ouvert tous les jours de 6h à 19h.

Situé au premier étage de l'aéroport Aimé Césaire, face aux pistes, avec vue plongeante sur les avions, ce Baguet Shop cosy jouit d'un emplacement idéal pour déguster des viennoiseries, des sandwiches variés, des plats de tradition, des grillades, des cocktails de jus de fruits frais, des salades et toutes sortes de pâtisserie, confortablement installé. Clin d'œil à votre séjour en Martinique, un bar à rhums vous permet de prendre un dernier ti-punch avant d'embarquer. Une solution parfaite pour attendre patiemment son vol !

LA GALLERIA €€

Centre Commercial La Galleria
✆ 05 96 50 94 00
www.hotel-lagalleria.com
Chambre double à partir de 125 € (petit-déjeuner inclus).

Idéalement situé, à proximité des zones d'activité, l'hôtel est intégré au centre commercial la Galleria. Ses atouts ? L'accueil personnalisé, le confort raffiné et l'ambiance chaleureuse. Affaires, tourisme ou shopping, tout a été pensé pour que votre séjour soit agréable. L'hôtel est constitué de 23 chambres (en single, double ou triple), d'une suite et de 2 appartements, équipés de télévision câblée, du téléphone, de la climatisation, d'un réfrigérateur et du wifi. Les chambres sont spacieuses, harmonieusement décorées et parfaitement équipées.

BAGUET SHOP €

Centre commercial Hyper U
Place d'armes
✆ 05 96 57 30 72
https://martinique.baguet-shop.com
Ouvert du lundi au samedi de 8h à 19h30.

Leader de la boulangerie aux Antilles, Baguet Shop compte une quinzaine de points de vente en Martinique. L'enseigne propose à tout moment de la journée de bonnes petites choses à déguster, à emporter ou à consommer sur place. Accessible depuis l'entrée orange du centre commercial de Place d'Armes, ce magasin rénové récemment offre sandwichs frais, pâtisseries, salades, tartes sucrées et salées, wraps et viennoiseries. Et toujours la possibilité de choisir de délicieux sandwichs confectionnés sous vos yeux avec des ingrédients frais.

BAGUET SHOP €

rond point Mango Vulcin
✆ 05 96 51 31 10
www.baguet-shop.com
Ouvert du lundi au vendredi de 6h30 à 15h30.

Dans une salle climatisée, à la décoration chic et contemporaine, découvrez à tous les moments de la journée de bonnes choses à emporter ou à consommer sur place. On y retrouve les pains frais, viennoiseries, pâtisseries et sandwichs qui font la renommée de l'enseigne. Mais on y savoure aussi une grande variété de plats chauds locaux, aux saveurs créoles et du monde : des entrées et des plats préparés sur place, avec des produits frais et un large choix de viandes et poissons. Sans oublier bien sûr les salades, tartes salées et sucrées ainsi que les wraps.

LE CORNER DE PRISCA MORJON €

Bois Quarré
✆ 06 96 01 71 31
www.macuisinecreole.fr
Ouvert du mardi au vendredi de 11h à 15h. Livraison à domicile.

C'est au sein du Comptoir des Viandes que Prisca Morjon, blogueuse culinaire, a installé son corner, où elle propose ses bons petits plats péyi élaborés exclusivement à partir de produits locaux. Cette cheffe autodidacte a désormais son emplacement au sein de la boucherie. Au menu : salade martiniquaise (féroce d'avocat, légumes péyi), dombrés de poulet au curry, bœuf bourguignon créole… et bien sûr flan coco ! Elle intervient aussi à La Mauny pour ses ateliers d'accords mets et rhums.

LINA'S CAFÉ €

✆ 05 96 51 19 19

Ouvert du lundi au samedi de 7h à 18h. Fermé le dimanche. WiFi gratuit.

Le Lina's, ce sont aujourd'hui cinq enseignes en Martinique, de Fort-de-France à Ducos en passant par le Lamentin. Sa devise ? Le bien-être est bon pour la santé ! L'endroit est élégant et agréable tant pour une pause café qu'un déjeuner ou un goûter. Les sandwichs et les salades sont originaux et délicieux tandis que les verrines et les gâteaux sont à craquer. Ici, on vient petit-déjeuner, déjeuner, goûter, mais également partager entre collègues ou amis avec le service traiteur By Lina's. Un concept healthy qui fait des émules.

BRUNCH Ô PÉYI €€

✆ 06 96 34 38 79

www.weezevent.com/brunch-o-peyi

Ouvert toute l'année. Samedi et dimanche. Menu unique à 40 €. Brunch pop up. Vous serez informé du lieu 48h avant.

Brunch ô péyi, c'est une expérience culinaire et humaine autour du patrimoine, du créole et de la bonne humeur. Le concept a été imaginé par deux amis, Samara et Yadji, fervents amoureux des richesses du terroir martiniquais. Le concept ? Des brunchs organisés dans des lieux naturels insolites et composés de recettes locales revisitées. Les amis s'occupent de toute l'organisation : de la sélection du repas au choix d'un lieu naturel en Martinique. Le crédo est résolument locavore avec des produits naturellement frais et de saison uniquement. Sur réservation !

LA FERME DE PERRINE €

Quartier Carrère ✆ 05 96 57 17 16 - En venant de Fort-de-France par la N1, prenez la sortie de Carrère sur votre droite et suivez les panneaux indicateurs.

http://la-ferme-perrine.ferme-martinique.com

Ouvert du lundi au samedi le midi, vendredi et samedi soir.

Le restaurant de ce parc animalier offre à ses gourmands et gourmets des plats typiquement locaux (fricassés, ragoûts, grillades) élaborés avec des ingrédients du terroir, de la viande fraîche issue de sa propre boucherie et des fruits et légumes de son marché mis en valeur par la maîtresse des lieux sans oublier les produits de la mer, les acras et le boudin antillais, ti Punch et planteur, du nectar de fruits frais de saison du jardin. A noter aussi l'ouverture le soir du Grill By Night pour déguster les grillades les vendredis et les samedis soir dès 20h.

Ô VIN SUR VINGT €€€

centre d'affaire de la Martinique

✆ 06 96 94 06 53

www.restaurant-martinique-o-vin-sur-vingt.com

Ouvert du lundi au vendredi de 12h à 15h.

Ce petit restaurant gastronomique fait partie des meilleurs de la Martinique. Si la finesse de ses plats n'est plus à garantir, ce qu'on aime surtout, c'est l'accueil amical et l'attention du service. La salle de restauration ne dispose que de 40 places assises pour le confort du client et éviter un service de masse. La carte truffée de bonnes saveurs françaises varie quotidiennement selon les produits de saison et arrivages pour vous assurer une cuisine de qualité. Très belle sélection de vins également ! Chaque plat est méticuleusement préparé et décoré.

KAY NÉMO €

Quartier Brière de l'Isle, Gondeau

✆ 05 96 42 59 43

www.rsma-martinique.com

Réservation obligatoire 48h à l'avance pour les déjeuners des mardis et jeudis uniquement. Service et menu uniques.

Un bon plan pour un déjeuner quasi « gastro » au tarif d'un snack. Kay Némo est le restaurant d'application du RSMA, le Régiment du service militaire adapté de la Martinique. C'est un centre militaire de formation et d'insertion socioprofessionnelle pour les jeunes de 18 à 25 ans. Résultat ? Un menu complet entrée-plat-dessert qui n'a rien à envier à certaines tables de l'île ! La salle est climatisée, les tables nappées et le service courtois. Attention, il faut réserver car, bien entendu, les plus futés connaissent déjà le bon plan !

KINKY MANGO

Hauts de Californie

✆ 06 96 41 39 85

Ouvert du mardi au samedi à partir de 18h.

Une nouvelle adresse un peu cachée à ajouter à vos carnets. Dans une ambiance chic ethnique, le Kinky Mango s'inscrit dans l'annuaire des bars de nuit pour une offre distinguée et toujours rythmée. Parmi les invités, des DJ tournés vers la caribbean music, house music ou encore afro beat. Deux salles, deux ambiances : une terrasse extérieure avec cocktails et tapas, et une salle fermée pour se déhancher devant le DJ. Au programme, cocktails & sushis le mercredi, after work africain flavor ou bohemian chic le jeudi et tropical vibes le vendredi.

LA BOUTIQUE

A l'aéroport Aimé Césaire
Zone tout public à l'étage. © 05 96 42 18 16
Ouvert tous les jours de 6h à 21h.

Dans ce lieu unique, tout est pensé pour prolonger votre voyage créole… Dans une décoration digne des petites épiceries d'antan (lampes à pétrole et meubles rustiques), c'est tout un monde d'épices, de gourmandises, de fins chocolats, de délicieux fruits confits, de cafés d'exception ou de rhums millésimés qui s'ouvre à vous. Art de la table et objets rares complètent à merveille vos envies de cadeaux. La Boutique est agréée pour la vente de produits réglementés en cabine. Une adresse séduisante qui pourrait bien vous charmer.

LE CHÂTEAU

Zone de Lareinty
© 05 96 42 13 13
www.lechateau.mq
Ouvert du lundi au samedi de 9h à 18h.

Inédite en Martinique, cette épicerie fine propose des produits Fauchon, du caviar Petrossian, du saumon fumé, de l'huile d'olive, des confitures et des épices des meilleures marques. A la cave, une sélection de grands crus complète la liste de produits qui satisfera les plus gourmets. Les Apéros du Caviste rassemblent régulièrement les hédonistes autour de tapas et d'un verre de vin choisi. Le Château propose également la livraison de produits frais de qualité. A l'étage, une salle de restauration pour déjeuner ou bruncher.

LA CASE À RHUM

Zone tout public, 1er étage aéroport Aimé Césaire
© 05 96 42 17 42
https://www.martinique.aeroport.fr/la-case-a-rhum
Ouvert tous les jours jusqu'au dernier vol.

On trouve ici le plus grand choix de rhums de la Martinique, des plus prestigieux et anciens (1885) aux plus récents ; on y dénombre des centaines de références. On y déniche également des produits fabriqués localement : artisanat, décoration, madras, savons, parfums, sculptures et aquarelles… Sans oublier les saveurs antillaises comme les épices, la vanille, les confitures et cafés. Tous les produits en vente sont autorisés et emballés pour le voyage en cabine, et si votre valise est déjà pleine, le service expédition livre dans toute la France.

LE COMPTOIR DES VIANDES

Bois Quarré
© +596 596 51 30 47
https://www.lecomptoirdesviandes-martinique.com
Ouvert mardi 8h30-15h, mercredi 8h30-16h, jeudi et vendredi 8h30-18h, samedi 8h30-14h.

Avis aux carnivores ! Voici une adresse qui devrait séduire les non végétariens. Sur 350 m^2, cette boucherie concept-store propose le meilleur de la viande locale. Bœuf, mouton, volaille, porc, veau, charcuterie et pâtés : tout est 100 % martiniquais et d'une qualité triée sur le volet par la CODEM, la Coopérative des éleveurs bovins de la Martinique. L'idée est de valoriser le savoir-faire des éleveurs martiniquais et d'encourager les circuits courts. La boucherie propose également des plats traiteurs et accueille le corner de spécialités créoles de Prisca Morjon.

CENTRE COMMERCIAL LA GALLERIA

Quartier Acajou
© 05 96 50 66 63
www.galleria.mq
Ouvert du lundi au jeudi de 9h à 20h30. Vendredi et samedi de 9h à 21h.

Le paradis des aficionados du shopping ! Récemment agrandi, ce centre commercial regroupe sur 40 000 m^2 boutiques et services. De nombreuses enseignes de prêt-à-porter, de chaussures et de parfumerie, ainsi que des restaurants y proposent leurs services. S'y ajoutent une agence de voyages, des banques, une pharmacie, un opticien, la Librairie antillaise, un hypermarché et une salle de fitness. L'accès wifi est gratuit. Des animations habillent le lieu tout au long de l'année.

CRÉOLISSIME EUROGOLD

Centre commercial La Galeria
© 05 96 50 77 33
www.creolissime.com
Ouvert du lundi au vendredi de 9h à 12h et de 13h à 17h.

Dans cette boutique, vous trouverez un grand choix de bijoux péyi uniques, à tous les prix, en particulier les bijoux créoles en or ou en argent très prisés aux Antilles, comme les célèbres anneaux appelés « créoles » (la collection est impressionnante !) et autres colliers « forçats », boucles d'oreilles « tété négresse », « dormeuses », « fagots de canne » ou « têtes antillaises », pendentif yole, colibri ou encore carte de la Martinique, collier hibiscus… Bref, si vous cherchez un bijou, à offrir ou pour vous faire plaisir, vous aurez l'embarras du choix !

EXCELLENCE GLACES

21 rue des Ecoles
✆ 05 96 52 55 10
www.glaces-martinique.fr
Ouvert du lundi au vendredi de 9h à 17h30 et le samedi de 9h à midi. Atelier de fabrication et vente sur place.

Ici, tout est fabriqué de façon artisanale. Artisan glacier passionné par son métier, Pascal Feval travaille les fruits de saison et les ingrédients locaux. Plus de 60 parfums se déclinent entre crèmes glacées, sorbets, gâteaux et desserts glacés. On aime évidemment les saveurs péyi comme la cannelle, le gingembre, la groseille Pays, la prune de Cythère, le piment doux, la goyave ou bien le corossol et la mangue. Mais l'originalité passe également par des parfums insolites comme la glace à l'oursin, aux patates douces ou bien encore au foie gras !

LIBRAIRIE ANTILLAISE

Centre Commercial La Galleria
✆ 05 96 50 66 44
www.librairieantillaise.com
Ouvert du lundi au jeudi de 9h à 20h30, vendredi et samedi de 9h à 21h.

Créée il y a plus de 60 ans, la Librairie antillaise est le leader en Martinique, avec 6 magasins, dans les domaines de la librairie et de la papeterie. Devenue une chaîne implantée sur toute l'île, elle propose un large rayon littérature, beaux livres, bandes dessinées, tourisme et livres scolaires ainsi qu'un rayon papeterie très développé (jeux éducatifs, fournitures de bureau, loisirs créatifs...). Des activités autour du livre (dédicaces et rencontres avec des auteurs) et des concours et ateliers créatifs sont régulièrement programmés.

TILO

Route du Robert, quartier Pelletier et Aéroport Aimé Césaire Zone tous public à l'étage
✆ 05 96 51 25 25
www.tilo.fr
Ouvert du lundi au samedi de 9h à 18h et jusqu'au dernier vol, pour la boutique de l'aéroport.

Tilo reste le plus grand magasin de souvenirs de la Martinique. Pourquoi Tilo ? Tout simplement parce que le propriétaire s'appelle Laurent, d'où son surnom de Ti-Laurent. On y trouve un très grand choix de madras, la plus importante collection de T-shirts ornés de dessins caraïbes, des vêtements pour enfants, des casquettes, des cartes postales et des hamacs. On peut même y faire personnaliser son T-shirt car l'atelier possède son propre matériel de sérigraphie. Sans oublier de nombreux objets d'artisanat local, liqueurs et paréos, pour vos cadeaux-souvenirs.

HIPPODROME MAURICE BRUÈRE-DAWSON

Quartier Carrère
✆ 05 96 51 76 49
N5 et N6. Au sud de la zone aéroportuaire du Lamentin, quartier Carrère.
http://hippodromedecarrere.fr/

Le terrain et les aménagements de ce site sont destinés principalement aux courses hippiques. D'autres activités de plein air comme l'enseignement de l'équitation et des concours hippiques y sont organisés. Chaque année, environ 15 réunions se déroulent le dimanche après-midi à raison de 5 ou 6 courses de 10 à 12 partants. Le Grand Prix de la Caraïbe, moment fort de la saison hippique qui attire des jockeys de la métropole et de l'arc antillais, est très disputé.

SAINT-JOSEPH ★★

Situé au centre de l'île, Saint-Joseph est pour les Martiniquais une ville de campagne, en quelque sorte le poumon vert de l'île, voire son grenier, où prospèrent ananas, canne et banane. Lovée sur le passage de nombreuses sources, la ville a longtemps servi de réservoir d'eau à toute la région. Sa nature généreuse a attiré depuis fort longtemps de nombreux horticulteurs qui aujourd'hui proposent à divers points de l'île de très belles fleurs à ramener chez soi. Les alentours offrent une bonne alternative à la plage (au frais en plus !), recélant les belles promenades dans les forêts aux essences rares et sur les nombreux sentiers de randonnées.

HERBORISTERIE CRÉOLE

Chemin de la Haut
www.herboristeriecreole.com

Depuis 2012, Séverine et Rémi Asensio se sont lancés avec succès dans la culture et la transformation des plantes médicinales martiniquaises. Ils cultivent sur l'exploitation familiale certifiée bio des plantes avec des techniques issues de la permaculture. Ces plantes, élevées sans aucun intrant, sont récoltées manuellement chaque semaine, séchées le jour même pour préserver leurs principes actifs, puis transformées en « rimed razié ». Ces derniers sont ensuite commercialisés sous forme de tisanes, infusions, thés, épices et huiles végétales.

OFFICE DU TOURISME

Rue Séphora Louis Félix ✆ 05 96 57 88 95
www.saintjoseph-martinique.fr
Lundi, mardi, jeudi de 8h à 16h30, mercredi 8h à 13h, vendredi 8h à 14h. Fermé samedi et dimanche.

Malgré une importante population de plus de 17 000 habitants répartie sur 4 329 hectares, Saint-Joseph reste un lieu authentique représentatif de la Martinique profonde. La beauté sauvage de ses sites naturels fait de Saint-Joseph un véritable havre de paix et un joli point de départ pour de multiples balades alentour : forêts aux essences rares, rivières et jardins aux fleurs variées, spectacle incomparable d'une végétation luxuriante parcourue par de magnifiques cours d'eau. L'office de tourisme saura vous indiquer les itinéraires incontournables.

BRÉDAS, L'ATELIER DU BRISCARD €€

A l'entrée de Presqu'île
✆ 05 96 57 65 52
Ouvert le soir du mardi au samedi, et le dimanche de 12h à 16h.

Au cœur de la Martinique, le Brédas tient son nom de son propriétaire, le chef Jean-Charles Brédas, dont la réputation n'est plus à démontrer et qui est un poète en matière culinaire. Ce « maestro du goût » jongle avec les traditions gastronomiques d'ici et d'ailleurs. Dans son restaurant ouvert le soir (et le dimanche midi), il vous transporte au royaume des cinq sens dans lequel la carte change au gré du temps et des saisons. L'accueil est au diapason et le service de prestige.

ENTRE NOUS €€

Bois neuf Gondeau
✆ 05 96 50 24 71
www.restaurant-entrenous.fr/
Ouvert du mercredi au samedi de 12h à 15h et de 19h à 22h.

Cadre calme et verdoyant pour ce restaurant logé dans une grande maison créole où l'on peut se restaurer en terrasse ou au bord de la piscine. Le chef propose une cuisine gastronomique moderne et raffinée, avec des produits frais et de saison, où tout est fait maison. Mélange de plats français et créoles, l'accueil est au rendez-vous avec Marc et ses précieux conseils en matière de vin. La carte, très gourmande, est renouvelée tous les mois. Une belle adresse conviviale et délicieuse à découvrir, sur réservation de préférence.

FERME BIO DE L'HÔTEL DES PLAISIRS

Chemin Lenogue
lieu dit Hôtel des Plaisirs
✆ 05 96 57 61 83

Depuis plus de vingt ans, de multiples fruits et légumes certifiés bio poussent sur cette exploitation installée sur des sols sains et fertiles. Un joli jardin créole trône au milieu des champs, dans lesquels gambadent gaiement des ânes et des poules. La ferme abrite également de magnifiques fleurs : orchidées, broméliacées, anthuriums... Un lieu où la nature respire et distille sa douceur de vivre aux visiteurs qui prennent le temps de l'apprivoiser !

DUCOS

La commune qui tient son nom de Théodore Ducos (1801-1855), ministre de la Marine et des Colonies de Napoléon III, s'appelait auparavant Trou-au-Chat. Elle connaît à l'époque industrielle de violents affrontements politiques lors des élections tragiques du 24 mai 1925 : les conseillers généraux socialistes, Charles Zizine et Louis des Etages, sont abattus par un gendarme en pleine ville. Passant en quelques années d'une économie agricole et artisanale à une économie industrielle et commerciale, la ville de Ducos est désormais considérée comme une commune dynamique et une terre d'accueil et de vie pour de nombreux travailleurs du centre.

BOULIKI BIO

3686 Quartier Bahuaut
✆ 06 96 16 11 88

Au sein de la forêt de Cœur Bouliki, bienvenue dans un véritable havre de paix éco-friendly. C'est au cœur d'une nature paisible que se cache ce petit Eden, qui abrite un bain chaud (qui est en réalité une sorte de tisane géante), un «saun'hammam», la douche cascade, un espace de détente hamac, la plage bouliki, la fish pédicure et en option un massage à 2 ou 4 mains ! Ce cadre exceptionnel est l'œuvre de David, qui possède aussi une ferme bio où il vend sa production. On peut également déguster sur place la délicieuse cuisine de ses produits.

LE BUNGALOW DES BOUGAINVILLIERS €

44 impasse des Anges
✆ 05 96 56 39 62
https://le-bungalow-des-bougainvilliers-ducos.hotelmix.fr

Tarif : 60 € la nuit. 350 € la semaine. Table d'hôtes le soir, du mercredi au samedi, sur réservation.

Ce joli bungalow, voisin de la maison principale, est idéalement conçu pour accueillir 2 à 3 personnes. Il bénéficie d'un beau et vaste jardin fleuri. Sa pièce à vivre, climatisée, est dotée d'un côté de la chambre et de son lit double avec armoire et TV, et de l'autre d'un séjour, coin salle à manger, cuisine équipée, salle d'eau avec WC, et d'une petite terrasse. Une table d'hôtes offre une carte traditionnelle, créative ou à thème le soir, uniquement sur réservation.

HARMONIA INSTITUT ET SPA

103 chemin Deslauriez
✆ 05 96 39 29 62
https://app.flexybeauty.com/harmonia-institut-et-spa

Du mardi au samedi de 9h à 17h.

L'institut Harmonia propose un large panel de prestations, généralement certifiées bio. Coup de cœur pour le soin découverte Harmonia bio qui allie gommage du corps, massage du dos et des jambes, et 30 minutes de balnéothérapie. On aime aussi le « voyage bien-être » sur mesure qui associe soin, massage et espace détente à la journée selon vos besoins. Harmonia s'occupe également de vos manucures et pose de vernis, là encore biologiques. Possibilité d'accéder à l'espace détente piscine, bain bouillonnant et solarium-terrasse.

VILLAVEO €€

Centre commercial la Source
✆ +596 696 45 06 35
www.villaveo.com/fr

Les tarifs sont direct propriétaire, il n'y a pas de frais d'agence.

Créée en 2014 par trois associés issus de la finance et de l'hôtellerie de luxe, VillaVEO est une agence immobilière spécialisée en locations saisonnières. L'agence propose plus d'une centaine de références d'appartements, studios, maisons de vacances et villas de luxe sur toute l'île. Tous les biens sont sélectionnés à partir d'une charte qualité, pour tous les budgets. Seul dénominateur commun : la qualité du logement loué. Deux conseillères vous assistent dans vos recherches, l'une basée en métropole, l'autre en Martinique.

BAGUET SHOP €

ZI Petite Cocotte
✆ 05 96 50 99 32
www.baguet-shop.com
Ouvert du lundi au vendredi de 6h à 17h et le samedi de 7h à 14h30.

A tous les moments de la journée, découvrez de bonnes choses à déguster à emporter ou à consommer sur place dans l'un des 14 magasins de l'enseigne entièrement redécorés de manière chic et contemporaine à travers toute l'île. Dès le matin, pain frais, viennoiseries et pâtisseries vous attendent. Pour déjeuner, de délicieux sandwichs sont confectionnés sous vos yeux avec des ingrédients frais et dont le choix varie entre 5 variétés de pains. Sans oublier les plats cuisinés, les tartes salées ainsi que des salades composées et variées.

L'OLIVIER €€

ZI Petite Cocotte
✆ 05 96 37 48 74
Ouvert tous les midis du lundi au vendredi.

A L'Olivier, la cuisine se veut simple mais raffinée, dans une décoration de bois clair qui vous transporte, à mille lieues de la circulation et des activités de la zone industrielle de Petite Cocotte. La carte, agréable pour cette pause déjeuner, propose des spécialités provençales, antillaises ou du Sud-Ouest. L'œuf de caille gratiné à la mozzarella, la cuisse de canard et son chutney de figues pochées au miel n'ont rien à envier à la délicieuse tarte Bourdaloue. La carte change au gré du marché. Jetez un œil sur leur page Facebook, mise à jour régulièrement.

LINA'S €€

Zone industrielle Champigny
✆ 05 96 50 30 30
Ouvert tous les jours de 7h à 18h et le samedi jusqu'à 16h.

Le Lina's, ce sont aujourd'hui cinq enseignes en Martinique, de Fort-de-France à Ducos en passant par le Lamentin. Sa devise ? Le bien-être est bon pour la santé ! L'endroit est élégant et agréable tant pour une pause café qu'un déjeuner ou un goûter. Les sandwichs et les salades sont originaux et délicieux tandis que les verrines et les gâteaux sont à craquer. Ici, on vient petit-déjeuner, déjeuner, goûter, mais également partager entre collègues ou amis avec le service traiteur By Lina's. Un concept healthy qui fait des émules.

TA NOU

zone de Champigny
✆ 06 96 88 34 05
www.ta-nou.bio

Ta Nou est le premier circuit court de l'île de produits exclusivement bio. L'objectif est de permettre aux consommateurs de s'approvisionner en produits bio et aux agriculteurs martiniquais de bénéficier de cette vitrine pour valoriser leurs produits. La structure s'engage également dans la création de fermes agroécologiques et biologiques sur des sols non pollués en Martinique. Pour commander son panier, rien de plus simple : il suffit de se rendre sur le site réapprovisionné deux fois par semaine avec les récoltes des producteurs et de composer son panier.

NAGOYA €€

ZI Petite Cocotte ✆ 05 96 75 40 07
https://nagoya972.fr
Ouvert lundi de 11h à 15h, du mardi au samedi de 11h à 15h et de 18h30 à 22h. Addition moyenne 25-40 €.

Une adresse très remarquée dans le panorama des restaurants martiniquais. La cuisine japonaise et thaïlandaise du Nagoya amène une bouffée d'air frais du côté de la zone industrielle de Ducos. Les tons verts et gris minimalistes du décor apaisent l'esprit, tandis que les mets japonisants réjouiront tous vos sens : marmite coréenne, yakitori, tempura de crevettes ou encore bœuf au curry japonais. Les recettes sont savoureuses et préparées de manière traditionnelle à partir d'ingrédients choisis avec soin. Embarquement immédiat pour l'Asie !

KAYAK AVENTURE MANGROVE

Quartier Cocotte Canal
✆ 05 96 48 22 45
https://kayakaventuremangrove.com

Fun Kayak propose de découvrir la magnifique mangrove de Martinique en kayak, l'une des plus belles des Caraïbes. Comptant mille hectares, celle-ci s'étend sur les communes de Ducos, Rivière-Salée et les Trois-Ilets.

Deux circuits sont possibles, encadrés par des moniteurs diplômés. Le premier consiste en un parcours dans la forêt de Vatable, à côté de la maison de la Canne. Le circuit n° 2 (depuis Ducos, durée 3h) est une balade paisible au fil de l'eau pour découvrir la richesse de la mangrove, de ses palétuviers et de sa faune colorée.

SUD CARAÏBE

Avec ses plages de sable blanc bordées de cocotiers et ses eaux chaudes toute l'année, le Sud Caraïbe est à l'image de ces cartes postales idylliques illustrant les tropiques. Entre les Trois-Ilets, haut-lieu touristique, que l'on rejoint aisément par de fréquentes navettes maritimes depuis Fort-de-France, , les Anses d'Arlet, le Diamant et ses vagues écumeuses qui déferlent avec puissance, Sainte-Luce et son marché coloré, le Marin et sa marina animée (la plus grande de la Caraïbe) d'où partent la plupart des croisière, jusqu'à Sainte-Anne et ses célèbres plages de rêve, le sud s'impose comme un incontournable balnéaire qui aura séduire les amateurs de fonds blancs et de farniente. Mais la région sait aussi engager au vert et porter aventuriers au détour d'un sentier, au sommet d'une montagne ou au frais d'un fond abrité. N'hésitez pas à aller vous perdre dans les hauteurs, à sillonner les mornes. La vue y est souvent époustouflante.

Sud Caraïbe
LE ST-ESPRIT
Vers FORT-DE-FRANCE
Vers LE FRANÇOIS
LE VAUCLIN
Anse-Mitan
Marina
Baie de Génipa
Gros Ilet
Anse-à-l'âne
LES TROIS-ILETS
Rivière salée
RIVIÈRE-SALÉE
Anse-Noire
Anse-Dufour
Desmarinières
Rivière pilote
Macabou
Grand-Anse
Grande-Anse d'Arlet
.ES ANSES-D'ARLET
RIVIÈRE-PILOTE
LE DIAMANT
Morne Larcher 471 m
Trois-Rivières
Anse-Céron
LE MARIN
STE-LUCE
Petit-Anse
Petite-Anse d'Arlet
Grande-Anse du Diamant
Désert
Baie-du-trou-Au-diable
Anse-Mabouyas
Anse-Corps de Garde
Rocher du Diamant
Piton Crève
Cap Chevalier
STE-ANNE
Ilet Chevalier
Mer des Caraibes
Océan Atlantique
Grande-Anse des Salines
Ilet Cabrits
5 KM
Canal de ste-lucie

PAGES

146

●● SUD DE LA CÔTE CARAÏBE

Au cours d'un itinéraire dans sud de la côte Caraïbe, on ne manquera pas de visiter la Maison de la Canne aux Trois-Ilets. Construite sur les ruines de l'ancienne distillerie sur un domaine de 2 hectares, ce lieu rassemble une mine d'informations sur la transformation de la canne à sucre et propose une balade à travers l'histoire de l'île. Le cadre est enchanteur et le domaine entretenu au cordeau ! Côté plage, on pourra jouer au Robinson sur la plage de l'Anse noire de préférence en semaine. Sable noir, eau transparente, tortues et poissons colorés se méritent, car il vous faut descendre (et donc remonter) une centaine de marches pour y accéder. On ira également flâner dans les ruelles du charmant bourg des Anses-d'Arlet pour découvrir ses petites cases créoles colorées. Plonger avec masque, palmes et tuba autour des deux rochers dans les eaux face à l'église immanquable à droite du ponton. Ici, on appelle cet endroit l'Aquarium : tous les poissons de la mer des Caraïbes semblent s'y être donné rendez-vous.

Sur la route qui va de Petite Anse au bourg du Diamant, on jouira de l'une des plus belles vues de l'île. Pour profiter des eaux qui entourent le rocher du Diamant et y plonger, il vous faudra emprunter un bateau et posséder déjà un certain niveau (faille à 18 m). Pour se remettre de tout ça, on pourra déguster une langouste au bord de l'eau ou écoutez un concert le week-end à Sainte-Luce, l'une des bourgades les plus charmantes de l'île. Terminez par Sainte-Anne et la plage des Salines pour son décor de carte postale et sa douceur de vivre. Au programme : sieste dans un hamac, baignade ou balade dans la réserve ornithologique...

LES TROIS-ÎLETS ★★★

L'ancienne paroisse du Cul-de-Sac-à-Vaches, dont les jésuites avaient la charge depuis 1683, devint les Trois-Ilets au XVIIe siècle. Son nom étrange n'était pas dû au hasard puisque certains colons y élevèrent des vaches à cette époque... D'abord simple quartier de la commune des Trois-Bourgs, créée en 1837 avec Rivière-Salée et Petit-Bourg, Trois-Ilets devint une commune à part entière en 1849.

LES ANSES D'ARLET ★★★

Elle s'épanouit entre mythe et légende murmurant parfois l'histoire d'un chef indigène fier et rusé, Salomon qui régnait sur la région bien avant la colonisation. A leur arrivée des années plus tard, c'est avec deux frères que les européens eurent à traiter : ils imposent alors que Pilote s'installe dans l'actuelle Case-Pilote tandis que son frère Arlet s'installe en maître sur la future commune qu'il commande de 1635 à 1648. A mesure de l'arrivée et de l'installation de nouveaux colons, la présence indigène se réduit. Peu à peu, stratégiquement installée dans la continuité de la Pointe-du-Bout et disposant de belles anses, la commune devient l'un des maillons de la chaine de protection de la capitale.

SAINTE-LUCE ★★★

On peine à dater le passé amérindien de Sainte-Luce. Le quartier de Montravail, connu pour ses pétroglyphes, laisse penser qu'il s'agissait d'un lieu sacré. Les insulaires virent débarquer les premiers Français en 1635. Au XVIIe siècle, les colons s'installent notamment au lieu-dit « Trois-Rivières », en raison de sa fertilité et de son accès aisé. Une situation avantageuse, certes, mais qui ne manque pas d'attirer à plusieurs reprises les incontournables Anglais qui ravageront la localité en 1693.

RIVIÈRE-SALÉE ★

Aux abords de la route qui relie Fort-de-France au Sud caraïbe, serti d'immenses champs de canne verdoyants, ce carrefour incontournable se donne des airs d'un bourg plutôt résidentiel. Difficile de parler d'un charme réel. Pour le trouver, il faut s'aventurer davantage à l'intérieur des terres, notamment vers la belle route de Desmarinières dont les hauteurs offrent de jolis panoramas. Rivière-Salée est au centre de l'une des rares plaines paisibles de l'île. L'économie sucrière domine entièrement la région. Attention aux embouteillages en période de récolte ! La mangrove de la baie de Génipa, proche, accueille de nombreuses variétés d'oiseaux.

BAGUET SHOP €

Imm. Leader Price, ZI La Laugier
✆ 05 96 65 78 23
www.baguet-shop.com
Du lundi au samedi de 5h45 à 19h30 et le dimanche de 5h45 à 13h.

Leader de la boulangerie aux Antilles, Baguet Shop compte une quinzaine de points de vente en Martinique. L'enseigne propose à tout moment de la journée de bonnes petites choses à déguster, à emporter ou à consommer sur place. Dès le matin, pain frais, viennoiseries et pâtisseries vous attendent. Pour déjeuner, on a le choix entre de délicieux sandwichs confectionnés sous vos yeux avec des ingrédients frais et cinq variétés de pains. Sans oublier les plats cuisinés, les tartes salées, les wraps, ainsi que des salades composées et variées.

ALOHA & ZEN

1 Rue Joinville Saint Prix
✆ +596 696 41 64 76
https://www.aloha-et-zen.com
Ouvert de 9h à 18h du lundi au samedi, sur rendez-vous uniquement.

Emilie est spécialisée en massages bien-être. Outre la « lympho-énergie », une méthode qui associe mouvements de relance lymphatique à des points d'énergie chinoise pour se détoxifier, elle pratique l'abhyanga, le plus ancien massage du monde qui aboutit à un lâcher prise total, grâce à des pressions ciblées et des étirements. Il y a également le massage femme enceinte et le massage bébé pour apprendre à masser bébé. Dans tous les cas, pensez à réserver en amont. Emilie, très pro et à l'écoute, se déplace aussi à domicile. On recommande vivement !

RANCH DE TRENELLE

12 Général-de-Vassoigne
✆ 05 96 48 07 20
www.ranchdetrenelle.fr

Amateurs de chevaux, de nature et d'aventure, direction le centre équestre de Trénelle. Le site propose une panoplie d'activités et de belles randonnées à cheval à travers la campagne saléenne, en harmonie avec les cultures environnantes (la canne à sucre notamment). Implanté sur le domaine d'une ancienne sucrerie, on en visite encore les vestiges. On prend ainsi le temps d'observer au rythme régulier de sa monture : rivières aux eaux limpides, campagnes, plages… Initiation à l'équitation pour les débutants et randonnées plus longues pour les plus aguerris.

LE COSMOPOLITE

Chemin des figuiers
✆ 06 96 27 93 19
Ouvert le mardi et le mercredi de 22h à 4h du matin et du jeudi au dimanche de 19h à 5h du matin.

A moins de 30 minutes des Trois Ilets, du Diamant, de Sainte-Luce et de Ducos, le Cosmopolite est un lieu unique en pleine campagne. Ici, 3 concepts : Food, Drink & Clubbing ! Bar, restaurant en patio et espace dancefloor à ciel ouvert, ce qui est très agréable sous la douceur des nuits tropicales. Beaucoup de soirées à thèmes et concerts live y ont lieu, l'ambiance y est assurée et la clientèle est en majorité essentiellement locale. Le mieux est de suivre l'actualité des soirées sur leur page Facebook. L'un des endroits les plus sympas pour sortir sur l'île.

© LA VILLA MARTINIQUAISE

© LA VILLA MARTINIQUAISE

© LA VILLA MARTINIQUAISE

LA VILLA MARTINIQUAISE €€

37 chemin de la Sagesse ✆ +590 690 276808
www.villa-martiniquaise.com

Location d'une villa privée pour 10 pers. 5 chambres climatisées, 4 salles de bains. De 1 500 à 2 400 € la semaine.

Un véritable coup de cœur pour cette superbe villa créole, idéalement située dans un lotissement calme pour profiter pleinement de l'île. On apprécie ses espaces extérieurs et son deck qui entoure la piscine. Les deux carbets offrent presque 100 m^2 d'espace de vie. La vue sur le rocher du Diamant et la mer est fabuleuse. La propriété est très spacieuse, composée de deux bâtisses qui se réunissent autour de la piscine. Une architecture parfaite pour une grande famille. Prestations soignées, équipement au top. Accueil charmant du propriétaire, David.

© LA VILLA MARTINIQUAISE

© LA VILLA MARTINIQUAISE

LES TROIS-ÎLETS ★★★

La légende raconte que trois petits îlets (Thébloux, Charles et Sixtain) voulaient se réunir pour faire la fête. Ce sont eux qui ont donné son nom à la ville, dont le destin est intimement lié à celui de Joséphine de Beauharnais qui y a vu le jour en 1763. Face à Fort-de-France et sa baie, avec un relief moins vallonné et des côtes moins escarpées qu'ailleurs, les Trois-Ilets se composent de trois zones distinctes aux ambiances très différentes : le paisible bourg où les canots dorment sur la petite plage bordée d'anciennes bâtisses de brique, la Pointe-du-Bout et l'Anse Mitan, haut-lieu touristique, et, plus à l'ouest, le quartier de l'Anse-à-l'Ane.

© PACKSHOT - STOCK.ADOBE.COM

Les Trois-Ilets.

Quartiers

▶ Le bourg des Trois-Ilets. La commune des Trois-Ilets peut se targuer d'être animée durant l'année. Terre de sport, d'associations et de culture, elle propose de nombreuses activités. Le soir venu tout est calme, surtout dans son bourg où vous trouverez seulement quelques rues tranquilles avec des petits restaurants. Pour une vie nocturne plus agitée, optez pour la pointe du Bout où ses restaurants et bars plus nombreux diffusent une douce ambiance festive. A voir aux Trois-Ilets : le bâtiment de l'office de tourisme place Gabriel-Hayot : le 9 mai 1827 y fut célébré le mariage de Léon Papin Dupont, surnommé le « saint homme de Tours », né en 1797 et mort à Tours en 1876. Faites un tour ensuite au marché dans la halle puis sur le port en descendant après l'église. A 5 minutes en voiture, la Savane des Esclaves et le Village de la Poterie font partie des incontournables.

▶ La Pointe-du-Bout . Presqu'île rattachée à la commune des Trois-Ilets, la Pointe-du-Bout est l'un des premiers quartiers touristiques de l'île. Situé juste en face de la capitale administrative, ce secteur constituait un emplacement stratégique et faisait naturellement partie d'un imposant ensemble militaire défensif allant jusqu'aux Anses-d'Arlet. Son objectif était simple : renforcer la protection de la baie des Flamands et celle du Fort Saint-Louis. Aujourd'hui la Pointe-du-Bout héberge une grande partie des hôtels de la Martinique, si bien qu'elle est parfois considérée par certains comme un « parc à touristes ». Il est plus juste de la qualifier de station balnéaire, car l'émulation créée par les boutiques, hôtels, restaurants lui confère une ambiance estivale et dynamique. D'ailleurs, beaucoup de résidents martiniquais fréquentent ce quartier le week-end et durant les vacances scolaires. Le Village Créole a nettement contribué depuis sa création au développement du quartier. Ses petites cases colorées fraîchement construites lui donnent des faux airs de parc d'attractions. On y vient boire un verre ou grignoter un morceau sur l'une de ses nombreuses terrasses.

Une petite marina, un ponton desservi par des navettes maritimes (connexions avec l'Anse-à-l'Âne et Fort-de-France), un golf de 18 trous proche de la côte sauvage du sud-ouest (route des Anses, soit de l'Anse-à-l'Âne au Diamant), de nombreux services regroupés autour des hôtels et quantité d'activités et de loisirs (excursions nautiques, clubs de plongée...) s'y rassemblent.

Non loin de là, la plage de l'Anse-Mitan opère comme une jonction entre la Pointe-du-Bout et le continent, forte de plusieurs paillotes et restaurants les pieds dans le sable. Elle est reliée à Fort-de-France par la mer, notamment grâce aux vedettes Madinina. Sa plage, prisée des écoles et cours de natation, n'est pas la plus idyllique de l'île mais accueillera volontiers un plongeon rafraîchissant.

▶ L'Anse-à-l'Âne. Bien connu pour sa plage et pour son ponton d'où des navettes maritimes partent en direction de la Pointe-du-Bout et Fort-de-France, le petit quartier de l'Anse-à-l'Âne se trouve sur la route des Anses. Offrant une imprenable vue sur la baie de la capitale, les eaux calmes permettent un bain agréable et tout en farniente. Attention cependant à l'affluence et aux familles nombreuses qui l'investissent et la transforment en joyeux brouhaha les week-ends.

Transports

La ligne 1 du réseau de bus SUDLIB dessert la commune des Trois-Ilets via Fonds Mulâtres, La Ferme, l'Anse-à-l'Âne, la Pagerie et Anse-Mitan. Correspondances avec les lignes intercommunales C-D-E.

FORÊT VATABLE

Quartier Vatable
✆ 05 96 77 47 27
A côté du musée de la Canne entre le village de la poterie et le bourg des Trois-Ilets.

Peu après la maison de la canne, sur la route qui mène au bourg des Trois-Ilets, la forêt Vatable offre une jolie balade ombragée et familiale pour changer de la plage et découvrir la mangrove. Le long du sentier aménagé (qui fait une boucle d'une heure), vous croiserez un ponton de bois pour ceux qui voudraient tenter de se baigner dans la mangrove, des tables de pique-nique, un amphithéâtre décoré de lave émaillée, et surtout de magnifiques points de vue sur la mangrove et la baie de Fort-de-France. Départ pour des balades en kayak également.

MUSÉE DE LA PAGERIE

Quartier Pagerie ✆ 05 96 68 38 34
www.collectivitedemartinique.mq/le-musee-de-la-pagerie/
Ouvert du mardi au vendredi de 9h à 16h30, samedi de 9h30 à 12h30, dimanche de 9h30 à 14h30. Adulte 5 €. Enfant 1 €.

Berceau de l'Impératrice Joséphine, cette ancienne sucrerie (XVIIIe siècle) est un lieu de mémoire dont on vous recommande vivement la visite. D'abord pour le site naturel qui lui sert d'écrin : un très beau jardin où butinent des colibris... Ensuite pour la balade historique qu'il propose au gré des lettres, souvenirs et objets rares d'époque, mobilier ancien ayant appartenu à Joséphine. Sous la conduite d'un guide, vous découvrez le destin de Marie-Joseph-Rose de Tascher de la Pagerie (1763-1814), qui épousa, le 9 mars 1796, Napoléon Bonaparte (1769-1821).

ÎLET RAMIERS

Petit volcan de type strombolien de quelques centaines de milliers d'années, cet îlet fut rapidement muni d'une pièce d'artillerie et fortifié au point de devenir un dispositif essentiel pour la défense de la baie de Fort-de-France. De 1703 à 1739, plus de 200 canons sont aménagés en Martinique ! Le fortin, simple batterie vers 1728 jusqu'au projet de fortification en 1746, interdit toute intrusion dans la baie, en s'alignant avec la Pointe-des-Nègres. L'Ilet Ramiers (ou Ilet-à-Ramiers) constitue la porte d'entrée de Fort-de-France en venant de la côte Sud et la Pointe-des-Nègres se caractérise comme l'entrée de Fort-de-France en arrivant de la côte Nord Caraïbe. Cet îlet, quasiment imprenable, est niché sur un rocher escarpé. Les assaillants ne pouvaient l'aborder que par un seul endroit : un débarcadère protégé par un corps de garde. Au sommet se trouve un plateau plat – uniquement accessible par une échelle à 70 pieds au-dessus de la mer – composé de trois batteries côtières, d'un logement pour les militaires et d'un magasin à poudre ; plusieurs de ces bâtiments sont classés monuments historiques. Le rocher joua un rôle défensif jusqu'en 1876 puis servit de lazaret et d'hôpital militaire pendant de brèves périodes en complément du fortin de la Pointe-du-Bout. Centre de repos militaire dans les années 1960, cet îlet de 3 hectares est aujourd'hui un site protégé par le conservatoire du littoral pour sa flore et sa faune, en particulier les iguanes des petites Antilles, espèce endémique. Il est interdit d'y pénétrer.

SUD CARAÏBE

© JCH DUSANTER

La Pointe du Bout vue du ciel, Les Trois-îlets.

Plage de l'Anse à l'Ane.

© CHÂTEAU GAILLARD

© CHÂTEAU GAILLARD

© CHÂTEAU GAILLARD

DOMAINE CHÂTEAU GAILLARD

Route des Trois-Ilets ✆ 05 96 68 15 68
www.domainechateaugaillard.fr
Ouvert 7j/7 de 9h à 18h. Entrée gratuite.

Le Domaine Château Gaillard regroupe plusieurs activités dont la plus grande pépinière de Martinique. Des boutiques (artisanat d'art et prêt-à-porter, bouquinerie, fleuriste, torréfacteur de café), des services (agence de voyages, location de voitures, expert immobilier, formateur Drone, orthoptiste, ostéopathe, masseuse, hypnose ericksonienne et clinique du cheveu) et des activités ludiques (escape game, salle de sport et une base de loisirs avec wake-board, hydroclimb et trampoline). Sans oublier le restaurant et le snack burger maison. A visiter en famille.

© CHÂTEAU GAILLARD

© CHÂTEAU GAILLARD

MAISON DE LA CANNE

✆ 05 96 68 32 04 - Sur la D7, en direction de Rivière-Salée. – https://www.collectivitedemartinique.mq/la-maison-de-la-canne

Mardi à jeudi 8h30-17h30, vendredi 8h30-12h, samedi 8h30-12h et 14h-17h, dimanche 9h-17h. Adulte 3 €, enfant 0,75 €.

Installée dans les bâtiments rénovés de l'ancienne distillerie de Vatable aux Trois-Ilets, la Maison de la Canne propose un large panorama des multiples et complexes rapports qui se sont établis entre : une terre, une plante, un peuple. Le site relate les grandes lignes de l'histoire de la canne à sucre (*Saccharum officinarum*, une plante de la famille des graminées), de la machine à vapeur, du moulin au navire négrier, jusqu'à la coupe de la canne vers 1900. A travers des documents, des maquettes et des gravures d'époque, plus de trois siècles d'économie sucrière depuis la fin du XVIIe jusqu'au XXe siècle en Martinique sont présentés. L'occasion de revenir sur ce grand roseau originaire d'Asie qui a très tôt intéressé les cultivateurs pour sa capacité à emmagasiner dans sa tige, via le processus de la photosynthèse, le saccharose. Une fois récoltée puis broyée dans de grands moulins, la canne donne un liquide, le vesou, que l'on transformera en sucre après cristallisation, ou en rhum après distillation. De la plantation de la canne à la fabrication du rhum, en passant par l'extraction du sucre, toutes les étapes sont fidèlement décrites. L'histoire de la canne est aussi directement liée à celle de la colonisation et de l'esclavage : particulièrement exigeante en main-d'œuvre, la culture de la canne dans les colonies entraînera en Martinique la déportation massive de populations d'Afrique pour parvenir à couvrir les besoins dans les exploitations. Ne partez pas sans avoir lu le *Code noir*.

LE MUSEE DU MONDE MARIN

village de la poterie

✆ 05 96 69 70 98

Ouvert 7j/7 de 9h à 18h. Entrée : adulte 5 €, enfant 3 €.

C'est d'une passion poursuivie depuis l'enfance et de nombreuses années de collection qu'est né ce musée du Monde marin, créé par Mickael Tosato. Pendant des années, Mickael ne cesse d'enrichir sa collection, qu'il expose au sein de l'hôtel familial l'Ecrin bleu au Diamant. Sa passion pour les coquillages, Mickael l'a depuis sa plus tendre enfance : dès l'âge de quatre ans, il s'est mis à collectionner les coquillages, notamment les lambis. Il y a quelques années, il a dû quitter la Martinique et a ainsi laissé les rênes à son frère Fabien pour faire partager cette fabuleuse collection. C'est début 2018 que Fabien installe ce lieu unique dédié à la mer et ses habitants, au village de la poterie. Plus de 2 000 espèces différentes, dont 700 originaires des seules Antilles, y sont référencées sur 250 mètres carrés d'exposition, dans un lieu qui met l'accent sur une mise en scène des plus soignées.

Découvrez-y la grande variété de coquillages, étoiles de mer, oursins, crustacés, mais aussi requins et mâchoires de requins naturalisés (mako, citron, marteau...) des côtes de Caraïbes, sans oublier une série impressionnante de rostres de marlin bleu et de poissons scies. Les coquillages sont classés par familles. Un peu plus loin, une superbe galerie des poissons complète votre visite. Une belle balade à la découverte de ce monde du silence. Terminez votre visite par un passage par la boutique pour (s') offrir un joli souvenir parmi les coquillages, étoiles de mer et autres merveilles des eaux profondes.

PÉPINIÈRE CHÂTEAU GAILLARD

Domaine Château Gaillard
Route des Trois-ilets
✆ 05 96 68 15 68
www.domainechateaugaillard.fr

Ouvert tous les jours de 9h à 18h.

Avec plus de 1 500 variétés de plantes, cette pépinière est l'une des plus grandes de l'île. On y trouve de tout : des arbres fruitiers, des agrumes, des plantes vertes, à fleurs, aromatiques, aquatiques, grasses, dépolluantes, des cactus. Les plants, vendus en pots, sont destinés aux professionnels et aux particuliers. Pour toute question, l'équipe de spécialistes est là pour vous aider à planter et entretenir au mieux vos progénitures végétales.

Collectivité Territoriale de Martinique

LE SUD DE L'ÎLE
DES MUSÉES TÉMOINS DE NOTRE HISTOIRE

MUSÉE DE LA PAGERIE

Au sein d'une ancienne habitation, le Musée de la Pagerie est un espace consacré au souvenir de l'Impératrice Joséphine où se décline une collection de lettres, autographes, souvenirs, d'objets rares d'époque et de mobiliers anciens.

Domaine de la Pagerie - 97229 Trois-Ilets
Tél. : 0596 68 38 34

MAISON DE LA CANNE

Dans une ancienne distillerie, la Maison de la Canne propose un large panorama des multiples et complexes rapports qui se sont établis entre une terre, une plante, un peuple pendant plus de trois siècles d'économie sucrière depuis la fin du XVIIe jusqu'au XXe siècle.

Quartier Vatable - 97229 Trois-Ilets
Tél. : 0596 68 32 04

ECOMUSÉE

L'Ecomusée de Martinique, situé dans une ancienne distillerie restaurée, propose une collection muséographique sélectionnée qui comporte, non seulement les produits de fouilles archéologiques faites sur le site mais aussi des objets, témoins de savoir-faire ancestraux.

Anse Figuier - 97211 Rivière Pilote
Tél. : 0596 62 79 14

www.collectivitedemartinique.mq

SUN BOAT CARAIBES

Marina Pointe du bout
✆ 06 96 10 70 01
https://sunboatcaraibes.fr

Sun Boat Caraïbes propose à la location ses bateaux à moteur pour découvrir la Martinique côté Caraïbes en demi-journée ou journée complète, au départ de la Pointe du Bout aux Trois-Ilets. On fait son choix parmi la flotte de 5 bateaux dont 4 disponibles pour la location avec permis et une navette rapide qui offre la possibilité de rejoindre Sainte-Lucie en moins de 1h et la Dominique en moins de 2h. Possibilité également de louer pour des événements : anniversaire, enterrement de vie de garçon ou de jeune fille, séminaires d'affaires…

© SUN BOAT CARAIBE

© SUN BOAT CARAIBE

PLAGE DU BAKOUA

Il faut passer le village créole. Prendre à gauche, au niveau du Pitaya, et suivre le chemin de Titou.

La petite plage du Bakoua se niche dans une anse calme de la Pointe-du-Bout, juste en face de Fort-de-France. C'est un lieu privilégié pour se faire une journée de douceur, tranquillement installé sur son transat ou profiter des nombreuses activités du centre nautique. Il vous faudra arriver tôt pour ne rien manquer des plaisirs de la baignade dans une eau revigorante… L'idéal est ensuite de se retrouver pour l'apéro du midi sur le bar à pilotis, le fameux Coco Bar, surplombant une eau turquoise, à ne surtout pas manquer à l'hôtel Bakoua, une ancienne demeure coloniale transformée en établissement de luxe. Si la plage a été créée de toutes pièces, elle ressemble aux autres plages naturelles de l'île.

Un ti-punch ou un planteur plus tard, il suffit de grimper quelques marches pour accéder à la terrasse du restaurant. La salle surplombe la plage et bénéficie d'une vue magnifique sur la baie. La cuisine est fraîche, d'inspiration créole. On déguste des grandes salades composées, des poissons et des viandes grillées. Après le déjeuner, la sieste à l'ombre d'un parasol s'impose ! Une vraie journée à buller tout simplement ! C'est un peu aussi cela les vacances…

Il arrive que cette plage ne soit plus accessible au public et soit réservée uniquement aux clients de l'hôtel. Dans ce cas-là, et pour ceux qui rêvent d'un peu plus de tranquillité, longez le chemin à l'opposé du Coco Bar : plusieurs petites anses ombragées (et publiques !) vous tendent les bras ! Une petite épave est même cachée au fond des eaux.

BUREAU D'INFORMATION TOURISTIQUE

Place Gabriel Hayot
✆ 05 96 28 09 99
www.trois-ilets.com

Ouvert du lundi au vendredi de 8h à 13h et de 14h à 17h, le samedi de 9h à 13h.

Sur la place du bourg, le bureau d'information touristique vous propose de multiples informations sur les événements aux Trois-Ilets, mais aussi les offres de logement, les randonnées, les horaires des bus, les activités proposées, etc… C'est une mine d'informations pour tout visiteur qui souhaiterait organiser son séjour. Rendez-vous également sur le site Internet martinique.org qui propose de nombreuses brochures d'information téléchargeables.

© LE VILLAGE DE LA POTERIE

© LE VILLAGE DE LA POTERIE

© LE VILLAGE DE LA POTERIE

LE VILLAGE DE LA POTERIE ★★★

Route des Trois-Îlets ✆ 05 96 68 24 64 – www.poterie-village.fr

Le Village de la Poterie vous accueille tous les jours de 9h30 à 18h. Le dimanche de 10h à 13h.

Empruntez le chemin de terre rouge pour découvrir le Village de la Poterie niché entre terre et mer. Ce site authentique, unique en Martinique, rassemble plus de 45 artisans et commerces : une briqueterie, des potiers depuis le XVIIIe siècle, des créateurs (mobilier, mode, déco...), des artistes (peintres, sculpteurs), des boutiques de souvenirs et produits locaux, des artisans (bijoux, poterie, savons, pâtisserie, chocolats) et des restaurants. Côté mer : balades en kayak, en catamaran et le Musée de la Mer. Un site convivial à découvrir en famille ou entre amis.

© LE VILLAGE DE LA POTERIE

© LE VILLAGE DE LA POTERIE

LA SAVANE DES ESCLAVES

Quartier La Ferme
✆ 05 96 68 33 91
www.lasavanedesesclaves.fr
Du lundi au samedi de 9h à 18h, dimanche de 9h à 13h. Tarif : adulte 12 €, jeune 8 € et enfant (de 3 à 12 ans) 5 €.

Située dans la campagne des Trois-Ilets, dans un parc de trois hectares en lisière de forêt, La Savane des Esclaves est née de la persévérance de Gilbert Larose. Ce Martiniquais passionné par l'histoire de son île a eu idée de ce village par devoir de mémoire et pour faire connaître le mode de vie, les savoirs et les traditions de ses ancêtres. Après plusieurs années de travail, c'est en décembre 2004 que Gilbert ouvre au public son village Antan Lontan, avec visites guidées et démonstrations de la fabrication des bâtons de cacao, cassaves, jus de canne… Au cours de ces dernières années, la savane des esclaves n'a cessé d'évoluer. En 2017, il construit «la Rue Case-Nègres» qui montre l'organisation des cases d'esclaves sur une habitation et leurs conditions de vie. Il installe aussi dix-huit panneaux bilingues qui complètent la visite guidée et c'est en 2018 qu'il agrandit encore et construit un village Kalinago, dédié au mode de vie des Amérindiens avant l'arrivée des Européens en Martinique. En 2019, Gilbert crée un nouveau musée et la place de l'Esclave Romain pour rendre hommage aux révoltes d'esclaves, avec 12 nouveaux panneaux riches d'informations historiques. Quatre siècles d'histoire dans un même lieu de visite, devenu incontournable en Martinique. À noter que la fabrication et la vente des cassaves a lieu le premier samedi de chaque mois de 10h à 12h30. Celle de cacao n'a lieu qu'une fois par semaine.

LE MANTOU, VISITE DE LA MANGROVE

Place Paul-Thevenard ✆ 05 96 68 39 19
www.decouverte-martinique.fr
Départs tous les jours du bourg des Trois-Ilets. Demi-journée à partir de 30 € (adulte) ou 18 € (enfant 3-12 ans).

Une excursion agréable à faire en famille. Vous embarquez à bord d'une yole aménagée pour découvrir la mangrove des Trois-Ilets et de Rivière-Salée, flâner au milieu des palétuviers et rencontrer les crabes « mantous »… Un guide professionnel vous explique tout ce qu'il y a à savoir sur la faune et la flore. Un pot et une petite collation vous sont servis à bord. La durée de l'excursion est de 2h30. Réservation sur place ou par téléphone (de 8h30 à 12h30 et de 14h à 15h).

AVIS

Village créole, Pointe-du-Bout
✆ 05 96 42 11 00
Fax : 05 96 66 11 99
www.avis-antilles.fr
Ouvert de 7h30 à 12h et de 15h30 à 18h. Le dimanche de 8h à 12h.

De renommée mondiale dans la location de voitures, Avis propose un choix varié de véhicules, tous climatisés, de la petite voiture économique au 4x4 familial 7 places, en passant par les berlines, les cabriolets et les véhicules tout-terrain ! Une belle nouveauté, la gamme Prestige, où l'on vous propose la très classe Jaguar ou encore la toute nouvelle Evogue cabriolet de chez Range Rover… La livraison est possible dans tous les points de l'île. Une équipe accueillante et un service de qualité pour répondre à tous vos besoins.

SUDLIB

www.sudlib.fr
Voyage à l'unité à partir de 1,50 € urbain et interurbain 2,10 €. Carte sans contact rechargeable à volonté.

Avec le réseau SudLib, voyagez dans tout le sud de l'île. Créé en janvier 2016, le réseau SudLib est chargé d'organiser tous les transports à l'échelle du territoire, tant le transport routier de voyageurs que le transport maritime. 1 700 000 passagers annuels voyagent sur ce réseau, dont 7 500 élèves chaque jour. Les lignes intercommunales desservent les voyageurs, du Marin à Sainte-Anne, et du François aux Trois-Îlets. Les lignes locales, elles, desservent le bourg et chacune des communes alentour : les Anses d'Arlets, Rivière-Salée et le Diamant.

VEDETTES TROPICALES

✆ 05 96 63 06 46
www.vedettestropicales.com
Horaires du lundi au dimanche de 6h30 à 22h. A partir de 5 € l'aller simple, 7 € l'aller-retour.

Depuis 2014, les Vedettes Tropicales assurent des liaisons maritimes régulières entre les Trois-Ilets et Fort-de-France. Une excellente alternative pour éviter les désagréments des embouteillages pour se rendre jusque dans la capitale. Les départs se font depuis le bourg, l'Anse Mitan, la Pointe du Bout et l'Anse-à-l'Ane. En moins de vingt minutes, vous vous retrouvez au cœur de la capitale foyalaise, au pied du Fort Saint-Louis. Départs également vers et depuis Case-Pilote. Se renseigner sur le site Internet pour connaître les horaires.

© CARAYOU

CARAYOU HOTEL & SPA €€

La Pointe-du-Bout ✆ 05 96 66 04 04
www.hotel-carayou.com

Possibilité de formule en all-inclusive. Chambre simple à partir de 136 € et de 202 € pour une double selon saison.

Avec son spa, son restaurant le Boucaut aux spécialités antillaises et internationales, et son bar la Paillote à l'ambiance boisée situé au-dessus de la piscine, l'hôtel Carayou promet un séjour des plus agréables. Les 213 chambres climatisées (à la décoration turquoise et chocolat) disposent d'un balcon ou d'une terrasse. La plage est très agréable car bien protégée de la baie. Quant aux passionnés de glisse, ils seront aux anges avec planche à voile, kitesurf, kayak, stand-up paddle et scooter des mers. Animations en journée et spectacles en soirée.

© CARAYOU

DOMAINE DE L'ANSE RAMIER €

Lieu dit Le Chalet ✆ 05 96 68 77 47
www.anseramier.com
A partir de 70 € par nuit pour 2 personnes selon la saison.

Implanté dans une forêt tropicale luxuriante bordée d'une plage, le Domaine de l'Anse Ramier propose 6 studios et 2 chambres offrant une vue panoramique sur la mer des Caraïbes. Corossol, Sapotille, Maracudja et Cannelle : à vous de choisir le logement qui vous convient le mieux. Dans tous les cas, le confort est au rendez-vous et la tranquillité y est assurée. Un chemin ombragé mène à une plage, peu fréquentée, d'où partent d'autres sentiers de randonnée pour découvrir la côte sud caraïbe de l'île, après une petite marche de 15 minutes.

JOJO BEACH €

6 rue du Caret
✆ 05 96 71 73 15
www.sous-les-cocotiers.com
A partir de 85 € la nuit en basse saison et de 90 € en haute saison.

Quatre bungalows de couleurs chatoyantes situés les pieds dans l'eau sur la plage de l'Anse-à-l'Âne se répartissent en 6 studios de 2 couchages et deux F3 climatisés (capacité de 4 personnes). Chacun est équipé d'une terrasse extérieure avec coin cuisine et transats pour se prélasser face à la mer. Les chambres sont climatisées. Tout est fourni sur place : linge de toilette, draps, ustensiles de cuisine, micro-ondes, télévision et connexion WiFi. Demi-pension possible sur demande. A noter que l'embarcadère des navettes maritimes se trouve juste à côté.

LE DOMAINE DU CHÂTEAU €€

Quartier La Pagerie
✆ 06 96 31 73 00
www.domaine-du-chateau-martinique.com
Appartement à partir de 90 € la nuit (basse saison) ou de 130 € (haute saison).

Avec sa piscine au centre, le Domaine du Château rappelle en tout point une hacienda lovée dans un parc de 33 hectares où la vue sur la mer hypnotise et apaise. Le cadre est complètement atypique pour la Martinique. Les appartements climatisés avec vue sur la mer ou la piscine sont entièrement neufs, équipés d'une kitchenette moderne et de tout le linge de maison, parfait pour un séjour au calme. À proximité du centre équestre, du golf et des cours de tennis, des plages et de la station balnéaire de la Pointe-du-Bout avec sa marina.

HABITATION DESROSIERS €€

17 rue du Dauphin ✆ 05 96 68 33 87
www.habitationdesrosiers.com
A partir de 74 € la nuit pour le studio.

Ce charmant boutique-hôtel est composé d'appartements entièrement rénovés, avec literies neuves, décoration intérieure et terrasses embellies. Les appartements (4 T2 pour 2 à 4 personnes, 1 studio pour 2 personnes et un duplex de 55 m² avec 2 terrasses), clairs et ventilés par les alizés, sont tout confort et tout équipés. Sandrine et Cyril, les propriétaires qui connaissent l'île sur le bout des doigts, vous conseilleront pour les excursions et visites. La plage de l'Anse-à-l'Âne est à 5 minutes à pied. Un excellent rapport qualité-prix.

HÔTEL BAMBOU €€

Quartier Anse-Mitan ✆ 05 96 66 01 39
www.hotelbambou.fr

Chambre double à partir de 187 €. Petit déjeuner buffet et dîner buffet inclus.

Tout près de la plage de l'Anse-Mitan, l'Hôtel Bambou offre un très bon rapport qualité-prix dans ce quartier touristique : bungalows colorés en bois, jardin créole et décoration authentique. Les 193 chambres avec vue sur jardin distillent un air de vacances : terre de rhum, îles aux fleurs, mer des Caraïbes, promenade tropicale, culture créole. Labellisé Clef Verte grâce à son implication en faveur de l'environnement, l'hôtel abrite 22 chambres équipées pour recevoir les personnes en situation de handicap. Personnel avenant. Piscine magnifique.

LE PANORAMIC €€

15, rue du Dauphin ✆ 05 96 68 78 48
www.lepanoramic.fr
Chambre double à partir de 130 €, triple à partir de 155 €. Petit déjeuner : 12 €.

Vue imprenable sur la baie de Fort-de-France, mer bleue, jardin exotique, sable fin… L'Hôtel Panoramic est un endroit de rêve récemment rénové, avec un réel engagement pour le développement durable. Le bois, notamment le Mahogany, est omniprésent dans toutes les chambres qui disposent d'une terrasse avec vue mer. La nouvelle décoration décline les couleurs chatoyantes des Antilles, dans un style résolument contemporain tout en respectant les codes de l'habitat traditionnel martiniquais. Raffinement, charme et accueil impeccable sont ici les maîtres mots.

VILLAGE CRÉOLE €€

Pointe-du-Bout
✆ 05 96 66 03 19
www.village-creole.com
Accueil du lundi au samedi 9h-12h et 13h-16h. Location du studio au 3 pièces.

Au cœur du Village Créole, la résidence se compose de 22 appartements entièrement rénovés, à la décoration colorée (vert anis, taupe, marron, bleu outremer…) qui contraste avec le mobilier blanc. Chaque logement dispose d'une cuisine équipée, de la climatisation et d'une télévision. Le linge de maison et de toilette est fourni. Les lits sont faits à votre arrivée. Un accès plage avec transat est proposé via l'Hôtel Bakoua, leur partenaire. Nombreux services : le ménage, lit bébé… Animaux de compagnie acceptés (si poids inférieur à 5 kg).

HÔTEL BAKOUA MARTINIQUE €€€

Pointe-du-Bout ✆ 05 96 66 02 02
www.hotel-bakoua.fr
Chambre double à partir de 164 € la nuit, variable selon la saison.

Cet établissement 4-étoiles abrite 132 chambres et 6 suites, spacieuses et très confortables, toutes prolongées par une terrasse ou un balcon, ainsi que deux restaurants : un semi-gastronomique, le Chateaubriand (cuisine créole et internationale), et la Sirène où l'on se régale de salades, grillades. Egalement deux bars : le Coco Bar, placé sur un ponton, les pieds dans l'eau et le Gommier, près de la piscine. Côté activités : jardin exotique pour se balader, piscine à débordement avec vue imprenable, plage naturelle de sable fin avec activités nautiques…

MADIKEYS €€

Domaine du Fort d'Alet
✆ +596 696 26 15 80
www.madikeys.com
Ouvert 24h sur 24.

Une jeune équipe qui sélectionne des locations de vacances situées principalement dans le sud de l'île, dans le triangle Trois-Ilets, Anses-d'Arlet, Diamant. De l'appartement les pieds dans l'eau à la villa de luxe, les logements sont haut de gamme et les services personnalisés en fonction de vos envies. On peut vous remplir votre frigo avant votre arrivée, réserver votre voiture, des restaurants, des activités de loisirs… Une vraie conciergerie qui répond à vos besoins lors de votre séjour en Martinique pour vous faire vivre de belles expériences.

BEACH BREAK €€

20 rue des Bougainvilliers
✆ +596 696 40 24 73
www.beachbreakmartinique.com
Ouvert de 8h à 20h du mardi au dimanche.

Tenu par un sympathique couple du sud-ouest de l'Hexagone, Beach Break est un petit restaurant qui propose une cuisine healthy 100 % maison : petits-déjeuners, salades, bagels, smoothies, thés glacés, bowls et pâtisseries. Mention spéciale pour le poké bowl au thon. On peut manger sur place sur l'une des deux tables ou sur un tabouret au comptoir, ou choisir à emporter. Les propriétaires viennent de reprendre la boutique de presse et souvenirs attenante et proposent désormais un concept de shop & food. Bref, un endroit sain, à deux pas de la plage de l'Anse Mitan.

O'COUP D'CŒUR €

Village de la Poterie ✆ 05 96 69 70 32 - A droite à l'entrée du village.
Ouvert tous les jours de 10h à 16h (15h le dimanche).

Dans ce salon de thé aux vitrines alléchantes, on vient se régaler des pâtisseries revisitées par Franck et Anaïs, élaborées exclusivement à partir de produits locaux : tartelette goyave-fraise, Paris Poterie, tarte aux fraises et basilic-citron. Le tout accompagné d'un p'tit café, thé, jus de fruits pressés, ou d'une boule de glace artisanale. On trouve aussi de très bons pains spéciaux et des viennoiseries. Le midi, le deck ombragé est l'endroit rêvé pour une pause déjeuner en douceur (sandwichs, salades, pizzas, quiches…). Un coup de cœur assuré !

HÔTEL LA PAGERIE €€€

La Pointe-du-Bout ✆ 05 96 66 05 30
www.hotel-lapagerie.com

Chambre double à partir de 110 € (basse saison) ou de 150 € (haute saison) hors petit-déjeuner.

A l'entrée de la Pointe-du-Bout, cet hôtel intégralement rénové abrite 96 chambres plutôt spacieuses avec un petit balcon donnant sur les jardins luxuriants du site. On adore la petite paillote qui s'ouvre sur la piscine de 220 m^2. La décoration allie modernité confort et matériaux nobles, avec des meubles de style néo-créole. Vous trouverez également un restaurant semi-gastronomique, Le Pitaya. Le buffet du petit déjeuner est riche et varié. Une adresse proche de tout qui allie tranquillité et convivialité. Très bon rapport qualité-prix.

VIT & FRAIS €

44 rue Chacha

✆ 06 96 07 07 09

Ouvert du lundi au samedi de 7h à 16h.

C'est tout propre, tout bleu... Un concept «vite fait, bien frais» de la Pointe du Bout. Thomas et Romain, deux frères, gèrent cette saladerie originale en Martinique où l'on compose soi-même sa salade selon ses goûts avant de la déguster sur place ou de l'emporter. Sandwiches, tacos, tartines, smoothies et petit déjeuner sont également proposés. Vous pouvez même vous faire livrer de 10h à midi dans la zone de la Pointe du Bout. Le lieu est un peu caché derrière la marina, il faut se diriger vers le patio derrière le restaurant la Marine pour le dénicher.

MANGORESTO €

Forêt Râteau

✆ 06 96 18 81 98

Ouvert tous les jours de 10h à 23h.

Dans l'enceinte du parc Mangofil est né MangoResto, un restaurant niché dans un cadre naturel exceptionnel. On adore la terrasse en bois qui s'ouvre largement sur la forêt et sa végétation très dense. La cuisine est simple et composée de pizzas, burgers (viande ou poisson), salades. Un plat du jour complète la carte. Une pause snack est agréable pour grignoter un croque-monsieur, un panini ou un hot-dog. Le site est très prisé pour l'organisation d'anniversaires ou autres événements privés. Des soirées musicales ponctuent régulièrement les fins de semaine.

HAVANA CAFÉ €

Rue Chacha

✆ 05 96 66 15 93

Ouvert tous les jours de 11h30 à 23h30 (le week-end jusqu'à minuit).

© HAVANA CAFE

Salades, galettes salées ou sucrées, burgers, fajitas, grillades, sans oublier l'excellent tartare de poisson (la spécialité de la maison !) et les coupes glacées à tomber, la carte de ce restaurant-crêperie-glacier est généreuse. Tout comme les assiettes ! Le Havana Café est le seul établissement de la Pointe du Bout à assurer des créneaux horaires aussi souples. Et toujours avec le sourire ! L'adresse est belle, le service efficace et les gourmands sont ravis. Dans sa gamme de tarifs corrects, c'est un coup de cœur de vingt ans.

LA PETITE CRÊPERIE €

✆ 05 96 53 88 32

Ouvert tous les jours de 12h à 14h et 19h à 22h ; happy hour de 18h à 19h. Ticket moyen 25€.

Il flotte un air de Bretagne dans cet établissement surplombant la plage de l'Anse Mitan. La reine ici, c'est la crêpe, et dans toutes ses déclinaisons : salée à la farine de sarrasin et bien sûr avec du beurre demi-sel, sucrée avec de la farine de froment. Et toujours gourmandes ! On craque pour la Mont Saint-Michel (jambon cru, roquefort, noix, champignon, salade), et, en dessert, pour la Glazick (crème de marron, rhum, chantilly). Pour accompagner, cidres et bières de Bretagne. Et pour les petits loups, un billard et un coin dînette devraient les ravir !

LE SAMCIELO €

rue des Palmiers

✆ 06 96 40 70 25

Ouvert midi et soir mardi, jeudi, vendredi. Lundi et samedi, le soir. Fermé dimanche et mercredi.

En bordure de route, ce petit restaurant à la devanture assez simple offre une très belle vue sur la baie de Fort-de-France. Mais là n'est pas son seul atout : c'est ici vous dégusterez les meilleures grillades du coin, en particulier celles de lambis. Au menu également, une cuisine créole simple aux saveurs multiples avec une petite touche d'originalité. Bonne ambiance et excellent accueil assurés par les propriétaires Laurence et Samuel, qui sont aux petits soins avec leurs clients. Cette adresse futée pourrait même devenir la cantine de votre séjour.

LA SUITE VILLA €€€

Route du Fort d'Alet ✆ 05 96 59 88 00
Sur les hauteurs de Trois-Ilets, à mi-chemin entre le golf et la Pointe-du-Bout.
www.la-suite-villa.com
A partir de 290 € la nuit pour la suite. Villa dès 240 €.

L'une des plus belles adresses de la Martinique ! Sur les hauteurs des Trois-Ilets, cet hôtel d'exception surplombe la baie de Fort-de-France. Les 6 suites et 9 villas indépendantes bénéficient d'un jacuzzi privatif. Ici, on vise le haut de gamme : cadre privilégié, matériaux nobles, équipements de standing, espace farniente avec piscine à débordement… A noter l'excellent restaurant Le Zandoli, qui propose une délicieuse carte métissée. La suite « Villa » dispose d'un spa digne de ce nom, avec la marque L'Occitane en Provence en signature.

LE JARDIN DES ENVIES €€

Village de la poterie
✆ 05 96 38 23 32
www.lejardindesenvies.com
Ouvert le midi du lundi au samedi, le soir jeudi, vendredi et samedi.

© LE JARDIN DES ENVIES

Installé en terrasse à la fraîcheur de son carbet et sous les brumisateurs, c'est la pause idéale pour les amateurs de cuisine colorée ! On y déguste un saumon en croûte de spéculoos, de l'agneau confit à l'ananas au nom évocateur, « la montagne Pelée ». Pour les amateurs de belles salades, nous vous conseillons « le joli hibiscus du jardin », originale. Le soir, Annick vous concocte l'un de ses fameux cocktails maison qui vous fera patienter jusqu'au dîner. N'oubliez pas de réserver, surtout le soir et le brunch du premier dimanche du mois, très prisé.

TI TAURUS €

28 rue des Anthuriums
✆ 05 96 76 33 39
Ouvert 7j/7 de 9h à 22h.

Situé au bord de la mer, les pieds dans le sable, face au ponton de l'Anse Mitan, ce restaurant créole distille une bonne cuisine métissée pleine de saveurs et de couleurs. Laissez-vous tenter par leurs fameux *balaous* (petits poissons frits) ou le poisson frais du jour. La carte est à l'ardoise car les produits sont frais ; elle varie donc souvent suivant l'arrivage. Les plats sont copieux. On peut aussi s'arrêter à Ti Taurus pour boire l'un de leurs délicieux cocktails ou une bière locale bien fraîche tout en admirant le coucher de soleil sur la baie.

LE BISTROT D'EN FACE €€

Village Créole
✆ 05 96 76 03 87
www.lebistrotdenface.net
Ouvert tous les jours de 11h à 23h.

Ambiance bistrot sous les tropiques avec ce restaurant qui se veut à la fois brasserie traditionnelle et caribéenne, mais aussi comptoir gourmand à emporter (traiteur, pâtisserie et cave à vin). La carte des vins est copieuse comme les plats, le service rapide et les mets sont de qualité. Dans ce petit coin de terroir franchouillard, on se régale d'une bavette d'aloyau, de pommes frites maison, de porcelet rôti à la broche. Le décor alliant l'ancien au moderne rappelle ces anciennes enseignes parisiennes où il fait bon se retrouver entre épicuriens !

CARTE BLANCHE BY HAROLD €€

Domaine Château Gaillard
✆ 05 96 97 43 86
Ouvert mardi et mercredi à midi, jeudi et vendredi midi et soir, et le samedi de 10h à 18h.

Le chef Harold Jeanville et son équipe se sont installés au Domaine Château Gaillard, dans un cadre calme et verdoyant, pour vous proposer une cuisine locale, originale, réalisée à base de produits frais, souvent bio, venant directement des producteurs locaux. La décoration chic et simple, l'ambiance chaleureuse et surtout la cuisine innovante et savoureuse font de cet établissement un lieu où nous vous conseillons fortement de vous rendre ! La carte est créative (plantes aromatiques et médicinales, légumes oubliés…). Pensez à réserver.

KREOL K FE €€

Plage de l'Anse à l'Ane
ANSE A L'ANE
✆ 05 96 65 55 31
Ouvert de 10h à 19h tous les jours (23h vendredi et samedi).

Dans un décor de rêve paradisiaque, lové au cœur de la plage de l'Anse à l'Ane, les pieds dans l'eau, le Kreol K fé vous accueille dans la bonne humeur pour vous faire découvrir sa carte aux accents créoles. Au menu : féroce d'avocat, accras, pêche du jour et bien d'autres spécialités alléchantes. Le tout avec le sourire et un accueil des plus conviviaux ! On vient ici aussi pour admirer le coucher du soleil (l'Anse à l'Ane est l'un des plus beaux spots romantiques) en sirotant un ti-punch. Soirée plancha chaque premier samedi du mois.

LA CASE THAÏ €€

Habitation Poterie des Trois Ilets
✆ 05 96 52 55 98
Ouvert du mardi au samedi le soir.

Situé dans l'enceinte d'une ancienne habitation de la poterie des Trois Ilets, ce lieu magique est empreint de romantisme. La décoration a été repensée tout en conservant le charme d'antan : cuisine ouverte sur la salle, magnifiques volumes, tables très espacées et un cadre spacieux et aéré… Le chef offre une cuisine thaïlandaise traditionnelle saine et généreuse, concoctée à partir de produits locaux, agrémentés des saveurs et des épices de l'Asie : salades, soupes, poissons et viandes aux délicieux goûts de citronnelle, coco ou bien encore curry… Un régal !

LA MARINE €€

Marina Pointe-du-Bout
✆ 05 96 66 02 32
Ouvert tous les jours de 12h à 23h.

© LA MARINE

Idéalement situées sur les quais de la marina de la Pointe du Bout, les terrasses de ce restaurant-pizzeria-bar-glacier ont pignon sur rue et accueillent une clientèle fidèle et hétéroclite. Excellent rapport qualité-prix. La carte est riche et variée : grillades, poissons ou viandes, nombreuses salades, pâtes fraîches, pizzas, plat du jour et plateau de fruits de mer. Essayez le gratin de lambis. L'accueil avenant et l'addition convenable renforcent l'enseigne… Le petit plus : la Marine propose une animation musicale tous les samedis soir.

O'TI ZANDOLI €€

Route du Fort d'Alet
✆ +596 596 59 88 00
https://la-suite-villa.com/restauration/
Ouvert tous les jours de 12h à 13h30 et de 18h à 21h30.Menu à 25 €.

Un concept très lounge voit le jour sur le site de l'hôtel La Suite Villa. Pensé et créé par le directeur, Nicolas Magie, préparez-vous à vivre une expérience culinaire unique, basée autour de plats à partager dans une ambiance décontractée autour du brasero. Le clou du spectacle : le gril au feu de bois qui sublimera toutes les pièces de viande et de poisson en leur apportant un goût unique. La terrasse où l'on savoure un cocktail offre une vue imprenable sur la baie, qui s'illumine lors du coucher du soleil. Un instant magique.

PIGNON NOUVELLE VAGUE €€

Anse-à-l'Ane
✆ 05 96 38 30 60
Ouvert du mardi au samedi de 12h à 14h et de 19h à 21h30. Le dimanche de 12h à 14h.

Eddy, le chef, né dans la restauration (sa famille tient le restaurant à côté, le Pignon sur Mer), a œuvré à Paris et à Londres dans de belles maisons, afin de parfaire ses techniques. Le voici de retour au pays pour le plus grand bonheur des épicuriens. La carte est résolument tournée vers la mer. Parmi les spécialités poissons et des fruits de mer, on vous conseille de goûter la salade de lambis au citron vert, disponible selon les arrivages, le délice du pignon ou les ravioles de fruits de mer à la crème de crustacés. Un endroit simple et authentique.

TASTE OF INDIA €€

4 Rue des Anthuriums,
✆ 05 96 70 19 70
Ouvert du lundi au samedi midi et soir de 12h à 14h et de 19h à 22h. Ouvert dimanche midi.

© TASTE OF INDIA

Enfin un bon restaurant indien installé dans le sud de l'île ! Le cadre est agréable, les tables sont bien espacées et la salle est bien ventilée. Accueil affable de la part de l'équipe. Quant à la cuisine, les amateurs et connaisseurs des saveurs indiennes seront comblés par l'authenticité du goût des plats. On adore les naans, les spécialités comme le tandoori, les currys de poulet, de poisson, de légumes, le poulet Vindaloo pour ne citer que quelques exemples. A découvrir sans tarder. Nouveauté : le buffet du dimanche midi, pensez à réserver.

SUD CARAÏBE

LE KANO €€

31 rue des Bougainvilliers
✆ 05 96 78 40 33
www.lekano.fr

Ouvert lundi 16h-23h30, vendredi et samedi 16h-1h30 et dimanche de midi à 23h30.

Un décor de rêve, les pieds dans l'eau. Dans un cadre design qui s'ouvre sur la plage, les tapas sont reines (« souskay » de crevettes au rhum vieux, féroce d'avocat). La carte se scinde entre « Yo Rivé, Sé péché » (pour les poissons) et « Yo pa trouvé pwason » (pour les viandes), sans oublier les desserts maison : la savoureuse tarte maracudja sur sablé manioc ou le traditionnel gâteau de patate douce. Le lieu se prête à merveille aux soirées les plus festives : musiques caribéennes et internationales font monter la température tous les week-ends jusqu'à 2h.

INFINITY €€€

Le Village créole ✆ 05 96 38 71 68
https://infinity-gastrosteria-italiana.business.site/

Ouvert de 11h à 15h et de 18h à 23h tous les jours.

Dans l'enceinte du Village Créole, ce concept de restaurant italien et bar chic est l'un des incontournables de la place. L'équipe a l'accent qui chante comme en Italie et on retrouve d'ailleurs à la carte toutes les spécialités transalpines, comme les vraies pâtes faites comme à la maison ! Les fameuses lasagnes, les gnocchis, ou encore les linguines... Un véritable délice pour les férus de cuisine italienne. On apprécie également leur délicieuse polenta et leur escalope milanaise, sans oublier leur incontournable tiramisù, comme dans les bonnes trattorias !

LE ZANDOLI €€€

Route du Fort d'Alet ✆ 05 96 59 88 00
www.la-suite-villa.com

Du mercredi au samedi de 19h à 22h et le dimanche midi de 12h à 14h.

Niché sur les hauteurs des Trois-Ilets avec une vue panoramique sur la baie de Fort-de-France, le Zandoli décline une carte originale et raffinée perpétuellement renouvelée, qui fait la part belle aux produits frais le plus souvent locaux. C'est désormais le chef Florent Boucher qui officie en cuisine sous la direction de Nicolas Magie, célèbre chef étoilé. Tous les deux subliment les produits locaux. Belle sélection de vins, notamment bio et nature. Une très belle adresse où il fait bon se rendre en amoureux pour un dîner gourmet en tête-à-tête !

LE PITAYA €€€

Pointe du Bout
✆ 05 96 66 61 54
www.restaurant-lepitaya.com

Dîner servi tous les jours de 19h à 22h. Label Tourisme & Handicap + marque Qualité Tourisme.

© LE PITAYA

Le Pitaya est un agréable restaurant niché au cœur de l'hôtel La Pagerie. Il s'ouvre face au jardin intérieur et à la piscine. Ici, vous viendrez découvrir une cuisine métissée à l'image de la Martinique et une carte des mets à tendance bistronomique. Le cadre du restaurant est tropical, l'atmosphère détendue, et les recettes rivalisent d'originalité. On apprécie ce voyage de saveurs dans un cadre enchanteur. Des dîners thématiques sont régulièrement organisés. Suivez leur actualité sur leur page Facebook : @Restaurant.LePitaya.

BAGUET SHOP

Rue Chacha
✆ 05 96 66 04 09
www.baguet-shop.com

Ouvert de 6h30 à 19h30 tous les jours.

Situé au cœur du Village Créole, c'est l'endroit idéal pour une pause avant d'aller faire un tour à la plage du Bakoua ou à la marina. Ici on vient à toute heure de la journée pour satisfaire ses envies de sucré ou de salé. Comme les autres enseignes Baguet Shop, cette boutique qui a pignon sur rue propose des pains chauds, des viennoiseries, des sandwichs à composer soi-même, des plats cuisinés, des salades, des quiches ou des tartes sucrées à emporter ou à déguster sur place, le tout dans un joli décor chic et contemporain.

LE KANO

31 rue des Bougainvilliers
✆ 05 96 78 40 33
www.lekano.fr

Ouvert du dimanche au jeudi de 17h à minuit et vendredi et samedi de 17h à 2h.

Imaginez un cadre qui mêle design et espace *cosy*... plusieurs petits salons se répartissent et s'ouvrent sur la plage. L'atmosphère de ce lieu porte à la détente et à la bonne humeur pour... siroter un cocktail accompagné de tapas entre amis. A noter une belle carte de rhums vieux d'exception. Le lieu se prête à merveille aux soirées plus festives : musiques caribéennes et du monde font parfois monter la température. Un DJ anime l'ambiance tous les soirs. Petites tapas succulentes et modernes pour égayer vos soirées. Une belle adresse !

LA PAUSE

Village Créole, Pointe-du-Bout
✆ 05 96 52 41 17
Ouvert tous les jours de midi à minuit.

Avec sa déco tout en teck et sa jolie terrasse déployée tout près de la fontaine, ce bar et restaurant, situé au cœur du Village Créole, est idéal à toute heure de la journée pour prendre une pause, déjeuner ou dîner. Installé sous un parasol, vous pourrez écouter une musique d'ambiance tout en dégustant des tapas, des brochettes, une salade, ou encore un flan coco, et regarder déambuler la foule. Le lieu porte bien son nom : ici, la petite pause est des plus agréables. Accueil aux petits soins. Les cocktails sont à tomber !

ACAJOU SAVEURS PAYS

Village Créole
✆ 05 96 48 55 59
Ouvert tous les jours de 10h à 13h et de 15h30 à 19h, fermé le lundi.

Au cœur du Village Créole, dans cette boutique gourmande toute d'acajou vêtue (d'où son nom) dansent les rhums et leurs atouts, les chocolats Lauzéa, les confitures et les confiseries pays. De vrais délices ! Si vous cherchez une cadeau, ou tout simplement pour vous faire plaisir, c'est le lieu tout choisi. Rhums du monde, vieux et moins vieux, douceurs sucrées essentiellement, nougats péyi, vous repartirez forcément avec quelque chose de cette boutique où la gourmandise est de mise. Ici, c'est sûr, elle est tout sauf un péché !

LE COFFRET

Village de la Poterie
✆ 05 96 51 38 12
www.lecoffret.fr
Ouvert du lundi au samedi de 9h30 à 18h, dimanche de 10h à 13h. Dimanche fermé en juin, septembre, octobre et novembre.

© LE COFFRET

Installée au cœur du village dans un joli petit kiosque vert, rond comme un petit coffret, cette boutique décline un large choix de bijoux à des prix très raisonnables. Tous les produits présentés sont le plus souvent uniques et réalisés à la main par des artistes locaux. Une éthique axée sur le développement de l'artisanat local chère à Sandrine, la propriétaire de la boutique. C'est elle qui fabrique ses bijoux en céramique raku, une technique d'inspiration japonaise, avec des perles en terre cuite de couleur émaillées par ses soins.

ART ET NATURE

Village de la poterie
✆ 06 96 62 59 19
Du lundi au dimanche aux horaires des boutiques du village de la poterie.

Ecarquillez les yeux et découvrez tout un patrimoine géologique martiniquais à travers une étourdissante mosaïque de couleurs offerte par Dame Nature elle-même. 227 sables et plus de 339 couleurs de terre naturelle, tous ramassés exclusivement sur l'île, sont utilisés pour la réalisation de tableaux magnifiques inspirés du patrimoine local. L'artiste, intarissable sur le pays, n'hésitera pas à vous renseigner sur les matières utilisées, mais aussi sur la réalisation des tableaux... des tableaux solides et originaux à rapporter de son périple antillais.

BOUTIQUE SATURNE

rue Chacha
✆ 05 90 98 08 34
www.boutiques-saturne.fr
Ouvert du lundi au dimanche de 9h à 13h et de 14h à 19h30.

La Boutique Saturne de la Pointe du Bout est une référence en Martinique et ce, depuis plusieurs années. En franchissant la porte de cette élégante boutique, vous trouverez un très large choix de produits d'exception : une large gamme de vins, spiritueux et surtout de prestigieux rhums martiniquais. Mais aussi champagnes, grand choix de chichas et de narguilés. Les conseils avisés des gérants vous aideront à choisir le cadeau idéal parmi le panel de coffrets, art de la table, caves à cigares, accessoires, décorations... Une caverne d'Ali Baba !

LA CASA WENDY

Village de la poterie ✆ 05 96 97 03 46
www.lasavonnerieantillaise.com
Ouvert du mardi au samedi de 9h30 à 18h30. Le dimanche également en saison.

Une jolie boutique aux couleurs chamarrées, nichée au cœur du village de la poterie. On y déniche des idées de cadeaux avec des produits naturels : savons noirs ou parfumés naturellement, savons d'Alep, savons de Marseille, sels de bain de la mer Morte, huile de coco, des diffuseurs de parfum, des huiles essentielles bio et végétales. La production se fait sur place, c'est une halte quasi obligatoire lors de votre passage au Village de la Poterie. Le plus beauté : une prothésiste ongulaire pour vos manucures est là régulièrement.

LE MONDE DE LA PLONGÉE

Domain, Château Gaillard
✆ +596 596 97 59 96

Plongée, apnée, chasse sous-marine, snorkeling... Dans ce magasin situé au cœur du Domaine Château Gaillard, on trouve tout ce dont on a besoin pour aller tutoyer les fonds sous-marins, que l'on sait magnifiques en Martinique. La boutique est cossue, mais bien aménagée, on y trouve de tout, sur place ou sur commande, à des prix qui restent abordables. Que vous soyez un plongeur expérimenté ou un simple amateur «snorkeleur», vous trouverez forcément votre bonheur, et des conseils de grande qualité. On recommande cet endroit pour son professionnalisme !

LES CHOCOLATS DE BALATA

Village de la Poterie
✆ +596 696 28 97 15
Ouvert du lundi au samedi de 9h30 à 18h.

Des chocolats *made in* Martinique : c'est ce que propose cette délicieuse boutique située tout au bout du Village de la Poterie (la gourmandise se mérite !). Ici le chocolat est roi, bien sûr, mais pas seulement : il cohabite avec des biscuits, pâtes de fruits, nougats péyi et bien d'autres douceurs produites en Martinique. Nouveauté 2020 : une gamme de macarons aux saveurs de noix de coco, ti-punch, rhum vieux, fruit de la passion, mandarine, caramel, cacahuète, brisée et bien d'autres parfums. A goûter absolument ! L'endroit idéal pour se faire plaisir.

PARFUMS DES ÎLES

Village créole
✆ 05 96 67 29 41
www.parfums-des-iles.com
Ouvert 7j/7 de 9h30 à 13h30 et 14h30 à 19h30.

Veronicka Cormouls-Houles, artisan parfumeur et savonnier, vous propose de découvrir ses eaux de toilette, parfums, parfums d'ambiance, savons et huiles corporelles. Tous les produits sont issus des fragrances des Caraïbes et fabriqués sur place. De belles idées à petits prix. Si, après votre séjour, vous êtes en rupture de stock, vous pouvez commander via le site Internet. Inédit : un atelier de création de parfum tropical sur mesure. Chaque personne dispose d'un orgue à parfums lui permettant de réaliser son parfum personnalisé sur les conseils du parfumeur.

LA COCOTERAIE

Village de la Poterie
✆ 0596 67 65 83
https://www.poterie-village.fr/boutiques-et-services/LA-COCOTERAIE

Dans cette charmante case créole, au cœur du Village de la Poterie, Richard a sélectionné plusieurs gammes de produits mettant en avant le savoir-faire d'artisans locaux et caribéens. Le dénominateur commun : la noix de coco. On la trouve déclinée dans tous ses états : version salée ou sucrée (huiles, farines, confitures, biscuits, sucres, confiseries, glaces, lait de coco), version bar (liqueurs, punchs, jus...), version cosmétique (parfums, eaux de toilette, dentifrices) et bien sûr version artisanat (plats, bols, cuillères, sets de table, objets déco…).

LE PÊCHEUR DE L'ANSE MITAN

✆ 06 96 09 53 51
Tous les jours suivant la pêche (à suivre sur sa page Facebook) et le samedi 9h-12h pour les produits transformés.

Arnaud, le pêcheur de l'Anse Mitan, installe son poisson dès son retour de la pêche. Son étal est en bord de route, avant le casino. Le pêcheur propose un large panel de poissons frais pêchés du matin même (malin, thon, espadon, sorbe, vivaneau...) ainsi que de belles langoustes. Nous vous conseillons de venir le samedi matin où il propose à la vente une gamme de poissons préparés et recettes de la mer (poissons fumés, rillettes de poissons, etc.).

JOY BIJOUX

Village Créole
✆ 06 96 41 63 62
www.joybijoux-martinique.com
Ouvert tous les jours de 10h à 13h et de 15h à 19h30.

Joy, c'est la boutique incontournable du Village Créole… Un écrin plein de douceur qui offre dans une atmosphère épurée, un large choix de bijoux « seconde peau »… On se croirait dans un «boudoir» coquettement orné, où élégance et ambiance intimiste sont les maîtres mots ! Des collections et des produits dans l'air du temps, avec des marques qui font référence dans le milieu : Claverin, Gresy's, Layone, Nayla Arida, Atelier Paulin, Abis… La bijouterie idéale pour dénicher le cadeau inédit en Martinique. Un vrai coup de cœur !

BLUE DREAM CROISIÈRES

✆ 06 96 61 00 16
www.bluedream-croisieres.com
Par téléphone tous les jours de 6h30 à 19h.

© BLUE DREAM CROISIERES

Larguez les amarres grâce à ce superbe catamaran de croisière et partez admirer les côtes de Martinique, celles du sud avec leurs petites criques et le rocher du Diamant, ou encore la très belle baie de Saint-Pierre dominée par la montagne Pelée. A bord, tout est fait pour votre confort : salon, détente sur bain de soleil, trampoline, sans oublier l'espace repas et son déjeuner buffet. L'équipage du *Pelagia* vous attend pour vous faire vivre une journée inoubliable. «Vivez une vraie croisière le temps d'une journée». En plus, leur planteur est au top !

VENUS CRÉATION

Village créole ✆ 05 96 66 09 68
https://www.venuscreation-martinique.com
Tous les jours 9h30 à 19h30.

Une ravissante boutique de bijoux de créateurs, tenue par la charmante Béatrice de Bruyckere. Passionnée par son métier, elle y déniche des exclusivités de créateurs de bijoux précieux. Des marques incontournables (Redline, Djula, Vanrycke...) ou moins connues... Des bijoux de joaillerie au petit cadeau à prix attractif. Vous trouverez votre bonheur parmi une large sélection pointue, chic, rock, ethnique... de plus de 80 créateurs ; et pourrez dénicher dans cette boutique toutes les tendances portées actuellement par les célébrités ! Inédit en Martinique.

ALIOTIS PLONGÉE

Ponton de grande Anse ✆ 06 96 90 40 25
www.aliotis-martinique.com
Sorties le matin et l'après-midi sur réservation. RDV à 8h30 et 13h30 sur le ponton de Grande-Anse.

A bord de leur catamaran, Sophie et Laurent, moniteurs MF2, et leur équipe vous embarquent pour une sortie dauphins, une excursion dans le nord ou le sud, une plongée tout niveau... Nous recommandons vivement cette structure aux amateurs de données scientifiques en plus de l'aspect loisirs et balade. C'est une sortie pédagogique admirable où l'on apprend plein de choses grâce à la présence d'un scientifique embarqué pour des commentaires et une conférence sur les cétacés. Aliotis a signé la charte «Observation cétacés sanctuaire AGOA» qui protège les espèces.

BAZ'NOTIK LE CARAYOU

Rue des Flamboyants
✆ 05 96 66 19 06
www.kitesurf.mq
Ouvert tous les jours de 9h à 17h.

Toute une équipe vous accueille à la base nautique de l'hôtel & spa Carayou Martinique. Le club, ensoleillé et ventilé, est idéal pour la pratique du funboard, du hobbie-cat, du wakeboard, du windsurf, du ski nautique, du canoë-kayak, du stand-up paddle, très prisé (à faire sur la mangrove !), de la bouée tractée et surtout du kitesurf et du jet-ski. Dans un environnement ultra sécurisé, l'encadrement est très professionnel avec des moniteurs diplômés d'Etat. Tout pour vous amuser et profiter des loisirs nautiques en famille, de 7 à 77 ans !

ESPACE PLONGÉE MARTINIQUE

Rue Chacha ✆ 05 96 66 01 79
www.espaceplongee-martinique.com
7j/7. Baptême de plongée (un moniteur par personne) : 60 €. Randonnée palmée : 25 €. Forfaits à partir de 3 plongées.

Espace Plongée Martinique propose des plongées tous niveaux, deux fois par jour en demi-journée sur la côte Sud Caraïbe et une fois par semaine une journée complète sur la côte Nord Caraïbe (deux plongées et un repas). Des plongées de nuit et des « two tank dive » sont organisées sur demande. Possibilité de sorties en snorkeling. Espace Plongée Martinique est aussi une école de plongée qui propose des formations allant du baptême au monitorat d'état, ainsi qu'un centre handi-plongée.

DJULAJEWELRY
WWW.DJULA.FR
DJULA
JOAILLERIE / PARIS

LA CRÉOLE CATA

Marina de la Pointe-du-Bout
✆ 05 96 66 10 23
www.lacreolecata.com
Départ 9h et retour 17h.

© CRÉOLE CATA

Du long de ses 17,50 m, l'impressionnant catamaran vous embarque pour une navigation le long de la côte caraïbe, avec un cap vers le rocher du Diamant, découverte des villages de pêcheurs aux Anses-d'Arlet, arrêt baignade et déjeuner à bord à la Pointe Burgos, un lieu idyllique inaccessible par la terre, suivis d'un arrêt aux anses Noire et Dufour et visite de la fameuse grotte aux chauves-souris. Le déjeuner du midi est un régal, un vrai moment de gastronomie antillaise ! Une merveilleuse journée qui allie convivialité et découverte.

GOLF DE L'ESPÉRANCE

Quartier de la Pagerie
✆ 05 96 52 04 13
Un peu avant le bourg des Trois-Ilets.
Ouvert du lundi au dimanche de 8h à 18h. Tarifs : 9 trous 32 €, 18 trous 45 €.

S'étendant sur 60 ha, le golf de la Martinique est une belle réalisation de son concepteur, l'architecte Trent-Jones. Ce Par 71 offre un large éventail de difficultés : bunkers, plans d'eau, collines, mer et de nombreux autres obstacles. Il comblera les joueurs confirmés aussi bien que les débutants. Le centre sportif du golf propose aussi trois courts de tennis avec professeur et une académie des arts. Enfin, un restaurant sur place offre une cuisine de qualité et un service de bar l'après midi. Une halte agréable pour boire un verre après votre parcours.

GUELORD NAILS

✆ +596 596 51 24 96
www.guelordnails.com
Lundi, mardi, mercredi, vendredi et samedi : ouvert de 9h à 18h.

A l'étage du Village Créole, dans son petit salon très *cosy*, Delphine offre tous les soins des mains et des pieds, de la simple pose de vernis traditionnel ou semi-permanent en passant par la pose de gel, ou l'extension d'ongles au *Chablon*. Elle utilise des marques de qualité comme l'inégalable OPI ou encore les produits Shellac. Elle se fait un point d'honneur à travailler avec des produits bio comme des vernis à la kératine qui permettent la repousse des ongles abîmés en moins de 15 jours. Ajoutez à cela son accueil très sympathique.

FITNESS TROPIK

Domaine Château Gaillard
✆ 0596741298
Ouvert du lundi au vendredi de 7h30 à 20h30 et le samedi de 8h à 12h.

Dans un environnement totalement tropical, à ciel ouvert même pour certaines zones, cette salle de sport de 400 m² abrite plusieurs espaces équipés d'appareils de musculation et de cardio-training de très bonne facture. Des cours collectifs sont également proposés et vous pouvez profiter d'une grande piscine extérieure pour la pratique de l'aquagym. L'ambiance est conviviale, pas du tout «m'as-tu vu» et au contraire très familiale. Pour plus de renseignements, rapprochez-vous de Fitness Tropik, toujours disponible pour répondre à vos questions.

MANGOFIL MARTINIQUE

Forêt Râteau ✆ 05 96 68 08 08
- Entre le domaine Château-Gaillard et le Village de la Poterie. - www.mangofil.fr
Ouvert du mercredi au dimanche de 9h à 17h et 7j/7 durant les vacances scolaires.

Lové au cœur de la forêt tropicale, ce parc d'accrobranches unique en son genre sur l'île propose un parcours Bigmango qui regorge de tyroliennes, passerelles, ponts de singe, ou zouk-balançoires... Le Parcabout, avec ses 7 000 m² de filets de trampoline géants (de 18 mois à 77 ans), permet d'évoluer en toute sécurité au milieu des arbres. Un minigolf 18-trous est implanté au cœur du parc, de même qu'un parcours de quad et de moto avec Trial Caraïbe. Egalement des jeux géants (échecs, mikados...), un babyfoot humain et une tyrolienne tire-fesses.

© LA SAVONNERIE ANTILLAISE

© LA SAVONNERIE ANTILLAISE

© LA SAVONNERIE ANTILLAISE

LA SAVONNERIE ANTILLAISE

Village de la poterie
✆ 0696 06 40 61
www.lasavonnerieantillaise.com
Ouvert tous les jours de 9h30 à 18h30. Boutique en ligne.

Avec ses savons artisanaux de toutes les couleurs et et de tous les parfums, ses produits de bien-être et de soins, ses immanquables shampooings solides et son savon à raser, la Savonnerie Antillaise est un must-have de votre passage au Village de la Poterie. La fabrication est 100 % locale et artisanale avec des huiles essentielles, huiles végétales et plantes locales, le tout présenté dans ce décor typique et coquet de la case créole. De superbes idées cadeaux et de quoi se faire plaisir même à petit prix. Retrouvez tous les produits sur la boutique en ligne.

© LA SAVONNERIE ANTILLAISE

© LA SAVONNERIE ANTILLAISE

KAYAK NATURE ÉVASION

Village de la Poterie
✆ 05 96 68 27 10
Au fond du village.
www.kayak-nature-evasion.com
Ouvert du lundi au samedi de 8h à 16h et le dimanche de 8h à 12h.

Avec l'équipe de Kayak Nature Evasion, Ludovic guide expert, et Robert, à la tête de sa petite flotte, l'émerveillement est garanti. Les palétuviers, la faune et la flore n'auront plus de secrets pour vous. Les kayaks se louent à la journée et de nombreuses excursions (également possibles en bateau) sont vivement conseillées. Mieux vaut réserver : les places peuvent être rares. Il faudra choisir parmi plusieurs options : le petit parcours, visite de la Mangrove des Trois-Ilets (environ 2h) ; le grand parcours, visite de la Mangrove de Rivière-Salée et collation.

KOKOUMDO

Départ du ponton de l'Anse Mitan
✆ 06 96 30 21 20
www.kokoumdo.com
Tarifs adultes : 85 € incluant le repas et 65 € sans. Enfants : de 40 à 50 €

Mike est un skipper confirmé, connu et aimé de tous à la Pointe du Bout. Le *Kokoumdo* est un cata est très confortable avec ses 47 pieds habitables. Ce qui fait l'excellente réputation de Mike ? Certainement sa joie de vivre et la convivialité à bord. Apprêtez-vous à passer une journée de rigolade dans une ambiance très familiale ! Deux parcours s'offrent à vous : Cap au Nord pour naviguer à la recherche des dauphins ou Cap sur le Sud et le Rocher du Diamant pour une baignade entre les tortues. Un excellent déjeuner est servi à bord avec des produits du terroir.

LA SUITE VILLA & SPA

Route du Fort d'Alet
✆ 05 96 59 88 00
Ouvert tous les jours sur rendez-vous.

Lové dans l'un des plus beaux hôtels de l'île, ce spa, accessible aux non résidents de l'hôtel, est un véritable havre de paix offrant une vue imprenable sur la baie de Fort-de-France. Tous les soins sont proposés avec les produits L'Occitane, dans un cadre vraiment dépaysant : massages sportifs ou bien-être, réflexologie plantaire, massages habillés, soins du visage, esthétique... Après votre soin, détendez-vous dans le bain bouillonnant et plongez dans les bulles de plaisir pour oublier, le temps d'un instant, votre quotidien.

LAND & SEA

Place Paul Thevenard,
✆ +596 696 32 20 50
www.landandsea.fr
Service de location de bateaux à moteur aux Trois-Îlets. Location à la journée de 350 à 450 €.

Jeanne et William ont quitté les embruns de leur Bretagne natale pour s'installer dans le bourg des Trois-Ilets après un vrai coup de cœur commun pour Madinina. Ils proposent de la location de bateaux à moteur (avec permis) à la journée voire plus, à bord de Cap Camarat de 9 mètres ou d'un Beneteau Flyer 8. Les bateaux disposent d'une cabine, ce qui permet une escapade de quelques jours pour profiter des côtes de la Martinique en cabotage. Accueil sympa, les bateaux sont neufs. Vous pouvez réserver en ligne directement sur leur site web.

KATA MAMBO

Marina de la Pointe-du-Bout
✆ 05 96 66 11 83 - www.kata-mambo.com
Plusieurs formules vous sont proposées. Restez connectés sur leur site et réseaux pour les nouveautés !

Les programmes de Kata Mambo proposent différentes formules de sorties en catamaran à la journée ou à la demi-journée. Mention spéciale pour la sortie découverte Nord Caraïbe à la rencontre des dauphins. Sachez que Kata Mambo est signataire de la charte d'approche des mammifères marins. Engagé écologiquement, le croisiériste dispose depuis peu du premier catamaran entièrement électrique de la Martinique : excursion Zéro CO2, propre, silencieux, écoresponsable, accessible aux personnes à mobilité réduite, il sera idéal pour les sorties dauphins.

MAXI CATAMARAN DIAMOND ROCK

✆ 06 96 31 19 11
www.catamaran-diamond-rock.com
Embarquement au ponton privatif de l'hôtel Carayou à la pointe du Bout, pour une visite de la côte Caraïbe à la voile.

A bord du *Diamond Rock*, un maxi catamaran de 23 mètres, découvrez la façade maritime de la côte caraïbe. Sortie Sud Caraïbes : navigation au plus près du rocher du Diamant, des criques de Grande Anse, Petite Anse, Anse Dufour... Vous finirez la journée par la visite de la grotte aux chauves-souris. Si vous optez pour la sortie Nord Caraïbes, vous pourrez observer les dauphins, visiter de la ville de Saint-Pierre, ses ruines et son marché coloré. Arrêts baignade au programme.

PLANÈTE DAUPHINS

Plage de l'Anse à L'âne
✆ 06 96 78 95 15
www.planetedauphins.com
Tarifs : 55€ / adulte et 35€ / enfant jusqu'à 10 ans. Possibilité de tarif de groupe.

Laurent vous propose, à bord de ses bateaux de 12 places, d'aller à la rencontre des dauphins, tortues et autres animaux marins qui peuplent les eaux turquoise de la Martinique. Il vous suffit de réserver (n'attendez pas le dernier jour) une des excursions : «Dauphins», «Tortues» ou «Rocher du Diamant». Ces sorties sont de très beaux moments à partager en famille ou entre amis ; à noter que cette structure respecte les règles d'observation «responsable» des mammifères marins. Et surtout n'oubliez pas votre appareil photo ! Départ de la plage de l'Anse-à-l'Âne.

TRIAL CARAIBE

Chemin Rateau
✆ 06 96 94 64 41
www.trialcaraibe.com
Ouvert 7j/7 sur réservation uniquement.

© TRIAL CARAIBES

Une adresse inédite pour tous les amateurs de sports mécaniques, que vous soyez débutant ou confirmé, Francis et son équipe diplômée sont aux petits soins. A proximité de Mangofil, sur la route entre Rivière-Salée et Trois-Ilets, à Sainte-Anne ou encore à Basse-Pointe, ils proposent aux audacieux trois activités : randonnée en moto tout-terrain, en quad ou en buggy. Lancez-vous : les parcours et les activités s'adaptent à chacun, quels que soient votre niveau et vos attentes. De très belles balades à découvrir dans le sud ou le nord de l'île.

SUD CARAÏBE

SCHÉHÉRAZADE

Rue Chacha
✆ 06 96 39 45 55
www.scheherazade-excursions.com
Départ de la Marina Pointe du Bout.

© SHÉHÉRAZADE

Partez à bord de *Schéhérazade*, confortable vedette ombragée, ou sur *Millénium*, basés sur la marina de la Pointe du Bout. Plusieurs formules de balades sont proposées à la demi-journée ou en journée complète : « Sur la route des dauphins » (Schéhérazade est signataire de la charte d'approche des mammifères marins depuis 2013), ou « Découverte du Sud-Caraïbe ». Balade en longeant la côte Sud-Caraïbe et ses villages de pêcheurs avec les belles anses de sable blanc. Il est également possible de privatiser complètement les bateaux : devis sur demande.

LE SPA JOSÉPHINE

Hôtel Carayou
✆ 05 96 66 19 04
www.spajosephine.fr
Ouvert tous les jours de 10h à 19h.

Lieu à la déco contemporaine, source d'harmonie et de tranquillité, ce spa de 380 m^2, entièrement dédié au bien-être et à la relaxation, offre une gamme de soins raffinés et variés pour s'évader. Bains hydromassants, enveloppement d'algues, gommage du corps, massages à deux ou quatre mains, sauna, hammam... Des forfaits journée et autres formules sont régulièrement proposés. L'ambiance apaisante et sereine sera le refuge rêvé pour vous ressourcer et retrouver l'équilibre parfait du corps et de l'esprit, loin du stress et des tensions.

COCOFLY

Ponton de la plage de l'anse mitan
✆ 06 96 07 78 80
cocofly.fr
Bouées tractées à partir de 15 € par personne pour 15 minutes ; parachute ascensionnel en solo 50 €.

Ces engins gonflables très à la mode vous apporteront un divertissement à sensations de glisse inoubliable. Un large choix de bouées, de la balade modérée à la sportive pour des sensations de glisse extrêmes. En résumé : 15 minutes de pur amusement ! Pour ceux qui veulent prendre de la hauteur en douceur pour découvrir les Trois Ilets et la magnifique baie de Fort de France vue du ciel, nous vous conseillons le parachute ascensionnel en solo ou en famille (6 personnes max.) à partir de 3 ans. Vous l'avez compris, une activité incontournable en famille.

TROPIC 4X4

✆ 06 96 71 01 35
www.tropic4x4.com
Journée complète à partir de 80 € repas compris, uniquement sur réservation, minimum 4 personnes.

Eric est un guide expérimenté. Il propose une journée découverte du Nord de l'île en 4x4 : la forêt tropicale et sa végétation luxuriante, la visite d'une plantation de bananes, des passages de gués, points de vues imprenables sur les hauteurs de la Route des Crêtes, arrêts dans les champs de cannes à sucre et les cultures d'ananas. Une occasion en or de découvrir la Martinique profonde. Arrêt déjeuner chez l'habitant, pour partir à la découverte de la gastronomie créole, visite de la Rhumerie Saint James et son musée. Réservation obligatoire.

CASINO DES TROIS ILETS

24 rue des Bougainvilliers
✆ 05 96 66 00 30
www.casinotroisilets.com/
Salle des jeux de table ouverte 7j/7 de 20h à 3h. Machines à sous et bar de 11h à 3h. Restaurant à partir de 20h.

Ce complexe de loisirs propose restaurant, bar, en plus des espaces de jeux traditionnels et électroniques, 40 machines à sous, roulette américaine, blackjack, stud poker. Le Casino de Trois-Ilets vous plonge dans un univers d'innovation et de divertissement pour de véritables moments de convivialité. Toute l'année, les équipes du casino créent des occasions de se retrouver en famille ou entre amis pour partager des émotions toujours plus intenses. Attention, prévoyez une petite veste car la climatisation est souvent à fond et il fait un peu frais !

SUD CARAÏBE

MANGOFIL
Parc d'aventures en pleine nature
LE GRAND PARC DE LOISIRS
www.mangofil.fr
0596 68 08 08 - Les Trois-ilets
PARCABOUT
filets trampolines
STAFF
PARCOURS AVENTURES
adultes & enfants
QUICK JUMP
saut dans le vide
BUNGY CATAPULTE
EJECTION 3G - 90km/h
MUR ESCALADE
3 voies
MINI-GOLF
18 trous
RESTAURANT
Grill
MANGO RESTO
Martinique
TOUR
Ministère de la Jeunesse et des Sports

LES ANSES D'ARLET ★★★

C'est l'un des plus beaux villages de France. Avec son ponton mythique s'avançant sur la mer turquoise, surmonté d'un clocher de bois, la petite commune aux nombreuses anses coule des jours heureux, avec ses maisons colorées et ses fonds marins magnifiques.
Au nord, Grande Anse et sa longue plage bordée de petits bars et restaurants ne désemplissent pas, tandis qu'au sud du bourg, la paisible Petite Anse est le repaire des pêcheurs.
Entre les Anses-d'Arlet et les Trois-Ilets, la côte escarpée offre au promeneur de très beaux panoramas, parmi les plus beaux de l'île, entre plages de sable, palmiers couchés sur la mer et bougainvillées en bord de route. La baie édénique, la plage brillante, les palmiers couchés sur la mer et les bougainvillées qui bordent la route attirent Martiniquais et vacanciers dans une ambiance familiale. Au programme : baignade dans les eaux calmes et transparentes, compétition de plongeons du ponton, découverte avec masque et tuba du petit spot surnommé l'Aquarium à quelques brasses de la plage. On y croise un bel échantillon de poissons et coraux martiniquais. Après la baignade et le farniente, baladez-vous dans le village et allez boire un verre dans l'un des nombreux lolos sur la plage près du cimetière. Tout est si charmant ici : le très beau clocher de l'église Saint-Henri, les cases créoles qui hébergent la bibliothèque Aimé-Césaire ou le commissariat (à ne pas manquer à l'entrée du village)... A noter que les routes qui mènent au bourg sont sinueuses et qu'il faut pratiquement une demi-heure en voiture pour rejoindre l'axe principal (N5), que ce soit en passant par le Diamant ou par les Trois-Ilets.

Histoire

Le bourg des Anses-d'Arlet, commune de prédilection des pêcheurs, n'a rien perdu de son authenticité créole. La localité tire son nom d'Arlet, chef indigène qui assista à l'implantation des premiers colons français en 1635. La légende raconte qu'il aurait même aidé les jésuites à s'installer et qu'il aurait pris part aux négociations pour le partage des territoires, soutien qui lui valut de rester maître de sa terre jusqu'en 1648. Place stratégique forte, l'anse protégée des Anses-d'Arlet profita à la sauvegarde de la flotte française dans la baie de Fort-de-France lors des affrontements entre Français et Britanniques. Ces derniers incendièrent même le bourg en 1762. Au XIXe siècle, la ville des Anses-d'Arlet, devenue commune en 1862, s'enrichit par la culture du café et de la canne à sucre.

Anse Noire.

ANSE DUFOUR ET ANSE NOIRE 📷

L'anse Dufour est une petite crique préservée, où l'on croise quelques pêcheurs tirant leurs filets. Avec un masque et un tuba, plongeurs et simples baigneurs pourront admirer les tortues à demeure dans cette baie. A la droite du sable doré de l'Anse-Dufour, derrière un promontoire rocheux, on découvre Anse Noire, son sable noir et sa frange de cocotiers. Avec son ponton en bois et ses eaux translucides, c'est sans aucun doute l'une des plages les plus spectaculaires de l'île.

DLO FERRÉ 📷

Des panneaux indiquent le chemin qui serpente jusqu'aux sources cachées au pied du Morne Jacqueline. A Petite-Anse, garez-vous en face de chez Fredo et suivez le panneau pour un léger quart d'heure de marche. Au bout du sentier, on se baigne dans le petit bassin où l'eau coule à plus de 35 °C. Cette source ferrugineuse fréquentée par les anciens depuis des milliers d'années proviendrait d'un réservoir profond dont la température serait de l'ordre de 180 °C. Elle est supposée soulager rhumatismes, douleurs et autres maux.

ÉGLISE SAINT-HENRI

Elle est la star de l'un des paysages les plus célèbres de la Martinique. L'église catholique Saint-Henri est située dans l'alignement exact du ponton de la plage de l'Anse-d'Arlet qui plonge dans les eaux turquoise. Cet édifice construit durant la seconde moitié du XVIIe siècle a été détérioré par de nombreux cyclones et reconstruit dans différents styles architecturaux. Son clocher de bois notamment a été rénové pour la dernière fois en 2008. Elle accueille de nombreuses chorales. Ne manquez pas la messe dominicale, haute en couleur et en chants.

MORNE CHAMPAGNE

Cette jolie promenade relie, en une heure de marche, le bourg des Anses-d'Arlet à Grande-Anse. Le départ au niveau du cimetière du bourg monte un peu sur le flanc du Morne Champagne. La promenade se poursuit à travers la savane, en direction de la plage de Grande-Anse. Le promeneur profitera avec joie des beaux points de vue sur le village et la côte Caraïbe, et du foisonnement de la forêt tropicale, entre gommiers et balisiers. Une superbe promenade de niveau facile à faire sans hésitation. Munissez-vous toutefois de bonnes chaussures.

HABITATION LA SUCRERIE

www.fondation-clement.org

Fermé au public. Se visite pendant les journées du patrimoine.

L'habitation la Sucrerie, appelée château par les Arlésiens, a été acquise en 1788 par Jean-François Hayot ; elle était alors l'habitation la plus importante de la commune. Edifiée sur 200 m², elle a été construite durant la seconde moitié du XVIIIe siècle. Son architecture est particulièrement originale. Elle se caractérise par une galerie au nord et au sud, un étage plus étriqué que son rez-de-chaussée et, le plus original, une entrée située du côté de la cuisine en gaulettes. Comme il se doit, elle domine le bourg. Une centaine d'esclaves participait chaque jour à la bonne tenue du lieu. Un vestige de moulin à bêtes, réhabilité en four à charbon, le bassin d'une source déjà connue par les Amérindiens, la maison du géreur en contre-bas sont les témoins muets de la vie rude d'antan. Une tradition familiale court le long des vieilles pierres de la distillerie et susurre qu'Arlet lui-même y aurait vécu. Dieu seul le sait… Construite dans la seconde moitié du XVIIIe siècle, la bâtisse, entièrement faite de bois et de briques, semble endormie par un méchant coup du sort. Pourtant, dans une dépendance attenante à l'ancienne, mais non moins célèbre cuisine du Père Labat, une communauté d'anges blancs préserve l'endroit. Ici le potager, formé d'un bloc maçonné, espace de rangement pour les « potins » (récipient de fonte pour retenir la braise). Là, le puits carré datant de 1914, un peu plus loin un crucifix de pierre et, au cœur d'un Ave Maria peint en bleu, une grotte fleurie où se repose Notre-Dame de Lourdes.

Plage des Anses d'Arlet.

PETITE ANSE

Située entre Le Diamant et Les Anses-d'Arlet, Petite-Anse ne déroge pas à la règle : sable très fin, cocotiers, terrain de volley et petits restaurants sont prisés par de nombreux visiteurs. Pour y accéder, il suffit de longer le front de mer et ses bateaux de pêche. La route du Diamant à Petite-Anse est très plaisante et découvre quelques panoramas de choix sur le rocher du Diamant et la baie, à ne pas manquer. Les lieux sont assez préservés du tourisme, offrant des capacités d'hébergement réduites, mais d'excellente qualité.

SENTIER DU CAP SALOMON

- Prendre à droite après le restaurant Ti Sable.

Au nord de Grande Anse, un sentier s'engouffre à travers les fourrés avant de longer la mer. Après une heure de marche facile, on parvient au sentier sous-marin mis en place par le Conservatoire du Littoral. Armé d'un masque, d'un tuba et de palmes, on plonge à la découverte des 5 bouées sous lesquelles résident une faune et une flore sous-marines uniques : herbiers, fonds rocheux, massifs coralliens, poissons de toutes les couleurs... Hors de l'eau, un carbet avec des panneaux pédagogiques indique les animaux et végétaux que l'on est susceptible de rencontrer.

SENTIER SOUS MARIN «LAKAY»

À quelques brasses de la plage du bourg se trouve un sentier sous-marin, parmi les plus beaux de la Martinique, accessible à tous avec un simple masque et un tuba. On le repère aux quatre bouées pédagogiques positionnées en mer afin de matérialiser le sentier. Ce parcours, au cœur d'un site de 2 600 m², a pour but de sensibiliser aux écosystèmes marins qui font partie intégrante du patrimoine naturel de l'île. Une balade sous-marine, pour toute la famille, à ne pas manquer.

LES TRACES D'ARLET

Complexe polyvalent de la Batterie
✆ 05 96 48 33 12
www.ansesdarlet-martinique.fr

Au départ du quartier de Gallochet, la trace d'Arlet vous mène jusqu'à la plage de Grande Anse. Le sentier de sept kilomètres commence par longer la ravine de l'Anse Noire pour remonter jusqu'à la plage de sable noir du même nom. Vous rejoindrez ensuite sa voisine, l'anse Dufour, avant de repartir dans les terres pour contourner le Morne Réduit. En chemin, vous aurez accès à de beaux points de vue sur la côte. Enfin, vous redescendrez en direction de la plage de la Grande Anse, où s'achève la balade. Comptez 2h. Niveau facile.

LE DOMAINE DE ROBINSON €

Anse Dufour
✆ 05 96 68 62 82
www.domainederobinson.com

Studio ou bungalow dès 75 €/nuit. Cabane dans les arbres : 140 €/nuit. Big Bung : 190 €/nuit.

On arrive dans ce petit lieu paradisiaque par la mer ou en descendant la centaine de marches qui mènent à la plage de l'Anse Noire.... Claude propose 3 bungalows, 3 studios ainsi qu'une cabane insolite, très confort, dans un abricotier-pays gigantesque. Du sol au plafond, Claude a tout fabriqué en bambou, calebasses, noix de coco et pierre du pays. Toutes les chambres sont équipées d'une kitchenette et d'une terrasse extérieure avec barbecue. Ce jardin d'Eden au bord de l'eau se réserve bien en avance et n'est pas autorisée aux enfants de moins de 7 ans.

BATEAU HÔTEL RÊVE D'ANTILLES €€

Face à l'église des Anses d'Arlet
✆ +596 696 03 35 78

Amarré au milieu de la magnifique baie du bourg des Anses-d'Arlet, embarquez à bord de ce bateau-hôtel pour une nuit inoubliable. Avec l'annexe à moteur, on peut rejoindre la terre, et faire son marché, acheter du poisson frais. Et sinon le reste du temps ? On navigue dans les eaux turquoise, on plonge avec les tortues, on admire les fonds marins truffés de poissons tropicaux, on pêche... Les vacances quoi ! Accueil charmant de votre hôte, Michel Ange.

VILLA GALERIE €€

Morne Bigot
✆ 05 96 68 62 50
https://villa-galerie-les-anses-d-arlets.hotelmix.fr/
A partir de 65 €/nuit selon la chambre, le nombre de nuitées et la saison.

Sur les hauteurs du morne Bigot, cette ravissante maison d'hôtes de charme à la décoration soignée et raffinée se mérite, mais elle offre une vue magnifique sur la baie de Fort-de-France. Déployée sur deux étages, elle propose trois chambres doubles, avec salle de bains privative, qui répondent aux doux noms de «Balisier», «Bambou» et «Cocotier»... Tout un programme ! Ici on oublie le quotidien et on remplit ses yeux de magie. Seul impératif : pour profiter de l'ambiance cosy du lieu, il faut rester un minimum de trois jours.

LES HAUTS DE PETITE-ANSE €€

Petite-Anse ✆ 06 96 60 13 97
www.villas-martinik.fr
Dès 455 €/semaine les villas F2, dès 490 €/semaine la villa F3, selon la saison.

Un vrai coup de foudre ! Perchées sur les hauteurs de Petite-Anse, deux villas F2 de 45 m^2 chacune, Colibri et Kawan, et une villa F3, Zamana, de 55 m^2 avec en plus 60 m^2 de terrasse, dominent la mer (15 minutes à pied de la plage). La vue est à couper le souffle. Tout est conçu pour passer un superbe séjour : salle de bains séparée, kitchenette équipée donnant sur la mer des Caraïbes, douches, machine à laver, télévision, accès wifi, bain bouillonnant privatif, plancha et chaises longues. Accueil irréprochable d'Annie, la maîtresse des lieux.

LOCATION OUKAÉ €€

7, allée des Raisiniers ✆ 06 96 38 74 43
www.locationoukaemartinique.com
Studio dès 550 € la semaine en basse saison, bungalow dès 600 € la semaine. F2 à partir de de 950 €.

Situation exceptionnelle sur la plage de Grande-Anse pour ces 8 studios de 2 personnes et 2 F2 avec vue sur la mer pour 2 à 4 personnes, le tout joliment aménagé. Les studios se composent d'une chambre, WC et d'une terrasse avec kitchenette et coin repas. Les deux-pièces disposent eux d'une chambre climatisée, d'un cabinet de toilette et d'un séjour avec 2 couchages ouvrant sur une terrasse face à la mer avec kitchenette et coin repas. Dans le jardin, directement sur la plage, vous pourrez profiter des hamacs, des transats et du barbecue dans un cadre privilégié.

INFINITUDE, BY DREAMLAND

✆ +596 696 28 18 24
https://infinitude-caraibes.com
Location d'un catamaran pour une croisière, en excursion à la journée, en combiné avec bateau + villa. Capacité 12 pers.

© INFINITUDE BY DREAMLAND

Et si le vrai luxe c'était de s'évader à bord d'un catamaran de 12 mètres très spacieux pour découvrir la Caraïbe autrement dans un écrin de confort ? Infinitude vous offre cette opportunité en vous laissant le choix du sur-mesure en fonction de vos envies : une journée d'excursion sur les côtes martiniquaises, un séjour de 3 jours ancré au mouillage des Anses-d'Arlet ou dans la baie de votre choix, une croisière en direction des Grenadines ou de la Guadeloupe ou bien un combiné conjuguant la location d'une villa de rêve au Diamant et celle du bateau.

MAISON ANTILIA €

Villa n° 4 Lotissement Oxygène
✆ 05 96 68 65 96
www.maison-antilia.fr
A partir de 55 € par nuit, pour 2 personnes, selon la saison.

Située sur une petite colline dans le bourg des Anses-d'Arlet, cette maison abrite des appartements confortables et spacieux, entourés d'un jardin tropical, d'une piscine et d'un coin « grillades et pique-nique ». Chaque appartement est constitué d'un séjour-terrasse, d'une TV, d'une cuisine entièrement équipée, d'une salle de bains avec douche et WC, d'une chambre à coucher avec un lit double + climatisation. Anne et Erik, installés depuis plus de 20 ans en Martinique, se feront un plaisir de vous accueillir avec un planteur dès votre arrivée.

LA PALOMBIÈRE €€

Morne Jacqueline ✆ 05 96 68 63 38
Sur la D37 au sud du Bourg.
www.gitesdelapalombiere.com
A partir de 400 €/semaine. Villa à partir de 850 €/semaine.

Ce complexe familial géré par Suzanne Colombe surplombe la baie des Anses-d'Arlet, à flanc de morne. Entourée d'un beau jardin, la résidence propose trois F2, trois F3 et deux F4, naturellement aérés, très bien équipés avec terrasse, offrant une vue sur mer avec jardin et joliment décorés. Lave-linge et barbecue à disposition. L'accueil est aux petits soins et Suzanne aura toujours une solution à vous proposer ! Le F3 à l'étage de la villa est particulièrement cosy (la vue y est époustouflante !). Un bon rapport qualité-prix dans ce coin.

RÉSIDENCE LA CLÉMENT €€

Morne Jacqueline
✆ 05 96 72 28 62
www.martinique-la-clement.com
Studio à partir dc 450 €/scmaine. T1 420 €. Grand T2 470 €. F3 610 €. Villa 1 300 €.

Cette résidence, entièrement climatisée, offre une vue imprenable sur la baie. La piscine est en contrebas de la maison, avec vue sur la mer. La résidence se compose d'une villa confortable, de deux F3, d'un F1, d'un studio et d'un bungalow. Le tout décoré de façon simple mais colorée. La villa, d'une superficie de 200 m², comprend 3 chambres, un grand séjour, une cuisine et un cellier équipé, deux vérandas dont une très vaste avec vue sur la mer. Les appartements F3 (80 m²) dotés d'une kitchenette et bar américain font face à la mer.

LA VILLA HARMONIE €€

17 chemin Rural de Cassière
✆ 06 10 63 74 85
www.location-vacances-martinique.com
A partir de 113 € par nuit et de 750 € la semaine.

Cette très jolie villa située au-dessus de la mythique plage de Grande Anse a été conçue pour se retrouver entre amis ou en famille afin de se détendre au cœur de la nature tropicale. Dans un cadre magnifique piqué d'arbres fruitiers centenaires et de nombreuses fleurs, cette villa sur deux étages offre tout le confort pour faire de vos vacances un moment inoubliable. Pour plus d'évasion, le site propose également des logements insolites, la «Cabane Rêve d'Enfant» et le «Nid d'Amour», coquets, apaisants, romantiques à souhait.

LES VILLAS FÉLICITÉ €€

4, 7et 14 rue du Calvaire
✆ 06 18 87 44 16
www.arlet-location.com
Villa blanche (2 studios) à partir de 693 €/semaine. Villa jaune (6 personnes) dès 1 533 €/semaine.

Ces 2 villas sont situées en hauteur face à la mer, à 300 m de la plage et entourées de jardins fleuris et soignés. La villa «blanche» est composée de 4 appartements pouvant accueillir entre 2 et 5 personnes. Chaque villa est décorée avec goût et équipée (linge fourni, machine à laver, climatisation, wifi). La «jaune» est une maison de type créole indépendante avec une grand jardin fleuri et vue sur la mer : conçue pour 4 adultes et 2 enfants, elle est aussi entièrement équipée. Accueil souriant des propriétaires, Carole et Clovis, très aimables et disponibles.

SNACK CHEZ FREDO €

Rue de la Chapelle
✆ 06 96 31 53 56
A l'extrémité sud de la plage.
Ouvert tous les jours midi et soir.

Ce petit snack, niché dans une case colorée, face à la mer et les pieds dans le sable est incontournable... Sans prétention mais très sympathique, il propose au menu : acras, crudités, poisson frais, colombo et Ti'Punch bien évidemment ! Ambiance locale et détendue. Les vendredi et samedi soir, concert créole. Renseignez vous sur le programme qui ne connait pas de dates régulières. On vous conseille d'appeler avant pour connaître les jours d'ouverture et aussi de réserver. Un excellent rapport qualité-prix dans les alentours.

LE BIDJOUL €

Grande-Anse
✆ 05 96 68 65 28
Ouvert tous les jours midi et soir de 10h à 22h.

Voici un établissement ultra accueillant situé en bordure de plage. Le patron, Féfèn, est très sympathique, ce qui augmente le charme de ce petit restaurant. Vous pouvez manger sur la terrasse extérieure abritée du soleil ou à l'intérieur. Au menu : poulet boucané, chatrous, poissons ou bien encore une bonne fricassée de langouste toute fraîchement sortie du vivier. Profitez des animations musicales nocturnes régulières et enivrantes, pour vous immerger dans la culture populaire de l'île ! Petit bémol : le service est lent et les places sont chères !

LE FRUIT DE LA PATIENCE €

Avenue Robert Deloy
✆ 05 96 48 33 47
lefruitdelapatience.blogy.fr
Ouvert tous les jours de 12h à 14h30.

Au Fruit de la Patience, les balaous se mangent comme nulle part ailleurs : frits ou panés. C'est LA vraie spécialité de ce restaurant à goûter absolument, avec ou sans les doigts, en regardant le soleil baigner la plage de ses rayons, avant de disparaître. Autant vous prévenir : grands pressés s'abstenir ! Ici on prend le temps : de déguster, de savourer l'instant et de profiter de la vie ! Autant dire que ce restaurant porte bien son nom. Un instant de pur bonheur à ne pas ignorer, le cadre étant comme la cuisine : paradisiaque !

LE LITTORAL €€

7 rue de la Batterie
✆ 05 96 71 58 98
Ouvert toute l'année. 7 jours sur 7.

C'est dans le joli et typique bourg des Anses-d'Arlet, que vous trouverez Le Littoral, restaurant créole avec sa terrasse les pieds dans l'eau. L'équipe de Joël ne manquera pas de vous recevoir dans la tradition créole (vous serez accueilli par un ti-punch revigorant) et vous régalera avec sa carte et ses menus variés, conçus pour toutes les bourses. Nous vous recommandons le menu «Langouste « (fraîche évidemment) d'un très bon rapport qualité prix et bien sûr les fameux *balaous* frits, le plat typique de ce petit coin de Martinique.

CHEZ ÉVELYNE €€

Sur la plage de Grande-Anse
✆ 05 96 48 39 38
Ouvert tous les jours de 10h à 17h.

Ambiance détendue dans ce petit restaurant les pieds dans l'eau à l'extrémité gauche de la plage. Certains vous dirons que le service est un peu long... Pourquoi ne pas en profiter pour vous baigner entre les plats ? Ici, on ne fait pas de chichi. Les tables et les chaises sont posées sur le sable à l'ombre des cocotiers. Au menu : planteur, acras, salade pays, langoustes (fraîches), fricassée de chatrou, papaye... Evelyne, en cuisine, charmante et douée en matière de petits délices culinaires, saura vous régaler. Pensez à réserver pour déjeuner le dimanche.

LE P'TI BATEAU €€

Avenue Robert Deloy
✆ 05 96 53 17 35
Ouvert tous les midis de 10h à 16h.

Voilà une petite adresse tropicale à souhait, avec sa jolie terrasse bleue et sa douce ambiance musicale ! L'équipe a toujours le sourire et vous accueille les pieds dans le sable dans leur petit restaurant bien sympathique. Une cuisine à la fois créole et française, des assiettes joliment décorées, des produits frais... Que demander de plus ? Un petit coin de paradis pour siroter un bon jus de fruit avant de faire un plouf dans la mer et de rejoindre l'un des transats posés dans le sable pour y faire un petit somme. On adore !

L'OASIS €€

19, Allée des Arlésiens
✆ 05 96 48 00 69
Du mardi au samedi de 12h à 23h. Le dimanche de 12h à 16h.

Ce petit restaurant *cosy* et chaleureux porte bien son nom. L'Oasis, avec son cadre verdoyant à deux pas de la plage, propose une cuisine française alliant le savoir-faire créole avec une carte fraîche et pleine de pep's qui change selon l'arrivage des produits frais. Nicole, la sympathique chef de cuisine, est très à l'écoute : elle saura vous séduire par la délicatesse de ses mets. L'assiette asiatique vous ouvrira l'appétit tandis que vous succomberez au tartare de thon rouge et terminerez par un délicieux dessert. Le rapport qualité/prix est très convenable.

TI PAYOT €€

1 allée des Raisiniers
✆ 05 96 69 07 38
Ouvert tous les jours jusqu'à 19h.

C'est l'un de nos lieux préférés sur l'île. Un bar-restaurant les pieds dans l'eau, une ambiance très conviviale avec une vue splendide sur la mer... Côté gastronomie, c'est un savant mélange de saveurs créoles et françaises. La spécialité de la maison, c'est la pêche locale : marlin ou thon frais en tartare, mais aussi tataki de thon au sésame grillé ! Sans oublier le fameux poulet boucané, les copieuses salades, la fricassée de chatrou... Et lorsque l'on est bien repu, direction les transats sur la plage pour bouquiner sous la paillote ou siroter un jus frais.

TI SABLE €€

Allée des Raisiniers
✆ 05 96 68 62 44
www.tisablemartinique.com
Ouvert tous les jours de 9h à 18h et le soir vendredi, samedi et dimanche de 19h à 22h.

Sur l'une des plus belles plages de Martinique, dans un cadre idyllique les pieds dans l'eau, à l'ombre des petits carbets, Ti-Sable est un restaurant que l'on ne présente plus. Au programme : bar à cocktails (maison), vivier à langoustes, plage aménagée de transats et parasols, terrain de pétanque et accès wifi gratuit. Ici, on déguste des spécialités caribéennes comme la daurade crue marinée à la tahitienne. Le dimanche midi, il n'y a pas de carte mais un grand buffet créole à volonté. Le dimanche soir, grillades et concert à partir de 19h.

L'ARBRE À PAIN

Avenue Robert Deloy
✆ 05 96 68 72 29
Ouvert tous les jours jusqu'à 22h.

Si L'Arbre à Pain est un restaurant de cuisine créole assez classique, on vous conseille surtout son bar très sympa sur la plage de Grande Anse. Une très bonne ambiance le soir au coucher du soleil. Vous y rencontrerez quelques passionnés de navigation à la voile aux Antilles. Côté resto, la spécialité de la maison, contrairement à ce que son nom laisse penser, ce n'est pas le fruit à pain mais la langouste grillée ! Un régal qui se mérite : seulement 30 couverts ici, donc pensez à réserver, surtout que les lieux sont pris d'assaut au coucher du soleil.

AUX COULEURS LOCALES

Fond-Châtaigne
✆ 05 96 68 65 54
Sur la route des Anses d'Arlet. Entre Anse-à-l'Ane et Grande-Anse.
Ouvert tous les jours de 9h à 18h. Fermé le lundi et le jeudi matin.

Dans ce petit bungalow bleu en bord de route, l'artiste-peintre Claude Henry expose et vend ses tableaux d'art naïf : scènes pittoresques de la vie martiniquaise, paysages chatoyants, combats de coqs... L'artiste les décline également en cartes postales. La visite de l'atelier se termine souvent sur la dégustation d'un savoureux jus de fruits frais concocté par l'hôte de ce lieu. N'hésitez pas à faire une halte dans cet atelier : Claude est intarissable sur sa belle île ! C'est une mine d'informations, en plus d'avoir un sacré coup de pinceau.

PANIER MADRAS

✆ 05 96 68 72 80
Ouvert tous les jours de 9h à 20h. Fermé le lundi.

Dans la petite ruelle qui longe l'église Saint-Henri, au cœur du bourg des Anses-d'Arlet, Panier Madras est une jolie case créole jaune et verte située à deux pas de la mer. La boutique propose une sélection de fruits, légumes et graines péyi (issus de Martinique essentiellement et parfois d'ailleurs), mais également des boissons et autres grignotages avant de se rendre à la plage toute proche. Le dimanche, on peut même acheter des boudins maison dont la réputation a fait le tour du village. On vous les recommande vivement.

BUBBLE DIVE

Rue des cocotiers
✆ 06 96 53 51 52
www.bubbledive.net/
Ouvert tous les jours, rendez-vous à 9h et 14h.

Bubble Dive est un petit club à taille humaine. Embarquez à bord d'une jolie yole créole avec Linda, monitrice diplômée d'Etat et institutrice PADI, mais surtout professionnelle passionnée, et partez à la découverte des plus beaux spots de plongée de la Martinique. Linda connaît le coin par cœur et saura adapter chaque plongée en fonction de vos envies. Petit plus, la plongée se termine en détente avec un planteur ou un cocktail sans alcool offert par la maison. Linda propose aussi de la location de paddle (à l'heure ou à la demi-journée).

CALYPSO CROISIÈRES

33 Avenue Robert Deloy
✆ +596 696 51 90 54
Voiture, mer, bus.
Ouvert tous les jours de 9h à 17h.

Journée à la découverte des fonds marins de la Martinique, visite des plages du sud ou encore balade avec les dauphins. Week-end évasion à la Martinique, Sainte-Lucie ou la Dominique, croisière longue durée organisée ou sur-mesure aux Grenadines ou à la Martinique... Optez pour la formule qui vous convient et laissez-vous guider par l'équipe de Calypso Croisières pour des vacances réussies ! Coup de cœur pour cette structure qui prise l'écotourisme par son respect de l'environnement et de la charte AGOA (sanctuaire des mammifères marins).

CARIBBEAN YACHTING

Plage de Grande Anse anses d'Arlet
✆ 06 96 97 21 44
www.caribbeanyachting.fr
Ouverture du mercredi au dimanche de 10h30 à 17h30.

Sur cette base nautique située sur la plage, Jean Jacques propose des loisirs nautiques très fun ; il faut absolument tester le SeaBob si vous ne connaissez pas. C'est un engin submersible qui vous permet de vous mouvoir tel un dauphin pour découvrir les fonds sous-marins et observer les tortues dans la baie de Grande-Anse ! Vous pouvez rester en surface ou descendre jusqu'à 2 mètres à une vitesse de 18 km/h. Pour les plus téméraires, on vous conseille le Flyboard pour voler comme Iron Man ! Et pour rigoler entre amis, il y a l'incontournable bouée tractée.

DEEP TURTLE PLONGÉE

108 avenue Robert-Deloy
✆ 06 96 29 29 11
www.deepturtleplongee.fr
Ouvert 7j/7 toute l'année. 3 rotations par jour : 7h, 9h et 14h.

Deep Turtle, c'est l'histoire d'un passionné : Nico, moniteur de plongée expérimenté. C'est autour d'un repas au bord de l'eau à Grande Anse que naît ce projet, sur un site exceptionnel pour la plongée avec ses eaux limpides et ses tortues vertes Les moniteurs sont des professionnels aguerris et sérieux avec, en priorité, votre sécurité et votre confort, mais toujours dans une bonne ambiance conviviale. Que vous soyez débutant ou confirmé, ils ne manqueront pas de vous faire découvrir des merveilles sous-marines à bord du *Turtle Rain*, leur bateau de plongée.

INFINITUDE, BY DREAMLAND

✆ +596 696 28 18 24
https://infinitude-caraibes.com
Location d'un catamaran pour une croisière, en excursion à la journée, en combiné avec bateau + villa. Capacité 12 pers.

Et si le vrai luxe c'était de s'évader à bord d'un catamaran de 12 mètres très spacieux pour découvrir la Caraïbe autrement dans un écrin de confort ? Infinitude vous offre cette opportunité en vous laissant le choix du sur-mesure en fonction de vos envies : une journée d'excursion sur les côtes martiniquaises, un séjour de 3 jours ancré au mouillage des Anses-d'Arlet ou dans la baie de votre choix, une croisière en direction des Grenadines ou de la Guadeloupe ou bien un combiné conjuguant la location d'une villa de rêve au Diamant et celle du bateau.

KAYAKS DE L'ANSE NOIRE

Plage de l'Anse Noire
✆ 06 96 34 86 36
Ouvert tous les jours sauf le mardi de 9h à 17h.

S'il y a un endroit en Martinique où s'adonner aux plaisirs du kayak, en toute sécurité, c'est bien ici, sur la plage de l'Anse Noire, avec comme décor le sable noir et les eaux cristallines. En compagnie de David, votre guide, vous aurez sans doute la chance d'apercevoir un pélican ou de croiser une tortue dans ces eaux scintillantes. A bord de votre kayak, partez découvrir la grotte aux chauves-souris, nager aux côtés des tortues et faire le plein d'ondes marines des Caraïbes. Petites excursions courtes (une heure généralement) hors du commun.

ALPHA PLONGÉE

138 rue Robert Deloy
✆ 05 96 48 30 34
www.alphaplongee.com
Ouvert tous les jours. RDV à 7h, 10h et 14h sur la plage de Grande Anse-d'Arlet.

© ALPHA PLONGÉE

Fabrice, Ingrid et leur équipe, tous diplômés d'Etat, gèrent cette structure où professionnalisme rime avec bonne ambiance. Pour les débutants, une première initiation en bord de plage est proposée avant de les emmener sur le site de plongée réaliser leur baptême. Une initiative rassurante et souvent oubliée par les clubs de plongée ! Alpha Plongée propose aussi des randonnées palmées pour admirer les tortues de mer qui se promènent souvent devant la plage. Baptêmes, explorations, formations FFESSM et PADI. L'un de nos clubs préférés en Martinique.

NAUTITAN

8, Lotissement Batterie
✆ 06 96 31 81 38
www.nautitan.com
Location bateaux avec matériel nautique à partir de 150 €.Balade en mer avec capitaine à partir de 60 €.

Venez découvrir les sensations Nautitan. Equipé d'une flotte de 7 bateaux (tout confort douchettes, bain de soleil, tour de wake, bimini), Tristan vous propose la location d'un bateau moteur, du coaching wake, des balades vers le Rocher du Diamant jusqu'à la rencontre avec les dauphins. Sites de rêve, sensations fortes et moments inoubliables font partie de la signature Nautitan !

PLONGÉE PASSION

Plage de Grande-Anse
✆ 05 96 68 71 78
www.plongeepassion.com
Ouvert toute l'année tous les jours.

C'est l'un des clubs pionniers en matière de tourisme écoresponsable. Avec le soutien de POEMM (Protection Observation Etude du Milieu Marin), il met à disposition gratuitement du matériel (palmes, masque et tuba) nécessaire à une observation respectueuse des nombreuses tortues nageant dans la baie. La contrepartie ? Leur communiquer vos observations qui serviront au CNRS. C'est ce que l'on appelle « la science participative ». Engagé en faveur de l'environnement, Plongée Passion propose des ateliers de sensibilisation pour les scolaires.

QUAD'AUTRES

Palmiste ✆ 06 96 20 52 55 - A 10 minutes des plages, entre les Anses-d'Arlet et le Diamant.
www.quadautres.fr
Ouvert tous les jours sur réservation uniquement. Fermeture annuelle en septembre.

Sur la base de loisirs située au cœur d'un domaine de 14 ha, Benoît propose des balades en quad et du paint-ball. Le quad est accessible à partir de 6 ans pour les 50 cm^3 et à partir de 16 ans pour les Kymco 150. Après une initiation à la conduite, on part en balade accompagnée à la découverte de la flore et de la faune. Quant au paintball ce n'est peut-être pas l'activité typiquement touristique, mais si vous êtes un groupe d'amis et voulez jouer au « Rambo » dans un cadre tropical, amusez-vous et établissez votre meilleure stratégie pour battre vos ennemis…

LE DIAMANT ★★★

Dominée par la « Femme couchée » (le Morne Larcher), le Diamant doit son nom à son célèbre rocher, un ancien volcan sous-marin planté au milieu de la mer, qui fut le théâtre de bien des convoitises. Le lieu est chargé d'histoire : peuplé par les Arawaks dès le IVe siècle, puis par les Caraïbes au Xe siècle, avant d'être chassés par les colons français à la fin du XVIIIe siècle qui se le disputèrent avec les Anglais. Outre sa magnifique plage balayée par les vagues déferlantes, le Diamant est une ville des plus agréables. Montez jusqu'au Morne Larcher pour profiter d'une vue splendide sur le Sud de la Martinique, le Rocher et l'île de Sainte Lucie.

ÉGLISE SAINT-THOMAS

Rue Justin Roc
✆ 05 96 76 40 87

Ce très bel édifice d'inspiration baroque inauguré en 1829 et classé monument historique est particulièrement marquant par sa situation : immaculée de blanc, l'église fait face à la mer et au Diamant avec ses vagues déferlantes qui viennent claquer contre la plage. Maintes fois rénovée et détruite par des catastrophes naturelles, cette église arbore une splendide charpente, refaite en 1983 par les Compagnons de France, à la manière d'une coque de navire renversée. Fabriquée en métropole, elle a été démontée et remontée sur l'église en 1983.

ESPACE MUSÉOGRAPHIQUE BERNARD DAVID

39 rue Justin Roc
✆ 05 96 66 07 36
Ouvert du lundi au vendredi de 9h à 17h. Le samedi de 9h à 12h.

Cet espace muséographique sans prétention retrace l'histoire de la ville du Diamant à travers la collection (constituée entre 1958 et 1998) d'un ancien prêtre, Bernard David qui légua à la commune sa collection d'objets archéologiques précolombiens et ses fonds documentaires après avoir passé trente années de sa vie au Diamant. Une intéressante visite pour les amateurs d'art et d'histoire. Accueil très souriant et sympathique. Un petit musée qui a son charme.

SUD CARAÏBE

HABITATION O'MULLANE - MAISON DU GAOULÉ

A l'évocation du passé colonial de la région, c'est la « maison du Gaoulé » qui surgit dans la mémoire populaire : mécontents de « l'exécutif commercial royal » – obligation de commercer avec la France – les habitants organisent la première rébellion ouverte contre la tutelle métropolitaine, en 1717. A l'issue d'un repas servi dans la maison du Gaoulé, au quartier O'Mullane, les planteurs séquestrent le gouverneur La Varenne et l'intendant Ricouart, représentants du roi Louis XV.

MÉMORIAL DE L'ANSE CAFFARD ★★

Anse Cafard

A 2,5 km du centre du Diamant par la D37 en direction de la Pointe du Diamant.

Une quinzaine de statues regardent la mer et le rocher du Diamant, les épaules tombantes et le regard perdu. Cet ensemble monumental en forme de triangle (évoquant le commerce triangulaire) a été réalisé en 1991 par le sculpteur Laurent Valère à l'occasion du 150e anniversaire de l'abolition de l'esclavage. Il évoque le naufrage d'un bateau négrier en 1830 aux larges de la baie du Diamant. Les esclaves enchaînés ne purent se sauver et les rescapés furent envoyés au bagne...

MAISON DU BAGNARD ★★

D37

Au détour de l'un des lacets reliant le Diamant aux Anses d'Arlet, prenez le temps de plonger dans l'histoire de Médard Aribot, sculpteur talentueux et bagnard à ses heures. A son retour de Guyane, il s'éprend de cette langue de terre perchée au-dessus des eaux, à l'ombre du Morne Larcher et y érige une maisonnette aux proportions terriblement réduites. Il passera le reste de sa vie à la sculpter, la décorer et l'habiter avant de disparaître silencieusement en 1973. Malgré des campagnes de restauration, la maisonnette est menacée par le temps et les vandalismes.

DIAMANT BEACH €€

Ravine Gens-Bois

✆ 05 96 76 16 16

Bord de plage à l'entrée du bourg

www.diamant-beach.com

Studio mezzanine dès 86 € ; T2 (4 personnes) dès 104 € ; T3 duplex (6 personnes) dès 132 €.

Les 49 appartements très spacieux (entre 47 et 72 m²) sont harmonieusement répartis dans un jardin tropical et bénéficient tous d'une terrasse avec vue sur la mer. Service hôtelier à la demande comme le ménage (une fois par semaine) dans les appartements. La piscine à débordement est très sympa : la vue sur le rocher du Diamant y est splendide. Prêt de planches de bodyboard, de VTT, cours d'aquagym et plongée en piscine selon saison. Restaurant le Carré bleu. La résidence a été reprise par un nouveau propriétaire qui fourmille d'idées.

Maison du Bagnard.

MORNE LARCHER

Le morne Larcher, c'est le gardien, mouvant, discret, inaltérable de la baie du Diamant. Elimé, fatigué, rongé, il semble bien fragile lorsqu'on le distingue, depuis les hauteurs de la commune, avant de dévaler vers le centre-ville. Il est perché au loin, toujours présent du coin de l'oeil, mais il s'efface souvent face à l'effervescence qui agite la longue langue de sable de la plage du Diamant. Et pourtant, quelques kilomètres plus loin, au pied du colosse, c'est l'inversion des normes : l'on se sent minuscule, face à la trace qui serpente et s'accroche au morne jusqu'à son sommet (402 mètres). Le Morne Larcher n'est autre qu'un ancien volcan aujourd'hui éteint.

De là, deux options s'offrent à vous : se reposer sur la plage de l'anse Cafard, à l'ombre protectrice du Larcher, ou se lancer à l'assaut du flanc de la montagne. Dans le second cas, prévoyez beaucoup d'eau et de bonnes chaussures : l'ascension est courte mais intense, accentuée par la chaleur, l'humidité et le chemin parfois très accidenté ou abrupt. Au bout d'une heure d'effort, vous voilà maître d'une vue imprenable sur l'ensemble du Diamant et le sud de l'île. Vous serez peut-être décoiffé par un parapente raseur, mais toujours heureux de ce spot inédit ! Coté pratique : la redescente peut se faire du coté des Anses d'Arlet, sur un chemin moins perché mais un peu plus rocailleux. Comptez ensuite 4 km de lacets côtiers pour retrouver le point de départ à l'Anse Cafard. Une autre solution peut être de venir à deux véhicules.

ROCHER DU DIAMANT ★★★

Sur la route de l'Anse Cafard, la mer jette ses tourbillons au-dessous de la falaise. Dessus, l'herbe jaune, haute, se courbe sous le joug du vent. Etreint dans la Grande Bleue, surgit le rocher du Diamant. Remarquable de beauté, le joyau si souvent convoité par la couronne d'Angleterre donne son nom à ce qui n'est alors qu'un quartier… Ce roc volcanique forme un promontoire à 175 m de hauteur. Effectivement, en raison de sa position avancée et des courants qui l'environnent, le bastion longtemps disputé joue un rôle important pour le contrôle du canal de Sainte-Lucie. En 1804, les Britanniques le baptisent sur leurs cartes marines comme un vaisseau de leur flotte. Après plusieurs tentatives infructueuses, Her Majesty Ship (le HMS Diamond Rock), défendu par quatre puissants canons, est repris à l'abordage, en mai 1805, par l'amiral de Villeneuve, – appuyé par d'importantes forces navales et de débarquement. Aujourd'hui, il s'offre comme un joyau de plongée sous-marine et de la baignade. Les plongeurs confirmés se régaleront, car les poissons et les espèces marines sont très nombreux à s'épanouir contre ses flancs immergés. Les aventuriers ne seront pas en reste, et devront affronter quelques fortes émotions dans le lourd roulement des vagues, fréquentes et violentes. Cependant, il est formellement interdit de s'aventurer sur le rocher, véritable refuge de ce redoutable serpent : le trigonocéphale. Le site est protégé par l'ONF ; les « pailles-en-queue », des oiseaux, viennent y nicher.

SUD CARAÏBE

DOMAINE DIAMANT CARAÏBES €€

Anse Caffard

✆ 06 11 29 39 28

www.domaine-diamant-caraibes.com

A partir de 1 400 € la semaine.

Le Domaine Diamant Caraïbes est composé de deux villas indépendantes avec vue sur mer panoramique et situées dans un vaste jardin paysager, à seulement 200 mètres de la plage du Diamant. Les Villas Madinina (10 personnes) et Diamantine (8 personnes) possèdent chacune une piscine et sont parfaitement équipées (lave-linge/sèche-linge, wifi, cuisine équipée, plancha, télévision…). Les chambres sont climatisées tandis que tout est décoré avec goût aux couleurs de la Caraïbe. Nous vous invitons à vous rendre sur le site Internet pour plus d'infos.

HOTEL DIAMANT LES BAINS €€

✆ 05 96 76 40 14

www.diamantlesbains.fr

Véritable havre de paix entre mer des Caraïbes et jardin luxuriant, ce célèbre hôtel construit en 1945 est l'un des plus anciens de l'île et il a vu défiler de nombreux écrivains, tels que Césaire, Chamoiseau et Glissant. Il a été entièrement rénové en 2018. La nouvelle structure à la décoration contemporaine abrite désormais 28 studios de 25 m² et 5 bungalows plage de 40 m², avec vue sur le rocher du Diamant, très bien équipés et pensés avec un réel souci de confort pour vous permettre de passer d'agréables moments, les pieds dans l'eau.

© DOMAINE DE LA PALMERAIE

© DOMAINE DE LA PALMERAIE

DOMAINE DE LA PALMERAIE €€€

Quartier Thoraille
✆ 06 96 50 24 40
www.domainedelapalmeraie.com

Le Domaine de la Palmeraie est un petit paradis caché sur les hauteurs du Diamant. Dans un sublime parc de 7 000 m² se nichent 6 villas de standing. L'architecture est inspirée de l'Asie, avec ses gazébos en bois dissimulés dans le jardin, ses statues de Bouddha pour insuffler un esprit zen… Les villas de type caribéen contemporain sont conçues pour vivre les Antilles de façon optimisée. Elles sont admirablement équipées et décorées dans le style balinais : lit à baldaquin, piscine privative avec deck, transats, douche extérieure attenante à la salle de bains.

© DOMAINE DE LA PALMERAIE

© DOMAINE DE LA PALMERAIE

BRAG'S BITAILLE €

Quartier Bitaille

✆ 06 96 85 79 00

Bungalow pour 2 à 4 pers. Tarifs attractifs toute l'année.

C'est sur les hauteurs du Diamant, au cœur du quartier Bitaille, que vous découvrirez ce bungalow tout neuf. Il est entièrement équipé et climatisé pour votre plus grand confort, la décoration est soignée et les propriétaires ont pensé à vous jusque dans les moindres détails !

La cerise sur le gâteau ? C'est le bain à remous privatif, une parenthèse de douceur après une longue journée de découverte de notre belle île. Un véritable coup de cœur de la rédaction ! D'autant que les tarifs sont attractifs et évoluent au gré de la saison.

HABITATION DIAMANT €€

rue Osman Durand

✆ 06 96 81 93 42

www.habitation-diamant.com

F2 2 personnes à partir de 41 € la nuit, F3 4 personnes 83 € la nuit, F4 6 personnes 124 € la nuit.

Ce tout nouvel hébergement de charme créé par Fabrice, qui dirige «Alpha plongée» aux Anses-d'Arlet, se trouve au Morne Blanc sur la commune du Diamant. C'est une petite résidence toute neuve sur un étage, entourée d'un jardin tropical clos de 2 000 m^2 avec piscine, parking. Ce petit complexe comprend deux F2 pour 2 personnes, trois F3 pour 4 personnes et un F4 pour 6 personnes. Tous les appartements possèdent une terrasse avec un spa ou un jardinet privatif bien isolé en rez-de-chaussée. Chaque chambre a sa salle de bains privative. On recommande !

KAY TI CANNELLE €

Rue Dereck Walcott

✆ 06 96 00 98 19

www.kayticannelle.com

3 logements avec vue mer au Diamant.Location du bungalow de 65 à 70€ la nuit.

Céline et Thierry ont aménagé sur leur propriété du Diamant trois logements atypiques bénéficiant d'une belle vue sur mer. Ici le bois est le roi et la déco est conçue avec goût et originalité à partir de matériaux de récup' comme des palettes. Chaque studio est composé d'une chambre et d'une terrasse extérieure d'un beau volume avec cuisine équipée. La plage du Diamant est à quelques mètres à pied. Ambiance zen garantie. Accueil charmant et conseils avisés des propriétaires qui aiment partager avec leurs convives leur amour pour la Martinique.

RÉSIDENCE ANTHURIUMS €

55 Lotissement Pigozzi, Allée du Rocher

✆ 05 96 76 22 57

À partir de 280 €/semaine en basse saison, 350 €/semaine en haute saison.

C'est un très joli bas de villa situé dans une résidence à deux pas de la plage. Le F2, d'une capacité de 2/3 personnes, comprend un séjour (avec un clic-clac), une table, une TV, un coin cuisine très bien aménagé. Dans la chambre, un lit double et un lit simple. La terrasse extérieure couverte est bien agencée : table et chaises pour déjeuner. Le jardin est fort agréable : transats pour la bronzette et douche extérieure pour se rafraîchir en rentrant de la plage. Sans oublier la piscine familiale. Un ti-punch de bienvenue vous est offert.

VILLA INDIES €€

Morne Pavillon,

✆ 06 96 24 23 21

www.villa-indies.com

Location à la semaine de 1200 à 1400 € sauf aux vacances de Noël (1600€). Villa d'architecte 2 chambres + 2 SDB.

Une admirable villa d'architecte au style résolument contemporain dominant la baie du Diamant. On grimpe tout en haut du morne Pavillon et là.... : la vue est grandiose ! Toutes les pièces sont orientées vers la mer. La déco est très soignée (la propriétaire est architecte) et conjugue art de vivre créole et mobilier et équipements de standing. Les deux chambres s'ouvrent sur la terrasse extérieure où l'on profite pleinement du deck et de la piscine. Une très belle adresse intimiste à souhait. Il est indispensable d'être véhiculé.

PAM SNACK €

place des fêtes

✆ 06 96 78 71 23

Ouvert tous les jours de 9h à 15h.

C'est le cliché du petit snack roulotte local sur la plage, typiquement créole, qui vous propose toute une variété de plats caribéens. Colombo de cabri, brochettes de lambis, poulet boucané, pêche locale savamment préparée... sont à déguster les pieds dans le sable en admirant le rocher, la magnifique plage du Diamant et ses eaux turquoise toujours changeantes et tourmentées, le tout dans une bonne ambiance à l'antillaise, comme chez maman, avec en bonus un petit air de zouk qui passe en boucle. Rapport qualité-prix imbattable.

ROMAIN, 18 ANS.
CHASSÉ DU DOMICILE FAMILIAL.
PARCE QU'IL EST HOMOSEXUEL.

M

N

O

P

Q

R

S

T

EDITION

Directeurs de collection et auteurs : Dominique AUZIAS et Jean-Paul LABOURDETTE

Auteurs : Laure LAMBERT, Baptiste THARREAU, Tanguy REVAULT, Priscilla PARARD, Amandine GLEVAREC, Juliette COURTOIS, Mathias DESHOURS, Sylvie DEL COTTO, Romain RISSO, Maëlle CHERRIER, Corinne DAUNAR, Mélanie CARPENTIER, Marie Isabelle CORRADI, Yaissa BOLIVAR-ARNAUD, Faubert BOLIVAR, Jean-Paul LABOURDETTE, Dominique AUZIAS et alter

Directeur Editorial : Stéphan SZEREMETA

Rédaction Monde : Caroline MICHELOT, Morgane VESLIN, Pierre-Yves SOUCHET, Natalia COLLIER, Laureen DUCHESNE

Rédaction France : Elisabeth COL, Tony DE SOUSA, Mélanie COTTARD, Audrey VEDOVOTTO

FABRICATION

Responsable Studio : Sophie LECHERTIER assistée de Romain AUDREN

Maquette et Montage : Julie BORDES, Delphine PAGANO

Iconographie et Cartographie : Anne DIOT assistée de Julien DOUCET

WEB ET NUMERIQUE

Directeur Web : Louis GENEAU de LAMARLIERE

Chef de projet et développeurs : Nicolas de GUENIN, Adeline CAUX, Kiril PAVELEK

Intégrateur Web : Mickael LATTES

Webdesigner : Caroline LAFFAITEUR

Community Traffic Manager : Alice BARBIER, Mariana BURLAMAQUI et Vincent PHAM

DIRECTION COMMERCIALE

Directeur commercial : Guillaume VORBURGER assisté de Manon GUERIN

Responsable Régies locales : Michel GRANSEIGNE

Responsables Développement régie inter : Jean-Marc FARAGUET et Guillaume LABOUREUR assistés de Claire BEDON

Chefs de Publicité Régie internationale : Camille ESMIEU

Chefs de Publicité Régie nationale : Caroline AUBRY, François BRIANCON-MARJOLLET, Perrine DE CARNE MARCEIN,

Régie MARTINIQUE : Isabelle DREZEN **avec la collaboration de** Karine ANDRE et Pia KAVCIYAN

Gestion commerciale : Vimla MEETOO et Assa TRAORE

DIFFUSION ET PROMOTION

Directrice des Ventes : Bénédicte MOULET assistée d'Aissatou DIOP, Sidonie COLLET

Responsable des ventes : Jean-Pierre GHEZ assisté de Nelly BRION

Relations Presse-Partenariats : Jean-Mary MARCHAL

ADMINISTRATION

Président : Jean-Paul LABOURDETTE

Directrice des Ressources Humaines : Dina BOURDEAU assistée de Sandra MORAIS et Eva BAELEN

Directrice Administrative et Financière : Valérie DECOTTIGNIES

Comptabilité : Jeannine DEMIRDJIAN, Adrien PRIGENT et Faiza ALILI

Recouvrement : Fabien BONNAN assisté de Sandra BRIJLALL et Vinoth SAGUERRE

Responsable Informatique : Adam M'RAH

Standard : Assa TRAORE

PETIT FUTE MARTINIQUE
LES NOUVELLES EDITIONS DE L'UNIVERSITE
18, rue des Volontaires - 75015 Paris.
✆ 01 53 69 70 00 - Fax 01 42 73 15 24
Internet : www.petitfute.com
SAS au capital de 1 000 000 € - RC PARIS B 309 769 966
Couverture : Colibri © estelle75
Impression : IMPRIMERIE CHIRAT 42540 Saint-Just-la-Pendue
Achevé d'imprimer : janvier 2021
Dépôt légal : 08/02/2021
ISBN : 9782305044576

Pour nous contacter par email, indiquez le nom de famille en minuscule suivi de @petitfute.com
Pour le courrier des lecteurs : info@petitfute.com

IMPRIMÉ EN FRANCE

U

V

W

X

Y

Z

Plage des Salines.

CORSAIR
Profession :
Chasseur de paysage
Partez chasser les plus beaux endroits de Martinique avec Corsair
Vol direct au départ de Paris Orly
son siège, 2 place de l'Equerre 94568 Rungis cedex, France, RCS Créteil 328 621 586 Octobre 20

SÉJOURS ET CIRCUITS

Circuits, randonnées, séjours farniente, sportifs ou écoresponsables, en famille, seul, ou entre amis, kayak, plongée, combinés en catamaran ou en monocoque, croisières, lunes de miel, anniversaires de mariage… La Martinique et ses paysages aux mille et une facette offre une large panoplie d'activités et de possibilités pour tous les publics : familles, aventuriers, navigateurs, randonneurs... Les voyagistes spécialisés, aussi, sont nombreux : ils connaissent l'île sur le bout des doigts et sont en mesure de concocter toutes sortes d'itinéraires à la carte. De plus en plus d'agences proposent également des programmes très alléchants propices à l'évasion. Dans tous les cas, il faut compter entre dix et quinze jours pour pouvoir espérer découvrir l'île et sa diversité de paysages. Si vous n'avez qu'une semaine, on vous conseille de cibler une zone géographique de l'île pour pouvoir en profiter un maximum et rayonner tout autour.

ALMA VOYAGES

573, route de Toulouse
VILLENAVE-D'ORNON
✆ 05 56 87 58 46
www.alma-voyages.com
Ouvert du lundi au vendredi de 9h à 18h30 et le samedi de 9h30 à 17h30.

Chez Alma Voyages, les conseillers connaissent parfaitement les destinations. Ils ont la chance d'aller sur place plusieurs fois par an et donc, bien vous conseiller. En plus, chaque client est suivi par un agent attitré ! Une large offre de voyages (séjour, croisière ou circuit individuel) avec l'émission de devis vous sera proposée. Surfez sur leur site Internet et découvrez les différents circuits à la découverte des Antilles françaises, permettant de combiner la Martinique, mais aussi les îles de l'archipel guadeloupéen.

AQUAREV

2, rue du Cygne
PARIS
✆ 01 48 87 55 78
www.aquarev.fr
Ouvert de 9h30 à 17h30, le samedi de 11h à 12h30 et de 14h à 17h.

Spécialiste de la plongée sous-marine, l'agence Aquarev propose de partir en séjour de 9 jours/7 nuits pour plonger en Martinique. Accessible à tous niveaux, le club Espace Plongée Martinique, qui se trouve sur la marina de la Pointe du Bout, offre des possibilités d'initiation et de perfectionnement, des plongées de nuit, épaves, plongées au nord (journée complète) et au sud de l'île (en demi-journée)... En ce qui concerne l'hébergement, vous logez à l'hôtel Bambou, dans des chambres et bungalows disséminés dans un jardin tropical.

CERCLE DES VACANCES

31, avenue de l'Opéra - **PARIS**
✆ 01 40 15 15 11
M° Pyramides.
www.cercledesvacances.com
Ouvert du lundi au vendredi de 9h à 20h et le samedi de 10h à 18h30.

Les conseillers du Cercle des Vacances sont des spécialistes qui partageront avec vous leurs conseils et leurs petits secrets pour faire de votre voyage une expérience inoubliable et personnalisée. Confiez-leur vos habitudes de voyages, les différentes régions que vous souhaitez découvrir et élaborez ensemble un voyage sur mesure, qui vous ressemble. Leur agence en plein cœur de Paris vous accueille du lundi au samedi pour vous proposer des séjours, des circuits et des vols à prix économiques avec un original service de conciergerie.

CHAMINA VOYAGES

CLERMONT-FERRAND
✆ 04 66 69 00 44
www.chamina-voyages.com

Chamina Voyages, spécialiste de la randonnée, propose diverses formules comme les voyages avec accompagnateurs pour être en sécurité et ne s'occuper de rien ou les randonnées liberté « Carnet de Route », pour les plus indépendants. Le voyage de 11 jours « Activités Nature en Martinique » comprend l'hébergement (dans deux maisons d'hôtes de charme), une excursion canyoning, une journée en trimaran, une en pirogue et un carnet avec tous les tracés des randonnées par niveau. L'agence offre également la possibilité d'organiser des voyages à la carte.

EVASION SPIRIT

34, Avenue de l'Observatoire
PARIS
✆ 01 42 18 22 28
www.evasionspirit.com
Du lundi au samedi de 10h à 18h.

Avec trois bureaux sur Paris, Evasion Spirit est un groupe d'agences de voyages, expertes par destinations et thématiques. Chaque équipe « Spirit » est spécialisée sur un territoire, pour un voyage de découverte, un circuit combiné, une escapade thématique « plongée » ou « golf », s'évader dans une croisière ou pour une lune de miel. Tout est 100 % personnalisé. Le suivi clientèle sur place ou par téléphone/email fait partie de leur engagement. Pour la Martinique, Evasion Spirit propose une sélection d'hébergements de charme et des tours combinés avec la Guadeloupe et Sainte-Lucie.

EXOTISMES

164, rue Albert Einstein
MARSEILLE
✆ 0 826 96 5000
www.exotismes.fr

Spécialiste de l'exotisme et du voyage dans les îles autour du monde (Caraïbes, océan Indien, Pacifique) depuis plus de 30 ans, ce tour-opérateur sélectionne une série de séjours en Martinique, dans des hôtels, des résidences, des bungalows et des villas tout confort. Elle propose également excursions, autotours et voyages de noces ainsi que des croisières en catamaran de 8 ou 11 jours dans les îles Grenadines, Saint-Vincent et Martinique. Le site propose également des offres discount de dernière minute et la possibilité d'organiser son séjour à la carte.

FILOVENT

14, avenue André Morizet
BOULOGNE-BILLANCOURT
✆ 01 70 80 97 52
www.filovent.com
Accueil téléphonique du lundi au samedi de 9h à 19h.

Pour cette agence, spécialiste de la navigation, tout a commencé en 1992 avec la location de voiliers, puis la location de bateaux de croisières sur les fleuves et canaux de France et d'Europe. Filovent offre la possibilité de louer un voilier ou un bateau à moteur, avec ou sans skipper/équipage. En Martinique, Filovent possède 1 base de location au Marin. Pour sa flotte, Filovent a sélectionné 138 constructeurs de bateaux, ainsi que 842 modèles de bateaux différents, à destination notamment de Sainte-Lucie, Saint-Vincent et des Grenadines.

FUN & FLY - SPORT AWAY

2, rue Louise-Weiss - **TOULOUSE**
✆ 05 67 31 16 11
Métro Borderouge.
www.fun-and-fly.com
Du lundi au vendredi de 8h30 à 18h30 et le samedi de 10h à 17h.

Fun & Fly - Sport Away proposent des séjours version grand large aux amateurs de vagues ! Surf, windsurf, kitesurf et stand-up paddle : 4 activités de glisse maritime déclinées en diverses formules. Débutant ou expert, en famille ou en bande de mordus, en quête de fiesta ou en mode découvertes insolites, vous trouverez ici le voyage qui vous convient vers l'une des nombreuses destinations disponibles. En Martinique, le lagon de la pointe Faula, au Vauclin, et la Pointe du Bout aux Trois-Ilets sont les deux spots privilégiés par l'agence.

NOMADE AVENTURE

40, rue de la Montagne-Sainte-Geneviève - **PARIS**
✆ 01 46 33 71 71 - M° Maubert-Mutualité ou RER Luxembourg.
www.nomade-aventure.com
Ouvert du lundi au samedi de 9h30 à 18h30.
Circuits sur mesure. Activités.

Nomade Aventure, comme son nom l'indique doublement, est une agence qui vous change de vos habitudes sédentaires. Avec ses voyages placés sous le thème de la nature, de la culture et de la rencontre, elle vous propulse vers de nouvelles aventures. Loin des meutes de touristes, vous mettrez à profit les bonnes connaissances des agents sur la région en profitant à la fois de circuits originaux et de spots incontournables. Nomade Aventure fait de votre voyage de véritables vacances en vous permettant de vous détendre, ils prévoient tout !

TERRE ET NATURE VOYAGES

23, rue d'Ouessant
PARIS
✆ 01 45 67 60 60
www.terreetnature.com
Ouvert du lundi au vendredi de 9h30 à 19h. Sur rendez-vous en dehors de ces horaires.

Terre et Nature Voyages est une agence spécialisée destinée à tous les amoureux de la mer. Que ce soit le kitesurf, le windsurf, la voile ou encore la plongée, ce tour-opérateur parcourt les océans pour débusquer les meilleurs spots. Terre et Nature Voyages propose aventure, découverte et culture. Trek, randonnée à pied, canoë, voile, VTT, trail, raids multisports, croisières… vous attendent ! Plusieurs séjours riches en émotion sont possibles le long des côtes martiniquaises, axés autour du kitesurf et de la plongée sous-marine.

TERRES DE CHARME

3, rue Villebois-Mareuil
PARIS
✆ 01 55 42 74 10
www.terresdecharme.com

Terres de Charme et Iles du Monde ont fusionné : le premier apporte son exigence, des adresses de qualité et des voyages étudiés ; le second apporte quant à lui sa connaissance des îles et de la mer, des spots de plongée et de pêche, et de belles plages... Le séjour de 9 jours « Martinique, plantations et plages » comprend les vols, l'hébergement dans un hôtel de charme et une sélection d'activités culture et nature pour découvrir l'île. Le voyage peut être combiné avec une croisière en bateau de quelques jours pour explorer les îles Grenadines.

TREKKING

www.trekking.fr

Produits destinés aux globe trotters axés sur la sécurité, pochettes, ceintures de voyages, sacoches, accessoires de photos tarifs entre 9 euros (housses de sacs à dos et 90 euros (sacoches)

Trekking propose dans son catalogue tout ce dont le voyageur a besoin : trousses de voyage, ceintures multi-poches, sacs à dos, sacoches, étuis... Une mine d'objets de qualité pour voyager futé et dans les meilleures conditions.

TROPICALEMENT VÔTRE

43, rue Basfroi
PARIS
✆ 01 43 70 99 55
www.tropicalement-votre.com

Lorsque cette agence s'installe à Paris, en 1996, l'île Maurice était sa destination prioritaire. Avec les années, la carte des destinations de Tropicalement Vôtre s'est étoffée, l'offre s'étendant à l'Asie et aux Caraïbes. Une sélection pointilleuse de villas, d'hôtels, de chambres d'hôtes, est proposée en hébergement. Tropicalement Vôtre propose en Martinique et à Sainte-Lucie des séjours en hôtellerie de charme, des locations de villas ou de bungalows, des voyages de noces et même des combinés inter-îles de la Guadeloupe, Sainte-Lucie et la Martinique.

VENT PORTANT

Place Bernard-Moitessier
LA ROCHELLE
✆ 05 46 44 76 93
www.ventportant.com

Depuis sa création il y a une vingtaine d'années, l'Agence Internationale de Location de Voiliers Vent Portant a patiemment construit sa réputation autour de deux axes majeurs : la qualité du service et un vaste choix de croisières, de destinations et de voiliers rigoureusement sélectionnés. L'agence présente des flottes de voiliers monocoques et catamarans, avec ou sans skipper. Elle dispose de bases au Marin et à Sainte-Lucie, à partir desquelles on peut découvrir les îles Saint-Vincent, Bequia, Canouan, Tobaco Cays et Grenade.

VOYAGES ANTILLAIS

24, rue du 4-Septembre
PARIS
✆ 01 47 42 95 07
www.voyagesantillais.fr

Spécialiste des DOM-TOM depuis plus de 40 ans, cette agence propose pour la Martinique des billets d'avion, des voyages de noces, diverses catégories d'hébergements, des séjours, de la location de voiture et diverses promotions selon les périodes. Elle prévoit notamment une croisière « Perle des Antilles » 4 étoiles où tout est inclus de 9 jours et 7 nuits, qui part de Pointe-à-Pitre et passe par Sainte-Lucie (en paquebot Costa).

VOYAGEURS DU MONDE

55, rue Sainte-Anne
PARIS
✆ 01 84 17 46 76
www.voyageursdumonde.fr

Du lundi au samedi 9h30-19h. Agences dans toutes les grandes villes de France, à Bruxelles, Genève, Montréal et Québec.

Depuis plus de trente ans, Voyageurs du Monde construit pour vous un univers totalement dédié au voyage sur mesure et en individuel, grâce aux conseils pointus transmis par des spécialistes qualifiés sur leur destination de cœur ou d'origine. Vous bénéficiez de leur aide pour la préparation du voyage, mais aussi durant toute la durée du voyage sur place. Tous les circuits peuvent être effectués avec des enfants, car tout est question de rythme. A noter également, un site internet au contenu riche et inspirant.

GO VOYAGES

www.govoyages.com

Go Voyages propose le plus grand choix de vols secs, charters et réguliers au meilleur prix au départ et à destination des plus grandes villes. On y trouve de tout et surtout, facilement. On a la possibilité également d'acheter des packages sur mesure « vol + hôtel » et des coffrets cadeaux. En plus, on y trouve un grand choix de promotions sur tous les produits sans oublier la location de voitures et les navettes aéroport par exemple. La réservation est simple et rapide, le choix multiple et les prix peuvent être très compétitifs.

HAVAS VOYAGES

✆ 08 26 08 10 20

www.havas-voyages.fr

Avec un réseau de centaines d'agences, le numéro un des clubs de vacances français propose des formules tout compris avec un bon rapport qualité-prix. Désormais, Havas Voyages cherche à renouveler l'offre des séjours *all incluse* dans des clubs formatés pour aller vers plus de personnalisation du pack vacances. L'agence propose des idées thématiques, du sur-mesure à la demande du client, ce qui correspond à la tendance actuelle. En Croatie, nombreux séjours sont assurés sur la côte dalmate et en Istrie. Des promotions toute l'année et en dernière minute également.

LASTMINUTE

✆ 08 92 58 61 32

www.lastminute.com

Des vols secs à prix négociés, dégriffés ou publics sont disponibles sur Lastminute, agence de voyage en ligne. créée il y a plus de 20 ans. On y trouve également des week-ends, des séjours, de la location de voiture... Mais surtout, Lastminute est le spécialiste des offres de dernière minute permettant ainsi aux vacanciers de voyager à petits prix sans avoir à s'y prendre plusieurs semaines à l'avance. Que ce soit pour un week-end ou une semaine, une croisière ou simplement un vol, des promos sont proposées et renouvelées très régulièrement.

PROMOVACANCES

✆ 08 99 65 48 50

www.promovacances.com

Ouvert du lundi au vendredi de 8h à minuit. Le samedi de 9h à 23h. Dimanche de 10h à 23h.

Promovacances est une agence de voyage en ligne qui propose de nombreux séjours touristiques, des week-ends, ainsi qu'un très large choix de billets d'avion à tarifs négociés sur vols charters et réguliers, des locations, des hôtels à prix réduits. En plus de cette importante offre, n'hésitez pas à guetter en ligne des promotions de dernière minute et les bons plans du jour. Enfin, des informations pratiques sont à consulter en ligne pour préparer votre voyage : santé, formalités, aéroports, voyagistes, compagnies aériennes.

CŒUR DES ÎLES

ZI La Jambette

LE LAMENTIN

✆ 05 96 50 28 86

www.coeurdesiles.travel

Bureau d'accueil à l'aéroport, par téléphone et sur le site web.

Né de la fusion en 2014 des activités de l'agence martiniquaise Carib Recept et de l'opérateur guadeloupéen Karukera Tours, Cœur des Iles est le tour-opérateur leader des Antilles françaises et propose un panel d'excursions et d'activités sur mesure entre accueil et assistance, transferts, location de voitures, visites guidées thématiques de l'archipel (patrimoine, culture...), croisières, traversées maritimes, canyoning, séjours à Sainte-Lucie, randonnées équestres ou VTT... Vous pouvez acheter en ligne vos excursions directement.

MARTINIQUE ACCESS 'ÎLE

17-19, chemin des Pavillons - **LE CARBET**

✆ 05 96 55 11 71

www.handicaptourisme.net

Accessible aux personnes à mobilité réduite. Aménagements pour handicapés mentaux, malentendants et malvoyants.

L'Association Martinique Access'île offre au travers du site Handicaptourisme.net une sélection d'adresses labellisées Tourisme & Handicap afin d'aider les personnes en situation de handicap à mieux découvrir la Martinique. Elle est présidée par Noël Cicalini, expert dans le domaine des voyages accessibles et référent handitourisme en Martinique. C'est une véritable agence de voyage sociale et solidaire. Basée au Carbet, l'association dispose d'un fauteuil Tiralo pour la baignade. Elle propose également un véhicule avec rampe-navettes et des activités encadrées.

VOYAGER VRAI

✆ 06 20 05 53 34

www.voyagervrai.com

L'agence de voyage Voyager Vrai a été imaginée par Marie-Line, une jeune Martiniquaise amoureuse de son pays. Son credo ? Proposer aux voyageurs à la recherche d'authenticité des expériences de voyages éthiques et responsables. L'agence sélectionne ses prestataires (hébergements, transports, activités, excursions, artisanat, agriculture, bien-être) en respectant les valeurs du tourisme durable. N'hésitez pas à consulter son blog et à la suivre sur les réseaux sociaux. Une belle initiative, bravo !

JETCOST

www.jetcost.com

Jetcost compare les prix des billets d'avion et trouve le vol le moins cher parmi les offres et les promotions des compagnies aériennes régulières et *low cost*. Le site est également un comparateur d'hébergements, de loueurs d'automobiles et de séjours, circuits et croisières. L'interface du site Internet est très simple d'utilisation. Après avoir lancé la recherche, on peut affiner les résultats en fonction de ses choix afin de trouver le vol le plus intéressant, la durée du trajet, les éventuelles escales ou encore l'aéroport d'arrivée.

VPM YACHTCHARTER

Port de plaisance

LE MARIN

✆ 05 96 74 70 10

www.vpm-yachtcharter.com

Avec l'objectif d'offrir à tous la possibilité de goûter au plaisir de la navigation, VPM propose plusieurs formules de croisières : la location sans équipage, idéale pour les navigateurs confirmés ou la location avec équipage. Au départ de la Martinique (Le Marin), l'une d'elle se dirige vers les Grenadines en monocoque ou en catamaran (15 jours, 14 nuits). Parmi les locations proposées : catamarans et monocoques de 10 à 24 mètres de long, croisières à la cabine, ou encore croisières d'une journée sur catamarans avec espace jusqu'à 100 personnes.

LILIGO

www.liligo.com

Un des leaders et des pionniers de la formule. Liligo interroge agences de voyages, compagnies aériennes (régulières et low cost), trains (TGV, Eurostar…), loueurs de voitures, mais aussi 250 000 hôtels à travers le monde pour proposer les offres les plus intéressantes en temps réel. Les prix incluent les frais de dossier, d'agence… Une fois la recherche établie et l'offre sélectionnée par l'utilisateur, le comparateur le met directement en relation avec le site marchand. Quelques astuces sont délivrées en ligne pour bénéficier des offres les plus intéressantes.

EASYVOYAGE

✆ 08 99 19 98 79

www.easyvoyage.com

Le concept peut se résumer en trois mots : s'informer, comparer et réserver. Des infos pratiques sur plusieurs destinations en ligne (saisonnalité, visa, agenda…) vous permettent de penser plus efficacement votre voyage. Après avoir choisi votre destination selon votre profil (famille, budget…), le site vous offre la possibilité d'interroger plusieurs sites à la fois concernant les vols, les séjours ou les circuits. Grâce à ce moteur performant, vous pouvez réserver directement sur plusieurs bases de réservation (Lastminute, Go Voyages et bien d'autres).

QUOTATRIP

www.quotatrip.com

QuotaTrip est une nouvelle plateforme de réservation de voyage en ligne qui met en relation des voyageurs à la recherche d'expériences authentiques et uniques et des agences de voyages locales sélectionnées pour leurs compétences et leur sérieux. Le réseau de QuotaTrip couvre près de 200 destinations du monde entier. Le but de ce rapprochement est simple : proposer un séjour entièrement personnalisé aux utilisateurs. QuotaTrip promet ainsi l'assurance d'un voyage serein, sur mesure, sans intermédiaires et sans frais supplémentaires.

SE LOGER

Pierre angulaire de votre séjour en Martinique : le logement ! L'offre sur l'île ne manque pas, surtout dans le sud. Mais il n'est pas toujours évident de trouver chaussure à son pied tant les établissements présents sont nombreux, avec des prestations plus ou moins similaires. Avec leurs cuisines équipées et leur mobilier simple mais bien pensé, les résidences hôtelières constituent une bonne option pour les familles. Tout comme les locations saisonnières, en plein essor sur l'île : du studio à la maison familiale, en passant par la villa de luxe avec piscine, il y en a pour tous les goûts et tous les budgets. A cela s'ajoutent les gîtes et les chambres d'hôtes, plus proches de l'habitant, souvent plus économiques, et parfois même, insolites : de la tente luxueuse à la cabane dans les arbres, en passant par les bateaux hôtels et les éco-lodges, là encore vous aurez l'embarras du choix !

VILLAVEO €€

Centre commercial la Source - **DUCOS**
✆ +596 696 45 06 35
www.villaveo.com/fr
Les tarifs sont direct propriétaire, il n'y a pas de frais d'agence.

© VILLAVEO

Créée en 2014 par trois associés issus de la finance et de l'hôtellerie de luxe, VillaVEO est une agence immobilière spécialisée en locations saisonnières. L'agence propose plus d'une centaine de références d'appartements, studios, maisons de vacances et villas de luxe sur toute l'île. Tous les biens sont sélectionnés à partir d'une charte qualité, pour tous les budgets. Seul dénominateur commun : la qualité du logement loué. Deux conseillères vous assistent dans vos recherches, l'une basée en métropole, l'autre en Martinique.

WWOOFING

✆ 09 70 26 63 36
https://wwoof.fr

Et si vous essayiez le woofing ? Ce concept en vogue depuis plusieurs années permet de voyager dans le monde à petit prix. Le principe ? On troque sa force de travail contre le gîte et le couvert. En clair, on se propose de travailler en réalisant de petites tâches au sein d'une ferme agricole, ce qui finance son voyage. Le woofing (ou wwwoofing) est une forme de tourisme alternatif. La Martinique abrite actuellement quatre adresses dédiées au wwwoofers et appelées à se développer : au François, aux Trois-Ilets, au Robert et au Gros-Morne.

GITES DE FRANCE €€

https://www.gites-de-france.com/fr/outre-mer/locations-de-vacances-en-martinique

Profitez de vos vacances en Martinique avec Gîtes de France et ses nombreuses formules d'hébergement. Villa, gîte, appartement, maison d'hôtes, faites votre choix grâce au label et passez des vacances l'esprit tranquille, tout en étant proche des habitants. Pour les plages de rêve, préférez les Trois-Ilets ou le Diamant. Pour un séjour nature, optez pour la Trinité ou Saint-Pierre. Pour avoir du calme et une localisation stratégique, misez sur le François ou le Carbet. Vivez la culture pleinement en réservant un gîte en Martinique.

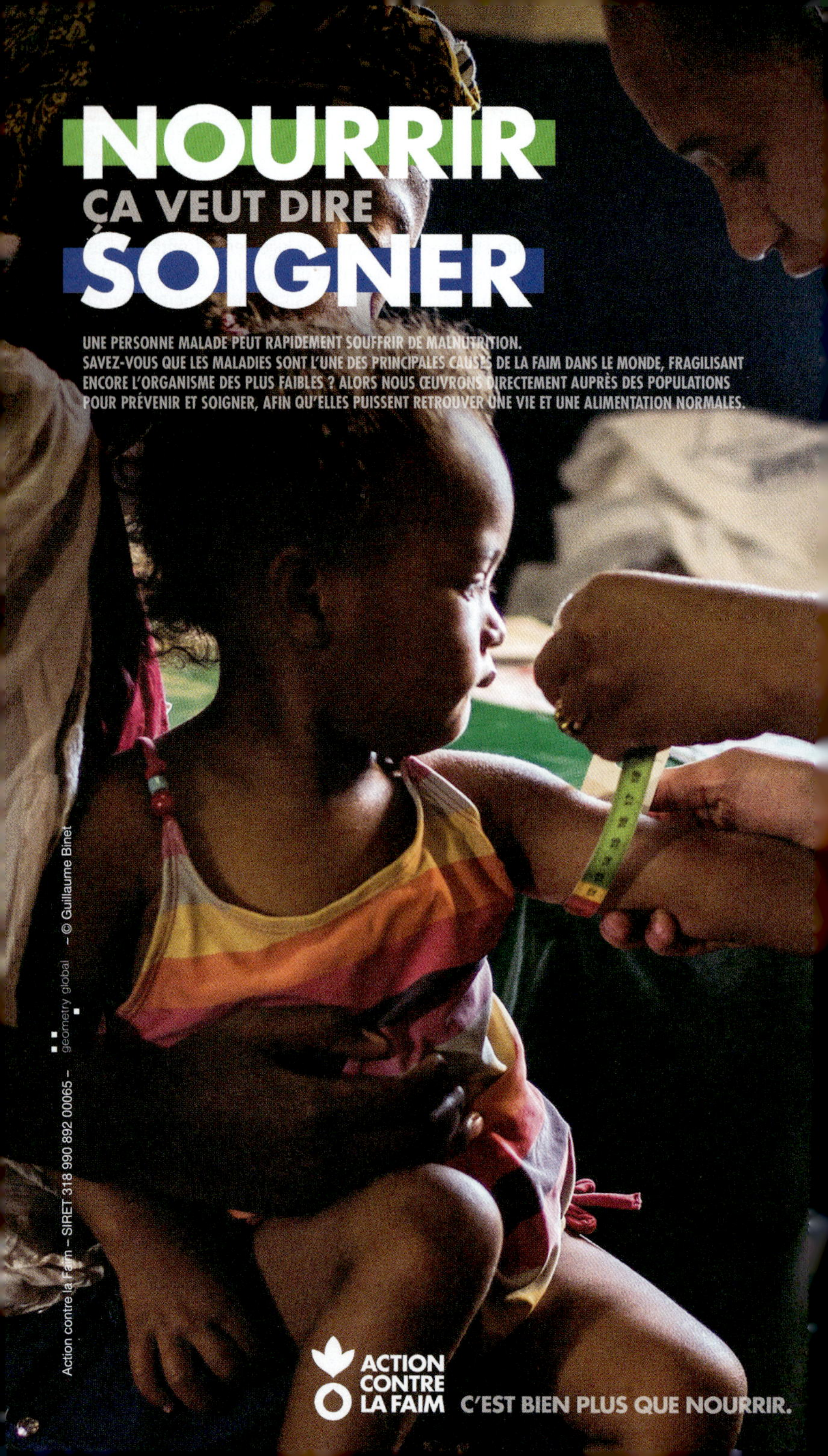
NOURRIR
ÇA VEUT DIRE
SOIGNER
UNE PERSONNE MALADE PEUT RAPIDEMENT SOUFFRIR DE MALNUTRITION.
SAVEZ-VOUS QUE LES MALADIES SONT L'UNE DES PRINCIPALES CAUSES DE LA FAIM DANS LE MONDE, FRAGILISANT ENCORE L'ORGANISME DES PLUS FAIBLES ? ALORS NOUS ŒUVRONS DIRECTEMENT AUPRÈS DES POPULATIONS POUR PRÉVENIR ET SOIGNER, AFIN QU'ELLES PUISSENT RETROUVER UNE VIE ET UNE ALIMENTATION NORMALES.
Action contre la Faim – SIRET 318 990 892 00065 – geometry global – © Guillaume Binet
ACTION CONTRE LA FAIM
C'EST BIEN PLUS QUE NOURRIR.

SE DÉPLACER

Outre l'avion, le meilleur moyen de rejoindre la Martinique, et de se déplacer ensuite dans le bassin antillais, dans l'île, on ne saurait que trop vous conseiller de louer une voiture pour sillonner l'île. Seul impératif : avoir un permis valable !

Les principales routes martiniquaises sont excellentes et presque toutes goudronnées. Petit bémol concernant l'affluence sur les routes, notamment aux abords de l'agglomération foyalaise. Prenez ce paramètre en compte, surtout si vous souhaitez traverser l'île du sud au nord. Les routes secondaires (les traces) sont souvent étroites et sinueuses. Levez le pied sur le frein et soyez prudents.

Côté loueurs, vous aurez le choix entre les grandes sociétés internationales et les compagnies locales.

Et pour le reste, vous pouvez essayer le taxi co ou taxi collectif (minibus ou breaks indiqués « T.C. »), une bonne alternative pour circuler dans l'île. On ne recommande pas les taxis, onéreux.

AIR ANTILLES

Agence Aréoport Aimé Césaire
LE LAMENTIN
© 05 96 42 18 07
www.airantilles.com

La compagnie se positionne sur le créneau des prix. Elle effectue des rotations régulières au départ de la Martinique vers la Guadeloupe, Saint-Martin, Sint Maarten, Saint-Barthélemy, Cayenne, Saint-Domingue, Porto Rico, Miami, la Barbabe. Les destinations d'Antigua et de la République dominicaine (La Romana et Punta Cana) font l'objet de rotations uniquement en saison. Vous pouvez réserver en ligne en quelques clics en temps réel et 24h/24 votre billet d'avion. La compagnie effectue la continuité régionale dans le cadre d'un partenariat avec Air France.

AIR CARAÏBES

Aéroport Aimé Césaire - **LE LAMENTIN**
© 0820 835 835 - www.aircaraibes.com
Centrale de réservation ouverte du lundi au samedi de 8h à 21h, dimanche & jours fériés de 8h à 18h (horaires Métropole)

Sur son réseau régional, Air Caraïbes dessert la Martinique (Fort-de-France), la Guadeloupe (Pointe-à-Pitre), Saint-Martin (Grand Case), Sainte-Lucie et la République dominicaine (Saint-Domingue). La destination de Saint-Barthélemy est aussi proposée avec une desserte opérée par St. Barth Commuter. Au départ de Paris-Orly, la compagnie propose plusieurs départs par jour. A cela s'ajoute un partenariat avec la SNCF qui permet de relier les grandes villes de métropole (Marseille, Toulouse, Bordeaux…).

AUTO DISCOUNT

Aéroport © 06 96 972 000 - Agence en face de l'aéroport. - www.auto-discount.fr
Ouvert en semaine de 8h à 18h, samedi de 10h à 18h et dimanche de 13h à 18h. A partir de 19 €/jour sous conditions.

Depuis 1999, Auto Discount Location figure parmi les leaders de la location de voiture à petit prix sur la Guadeloupe, la Martinique et Saint-Martin pour les courtes et moyennes durées. Vous êtes assuré de trouver le moyen de locomotion adapté grâce à un large choix de véhicules. Vous aurez sur place une navette gratuite pour l'aéroport à toute heure (en supplément) pour le port de Fort-de-France. L'équipe dynamique et sympathique mettra tout son savoir-faire pour embellir votre séjour. L'enseigne propose des voitures citadines, des berlines et des utilitaires.

BSP AUTO

Site en ligne
www.bsp-auto.com
Site comparatif accessible 24h/24. Standard ouvert de 9h à 21h30 (20h le w-e).

Il s'agit là d'un prestataire qui vous assure les meilleurs tarifs de location aux conditions les plus avantageuses auprès des grands loueurs de véhicules dans les gares, aéroports et les centres-villes du monde entier. Le kilométrage illimité et les assurances sont souvent compris dans le prix. Avec BSP Auto, vous pouvez réserver dès maintenant et payer seulement cinq jours avant la prise de votre véhicule. Autre bonus du courtier BSP : pas de frais de dossier ni d'annulation (jusqu'à la veille). La moins chère des options zéro franchise.

BUDGET MARTINIQUE

Rond-point de l'aéroport
LE LAMENTIN
✆ 05 96 42 04 04
www.budget-martinique.com
Ouvert tous les jours de 7h à 21h30.

La société Budget est présente en Martinique depuis plus de 25 ans. Budget dispose également de trois agences sur l'île basées à l'aéroport, à Fort-de-France et aux Trois Ilets (pointe du bout). De l'Opel Corsa à la Kia Sorento en passant par l'Audi A3 cabriolet, un 4x4 Nissan Pathfinder... jusqu'au minibus de 9 places : vous trouverez forcément votre bonheur ! Tous les véhicules sont récents, équipés de la climatisation (indispensable en Martinique), et la livraison se fait directement sur votre lieu de vacances. A votre guise !

CARAVELLE LOCATION

Quartier Fond Basile
LA TRINITÉ
✆ 05 96 58 68 95
www.caravelle.location.com
A partir de 16 € par jour pour une Renault Twingo en basse saison et 40 € par jour en haute saison.

Bénéficiez de l'expertise de Caravelle Location qui déploie ses service depuis 1991 ! La structure dispose d'un parc de 50 véhicules dont des voitures automatiques allant de la Twingo à la Peugeot 9 places Expert Combi. Tous les tarifs indiqués sont au kilométrage illimité et assurance tous risques. Les voitures sont toutes climatisées. La livraison est possible à votre arrivée à l'aéroport si vous réservez en amont ou au port de Fort-de-France si vous arrivez par bateau. Le formulaire en ligne sur le site permet de vous faire gagner du temps.

CARGO

27, route de Châteauboeuf
FORT-DE-FRANCE
✆ 05 96 03 44 00
www.cargo-martinique.fr

CarGo compte 500 agences à travers l'Hexagone et les DOM. La devise de la maison ? Professionnalisme et flexibilité. On vous livre votre véhicule dans tous les points de l'île. Près d'une centaine de voitures compose le parc, du véhicule de tourisme pas cher jusqu'au minibus (Renault Trafic combi 9 places Nissan Primastar). Leur site web est bien fait et ergonomique : on réserve sans difficulté avec paiement sécurisé. Ajoutez à cela un accueil sympathique et des tarifs bien ficelés. Une adresse à conseiller vivement pour toute location en Martinique.

© AVIS

© AVIS

© AVIS

AVIS

Aéroport Martinique Aimé Césaire
LE LAMENTIN
✆ 05 96 42 11 00
www.avis-antilles.fr
Ouvert tous les jours de 7h à 22h.

Avis propose un choix varié de véhicules, tous climatisés, de la petite voiture économique au 4x4 familial 7 places, en passant par les berlines, les cabriolets et les véhicules tout terrain. Nouveauté depuis peu : la très classe gamme Prestige composée de Jaguar et Range Rover Evogue cabriolet. La livraison est possible dans tous les points de l'île. Avis dispose également de trois agences sur place : aux Trois-Ilets, au Marin et au Lamentin. C'est la valeur sûre en matière de location de véhicules : choix, qualité du service et véhicules récents.

© AVIS

© AVIS

EUROPCAR MARTINIQUE

Aéroport Aimée Césaire et Agence
LE LAMENTIN © 05 96 42 42 42
www.europcar-martinique.com
Ouvert tous les jours de 7h à 22h sur le site de l'aéroport et de 7h à 21h à l'agence.

On ne présente plus Europcar, l'un des leaders de la location de véhicules de tourisme. Toute l'équipe sera ravie de vous accueillir. Europcar livre également les véhicules un peu partout à travers l'île. On aura l'embarras du choix entre des véhicules de toutes catégories et toutes marques (Van, Berling, 4x4 sans oublier Twingo et Clio), essence ou diesel, certains véhicules avec possibilité de GPS, de boîte automatique ou encore de siège bébé. Tous sont évidemment climatisés !

GD LOCATION

Marina du Marin - **LE MARIN**
© 06 96 30 09 30
www.gdlocation.fr
Ouvert du lundi au vendredi de 8h30 à 12h. Le dimanche sur rendez-vous. Livraison sur toute l'île.

Cette agence de location à taille humaine et à la réputation sérieuse a été créée par une Martiniquaise, Gladys Yolande Gros Desormeaux, qui connaît bien le secteur et les lieux. Elle est installée dans la nouvelle marina du Marin, sur le port de plaisance. Si vous débarquez en bateau et avez besoin d'une voiture pour quelques jours, GD pratique des tarifs qui ne sont vraiment pas élevés et particulièrement attractifs. Les voitures sont récentes, fiables, propres. Le parc est très limité, il est donc prudent de réserver, surtout en haute saison.

HIBISCUS LOCATION

Hameau de Pointe Lynch
LE ROBERT
© 05 96 65 78 18
www.hibiscuslocation.com

Hibiscus Location est une entreprise familiale chaleureuse qui existe depuis plus de 25 ans. Votre véhicule climatisé est disponible à l'agence ou dès la sortie de l'aéroport afin de ne pas perdre une minute pour commencer vos vacances (pas de navette). Nathalie et Vincent vous proposent une large sélection de véhicules : Kia Picanto, Dacia Sandero et Stepway, Dacia Lodgy, Dacia Duster, Peugeot 5008... Vous trouverez forcément le véhicule idéal pour votre séjour. Les tarifs sont très attractifs et le petit plus : vous payez votre location le jour de votre arrivée.

LOCATION DES ILES

Aeroport
FORT-DE-FRANCE
© 06 96 21 11 79
www.locationdesiles.com/
Du lundi au samedi de 7h à 21h.

Location des îles est un loueur local solidement implanté en Guadeloupe, en Martinique et à Marie-Galante depuis plusieurs années. La structure dispose de véhicules récents et climatisés, avec kilométrage illimité et assurances tous risques, à des tarifs attractifs. Elle propose un pack 2 îles avec un seul contrat, sans frais d'abandon dans une autre agence. Une carte de fidélité valable en Martinique, en Guadeloupe et à Marie-Galante est disponible. Possibilité également de réserver des billets de bateau à tarif réduit pour Marie-Galante.

LOKIZY

Résidence La Cédalise Rond-point Annette
LE MARIN © 596 696 37 40 80
https://lokizy.fr/
Ouvert de 7h à 22h tous les jours y compris dimanche et jours fériés.

Une sympathique compagnie de location de voitures en Martinique basée au Marin. Ici pas de mauvaise surprise, tout est clair, net et précis. Les véhicules sont tous très récents. Vous êtes assuré de conduire un véhicule fiable, bien équipé et garanti : climatisation, radio CD, bluetooth... Conducteurs additionnels gratuits, sièges enfants et réhausseurs gratuits, kilométrage illimité. L'assurance est tous risques. De même, le véhicule que vous réservez est celui que vous aurez : pas d'équivalence de dernière minute ! Possibilité aussi de location de deux-roues.

LUXIANE CAR

11, rue des Arts et métiers
FORT-DE-FRANCE © 06 96 24 86 30
www.luxianecar.com
Tarifs dégressifs à partir de 7 jours.

Une agence de location de voitures inédite en Martinique : la location de prestige et le service personnalisé. Luxiane Car s'est orienté vers la location sur-mesure. Ici, on vous livre votre voiture quel que soit le lieu, le jour et l'heure. L'accueil est personnalisé et le service haut de gamme : vos désirs sont des ordres, « Pani Problem». Les véhicules sont de catégories supérieures, la plus petite voiture proposée est une Peugeot 208 (en version automatique également) et la gamme se développe sur du 4x4 et des BMW (manuelles et automatiques).

R.CAR MARTINIQUE

17, Route de Châteauboeuf
FORT-DE-FRANCE
✆ 06 96 94 20 81
www.location-voituremartinique.com
Disponible du lundi au vendredi de 7h à 22h et samedi et dimanche de 14h à 22h.

R.Car Location est une agence de location de voitures en Martinique. Grâce à son emplacement proche de l'aéroport de Fort-de-France, elle vous prend en charge directement à l'aéroport, au port inter-îles ou croisiéristes. Les tarifs très concurrentiels de cette agence ainsi que ses véhicules récents rendront votre séjour agréable. A noter que RCar dispose à présent de voitures automatiques et de 9 places. Vous pouvez réserver votre voiture de location sur le site Internet clair et précis, ce qui facilite une réservation rapide.

RAPID AUTO

41, rue Camille Junkere
SCHOELCHER
✆ 05 96 61 82 73
www.rapidautolocation.com

Le slogan de cette agence est clair : « Des prix bas toute l'année avec, en plus, le savoir-faire ». Jugez-en par vous-même… Sur la base d'une Hyundai Getz, un véhicule trois portes équipé de la climatisation, en haute saison, vous pouvez faire le calcul directement sur leur site. Rapid Auto vous accorde 20 % de remise toute l'année selon la durée de la location. Livraison à l'aéroport gratuite (pensez à ajouter le coût du parking). Regardez régulièrement sur le site Internet, nombreuses offres régulières et réductions ponctuelles.

UCAR

Habitation Union - **LE LAMENTIN**
✆ 06 96 56 99 63 - www.ucar.fr/martinique
Ouvert du lundi au vendredi de 7h30 à 17h30, le samedi de 8h30 à 12h30.

Spécialiste de la location, UCAR propose un large choix de véhicules de tourisme récents. Une enseigne de proximité à votre service, où vous serez accueilli chaleureusement. Ce loueur propose une flotte variée entre modèles citadines 3 portes parfaits pour les courts trajets, les économiques 5 places, les familiales plus puissantes et les utilitaires (de la camionnette de 4 m^3 jusqu'au fourgon 11 m^3). À votre disposition également, un service sur mesure avec la navette UCAR gratuite qui vient à votre rescousse partout dans le Lamentin en cas de besoin.

TAXI COLLECTIF

Pointe-Simon
FORT-DE-FRANCE
Service actif de 5h à 17h environ. Entre 1,50 € et 10 € selon la destination.

Cette solution originale appelée « taxi-co » ressemble à un service de taxi ordinaire, à la différence près que vous ne serez pas seul dans la voiture mais plusieurs dans une sorte de minibus. Le tarif affiché à bord est conventionné selon la destination. La fréquence des taxis-co reste régulière et fiable garantissant une liaison pour chacune des communes. Notez que les retours sont assurés par les mêmes taxis avec des descentes et des montées possibles sur le trajet. Seul bémol : le taxi ne part qu'une fois rempli. L'attente peut donc parfois être longue…

SCOOTER EVASION

41 quartier petite France - **LE FRANÇOIS**
✆ 06 96 32 08 39
www.scooter-evasion.com
Ouvert le lundi de 9h à 12h et du mardi au samedi de 8h à 18h. Location 50cc et 125cc à 45 €/jour. 23 ans minimum.

Vous êtes fan de deux-roues ? Cela tombe bien car eux aussi ! Cette petite structure a été créée récemment par deux jeunes passionnés. Location de scooters de 50 cc à 125 cc ; plusieurs gammes de type Peugeot Django, Sym Orbit (sans permis) ou Yamaha N max. Il n'y a pas d'agence physique, la réservation se fait en ligne et vous être livré où vous souhaitez. Ils ont par ailleurs plein de bonnes idées de circuits à vous conseiller pour votre roadtrip en Martinique. La location se fait à partir d'une journée avec des tarifs dégressifs.

ALWEGO - SAINT-PIERRE LOCATIONS

43 Rue Emmanuel Courant - **LE LAMENTIN**
✆ 05 96 78 35 58 - www.alwego.rent
Consultez les offres et profitez du code promo «petitfute -15% MQ GP». Location de véhicules automatiques également.
#AlwegoCestCeQuilTeFaut

Le credo est clair, la communication pétillante et dans le vent, à l'image de son équipe. On apprécie cette agence locale, dynamique et accessible, implantée depuis trente ans en Martinique. Alwego loue tous types de véhicules, de la petite citadine jusqu'au minibus neuf places. Les catégories intermédiaires comme les SUV et berlines sont également proposées à de bons tarifs. Réservez en ligne, c'est plus efficace et rapide.

INDEX

G

H

I

J

K

L

DREAMLAND CARAÏBES €€€

✆ +596 696 28 18 24
https://dreamland-caraibes.com

Villa à partir de 1 800 € en basse saison jusqu'à 2 800 € la semaine. T4 dès 1 000 € la semaine.

Ce mini-complexe de luxe se compose de 2 magnifiques villas indépendantes et d'un très grand F4, conçus de façon à ce qu'aucun des logements n'ait de vis-à-vis : seule la splendide plage du Diamant compose la vue ! La déco est soignée dans un style résolument balinais. Le tarif reste raisonnable compte tenu des prestations haut de gamme : accès plage direct, piscine privée, superbe terrasse en teck avec transats, petit carbet couvert au bord de l'eau. Grande table et coin salon en terrasse extérieure et cuisine équipée qui s'ouvre sur un bar. Demandez Philippe !

© DAMIEN VERRIER - SHUTTERSTOCK.COM

La plage du Diamant.

LA TERRASSE €

✆ 05 96 76 40 14

Le restaurant de l'hôtel Diamant les Bains propose une cuisine créole bistronomique, conçue à partir de produits frais issus des circuits courts. Le restaurant avec terrasse pouvant accueillir 50 couverts est ouvert sur le jardin. La carte est courte, gage d'une belle qualité de produits. On aime le retour de pêche, les légumes d'ici et d'ailleurs, l'aile de raie confite sauce vierge, l'œuf fermier et son crumble au parmesan, l'espuma de patate douce au curry vert, et, en dessert, la pavlova aux fruits exotiques. La piscine et la plage sont à proximité immédiate.

LA PISCINE €

Allée de l'Azur

✆ 05 96 71 74 89

Ouvert de 11h à 18h tous les jours sauf le jeudi. Le vendredi et le samedi de 11h à minuit.

Dans un cadre agréable au bord d'une belle et grande piscine, ce n'est pas seulement un restaurant qui vous ouvre ses bras, mais un lieu de détente pour y passer la journée seul, en amoureux, entre amis ou en famille. L'accueil est au top ; on s'occupe de vous pour que vous passiez une journée inoubliable dans un cadre à l'ambiance tropicale. Le restaurant vous propose une carte originale et sympa ; il y en a pour tous les goûts. Des soirées musicales qui ne manquent pas d'intérêt y sont régulièrement organisées (consultez leur page Facebook).

XO BISTRO €

34 Bis rue des Arawaks

✆ 05 96 63 38 01

https://xo-bistro.business.site

Du lundi au samedi de 18h à 23h. Concert tous les vendredis soir ; Ardoise évolutive addition moyenne (30€ à 35€) ;

Dans ce restaurant de cuisine fusion et d'influences caribéennes, françaises, méditerranéennes et orientales, tous les plats sont faits maison, à base d'ingrédients frais et de qualité. Au menu : tartare de marlin frais et ses frites maison, salade de chèvre chaud revisitée (tomates, chèvre fondant, bacon fumé, mesclun bio, feuilles de bric), tataki de bœuf thaï, croquette d'effilochée de canard confit... Les desserts aussi sont à tomber ! Le personnel est souriant et attentionné. Détail qui a son importance : le service est rapide.

LE POISSON ROUGE €

Quartier Taupinière

✆ 05 96 76 43 74

Ouvert tous les jours midi et soir sauf le mercredi et le dimanche soir.

Rendez-vous des vieux loups de mer, ce restaurant n'a pas le droit à l'erreur en ce qui concerne la fraîcheur de ses produits ! Parmi les spécialités : le court-bouillon de poissons frais cuisiné à la créole, les crabes farcis maison, les langoustes fraîches choisies dans le vivier accompagnées d'un gratin de légumes du pays ou les fricassées de crevettes. Et quand Monsieur Cantinol reçoit des oursins, les habitués traversent toute l'île pour venir les déguster ! Pour ceux qui préfèrent déguster ces petits plats chez eux, un service à emporter est possible.

LE CHILL €€

Route de l'Anse Caffard

✆ 0696 22 14 45

https://www.chill-martinique.com

Ouvert tous les jours de 11h à 22h. Vendredi et samedi jusqu'à 23h.

C'est le nouveau beach bar-restaurant « tendance » du Diamant, face au fameux rocher éponyme. Un décor tropical de rêve, avec des transats sur la plage, un grand bar central et un espace restaurant. Le Chill se décline au gré de vos envies : une halte pour boire un verre, lézarder au soleil, déjeuner ou dîner les pieds dans l'eau ou danser ! Côté cuisine, la carte affiche un positionnement international. On savoure un tartare de poisson frais, une langouste grillée, une côte de bœuf, un magret de canard ou un carré d'agneau... Un lieu inédit à découvrir !

LE GRAND BLEU €€

Hôtel Diamant Beach
✆ 06 96 50 57 17
Ouvert tous les jours (non-stop le dimanche midi avec apéro en bord de piscine).

Le Grand Bleu se cache dans l'enceinte de l'hôtel Diamant Beach et s'ouvre telle la proue d'un bateau face à la mer et au majestueux rocher du Diamant. Le cadre est intimiste et la piscine attenante très avenante. Liaura et son époux Hervé (le chef) offrent une cuisine du monde métissée à certains produits locaux. Hervé est un chef issu du monde de la vraie gastronomie et cela se voit dans le soin apporté à ses assiettes. Faites-vous plaisir et plongez sans hésiter dans cette remarquable adresse, sans doute l'une des meilleures tables du Diamant.

JO'Z LE GOURMET €€

Quartier Palmiste
✆ 05 96 53 99 61
Ouvert du mardi soir au dimanche midi.

Dans l'écrin de verdure du domaine Diam Arlet, le Jo'z le gourmet vous transporte dans une ambiance cosy et jazzy pour un voyage culinaire. La cuisine gourmande et métissée du chef Joël Bidard vous fait vibrer chaque semaine au gré des produits du marché et du jardin du chef. Ses plats sont raffinés et présentés avec beaucoup d'élégance. Le service est attentionné et très professionnel. Une belle découverte que nous vous conseillons sans hésiter ! Un véritable coup de cœur. La nouveauté du domaine c'est une grande salle de réception pour vos événements privés.

LITTLE ROCK BEACH RESTAURANT BAR €€

36 rue Justin ROC
✆ 05 96 65 04 99
Ouvert du mardi au samedi midi et soir et dimanche midi.

Dans le bourg du Diamant, situé face à la mer, le restaurant Little Rock vous propose une cuisine éclectique aux vibrations antillaises à déguster tout en admirant la baie et le rocher du Diamant. Ribs caramélisés, fricassée de lambis, accras, féroce d'avocat… Mais le gros point fort des lieux, outre sa cuisine soignée, c'est son emplacement : les pieds dans l'eau. On y trouve également un bar à cocktails. Bref, un lieu où vous passerez assurément un bon moment !

LE NEW CAP €€

Anse-Caffard
✆ 05 96 76 12 99
Ouvert du mercredi au lundi de 10h à minuit. Fermé le mardi.

Est-il meilleur endroit pour déjeuner ou dîner les pieds dans l'eau face au joyau de la commune ? La grande terrasse, le deck, le bar lounge et l'accueil festif sont une invitation au bonheur. Au menu, la salade de camembert frit, la côte de veau Rossini, le tiramisu aux fruits rouges maison… Puis le soleil empourprant l'horizon, les cocktails et les tapas sont au rendez-vous. Le vendredi soir, c'est karaoké endiablé ou concert. Alors, pour vos moments festifs, de farniente ou simplement gourmands, mettez le cap sur cette adresse de qualité.

MARCHÉ DU DIAMANT

Rue Justin Roc
Du lundi au samedi de 6h à 13h.

Juste à côté du cimetière, en bord de mer, une nouvelle structure agréable, une grande halle couverte, accueille quotidiennement le marché du Diamant et ses producteurs locaux. Outre les fruits et les légumes, quelques petites échoppes proposent de l'artisanat local pour rapporter quelques cadeaux péyi : bijoux, bibelots, paréos, punch et rhum arrangé, tissus madras, poupées, tableaux, sans oublier les délicieuses pâtisseries martiniquaises. Trois petits restaurants accolés au marché, côté mer, proposent une cuisine créole de qualité.

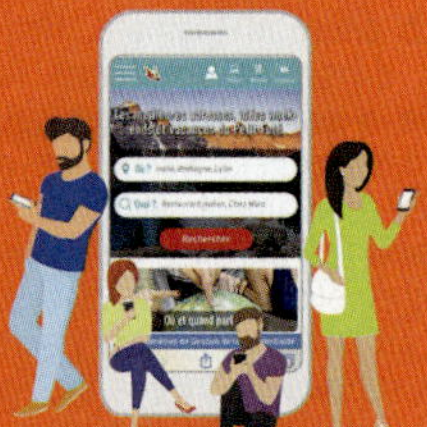

YLANG BOUTIK

Rue Edouard Glissant
✆ 05 96 76 89 77
Ouvert du mardi au samedi 10h à 13h et de 16h à 19h et le dimanche de 10h à 13h

Avis aux *fashion victims* : cette boutique de prêt-à-porter implantée à l'entrée du bourg du Diamant propose toute sorte de petites choses sympathiques. Vous la reconnaîtrez à sa devanture bleue et blanche et la trouverez en remontant vers les anses d'Arlet (à droite au rond-point). Toutes les dernières collections se bousculent chez Ylang Boutik : Kaporal, Little Marcel, Caramboles, Téri et bien d'autres combleront vos envies de shopping parce que, quoi qu'il arrive, même sur une île, on ne résiste pas à l'appel de la mode !

AVENTURES CARAÏBES

Rue Des Arawaks
✆ 06 96 48 59 98
www.fatbike-caraibes.com
Location, rando VTT électriques et Fat bikes.

Au départ du Diamant, Alan propose un panel très complet de balades découverte à travers le sud de l'île. Vous n'avez pas besoin d'être entraîné comme un professionnel du cyclisme... le vélo électrique est une invention merveilleuse qui permet de découvrir de façon ludique et sans trop se fatiguer, les trésors de Madinina ! On adore le Fatbike et ses grosses roues tout terrain qui roulent partout, même sur la plage. Vous pouvez parcourir près de 100 km grâce à l'assistance électrique (avec les VTT à assistance) sans ressentir la moindre douleur dans vos mollets !

DSC PLONGÉE

O'Mullane bas
✆ 06 96 39 54 55
www.dscplongee.com
Du lundi au dimanche de 8h à 17h.

Seul club situé au Diamant, Romuald vous propose, dans une ambiance familiale et conviviale, à quelques minutes seulement de bateau, des plongées sur le site merveilleux du rocher du Diamant. Moniteur de plongée expérimenté et diplômé d'Etat, Romuald et son équipe vous proposent des sorties pour tous les niveaux, des journées entières, snorkeling, 5 spots de plongées au Diamant, des formations et passages de niveau. Le plus de ce club ? Un forfait séjour avec logement dans une superbe villa de 3 chambres. Plus d'infos sur le site Internet.

SAINTE-LUCE ★★★

Il règne à Sainte-Luce une ambiance charmante et authentique, le bourg ayant su garder son cachet avec ses cases colorées et ses bateaux de pêcheurs dans sa baie qui fait face à Sainte-Lucie. Le matin, une agréable agitation berce le front de mer. S'y balader, arpenter les ruelles animées, flâner autour des étals du marché et rencontrer les pêcheurs a quelque chose de magique. Ici, les restaurants sont nombreux et la plupart posent leurs tables au bord de l'eau. Outre la forêt sauvage de Montravail, la commune abrite de jolies plages plutôt prisées : Gros Raisins, Anse Pont-Café, Anse Corps-de-Garde, Anse Désert, Anse Mabouya et Anse-Fond-Banane...

Transports

- Taxi-collectif. Liaisons régulières avec Fort-de-France, gare routière, place des cocotiers à l'entrée du bourg. Lignes de bus de l'Espace Sud avec desserte de la région sud.
- Transports en commun : Le réseau de bus SUDLIB permet de se déplacer dans les communes du sud de l'île : la ligne C relie Rivière-Pilote et les Trois-Ilets via le Pont de Sainte-Luce et la Médiathèque, la ligne D1 relie le Marin et les Trois-Ilets via Rivière-Salée, la ligne P5 relie Rivière-Pilote et Sainte-Luce.
Lignes SUDLIB (https://sudlib.fr), transports en commun de Sainte-Luce :
La ligne 20 au départ de la gare routière de Rivière-Pilote relie Sainte-Luce via Pierre et Vacances, Corps de Garde et Trois-Rivières (arrêt à l'Habitation Trois-Rivières).
La ligne 21 relie la gare routière de Sainte-Luce et Epinay-Bas via la Médiathèque, Bellay et Croisée-Baron.
La ligne 22 relie la gare routière de Sainte-Luce et Montravail via la Mairie, Pierre et Vacances et la Gendarmerie.

Nuances de bleus.

ANSE-CORPS-DE-GARDE

A 2 kilomètres du bourg, l'Anse-Corps-de-Garde est l'une des plus grandes plages de Sainte-Luce. Cette plage de sable blond piquée de cocotiers offrant de belles zones d'ombre est très agréable pour les familles. Les eaux sont calmes et limpides. Un centre nautique permet de louer kayaks et paddles. Vous trouverez de nombreux snacks, lolos et restaurants à proximité. Attention aux mancenilliers signalés au bout de la plage ! En revanche, les amateurs de tranquillité risquent de repartir bredouilles et se rabattront vers des lieux plus paisibles.

ANSE-MABOUYA

Ce tout petit bout de plage réservé aux connaisseurs, car on ne le voit pas de la route, se mérite ! Pour vous y rendre, il faut prendre la direction Mabouya, continuer vers la mer sur une route qui ressemble davantage à une piste et enfin traverser un lotissement. Encore dix petites minutes de marche et vous y voilà ! La mer est belle et calme. La vue sur le Morne Larcher est époustouflante. Le soir, nombre de Martiniquais s'y donnent rendez-vous pour admirer les couleurs chatoyantes du coucher du soleil sur la mer. Un très bel endroit.

ANSE-DESERT

Lovée entre les anses Mabouya et Fond-Banane, cette belle plage de sable blanc, digne des plus belles cartes postales, s'étire sur plusieurs centaines de mètres. Elle recèle de coins d'ombre, ce qui en fait un lieu propice aux pique-niques en famille. Fréquentée par les clients des hôtels les Amandiers et Caribia, elle reste relativement peu bondée curieusement. Les eaux sont plutôt calmes. Attention à la propreté parfois douteuse néanmoins. Enfin, pour les petits, quelques baignoires naturelles le long de la plage invitent à la baignade.

FORÊT DE MONTRAVAIL

Quitter la N5 à hauteur de la Distillerie Trois-Rivières. Poursuivre sur la D36 en direction de Monésie.

Ce superbe domaine tropical s'étend sur 75 hectares au nord de Sainte-Luce. Le fromager géant est roi au bord des sentiers balisés : l'un d'entre eux atteint même 5,50 mètres de circonférence. L'originalité du lieu réside dans la présence de roches gravées datant de l'époque précolombienne. Le site fut en effet l'un des emplacements d'installation des Amérindiens. Le sentier Anoli de 900 mètres et le sentier de la Mangouste de 1,6 km vous emmènent à la rencontre des espèces végétales et animales de cette forêt si mystérieuse.

Vue sur le bourg de Sainte-Luce.

© TROIS RIVIÈRES

© TROIS RIVIÈRES

© TROIS RIVIÈRES

PLANTATION TROIS-RIVIÈRES ★★★

Quartier Trois-Rivières
✆ 05 96 62 51 78
www.plantationtroisrivieres.com
Ouverture du site et de la boutique du lundi au samedi de 9h à 17h30.

Reconnaissable à son moulin à vent, la plantation Trois-Rivières compte parmi les premières distilleries de l'île. On peut y apprécier les vestiges de l'ancienne usine fondée vers 1660 par Nicolas Fouquet, surintendant de Louis XIV. Lors de la visite, vous découvrirez les méthodes ancestrales d'élaboration des rhums agricoles, de la coupe de la canne au vieillissement, avant de déguster depuis la terrasse dominant la plantation les prestigieux millésimes et cuvées Trois-Rivières.

© TROIS RIVIÈRES

© TROIS RIVIÈRES

PLAGE DE GROS-RAISINS

C'est l'une des plages les plus proches du bourg de Sainte-Luce. Très fréquentée par les familles (zones d'ombre idéales pour les pique-niques, mer calme, douches et toilettes propres, sans oublier quelques snacks et restaurants çà et là), la plage de Gros-Raisins est très accessible et pratique pour un bain de soleil rapide ou un moment de détente aquatique. Vous n'y serez pas seul : les lieux sont prisés par nombre de résidences et d'hôtels situés à proximité. Néanmoins, la halte y demeure agréable. Grand parking pratique.

OFFICE DU TOURISME

68, rue Schoelcher
✆ 05 96 28 09 99
www.sainteluce.fr

Ouvert du lundi au vendredi de 8h30 à 13h et de 14h30 à 17h30. Le samedi de 8h30 à 13h.

Cartes, brochures d'information sur les logements (meublés ou non) et les activités, vous trouverez de multiples informations sur Sainte-Luce, mais aussi les événements, les randonnées, les horaires des bus, les excursions, les résidences hôtelières, les restaurants, les bars et les sorties, les clubs sportifs, etc. C'est une mine d'informations pour tout visiteur qui souhaiterait organiser son séjour. Rendez-vous également sur le site Internet martinique.org qui propose de nombreuses brochures d'information téléchargeables.

SENTIER D'INTERPRÉTATION BOTANIQUE DE DÉSERT

✆ 06 96 07 14 53

Visite libre. Ouvert tous les jours de 6h à 18h.

Ce sentier-jardin privé est situé sur un espace naturel littoral humide. Des panneaux pédagogiques jalonnent le sentier en présentant les plantes ou arbres remarquables du site, où s'épanouissent palétuviers et amandiers péyi. Avec ce sentier, l'objectif de Pascal Fardin, le propriétaire, est de faire découvrir au grand public la mangrove, ainsi que la faune et la flore locales. Un plan d'eau peuplé de tilapias et inspiré de l'étang des Salines traverse le site sur environ 200 mètres.

TERRE TURQUOISE

✆ +596 696 78 39 18
www.terre-turquoise.com

Spécialiste de l'écotourisme, Agathe a monté son agence d'excursions et d'activités insolites, sportives ou culturelles. Favorisant les sorties en petits comités, les capitaines et moniteurs avec lesquels elle travaille partagent leur passion en toute intimité, loin des ambiances «baptême du rhum et musique à fond». Une sortie voile en famille ou en amoureux, une croisière farniente sur un catamaran de voyage, une descente au cœur de la rivière, une balade dans la mangrove, une rencontre avec dauphins et baleines... Votre seule limite ? Votre imagination !

GOODLY LOCATION

58 rue Schœlcher
✆ 05 96 62 25 36

Ouvert tous les jours de 8h30 à 12h. L'après-midi ouvert uniquement sur rendez-vous.

Vous serez accueilli par le sourire de Nathalie, surtout si vous venez de notre part ! Le parc est composé de véhicules récents de catégories A, B et C, tous climatisés avec possibilité de boîte auto, siège bébé... Livraison gratuite à l'aéroport à partir de 7 jours de location. Le conducteur additionnel est gratuit et le kilométrage illimité. Location de voitures à partir de 38 € par jour en haute saison. Assurance tous risques avec franchise à des prix attractifs. On vous la conseille en Martinique où un accident est vite arrivé.

LES CRÉOLINES €

Résidence Les Moubins © 05 96 62 59 02
www.creolines.com
Studios à partir de 60 €/nuit suivant la saison et la durée du séjour. Doubles studios et appartements à partir de 85 €.

Dominique et Nicola, son mari au charmant accent italien, vous accueillent dans cette résidence toute proche du bourg de Sainte-Luce et près de la plage. Les 26 studios climatisés offrent une décoration en bois clair et touches de couleurs modernes ; ils sont équipés d'un lit confortable, de la télévision, d'un canapé-lit, d'un coin cuisine et d'une salle d'eau. Modulables, certains appartements communiquent entre eux pour le confort des plus grandes familles. Coté loisirs, vous trouverez piscine, barbecue et Dominique vous proposera également des sorties kayak.

DOME NATURE LODGE €€

Voie n*6 lotissement les Palmiers
© 06 96 17 09 81
https://domnaturelodge.com/
Ecolodge et bungalow à partir de 175€ la nuit. Domes à partir de 195€ la nuit.

Le paradis du glamping (camping glamour), c'est ici ! Vous dormirez «Au Sphair de Lune» dans une tente transparente avec en bonus le bain à remous privé où l'on peut profiter de la vue panoramique sur le Rocher du Diamant. Pour animer vos soirées, un télescope est à votre entière disposition pour vous initier à l'astronomie... Si vous ne souhaitez pas être dérangé par les premiers rayons du soleil levant, vous pouvez louer le Moon Lodge, admirer les étoiles et fermer son toit panoramique pour la nuit. Le bungalow écologique Bwaflo est aussi en location.

KAWAIDA €€

Rue Mapou
© 06 96 03 05 85
www.kawaida-peyi.com
Ouvert toute l'année. En moyenne 175 € la nuit, avec petit déjeuner de courtoisie inclus.

Dans une ambiance chic africaine, cette tente tipi de 12 m², installée sur une terrasse en bois, est équipée d'un lit double, d'une petite commode, d'une table et de deux chaises, ainsi que d'un ventilateur avec brumisateur. L'espace de vie se compose d'un salon extérieur avec canapé balançoire, d'un espace cuisine équipée et d'une salle de bains en bois et galets pour garder le charisme brut du glamping. Ici on savoure son petit-déjeuner maison devant une magnifique vue sur la mer et la montagne. En bonus : le bain bouillonnant privé ! Une expérience unique !

LES CAYALINES €

Quartier Désert
© 05 96 66 28 13
www.cayalines.com
Studio à partir de 69 € la nuit selon le type, la saison et la durée du séjour (tarifs dégressifs).

© LES CAYALINES

Une très belle situation géographique pour cette résidence hôtelière dotée d'une piscine à débordement, d'un barbecue, d'un très grand jardin et d'un ponton en bois qui vous conduit jusqu'à la mer en sillonnant la mangrove. Les appartements sont climatisés, propres et spacieux. Ils disposent de la TV, d'une salle de douche et d'une kitchenette bien équipée. Possibilité de déguster un petit déjeuner maison, dans votre appartement, sur la plage ou bien sur place selon vos envies. Une adresse bien futée à vous recommander sans hésiter.

RÉSIDENCE BRISE-MARINE €€

Gros-Raisins
© 05 96 62 46 94
www.brise-marine.fr
Studios 2 personnes dès 430 € la semaine. Studios (3 personnes) dès 500 €. Appartement dès 600 €. Suite dès 715 €.

Brise Marine est une ravissante résidence hôtelière située dans un jardin bien soigné et entièrement clôturé face à la plage de Gros-Raisins avec accès direct, les pieds dans l'eau ! Les douze bungalows de plain-pied se déclinent en studios (25 m²) et F2 (52 m²), coquets et bien équipés (clim, téléphone, coffre-fort, TV, linge fourni et changé régulièrement), une cuisine américaine avec plaques vitrocéramiques, micro-ondes/gril, un coin salon confortable. Tous donnent sur la mer et disposent d'une belle terrasse privative. Une adresse futée à souhait !

TI' PARADIS €€

69 Anse Gros Raisin
✆ 05 96 62 78 20
www.ti-paradis-martinique.com

Chambre double à partir de 80 €. Location studio ou F2 à la semaine, à partir de 60 € la nuit pour le studio.

Cette élégante demeure de charme (décoration soignée, espaces de détente, jolie piscine et vue sur la mer qui est vraiment à deux pas) abrite plusieurs chambres d'hôtes donnant sur la mer et disposant d'une terrasse ou d'un balcon. Valérie habite sur place et partage son expérience de la Martinique. Les chambres sont équipées d'un réfrigérateur ; le wifi est gratuit. Le petit déjeuner se présente sous forme de buffet de 7h30 à 9h30 et la nouveauté du lieu un Ti-Bar pour la clientèle ouvert à partir de 18h. Une adresse coup de cœur !

VILLAGE PIERRE ET VACANCES €€

Pointe Philippeaux
✆ 05 96 62 12 62
www.pierre-vacances.com

Du studio 2/3 personnes au 3 pièces 6 personnes. Classification village 4-soleils.

A la sortie de Sainte-Luce, ce village fait partie du fleuron des villages Pierre & Vacances. Pouvant accueillir de 2 à 6 personnes, les appartements, récemment rénovés, offrent une très belle décoration d'inspiration créole, avec de beaux matériaux en bois et des équipements de qualité. L'intérêt du village repose aussi sur ses loisirs. L'espace nautique est inédit en Martinique. De même que la base nautique et le club de plongée. Activités dédiées pour enfants et ados. Animations.

ARCHIPEL ÉVASION €€€

134 B allée des Begonias - Lotissement les Moubins ✆ +596 596 351 410
www.archipelevasion.com

Agence de voyages, spécialisée dans la location de villas, excursions, services en villa et conciergerie.

Laura Chollet a crée Archipel Évasion en 2008. Son crédo : accompagner ses clients dans la création de leur voyage individuel personnalisé. Basée à Sainte-Luce, l'agence vous propose un catalogue d' une soixantaine de villas de standing et de luxe, des excursions privatives et un panel de services personnalisés : accueil aéroport, livraison de courses, chef à domicile, ménage, cérémonie de mariage, croisières... Des loisirs et du bien-être complètent ces services de conciergerie de luxe : massage dans votre villa, cours de cuisine créole et d'artisanat local.

LES CASALIZES €

Quartier Beaulieu
✆ 06 96 19 24 23

A partir de 350 € par semaine, selon la saison.

Jean-Luc et Annick, des hôtes charmants, tiennent ces petits bungalows climatisés depuis plus de 20 ans. Ces véritables maisonnettes créoles à la décoration soignée peuvent accueillir jusqu'à 6 personnes et bénéficient d'une grande terrasse où il fait bon dîner (barbecue à disposition) mais aussi faire la sieste dans un hamac. Un spa agrémente aussi votre séjour en grand bungalow. L'établissement est situé dans un quartier calme tandis que la plage et les commerces sont à deux minutes en voiture. Beaucoup de calme dans ce petit coin de verdure paisible.

DOUCE-VAGUE €€

1 rue de la Plage
✆ 05 96 62 47 47
www.douce-vague.fr

F2 vue mer à partir de 65 € la nuit et de 475 € la semaine.

La Résidence Douce Vague se dresse toute de bleue vêtue face à la mer dans ce petit coin préservé en bordure de plage, les pieds quasiment dans l'eau. Elle abrite 12 F2 intégralement rénovés et 4 suites de 40 m². Climatisation, ventilation, équipements de qualité. Pour la détente, le jardin est aménagé façon « zen » et on peut même se faire masser (masseuse professionnelle sur demande) dans l'enceinte du petit carbet face à la mer. Ajoutez à cela la gentillesse des propriétaires, un bon rapport qualité-prix et vous passerez à coup sûr un excellent séjour.

EDEN RESIDENCE €€

Bellevue Ladour
✆ 06 96 52 20 49
https://eden-martinique.com

6 appartements de grand standing ; Studio, F2 et F3 à partir de 80 € la nuit.

Pour accéder à ce paradis, on grimpe sur les hauteurs de Sainte-Luce. La résidence est bâtie à flanc de colline et elle surplombe la mer. La vue est inouïe et le site exceptionnel. Seul au monde, tel pourrait être le slogan ! Elle offre 6 appartements et une villa entière. La déco est contemporaine, colorée, et chaque logement a évidemment une vue sur la mer. Tout est conçu avec beaucoup de raffinement dans le moindre détail. On apprécie l'espace et les équipements de qualité, notamment la literie. Une piscine commune est en cours de construction.

VILLA LA DIMERIE €€

Quartier Bellay Route de Petit Fond
✆ +596 596 62 47 66
https://villaladimerie.wixsite.com/martinique
65 € la nuit en chambre d'hôtes pour 2. Gîtes F3 2 personnes à partir de 315 € la semaine et 420 € pour 4 personnes.

Sur les hauteurs de Sainte-Luce au pied de la forêt Montravail, la Villa la Dimerie propose 2 gîtes de type F3, l'appartement Soleil et l'appartement Mer. Implantés dans un endroit calme et verdoyant, sur un site ombragé et ventilé, les gîtes possèdent une terrasse aménagée au rez-de-jardin de la demeure du propriétaire. Vous pourrez pleinement profiter de la vue panoramique de la femme couchée du Diamant. Suivant la saison, des fruits du jardin vous seront proposés, de quoi satisfaire la curiosité de vos papilles. Accueil à l'aéroport sur demande.

LES VILLAS MÉTISSÉES €€

Quartier Epinay
✆ 06 96 45 75 45
http://lesvillasmetissees.fr/
2 petites villas créoles à partir de 495 € la semaine et 2 studios à partir de 395 € la semaine pour 2 personnes.

Les Villas Métissées ont suivi une belle évolution et une montée en gamme grâce à l'énergie et à l'investissement de Geoffrey et Marion. Rénovés dans un style plus contemporain, les 4 hébergements déclinent chacun une thématique : Bwa Tropikal (T2) : pour les amoureux d'ambiance tropicale tout en nuances ; Bwa Wax (T2) : pour les amateurs de couleurs ethniques alliées à la modernité ; Bwa Lélé (studio) : pour les passionnés de rhum martiniquais ; Bwa Floté (studio) : pour les inconditionnels de l'ambiance marine tout en subtilité. Piscine commune chauffée.

LE PALMIER SNACK CHEZ SUZETTE €

Rue Jean Jaurès
✆ 05 96 62 44 24
Ouvert du mardi au vendredi de 7h à 15h. Samedi et dimanche de 7h à 13h.

A l'entrée de Sainte-Luce, voilà un petit snack qui ne paie pas de mine mais que l'on vous recommande vivement avec ses sandwichs locaux, ses acras, ses boudins noirs, ses poulets fumés et ses bons petits plats créoles... On peut manger sur place, mais il faut aimer le soleil car le lieu n'est pas très abrité. Ici tous les plats peuvent être emportés, l'idéal pour pique-niquer sur la plage ou en forêt. Un incontournable et surtout un rapport qualité-prix imbattable !

LE CHICHE €

51 boulevard Kennedy
✆ 05 96 38 42 56
www.restaurant-chiche-martinique.fr
Ouvert tous les jours de 8h à 23h sans interruption.

© LE CHICHE

Situé en face de la mer avec une terrasse ombragée au bord de l'eau, les habitués ont plaisir à s'y retrouver autour d'un petit café avant de partir travailler. Depuis cet endroit pittoresque et authentique, l'on peut observer les pêcheurs partir sur leur yole colorée pêcher à la senne. Le midi et le soir, vous pourrez déguster quelques petites spécialités créoles. A ne pas rater, leur lambi grillé, sur place ou à emporter, qui vous ravira à coup sûr ! La carte est soignée et variée pour un snack. Une adresse à conseiller vivement.

SNACK OCÉANE €€

Plage de 2e Anse
✆ 05 96 62 33 91
www.facebook.com/oceanemartinique/
Ouvert tous les jours de 9h à 17h. Fermé le mercredi.

Situé sur la plage, à l'ombre, ce petit restaurant en bord de mer, les pieds dans le sable, propose des repas organisés (fêtes, affaires, incentive...), des menus enfants et des plats à emporter d'inspiration créole. Au menu : langouste, lambris grillés, pêche du jour... Ici, tout est fait maison. Les plats du jour y sont variés et l'ambiance est aussi colorée que leurs chaises. Stationnement réservé, sur la plage. Soirées et événements lounge régulièrement organisés avec DJ pour mettre l'ambiance. Une sympathique adresse qui bouge !

SUD CARAÏBE

CHEZ VÉRO €

2ème fenetre au fond du Marché de Sainte Luce côté mer

Ouvert tous les jours de 7h30 à 13h30 sauf mardi et jeudi.

Envie de goûter à la cuisine typique de l'île, sur le pouce ou à emporter, avant de filer à la plage ? Arrêtez-vous chez Véro sur le marché de Sainte-Luce. Vous trouverez l'adresse facilement : il y a foule ! Véro, toujours souriante, et sa fille sont aux fourneaux. Ici, on se régale de boudins créoles, d'accras, de gratins de papaye ou de banane, de crabes farcis, de cuisses de poulet, de flans coco, mais aussi de jus de fruits frais locaux. Tout est préparé par Véro elle-même. Le service peut être un peu long mais ça en vaut la peine ! Prix imbattables.

LA CASE MAHI MAHI €

Pointe Philippeau

✆ 05 96 62 12 60

Ouvert tous les jours pour le service du midi.

La Case Mahi Mahi domine la petite plage de Pont Café, située en contrebas du village de Pierre et Vacances. Le cadre ventilé de la terrasse est idéal pour une petite pause gourmande le midi. On y mange des salades, des grillades (poissons et viandes), des hamburgers, des sandwichs... Mais surtout de belles langoustes bien garnies à petit prix ! La formule proposée inclut l'entrée à l'hôtel pour la journée si vous n'y séjournez pas, ainsi qu'un menu complet au restaurant. Pensez à téléphoner avant car la réservation est obligatoire.

LA BARAQU'OBAMA €

Front de mer

✆ 06 96 80 78 75

Ouvert tous les jours midi et soir sauf le lundi.

Un endroit dont la réputation n'est plus à faire et qui par conséquent est très prisé... Ambiance locale et détendue. Ici, on s'installe sur la jolie terrasse en bord de mer, les pieds dans le sable de préférence. La carte est simple, les produits frais et les portions généreuses. Le chef propose une cuisine créole (colombo, fricassée de lambis, langoustes...) qui fait la belle réputation du lieu. Le confort est un peu sommaire (chaises en plastique un peu bancales) mais l'assiette vaut largement le détour. Un incontournable !

POIVRE ET SEL €

3 Rue Victor Schœlcher

✆ 05 96 69 49 05

Ouvert de 12h à 14h et de 18h à 22h sauf le jeudi (toute la journée) et le dimanche midi.

Le paradis de la pizza, c'est ici ! A la tête de Poivre & Sel, Ludo et Stéphane sont deux pizzaiolos passionnés qui veulent valoriser la pizza de qualité et prouver qu'une pizza peut être gastronomique (tout en restant abordable) ! Les ingrédients sont soigneusement sélectionnés, de la farine de blé italienne bio aux tomates locales, mais aussi la mozzarella di bufala AOP et d'autres produits 100 % péyi. Outre la vaste carte de pizzas artisanales, on peut déguster des pierrades et des salades, le tout à base de produits frais et fabriqués maison.

CARIBBEAN FOOD BEACH €

Plage Gros Raisin

✆ 06 96 18 26 94

Ouvert midi et soir. Dimanche le midi uniquement.

Sur la plage, les pieds dans le sable, sirotez un délicieux cocktail concocté avec soin par le barman du Caribbean Food. Après cette pause détente, on vous invite à passer à table et on vous propose à l'ardoise des produits locaux et frais, notamment pour les poissons livrés par les pêcheurs du coin tous les jours ! Si ce n'est pas le service qui fidélise la clientèle, les grains de sable qui glissent entre vos orteils s'en chargent... N'hésitez pas consulter leur page Facebook, car c'est un lieu où il se passe toujours quelque chose.

LA TABLE SID SANTÉ BIO €

Espace Philippeaux
Gros Raisin

✆ +596 596 66 26 90

Derrière le hameau de Sainte-Luce, entre la plage de Gros Raisin et Pierre & Vacances.

Une adresse confidentielle que les initiés partagent avec parcimonie tant elle est précieuse ! Ce restaurant qui se dit « établissement de santé » s'adresse à ceux qui aiment manger, sainement, moins gras, moins salé et moins sucré. Marie-Laure, la propriétaire des lieux, dispense, en plus de ses délicieux petits plats faits maison (colombo de poulet, gratin de christophine ou de banane jaune, parmentier d'agneau à la patate douce, pain maison...), des conseils nutritionnels. Ici on vient donc pour se régaler sans scrupules, tout en étant les pieds dans l'eau.

© ANDRÉ TOMBEUR

© LA PERLE BLEUE

© LA PERLE BLEUE

LA PERLE BLEUE €€

Plage de l'anse Mabouya
✆ 05 96 62 59 63

Addition moyenne : de 25€ à 40€. Menu à partir de 22€.

Dans un cadre raffiné, avec une décoration tout en bois et une vue plongeante sur le Morne Larcher, ce restaurant tenu par Hector est un petit bijou. Ici, vous goûterez à l'authentique cuisine créole : cassolette de lambis, filet de volant farci aux oursins, roulé d'écrevisses au lard fumé, filets de sarde à la vanille et au citron vert, blaff océan pour la mer, médaillons de veau à la crème d'oursin, mignon de porc flambé au rhum pour la terre. Et pour finir sur une note sucrée, optez pour le blanc-manger au fruit de la passion ou un sorbet péyi maison.

© LA PERLE BLEUE

© ANDRÉ TOMBEUR

L'HIBISCUS €€

23 Lotissement Panoramique
05 96 62 55 69
Ouvert lundi, jeudi, vendredi et samedi pour le dîner uniquement.

Proche de la distillerie des Trois-Rivières, une maison créole s'est transformée en restaurant raffiné. La cuisine y est goûteuse et les produits frais et locaux. Assiette palmiste, velouté de giraumon aux Saint-Jacques, tartare de poisson, poêlée de Saint-Jacques et sa sauce crémeuse safranée, andouillette grillée, tiramisu exotique, baba au rhum maison : voici quelques exemples de ce qui réjouira vos papilles. Face au Rocher du Diamant et à « La Femme couchée » du morne Larcher, la vue est absolument magnifique. Une belle adresse !

O'CALEBASSIER €€

Quartier Désert
06 96 84 34 84
Ouvert toute l'année. Du mardi au samedi le midi de 12h à 14h et de 19h à 22h. Réservation recommandée.

A 100 m de la plage de fond Larion à Sainte-Luce, O'Calebassier est, sans hésitation, un restaurant familial à fréquenter sans modération. La décoration, l'implantation à deux pas de la plage, la jolie terrasse en teck, l'accueil et la cuisine métissée aux connotations sénégalaises et créoles sont un plaisir pour les sens. Au menu : dombrés de crevettes, féroce d'avocat, salade de malin, gratin de fruit à pain, tentacules de chatrou.. Le tout pour un prix tout à fait correct. Une belle adresse à noter dans votre carnet des gourmets.

PURA VIDA €€

Gros Raisins
05 96 53 89 35
www.puravidarestaurant.fr
Ouvert le midi et le soir. Horaires de services : de 12h à 14h et de 19h à 22h. Fermé le lundi.

La Pura Vida est un établissement gourmand à découvrir sans plus tarder, installé au cœur du quartier de Gros raisins. La déco joue résolument la carte ethnique avec des objets chinés au cours de voyages : le bois est de rigueur avec un large deck qui s'ouvre sur une terrasse avec un espace salon *lounge* pour boire un verre. Côté cuisine, le Chef aime associer les saveurs et propose une cuisine saine métissée. Exigeant sur la qualité des produits et sur les cuissons, il impose une carte qui évolue en fonction des trouvailles du marché. Accueil charmant.

CASE COCO €€€

58 rue Schœlcher
05 96 62 32 26
Ouvert du mercredi au dimanche de 12h à 14h et 19h à 22h.

La Case Coco est un restaurant de charme au cadre agréable aménagé d'un joli patio ombragé avec vue sur la mer. Pour les amateurs de poissons et de viandes, c'est toujours une explosion de saveurs, quel que soit le budget. Les plats revisitent les saveurs antillaises avec la technicité de la gastronomie française et la créativité du chef. Au menu : farandole créole, filet de lambis à la plancha sauce chien, tartare de thon frais minute, sans oublier la langouste fraîche que vous choisirez dans le vivier. Tout est frais et fait maison, jusqu'au pain du hamburger !

ANACAONA

37 rue Schoelcher
05 96 69 10 83
Du lundi au samedi de 9h à 12h et de 16h à 19h. Le dimanche de 9h à 12h.

Anacaona est une petite galerie située en plein centre de Sainte-Luce qui s'avère être l'une des plus importantes galeries d'art caribéen de la place avec un grand choix de toiles issues du talent de divers artistes caribéens connus ou non, pour toutes les bourses et toutes les occasions. Photographies, toiles, sculptures, aquarelles, toujours aux couleurs et aux accents caribéens. Des idées cadeaux pour remplir sa valise, à faire voyager. A noter que la galerie a reçu le label d'accessibilité aux personnes souffrant de handicaps.

BÉBÉ VADROUILLE

26 Lotissement Les Filaos
05 96 696 40 49 44
https://bebevadrouille.com/
Livraison à l'aéroport possible.

Bébé Vadrouille propose la location de matériel de puériculture nécessaire à votre bébé et votre enfant pendant votre séjour en Martinique. Des articles récents, de qualité, en parfait état et répondant aux normes de sécurité : poussettes, sièges auto, lits parapluie, transats, cosy, baignoires, tables à langer et autres articles de puériculture. Le matériel est soigneusement désinfecté et nettoyé entre chaque location… Bébé Vadrouille loue aussi de grosses malles de jouets éducatifs adaptées à l'âge et aux envies des petits bouts de chou...

NICO. FRUITS ET LEGUMES

1, rue Anatole-France

Tous les jours de 7h à midi, parfois le soir. Sur la place du marché.

Nico est à la place du marché tous les matins, précisément à côté de l'Epi Soleil. Vous trouverez chez Nico toutes sortes de fruits et de légumes locaux, provenant généralement de Martinique (avocats, tomates, pitayas, bananes, goyaves, maracudjas, ignames, fruits à pain, corossols, mangues), mais également des épices (bois d'Inde, muscade, cannelle, piment...). Vous pouvez vous y arrêter pour faire vos achats en rentrant de la plage ou en y allant, car il prépare des barquettes de fruits frais coupés et prêts à être dégustés.

EQUILIBRE ET BIEN ETRE

2 Rue Jean Jaures

✆ +596 696 16 67 57

www.equilibre-et-bien-etre.com

Praticienne formée et certifiée en massages bien-être, également titulaire d'un diplôme de sophrologue, Sophie Thezenas propose à son cabinet, à domicile, à la plage ou en entreprise tout type de massages (bien-être, sportif, antistress, femme enceinte) en fonction de vos besoins. L'objectif : effacer les tensions, lâcher prise, relâcher le corps et le mental. Sophie intervient également en entreprise au cours de la pause déjeuner pour des séances de massage sur chaise ergonomique (15 minutes), habillé, pour relâcher le dos et les épaules mis à mal par le stress.

JET ET VACANCES

Plage publique de Pont-Café

✆ 06 96 25 96 06

Ouvert tous les jours de 8h à 18h. Excursions en jet-ski à la carte à partir de 130 €.

Jet et Vacances est situé sur la plage du village de Pierre & Vacances. La spécialité ? La location de scooter de mer et de jet-skis en Martinique. Si vous désirez visiter la Martinique par la mer, hors des sentiers battus, c'est la solution idéale. Vous partirez en petit groupe, accompagné d'un moniteur diplômé d'État, et découvrirez des endroits inaccessibles autrement : la mangrove avec sa flore étonnante et sa faune bigarrée, petits îlots au fond blanc… et vous pourrez même apercevoir, si la chance vous sourit, des bancs de dauphins.

PARFUMS DES ÎLES

✆ 05 96 62 22 90

www.parfums-des-iles-martinique.com

Ouvert du lundi au vendredi de 8h30 à 13h et 14h à 18h et le samedi de 9h à 12h30. Fermé le dimanche.

Veronicka Cormouls-Houles, artisan parfumeur et savonnier, invite à la découverte olfactive et exotique des Caraïbes à travers de belles eaux de toilette, parfums, parfums d'ambiance, savons et huiles corporelles. Tous les produits sont issus de fragrances tropicales et fabriqués sur place. Deux ateliers de création de parfum tropical sur mesure vous accueillent dans les boutiques-ateliers de Sainte-Luce et du Village Créole, chaque personne ayant à sa disposition un orgue à parfums lui permettant de réaliser son parfum personnalisé sur les conseils du parfumeur.

© PARFUM DES ILES

© PARFUM DES ILES

KARIBA PLONGÉE

Pointe Philippeau Village Pierre et Vacances
✆ 06 96 18 10 72
www.karibaplongee.com
65 € le baptême, 140 € le forfait découverte (baptême + plongée + carnet). De 55 € la plongée seule à 460 € les 10.

Le club de plongée, situé au cœur du complexe de Pierre et Vacances à Sainte-Luce, proche de nombreux sites de plongée plus splendides les uns que les autres, vous accueille à bord de son bateau de plongée neuf, d'une capacité de 18 personnes. Au programme, des baptêmes, des forfaits de plongée et des formations PADI ou niveau 1 français. Vous y rencontrerez Thibault et Nicole, moniteurs passionnés, fins pédagogues et dotés d'un professionnalisme hors pair, qui sauront vous diriger vers la plongée idéale, et ce, en toute sécurité.

PLANETE QUADS

Plantation Trois-Rivières
✆ 06 96 93 45 21
Tous les jours de 8h30 à 16h30 sur rendez-vous.

Pour tracer votre chemin à travers champ, rendez-vous à la Plantation Trois-Rivières à Sainte-Luce, avec les quads de 300 cc ! Vous vous y familiariserez avec des machines modernes et faciles à conduire, avant de vous lancer à l'assaut de la terre, des pierres et du sable. Sensations fortes garanties pour tous, même les plus frileux ! Planète Quad vous propose des randonnées en Buggy, à la demi-journée à la découverte d'une vue exceptionnelle à la fois sur la Côte Atlantique et la Côte Caraibes depuis la montagne du Vauclin.

SAINTE LUCE KAWAN PLONGÉE

43, boulevard Kennedy
✆ 05 96 62 40 06
www.kawanplongee.com
Ouvert 7j/7. Plongées à 8h pour les plongeurs certifiés. Plongées à 10h30 et à 14h30 pour tous.

Accueilli par Eric, Cécile et leur charmante équipe, vous embarquez depuis le petit port de pêche de Sainte-Luce dans le sud de l'île. Les bouteilles de plongée vous attendront sur le bateau de 11 mètres d'une capacité de 20 personnes, ainsi que des boissons non alcoolisées et des fruits frais. Une structure orientée confort et convivialité ! Selon la saison, de 2 à 4 moniteurs diplômés vous encadrent. La carte des niveaux vous sera demandée pour toute exploration.

SPA DE L'EDEN PARADISE ECOLODGE

Villa Volcart
✆ 05 96 58 23 46
www.edenparadisespa.com

L'une des adresses préférées des amateurs de spa. Il offre une gamme de massages et de soins prodigués au beau milieu de jardins luxuriants, où les paniers gourmands sans gluten et le bar à thé finissent de vous happer dans un nuage de bonheur. On y passe une journée à se faire « chouchouter » entre massage, sauna, enveloppement et gommage.... On succombe avec volupté dans ce lieu hors du temps, situé au milieu des arbres, dans un cabanon à ciel ouvert.

RIVIÈRE-PILOTE ★★

C'est l'une de ces communes du sud qui restent encore sauvages. A mi-chemin entre Sainte-Luce et le Marin, Rivière-Pilote conserve un charme pittoresque et une nature verdoyante. Avant 1660, les cartes françaises témoignent d'une Martinique partagée : le nord-ouest appartenait aux Français, le sud-est aux Caraïbes. D'ailleurs, leur plus éminent représentant qui traita avec les colons marque encore le territoire de son influence : au nord, c'est Case Pilote qui rappelle le chef Pilote. Au sud, il s'installe près d'un cours d'eau puissant que l'on connaît dès lors comme la « Rivière-Pilote ». Pour autant et malgré ce partage avec le poids de Pilote, les colons progressent vers le sud où ils s'installent de plus en plus durablement. En 1671, c'est essentiellement à l'embouchure de la rivière que se concentrent ces installations des colons. C'est dans la deuxième partie du XVIIIe siècle que Rivière-Pilote prend vraiment son essor comme bourg colonial.

Transports

- Bus SUDLIB : la ligne P5 relie Rivière-Pilote et Sainte-Luce. La ligne C relie Rivière-Pilote et les Trois-Ilets via le Pont de Sainte-Luce et la Médiathèque. La ligne F relie Rivière-Salée et Ducos via Petit-Bourg. La ligne H relie Rivière-Pilote et Ducos via Petit-Bourg. La ligne L relie Rivière-Pilote et le Vauclin via La Baume. La ligne 20 relie Rivière-Pilote et Sainte-Luce via Pierre et Vacances et Corps de Garde.

SUD CARAÏBE

DOMAINE MAISON LA MAUNY

Domaine La Mauny ✆ 05 96 62 18 79 - Au nord de Rivière-Pilote, sur la N8 en direction du Saint-Esprit. - www.maisonlamauny.com

Ouvert du lundi au samedi de 9h à 17h30. Tarifs : 8 €/adulte, 4 €/enfant de 4 à 12 ans, gratuit pour les moins de 4 ans.

Sillonnez en petit train le domaine implanté depuis 1749 dans la verdoyante campagne de Rivière-Pilote, le guide vous commentera les différentes étapes de l'élaboration des rhums agricoles. La dernière étape, rythmée par la visite du chai, vous permet de comprendre l'art de l'assemblage et du vieillissement des «rhums vieux». Enfin, l'équipe de la Cabane à Rhum vous accompagne dans la dégustation des différents rhums et liqueurs. Restaurez-vous à Kay Mimi ou concoctez vos recettes à l'atelier de Ma Cuisine Créole (sous réserve d'inscription à l'avance).

ÉCOMUSÉE DE LA MARTINIQUE

Anse-Figuier
✆ 05 96 62 79 14
www.collectivitedemartinique.mq/ecomusee/
Mardi, mercredi, jeudi : 8h30-17h30. Vendredi : 8h-17h. Samedi : 8h30-13h et 14h-17h. Dimanche : 9h-13h et 14h-17h.

Erigé sur les ruines d'une ancienne distillerie faisant partie d'un site archéologique amérindien en bord de plage, ce joli musée expose l'histoire vivante d'une communauté, de la préhistoire amérindienne à nos jours à travers diverses collections : terres cuites, costumes, instruments, distillerie réhabilitée, présentation d'un intérieur créole des années 1950. Une plongée dans la mémoire collective, dans un très beau cadre naturel. A visiter absolument !

LAS PALMAS

✆ 0596 62 61 44
Jardin privé. Visites sur rendez-vous.

Depuis 1975, Georges Pastel voue une passion sans faille aux palmiers, qu'il a su transmettre à son fils. Sur cette parcelle située sur les hauteurs de Rivière-Pilote, il a constitué une impressionnante collection de palmiers représentant toutes les régions du monde : 300 espèces s'y épanouissent, enrichies d'échanges et de plants ramenés à l'issue de ses voyages. Si la plupart sont originaires des Caraïbes et des Amériques centrale et méridionale, on découvre néanmoins des espèces très rares dans ce qui constitue aujourd'hui la plus belle palmeraie de Martinique.

© VINCENT FORMICA

Coucher de Soleil sur Anse-Figuier.

LE PARADIS DE L'ANSE €

Anse Figuier ✆ 05 96 62 90 60
www.paradisdelanse-residence.fr
Studio dès 66 €/nuit, 415 €/semaine. Bungalow dès 74 €/nuit, 502 €/semaine. Appartement dès 88 €/nuit, 578 €/semaine.

Un nom évocateur pour définir ce ravissant complexe composé de 18 logements dominant la mer, ventilé par le doux souffle des alizés. La plage de l'Anse Figuier est en contrebas avec accès direct par un petit chemin. Trois types d'hébergement sont proposés : studio, bungalow ou appartement, tous de bon confort (salle d'eau, kitchenette équipée, cafetière, micro-ondes, plaques de cuisson, réfrigérateur, climatisation, terrasse aménagée avec vue sur la mer). Certains entourent la piscine. Bon rapport qualité-prix, un cadre authentique et un budget maîtrisé.

KAÏ COLIBRI €€

Quartier Bas Mangot
✆ 05 96 38 36 55
https://www.kaicolibri.fr/
Bungalow et chambres d'hôtes. Table d'hôte ouverte toute l'année sur réservation.

Nicole Talba, chef du restaurant Marin Mouillage depuis 20 ans, vous propose un séjour paisible dans son bungalow climatisé aux 2 chambres pouvant accueillir 2 à 4 personnes. Si vous voyagez seul ou un couple, optez pour une des 2 chambres d'hôtes qu'offre la maison de vacances. Profitez des petits déjeuners faits maison avec vue sur la montagne. Paniers déjeuner sur demande. Cuisinière hors pair, Nicole dresse la table sur réservation et fait saliver vos papilles avec ses plats martiniquais fraîchement préparés selon les produits du jour sélectionnés au marché.

CERISE PÉYI

Quartier La Renee
✆ +596 696 05 34 33
https://cerise-peyi.com
3 formules : panier de fruits (15 €), panier de légumes (5 €) et panier de la semaine (25 €).

Créer un jardin créole à portée de clic ? C'était le pari de Heltsy et Nahomy, deux sœurs qui ont grandi au milieu des fruits, légumes et œufs fermiers que produisaient leurs grands-parents, avant de partir faire carrière en métropole. De retour en Martinique, elles ont eu envie de proposer des produits sains et savoureux, cultivés sans chlordécone, en circuits courts. Une douzaine de producteurs ont rejoint l'aventure et proposent leurs produits sur leur site. Cerise Péyi propose des produits issus de sa production située sur les hauteurs de Rivière-Pilote.

DOMAINE MAISON LA MAUNY

Domaine La Mauny ✆ 05 96 62 18 79
Au nord de Rivière-Pilote, sur la N8 en direction du Saint-Esprit.
www.maisonlamauny.com
Ouvert du lundi au samedi de 9h à 17h30.

A bord d'un petit train, un guide commente les différentes étapes de l'élaboration des rhums agricoles AOC de ce domaine implanté depuis 1749 dans la verdoyante campagne de Rivière-Pilote, de la récolte de la canne à sucre à la distillation en passant par son broyage et la fermentation du jus obtenu.

La dernière étape, rythmée par la visite du chai, permet de comprendre l'art de l'assemblage et du vieillissement des «rhums vieux». On peut alors s'octroyer une pause gourmande avec la blogueuse culinaire Prisca Morjon, suivie d'une dégustation de rhums.

PITT CLÉRY

✆ 05 96 62 81 92
Sur la N8, au nord de Rivière-Pilote, avant la Distillerie La Mauny.
Dimanche après-midi en fonction de la saison

C'est l'un des *pitts* les plus célèbres de l'île. Dans une arène entourée de gradins en bois, deux coqs entraînés pour l'occasion se livrent un combat sans merci. L'ambiance devient électrique au moment où les deux coqs rentrent dans l'arène, cédant parfois la place au serpent et à la mangouste. Il est conseillé de téléphoner pour s'assurer que le combat aura bien lieu, avant de s'y rendre. Anxiété, suspense, cris d'encouragement rythment le combat. Une immersion dans une tradition 100 % martiniquaise, très décriée. Un conseil : n'y allez pas en famille…

LE MARIN ★★★

C'est probablement sa formidable baie qui a attiré les Amérindiens (dont on n'a pas encore retrouvé de traces) et les colons. Ces derniers la baptisent d'abord Cul-de-Sac-de-Saint-Etienne-du-Marin. Comme la plupart des points maritimes stratégiques, le Marin s'expose à une attaque anglaise en 1673 : le bourg est alors ravagé. La reconstruction du site ne s'achève qu'en 1700, consolidant le commerce autour du port. D'autres conflits suivront jusqu'au XIXe siècle. Devenu commune en 1839, le bourg du Marin reçoit une usine centrale (1869) qui rythme l'activité économique de la région, mais qui ferme ses portes en 1969. La commune devient une sous-préfecture en 1974

Devenue sous-préfecture en 1974, la ville, aujourd'hui très dynamique, accueille de nombreux visiteurs, charmés par ses plages immaculées et son passé. N'hésitez pas à vous éloigner de la marina touristique pour jouir des vues magnifiques sur la baie ou à plonger dans ses eaux claires pour en admirer les fonds. La ville du Marin a obtenu le label « Station nautique ». Très animée en été, elle accueille plusieurs manifestations et festivals.

Pratique

- **Pensez à l'avitaillement de votre bateau en amont de votre croisière.** Vous partez en croisière en bateau ? Evitez les galères de l'avitaillement dans les supermarchés ! Cela vous fera perdre plus d'une demi-journée de vacances. Des sociétés proposent de vous livrer directement à bord le jour de votre départ. Les produits sont sélectionnés et vous pouvez vous-même effectuer vos commandes via Internet.

Transports

- **Voiture.** A 44 km de Fort-de-France par la N5.
- **Taxis collectifs**. L'arrêt des taxis-co se trouve à l'angle entre la rue Victor Schoelcher et le boulevard François Mitterrand.
- **Bus SUDLIB.** La ligne A relie le Marin et Sainte-Anne (via le centre culturel, l'hôpital et la sous-préfecture), la ligne BKJ relie le Marin et Ducos via le Vauclin et le François, la ligne D1-D2 relie le Marin aux Trois-Ilets en passant par Sainte-Luce et Rivière-Salée, la ligne M relie le Marin et Rivière-Pilote (via Carrefour Market), et le centre culturel du Marin.

AN MAO HERITAGE

✆ 05 96 74 60 04
www.anmao.biz
Visites sur RDV.

Au Morne Gommier, Pierre-Yves Panor a conçu un jardin sur les lieux où vivaient ses ancêtres au temps du marronnage alors qu'ils avaient fui l'esclavagisme puis ensuite une fois devenus libres alors qu'ils étaient à la recherche d'une nouvelle destinée.

Au détour d'un parcours offrant des panoramas à couper le souffle, on traverse plusieurs jardins thématiques qui abordent avec beaucoup de pudeur et de connotations fortes l'agriculture et la pharmacopée sur les mornes, le combat pour la liberté, et surtout le traumatisme de l'esclavage. Un moment fort en émotions.

Navigation à la yole sur les eaux du Marin.

BOURG DU MARIN

Le bourg du Marin se développe à flanc de colline autour de la baie de la marina. Une balade dans les rues Duquesnay et Zola vous permettra de contempler quelques beaux exemples d'architecture créole du début du XXe siècle. Sur la route du sud, n'hésitez pas à bifurquer et vous perdre dans les ruelles du bourg ancien. Côté mer, c'est au gré de l'entrelacement savant des pontons, quais et caillebotis que vous laisserez vos pas vous mener, à la découverte des navires au mouillage, certains particulièrement impressionnants, et de la marina, très moderne.

ÉGLISE SAINT-ÉTIENNE

C'est l'une des plus belles et des plus anciennes de Martinique. Construite à la fin du XVIIIe siècle, avec son clocher dressé au centre du bourg, la structure dédiée à saint Etienne, patron de la commune, reprend les codes esthétiques jésuites et présente deux ordres de colonnes toscanes superposées. La voûte en carène de bateau renversée rappelle que l'édifice a été bâti par les marins charpentiers. Le remarquable maître-autel aurait été initialement destiné à la cathédrale de Lima, au Pérou. Le naufrage du navire qui le transportait arrêta son voyage au Marin.

JARDIN CRÉOLE ÉCOTOURS

Quartier Pérou ✆ 06 96 40 72 97 - Pour y accéder : traverser le bourg du Marin en direction du Vauclin vers Pérou. Panneau signalétique « Jardin Créole » à 1 km après le point de vue.

Tarif visite guidée : 6 €, visite libre : 4 €. Gratuit -12 ans. Ouvert du lundi au vendredi (8h30-16h) et sur RDV.

Monique, la propriétaire est une passionnée de jardins. Elle vous accueille chez elle dans son domaine situé sur les hauteurs du Marin. Le point de vue est exceptionnel avec la côte atlantique en panorama. C'est une visite guidée à la découverte des plantes médicinales, arbres fruitiers, épices, fleurs et essences rares. On compte près de 200 espèces répertoriées. Un véritable petit coin de paradis qui a d'ailleurs été primé de nombreuses fois. A découvrir absolument lors de votre séjour pour tout savoir sur la flore martiniquaise.

LOKIZY

Résidence La Cédalise Rond-point Annette
✆ 596 696 37 40 80
https://lokizy.fr/

Ouvert de 7h à 22h tous les jours y compris dimanche et jours fériés.

Une sympathique compagnie de location de voitures en Martinique basée au Marin. Ici pas de mauvaise surprise, tout est clair, net et précis. Les véhicules sont tous très récents. Vous êtes assuré de conduire un véhicule fiable, bien équipé et garanti : climatisation, radio CD, bluetooth... Conducteurs additionnels gratuits, sièges enfants et réhausseurs gratuits, kilométrage illimité. L'assurance est tous risques. De même, le véhicule que vous réservez est celui que vous aurez : pas d'équivalence de dernière minute ! Possibilité aussi de location de deux-roues.

© LOKIZY

© LOKIZY

SUD CARAÏBE

CAP MACRÉ

Plusieurs randonnées ponctuées de magnifiques plages sont situées entre le Marin et Sainte-Anne.

Depuis le Marin, suivez la direction Sainte-Anne puis, au rond-point, à gauche vers le cap Macré, passez devant la résidence Cap Evasion, location d'appartements meublés au mois ou à la semaine. La route, bordée de douces collines à la végétation méridionale, est idéale pour les cyclistes comme pour les randonneurs. Une fourche invite à choisir entre Grand-Macabou à gauche (joli point de vue sur la mer un peu plus loin) et cap Macré à droite. Traversez la roche pour descendre sur le cap, environné de maquis. Le Conservatoire de l'espace littoral et des rivages lacustres assure la protection du site naturel du domaine du Grand-Macabou. Il se trouve au cap Beauchêne : pas de plage, juste un départ de randonnées pédestres. Une petite église en pierre, au bout du cap, en bordure de falaise, domine la mer.

On peut suivre le sentier pédestre n° 29, la trace des Caps, qui traverse la pointe sud de l'île du cap Macré à l'Anse-Caritan. Pensez à emporter une bouteille d'eau. Une promenade superbe, sans difficulté majeure, si ce n'est sa longueur. Comptez environ 5 km du Petit-Macabou jusqu'au cap Macré, 7 km entre le cap Macré et Cap-Chevalier, 6,5 km entre Cap-Chevalier et la baie des Anglais (Anse-Trabaud), 5 km entre l'Anse-Trabaud considérée comme la plus belle plage de la Martinique et les Salines, et 4,5 km des Salines à l'Anse-Caritan. Ce qui fait donc un total de 28 km du Petit-Caribou à l'Anse-Caritan (le panneau indique 12h environ mais les bons marcheurs la feront en 6h sans problème).

Du cap Beauchêne à Cap-Chevalier. En revenant vers Sainte-Anne, on rejoint à gauche Cap-Chevalier par une jolie route envahie par les chèvres et bordée de petites maisons blanches. Par forte chaleur, vous pouvez vous offrir un sorbet coco dans une cabane au bord de la route. La plage de Cap-Chevalier, plus jolie sur sa partie gauche (sable plus présent et fonds blancs), est ouverte face à l'Atlantique. Sa bande de sable étroite est parsemée d'algues, de radeaux et de quelques barques de pêcheurs, auprès desquels viennent se fournir les restaurants des alentours. On peut plonger avec simplement un masque, des palmes et un tuba, pour découvrir la barrière rocheuse. En choisissant la route à droite, à la fourche menant au cap, on parvient au bord de mer, face à l'îlet Chevalier, bon prétexte à une belle balade marine. On y accède par une navette appelée « taxicap ».

OFFICE DE TOURISME DU MARIN

Boulevard Allègre
✆ 05 96 74 63 21
www.marin-martinique.fr

Haute saison : du lundi au samedi de 8h à 18h, dimanche 8h-13h. Basse saison : du lundi au vendredi de 8h à 18h, samedi 8h-13h.

Un office de tourisme très actif et impliqué pour vous informer des actualités, sorties, événements, excursions, croisières, logements, résidences hôtelières, sports à pratiquer... Classée commune touristique en 2012, la ville, station nautique, bénéficie aussi de nombreux autres atouts notamment historiques et patrimoniaux avec son église du XVIIe siècle, l'une des plus anciennes de la Martinique, et une richesse floristique et faunistique dense.

VPM YACHTCHARTER

Port de plaisance
✆ 05 96 74 70 10
www.vpm-yachtcharter.com

Avec l'objectif d'offrir à tous la possibilité de goûter au plaisir de la navigation, VPM propose plusieurs formules de croisières : la location sans équipage, idéale pour les navigateurs confirmés ou la location avec équipage. Au départ de la Martinique (Le Marin), l'une d'elle se dirige vers les Grenadines en monocoque ou en catamaran (15 jours, 14 nuits). Parmi les locations proposées : catamarans et monocoques de 10 à 24 mètres de long, croisières à la cabine, ou encore croisières d'une journée sur catamarans avec espace jusqu'à 100 personnes.

ZAGAYA

✆ 06 96 96 07 81

Départ tous les jours y compris dimanche et jours fériés. Prix indicatifs : 30 €/adulte, 18 €/enfant (3-12 ans).

A bord d'un bateau couvert, partez découvrir le cul de sac du Marin avec un guide naturaliste expert de l'écosystème de l'île, qui vous commentera les spécificités de la mangrove et ses interactions avec le récif corallien. La sortie dure 2h30 au total, dont 45 minutes de visite de la mangrove et 40 minutes de plongée libre dans une réserve marine (masques et tubas fournis), sur un petit catamaran à moteur stable, abrité et confortable, d'une capacité agréée de 12 personnes. Collation offerte durant l'excursion. Une visite très pédagogique.

© DREAM YACHT CHARTER

© DREAM YACHT CHARTER

© DREAM YACHT CHARTER

DREAM YACHT CHARTER

Boulevard Allègre, Port du Marin
✆ 06 96 92 62 47
https://croisiere-cabine.com

Location à la cabine dès 900 €/personne sur la base de 2 personnes en cabine double, pension complète.

Créé en 2001, Dream Yacht Charter, expert de la location de bateaux, propose une flotte de catamarans très récents et confortables. La société s'est spécialisée dans le concept « croisière à la cabine » qui vous permet de réserver une croisière comme vous le feriez pour un hôtel. Chaque équipage se compose du capitaine, en charge de la conduite et de la responsabilité du navire (formalités administratives, relations avec les autorités), et d'une hôtesse cuisinière qui gère les approvisionnements, le ménage, les repas et le service.

© DREAM YACHT CHARTER

© DREAM YACHT CHARTER

AUTREMER CONCEPT

Bassin Tortue

✆ 05 96 74 79 11

www.autremerconcept.com

Ouvert de 8h à 16h45, samedis et jours fériés sur rendez-vous.

Ici, on vous oriente selon vos goûts, votre budget... La société dispose de 17 bateaux habitables de 3 à 5 cabines (2 à 12 personnes), catamarans (Fountain Pageot, nautitech) de 35 à 45 pieds, monocoques de 36 à 47 pieds et même trimaran : impossible de ne pas trouver bateau à son pied ! En plus des croisières, vous pouvez opter pour une sortie découverte à la journée en catamaran. Possibilité de navigation sans skipper selon votre CV nautique. Pour les croisières plus longues, à partir de 7 jours ou plus, construisez votre voyage grâce à des devis personnalisés.

AVIS

Capitainerie du Marin. Bassin Tortue

✆ 05 96 42 11 00

www.avis-antilles.fr

Ouvert du lundi au samedi de 8h à 12h. Fermé le dimanche.

Avis propose un choix varié de véhicules, tous climatisés, de la petite voiture économique au 4x4 familial 7 places, en passant par les berlines, les cabriolets et les véhicules tout terrain. Nouveauté : la très classe gamme Prestige composée de Jaguar et Range Rover Evogue cabriolet, désormais disponible à la location. La livraison est possible dans tous les points de l'île. Une équipe accueillante avec un service de qualité est ici à votre service. Bien souvent, les tarifs Internet sont beaucoup plus intéressants qu'en agence.

EUROPCAR MARIN

Marina

✆ 05 96 74 17 17

www.europcar-martinique.com

Ouvert de 7h30 à 11h30 du lundi au samedi.

On ne présente plus Europcar, l'un des leaders de la location de véhicules de tourisme. Toute l'équipe sera ravie de vous accueillir. Europcar livre également les véhicules dans les hôtels du Marin et de Sainte-Luce. Réservez sur le site www.europcar-martinique.com et bénéficiez d'une promotion *Petit Futé* ! Véhicules toutes catégories et toutes marques (Van, Berling, 4x4 sans oublier Twingo et Clio), essence ou diesel, certains véhicules avec possibilité de GPS, de boîte automatique ou encore de siège bébé. Tous sont évidemment climatisés !

GD LOCATION

Marina du Marin

✆ 06 96 30 09 30

www.gdlocation.fr

Ouvert du lundi au vendredi de 8h30 à 12h. Le dimanche sur rendez-vous. Livraison sur toute l'île.

Cette agence de location à taille humaine et à la réputation sérieuse a été créée par une Martiniquaise, Gladys Yolande Gros Desormeaux, qui connaît bien le secteur et les lieux. Elle est installée dans la nouvelle marina du Marin, sur le port de plaisance. Si vous débarquez en bateau et avez besoin d'une voiture pour quelques jours, GD pratique des tarifs qui ne sont vraiment pas élevés et particulièrement attractifs. Les voitures sont récentes, fiables, propres. Le parc est très limité, il est donc prudent de réserver, surtout en haute saison.

LUXIANE CAR

✆ 06 96 24 86 30

www.luxianecar.com

Réservation par mail ou par téléphone. Règlement par CB, chèques selon conditions, espèces, virement.

Luxiane Car allie prestations de conciergerie de luxe et location sur mesure. Le véhicule de votre choix vous est livré au moment et au lieu qui vous sied le mieux. La réservation se fait sur internet et la livraison, directement sur la marina au ponton de votre bateau. Le contrat est rédigé et le gain de temps assuré... Les véhicules sont de catégorie supérieure, de la Peugeot 208 aux 4x4 et BMW en boîte manuelle ou automatique. Pour les familles nombreuses, Luxiane Car dispose aussi de 7 places. La qualité du service est au cœur des prestations de l'agence.

MARINA DU MARIN

Port de plaisance

✆ 05 96 74 83 83

www.marina-martinique.fr

Ouvert du lundi au samedi de 8h à 17h (16h30 en basse saison) ; dimanche et jours fériés de 8h à 13h.

La Marina du Marin est une infrastructure phare, séduisant 55 000 plaisanciers par an et générant 460 emplois directs et 200 emplois indirects. Le port de plaisance compte 830 places à quai et une centaine de mouillages. Il offre également tout un panel de services dans l'enceinte de la Marina comme l'avitaillement, la réparation et la maintenance des navires, une laverie, un centre médical, la capitainerie, ou encore une station-service dernière génération (pompes au débit, 12 000 l/h). Une équipe au savoir-faire reconnu dans toute la Caraïbe.

PUNCH CROISIÈRES

Port de plaisance du Marin
✆ 06 96 74 89 18
www.punch-croisieres.com
Voiliers et catamarans avec ou sans skipper.

Une société de location implantée sur les Antilles depuis 1995. La flotte est récente et comprend 17 monocoques et catamarans. L'équipe est sympa et à taille humaine ; ici on assure un suivi individuel du client et on le conseille avec le sourire ! Punch Croisières offre des locations de courte durée (week-end, semaine) mais aussi sur des périodes plus longues pour ceux qui rêvent de congés sabbatiques en mer ! Les tarifs indiqués n'incluent pas l'avitaillement, les frais de douanes, de bouées et de quai sur les îles parcourues lors de la croisière.

ROSE DES VENTS CARAÏBES

Port de plaisance du Marin - Quai N° 7
✆ 06 96 33 55 60
www.rdvcaraibes.com

Céline et Stéphan ont créé cette structure familiale et sont propriétaires de leurs bateaux. Ils proposent de la location à la carte, du bateau à moteur au voilier. Leur politique ? Un accueil personnalisé, des tarifs attractifs et une préparation soignée. Les bateaux à moteur se louent à la demi-journée, au week-end ou pour une croisière plus longue. Pour une balade à la journée, l'option « Cap Camarat » est idéale en famille.

Côté « voile », RDV propose des bateaux à partir de 2 cabines et de 3 à 4 cabines doubles (Oceanis 34 / Pogo 8,50 / Dufour 455).

SIDERAL CROISIÈRES

Port de plaisance. Ponton n°3
✆ 06 96 43 32 84
www.voiliersideral.com

A bord de leur superbe voilier de 17 m, doté de 4 cabines doubles, Monica et Philippe proposent des petites croisières pour voguer au gré des vagues du sud, avec snorkeling et plage au programme.

2 formules : Aventure (sans service cuisine) une formule économique et conviviale quand vous voyagez en famille ou entre amis, ou Confort (pension complète), c'est l'équipage qui s'occupe de l'avitaillement et de la cuisine et vous vous n'aurez qu'à vous préoccuper de l'organisation de vos journées de vacances : plongées, balades à terre, baignades, siestes....

TRANSPORTS EXPRESS CARAIBES CAPO ROSSO

Départ du Marin
✆ 05 96 78 44 45
www.transports-express-caraibes.fr
Tarif A/R : 60 €, enfant 50 € (4-12 ans), 30 € (1-4 ans).

Et si vous alliez passer une journée à Sainte-Lucie, l'île voisine ? Transports Express Capo Rosso est une navette maritime qui relie le Marin à Rosnay Bay à Sainte-Lucie, en une heure et demie. Les liaisons se font presque au quotidien, avec un départ du Marin à 7h30 et un retour de Sainte-Lucie à 16h. Le bateau est confortable. La réservation peut se s'effectuer en ligne : vous recevez votre billet par e-mail. L'embarcadère est situé à la nouvelle marina du Marin.

ALTERNATIVE SAILING

Marina du Marin
✆ 05 96 52 31 20
www.alternative-sailing.com
Location de voiliers avec ou sans skipper (monocoques et catamarans).

Compagnie spécialisée dans la location, la gestion et la vente de voiliers, Alternative Sailing dispose d'une belle flotte de catamarans (Lagoon 380 - 400 - 450 - Lagoon 42) et de monocoques (Oceanis 31 / Solaris 50). Au départ du Marin, embarquez pour Sainte-Lucie, les Grenadines ou encore Grenade, la Barbade ou la Dominique. Les croisières sont disponibles avec ou sans skipper, du week-end à la semaine. Un service de qualité et des solutions sur-mesure en fonction de vos besoins. A noter : la compagnie propose aussi de la conciergerie.

COOK AND SAIL BY ZANZIBAR

Zanzibar Restaurant
✆ 06 96 93 39 20
www.zanzibarcookandsail.com
À partir de 295 € pour 24h et 195 € la journée et par personne en all inclusive (sur la base de 8 personnes).

Le restaurant Zanzibar au Marin propose un concept original qui allie la gastronomie à la voile. Si vous êtes un épicurien passionné de mer et de catamaran, voilà une nouveauté qui vous ravira : une croisière gastronomique à bord d'un luxueux catamaran de 4 cabines (Lagoon 450). Plusieurs destinations sont proposées dans la Caraïbe avec à chaque fois un tour du monde gustatif. Le chef est à bord, le service digne d'un restaurant étoilé. A découvrir sans plus tarder !

SUD CARAÏBE

SAIL PARADISE

Marina du Marin
✆ 06 96 80 99 10
www.sail-paradise.fr

Jacky est un vrai marin breton qui a posé ses valises dans la Caraïbe depuis plus de 20 ans. Il connaît le moindre rocher dans toutes les îles. Depuis 2013, ce passionné de la mer (l'un des meilleurs skippers de la région) a réussi à concrétiser son rêve : proposer des croisières à la carte dans la Caraïbe. Aujourd'hui, ce sont 3 bateaux qui vous emmènent : un cata, un lagoon 450 et un lagoon 380. Sécurité et discrétion sont ses maîtres mots. A bord, retrouvez de nombreuses activités en option : kayak, paddle, planche à voile, bateau à moteur...

RÉSIDENCE DES ÎLES €€

Mondésir
✆ 05 96 74 02 34
www.residence-des-iles-martinique.fr

Studio à partir de 80 € la nuit. F2 : à partir de 115 € la nuit. F2 avec mezzanine pour 6 personnes dès 155 € la nuit.

Cette sympathique résidence, à 300 mètres de la marina, se révèle être très pratique pour les plaisanciers. En plus de la vue exceptionnelle, l'intérêt est de pouvoir se rendre sur la marina à pied. Elle se compose de 17 appartements avec terrasse, du studio au F2. Chaque appartement est aménagé avec goût. Bien équipés (TV, téléphone, chambre climatisée, cuisine aménagée, salle de bains), ils disposent d'une vue sur la baie du Marin et sur le port de plaisance. La résidence dispose également d'une piscine en pierre naturelle et d'un carbet pour barbecues.

RÉSIDENCE CAP EVASION €

Cap Beauchêne ✆ 06 96 45 31 25 - Au rond-point suivant la gendarmerie, prendre direction Cap Macré.
www.residence-cap-evasion.fr/

A partir de 45 € la nuit le studio pour 2 personnes et 62 € la nuit la villa T2 pour 4 personnes.

Cette charmante résidence saisonnière privée et calme est composée de quatre villas T2 et de huit studios. Les parties communes disposent d'un grand parc et d'une piscine sécurisée. Les studios sont spacieux et lumineux et tous possèdent une terrasse, de même que les «villas». Située sur la commune du Marin à Cap bois neuf avant la route du Cap Macré, la résidence est à proximité des plages, des bases nautiques, et des chemins de randonnée. Mais il est indispensable de louer un véhicule pour se déplacer. Une très bonne adresse à retenir.

ABRI GENS LIBRES €€

Quartier La Vierge ✆ 05 96 74 09 98 - N5, en direction du Marin. Route pour Sainte-Anne, puis N6 direction Vauclin sur 1 km. Première rue à droite.
https://abri-gens-libres.wixsite.com/location

Prix indicatifs : 400 €/semaine (basse saison), 600 €/semaine (haute saison).

Dans une campagne calme et verdoyante avec vue panoramique sur l'île de Sainte-Lucie, ces quatre maisons indépendantes de 60 m^2, ceinturées d'un agréable jardinet, sont situées sur les hauteurs du Marin. Chacune peut accueillir 4 personnes. Elles se composent de deux chambres dotées de lit double, d'une armoire, d'une salle d'eau, d'une cuisine américaine aménagée et d'un balcon. Les activités ne manquent pas à proximité : plages, sports nautiques, randonnées, équitation n'en sont que quelques exemples. La marina et ses restaurants ne sont pas loin.

LES BOUGAINVILLÉES DU CAP €€

✆ 05 96 74 24 63

Conçue par un architecte aux nombreuses références en Martinique, la villa Les Bougainvillées du Cap de style créole surplombe la sauvage baie du Cap Macré. Son joli bardage jaune et son toit en tuiles rouges lui confèrent un charme renforcé par l'omniprésence de la mer toute proche. Elle est visible depuis les 4 chambres, et surtout du salon qui offre une continuité directe avec la terrasse couverte à travers une large ouverture sans baie vitrée. Splendide piscine entourée de fleurs tropicales. Un vrai temple de la détente !

AQUALODGE €€€

Baie du Marin
✆ 05 90 901681
www.aqualodge.fr

Superficie de 78m2, 2 chambres + 1 salle de bain+ 1 toilette. Pour 4 personnes max.

Vous avez toujours rêvé d'une croisière sur les eaux turquoise de la Caraïbe mais nous n'avez pas du tout le pied marin ? Aqualodge est la solution idéale pour exhausser votre rêve impossible ! Ce concept innovant et écolo offre à la fois l'évasion d'un catamaran et le confort d'une chambre d'hôtel : ce sont des villas flottantes arrimées au large du Marin dans un mouillage très calme. Equipées de deux chambres, d'une cuisine aménagée, d'une terrasse et d'un solarium, elles sont conçues pour être autonomes. Une annexe permet de vous rendre à terre aisément.

LES HAUTS DE L'OCÉAN €

Quartier Pérou ✆ 05 96 74 78 61 - A la sortie du Marin, direction Le Vauclin. Au premier carrefour, direction « Pérou ». - www.oceanheights.fr

Tarifs pour 1-4 personnes : 174 € pour 3 nuits, 378 € pour une semaine, 630 € pour 15 jours.

Située en haut d'un morne, sur la route qui mène au Vauclin, cette petite résidence (4 appartements T1 et un T2) offre une vue exceptionnelle sur la côte Atlantique, l'océan et les cayes Paradis. Panorama à 180°. Ici, pas besoin de climatisation. De la terrasse de votre appartement, vous profiterez du grand air marin.

Les logements sont spacieux (télévision, cuisine équipée, douche). Accueil très chaleureux de Marie-José. Un lieu idéal pour des vacances en famille au calme et à la campagne, pour un budget très raisonnable, sans se ruiner.

LES LOGIS DU CUL DE SAC €

Rue Victor Lamon

✆ 069 6 40 76 80

Tarifs : 150 € le week-end, 420 € pour 7 jours, 600 € pour 10 jours et 825 € pour 15 jours.

Ces deux studios de standing, admirablement bien situés, sont proches de la marina, des plages et des activités de la commune. Le grand studio, «Tortue Luth», de 40 m² avec terrasse, est intégralement équipé, climatisé et élégamment décoré. Le second appartement, «Tortue verte», propose les mêmes équipements. Pour les petits plus, le wifi est inclus, ainsi que la place de parking, non négligeable au Marin où il est souvent compliqué de trouver une place. Accueil très chaleureux de Lucie, la propriétaire, qui connaît la Martinique comme sa poche !

AL DENTE €

Port de plaisance

✆ 05 96 48 07 54

Ouvert tous les jours de 7h à 16h sauf le dimanche.

Il s'agit d'un *corner* aux couleurs vives où vous pourrez déguster, sur place ou à emporter, différentes spécialités, mais surtout des «pâtes box» à emporter. Ce petit établissement emballe les papilles pour un encas de passage : pâtes fraîches cuisinées minute, plats cuisinés créoles, poulet rôti ou sushis au choix d'un étal bien garni. Côté douceurs, faites-vous plaisir avec des desserts en verrines, gâteaux au chocolat, salades de fruits, tartes fines et glaces… Un bon concept pour un déjeuner sur le pouce ou un petit café.

SNACK TI-GRILL €

✆ 05 96 74 84 86

Ouvert tous les jours de 10h à 16h30, dimanche de 8h à 14h.

Rôtisseur, traiteur, sur place ou à emporter : Ti-Grill, c'est la halte obligatoire avant de se rendre sur les plages du sud de l'île. Vous y trouverez une bonne sélection de plats à emporter, alliant cuisine créole et française : poulets grillés (l'un des meilleurs de l'île) ou à la basquaise, ribs, colombo de poulet, paella royale, sauté de porc, couscous, boudins, accras… Ici, on vous propose 8 plats du jour ! Bon et pratique. Service rapide et efficace dans une bonne ambiance. Ti-Grill vous aide également à organiser vos soirées, devis sur demande.

L'ANNEXE €

✆ 05 96 38 84 77

Ouvert tous les jours de 8h à minuit. Addition moyenne : 15 €.

L'Annexe des Trois-Ilets a déjà sa petite sœur dans la nouvelle marina du Marin. Convivialité et bonne humeur, cuisine simple et fraîche, tels sont les maîtres mots de cette adresse. Des tables colorées en bois, un grand bar central ouvert avec vue sur les bateaux. La carte s'articule autour de cuissons à la pierre (viandes ou poisson), de pâtes, de grandes salades et des tartines et pizzas. Vous aimerez leurs frites maison, leurs wraps et leurs nombreux cocktails : le bar est ouvert non-stop et des concerts en *live* sont régulièrement organisés.

KOKOARUM €

Nouvelle marina du Marin

✆ 05 96 48 02 21

https://kokoarum-caribbean-grill-glacier-rhumerie.business.site/

Ouvert de 8h à 23h30. 7j/7. Addition moyenne 20 € et 25 €. De 18h à 19h, happy hour.

A la fois grill, glacier et rhumerie, ce lieu 3 en 1 est un endroit convivial et coloré à l'image des Antilles. Une restauration simple, fraîche et de qualité qui fait la part belle aux grillades de viandes et de poissons, mais aussi aux grandes salades. Des suggestions du jour se dévoilent à l'ardoise. On aime les burgers maison concoctés avec du bon pain artisanal. Les coupes de glaces font aussi la réputation de l'établissement. Côté rhumerie, on trouve tous les rhums de la Martinique et d'ailleurs avec des « perles » qui raviront les connaisseurs.

MANGO BAY €

Boulevard Allègre

✆ 05 96 74 60 89

Ouvert tous les jours de 7h à 23h. Addition moyenne 25-30 € le midi et le soir. Wi-fi.

Le Mango Bay s'est fait un lifting ! La cuisine s'ouvre à présent sur la salle, toujours sur pilotis, face aux voiliers de la Marina. Il y règne une ambiance nautique très agréable. Le matin, les travailleurs de la marina et les plaisanciers se retrouvent autour d'un café. Côté cuisine, la carte s'oriente vers des grillades (viandes, poissons et crustacés) de qualité, des brochettes et burgers de toute sorte. Le Mango Bay est également agréable pour une pause «glace» au retour de la plage. Bref, une adresse animée à toute heure de la journée.

LE SEXTANT €

Centre de carénage

✆ 05 96 38 30 29

Ouvert tous les jours de midi à 17h. Ouvert le vendredi et le samedi soir de 19h à 23h.

Le Sextant se trouve à l'entrée du Marin, derrière le centre commercial Carrefour. Pas très « sexy » comme indication... mais n'ayez crainte, vous serez surpris, en arrivant, par une chouette décoration tout de bois vêtue (sol et tables en teck) et une très belle vue sur la baie. Le restaurant a changé de lieu et s'est renouvelé côté décoration, misant sur une ambiance chic alliant le noir et le blanc. Le chef offre une carte qui évolue tous les 2 mois. Cuisine créole. Animations en soirée le week-end, concerts live régulièrement le samedi.

INDIGO FACTORY €€

Port de plaisance

✆ 05 96 74 76 74

Ouvert tous les jours de 11h30 à 15h et de 17h30 à minuit. Fermé le dimanche soir.

Dans ce restaurant flottant, unique en Martinique, tenu par Franck et son équipe, on se croirait sur un bateau ! Dans un cadre vraiment sympa avec vue sur le port, vous dégusterez de délicieuses langoustes grillées sorties du vivier, la fameuse «brochettes partie» à partager ou encore l'un de leurs burgers au pain artisanal, à la langouste ou au bœuf. Ne manquez leur célèbre cocktail XXL à base de bonbons, à déguster avec une assiette Asia concoctée maison, le tout dans une ambiance musicale agréable où vous pourrez danser si vous le souhaitez.

MARIN MOUILLAGE €€

Boulvard Allègre

✆ 05 96 74 65 54

Ouvert du lundi au samedi de 10h à 15h, vendredi et samedi soir de 19h30 à 23h. Le 1er dimanche du mois : 10h-15h.

Face à la Marina du Marin, ce restaurant créole dynamique vous propose, principalement à l'étage, plus au calme, un large choix de plats créoles, mais aussi une formule « showroom et tapas» qui allie exposition de créateurs locaux dans une ambiance détendue, avec tapas à tous les prix et une carte de desserts. N'hésitez pas à consulter leurs pages Facebook et Instagram pour avoir un aperçu de la carte. L'accueil y est très chaleureux, un petit resto bien sympa qui vous propose tous les premiers dimanches du mois un brunch créole.

LE NUMERO 20 €€

✆ 05 96 66 02 84

Ouvert tous les jours de 16h à 1h du matin.

Installé au premier étage de la marina, le Numéro 20 est le rendez-vous des résidents, plaisanciers et autres épicuriens. Dans une ambiance lounge sur fond de musique soft, vins, cocktails et bières du monde se dégustent sans modération autour de délicieuses tapas élaborées à partir de produits fins : assiette de Pata Negra, sashimi de saumon, roulé de mascarpone à la menthe fraîche, tarte fine à la mangue et au foie gras ou le macaron à la mûre fraîche... Le Numéro 20 offre aussi une belle carte de glaces l'après-midi. Nombreuses animations et concerts live.

O WAX BY BOKO CONCEPT €€

Nouvelle marina du Marin

✆ 05 96 76 90 02

www.bokokoncept.com

Ouvert tous les jours de 10h à 22h

Après Ducos et Jambette, les bocaux sains et healthy de Boko Koncept débarquent à la nouvelle Marina du Marin. On y retrouve les ingrédients qui ont fait le succès de Boko Concept : un espace de restauration où vous retrouverez les saveurs des produits Boko Koncept, un espace cave à vin, et bien sûr des expositions régulièrement qui mettent à l'honneur des artistes locaux et internationaux. Evidemment les petits plats faits maison peuvent être embarqués par les équipages et dégustés à bord des bateaux. Une adresse que l'on recommande !

L'OYSTER €€

Bd Allègre

✆ 05 96 65 50 80

Ouvert du mercredi au samedi de 11h à 15h et de 18h30 à 21h30, le dimanche de 18h30 à 21h30.

Ici, la reine, c'est l'huître ! Elles arrivent par avion deux fois par semaine pour le grand bonheur des amateurs. Il y en a pour tous les goûts, de la Marennes-Oléron, en passant par la Gillardeau, la Bouzigues, la Fine de Claire, la Belon ou celle du bassin d'Arcachon. C'est un peu plus cher qu'en Métropole, mais l'addition reste néanmoins correcte. Si vous n'aimez pas les huîtres, optez pour le camembert frit, la salade du jour, le tartare de poisson… Jolie décoration de style balinais, et bar ouvert, ce qui donne une allure « bistrot chic ».

LA TERRASSE TURQUOISE €€€

Route de Cap Macré ✆ 05 96 63 52 61 - A la sortie du Marin après la gendarmerie, prenez la direction du Cap Macré à gauche. Ensuite, suivez les panneaux menant à la plage du Cap Macré.

http://terrasseturquoise.free.fr/

Ouvert tous les midis sauf le lundi. Le soir sur réservation uniquement.

Jean Claude Edmond, le chef propriétaire, est une figure de la gastronomie locale. Il a œuvré dans de nombreux restaurants du monde entier. C'est ici, dans ce paysage grandiose avec vue sur tout le Cap Macré qu'il a posé ses valises et a créé la « Terrasse Turquoise ». Pas besoin de mots pour expliquer le choix de ce nom ! Sa cuisine est élaborée et fait la part belle aux produits du terroir. Il privilégie le bio, sélectionne ses viandes au Cap Macré, et travaille avec les produits maraîchers. On vous conseille de réserver surtout le week-end.

TI'TOQUES €€€

Port de plaisance ✆ 05 96 74 72 32

www.restaurant-titoques.fr

Ouvert tous les jours, sauf le lundi et le mardi, service non-stop de 9h30 à 23h30. Addition moyenne 25 €.

Restaurant-brasserie situé face au club nautique, tout en teck et aux formes qui ondulent telle une vague. Une seule et grande terrasse ouverte. On découvre le menu sur une grande ardoise posée au sol : capellinis aux Saint-Jacques et queues de crevettes, crumble de lambis, crème brûlée de foie gras, côte de bœuf au grill... Egalement des suggestions du jour variées et appétissantes joliment servies dans de belles assiettes. Pour les déjeuners ou dîners rapides, salades, pizzas ou crêpes tiennent la vedette. En bonus : la rapidité du service et le goût !

ZANZIBAR €€€

11, boulevard Allègre

✆ 05 96 74 08 46

www.restaurantzanzibar.com

Ouvert du mardi au samedi midi et soir. Dimanche le midi seulement. Fermé le lundi. Menu Héritage 49 €.

Un nom évocateur d'îles lointaines qui est devenu en quelques années une halte obligatoire du sud de l'île. Il faut dire que le décor est avenant : terrasse face à la mer, atmosphère raffinée avec de larges sofas, lumières tamisées le soir... Ce restaurant au charme métissé regorge de plats raffinés concoctés avec des produits frais et de qualité. Le menu Héritage fait voyager vos papilles rien qu'à sa lecture ! Quant au bar, *cosy* et confortable, il reste un *must* pour se poser et savourer un cocktail, un rhum d'exception (une cave à rhums extraordinaire).

LE LIV'BAR

19, boulevard allègre

✆ 06 69 37 76 53

Ouvert le lundi et du mercredi au samedi de 18h à 1h. Fermé le mardi et le dimanche. Cocktails à partir de 7 €.

Le Liv'Bar est un bar lounge ambiance du monde avec ses petits salons et sa terrasse avec vue sur la mer à deux pas de la Marina du Marin. C'est l'endroit idéal pour prendre un verre en fin de journée ou passer une soirée dans une ambiance unique en Martinique. Les délicieux cocktails, qu'ils soient classiques ou originaux, avec ou sans alcool, ne manqueront pas de vous surprendre. Pour accompagner ces rafraîchissements, on vous propose un choix de burgers gastronomiques et autres encas. Nombreuses soirées live, concerts et animations.

APPRO ZAGAYA

17 Cité Diaka

✆ 05 96 74 39 75

www.appro-zagaya.fr

Récupération des denrées : de 8h30 à 18h30 du lundi au samedi.

Depuis plus de dix ans, Appro Zagay propose les produits les plus adaptés à votre croisière. Le principe : faites vos courses en amont sur le site internet. L'accent est mis sur les produits frais, nombreux (légumes et fruits) qui privilégient les producteurs locaux. Ils vous sont livrés au dernier moment pour garantir leur fraîcheur. Coté livraison, plusieurs formules : la tout confort, où l'on organise pour vous le garde-manger sur le bateau avant votre arrivée, ou la plus sportive, avec des chariots à disposition pour récupérer votre commande.

LIBRAIRIE ANTILLAISE

Centre Commercial Marine Bay
✆ 05 96 74 20 20
www.librairieantillaise.com
Ouvert lundi, mardi, jeudi et vendredi de 9h à 13h et de 14h à 17h45 ; mercredi et samedi de 9h à 17h45.

Créée il y a plus de 60 ans, la Librairie antillaise est le leader en Martinique, avec six magasins, dans les domaines de la librairie et de la papeterie. Elle propose un large rayon littérature, beaux livres, bandes dessinées, tourisme et livres scolaires ainsi qu'un rayon papeterie très développé (jeux éducatifs, fournitures de bureau, loisirs créatifs...). De plus, la Librairie antillaise propose régulièrement des activités autour du livre (dédicaces et rencontres avec des auteurs) ainsi que des concours et ateliers créatifs.

MARCHÉ COUVERT

✆ 05 96 74 90 02
Ouvert du lundi au samedi de 8h à 13h.

Face au port de plaisance, voici une halte colorée et très animée pour faire ses provisions de fruits et de légumes du pays, selon la saison, dans une ambiance 100 % créole et conviviale. La place fournit naturellement du poisson fraîchement rapporté par les pêcheurs matinaux, mais fait tout de même la part belle aux viandes et bien sûr au boudin. Beau choix également de liqueurs, de shrubs, d'épices locales et d'artisanat. Vous y retrouverez l'animation typique d'un bourg du sud de l'île. Une escale incontournable lors de votre séjour.

LE MILLÉSIME

boulevard Allègre
✆ 05 96 38 74 12
Ouvert du lundi au vendredi de 9h à 17h, le samedi de 9h à 18h.

Voici une véritable caverne d'Ali Baba pour épicuriens. Vous la dénicherez sur la marina du Marin, face au Mango Bay. Cave à vins, à cigares, épicerie fine, mais surtout cave à whiskys, à rhums et à champagnes, le Millésime est le lieu idéal pour gourmets, pour découvrir et aussi raffiner sa cuisine. Huiles et vinaigres d'exception, charcuteries, confiseries : rien ne manquera désormais pour vos festins de rois. Charcuterie de Corse ou du Pays basque, saucisson ibérique, bref, vous trouverez ici tout ce qu'il faut pour (vous) faire plaisir.

AQUABULLE

Port de plaisance ✆ 05 96 74 69 69
www.aquabulle.com
Circuit du matin (9h et 10h45) : 26 € (enfant 13 €). Circuit après-midi avec baignade (14h45) : 30 € (enfant 15 €).

En route pour la découverte des fonds marins coralliens de la Martinique, à bord d'un monocoque spécialement conçu à cet effet. Le spectacle est magique ! Des poissons de toutes les couleurs, des coraux inaccessibles pratiquement à portée de main, le tout commenté. Le circuit du matin (2 départs en saison) est constitué d'une promenade vision sous-marine. Celui de l'après-midi propose en plus une baignade. La promenade dure entre 1h30 et 2h si on inclut la baignade. Une excursion dans les profondeurs des Caraïbes à ne pas manquer si vous avez des enfants.

BBQ DONUT BOAT

Quai N°4
✆ 06 96 56 62 99
www.bbqdonutsboat.fr
Du dimanche au vendredi 8h30-17h30. Location d'une carte d'orientation et d'un GPS.

Le BBQ Donut Boat est une activité en pleine effervescence qui allie organisation d'un pique-nique aux plaisirs de la plaisance. Cette embarcation insubmersible (sans permis bateau) est en forme de donut pouvant accueillir 10 personnes, au centre un barbecue (avec charbon de bois et ustensiles de cuisson), une sono hifi avec USB, jeux de lumières, bac à glaçons. C'est une solution amusante pour partir à la découverte des fonds blancs de la baie du Marin. Plusieurs formules vous sont proposées y compris nocturne, apéro, brunch, ou soirée love.

CLUB NAUTIQUE DU MARIN

Bassin Tortue
✆ 05 96 74 92 48
www.clubnautiquedumarin.com
Du mardi au samedi de 8h30 à 12h30 et de 13h30 à 16h30. Ouvert le lundi pendant les vacances scolaires.

Le club vous offre la possibilité de s'initier, de pratiquer (en stage ou en activité libre) ou de se perfectionner dans toutes les activités nautiques : catamaran, planche à voile, canoë-kayak, que vous soyez adulte ou enfant, débutant ou confirmé… Il propose également des stages multiactivités pendant les vacances scolaires, ainsi que des entraînements régate tout au long de l'année. Il est également possible de passer son permis bateau (carte mer, permis côtier et hauturier) ! Des vacances studieuses et nautiques en perspectives.

JET'7

boulevard Allegre
✆ 0696 11 33 66
www.jet7martinique.fr
Randonnée en jet-ski, bouée tractée, bi-ski, mono-ski, wakeboard, kneeboard.

JET7 est une base de loisirs nautiques installée en Martinique depuis 2015. Brigitte et Pascal proposent pas moins de sept activités de glisse ! Le jet-ski randonnée, le jet-ski en baptême, la bouée tractée de glisse ou version « canapé », le ski nautique, le wake-board et le Knee-board. L'équipe est composée uniquement de moniteurs diplômés d'Etat ce qui assure une réelle sécurité. Particulièrement pédagogues avec les enfants, toute l'équipe assure l'initiation des sports de glisse aux plus petits qui repartent même avec un diplôme en poche !

PARAPENTE CARAIBE

Boulevard Allègre
✆ 06 96 61 11 60
www.caraibe-parapente.com
Tarif indicatif : 80 €/personne pour environ 20 minutes de vol.

Olivier, moniteur breveté d'Etat, vous propose de survoler quatre des plus beaux sites du sud de l'île. Le Cap Chevalier et son lagon, l'Anse Grosse-Roche avec atterrissage sur la plage de cocotiers, le Morne Larcher pour admirer sa forme curieuse qui ressemble à une femme allongée, le Morne Gommier d'où avec un peu de chance, vous aurez même la possibilité de monter jusqu'aux nuages et de les toucher de vos propres mains ! Les points de vue sont à couper le souffle, le décollage et l'atterrissage s'effectuent en toute douceur et sécurité.

MARIN PLONGÉE

Bassin-Tortue ✆ 05 96 74 05 31 - Facile à trouver sur le port.
www.marinplongee.com
3 départs par jour. Rendez-vous à 8h, 10h et 14h sur réservation. Photos sous-marines offertes, pensez à votre clé USB.

Agrée Fédération française et PADI, le club est un centre de plongée familial qui propose des baptêmes de plongée pour adultes et enfants (dès 5 ou 6 ans). Les sorties se font avec 3 ou 4 plongeurs en moyenne... Au programme : le plateau corallien de la pointe Borgnèse pour les débutants et les moins à l'aise ; les plongeurs confirmés se dirigeront, eux, vers le rocher du Diamant. Sortez et découvrez avec Matthieu, le moniteur du club, à bord du petit bateau moderne et confortable qui vous emmènera sur les plus beaux spots de plongée !

PRESTIGE

Marina du Marin
✆ 06 96 73 70 27
www.prestigecatamaran.com
Excursion en catamaran à la journée, demi-journée. Journées à Sainte-Lucie, à partir de 125 € par personne.

Le maxi catamaran *Prestige* est né d'un coup de cœur d'un visiteur américain. Ce voilier très spacieux avec ses 75 pieds de long (28 personnes à bord) offre des prestations résolument haut de gamme, tout en respectant un excellent rapport qualité-prix. Différents circuits le long des côtes martiniquaises sont proposés (plages du sud, Anses-d'Arlet..)... On aime aussi la sortie « Happy Hour » (open bar avec rhums locaux premium) pour profiter du coucher de soleil. Prestige propose également une excursion à la journée sur l'île de Sainte-Lucie.

PARADIS PLONGÉE

Bassin Tortue
✆ 06 96 34 56 16
www.paradisplongee.com
Fermé le dimanche. Certificat médical demandé.

Paradis Plongée est un club de plongée très professionnel pour partir à la découverte des fonds marins de Sainte-Luce, de la baie du Marin et du rocher du Diamant. Le club accueille tous les plongeurs, du débutant au confirmé, et vous propose également des sorties snorkeling guidées. Dans l'infrastructure du club, il est mis à disposition vestiaires, douches et sanitaires. Après votre plongée, on vous offre un petit planteur dans le coin détente pour débriefer sur votre dernière plongée en bonne compagnie et mieux faire connaissance !

SAINTE-ANNE ★★★

Situé dans l'extrême sud de l'île, Sainte-Anne est un village typique mais très fréquenté. Ses plages de rêve n'y sont pas étrangères : Anse-Caritan, Anse-Meunier, les Salines, Anse-Trabaud, Anse-Michel... Certaines sont très fréquentées, d'autres plus familiales ou sauvages. Non contente d'offrir une telle variété de plages, Sainte-Anne est également connue pour sa réserve ornithologique et ses îlets dont le plus célèbre est Cap-Chevalier (canoë, kayak, planche à voile, sortie en bateau). Avec ses complexes et structures tout confort, elle est le lieu idéal pour qui veut passer des vacances carte postale les pieds dans l'eau et la tête ailleurs.

Tourisme

▶ Les plages. Club Med, Pointe-Marin, Caritan, Grande-Anse-Salines, Anse-Trabaud, Cap-Chevalier, Anse-Grande-Roche, des plus domptées et touristiques aux très sauvages et naturelles… Les touristes et les guides vous le diront, la plage des Salines est incontournable en Martinique, et indiscutablement très agréable hors saison. Dès que l'affluence se précise, la plage ressemble vite aux Saintes-Maries, entre les tentes des campeurs, les barbecues improvisés merguez-brochettes et les soirées zouk. Aussi, vous n'hésiterez pas à poursuivre la balade en faisant le tour du cap pour trouver des plages plus confidentielles, tout aussi belles et beaucoup moins fréquentées. En particulier celle de l'Anse-Trabaud, plébiscitée par les résidents connaisseurs, également accessible en voiture à travers les champs de melon, moyennant un droit de passage modique.

Transports

▶ **Voiture**. 50 km de Fort-de-France par la N5 jusqu'au Marin. Poursuivre sur la D9 pendant 6 km.

▶ **Taxis collectifs**. Liaisons quotidiennes avec le Marin et Fort-de-France. Gare routière face à l'office de tourisme.

▶ **Bus SUDLIB** : la ligne A relie le Marin et Sainte-Anne, la ligne P1 le François et Sainte-Anne et la ligne P2 Ducos et Sainte-Anne en passant par Rivière-Salée, Sainte-Luce et le Marin.

ANSE DES SALINES ★★★

Habitation Fond Moustiques

Eau turquoise, cocotiers, sable blanc… : la plage des Salines est l'une des plus belles de la Martinique. Située à 5 km au sud du bourg, elle s'étire sur 1 km. Elle est divisée en trois sections : la Grande Anse des Salines, la partie la plus grande et la plus connue, la Petite Anse des Salines à l'ouest et enfin, la Grande Terre des Salines à l'est.

Sa partie boisée appartient à la Forêt domaniale du Littoral et se trouve sous la houlette de l'Office National des Forêts. Elle fait partie sans nul doute l'un de nos plus beaux clichés.

ÉGLISE NOTRE-DAME ✝

Elle donne son unité au bourg, et prolonge son clocher au delà de son parvis, jusqu'à un charmant ponton qui plonge dans l'eau. Chaque année, le 19 septembre, 5 000 pèlerins viennent accomplir le pèlerinage de la Salette. C'est le 13 février 1870 qu'une croix est portée au sommet de la colline derrière l'église. Le Vendredi saint de la même année, on y place un Christ. C'est alors que vint l'idée du calvaire. La chapelle qui s'y trouve a subi plusieurs passages de cyclones et des incendies. Elle a été restaurée en 1994 par la municipalité.

Plage de Sainte-Anne.

ÎLETS DE SAINTE-ANNE

Classés réserve naturelle, les îlets de Sainte-Anne accueillent des espèces rares d'oiseaux marins qui viennent s'y reproduire. Quatre de ces îlets représentent l'un des plus importants sites de nidification des Antilles avec le rocher du Diamant. Les excursions en kayak ou en bateau permettent aux visiteurs de s'en approcher, de découvrir en même temps la mangrove de la baie des Anglais, et de profiter de la baignade dans les eaux claires de l'îlet Chevalier. Interdiction formelle cependant de débarquer sur ces cocons précieux de la biodiversité caribéenne !

MARCHÉ DE SAINTE-ANNE

Le marché de Sainte-Anne est le parfait endroit pour dénicher des fruits et légumes locaux, ainsi que des souvenirs originaux et élégants. Venez découvrir et goûter des bananes, ananas, confitures, rhums arrangés, punchs aux fruits, gousses de vanille, cacao… A l'issue de votre shopping entre les étals, accordez-vous une pause à la Terrasse, sur la place. De la baie, on voit la Pointe-Marin et en arrière-plan, la petite ville du Marin. Circulation un peu compliquée, car l'artère principale est en sens unique alors attention aux embouteillages aux heures de pointe.

LE JARDIN DE LA SANTÉ

Route Encornette Direction Cap Chevalier
✆ 06 96 615 252
Ouvert du mardi au samedi de 9h à 17h, vendredi et samedi de 19h à 22h.

En se lançant dans l'agriculture il y a douze ans, Malike Malsa a voulu baptiser sa ferme le «Jardin de la Santé». Une évidence pour ce jeune agriculteur passionné, car ici « on travaille pour la santé des gens. Notre alimentation est notre premier médicament ». Ce fils d'écologiste a toujours eu envie de faire de l'agriculture pour se nourrir. « Pour moi, le jardin a du sens : je n'aime pas parler d'exploitation agricole, je n'exploite pas la terre, je tire profit de ce qu'elle m'offre tout en la protégeant car si je ne le fais pas, elle ne pourra plus nous nourrir ».

Membre du GRAB (Groupement Régional des Agriculteurs Bio de Martinique) depuis ses débuts, Malike cultive son jardin labellisé bio à Sainte-Anne en prenant soin de respecter sa terre natale et en valorisant tout ce qui l'entoure. Engagé dans une démarche zéro déchet, l'agriculteur utilise des techniques traditionnelles, comme la culture en lasagnes (avec différentes couches pour nourrir le sol), le paillage avec du carton et de la matière organique ou encore la culture en buttes. Au fil du temps, Malike a développé, en plus de la vente de sa production de fruits, légumes et plantes aromatiques, plusieurs services autour du concept de jardin : d'abord un petit laboratoire de transformation de ses produits (sous forme de confitures, farines et conserves). N'hésitez pas à venir faire un tour dans cette ferme, dans la boutique attenante et à commander vos paniers bio. Vous ne serez pas déçu ! Et en plus vous consommerez local.

LE MOULIN DE L HABITATION VAL-D'OR

Route de l'Habitation Val d'Or ✆ 05 96 64 42 59
www.accueil-martinique.fr/FR/visite-le-moulin-de-val-d-or_741721.html
Ouverture du vendredi au dimanche de 9h à 12h et de 14h à 17h. Tarif adultes : 3 €. Enfants de 5 à 12 ans : 1 €.

Datant probablement du milieu du XVIIIe siècle, ce moulin, classé patrimoine historique, vous permet de découvrir les anciennes techniques de broyage de canne à sucre. Il produisait du sucre, jusqu'à environ 1880, pour l'usine du Marin. Si la maison du maître n'a pas résisté au temps, les magasins, la purgerie et les puits existent encore. La plus grande richesse de Val-d'Or est le moulin à étage, unique en Martinique. Une impressionnante structure à visiter sans plus tarder.

PITT THOMASIN

Barrière-la-Croix
✆ 05 96 76 72 99
Ouvert le lundi à partir de 13h suivant saison. Renseignez vous par téléphone avant de vous déplacer.

C'est l'un des pitts les plus célèbres de l'île. Incontournable du paysage martiniquais, les combats de pitts, véritables mondes à part, déploient tout un pan de la culture insulaire assez peu connu des touristes. Si l'idée du combat sanglant vous refroidit un peu, venez néanmoins découvrir, au Pitt Thomasin, l'intemporel des soigneurs, des spectateurs et des coqs de combat préparés pour la bataille ! Un côté background, «dans les coulisses des pitts», pour mieux comprendre cet aspect important de la culture martiniquaise...

PITON DE CRÈVE-CŒUR

Dans un environnement de choix, à quelques kilomètres des plus belles plages de la Martinique, partez à l'assaut du piton de Crève-Cœur en empruntant la D9 vers Sainte-Anne sur environ 3 km. Tournez au Cap-Chevalier et roulez sur 1 km. Prenez à droite sur 2 km et suivez le chemin non asphalté. Laissez votre voiture sur l'aire dédiée.

Le Piton de Crève-Cœur est un ancien volcan (apparu il y a 18 millions d'années...), bien plus ancien que la Montagne Pelée, qui culmine aujourd'hui à 200 mètres d'altitude et offre un point de vue époustouflant sur le sud de la Martinique.

Votre marche débute sur votre droite, avec un sentier qui grimpe en faisant un crochet par d'anciennes ruines : ce sont celles de la maison principale de l'Habitation Crève-Cœur. Rapidement, vous gagnez un très beau point de vue sur la presqu'île sud de l'île. Plus loin, toujours en direction de Sainte-Anne, un chapelet de petites anses vous invite à déplier votre serviette de bain et à faire le plein d'énergie. Le Cap-Chevalier propose des programmes de planche à voile et de kayak. L'Anse-Michel, la baie des Anglais, les Salines, anses et plages de sable fin, disposent aussi de toute une petite infrastructure commerciale (boutiques de ravitaillement, restaurants) et sportive (jet-ski, planche à voile). N'oubliez pas les prérequis de ces randonnées du sud : protection solaire, vêtements légers et beaucoup d'eau, le soleil peut être féroce, notamment en milieu de journée ! Comptez une heure et demie aller-retour, avec un dénivelé d'environ 150 mètres.

SAVANE DES PÉTRIFICATIONS

A quelques encablures de la plage des Salines, une étendue désertique de dix hectares étend son décor aride et surprenant. Située à l'emplacement d'un ancien volcan, elle était autrefois parsemée des vestiges d'une forêt engloutie par la lave. On pouvait y trouver des blocs de bois pétrifiés, des agates, des jaspes polychromes, des opales et des calcédoines, pillés par des collectionneurs peu respectueux. Il ne reste plus que le site dépouillé, qui se prête néanmoins à la promenade. Le sol est craquelé sous l'effet du soleil brûlant.

OFFICE DU TOURISME

Avenue Franz-Fanon
✆ 05 96 28 09 99
www.sainteanne-martinique.fr
Ouvert de 8h30 à 13h30 en semaine. Fermé samedi et dimanche.

Chaque année au mois de décembre, l'office organise une semaine artisanale et du commerce tandis que chaque premier week-end du mois, un grand marché avec exposition de produits locaux et un podium d'animation avec danses et musiques traditionnelles vous ravira. Si vous séjournez en Martinique pendant les vacances de Noël, l'office met en scène une crèche vivante. A la fin du spectacle, vous dégusterez les spécialités locales des fêtes de Noël (jambon de Noël, pâtés en croûte) et vous serez certainement entraîné dans un torride « *chanté nwel* » tout en créole !

LES BALADES DE BÉBÊCHE

Cap-Chevalier
✆ 06 96 91 32 34
www.balade-en-mer.fr
Balade en yole, excursion en mer à partir d'une heure et pêche au gros. Restauration comprise. Ouvert de 9h à 20h 7j/7.

Comment découvrir l'Anse-Chevalier, l'Anse-aux-Bois, l'Anse-Esprit, l'Anse-Noire, l'île aux Chiens, les fonds blancs du cap, la baie des Anglais, la réserve naturelle des oiseaux et la mangrove ? Ces lieux ne vous disent peut-être rien encore... Mais vous pouvez les visiter grâce à Christian, dit « Bébèche », un gaillard fort sympathique avec un grand cœur qui vous fera filer sur l'eau à bord de sa yole de pêche. Vous n'échapperez pas aux savoureux accras et à l'incontournable ti-punch, le tout partagé dans la bonne humeur et au son du zouk bien sûr !

EUROPCAR SAINTE-ANNE

Domaine de Belfond et Agence au sein du Club Med
✆ 05 96 76 59 48
www.europcar-martinique.com
Ouvert de 7h30 à 11h30 du lundi au samedi ainsi que les jours fériés.

Dans cette agence, vous traiterez notamment avec Marthe-Elizabeth, la responsable, très à l'écoute, qui sera aux petits soins. Europcar Saine-Anne propose des véhicules toutes catégories et toutes marques (Van, Berlines, 4x4 sans oublier Twingo et Clio), essence ou diesel, possibilité de GPS ou de siège-auto, et tous climatisés bien sûr. Réservez dès maintenant sur le site www.europcar-martinique.com pour profiter des meilleurs tarifs. Possibilité de mise à disposition de votre véhicule dans l'une des nombreuses agences de l'île.

Cimetière de Sainte-Anne.

AIRSTREAM PARADISE €

La Pointe-Marin
✆ 05 96 58 45 19
www.airstreamparadise.fr

De 1 à 5 personnes. Tarifs à partir de 130 € la nuit selon la saison. Semaine dès 595 € en basse saison.

Airstream, vous connaissez ce nom ? Mais oui, il s'agit bien de ces mythiques caravanes américaines aux formes arrondies et au fuselage d'avion tout en aluminium. Installées sur la plage de la Pointe-Marin, ces caravanes sont spacieuses et offrent un véritable confort de vie (cuisine, couchage avec linge de lit et serviettes fournis, climatisation, TV et wifi). Et pour profiter du soleil, rien de tel qu'une terrasse de 50 m² privative adossée à la caravane avec un bain à remous, une véritable salle de bains et un coin barbecue.

RÉSIDENCE ORCÉA €

51 domaine de Belfond
✆ 05 96 76 81 67
www.location-orcea.com

Studio à partir de 117 € la nuit. T2 à partir de 127 € la nuit.

Dans une petite structure au sein du domaine de Belfond, Jessica, la maîtresse des lieux, esthéticienne de formation (elle gère le petit spa naturel situé au cœur du jardin), fait rimer vacances avec écoresponsabilité en apprenant par exemple à vivre autrement, plus près de la nature : tri sélectif, randonnée... Quatre studios et deux T2 sont proposés à la location, nichés dans un jardin tropical, avec piscine, terrasses privées et barbecue. À proximité des commerces et des restaurants, avec de nombreuses activités possibles. Sans oublier le spa de Jessica.

ANOLI VILLAGE €€

Quartier Bellevue
✆ 05 96 76 80 56
www.anoli-village.com

A partir de 80 € par jour pour 2 personnes (+ 10 € par enfant de -12 ans).

Coup de cœur assuré pour l'Anoli Village, cette petite résidence hôtelière qui se compose de vingt appartements (du studio à l'appartement 4 pièces) tous climatisés et dispersés sur un morne. Tous disposent d'un balcon avec une vue exceptionnelle. Nicole et Milo ont tout fait eux-mêmes. Les tissus d'ameublement ont été dessinés par Nicole et tissés à Bali, le mobilier a été choisi là-bas. Le petit plus : le très joli jardin et la piscine dentelée d'un deck. En bref, une adresse sérieuse que l'on recommande, avec un accueil des plus chaleureux.

LA DUNETTE €€

Rue Jean-Marie Djibaou
✆ 05 96 76 73 90
www.ladunette.com

Dès 90 € en basse saison, petit déjeuner buffet inclus. Possibilité de demi-pension.

Equipées de la climatisation et de la télévision, les 18 chambres ont une vue exceptionnelle et jouissent d'un emplacement très privilégié dans le bourg de Sainte-Anne. Rénovées et repeintes aux couleurs des Caraïbes, les chambres sont spacieuses et leur emplacement est idéal : face à la plage et dans le centre du bourg. L'hôtel dispose d'un restaurant-bar lounge réputé. A noter : des offres week-end, valables du vendredi au dimanche avec cocktail de bienvenue et petit déjeuner buffet euro-caribéen, ouvert à la clientèle extérieure.

RÉSIDENCE SHAMBALLA €€

Quartier Bareto
✆ 06 96 06 62 36
www.shamballa-martinique.fr

Appartement T2 à partir de 60 € la nuit, T3 à partir de 90 € la nuit pour 4, villa à partir de 100 € la nuit jusqu'à 5.

Après plus de 20 ans à la tête d'un très joli camping situé en Charente-Maritime, Nathalie et Franck sont venus s'installer en Martinique. Les voilà maintenant ici pour vous accueillir dans leur petite structure de location construite autour d'une piscine, de son pool house et d'un joli carbet où il fait bon se retrouver. A Shamballa, il y a comme un air de Bali : la propriété est arborée et entièrement clôturée. Elle se compose de 2 appartements en rez-de-jardin (F2 et F3) et 2 villas F3 duplex, décorés avec beaucoup de goût et le charme de l'Indonésie.

LES BOUCANIERS - CLUB MÉDITERRANÉE €€€

✆ 05 96 76 72 72
www.clubmed.com

Un village de 291 chambres, uniquement en bungalows. Trois catégories de confort : Deluxe, club ou suite. Avec sa vaste cocoteraie, sa plage d'une blancheur immaculée et sa piscine d'un bleu envoûtant, c'est l'un des plus beaux lieux de séjour de la Martinique. Formules de restauration et de loisirs vous sont proposés : ski nautique, fitness, plongée, planche à voile, tennis, Spa, massage, deux restaurants, discothèque. Possibilité de pratiquer le kitesurf.

ANTILLES LIBERTÉ €

5, lotissement le domaine de Belfond
✆ 05 96 76 99 76
www.antilles-liberte.com
A partir de 300 €/semaine le studio sur la base 2 personnes en basse saison.

Antilles Liberté, professionnel de la location saisonnière depuis 1999 (agence FNAIM), propose une vaste gamme de logements au domaine de Belfond à Sainte-Anne. Le quartier est résidentiel, calme et fleuri. Les commerces et les plages sont à proximité. Pour 2 à 14 personnes, les différentes formules d'hébergement vous sont proposées avec ou sans piscine, du studio à la villa. Ils sont sélectionnés par l'agence et conviennent à tous les budgets. L'agence dispose d'un point d'accueil et d'information à l'entrée du domaine et se mettra en quatre pour vous !

CARAÏBES HOLIDAYS LOCATION SAISONNIÈRE €€

Résidence Tobago
✆ 06 82 62 56 94
www.caraibes-holidays.com
Appartement en duplex à partir de 60 € la nuit en basse saison.

Sandrine et Géraldine vous accueillent dans leur petit appartement en duplex dans une résidence calme de particuliers. Pouvant accueillir jusqu'à 4 personnes, il est entièrement équipé pour répondre à tous vos besoins : bureau, TV, cuisine équipée, pharmacie, coffre-fort, glacière pour vos pique-nique et bien d'autres. La cuisine ouverte sur la terrasse donne vue sur le jardin et la piscine. Agréé Meublé de Tourisme France en 2018, il est parfaitement situé sur la route des plages.

RÉSIDENCE COCO €

31 domaine de Belfond ✆ 06 96 31 47 38
www.residencecoco.com
A partir de 54 € la nuit en studio, 77 € la nuit pour un F2 4 personnes et 82 € la nuit pour un F3 6 personnes.

Cette petite résidence, entièrement rénovée et idéalement située à 500 mètres de la plage du Club Med, est dotée d'une piscine et de 6 appartements (2 studios, 2 F2 et 2 F3). Tout y est : l'accueil, la convivialité, sans compter que tous les appartements sont très bien agencés (cuisine équipée, lave-linge, TV, wifi…). Chacun possède également une terrasse ou un carbet pour profiter de la douceur des Antilles. En plus d'être située dans une zone touristique très prisée en Martinique, cette adresse propose des services à la demande (laverie, ménage…).

L'ŒIL DANS LE BLEU €€

Cap-Chevalier ✆ 06 96 11 89 61
www.loeildanslebleu.com
Location de studios et appartements à partir de 60 € la nuit. Repas et petit déjeuner sur commande.Excursions sur l'île.

Une situation géographique idyllique avec une vue à couper le souffle sur toute la baie de Cap Chevalier. Cette petite résidence à taille humaine est gérée en famille par Jonathan et ses parents. L'accueil est personnalisé et chaleureux à l'image des propriétaires. La structure se compose d'appartements avec vue mer qui s'ouvrent sur le jardin. Chacun bénéficie d'une terrasse privative. La cuisine est complètement équipée. Bar, piscine et espace barbecue commun à disposition des convives. Une adresse vraiment agréable et un excellent rapport qualité-prix !

MARTINIQUE LOCATION VACANCES €€

34 Lotissement Beauregard
✆ +596 696 37 49 33
https://www.martiniquelocationvacances.com
Du bungalow pour 6 personnes à la villa paradisiaque pour 22 personnes, ainsi que des voitures.

Une agence à taille humaine de location de villas. Mike et Christelle gèrent leurs propres biens immobiliers, situés principalement sur la commune de Sainte-Anne, à quelques pas de la mer. Les villas en location bénéficient d'une très grande capacité d'accueil : de 4 à 24 personnes. Les prestations sont haut de gamme : équipements de qualité, décoration moderne et des services sur mesure, notamment la location de voitures (parc de 23 véhicules). Accueil charmant et professionnel.

HABITATION BELLEVUE €€

Quartier Bellevue
✆ 05 96 67 49 80
www.habitationbellevue.com
A partir de 80 € pour le studio/T1, 105 € pour les T2, 130 € la nuit pour le T3.

Philippe et Geneviève Galan proposent des appartements modernes (du studio au F3) en location saisonnière, totalement fonctionnels. L'Habitation domine la mer et se niche sur le morne Bellevue, dans un quartier très tranquille et pittoresque de Sainte-Anne. Pour autant, le site est à quelques minutes à pied du village. Les quatre appartements sont coquets, aménagés confortablement. Ils disposent d'une belle terrasse avec table en teck et vue plongeante sur la baie de Sainte-Anne. Une belle adresse qui perdure au fil du temps.

CHEZ OLIVIER €

Plage des Salines
Ouvert de 7h à 16h tous les jours en saison.

Chez Olivier est un carbet situé à l'entrée de la grande anse des Salines à Sainte-Anne. C'est un mini-marché, un snack où il fait bon s'arrêter mais Olivier Trobrillant y sert aussi de délicieuses boissons et de succulents jus, à la demande. Impossible de rater cet endroit en arrivant aux Salines. Faites-y une halte, vous ne serez pas déçu ! En plus, le cadre est particulièrement idyllique : grand carbet, tables et chaises en bois, cocotiers, eaux turquoise et la vue sur les Salines. Bref, un endroit où l'on vous invite à vous arrêter pour admirer la vue !

SNACK LA NINA €

Route de Cap Chevalier
✆ 06 96 51 05 58
Ouvert midi et soir.

Voici une adresse 100 % locale réputée pour la qualité de ses recettes, ses assiettes astronomiques et son accueil légendaire. Nina ne se sépare jamais de son large sourire et de sa bonne humeur, quels que soient l'heure et le jour. N'hésitez pas à goûter ses délicieux acras. Les prix sont très corrects et la qualité est assurée. Le seul inconvénient : l'Anse Michel qui, selon les périodes de l'année, déborde d'algues sargasses... Mais quand les temps sont bons et la météo clémente, il serait vraiment dommage de passer à côté !

ZANZI BEACH €

Plage des Salines
✆ 06 96 18 44 45
Ouvert tous les jours en saison de midi à 16h. Hamburgers à emporter, paninis, acras de morue...

Le Zanzi Beach est un snack de plage situé à l'entrée de la plage des Salines. La cuisine est simple : paninis, hamburgers, accras, sandwichs, salades... Quelques spécialités locales également. L'endroit est très pratique pour déjeuner sur le pouce et retourner rapidement profiter de la mer. Les pieds dans le sable, service continu. On peut choisir de manger sur place ou à emporter sur le sable. Aux commandes du Zanzi Beach : Maryse et son large sourire ! Nombre d'habitués viennent là pour sa bonne humeur ! Une adresse simple et conviviale.

MADININA BREIZH €€

barrière la croix ✆ +596 696 23 19 09
https://madinina-breizh.webnode.fr
Ouvert toute l'année. Ouvert tous les jours midi et soir sauf le lundi. Carte : 35 € environ (50 € pour la langouste). Jardin. Terrasse. Vente à emporter.

Le drapeau Breizh flotte fièrement à l'entrée... Bienvenue dans le petit trésor tropical caché de Norbert, un chef breton au caractère affirmé avec un grand cœur. Il conjugue avec talent les produits de la pêche locale (les poissons sont livrés tous les matins) et ses recettes bretonnes dont il a le secret. Ici tout est fait maison et avec passion. La carte est réduite volontairement pour garantir la fraîcheur : langouste rôtie, poissons du jour, une viande. On adore son planteur pour commencer le repas et ses petits piments végétariens farcis. Un coup de cœur !

BASILIC BEACH €€

Plage de Sainte Anne, Pointe Marin
✆ 06 96 32 67 92
Ouvert tous les midis de 11h30 à 17h et le soir sur réservation. Addition de 22 € à 28 €.

© BASILIC BEACH

Une petite guinguette au bord de l'eau sur la plage de Sainte-Anne. On aime la décoration intérieure en teck ainsi que de nombreuses tables les pieds dans le sable. Côté saveurs, on vous suggère de débuter par un mojito au basilic accompagné de quelques accras, toujours au basilic. Les tartares de poissons frais (notamment thon) et les « chatrous » à la plancha sont excellents, ainsi que les mijotés créoles. Terminez votre déclinaison de basilic par une glace colonel. A noter l'accueil toujours sympathique de Manu et Aurélie.

LE COCOTIER €

sur la plage de l'Anse-Michel
✆ 06 96 19 01 27
Ouvert du vendredi au mercredi de 9h à 17h sauf quand il pleut trop : il est donc préférable de téléphoner avant.

C'est les pieds dans l'eau, dans le site paradisiaque de l'Anse Michel, qu'est installée cette jolie petite cabane colorée. Ici, vous dégusterez des plats du jour locaux et originaux : grillades variées, salades et accras (en particulier ceux aux légumes) à emporter ou à apprécier directement sous le petit kiosque. C'est une équipe sympathique et dynamique qui vous accueille dans ce que l'on peut appeler un vrai restaurant de plage posé sous les cocotiers. Prévoyez néanmoins un plan B car s'il pleut ou s'ils n'ont pas envie, le Cocotier reste porte close.

AU COIN DE L'EAU €

✆ 05 96 76 61 44

Au cœur du bourg de Sainte-Anne, Au coin de l'eau et sa devanture rose vous accueillent sur place ou pour emporter, comme le nom l'indique : au bord de l'eau. Au menu : hamburgers, bokits, paninis, brochettes, ribs de porc... La cuisine est simple et variée le midi, tandis que le soir elle prend un accent italien et ensoleillé. Pizzas, cœur de rumsteck, tartare de marlin... Le service est rapide et soigné, les assiettes sont copieuses. Quant à l'accueil, il est résolument ensoleillé et sympathique. Une bonne adresse à Sainte-Anne.

CHEZ GRACIEUSE €

Cap-Chevalier
✆ 05 96 76 93 10
www.taxi-cap.com/restaurant-chez-gracieuse.php
Ouvert du lundi au dimanche midi et le vendredi soir à partir de 20h. Compter 20 €/personne.

C'est l'une de nos adresses préférées dans le coin, un lieu incontournable depuis des décennies pour tous ceux qui aiment les produits de la mer et les spécialités créoles. Gracieuse prépare avec amour un délicieux « féroce d'avocat », de la langouste au lait de coco, des colombos de poulet et de cabri, des lambis en fricassée ou la provocante banane flambée Gracieuse ! Ne manquez pas, tous les vendredis les soirées-grillades avec un orchestre *live*. Une escale gourmande bien connue des gourmands qui à elle seule justifie le déplacement jusqu'au Cap Chevalier.

LA COUR CRÉOLE €

15 rue Jean-Marie-Tjibaou
✆ 05 96 62 59 18
Ouvert du mardi au dimanche. Service continu de 11h à 21h. Sur place ou à emporter.

Dans une charmante petite cour, bien abritée grâce à un auvent et décorée avec goût, ce petit restaurant sans prétention au cœur du village offre une jolie vue sur la mer des Caraïbes. L'accueil est chaleureux. On peut y manger à n'importe quelle heure des plats délicieux et bien cuisinés, comme leur fameux porc au caramel, la fricassée de lambis, ou encore déguster un de leurs inoubliables sandwichs en terminant par un dessert fait maison. Petit plus bien sympa : on vous sert dans des plats biodégradables en feuilles de palmiers !

KAY MARCEL €

Plage pointe Marin

✆ 06 96 53 37 34

Addition moyenne 12€ et 20€.

Si vous recherchez de l'authenticité, Kay Marcel est à votre service ! Niché à droite du Bao Beach sur la plage du Club Med, Marcel propose dans son food-truck BBQ des saveurs caribéennes à prix doux. On y déguste des balaous, des ribs, du vivaneau (poisson local) ou encore de délicieuses gambas. A emporter ou à savourer directement sur place sur sa petite terrasse. Ajoutez à ce délicieux repas la gentillesse de Marcel conjuguée à une ambiance sympathique haute en couleur et le tour est joué ! Vous êtes assuré de passer un moment convivial.

LE RENDEZ-VOUS €

Rue du Bord de mer

✆ 05 96 76 90 36

Ouvert tous les jours ainsi que les vendredi et samedi soirs.

Une vue incomparable sur la baie de Sainte-Anne, un accueil familial et chaleureux : voici le cadre que vous propose ce restaurant au cœur du bourg. Nous vous conseillons les délicieuses assiettes «Beach» et «Rendez-vous», le colombo de poulet, la pêche du jour, ainsi que sur l'incontournable couscous de poisson du vendredi midi. Pour terminer ce repas, vous pourriez opter pour le célèbre blanc-manger coco ou alors le moelleux au chocolat accompagné de sa boule de glace. Petit plus : le karaoké du vendredi soir. Ambiance garantie !

BAO BEACH €€

Pointe Marin

✆ +596 696 21 30 05

Ouvert toute l'année. Tous les jours et les jours fériés de 10h à 18h (dernier service à 15h). Réservation recommandée.

Avec sa trentaine de transats sur la plage et ses mange-debout installés directement dans l'eau turquoise de la baie, il est difficile de trouver mieux en matière de restaurant de plage. L'idéal est d'y passer la journée, afin de profiter au maximum de ce petit coin de paradis, suivi d'un cocktail les pieds dans l'eau, en attendant de passer à table pour se régaler d'une salade exotique, d'un thon mi-cuit ou une belle langouste grillée. Après la sieste une belle glace rafraîchissante pour attendre le coucher du soleil et finir en beauté par un cocktail à l'apéro.

LES DÉLICES DE LA MER €

Pointe des Salines

✆ 05 96 76 71 34

Ouvert tous les jours de 10H à 18H. Addition moyenne 20/30 €.Spécialités de la mer complétées d'une carte snack.

Sur l'une des plus belles plages de l'île, le restaurant antillais les Délices de la Mer vous accueille dans un cadre calme et agréable, les pieds dans l'eau. Ce site paradisiaque offre une très belle vue sur l'ensemble de la plage et ses cocotiers. C'est une affaire familiale qui perdure depuis 50 ans. Les poissons et crustacés sont issus de la pêche locale et ici tout est fait maison. Au menu : poissons grillés, langouste grillée, crabes farcis, salades... Le tout avec une animation musicale. La cuisine est signée Alberte et Véronique. Transats à disposition.

© LES DÉLICES DE LA MER

© DÉLICES DE LA MER

LA DUNETTE €€

Rue Jean-Marie Djibaou
✆ 05 96 76 73 90
www.ladunette.com
Ouvert toute l'année. Addition moyenne : 25/30 €.

Situé sous l'hôtel du même nom, le restaurant de la Dunette propose des saveurs gastronomiques mariées à de délicieuses senteurs exotiques, servies sur un ponton ventilé, avec pour toile de fond des voiliers dansant sur la mer des Caraïbes. Son bar lounge installé sur un deck face à la mer est le lieu idéal pour se rafraîchir en regardant s'empourprer l'horizon, et pour passer à table afin d'y découvrir de nouveaux plaisirs.

Puis la nuit venue, la Dunette se métamorphose en scène ouverte et s'anime chaque fin de semaine sous la voûte étoilée. Une belle adresse.

LE NEW TOULOULOU €€

La Pointe Marin
✆ 05 96 76 73 27
Ouvert tous les jours de 10h à 18h. Buffet du dimanche midi.

Dans un joli cadre blanc et chocolat avec une magnifique vue sur la mer, ce restaurant propose une carte pour les plus gourmands. Plateau de fruits de mer Madinina, vivaneau entier grillé, lambis sous toutes ses formes, langoustes et grillades au feu de bois ne sont qu'un avant-goût des festivités. Le Touloulou n'est pas qu'un simple restaurant : c'est aussi un lieu de rendez-vous pour les familles et amis dans le lunch-bar avec entre tapas, cocktails et autres petites joies dès 15h sans compter une belle ambiance musicale du mercredi au samedi.

PIRATES BEACH €€

Plage de l'Anse Caritan
✆ +596 596 67 07 56
Ouvert du mardi au dimanche de 12h à 18h non stop. Carte : 20 € environ (à 25 €). (de 13 à 22 € environ). Accueil des groupes. Terrasse.

On y accède par la route et par la mer, grâce à un accès par le ponton. Restaurant, bar, plage avec transats, le concept associe les trois, avec une belle petite ambiance pour égayer le tout ! La restauration allie plats locaux et une cuisine plus traditionnelle : salades, grillades, burgers... Les végétariens ne sont pas oubliés avec des suggestions qui leur sont dédiées. Le service est très avenant et l'addition reste sage. Quoi de plus pour passer en famille ou entre amis une journée dans le cadre paradisiaque de cette anse au bout du monde !

LE RAMEAU DE CHAMPFLEURY - CHEZ LOUISE €€

Cap Champfleury
✆ 05 96 74 03 63
http://chez-louise.com/
Ouvert mardi, mercredi, jeudi et dimanche de 11h à 15h et vendredi et samedi midi et soir.

Louise a fait ses armes au restaurant Chez Gracieuse (sa maman) au Cap Chevalier avant d'ouvrir son propre affaire. Les recettes créoles se déclinent avec beaucoup de saveurs : blaff de poissons, poissons à la « tahitienne », boudin créole... Idem pour les spécialités : le Ti régal de la mer (demi langouste, écrevisses, brochette de poisson), la Marmite de Louise, le plateau du Rameau (demi langouste, accras, boudin et crabes farcis). Accueil irréprochable et cadre verdoyant.

LE RESTAURANT DU JARDIN DE LA SANTÉ €€

Route Encornette Direction Cap Chevalier
✆ 06 96 615 252
Ouvert vendredi et samedi soir de 19h à 22h sur réservation.

Dans le restaurant de son Jardin, «de la fourche à la fourchette», Malike Malsa veut montrer au consommateur comment manger sainement et localement. Le produit phare du restaurant est la pizz'manioc, élaborée à partir d'une pâte à base de manioc 100 % et garnie avec les légumes du jardin. La cuisine est particulièrement inventive et raffinée. Un endroit sain pour le corps et pour l'esprit, en toute gourmandise. Sans oublier la boutique de fruits et légumes du jardin !

CATHY MELIN

Rond Point Salines Anse Trabaut
✆ 05 96 76 86 92
www.cathy-melin.odexpo.com
Horaires lundi, mercredi, jeudi et samedi 10h à 18h, mardi 10h à 14h et après au Club Med.

Peintre autodidacte, arrivée en Martinique en 1986, Cathy Melin mêle émotions et réalités sur des toiles dominées par la couleur. Emoi pour la richesse de la nature, trouble pour l'évolution de son monde. Techniques mixtes, dynamisme de la couleur et de la vie, ses œuvres sensibles sont à découvrir dans son atelier, à l'abri du Moulin Val D'Or. Son credo : la peinture tropicale. Même si Cathy l'avoue volontiers : tout l'inspire ! Scènes de vie, carnaval, fleurs, nature en couleurs... : Cathy puise son inspiration dans son île.

PAILLE COCO €€

Rue du bord de mer

✆ 05 96 76 75 43

Ouvert tous les jours de 11h30 à 15h et de 19h à 22h, le week-end 23h. Label Qualité Tourisme.

© PAILLE COCO

Dans un cadre résolument tropical, ce restaurant de plage, situé les pieds dans l'eau, se réinvente cette année avec une nouvelle déco, déclinée autour du bois. Le chef affiche des choix franchement créoles, conjugués avec des inspirations venues d'ailleurs : langouste et poissons frais à la plancha sont de rigueur. On aime aussi les Saint-Jacques coco et curry et l'excellent carré d'agneau au basilic. On s'y arrête aussi pour un apéro-plage à partir de 16h30. Apéro-concert et concert le vendredi soir à partir de 21h. Une adresse toujours très agréable.

OZ'AR

rue du capitaine Constant

✆ 05 96 38 44 07

Ouvert du lundi au samedi de 9h à 13h30 et de 16h30 à 19h30. Le dimanche de 9h à 13h30. Accès PMR.

Cette boutique de créateurs et d'artistes se situe dans une maison au milieu d'un jardin. C'est dans ce lieu d'art magique qu'Anne et Yves vous reçoivent. Une vraie caverne d'Ali Baba de créateurs qui propose un grand choix d'objets et accessoires de créateurs locaux (bijoux, décoration…), mais également beaucoup de tableaux d'artistes caribéens, dignes d'une galerie d'art : bracelets en perles de verre tissés main, foulards, bijoux entièrement faits main avec du cuir, de l'os, de la gorgone et de l'inox… Bref, une boutique qui vaut le détour !

ALIZÉ FUN

Plage de Cap-Chevalier

✆ 06 96 91 71 06

www.alizefun.com

Ouvert tous les jours de 9h30 à 17h pour la planche à voile. Du lundi au dimanche sur rendez-vous pour le kitesurf.

Un plan d'eau aux couleurs turquoise, protégé par la barrière de corail, sur l'une des plus belles plages de l'île, l'Anse-Michel. C'est dans ce cadre paradisiaque qu'Alain Blotière, responsable et moniteur diplômé de l'école française de *kite* et spécialiste de la planche à voile sur l'île a installé sa base : Alizé Fun. La pratique du *kite* se fait sur le plus beau spot de l'île, la baie des Anglais, accessible uniquement en bateau. Un matériel performant est renouvelé chaque année, possibilité de le louer ou stages d'initiation et de perfectionnement.

BLUELIFE CARAÏBES

Pointe Marin

✆ 05 96 76 73 27

Bureau ouvert tous les jours de 8h à 16h.

A bord du *Touloulou*, vedette ouverte de 10 mètres, un skipper professionnel vous fera goûter, en toute sécurité et avec tout le matériel de pêche nécessaire et de qualité, à la pêche dans les Caraïbes. Vous pourrez taquiner thons, thazards, dorades coryphènes, barracudas et autres marlins. Bluelife Caraïbes vous propose également une journée détente du Sud Caraïbe jusqu'aux salines et retour pour un déjeuner sur la plage, avec après-midi kayak, snorkeling et baignade. Plusieurs formules : initiation à la pêche côtière à la traîne, journée de pêche hauturière…

BOUCANIERS BOATING

Club Méditerranée - Les Boucaniers

✆ 05 96 76 72 72

www.boucaniers-boating.com

Prix indicatifs : 210 €/pêcheur, 95 €/accompagnateur pour une demi-journée. Location du bateau à la journée 2 500 €.

Embarquez sur le superbe Bertram 605 au nom évocateur de *Black Pearl*, pour une partie de pêche au gros sportive dans la mer des Caraïbes. Le bateau aux prestations luxueuses, parfaitement équipé de tout le matériel le plus moderne, propose des services à la carte haut de gamme comme des parties de pêche ou des croisières vers Sainte-Lucie et les Grenadines sur un ou plusieurs jours. Le confort et au rendez-vous et l'équipe de skippers hautement professionnelle. Rapprochez vous de l'équipe pour participer aux compétitions de pêche sportive dans la Caraïbe

SUD CARAÏBE

KALINAGO PLONGÉE

Plage de la Pointe Marin

✆ 05 96 76 92 98

www.kalinagoplongee.fr

Ouvert tous les jours de 8h30 à 18h, sauf le dimanche. Deux sorties en mer par jour à 8h15 et à 13h15.

Les propriétaires vous accueillent, vous informent et vous prodiguent leurs conseils avisés ainsi que les normes de sécurité à respecter avant de vous jeter à l'eau. Les baptêmes sont effectués dans la baie de Sainte-Anne. A votre retour, un verre de ti-punch dans la main et votre diplôme dans la poche, vous raconterez et comparerez vos exploits. Pour les plongeurs confirmés, direction le rocher du Diamant et même de nuit. Des formations professionnelles sont assurées, des niveaux I à III. L'ambiance est chaleureuse. Centre agréé Sea Scuba Pro.

LAGON ÉVASION

Route de Sainte-Anne

✆ 06 96 90 95 74

Prix indicatifs : location du matériel à partir de 8 €/heure. Excursions en bateau à la journée avec repas.

L'aventure est incontournable, puisqu'il vous faudra absolument voir la réserve naturelle ornithologique de l'îlet aux Oiseaux lors de votre séjour. Les canoës-kayaks se révèlent les alliés idéaux pour cette promenade. Les caissons sont fournis et bien utiles. Roger et son équipe de guides et de moniteurs diplômés d'Etat vous proposent des excursions à la journée avec le déjeuner. Vous pourrez également songer à des sorties en bateau, paddle, pirogue (amérindienne) kanawha, catamaran et, tout nouveau, la partie de pêche en kayak.

MADININA KITESURF

Pointe Marin

✆ 06 96 76 98 00

www.madinina-kitesurf.com

Ouvert du lundi au vendredi de 9h à 16h30 et le dimanche de 9h à 12h et de 14h à 16h30.

Depuis 2015, Madinina Kitesurf est une école de kitesurf basée au Marin et à Sainte-Anne, dans l'enceinte du Club Méditerranée Les Boucaniers. Les moniteurs diplômés proposent des cours pour tous les niveaux allant de l'initiation au perfectionnement. L'école propose également la location de matériel et la navigation surveillée, des cours de foil et de foil tracté. L'école est ouverte à tous, que vous soyez clients du Club Med ou pas. En longeant la belle plage de la pointe Marin, l'école est située sur la base nautique du Club Med.

MAXI CATAMARAN ÉMOTIONS II

✆ 05 96 76 98 81

www.catamaranemotions2.com/

Ouvert 7j/7 toute l'année. Sorties à la journée en Martinique ou à Sainte-Lucie.

A bord du maxi cata de Gérard, trois types de balades sont proposées à la journée : le sud de la Martinique, la journée à Saint-Lucie ou le Rocher du Diamant. Pour la journée Sainte-Lucie, départ à 7h30 et navigation à la voile jusqu'à Castries, la capitale. Shopping puis route vers Marigot Bay, baignade dans les fonds blancs et déjeuner les pieds dans l'eau dans une paillote. Retour à 18h en fin de journée via Pigeon Island (une réserve naturelle au nord).

MAYA BEACH CLUB

Anse Caritan

✆ 05 96 97 36 45

www.mayabeachclub.com

Ouvert tous les jours de 9h à 17h30. Hors saison de 8h30 à 12h30.

Dans cette base de loisirs, il y en a pour tous les goûts et pour tous les âges. Parc aquatique gonflable, excursions en mer à la journée ou à la semaine à bord des catamarans, randonnées en scooter de mer, découverte des écosystèmes protégés de la mangrove en canoë-kayak, bouées tractées, ski nautique, bar flottant, murs d'escalade, volley, raquettes, espace bien-être. Pour les tout-petits, le club a même prévu des cours de bébé-nageurs et un mini parc. Les enfants sont entre les mains d'animateurs diplômés et donc en toute sécurité.

ORCEA SPA NATURE ET BEAUTE

51 Domaine de Belfond

✆ 0696 44 33 85

www.location-orcea.com

Ouvert de 9h à 17h tous les jours. Exclusivement féminin, sur rendez-vous.

Dans ce spa très nature, situé dans l'enceinte de la petite résidence hôtelière Orcea Ecofriendly, les soins se déroulent dans de petites huttes tressées en bois campêche. Entre le gommage doux au bambou, les masques aux fruits exotiques ou les enveloppements aux plantes tropicales, toute la nature est mise à contribution pour ralentir la marche inexorable du temps. Mention spéciale pour la formule « Prolonger le plaisir », un pur moment de détente.

CÔTE ATLANTIQUE

Sur la côte Atlantique ou « côte sous le vent », les vagues en fureur creusent les roches volcaniques du nord. Cette région incarne parfaitement le mythe du paradis tropical sauvage et inexploré… C'est ici que, à l'écart des regards indiscrets, se nichent les plus belles propriétés de l'île et que, le long de la côte, s'égrènent des petits îlets isolés, tous plus paradisiaques les uns que les autres, bien protégés par la barrière de corail. Indomptables, l'océan et la nature règnent en maîtres dans cette zone, jusqu'au Robert où le calme et la sérénité retrouvés semblent rimer avec le charme des îlets. La commune du François, elle, rivalise de beauté en dévoilant ses fonds blancs et sa légendaire « Baignoire de Joséphine ». Ce n'est qu'arrivé au Vauclin que l'Atlantique prend fin, offrant déjà ses embruns à la mer des Caraïbes.

Côte Atlantique
GROS-MORNE
LE ROBERT
SAINT-JOSEPH
Vert-Pré
Baie du françois
LE FRANÇOIS
Lamentin
FORT-DE-FRANCE
Baie de Fort de France
Ducos
SAINT-ESPRIT
Barrage De la manzo
Baie du Vauclin
LE VAUCLIN
N1
N3
N4
N5
N6
D1
D3
D5
D15
D28
D29
D30

PAGES

● ● CÔTE ATLANTIQUE

240

La côte Atlantique incarne parfaitement le mythe du paradis tropical sauvage et inexploré… C'est ici que, à l'écart des regards indiscrets, se nichent les plus belles propriétés de l'île. On accède à la mer par des chemins caillouteux, de petits îlets isolés au large s'égrènent le long de la côte, du Vauclin au Robert, bien protégés par la barrière de corail. Entre les grandes plages sauvages au sud et les fonds blancs au large du François et du Robert, les amateurs de farniente et les sportifs seront comblés.

LE VAUCLIN ★★★

240

Flâner parmi les différents étals du marché au retour d'une baignade dans les fonds blancs de la Pointe-Faula, se laisser séduire par une pêche ultra fraîche, parcourir la plage de Macabou au galop, s'essayer au kitesurf ou à la planche à voile, randonner sur la route des caps, admirer le panorama de la baie des Mulets et prendre un second souffle dans les jardins de la montagne…

243

SAINT-ESPRIT

LE FRANÇOIS ★★★

244

Découvrir les fonds blancs et la mangrove en bateau ou en kayak, profiter du spectacle de sa faune et de sa flore sauvages, et expérimenter le baptême du rhum ! La tradition veut en effet que le bateau qui vous emmène aux fonds blancs vous offre un ti-punch ! Visiter l'Habitation Clément avec son imposante maison de maître de style créole, son ancienne distillerie et ses arbres centenaires.

LE ROBERT ★★★

254

Partir à la découverte des îlets du Robert, avec leurs exceptionnels fonds blancs, mais sans oublier de prendre le temps de faire un tour du bourg pour admirer l'église Sainte-Rose-de-Lima (1743) et les cases colorées qui s'élèvent le long des ruelles.

Îlets du Robert.

LE VAUCLIN ★★★

Lové au pied de la montagne du Vauclin qui tient son nom du seigneur de Vauquelin, ce petit village s'éveille au début du XVIIIe siècle. Il devient, au départ des Amérindiens, un lieu privilégié pour les premiers colons qui y produisent l'un des meilleurs cafés, avant que ne s'impose la canne. Mais la crise sucrière du XIXe siècle entraîne la fin d'une époque prospère. Le Vauclin vit désormais au gré de ses filets, de ses cultures vivrières et d'un nautisme très apprécié des touristes et sportifs de l'île. Avec ses fonds blancs, ses plages immaculées, ses promenades nombreuses, le Vauclin distille une douceur de vivre hors du temps.

Le Vauclin est un charmant village de pêcheurs où la vie s'écoule tranquillement au rythme des arrivées des gommiers revenant de Miquelon. Le temps semble s'être arrêté dans cette petite commune bercée par l'océan Atlantique, même si les récents aménagements du front de mer viennent apporter une touche de modernité au paysage. Ne manquez pas le marché aux fruits, aux légumes et aux poissons qui se tient dans des halles en bois, au bord de la mer en plein cœur du village, ainsi que la statue de Louis-Joseph Landa, chevalier de la Légion d'honneur, maire du Vauclin.

Tourisme

Tout au long de l'année, plongez dans la vie de la cité, jalonnée d'activités et de convivialité :

- **Février ou début mars :** élection des reines, vidés et carnaval dans les rues.
- **Mars ou avril :** grande fête du crabe ; organisée le samedi précédent la Semaine sainte, elle met le crabe à toutes les sauces et le célèbre en expositions, concours et ballets...
- **24 juin :** ouverture de la Fête patronale, qui rassemble sur la place des fêtes les Vauclinois pour de longues soirées de jeu et de danse.
- **Juillet :** pour la foire agricole, ce sont les exploitations et produits du terroir qui sont mis à l'honneur !
- **Octobre :** les associations de personnes âgées viennent interpréter des chansons créoles et françaises qui ont bercé leur jeunesse.

LE JARDIN SECOND SOUFFLE

✆ 06 96 28 98 47

Ouverture au public : vendredi, samedi et dimanche 8h-18h. Entrée 5 €.

Un voyage dans la culture profonde de la Martinique, c'est ce que propose le jardin Second Souffle situé au Vauclin : « *sa sé jadin pay la ki la* ». Au programme : découverte de la flore locale et de pratiques traditionnelles ancestrales, ateliers de jardinage ou de confection de bijoux à base de graines péyi (graine Job, graine l'Eglise, graine Chacha), la transmission des savoirs est au cœur des missions de ce joli jardin, cultivé dans le respect de la terre. Une halte que nous vous recommandons de faire en famille ou en solo !

LES JARDINS DE MACABOU

Grand Macabou

✆ 06 96 51 03 02

Dans cette ferme permacole en plein essor, Tommaso et Céline ont fait le pari fou de transformer la broussaille épineuse du Grand Macabou en forêt fruitière. L'objectif : tendre vers l'autonomie agricole et alimentaire et encourager les gens à produire leurs propres ressources. Au pied du verger, constitué d'une cinquantaine de variétés d'arbres fruitiers, poussent des espèces maraîchères et des tubercules (giraumon, tomate, concombre, manioc). Ce couple de passionnés propose également des stages d'initiation aux pratiques permaculturelles et agro-écologiques.

LION'S PARC

Domaine de Sigy

✆ 06 96 79 95 60

https://www.lionsparc.fr

Envie de jouer à Tarzan ? Ce domaine verdoyant, le paradis de l'accrobranche, propose trois parcours : pour les tout-petits, le parcours Bout' chou (de 18 mois à 5 ans) développe sens de l'équilibre et de l'agilité, c'est un parcours d'éveil et de découverte de l'accrobranche. Pour ceux âgés de 6 à 9 ans, c'est un parcours autonome sous la surveillance d'un moniteur, qui comporte 16 ateliers nécessitant baudrier, poulie, crochet. Et enfin le parcours Tout-Moun a été pensé pour les adolescents et les adultes. Un parc qui promet de beaux moments en famille.

MONTAGNE VAUCLIN

Route de Saint-Esprit
Au Vauclin, prendre la route de Saint-Esprit sur 4 km, puis tourner à gauche au panneau « le calvaire, chemin de croix N°2 ». Départ de la randonnée au sommet de la côte.

Randonnée de 2 km avec 150 m de dénivelé. Un beau chemin de croix à découvrir. La montée est raide, le sol peut-être humide et glissant mais la promenade est magnifique. Les choux de Chine, balisiers et bambous jalonnent le parcours. Au point culminant vous découvrirez une petite chapelle rouge et blanche et un panorama de toute splendeur s'ouvrant sur le Sud-Est de la Martinique, de la Caravelle à Sainte-Anne. Le retour peut s'envisager par le même chemin ou par le flanc est jusqu'au quartier Ensfelder (mais dans ce cas, mieux vaut laisser une seconde voiture).

PLAGE DE PETIT MACABOU

Lovée dans une anse immaculée de sable blanc, la plage de Petit Macabou, ourlée de raisiniers bord de mer, garde jalousement son authenticité et son aspect sauvage. On s'y promène à cheval, on y randonne, on s'y endort au soleil, on s'y baigne avec prudence car les herbiers marins, abondants au large, déposent souvent d'épais tas d'algues. À mi-chemin entre le Marin et le Vauclin, ce trésor naturel se débusque après avoir dépassé un magnifique moulin à vent, vestige de l'époque coloniale, et avoir parcouru les 2,5 kilomètres d'un chemin pierreux.

LE DOMAINE DES BULLES €€€

Propriété Benguette ✆ 05 96 74 69 54
www.ledomainedesbulles.com
A partir de 150 € la nuit pour 2 personnes ou en formule package dès 280 € pour 2 personnes.

© DOMAINE DES BULLES

Le Domaine des Bulles est un hébergement insolite et unique en Martinique, face à la superbe baie du Vauclin. Vous trouverez 3 bulles aux univers différents : bulle d'eau avec son étang et son bain à remous, bulle minérale et sa piscine privée, bulle air avec son ponton et son spa. Toutes sont très bien équipées (climatisation, wifi gratuit, minibar, machine à café, produits de douche bio, peignoirs et pantoufles). Il est possible d'y passer une seule nuit ou de choisir une des formules à thème proposées sur le site (romantique, lune de miel ou bien-être).

POINTE-FAULA ★★

En longeant le bord de mer, on passe devant le port de pêche et ses cases colorées. Après environ 300 m de piste le long de la côte, vous voilà à la Pointe-Faula, une jolie plage bordée de fonds blancs. Parsemé de cocotiers et prisé par les amoureux de la voile, ce spot accueille planches à voile et fly-surf. C'est aussi un coin baignade privilégié pour les enfants qui ont pied sur 300 m et se baignent dans une eau turquoise à couper le souffle. Sur place : des petits restaurants typiques, des roulottes, et des manifestations culturelles comme Jazz à la pointe.

BUNGALOWS CASES MABOUYA €€

Quartier Pointe Faula 1 ✆ 06 96 96 14 10
www.cases-mabouya.com
Location villa entière de 1 990 à 2 750 € pour 7 nuits. Bungalows avec 2 terrasses de 40 m2 de 140 à 190 € pour 2 nuits.

A deux pas de la Pointe Faula, haut lieu de la voile, du windsurf et du kitesurf, ce complexe résidentiel est composé d'une villa classée 5 étoiles comprenant 4 chambres avec salles de bain privatives, une salle home cinéma, un grand séjour avec bar et billard. Sans oublier de charmants bungalows tout confort (2 à 4 personnes) articulés autour d'une piscine avec climatisation, barbecue, cuisine équipée, terrasse privative et douche balnéo, le tout à 100 m de la plage de la pointe Faula. La décoration est très jolie, tout de bois et tomettes.

HÔTEL CAP MACABOU €€

Lot. Petit Macabou ✆ 05 96 74 24 24 - Entre le Vauclin et le Marin, prendre la direction de Petit Macabou et suivre la piste sur à peu près 1 km.
www.capmacabou.com
Chambre double à partir de 120 €. Location de studio minimum 7 nuits pour 2 personnes dès 350 € en basse saison.

Composé de 48 chambres coquettes, ce complexe hôtelier ne manque pas de charme. Il se situe au bout de la pointe Macabou, un petit chemin accède directement à la plage. Trois catégories : Jardin, Panoramique et Cupidon. Chaque chambre est climatisée, décorée avec goût et dispose d'une salle de bains, de la télévision, d'Internet et d'une belle terrasse. Des studios tout équipés sont disponibles à la location. L'hôtel dispose également d'une piscine, d'un deck en bois magnifique pour votre bronzette sur le transat et d'un accès direct au bord de mer.

PALM VILLAS €€€

Anse Balahou ✆ 06 96 80 68 11
www.villasmartinique.fr
A partir de 1 500 €/semaine pour la plus petite catégorie. Villas classées 5 étoiles « Meublés de Tourisme »

Palm Villas est une solution idéale pour les voyageurs indépendants à la recherche d'authenticité et de prestations de qualité. La situation géographique conviendra aux amateurs de nature et de randonnées, de kitesurf et de sports nautiques notamment. D'une tranquillité absolue, ce petit complexe comprend 8 villas haut de gamme récentes. Elles sont orientées différemment, avec vue mer ou vue campagne. Elles disposent d'un jardin tropical et d'une piscine privée, chacune avec terrasse extérieure de 40 m^2. Les espaces sont vastes et la décoration est épurée.

VILLA ALBATROS €€

57A Lotissement Macabou ✆ 0696384880
https://albatros-villa.com/
Dès 425 € la semaine en basse saison. Bungalows indépendants à partir de 300 € en basse saison pour 2 couchages.

Nichée dans un jardin luxuriant au cœur du Vauclin, la résidence Albatros offre une sérénité saisissante. La propriété dispose d'un grand loft et de 2 bungalows indépendants de type 2 : «La Frégate» qui offre deux couchages et «Pélican» avec une piscine hors sol. Dans son intégralité, la propriété peut accueillir jusqu'à 11 personnes qui profiteront pleinement de l'atmosphère conviviale qu'offre la demeure intégrée dans son environnement. Francis et Brice, heureux propriétaires d'Albatros, sont à votre écoute pour vous garantir l'assurance d'un agréable séjour.

VILLAGE DE LA POINTE €

Plage de Pointe Faula ✆ 09 88 77 66 66
www.villagedelapointe.fr
Prix indicatifs : à partir de 60 €/nuit pour 2 personnes en cottage ; 200 €/nuit pour 10 personnes en villa.

Le Village de la Pointe, c'est un concept totalement inédit en Martinique : 80 bungalows en bois et 6 villas adaptés au climat tropical, nichés au cœur de la plus belle palmeraie de l'île.. Le site est magnifique : la plage s'étend sur un fond sableux jusqu'aux fonds blancs au beau milieu du lagon. Les cottages et les villas sont dispersés sur un parc de 2 ha. L'un des points forts : des spacieuses terrasses couvertes conçues pour partager de bons moment en toute intimité ! Une résidence qui combine charme, authenticité et activités nautiques à proximité.

LE K'BANA €

Pointe Faula ✆ 05 96 74 32 08
Ouvert du mardi au dimanche le midi. Ouvert pour le service du soir le vendredi et le samedi.

Au K'bana, la décoration est soignée, la carte alléchante et l'accueil chaleureux. Dans cette maison colorée à l'architecture créole, la salle ventilée et la terrasse en bois aérée s'ouvrent sur le magnifique site de la Pointe Faula. Au programme : cocktails, glaces, pizzas maison, salades colorées, mais aussi viandes et poissons frais grillés ou en tartare (selon arrivage). Ici, les produits sont frais et la priorité est donnée aux produits locaux. Service un peu lent mais accueil très souriant et convivial. Une bonne adresse.

LES TITIRIS €

Pointe Faula
✆ 05 96 74 40 01
Ouvert tous les jours de 11h30 à 16h30. Addition à partir de 15 €.

Les titiris sont de succulents petits poissons qui se dégustent frits principalement dans les accras. C'est le nom de ce restaurant les pieds dans l'eau où l'on apprécie une cuisine traditionnelle, des jus de fruits maison, une ambiance aussi conviviale qu'authentique. Aux Titiris, il n'est pas rare de rencontrer les pêcheurs qui reviennent de Miquelon avec, dans leurs filets, de quoi déguster un bon blaff de poisson frais en buvant un ti-punch avec le patron. Une adresse conviviale et authentique que l'on recommande chaudement.

AIR FLY

✆ 05 96 76 25 31

www.airfly972.com

Ouvert 7j/7 sauf lundi de 9h à 18h. Cours de kitesurf : une session de 3h basse saison 95 €, haute saison 105 €.

Air Fly est une école de kitesurf qui propose des cours et des stages de perfectionnement et la location de matériel de glisse. Un endroit incontournable pour les accros de sensations fortes ! Air Fly est aussi le rendez-vous des passionnés des sports de glisse sur le spot exceptionnel de la pointe Faula où Yves et son équipe vous réservent un accueil et un professionnalisme sans failles. Un magasin de plage attenant à la base nautique propose maillots, serviettes, palmes-masque-tuba et même seau-pelle-râteau pour les plus petits.

CARESSE ANTILLAISE MASSAGE

Quartier Ravine Plate

✆ 06 96 45 42 45

Tarifs : massage 1 heure 50 € ; Douss'Thaï 90 € ; formule 2 heures de soins à 130 €. Massages à domicile ou sur place.

Carole est notre coup de cœur absolu dans la catégorie «massage bien-être». Elle s'est formée à Chiang Mai en Thaïlande, épicentre des écoles de massage traditionnel. Outre sa solide formation, elle est surtout surdouée et n'applique pas des protocoles appris par cœur, elle ressent votre corps et adapte ses techniques en fonction de vos besoins. Elle vous accueille dans son petit centre très nature où elle offre également des soins annexes, conçus avec des produits naturels uniquement.

CENTRE ÉQUESTRE MACABOU

Macabou ✆ 05 96 74 33 34 - Chemin en direction de Grande Anse.

www.macabouequitation.fr

Tarifs indicatifs : 1h de balade 20 € (- de 10 ans), 1h30 30 € (+ de 10 ans). La journée : 60 €. Baptême poney : 10 €.

Que vous soyez débutant ou confirmé, le centre équestre Macabou offre un grand nombre de possibilités : des balades de quelques heures, des balades-baptêmes pour avoir un premier contact avec les chevaux ou les poneys, celles d'une journée avec déjeuner sur la plage et même des randonnées équestres la nuit sous la pleine lune (2h). Le centre équestre organise également des stages sur plusieurs jours. C'est encadré par des professionnels expérimentés et dans la convivialité d'un centre familial que vous vivrez l'expérience au galop de la superbe nature du Vauclin.

FLEURDO

Pointe Chaudière

Des éco-excursions en pirogues transparentes pour découvrir les somptueux lagons de la côte atlantique et ses biotopes tout à fait spécifiques… C'est ce que propose Fleurdo. A bord de ces kayaks biplaces en polycarbonate, une matière totalement transparente, cette promenade en toute sérénité permet d'admirer les fonds coralliens tout en étant préservé des sargasses et du tourisme de masse ! Excursions guidées de 5 heures à la découverte de la biodiversité martiniquaise, à faire en famille. On manœuvre à la rame, à son rythme, et on prend le temps d'admirer.

JAZZ À LA POINTE

Gratuit. Tous les samedis à partir de 14h et jusqu'au coucher du soleil.

Le musicien Nicolas Lossen est l'instigateur de ce rendez-vous culturel devenu incontournable et unique à la Pointe Faula, autant pour son site exceptionnel, avec sa plage paradisiaque, que pour la qualité des concerts qui y sont organisées. Les meilleurs musiciens de l'île s'y donnent rendez-vous : Ronald Tulle, la Martiniquaise Jocelyne Béroard chanteuse du groupe Kassav, Nicolas Lossen, et beaucoup d'autres artistes talentueux. Sans oublier l'après-midi Salsa on the Beach. Dans cette ambiance musicale, des artistes et artisans locaux proposent leurs créations.

SAINT-ESPRIT

Anciennement baptisée Les Coulisses en référence à la rivière qui l'irrigue, la commune de Saint-Esprit a longtemps vécu dans l'ombre de Rivière-Salée avant de devenir indépendante en 1837. Cette petite commune à vocation agricole offre des paysages riches et variés, propices à la promenade. Le bourg du Saint-Esprit jouit d'un cachet historique certain grâce à son église et à sa mairie typiques. A l'écart de l'agitation alentour, c'est un village tranquille dont l'authenticité saura vous charmer. Seul bémol : fruit d'un microclimat spécifique, la pluie s'invite souvent à Saint-Esprit, ce qui explique l'incroyable végétation qui s'y déploie allègrement.

ÉGLISE DE SAINT-ESPRIT

Rue Joliot Curie

Fondée en 1758, l'église d'inspiration baroque domine le bourg de Saint-Esprit dont elle est le premier monument historique. Ses beaux volumes furent remaniés à plusieurs reprises suite aux cyclones de 1951 et 1962. Elle abrite une cloche russe dite Sébastopol rapportée de la guerre de Crimée à laquelle avait participé un contingent de Martiniquais. Pour remercier la Martinique, l'Amiral Bruat, ancien gouverneur de l'île, avait rapporté des cloches. Depuis, la paroisse est animée par de nombreuses messes dominicales et chorales.

LE DÉLICE SPIRITAIN

15 rue Schoelcher
✆ 05 96 56 76 78
Face à la mairie
www.le-delice-spiritain.com
Ouvert du lundi au samedi de 6h à 19h30 et le dimanche de 6h à 12h.

Au Délice Spiritain, la spécialité de la maison, c'est la pièce montée ! Il y en a pour tous les goûts, de toutes les tailles et pour tous les événements. Quant aux autres pâtisseries traditionnelles, elles se dégustent sans fin : viennoiseries, mousses, éclairs, choux, religieuses, mille-feuilles, maréchal, amours-cachées, robinsons, gros gâteaux coco... Et, à l'heure du déjeuner, les sandwichs froids ou chauds et les salades variées sont aussi de la partie. Bref, un temple de la gourmandise où l'on peut se réfugier à tout moment de la journée.

LE FRANÇOIS ★★★

Historiquement, Saint-François possède la particularité d'être l'un des derniers bastions de la population amérindienne repoussée progressivement par le mouvement colonial. Cela n'empêche pas les colons à la fin du XVIIe siècle de porter le coup fatal en décidant de prendre possession des lieux. Donnant sur la côte atlantique et protégée par la barrière de corail, la commune du François (elle fut l'un des derniers bastions de la population amérindienne) est aujourd'hui le principal fief de la communauté béké. Ces Blancs créoles cherchent à conserver leur statut d'aristocrates et mènent ici leurs affaires comme des chefs. Le François ne manque pas de charme avec ses célèbres îlets, ses fonds blancs, ses belles criques, sa mer calme, ses yoles, son centre-ville animé et sa célèbre Habitation Clément. Un petit havre de paix auquel on vous conseille d'accéder par la route qui vient du Lamentin bordée de bananeraies et de champs de cannes à sucre.

Tourisme

Le François est un bourg important et vivant, plus authentique que touristique. A l'Anse-du-François, on découvre un joli paysage, mais pas de plage... On devine au loin la barrière de corail, sur laquelle se brisent les vagues. On ne manquera pas ici de :

- Se balader au marché aux poissons, où les pêcheurs viennent vendre leur marchandise qu'ils découpent à même la table, sous des abris en tôle. En poursuivant la route du front de mer, on arrive au fond de l'anse à un petit port de pêche, un des lieux typiques de la ville. On peut lire sur un panneau : « Défense de jeter de vieilles voitures » ! Un adage qui n'est malheureusement pas écouté ni suivi à la lettre…
- Contempler les bananeraies, au sortir du François, qui constituent un décor naturel typique. On suit la direction du Vauclin (à 12 km), puis on tourne pour prendre la D16 vers Bois-Soldat. De la route, le panorama sur les îlets d'un côté et la montagne de l'autre est incomparable.
- Visiter l'Habitation Clément, élément majeur du patrimoine architectural et industriel martiniquais.
- Découvrir les célèbres fonds blancs qui font la réputation du François. Beaucoup d'excursions sont proposées, attention à ne pas choisir n'importe qui car votre escapade en bateau avec option dégustation de punch peut être idyllique ou calamiteuse.

Transports

- **Voiture.** A 26 km de Fort-de-France, on y accède par la N6.
- **Taxi-collectif.** Liaisons avec Fort-de-France et le Robert. Arrêt face au syndicat d'initiative.
- **Bus SUBLIB :** la ligne P1 relie le François et Sainte-Anne via le Vauclin et le centre culturel du Marin. La ligne I relie Rivière-Salée et le François via Saint-Esprit et Petit-Bourg. Le réseau de bus SUDLIB, transports en commun du sud de la Martinique, dessert le François via les lignes 50 à 63, et les lignes intercommunales B, K, J et I.

ARBORETUM VILLAGE D'ANTAN

Route N6
✆ 06 96 08 58 69
https://villagedantan.wordpress.com/
Ouvert tous les jours de 8h30 à 18h. Tarif adulte 6 €, enfant 3 €.

Dans ce jardin, ce sont plus de 400 espèces d'arbres et de plantes vivrières, médicinales, ornementales et magiques qui distillent leur douceur de vivre, chez Suzelle, heureuse propriétaire des lieux. Elle propose de nombreux ateliers de découverte et d'animation ouverts à tous les publics : initiation à la naturopathie à travers l'aromathérapie et la phytothérapie caribéenne, cuisine végétalienne et spécialités martiniquaises. Pensez à réserver vos ateliers.

ÉGLISE SAINT-MICHEL

Cette église récente est l'héritière d'une succession d'édifices antérieurs. Les plans d'une église avant-gardiste, imaginée par Federico Genovèse et Olivier Dubosq, après avoir attendu une quarantaine d'années, ont enfin été réalisés. Les ouailles peuvent de nouveau entendre sonner les cinq cloches gravées des noms de leurs patrons (les saints Joseph, Michel Archange, Laurent, Philomène et Notre-Dame la Grande) – elles ont été bénites le jour de Noël 2009. Les matériaux utilisés pour sa construction et la façade sont semblables à ceux du bâtiment détruit en 1973.

BALADE AU FRANÇOIS

Le François est un bourg important et vivant, plus authentique que touristique. Ici pas de plage... mais on devine au loin la barrière de corail sur laquelle se brisent les vagues. Allez vous balader au marché aux poissons, où les pêcheurs viennent vendre leurs marchandises qu'ils découpent à même la table, sous des abris en tôle. Dans le centre-bourg, outre l'église face à la mairie, remarquez les cases alignées rue Perrinon : elles ont été construites par les ouvriers de l'usine centrale d'Emile Bougenot.

En poursuivant la route du front de mer, on arrive au fond de l'anse à un petit port de pêche, un des lieux typiques de la ville. On peut lire sur un panneau : « Défense de jeter de vieilles voitures » ! Un adage qui n'est malheureusement pas écouté ni suivi à la lettre…

Partez ensuite contempler les bananeraies, au sortir du François, qui constituent un décor naturel typique. On suit la direction du Vauclin (à 12 km), puis on tourne pour prendre la D16 vers Bois-Soldat. De la route, le panorama sur les îlets d'un côté et la montagne de l'autre est incomparable.

Allez enfin faire un tour du côté de la Frégate, ancienne demeure coloniale au lieu-dit Bonnaire. Poursuivez votre route vers le Cap Est Lagoon Resort : le complexe offre une plage accessible à tous, faite de sable blanc, aux eaux limpides, idéale pour les familles. C'est la seule plage à proprement parler du François. Pour vous baigner dans les eaux turquoise, il vous faudra rejoindre les fameux îlets du François et du Robert.

Villa de rêve au François.

HABITATION CLÉMENT ★★★

Domaine de l'Acajou ✆ 05 96 54 62 07
www.habitation-clement.fr

Ouvert tous les jours de 9h à 18h30 sans interruption. 13 € par adulte et 8 € par enfant (de 7 à 17 ans).

Située au sud du François, l'Habitation Clément est célèbre pour ses rhums AOC, sa Fondation d'art contemporain mais aussi pour son splendide parc botanique labellisé Jardin remarquable en 2015. L'Habitation Clément comprend l'ancienne distillerie aménagée en Centre d'interprétation des Rhums Clément, des chais de vieillissement où maturent les célèbres rhums vieux Clément, une maison créole classée au titre des Monuments Historiques de France et un parc botanique au cœur d'une propriété agricole où l'on cultive la canne à sucre. Située dans la commune du François, cette habitation rachetée par Bernard et Yves Hayot en 1986 est un élément majeur du patrimoine architectural et industriel de la Martinique. Depuis près de vingt ans se côtoient ici trois activités : la production de rhum agricole, la visite du domaine et les expositions d'art contemporain. On se balade dans un grand parc arboré. On visite la maison créole du XVIIIe siècle avec ses meubles d'époque et ses photos anciennes. Dans l'espace dégustation, on peut apprécier et acheter le fameux nectar. Pour accompagner sa politique axée sur la promotion des artistes caribéens, et plus particulièrement martiniquais, l'Habitation Clément s'est également dotée d'une Fondation.

La Fondation Clément organise dans le centre d'art contemporain des expositions gratuites dans trois salles où près de 1 000 m² sont dédiés à la présentation d'artistes martiniquais et de la région Caraïbe.

ÎLETS DU FRANCOIS

On y arrive par la descente de la Chopotte. La baie du Robert apparait, magnifique dans son habit émeraude. Sa côte, comme déchiquetée par une main invisible, offre sans pudeur au pèlerin l'indicible spectacle d'un chapelet d'îlets... Situés à l'est de l'île, les îlets du François sont très appréciés et donc fréquentés par les touristes. Il en existe huit : îlet Frégate, îlet Lapin, îlet Lavigne, îlet Long, îlet Métrente (appelé aussi l'îlet Anonyme), îlet Oscar, îlet Pelé, îlet Thierry. Ils sont une destination idéale pour une excursion en bateau d'une journée. De nombreuses excursions partent de la commune. La concurrence est rude entre les bateaux. Le programme reste le même pour tous : baignade dans les fonds blancs, où le rhum coule à flots, déjeuner sur les îlets, activités nautiques... C'est surtout l'ambiance à bord qui les différencie. L'initiateur de cette excursion s'appelle Albert Mongin. Parmi les plus célèbres de ces fonds blancs, il y a bien sûr la fameuse Baignoire de Joséphine, où vous évoluerez (vous ne serez pas seul) dans une eau transparente jusqu'au nombril. Pour rejoindre les îlets, les options sont nombreuses : en yole (la meilleure façon selon nous), en bateau (le moyen le plus confortable), avec un pêcheur (le moyen le plus sûr), en vedette, avec un guide, en catamaran ou encore en kayak. Sachez que ces îles font l'objet d'un arrêté de protection et d'une réglementation spécifique visant à préserver la faune et la flore de ces écosystèmes, dont certains sont considérés comme très rares.

HABITATION DU SIMON, RHUM A1710

l'Habitation du Simon,
✆ 06 96 09 02 91
www.rhum-a1710.com

Visite commentée et dégustation sur réservation. Tarif de 12,50 € /pers. Formule sur mesure avec le maître de chais.

A1710, c'est le petit dernier des rhums martiniquais, créé en 2016 par la famille Assier de Pompignan. 1710 correspond à la date d'arrivée sur l'île de leur aïeul. Cette petite équipe de passionnés travaille dans le respect de l'authenticité, conjuguée avec une originalité unique dans la fabrication. Les rhums A1710 sont déjà des produits d'exception. A découvrir lors de visites guidées sur l'habitation pour une immersion garantie dans leur univers captivant. On en raffole !

LE JARDIN DE JOSETTE

Quartier Morne Gamelle

Entre le Lamentin et le François, à Quatre Croisés, prendre à droite la RD16 vers Saint-Esprit, puis prendre la direction Ecole de Manzo. A 500 m, tourner à gauche.

Josette Nicole est ce que l'on appelle une collectionneuse d'orchidées. Depuis vingt ans, elle a transformé son jardin au François en véritable paradis des orchidées. On y trouve des milliers de spécimens, avec une centaine de variétés, rares et moins rares, que Josette a ramenées au gré de ses voyages ou d'échanges avec d'autres collectionneurs de l'association Ionopsis Club, qui réunit les passionnés d'orchidées sur l'île. Pour s'occuper de ses petites protégées, elle dispose de deux serres, de salles de soin et de rempotage pour pouvoir les multiplier.

SCOOTER EVASION

41 quartier petite France
✆ 06 96 32 08 39
www.scooter-evasion.com
Ouvert le lundi de 9h à 12h et du mardi au samedi de 8h à 18h. Location 50cc et 125cc à 45 €/jour. 23 ans minimum.

Vous êtes fan de deux-roues ? Cela tombe bien car eux aussi ! Cette petite structure a été créée récemment par deux jeunes passionnés. Location de scooters de 50 cc à 125 cc ; plusieurs gammes de type Peugeot Django, Sym Orbit (sans permis) ou Yamaha N max. Il n'y a pas d'agence physique, la réservation se fait en ligne et vous être livré où vous souhaitez. Ils ont par ailleurs plein de bonnes idées de circuits à vous conseiller pour votre roadtrip en Martinique. La location se fait à partir d'une journée avec des tarifs dégressifs.

LA VILLA TOURNESOL €

Quartier Cap Est
✆ 06 96 98 81 60
Tarifs indicatifs : à partir de 500 € à 650 € la semaine selon la saison.

Cette charmante maison, très bien agencée avec une chambre climatisée, un séjour bercé par les alizés, une cuisine parfaitement équipée et un petit jardin agréable avec une vue imprenable sur l'océan, sa barrière de corail et les îlets du François, promet un joli dépaysement ! Tina, votre hôtesse, sera de bon conseil pour vos visites et sorties. Vous disposez de la télé, du wifi et d'un lave-linge. De plus, votre premier petit déjeuner est offert. C'est « une petite maison jaune adossée à la colline » au calme et avec une vue à vous couper le souffle.

FRÉGATE BLEUE €€

Quartier Frégate Est 4 (en direction du Vauclin)
✆ 05 96 54 54 66 - Prendre la direction du François sans entrer dans le bourg. Continuer 5 km sur la N6 en direction du Vauclin.
www.fregatebleue.com
Prix indicatifs : chambre double à partir de 230 €, chambre ou loft « Budget » dès 71 €.

Petit hôtel de charme, la Frégate Bleue a bénéficié d'une rénovation intégrale cette année et c'est une très belle réussite architecturale. 16 chambres et bungalows : évanouissez-vous dans le vert du jardin depuis les chambres rez-de-parc ; plongez-vous dans l'horizon des suites ouvertes sur l'ensemble de la baie, ressourcez-vous dans les cocons des lofts sous les combles. Presque toutes embrassent l'horizon de l'Atlantique et de ses îlets. Un restaurant sur place, à la gastronomie créole revisitée. Nombreuses activités : une base nautique, un tennis, une plage.

CÔTE ATLANTIQUE

Arc en ciel au François.

LES HAUTS DU CAP €€

73 rue des Fleurs
✆ 06 96 22 31 30
www.leshautsducap.com
Ouvert toute l'année. Bain bouillonnant.

Une splendide chambre d'hôtes lovée dans un écrin de verdure face à la mer, gérée par Aymeric et Aurélie. Les chambres sont cosy, fraîchement et joliment décorées. Elles s'ouvrent sur le jardin ou la mer et disposent d'une terrasse privative. La piscine, chauffée, rivalise avec le bain bouillonnant côté température ! On adore la convivialité du lieu et son style intimiste propice au repos. Tous les détails ont été intelligemment pensés, marque d'un savoir-faire hôtelier indéniable. Une halte très plaisante, loin de l'agitation, pour une déconnexion garantie !

DOMAINE DE L'HABITATION DU SIMON €€€

l'Habitation du Simon,
✆ 06 96 09 02 91
www.rhum-a1710.com
La maison d'Amis (8 pers.) : location de 285 € à 500 € la nuit selon saison.

N'avez-vous jamais rêvé de passer quelques nuits dans un endroit d'exception ? Nous avons déniché un bijou, niché dans son écrin, au cœur d'une plantation de canne à sucre. C'est une admirable bâtisse du XVIIIe siècle qui vit au rythme des récoltes : on y fabrique l'excellent rhum A1710. La maison d'amis accueille 8 personnes et peut être associée (ou pas) à la « Suite du Paon ». Une véritable expérience à vivre pour une totale immersion dans l'univers secret du rhum.

PLEIN SOLEIL €€€

Pointe Thalémont ✆ 05 96 38 07 77 - Sur la route entre Le François et Le Robert.
www.hotelpleinsoleil.fr
Chambres Guest dès 170 € ; chambres Master Pool avec deck et piscine privative, dès 255 € ; suites Jardin dès 275 €.

Cet établissement est un vrai coup de cœur. Récemment rénovée, avec un soupçon de modernité et des couleurs - blanc et beige - qui invitent au calme et à la sérénité, la résidence abrite 6 chambres (climatisation, télévision à écran plat et accès wifi) réparties dans 5 villas. En contrebas, la piscine et de petits salons sont à disposition. Possibilité de se faire masser dans sa chambre (sur réservation). Accueil et convivialité de rigueur : vous aurez le sentiment d'être reçus comme des princes.

DOMAINE DES FONDS BLANCS €€€

Pointe Cerisier ✆ +596 0 696 42 11 11
www.domainedesfondsblancs.com

Tarifs à la semaine de 7 000 à 24 000 € selon l'occupation et la saison.

C'est l'une des plus belles villas disponibles à la location saisonnière. Un luxe inédit pour une clientèle aisée souhaitant découvrir la Martinique autrement. Nichée au cœur d'une propriété de 17 000 m² au bord du lagon du Cap Est, la villa Isabelle offre des prestations de très haut standing. Côté conciergerie, rien n'est laissé au hasard : chef à domicile, promenade en bateau à partir du ponton privé, salle de sport et personnel à disposition 24h/24. Si vous êtes une grande famille, un groupe d'amis, le séjour reste honnête eu égard aux prestations proposées.

CHEZ LÉGER STEAKHOUSE GRILL €

Route du Vauclin
✆ 05 96 54 52 83

Ouvert du mercredi au lundi, midi et soir. Fermé le mardi. Service à 12h et à 20h. Plats du jour à partir de 12 €.

Voici un endroit typique et très apprécié des habitués, des locaux et des touristes, situé sur la route du Vauclin. Le week-end, c'est toujours complet. Les tarifs sont très attractifs, notamment pour les brochettes, les cailles, les lambis, le poulet, les crevettes, et la langouste grillée (sur commande 48h à l'avance). Vous l'aurez compris, ici la spécialité c'est le gril ! Incontestablement la meilleure adresse du François pour manger local et bon marché.

KRÉ' YOLES CAFÉ €

rue de la gare
✆ +596 596 39 28 09

Ouvert du lundi au samedi de 6h à 16h.

Au Kré' Yoles Café, la cuisine est savoureuse, locale et saine. On s'y régale de mets créoles authentiques : poulet farci aux lambis, colombo de poulet ou poisson, paella Kréyol, fricassée de chatrou, poissons et fruits de mer de la pêche du jour… avec en accompagnement des légumes vapeur du jardin créole (giraumon, gombo…), des gratins de légumes, ou encore une soupe fraîche. Les gratins sont élaborés avec du lait végétal, les douceurs ne contiennent pas de gluten ni d'œufs… Bref, une cuisine saine qui n'en oublie pas pour autant les saveurs. Accueil sympathique.

RESTAURANT KAI NONO €

Route du Club Nautique
✆ 05 96 54 32 76

Ouvert du mardi au dimanche de 12h à 22h (16h le dimanche). Addition moyenne 20 €.

Un bel emplacement pour ce restaurant, face au joli petit port du François. On y déjeune en regardant les bateaux bercés par la houle. On peut y déguster une cuisine de spécialités locales (acras, blaff de poisson, fruits de mer, fricassée de crevettes…) ainsi qu'un excellent menu langouste et les grillades du vendredi. Les plats sont savoureux et copieux ; l'accueil y est très sympathique. Si l'attente est parfois un peu longue, prenez votre mal en patience et sirotez un ti-punch ou un cocktail maison en attendant le service !

LA FERME DES ORCHIDÉES €€

Lieu-dit Le Simon
✆ 05 96 54 10 85

Ouvert tous les soirs de 18h à 22h30. Réservation conseillée.

Dans ce cadre magique, la Ferme des Orchidées met l'accent sur la fine fleur de la gastronomie française. Un bar lounge, cosy et discret, ambiancé par des lumières tamisées, deux grands carbets tout de bois meublés séparés par un joli bassin donnent le ton... La carte vit au gré du marché et change chaque semaine. Ici, le foie gras est fait maison, le saumon fumé sur place, le filet de bœuf fondant à souhait et leur spécialité, les potences de poissons ou de viandes avec flambage au choix ! Une adresse à noter dans vos carnets gourmands.

TABLE D'HÔTES PLEIN SOLEIL €€

Pointe Thalémont
✆ 05 96 38 07 77
www.hotelpleinsoleil.fr

Dans un site magnifique donnant sur la baie, superbe, Plein Soleil, cette grande maison créole tenue par Jean-Christophe, dispose de 16 chambres joliment décorées et réparties dans 5 villas. La table d'hôtes n'est pas en reste. Le chef Rudy Réclair cultive une remarquable créativité et allie les saveurs métissées aux produits frais locaux. Des menus aux mille et une saveurs sans cesse renouvelés, avec, toujours, un choix entre poisson ou viande. Une adresse incontournable.

© DENIS EXCURSION

© DENIS EXCURSION

© DENIS EXCURSION

DENIS EXCURSION

La Marina du Francois ✆ 0696 44 46 46
www.denisexcursions.com

Tarifs : 60 € par personne pour la journée complète de 7h ; Excursion Demi-journée de 3h30 à 40 €.

Denis est un pêcheur au grand cœur qui arbore 365 jours par an un sourire radieux, à l'image de sa bonne humeur. Depuis près de 25 ans, il fait découvrir à bord de sa yole à moteur les splendeurs de la fameuse baignoire de Joséphine et ses fonds blancs. Davy, son fils, a rejoint l'équipe et un second bateau vient désormais compléter l'offre. C'est parti pour une journée inoubliable de détente, dans une ambiance conviviale autour de délicieux apéros, d'un repas créole succulent et les explications avisées du capitaine sur les trésors naturels de son île natale.

© DENIS EXCURSION

© DENIS EXCURSION

BIKINI BRAZIL

Centre espace bio bis
✆ 05 96 70 35 39
Direction Habitation Clément. Prendre à droite de la BNP.
https://boutique-bikini-brazil.business.site/
Ouvert du mardi au samedi de 9h30 à 17h30.

Dans sa jolie boutique colorée, Valérie vous propose une belle collection de maillots de bain (femmes, hommes et enfants), de tongs et d'accessoires de mode (bijoux, sacs, ceintures…). Dnud, Acquarossa, Havaiana, Achile, Les Cakes de Bertrand, Louison, Jeff Winter : de nombreuses marques sont ici représentées. Découvrez la toute nouvelle collection Majestic Filatures, le *must* pour la plage, ainsi que les colliers, bracelets, pendentifs, sautoirs, bagues et boucles d'oreilles Gigi Flowers ! Un instant shopping à ne pas délaisser.

LA COMPAGNIE DU RHUM

Habitation du Simon
✆ 05 96 66 96 95
www.lacompagniedurhum.com
Ouvert du mardi au samedi de 9h à 17h.

La Compagnie du Rhum est implantée aux Antilles depuis 2008 et comprend un site e-commerce spécialisé dans la vente de rhums de la Caraïbe et du monde entier. Marika et Philippe de Pompignan ont eu la bonne idée de créer un showroom sur place en Martinique. Il est situé au François symboliquement face à la distillerie du Simon. Le site internet est très agréable, bien réalisé et largement fourni ! Cette boutique en est le prolongement et propose plus de 1000 rhums des Caraïbes à la vente en ligne. Les livraisons se font à travers le monde, sauf aux Etats-Unis.

LE PARADIS DU BAKWA

Immeuble Rénov Tout
ZA deTrianon
✆ 06 96 17 29 23
Ouvert de 9h à 16h du mardi au vendredi et le samedi de 9h à 13h.

Cette boutique est sans nul doute unique en Martinique. Le Paradis du Bakwa vous présente toute une collection de chapeaux et accessoires fabriqués en feuille de bakwa, un arbre tropical dont les feuilles séchées sont idéales pour le tressage, pour la vannerie principalement. Sandra vous propose ses créations et peut même faire des réalisations sur commande. C'est une véritable artiste aux doigts de fée. Dans sa boutique, vous trouverez des chapeaux traditionnels comme des créations originales et plus encore. Allez y faire un tour !

LES SÉLECTIONS D'ELODIE

Route Perriolat
✆ 06 96 36 35 41
Possibilité de réserver son panier jusqu'au mardi soir pour une livraison le vendredi.

Envie de manger sain ? Engagée dans une démarche respectueuse de la nature, Elodie cultive au François de multiples produits selon les principes de l'agro-écologie et de la permaculture : arbres fruitiers, plantes maraîchères et aromatiques, vanille… Il y a aussi des poules pondeuses et des moutons. La ferme vous accueille à la campagne, dans un environnement entouré d'une nature généreuse et de rivière. Tous les vendredis, Elodie propose des paniers qu'elle livre de Schoelcher à la Trinité, agrémentés de ses produits sains et certifiés bio.

LES BALLADES DU DELPHIS

Au départ du François ✆ 06 96 90 90 36
www.catamaran-martinique.com
Prix indicatifs : 85 €/adulte, 50 €/enfant (de 2 à 12 ans) à la journée avec repas créole.

A bord de l'Elphis et du Delphis, vous serez accueillis par un skipper, une hôtesse et un marin qui vous invitent à une véritable découverte des plus beaux sites naturels de la Martinique. Navigation exclusivement à la voile sur un catamaran de 50 pieds. Au programme : départ dans un dédale d'îlets entre la baie du François et celle du Robert. L'îlet du Loup-garou : vierge et perdu sur la barrière de corail... Escale à l'îlet Chancel pour une approche respectueuse des iguanes. Plusieurs arrêts baignade à la rencontre de petits poissons. Repas créole à bord.

ALTERNATIVE ZEN

1 allée des Filaos
✆ 06 96 45 12 15
www.alternativezen.fr
Sur rendez-vous exclusivement.

Dans cet institut situé au Cap Est avec vue sur la mer, Laure Henry pratique les massages dans les règles de l'art. Cette praticienne autodidacte s'est formée pour maîtriser de multiples techniques de massage : californien aux pierres chaudes, ayurvédique, réflexologie plantaire, massage pré natal, chinois Tuina Anmo, massages en duo. Nouveauté : Laure s'est formée à une discipline appelée *Atma Janzu* qui se pratique dans la piscine, chauffée à 33 °C. Il s'agit d'une séance aquatique de relaxation profonde, de méditation et d'éveil.

BALADE EN EAU TURQUOISE

Départ de la marina du François
✆ 06 96 23 28 49 - http://capitaine-romule.fr
Tarif journée : 78 € avec un repas Langouste

Captain Romule est un pêcheur heureux qui aime partager son amour de la mer avec ses invités de passage. Il troque alors sa casquette professionnelle pour un rôle qu'il affectionne particulièrement : vous faire découvrir les fonds blancs et les îlets du François et du Robert. Sortie privée en petit comité à bord de sa vedette rapide à moteur. Visite guidée de la mangrove, de l'îlet Chancel et ses iguanes... Baignade dans les fonds blancs et repas sur l'îlet Madame. Que du bonheur avec un super Captain très accueillant et pédagogue sur la découverte de son pays.

EXCURSION MER ET NATURE

Port de pêche du François
✆ 06 96 00 25 20
www.excursionmermartinique.com
Journée découverte : 70 € adulte (formule all exclusive). Tarif demi-journée : 45 € adulte.

A bord du *One Piece*, Captain Axel, originaire du François, aime faire découvrir à ses invités les petits coins cachés des îlets du Robert et du François. Le bateau accueille un nombre limité de passagers, ce qui garantit une balade plus intimiste. Le départ se fait le matin du port de pêche du François : c'est parti pour une époustouflante journée en mer à la découverte des îlets du Robert, des iguanes de l'îlet Chancel, des fonds blancs, de la Baignoire de Joséphine, de la mangrove et des milles et uns autres trésors dont regorgent les côtes martiniquaises.

© MER ET NATURE

© MER ET NATURE

CÔTE ATLANTIQUE

FUN CARAÏBES

Domaine de la Prairie
✆ 06 96 45 45 22
www.funcaraibes.com
Location à la demi-journée à partir de 70 €. Session découverte 3h/90 €. Cours particulier 150 € (2h30).

Que diriez-vous de pratiquer ce sport de glisse dans le plus grand lagon de la Martinique ? C'est ce que vous propose Fun Caraïbes, une école agréée par la FFVL. Que vous soyez néophyte ou initié, plusieurs formules vous sont offertes : stages, location ou achat de kitesurf. Les stages ont lieu tous les jours sauf le lundi et le dimanche. Les moniteurs diplômés encadrent un maximum de trois stagiaires par cours ce qui est un gage de réussite, vous pouvez également réserver un cours particulier. Compte tenu de cette faible capacité, pensez à réserver !

KAYAKS DES ÎLETS DU FRANÇOIS

Baie du François
✆ 06 96 77 22 17
Prix indicatifs : 25 € par adulte et 20 € par enfant pour la journée de 9h à 17h.

Au terme d'un long chemin de terre, vous débarquez à la base de Magalie et Hervé, qui vous indiqueront les différents parcours à emprunter pour vous balader suivant votre rythme et partir à la découverte des magnifiques fonds blancs. En vous laissant porter par la houle, vous découvrirez la barrière de corail, la faune (les étoiles de mer…) et la flore, sans oublier la baignoire de Joséphine, où l'on vous rejoindra à l'heure de l'apéritif avec jus, punch et accras !

LE ROBERT ★★★

Coulant des jours paisibles, ce joli village de pêcheurs tire sa fierté de son histoire industrielle (liée à la construction navale), de sa ferme aquacole et de sa marina. La commune s'enorgueillit d'une dizaine d'îlets témoins d'une ancienne activité volcanique, qui protègent sa baie. La présence des fonds blancs, profonds de 70 cm, se prête à de belles escapades maritimes en kayak ou en bateau. L'origine du nom Le Robert, appelé autrefois Cul-de-Sac-Robert, est incertaine. La région mène une vie tranquille depuis l'époque coloniale. Excepté quelques cyclones et le débarquement des Anglais en 1809, sa destinée a rarement été perturbée.

AN GRIYAV LA

Lotissement Moulin à Vent
✆ 05 96 65 21 17
Direction Vert-Pré
Ouvert de 9h à 12h le samedi et de 15h à 17h le mercredi.

Cette exploitation agricole de 16 hectares, érigée sur le site de l'ancienne Habitation Moulin à Vent, produit essentiellement des goyaves pour la fabrication de jus locaux. Emile Rosalie, le propriétaire, remet au goût du jour d'anciennes variétés végétales. A travers un parcours guidé, vous saurez tout sur la goyave, et pourrez aussi découvrir la ferme, le verger d'agrumes, les élevages de vaches, de chèvres et de poules. La visite est agrémentée de différentes essences, d'arbres fruitiers, de fleurs tropicales et d'un herbier aromatique.

KAYAK NATURE & RANDO ★★

Pointe Savane
✆ 05 96 65 77 86
www.kayaknaturerando.com
Location de kayaks sans guide : Demi-journée de 9h à 13h ou 13h à 17h adultes 14 €, enfant de moins de 12 ans 12 €.

Plusieurs formules vous sont proposées par Luc, le maître des lieux. Il vous donne une carte plastifiée détaillée des parcours, un caisson étanche pour protéger vos affaires et c'est parti pour la découverte des îlets et de la faune et la flore, exceptionnelles de ce petit coin de paradis. Soyez attentifs et vous apercevrez certainement un des iguanes de l'îlet Chancel. À votre retour, vous pourrez disposer des douches et du vestiaire mis à disposition. Et pour terminer cette journée en beauté, petite collation locale accompagnée d'un petit rhum arrangé maison.

ÎLET CHANCEL EN CALÈCHE ★★

Départ du port du Robert ✆ 06 96 22 30 00
49€ par personne, transfert inclus au départ du port du Robert. Réservation obligatoire.

C'est une idée de balade complètement hors du temps, inédite. A faire en famille ou en petit comité.

Michel Bally vit seul sur l'île Chancel et il a imaginé de faire partager ce lieu fabuleux à l'occasion d'une excursion complètement atypique : la visite de l'îlet en calèche, commentée par lui-même.

Le départ pour l'île se fait du port du Robert ; Michel Bally vient vous chercher personnellement avec sa fidèle monture, dénommée Colibrette ! Tout le monde monte à bord de l'attelage et c'est parti pour 2h30 de balade au rythme cadencé du cheval. A faire !

ÎLETS DU ROBERT ★★★

Un collier de onze îlets volcaniques orne la baie du Robert, qui est l'une des plus belles de la Martinique. Riche d'une faune et d'une flore exceptionnelles, elle compte plus de 180 espèces de poissons dans ses eaux. Petits domaines de Robinson, les îlets tentent de résister à l'invasion touristique qui risquerait de perturber leur écosystème fragile. En voici quelques-uns des plus célèbres.

- **Îlet Loup-Garou.** Cette fine bande de sable se compose d'une crique paradisiaque et d'un gouffre, jadis très craint par les navires. Ses seuls habitants sont quelques crabes. Son accès est interdit, tout comme celui de l'îlet Boisseau.
- **Îlet Madame.** Le plus fréquenté de la baie. Son eau aigue-marine et sa plage de sable blanc attirent de plus en plus de visiteurs, qui peuvent s'abriter sous des abris en bois spécialement aménagés et venir y passer la journée, piqueniquer, profiter des lieux.
- **Îlet Chancel.** Le plus grand de la Martinique (2 km de long et 850 m de large), l'îlet était au XVIIIe siècle propriété des dominicains qui y installèrent une purgerie. On observe encore les vestiges du four à chaux où l'on brulait coquillages et madrépores. Habité par une grande variété d'espèces, l'îlet est un véritable conservatoire naturel. Iguanes, manikous (oiseaux) et chauves-souris se font timidement apercevoir par les touristes. C'est en voiture à cheval que M. du Parquet, gouverneur de la Martinique, se rendait, lorsque cela lui plaisait, sur une pièce de terre au large du Robert qui lui appartenait. Pour y accoster et n'ayant plus qu'un petit bras de mer à traverser, il laissait son attelage à l'écurie, ce qui valut à cet endroit le nom de pointe de l'Ecurie qu'elle conserva depuis. En plein XVIIe siècle, cet îlet Ranville, hier, ou Chancel, aujourd'hui, s'appelle tout bonnement l'îlet Monsieur ou de Monsieur… Du Parquet. Celui-ci décédé, le site est légué aux moines dominicains. Les années s'écoulent contre vents et marées et le lieu, qu'affectionnent les iguanes, devient celui des Dubuc de Ranville. Moultes légendes courent les mornes sur l'îlet… l'endroit regorge de secrets, de disparitions en mer ou de sultanes. Il est pour une fois encore rebaptisé et adopte de manière définitive le nom de son nouveau propriétaire, Lagrange Chancel (maire du Robert en 1851)…
- **Îlet à Eau.** Entouré par une eau couleur émeraude, cet îlet est peut-être un peu moins fréquenté que les autres. Il sera particulièrement apprécié par les amoureux de la nature qui auront peut-être la chance d'apercevoir quelques tourterelles à queue carrée.

© NATUREIMMORTAL - STOCK.ADOBE.COM

Iguane sur l'îlet Chancel.

MATT EXCURSIONS NAUTIQUES

pointe la Rose ✆ 0696929491
https://mattexcursionsnautiques.business.site

Excursion à la journée aux îlets du François et du Robert. Capacité de 12 personnes. 80 € pour la journée all inclusive.

Embarquez à bord de l'*Angel of the Seas* avec Matthieu pour une balade en mer sur mesure autour des îlets et dans les fonds blancs du Robert et du François. C'est une visite commentée, agrémentée par des moments de baignade dans les fonds blancs, un apéro pour le baptême du rhum bien évidemment ! Matt vous accueille ensuite chez lui à son domicile en bord de plage pour déguster un repas local créole en famille. Une journée ensoleillée personnalisable au gré de vos envies.

HIBISCUS LOCATION

Hameau de Pointe Lynch
✆ 05 96 65 78 18
www.hibiscuslocation.com

Hibiscus Location est une entreprise familiale chaleureuse qui existe depuis plus de 25 ans. Votre véhicule climatisé est disponible à l'agence ou dès la sortie de l'aéroport afin de ne pas perdre une minute pour commencer vos vacances (pas de navette). Nathalie et Vincent vous proposent une large sélection de véhicules : Kia Picanto, Dacia Sandero et Stepway, Dacia Lodgy, Dacia Duster, Peugeot 5008… Vous trouverez forcément le véhicule idéal pour votre séjour. Les tarifs sont très attractifs et le petit plus : vous payez votre location le jour de votre arrivée.

VILLA EDENGIL & SPA €

Quartier Sable Blanc ✆ 05 96 65 25 40 - Prendre la D1 entre Le Robert et Le François. Suivre la direction Pointe la Rose.

https://www.facebook.com/EdengilSpa

Tarifs : gîte pour 4 dès 85 € la nuit ; le bungalow les pieds dans l'eau à 60 € ; l'appartement à 48 € pour 2.

La villa Eden Gil est un havre de paix, perdu au bout d'un chemin qui vous amène directement à la mer. Le quartier Sable blanc porte d'ailleurs bien son nom et vous avez un accès direct à une petite plage de galets. Vous serez accueilli par Lyna dans ses hébergements au cœur d'un jardin fleuri au bord de l'eau : un grand gîte en rez-de-jardin (4 personnes), un bungalow sur la plage (2 personnes) ou un petit studio situé à l'entresol (2 personnes). Un espace bien-être sur place agrémente l'endroit : esthétique, massages, hammam, bain bouillonnant.

MARIN'APPART €€

Marina du Robert

✆ 06 96 16 44 45

Studio dès 50€ / nuit. T4 pour 8 pers dès 120€/ nuit. T5 pour 12 pers dès 150€ / nuit. Minimum 4 nuitées.

A côté du restaurant La Voile, ces quatre appartements neufs situés aux premier et deuxième étages de la Marina du Robert dévoilent une vue imprenable sur le port et la mer. Entièrement équipés (TV, lave-linge, lave-vaisselle, linge de maison, wifi...), spacieux et décorés avec beaucoup de goût, ils offrent de belles prestations. Le studio pour 2 personnes abrite un bain bouillonnant. Les deux T4 et le T5 sont équipés d'une belle terrasse en teck. Les volumes des pièces sont généreux et la décoration est contemporaine, avec de petites attentions bien pensées.

LES VILLAS OCÉANES €€

Fonds Sable Blanc ✆ +596 696 29 72 25

www.lesvillasoceanes-martinique.com

Location de la Villa en totalité pour 12 pers. Location les gites pour 2 à 6 pers. (à partir de 680 €/semaine pour 2)

Les Villas Océanes sont lovées dans un havre de paix, les pieds dans l'eau dans le quartier de Sable Blanc au Robert. Cette ancienne maison de famille a été rénovée en bungalows de vacances. On peut y loger dans les 3 gîtes individuels ou louer la villa dans son intégralité (capacité de 10 adultes + 2 enfants). La décoration et les équipements sont de qualité et les logements sont intelligemment agencés afin de conserver toute son intimité. Le cadre superbe offre de multiples idées de balades en mer à la découverte des îlets du Robert et de son patrimoine naturel.

LA VOILE €€

Marina du Robert

✆ 05 96 65 76 16

Ouvert du lundi au samedi de 12h à 15h. Tous les soirs du jeudi au samedi de 19h à 22h.

© LA VOILE

Situé au bord de la mer, on y sert une très bonne cuisine locale et traditionnelle française. L'accueil est agréable et la vue imprenable. L'endroit propose aussi d'excellents cocktails que vous dégustez accompagnés de tapas. C'est également un charmant espace pour vous rafraîchir et savourer une glace tout en regardant les bateaux de la marina. Les noctambules apprécieront particulièrement les concerts ou les soirées karaoké pour un super moment en musique. Retrouvez les infos sur @lavoilerestaurantbar. Une adresse recommandée pour son bon rapport qualité-prix.

BAGUET SHOP €

CC Océanis, Géant Casino

✆ 05 96 53 71 76

www.baguet-shop.com

Ouvert du lundi au samedi 7h à 19h30 et le dimanche 7h à 12h30.

A tous les moments de la journée, on vous propose de bonnes choses à déguster, à emporter ou à consommer sur place dans l'une des adresses de l'enseigne, entièrement redécorés de manière chic et contemporaine à travers toute l'île. Dès le matin, du pain frais, des viennoiseries et des pâtisseries vous attendent ; puis, pour déjeuner, on vous propose de délicieux sandwichs confectionnés sous vos yeux avec des ingrédients frais et le choix entre 5 variétés de pains. Sans oublier les plats cuisinés, les tartes salées ainsi que des salades composées et variées.

L'ESCALE CREOLE €

Bord de mer

✆ 05 96 51 58 63

Restaurant de 12h à 15h et de 19h à 23h. Fermé dimanche soir et lundi. Menus variés à partir de 15 €.

Une escale sympa pour déjeuner ou dîner sur le pouce dans un cadre agréable face à la baie du Robert. La salle est toute petite. On y mange sur des tables de bois, abrité sous les canisses. La cuisine proposée est typique de l'île : boudin, accras de morue ou encore poisson frit. Le jeune chef offre des assiettes joliment décorées et une cuisine inventive, métissée de saveurs d'ici et d'ailleurs. A noter une belle sélection de vins au verre. Ajouter à cela un service attentif et toujours efficace. C'est sans doute la meilleure adresse du village. Bravo !

LE MARCHÉ DE CLOTHILDE

sur le site de la ferme An Griyav'la

✆ 0596 65 21 17

Ouvert du mercredi au vendredi de 14h à 17h, samedi et dimanche de 9h à 13h.

Emile Rosalie, propriétaire du site agrotouristique An Griyav'la, vient d'ouvrir un nouvel espace au sein de sa structure : le marché de Clothilde. Un hommage à sa maman, Clothilde, qui, autrefois, vendait les produits de l'exploitation familiale sur le marché du Robert. Avec son comptoir aux allures désuètes et ses rayons en bois, ce point de vente rappelle les boutiques d'antan. On y trouve des fruits et des légumes issus de la ferme ou d'agriculteurs voisins, mais aussi des confitures, des liqueurs, de la farine de manioc…

CATAMARAN BWA DRÉSÉ

✆ 06 96 26 26 46

www.cataloisirs.net

Départ à 9h et retour à 16h30. Réservation indispensable.

Envie de découvrir les fameux « fonds blancs » de la Martinique autrement ? JD et son équipage de « Bwa Drésé » offrent une journée de rêve à bord d'un superbe catamaran. Départ le matin à 9h du port du Robert. La navigation se fait d'îlet en îlet le long de la barrière de corail, avec des arrêts baignades. Le matin, place à la culture martiniquaise avec la visite guidée de l'"îlet Chancel et ses iguanes. L'après-midi, cap vers l'îlet Madame. On vous initie alors à l'élaboration du sorbet coco ou goyave et de quelques recettes de goûter « maison »…

FUN WEEK

✆ +596 696 30 32 16

www.funweek-fwi.com/acceuil

Et si vous partiez vous échapper, le temps d'une journée, au large, dans les somptueux fonds blancs qu'offrent les îlets du Robert ? Lucas propose à la location six bateaux pour aller sillonner les environs. Aucune crainte de vous perdre : tous les bateaux sont équipés de GPS. La base nautique se trouve dans l'habitation des Villas Océanes. Vous n'avez pas le permis bateau ? Pas de problème : quatre des six bateaux proposés se naviguent sans permis ! De quoi partir l'esprit tranquille, en famille, entre amis ou même en solo !

A L'ABORDAGE

Sable Blanc ✆ +596 696 22 71 72

www.a-labordage.com

Location de bateau sans permis : le bbq-donut®. Tarifs à partir de 100 € la demi-journée et 180 € la journée.

Une idée d'escapade vraiment futée pour découvrir de manière sécurisée et atypique la fabuleuse baie du Robert et ses îlets. Même si vous êtes complètement néophyte en navigation, le **bbq-donut**® est un petit bateau rond (comme le beignet) qui ne nécessite pas de permis bateau. Il est conçu pour pique-niquer à bord, faire un barbecue et profiter de la mer ! Plusieurs formules offertes et des options utiles comme le matériel pour le barbecue, la glacière… Accueil hyper sympa de Maëlle et Ludovic. Bravo pour leur disponibilité, leurs conseils avisés et leur sérieux.

MADININA KAYAKS

Pointe Savane

✆ 06 96 39 80 27

www.kayak-martinique.com

Ouvert tous les jours à partir de 8h30 jusqu'à 17h.

Voilà une adresse futée à souhait ! Eric et sa chaleureuse équipe sauront vous mettre à l'aise pour vous faire partager un moment de détente inoubliable, à bord d'un kayak (solo, duo, trio et familial) pour partir à la découverte des iguanes, des fonds blancs et des plages sur les magnifiques îlets du Robert. Plusieurs circuits, de la demi-journée à la journée entière, sont proposés. Le matériel est de qualité et spécialisé (Rotomod) afin de vous accueillir dans les meilleures conditions. Une adresse que l'on recommande pour son professionnalisme !

LA ROSE BAY

Chemin Pointe La Rose
© +596 696 36 86 52
https://www.facebook.com/rosebaymartinique
Départ depuis la Pointe-la-Rose.

Et si vous deveniez, le temps d'une journée, le capitaine d'un bateau et partiez à l'assaut de la baie du Robert et du François, à la découverte de leurs îlets et de leurs fonds blancs ? La Rose Bay loue des bateaux, Cap Camarat, pour 4 personnes, sans permis et propose des parcours à la découverte des merveilles de la côte atlantique, avec, au programme, baignades, détente et évasion. Dépaysement garanti. Ajoutez à cela un accueil des plus sympathiques et vous passerez à coup sûr une merveilleuse journée en famille ou entre amis !

TURQUOISE EVASION MARTINIQUE

Ponton ADAM chemin de l'îlet, Lotissement Pointe Savane © +596 696 80 43 64
https://www.turquoiseevasionmartinique.com
Tarif journée : 500 € (340 € la demi-journée). Sortie voilier à la journée (9h-16h30) pour 2 à 6 pers : 400 €.

David est un skipper professionnel. Il organise, au départ du Robert, des excursions à bord de son bateau à moteur ou de son voilier monocoque. Il s'agit d'une privatisation intégrale du bateau avec son capitaine. Vous partez entre amis (10 max.) à la découverte des splendides îlets du Robert. Activités à la carte : natation, snorkeling, fonds blancs, la mangrove, les iguanes… La sortie en voilier est plus pédagogique car David apprend aussi à ses convives la navigation à la voile.

TI CANOTS

Départ Petit Sable blanc
© 06 96 01 26 93
www.ticanots.com
Ouvert tous les jours de 8h à 17h. 3 formules de location.

Et si vous deveniez le capitaine de votre propre navire ? Ti Canots est une jeune société créée par 3 amis : Claire, Vincent et Bruce. Le concept est unique dans le coin. Ils proposent de la location de bateaux moteur sans permis pour découvrir en toute liberté les îlets du Robert. Les bateaux disponibles (marque Whaly de 4,35 m) sont équipés de moteur 6CV accessible à tous. Si vous n'êtes pas un marin confirmé, pas de crainte : il ne vous arrivera rien si vous respectez quelques règles de sécurité élémentaires ! Une console de navigation est installée à bord.

VILLA EDENGIL & SPA

Quartier Sable Blanc © 05 96 65 25 40 - Prendre la D1 entre Le Robert et Le François. Suivre la direction Pointe la Rose.
https://www.facebook.com/EdengilSpa
Massage 1 heure de 60 à 70 €. Soins du visage 65 €.Il est possible d'associer séjour bien-être et hébergement sur place.

Si vous aimez prendre soin de vous, vous faire « chouchouter » et conjuguer vacances et bien-être, nous avons déniché l'adresse intimiste qu'il vous fallait ! Ce spa à taille humaine est situé dans l'enceinte d'une villa au bord de l'eau, dans un cadre complètement naturel et zen. Plusieurs types de massages : relaxant – c'est d'ailleurs la signature du spa –, thaï, balinais, shiatsu (soins Gemology Paris)… L'institut de beauté offre tous les soins classiques : épilation, soins visages et corps. Une adresse géniale, gérée par la charmante Lyna.

NORD

Marqué par la présence de la grande Dame du Nord, la montagne Pelée, qui culmine à 1397 mètres d'altitude, le nord de l'île est un paradis tropical pour les amoureux de végétation luxuriante, de nature sauvage et de tourisme vert. Dans un environnement exceptionnel, entre cours d'eau, montagnes, jardins, champs de bananes et forêts tropicales, le nord offre une exceptionnelle diversité de paysages. Ici, les plages n'ont rien à envier à leurs sœurs du sud : volcaniques et lunaires, immaculées de sable noir, elles se laissent apprivoiser volontiers par ceux qui prennent le temps de les découvrir. Quant aux plus sportifs, ils seront servis entre les multiples randonnées (tentez l'ascension de la montagne Pelée !), les canyons dans les gorges (celles de la Falaise à Ajoupa Bouillon) et les spots de plongée. Doux et parfois révolté, sauvage mais préservé, le nord, d'une nature discrète, surprend et enlève indéniablement.

Nord
5 KM
Océan Atlantique
MACOUBA
GRAND-RIVIÈRE
BASSE-POINTE
Réserve Biologique Intégrale du Prêcheur Grand'rivière
Réserve Biologique Intégrale de la Montagne Pelée
AJOUPA-BOUILLON
MONTAGNE PELÉE
LE PRÊCHEUR
LE LORRAIN
LE MARIGOT
SAINTE-MARIE
ANSE-AZEROT
TARTANE
Réserve Naturelle de la Presqu'île de la Caravelle
LA TRINITÉ
MORNE-ROUGE
SAINT-PIERRE
FONDS-SAINT-DENIS
GROS-MORNE
LE CARBET
LE MORNE-VERT
Vers CASE-PILOTE
D10
N1
D21
D12
N3
D22
D15 C
D15
D23
D24 BIS
D24
D25
D25 A
D2
D11
N2
D1
D62
D20
D19
N4
D3

264

●● NORD CARAÏBE

Profitant d'une nature sauvage généreuse et d'eaux cristallines paisibles, la « côte sous le vent », protégée des alizés, s'étend le long des pentes escarpées des massifs de la Montagne Pelée et des Pitons du Carbet qui plongent dans la mer des Caraïbes. C'est ici, dans cette région historique à la végétation luxuriante, que Christophe Colomb accosta en 1502, marquant le début de la colonisation de l'île. Si la visite de Saint-Pierre s'impose, le Nord-Caraïbe saura vous envoûter avec ses charmants villages de pêcheurs, ses anses sauvages, ses randonnées verdoyantes et ses couchers de soleil aux couleurs chatoyantes.

CASE-PILOTE ★

264

Case-Pilote est devenue commune en 1837. Son nom est une association d'un héritage amérindien : case (maison) et pilote, un chef caraïbe apprécié des Français. Le cimetière du village abrite le tombeau de Victor Sévère (1867-1957), maire de Fort-de-France de 1900 à 1945.

BELLEFONTAINE ★

265

Parmi les immanquables, la tombe du peintre Jules Marillac (1888-1950) qui s'est beaucoup inspiré de la falaise avec ses belles et surprenantes juxtapositions de couleurs. C'est également dans son habitation à Fond-Capot que se fit enterrer le lieutenant-général marquis Jean-Charles de Baas, l'un des bâtisseurs de Fort-Royal devenu depuis Fort-de-France.

266

LE MORNE-VERT ★

LE CARBET ★★★

267

Le visiteur en quête de traces d'architecture jésuite trouvera matière ici : l'église actuelle, à la voûte de bois et au fin clocher, déploie généreusement ses trésors au détour des rues écrasées de soleil. La commune est connue pour avoir hébergé le peintre Paul Gauguin en 1887. C'est ici également que l'on trouve le « zépol carré « du rhum Neisson, référence pour les amateurs de ti-punch.

SAINT-PIERRE ★★★

275

Il se dégage de Saint-Pierre une certaine mélancolie lancinante, qui peut plaire ou déranger. Malgré tout, Saint-Pierre demeure l'une des villes les plus attachantes de la Martinique, marquée par son lourd passé et son histoire. Laissées à l'abandon pendant près d'un siècle, les façades des habitations en ruine vont enfin connaître une phase de rénovation qui ne pourra que leur faire du bien !

LE PRÊCHEUR ★★★

286

Le Prêcheur n'a pas toujours baigné dans une atmosphère de tranquillité. Théâtre de l'affrontement entre colons et indiens Caraïbes, c'est ici qu'est né le mouvement de revendication des esclaves qui aboutira à l'abolition de l'esclavage en Martinique. Durablement marquée par l'éruption de la montagne Pelée en 1902, le Prêcheur est aujourd'hui l'une des communes les paisibles de l'île.

PAGES

●● NORD INTÉRIEUR

C'est un vieux chemin, une voie qui ne ressemble en rien à une autre et qui, à l'orée de la forêt, sans crier gare, vous avale. Vous voici sur la Trace en direction des pitons sur la Nationale 3, qui relie Foyal au milieu tropical. Appelé le vieux chemin ou grand chemin de la rivière des hauteurs, on raconte que le prince Charles Bonaparte, en escale sur l'île en 1864, visita ce chemin et en fut si bouleversé qu'il en tomba de son cheval ! Bouleversé par cette nature généreuse et indomptable qui s'y épanouit.

Aujourd'hui, cette petite route pas plus large qu'un sentier mène le voyageur féru de nature dans la trépidante aventure des premiers qui la foulèrent, au départ de superbes randonnées. Dans ce poumon vert, on s'évade dans la forêt tropicale, avec sa faune et sa flore uniques, on se baigne dans les cascades revigorantes et on tente avec prudence l'ascension de la montagne Pelée.

FONDS-SAINT-DENIS ★★

MORNE-ROUGE ★★

La localité se trouve au bout de la route de la Trace, qui s'enfonce dans le cœur montagneux de l'île à partir de Fort-de-France. Dans cet écrin de verdure, l'agriculture est reine. Chaque année, le 30 août, la commune accueille un important pèlerinage en l'honneur de Notre-Dame de la Délivrande, sainte-patronne de la Martinique.

AJOUPA-BOUILLON ★★

Ajoupa est un mot caribéen signifiant « un abri, une petite hutte ». Bouillon fut le nom de Jean Gobert, sieur de Bouillon, originaire du Languedoc et installé dans la région du Marigot où il mourut en 1680. C'est lui qui aurait fait dresser au bord du chemin reliant le Morne-Rouge au Lorrain une croix et un ajoupa apprécié des voyageurs.

MONTAGNE PELÉE ★★★

●● NORD ATLANTIQUE

Plus sauvage et moins touristique, le nord Atlantique, baigné par l'océan tumultueux, est aussi appelé la côte au vent. Les plages paradisiaques font place aux côtes découpées et aux falaises déchiquetées qui attirent les surfeurs chevronnés et les visiteurs en quête d'authenticité. C'est aussi dans cette région que se trouve l'un des patrimoines les plus riches de l'île. De Macouba au Marigot, on sillonne les anciennes habitations dissimulées au milieu des champs de banane et de canne à sucre, jusqu'à Sainte-Marie, berceau des traditions martiniquaises : le bèlè, le Centre Culturel de Fonds-Saint-Jacques, le musée du Rhum de la distillerie Saint-James, ainsi que le musée de la Banane. Et puis, il y a la presqu'île de la Caravelle, joyau de l'île, où prospèrent les ruines du Château Dubuc classé Monument historique, et Tartane, quartier de pêcheurs réputé pour sa gastronomie, ses activités touristiques et nautiques.

LA TRINITÉ ★★★

Aller à la rencontre des Trinitéens à l'hospitalité légendaire (on trouve ici de nombreuses chambres chez l'habitant, une expérience que l'on vous recommande), visiter la dernière usine de fabrication du sucre, le Galion, partir en randonnée, plonger au coeur de l'exceptionnelle nature de la presqu'île de la Caravelle et tenter le spot de surf de l'Anse Bonneville pour les amoureux de la glisse.

PAGES

301 **TARTANE ★★★**

La presqu'île de la Caravelle dessine une pointe dans l'Atlantique. Etant assez éparpillé, il est difficile d'utiliser le terme de bourg pour Tartane mais toujours est-il que son côté pittoresque et village de pêcheurs s'en ressent aisément.

308 **GROS-MORNE ★★**

Faire un tour au vieux marché près du cimetière, découvrir les maisons en bois typiques du nord de la Martinique, contempler les réalisations intérieures de l'église Notre-Dame-de-la-Visitation datant du XIXe siècle, faire une halte à l'habitation Saint-Etienne pour se ressourcer dans le jardin aux essences rares et goûter aux différentes cuvées de rhum.

310 **MORNE-DES-ESSES ★★**

311 **SAINTE-MARIE ★★★**

Admirer l'îlet Sainte-Marie relié à la ville par un *tombolo*, petite langue de terre, déambuler sur le marché, surtout le samedi matin lorsque les agriculteurs du MANA investissent les lieux (il y a du monde !), visiter le musée du rhum à la distillerie Saint-James, puis le musée de la banane et ses champs de bananes à perte de vue, s'imprégner des traditions samaritaines (tambour *bèlè*...)...

314 **LE MARIGOT ★★**

« Un marais inondé » : détermination de cette commune qui vit tranquillement au rythme des lames de l'Atlantique sur une côte accidentée. Avantage de la situation : le Marigot se destine progressivement à une forme de tourisme vert qui ravit les amateurs de calme et de retour à la nature.

315 **LE LORRAIN ★★**

Un village accueillant surmonté d'un clocher en brique rouge, au bord d'une petite crique agréable : bien que de sable gris, la plage est très belle et sauvage. On peut y voir des surfeurs, des vaches, une grande variété d'oiseaux et de temps en temps, un ou deux cavaliers faisant prendre un bain de mer à leurs chevaux.

316 **BASSE-POINTE ★★**

Basse-Pointe est le point de regroupement le plus important de la migration indienne, les « coolies » venus s'installer à partir de 1848. La commune compte deux temples où se perpétuent des cérémonies rituelles appelées « Bondié coolie ».

317 **MACOUBA ★★**

318 **GRAND-RIVIÈRE**

CASE-PILOTE ★

Proche de Saint-Pierre, l'ancienne capitale de l'île, la ville s'est trouvée au cœur de tous les conflits qui ont jalonné l'histoire de la Martinique à l'époque coloniale. De cette période agitée, elle ne réussit à sauver que son église, qui est d'ailleurs sa plus grande fierté (XVIIe siècle). Si l'histoire peut parfois effacer ses traces, le cœur du bourg conserve quelques souvenirs de son passé, marqué du sceau des antiques cités coloniales : les ruelles perpendiculaires, agencées autour d'une place centrale, se croisent en bordure de mer. Fraîchement restaurée (marché couvert, place de l'église et bords de plage), la petite commune est charmante.

PLACE GASTON MONNERVILLE ★★

PLace Gaston Monnerville

La place principale du village dédiée à Gaston Monnerville, fils du maire de la commune Pierre Monnerville, à la tête de la ville à partir de 1876, est entourée d'un ensemble d'édifices des XIXe et XXe siècles bien conservés. Remarquez les moulures et le balcon en fer forgé de la mairie et l'ancienne école où enseignaient les frères de l'instruction chrétienne Ploërmel. Au centre, la fontaine en fonte et céramique bleue, couleur du blason communal, est ornée de coquilles Saint-Jacques rappelant le rôle joué par les dominicains dans la fondation de la paroisse.

ÉGLISE NOTRE-DAME DE L'ASSOMPTION-ET-DE-SAINT-JOSEPH ★★

Rue Allègre

Œuvre des dominicains, cette église classée monument historique est l'une des plus anciennes de l'île. Datée de 1640, elle fut reconstruite en 1762 après un incendie lors d'une bataille entre forces armées. A gauche de la porte d'entrée, une mosaïque a été réalisée à partir de tessons de céramiques retrouvés à Saint-Pierre après l'éruption de la montagne Pelée. Remarquez la coquille Saint-Jacques en bois sculpté sur la façade et la voûte en berceau décorée de rinceaux et d'arabesques.

VEDETTES TROPICALES

✆ 05 96 63 06 46

www.vedettestropicales.com

Départ de Case Pilote vers Fort-de-France dès 5h30 ; rotations toute la journée.

Cette ligne maritime proposée par les Vedettes tropicales permet de rejoindre Fort-de-France depuis Case Pilote après une balade de 20 minutes le long de la côte Caraïbe. Arrivé à Fort-de-France, vous pouvez monter depuis le même quai à bord d'une autre vedette maritime pour aller visiter le bourg des Trois-Ilets, vous prélasser sur les plages de l'anse Mitan ou celles de l'Anse à l'Ane ou encore faire du shopping à la Pointe du Bout et au village créole. Un bon moyen d'éviter les embouteillages, assez nombreux sur ces axes routiers.

HABITATION L'ENCLOS

5553 L'Enclos

Vestige d'architecture des premiers colons, cette construction est sans doute plus ancienne que l'église du village. Elle faisait peut-être partie d'une sucrerie de Case-Pilote au tout début du XVIIe siècle. La demeure privée actuelle mentionnée dès la fin du XVIIIe siècle comprend aujourd'hui une maison principale et ses dépendances avec les écuries, une chapelle et même un cachot. Aujourd'hui classée aux Monuments historiques, l'Habitation fait l'objet depuis quelques années, et encore actuellement, d'importantes rénovations qui rendent sa visite interdite.

SHELL'S €€

Rue de la Plage

✆ 0596 66 37 91

Ouvert du lundi au vendredi de 12h à 23h et le dimanche de 12h à 19h.

En arrivant ici, on se croirait dans une véritable petite maison de Robinson Crusoé. Installé en bordure de plage, le restaurant le Shell's n'est fait que de bois. Son bar central domine la salle de restaurant et s'entoure d'espaces *lounge* fort agréables pour savourer des cocktails entre amis. L'ambiance y est paisible et décontractée. La cuisine à base de produits frais (tartare de poisson à la tahitienne, steak de marlin...) fidélise les habitués avec ses assiettes généreuses. Un endroit idéal pour un après-midi farniente sur la plage.

AMPHITRITE

4 Rue Perrinon ✆ 06 96 07 82 65
www.amphitrite-martinique.com
Tarifs à partir de 50 €/adulte et 30 €/enfant de moins de 12 ans. Pêche sportive départ à 6h30 et retour vers 14h.

Engagé dans le respect de la charte d'approche des mammifères marins en Martinique, Benoît vous invite à bord de son bateau spécialement conçu pour l'observation des cétacés et la pêche. La balade « dauphin » se fait tous les jours. Les dauphins sont souvent visibles dès la sortie du port. Sinon, on croise en route d'autres espèces de cétacés comme des baleines à bosses, des cachalots et des tortues… Pour la sortie « pêche », le rendez-vous est à 6h30 au ponton. En fonction de la pêche du jour, vous repartez avec votre poisson dans la limite de 2 kg par pêcheur.

MADISAIL

2 rue Gambetta
✆ 06 96 01 00 63
www.madisail.com
Baptême en trimaran : 50 € TTC. Journée Découverte Zen à 100 €.

Passionné de voile, Pol est instructeur de plongée et skipper. Il propose des balades en mer à bord d'un trimaran. Pas de moteur, tout se fait à la voile ! Le trimaran bénéficie d'une stabilité étonnante qui ravit les plus timorés, et impressionne les plus aguerris. Les départs s'effectuent au ponton de l'Hôtel Batelière. En formule demi-journée ou journée entière, baptême d'une heure et demie en trimaran, balade écologique en demi-journée, journée découverte en «all inclusive», ou bien encore week-end Robinson à la Dominique ou dans une autre île voisine.

BELLEFONTAINE ★

Accroché au sein d'une large falaise, cet authentique bourg s'allonge sur le flanc de la côte nord Atlantique. Il tient son nom d'un colon du XVIIe siècle qui l'aurait habité... Ce village de pêcheurs est une véritable invitation au repos et à la contemplation. Si pêcher à la senne, ces filets de pêche typiques de l'île, relève davantage aujourd'hui du folklore local, vous serez néanmoins fasciné par le spectacle des gommiers multicolores qui voguent tranquillement sur les eaux profondes de la commune. Partez faire un tour sur les hauteurs de Bellefontaine où sont installés de nombreux agriculteurs. Le panorama sur la falaise et la baie est unique. À l'heure du ti-punch, le bourg de Bellefontaine s'habille pour la nuit. La commune, accrochée au sein d'une large falaise, s'allonge sur le flanc de la côte nord-atlantique, authentique. Séculaire, la pêche à la senne, tradition fortement ancrée à Bellefontaine, utilise un filet de plusieurs centaines de mètres. Elle est effectuée dans les anses aux fonds calmes et turquoise pour la capture des poissons blancs dès les premières ou aux dernières heures du jour. L'instrument est déployé en arc de cercle sous la houlette du maître senneur. A son signal, chacun tire l'inexorable piège dans lequel frétillent déjà coulirous, maquereaux ou balaous. Le fruit de cette récolte parfois miraculeuse est fraternellement partagé à même le sable avant d'être fièrement apporté comme un trophée dans son foyer.

Histoire

La commune tient son nom d'un colon du XVIIe siècle qui l'aurait habitée… ou plutôt de son sobriquet. Guillaume Michel, propriétaire des terres du dessus et dont la famille fait l'offrande d'un terrain pour la construction de l'église, ne nous livrera jamais le secret de ce surnom pourtant à point nommé puisque la centrale électrique dont il est doté inonde l'île tout entière. On raconte bien volontiers qu'au hameau de Fond-Lafayette auraient débarqué L'Olive et Duplessis, éclairés par l'idée de fonder la compagnie des îles d'Amérique !

ÉGLISE SAINT-PIERRE-AUX-LIENS ✝

Le Bourg
✆ 05 96 55 00 96

Construite en bois et pierre brune, l'église de Bellefontaine date de 1962. Ses cloches sont classées. Edifice à l'architecture originale (son clocher est en effet séparé du corps principal), sa construction est le fruit des efforts conjoints des Bellifontains. Voyant que l'ancienne église n'était plus apte à accueillir les fidèles, la population rassembla des fonds pour en construire une nouvelle. Saint-Pierre-aux-Liens conserve six statues en fer forgé signées Joseph René-Corail.

MAISON-BATEAU TORGILÉO

Rue du Bateau

Sur les hauteurs de Bellefontaine, une étrange proue de navire domine le bourg. L'histoire raconte qu'un certain Monsieur Dubois est à l'origine de cette étrange habitation inspirée de l'architecture moderniste de l'époque. Achevée en 1948, cette résidence secondaire prend le nom de Torgiléo formé à partir des prénoms de la famille Dubois (Victor le concepteur, Virginie sa femme, Léo leur fils). L'intérieur est aménagé comme un navire avec des cabines et s'agrémente d'un pont de promenade. Si cette maison privée ne se visite pas, elle promet de jolis clichés !

OFFICE DU TOURISME BELLEFONTAINE

Cour Tamarin

✆ 05 96 96 12 99

www.bellefontaine-martinique.fr

Visites guidées, offres de logements, activités... : cet office de tourisme fort sympathique est en mesure de vous aiguiller sur toutes vos recherches. De quoi combler votre curiosité. De nombreuses activités vous attendent comme découvrir et participer à la pêche à la senne le temps d'une matinée, une technique de pêche ancestrale typique à la Martinique qui marquera votre passage chez les Bellifontains. Renseignez-vous : des agences proposent des initiations.

RAPHAËL CONCEPT

Rue du Père Marchand

✆ +596 696 01 31 08

Jeune agence orientée vers l'écotourisme, RaphäeL Concept a pour objectif de valoriser le patrimoine martiniquais (culture, tradition, nature, gastronomie, histoire) en proposant des activités autour de la pêche et de l'agriculture. On peut notamment découvrir la technique ancestrale du coup de senne, passer un moment avec les pêcheurs et repartir avec son lot de poissons que l'on a courageusement hissés hors de l'eau ! Chaque activité se termine toujours par un moment de convivialité autour d'un ti-punch ou d'un blaff de poisson.

CARIBBEAN HOUSE €€

40 Fond Boucher

✆ 06 96 38 90 81

https://caribbeanhouse972.business.site/

Dans le lotissement de Fond-Boucher, à l'entrée sud de la ville, tout près d'une très belle plage de galets, cette location saisonnière a des atouts à revendre ! La ville, entre mer et montagne, qui jouit d'une vue à couper le souffle sur la falaise de Bellefontaine, abrite des appartements tout confort et très bien équipés. Décorés avec goût, modernes et spacieux, ils promettent de passer de beaux moments en famille ou entre amis. La vaste piscine n'y est pas étrangère ! De même que la localisation dans cette zone particulièrement agréable de Bellefontaine.

LE MORNE-VERT ★

Un nom évocateur pour ce havre de paix et de verdure. Frais et agréable en toute saison, le Morne-Vert jouit d'une végétation exubérante et d'une vue magnifique sur la mer et sur les pitons du Carbet : piton Lacroix (1 196 m), piton Boucher (1 070 m), Morne-Piquet (1 160 m), piton Dumauze (1 190 m) et piton de l'Alma (1 105 m). Un détour obligé pour les amoureux de la nature qui savoureront le calme de cette petite Suisse des Tropiques. Un abribus semblable à un petit chalet d'été, une trace courant à travers la campagne et, dans le lointain, la vision d'un troupeau de bovins broutant l'herbe grasse du Morne-Vert, vous voici arrivé en Helvétie !

Balade

Le Morne-Vert est le point de départ de plusieurs randonnées pour partir à la découverte des pitons du Carbet (morne Piquet et piton Lacroix), de leur faune (lézards et oiseaux) et de leur flore altimontaines. Renseignez-vous auprès des bureaux des offices de tourisme de Bellefontaine et du Carbet pour obtenir la carte des sentiers et pour connaître les conditions météorologiques.

Histoire

L'histoire relate qu'un certain Aspell, vaillant Alsacien fuyant l'invasion des casques à pointe pendant la guerre de 1870, serait venu se mettre au vert de l'autre côté de l'Atlantique... Ayant pris pour habitude d'explorer les sentiers au pied des pitons du Carbet, l'homme fut saisi par la beauté de ces paysages caribéens semblant pourtant sortir tout droit d'un cliché alpin. Séduit par la sérénité et la tranquillité des Verdi-Mornais, il s'y installa.

© DOMINIQUE - STOCK.ADOBE.COM

Le Morne-Vert.

ÉGLISE SAINT-MARTIN

La traversée du tout petit centre du Morne-Vert ne serait pas complète sans avoir admiré le tabernacle en marbre sculpté de l'église Saint-Martin de la fin XIXe siècle et sa vue imprenable sur la «petite Suisse» tropicale. Remarquez la plaque qui rend hommage à l'abbé qui a permis par ses généreux dons de commander l'autel (sans qui l'église ne serait pas totalement achevée !). Sur la gauche, le point de vue sur les environs est superbe. Jetez un œil au presbytère à l'intérieur. Une église sans prétention mais qui a son charme.

BUREAU DE LA RANDONNÉE ET DU CANYONING

Quartier Jolimont ✆ 05 96 55 04 79
www.bureau-rando-martinique.com
Canyoning à partir de 50 € la demi-journée. Randonnées : 30 € la demi-journée et à partir de 45 € la journée.

Depuis plus de 20 ans, Ophélie, Guy et Sophie, accompagnateurs en montagne diplômés d'Etat, aiment faire découvrir la faune, la flore, l'histoire, les rivières et les traditions de la Martinique. Randonner intelligemment, en faisant découvrir les innombrables richesses naturelles de l'île, est le maître mot de cette équipe de choc. Les sorties proposées se font à la journée ou à la demi-journée, en petits groupes de 4 à 12 participants, afin d'offrir un maximum de convivialité.

BWA MONDONG'

✆ 05 96 55 11 11
https://bwamondong.com

Accompagnateur de montagne chevronné, René Dersion part à la découverte des plus belles traces de la Martinique. Loin des sentiers battus, il propose des excursions dans le Nord Caraïbe axées sur la découverte du patrimoine naturel et culturel, en prenant le temps de regarder, de respirer, de sentir, de toucher : randonnées pédestres ou aquatiques avec remontées de rivières, bivouac avec nuit en forêt tropicale... Une expérience à vivre en famille ou entre amis le temps d'un week-end pour dormir à la belle étoile sous la tente ou dans un hamac.

LE CARBET ★★★

Les plages du Carbet restent connues pour avoir vu débarquer un certain Christophe Colomb en 1502. Un mémorial représentant les mâts du bateau du navigateur espagnol a été édifié en 2017 à la sortie du Carbet.

Sa proximité avec la capitale économique, Saint-Pierre, va jouer pleinement en faveur du Carbet, comme en témoigne son économie fructueuse jusqu'à la crise sucrière et l'éruption de la montagne Pelée en 1902, qui vont mettre un terme brutal à cette prospérité.

Depuis, la commune coule une existence paisible, même si elle s'anime quelque peu en soirée. Elle jouit d'une anse particulièrement belle et agréable qui attire nombre de baigneurs. Une ambiance agréable avec de nombreux pêcheurs tout au long de cette grande plage très typique du Nord-Caraïbe et ses nombreuses cases créoles traditionnelles rénovées ou non. On peut également découvrir l'espace Aimé-Césaire, ses commerces et son jardin ombragé de grands manguiers, entre autres.

Le tout nouveau marché aux poissons, tous les jours en fonction de la pêche, est sur la route n° 2 face à la pharmacie. Les trésors géologiques du Carbet se situent dans le secteur de la rivière Blanche. Les roches éboulées des pitons du Carbet sont formées de quartzite, de biotite (de couleur noire) et d'hypersthène (baguettes rectangulaires de couleur rouille) particulièrement spectaculaires.

Histoire

Le Carbet est un haut lieu historique puisque c'est ici que débarqua Christophe Colomb en 1502, lors de sa quatrième expédition. L'île porte alors le nom de Madinina (ou Matinino selon les versions des historiens).

NORD

Une stèle, juste à côté, rappelle une conséquence moins plaisante pour le développement de l'île : elle est à la mémoire du peuple des Indiens caraïbes chassés de leur terre par les colons ; il est raconté qu'ils se seraient suicidés du haut de la falaise plutôt que de se rendre.
Mandatées par la Compagnie des Isles d'Amérique afin de coloniser de nouvelles îles habitées par « les sauvages », les expéditions (1635) de Jean Duplessis, sieur d'Ossonville, et de Charles Liénard, sieur de L'Olive, débarquent dans cette localité bien après Christophe Colomb (1502). Même s'il nous est difficile de le croire au vu de son paisible paysage, les témoignages précisent pourtant que les nouveaux arrivants sont découragés devant les pénibles obstacles : innombrables serpents et indigènes belliqueux. Après que l'île a été désertée, Pierre Belain d'Esnambuc, très méfiant, prend la situation en main et débarque ici à son tour, quelques semaines plus tard. Le gouverneur du Parquet, neveu et successeur d'Esnambuc, construisit une maison en brique près de la rivière et une chapelle consacrée à saint Jacques vers 1645. Plus tard, Paul Gauguin a séjourné à proximité, dans une case de l'Anse-Turin pendant cinq mois, en 1887. Le Centre d'interprétation du Patrimoine Paul-Gauguin retrace ce passage.

NORD

CANAL DE BEAUREGARD

- Presque à la sortie du Carbet, prenez la CD 62 (après la station-service) à droite direction Bout Bois. Départ du sentier balisé en jaune et blanc à environ 2 km. Vous pouvez également faire cette balade en partant de Fond-Saint-Denis, où vous garerez sans difficulté votre voiture au bord du canal.

Le canal de Beauregard est un parcours d'environ 2 heures de marche le long d'un chemin d'irrigation construit au XVIIIe siècle, par M. Beauregard, baptisé également « Canal des Esclaves ». A l'époque, des centaines d'esclaves ont transporté les lourdes pierres qui ont servi à la construction du canal d'irrigation destiné à amener l'eau de la forêt vers la côte caraïbe. La randonnée, cernée de majestueux fromagers, longe le canal, débute au lieu-dit la Maison Rousse et revient par le même chemin. On marche même parfois sur le muret, entre l'eau et le vide.

CENTRE D'INTERPRÉTATION DU PATRIMOINE PAUL-GAUGUIN

Anse Turin ✆ 06 96 80 80 96
www.paulgauguinmartinique.fr
Ouvert du mardi au samedi de 9h30 à 17h, et dimanche de 9h30 à 15h. Entrée 8 € adultes, 5 € enfants.

Le Centre d'interprétation du patrimoine Paul-Gauguin en Martinique, ouvert en juillet 2017, œuvre à la diffusion des créations martiniquaises des peintres Paul Gauguin et Charles Laval. On y découvre l'épopée caraïbe des deux peintres durant leur passage en Martinique, à travers les reproductions de leurs lettres et de leurs œuvres. Une balade unique à travers les tableaux de Paul Gauguin grâce à la réalité virtuelle. Des ateliers dessin et peinture, entre autres, sont proposés.

DISTILLERIE NEISSON

Le Coin
✆ 05 96 78 03 70
www.neisson.com
Du lundi au vendredi de 8h30 à 12h45 et de 13h30 à 17h. Samedi matin de 8h30 à 12h. Entrée libre.

Créée en 1932, la Distillerie Neisson est l'une des dernières distilleries familiales en Martinique à cultiver sa propre canne à sucre. La terre volcanique sur laquelle pousse la canne est sans nul doute le facteur qui donne une saveur si particulière à ses rhums. Les amateurs de rhum blanc prétendent que le « zepol karé » est le meilleur et le plus doux de l'île. Depuis peu, la distillerie Neisson produit le premier rhum agricole A.O.C. bio du monde. Le visiteur suit les différentes étapes de fabrication à travers une brochure explicative. Vente sur place.

ÉGLISE SAINT-JACQUES DU CARBET

Rue Perrinon

Voici l'une des plus belles églises de l'île. Flanquée de son cimetière, elle rayonne dans son habit d'un jaune éclatant. Elle est dédiée à saint Jacques en souvenir de Jacques du Parquet, premier gouverneur de la colonie. Le mélange de styles baroque et néoclassique du XVIIIe siècle, avec un intérieur sobre qui ne manque pas de charme, est plutôt intéressant. A l'intérieur, le chœur est orné d'effigies de saint Jacques le Majeur. Faites le tour et allez voir le presbytère.

HÔTEL DE L'ANSE €

18 Anse-Latouche ✆ 05 96 78 30 82
www.hoteldelanse.com

Face à la plage de l'Anse Latouche. Chambres doubles à partir de 50 € la nuit, bungalows à partir de 65 € la nuit.

La vieille bâtisse où était située l'ancienne chapelle de l'habitation a été merveilleusement restaurée par les propriétaires actuels, Olivier et Sandrine, qui ont su conserver le cachet d'époque et bichonner leur belle propriété. Le bâtiment principal abrite trois catégories de chambre (climatisées). Elles donnent accès à une cuisine d'été ouverte et commune. Nichés dans le jardin, quatre bungalows en bois complètent l'offre. Un emplacement fort agréable à quelques pas de la plage. Un cadre bucolique pour associer mer et verdure dans un même lieu !

HABITATION LATOUCHE

Anse Latouche

Ouvert 7 j/7 de 9h à 18h. Adulte 16,50 €. Enfant : 9 €. Billet combiné avec Balata 28,50 € /adulte, 15 € /enfant.

C'est l'une des visites les plus spectaculaires de l'île. On ne saurait que trop vous la recommander, plus pour la beauté des lieux et le témoignage historique que représente l'habitation Latouche que pour la partie purement animalière.

Sur le site de l'Habitation Latouche, qui sert aujourd'hui d'écrin à un parc animalier, s'épanouit le jardin du magicien Thoze. Fondée au XVIIe siècle, cette habitation, la plus ancienne de l'île, aurait hérité son nom du mariage de l'une des filles de Guillaume d'Orange, à qui appartenaient les terres, à un certain François Samuel de la Touche. Le site abrite alors une belle demeure de maître donnant sur un bassin, une sucrerie, une indigoterie et une manioquerie ainsi qu'un village d'esclaves. Avec l'industrialisation et l'invention de la machine à vapeur à la fin du XIXe siècle, elle se dote d'une distillerie qui sera dévastée par l'éruption de la Montagne Pelée en 1902. L'usine reconstruite continue néanmoins son activité jusqu'en 1940 avant d'être laissée à l'abandon, laissant en son sein un merveilleux jardin et les vestiges en sommeil. Dans les années 2000, Jean-Philippe Thoze, le fondateur de Balata, tombe amoureux de l'Habitation Latouche et créé un jardin somptueux qui respecte l'âme des lieux. À travers une étonnante mise en scène des témoignages du passé encore debout, notamment l'aqueduc et l'imposant moulin à eau avec sa roue à augets, l'architecte paysagiste tire parti du terrain rocailleux en y installant des succulentes, des cactées, des agaves, des euphorbes, créant par-ci par-là des massifs colorés d'épines du Christ. Partout, des palmiers et des aréquiers en colonnade délimitent les différents espaces, créant une impression très graphique, se mêlant aux cycas, orchidées-bambous, et autres fleurs de lotus.

Ce cadre bucolique sert aujourd'hui d'écrin au parc animalier. A travers un parcours didactique spécialement aménagé pour non seulement découvrir des animaux inattendus mais également pouvoir interagir avec eux, les visiteurs évoluent dans ce zoo nouvelle génération où singes, jaguars, pumas, loriquets, grand fourmilier et ratons laveurs côtoient désormais les plus insulaires mangoustes, crabes touloulous, tortues, iguanes et évidemment serpents. La ferme aux papillons et la volière où les oiseaux viennent directement manger dans la main demeurent des expériences inédites.

Que l'on soit pour ou contre les zoos, c'est incontestablement l'un des plus beaux jardins de l'île. Allez-y en famille, tout le monde devrait ressortir enchanté de cette extraordinaire visite !

MARTINIQUE ACCESS 'ÎLE

17-19, chemin des Pavillons ✆ 05 96 55 11 71

www.handicaptourisme.net

Accessible aux personnes à mobilité réduite. Aménagements pour handicapés mentaux, malentendants et malvoyants.

L'Association Martinique Access'île offre au travers du site Handicaptourisme.net une sélection d'adresses labellisées Tourisme & Handicap afin d'aider les personnes en situation de handicap à mieux découvrir la Martinique. Elle est présidée par Noël Cicalini, expert dans le domaine des voyages accessibles et référent handitourisme en Martinique. C'est une véritable agence de voyage sociale et solidaire. Basée au Carbet, l'association dispose d'un fauteuil Tiralo pour la baignade. Elle propose également un véhicule avec rampe-navettes et des activités encadrées.

MADI CRÉOLES €€

Anse-Latouche

✆ 05 96 78 26 75

www.madicreoles.com

Tarifs à la nuitée ou semaine ; Studio à partir de 88 € la nuit. Wifi gratuit.

Sympathique complexe situé en face de la plage de l'Anse-Latouche (vue mer), entouré d'un jardin exotique. 20 studios, deux F2 (4 personnes), une villa au bord de mer (4 à 6 personnes) et un appartement de 70 m² indépendant tout confort avec 2 chambres climatisées. La belle piscine à débordement est le cœur de vie du complexe. Les studios climatisés sont équipés d'une kitchenette en terrasse. La décoration se décline dans les tons marins, bleu et blanc. Un logement est prévu pour les personnes à mobilité réduite. Excellent rapport qualité-prix.

MARTINIQUE TREE HOUSE €€€

Route Departementale 20

✆ +596 696 91 44 40

https://martinique-treehouse-canton-suisse.hotelmix.fr

Et si vous jouiez à Tarzan le temps d'une nuit ? A Canton Suisse, cet établissement propose des hébergements insolites au sein d'une plantation de rhum datant du XVIIe siècle bénéficiant d'une rivière thermale naturelle. En pleine nature, plusieurs cabanes parfaitement équipées accueillent de 4 à 10 personnes. Chaque logement dispose d'une connexion wifi, d'un coin salon, d'une cuisine entièrement équipée et d'une salle de bains privative. A cela s'ajoutent une piscine, une baignoire spa, et un coin détente où l'on se régale de petits déjeuners locaux.

EFFET MER €€

Plage du Coin
✆ 06 96 92 99 99
Ouvert tous les jours de 11h à 22h ; fermé le mardi. Addition moyenne 25 €.

Une jolie plage aménagée de transats et parasols borde ce sympathique restaurant de plage situé à l'entrée du Carbet. La salle de restaurant est spacieuse et entièrement dirigée vers la mer, on s'y sent tout de suite à l'aise, le lieu est très ventilé et la vue sur la mer imprenable. La carte est variée et fait la part belle aux produits locaux frais. Ici, vous pourrez déguster certainement l'un des meilleurs lambis frais de la côte caraïbe, accompagné de légumes pays cuisinés de façon originale et pleins de saveurs. Une bonne adresse !

PÉLICAN BEACH €€

Quartier le Coin, PLage du Carbet
✆ 05 96 78 45 91
https://www.pelicanbeach.fr/
Ouvert 7/7. Service de 12h à 14h30 et de 19h à 21h30. Addition moyenne 15-30 €. Label Qualité Tourisme.

Au Pélican Beach, tout est frais et fait maison ; on y privilégie les produits locaux de proximité. Sandra, Jean-Louis et leur équipe offrent une cuisine du monde fraîche, variée et raffinée. Installez-vous sur le grand deck brumisé et sirotez un merveilleux cocktail avant de déguster des plats à tendance bistronomique comme le « péyi burger », une délicieuse grande salade, un menu créole ou encore un poisson. On apprécie également les viandes tendres et goûteuses ainsi que les desserts du jour élaborés par le chef pâtissier. Transats sur la plage.

PETIBONUM €€

plage du Coin
✆ 05 96 78 04 34
Ouvert 7/7 à partir de 9h. Cuisine ouverte en continu. Addition moyenne 30 €. Ambiance musicale le vendredi soir.

Le Petibonum, c'est l'ambiance des plages privées mais avec un petit plus antillais, insufflé par l'âme de son patron Guy, au short devenu légendaire. On déjeune sous un grand carbet en bois couvert de tuiles et brumisé. C'est aussi un bar à rhum pour déguster les meilleurs AOC de l'île. Côté cuisine, ici vous êtes en « péyi matinik » ! Les principaux produits sont locaux : les écrevisses proviennent du Carbet, la dorade coryphène et le marlin sont pêchés au large. Un plagiste est à votre disposition pour vos transats. Base de Jet-Ski et de Flyboard sur place.

BEACH GRILL €€

Plage de la Grand Anse
✆ 05 96 78 34 02
restobeachgrill.com
Du mardi au dimanche midi : de 12h à 14h30. Vendredi et samedi soir : de 19h à 22h30. Addition moyenne 30/35 €.

Grande terrasse aérée, déco colorée, brumisateurs, mobilier confortable et les eaux cristallines de la mer en toile de fond. C'est sur le deck ou sur le sable que l'on choisit sa table. Une équipe jeune et sympa, dirigée par Violène, digne successeur de Franco, le créateur du Beach Grill. Les grillades ont fait la réputation de l'établissement. Les produits de la mer proviennent tout droit des pêcheurs du coin. Ambiance, cadre, cuisine, service : tout est réuni pour passer un moment très agréable. Une excellente adresse que l'on vous recommande !

© BEACH GRILL

© BEACH GRILL

NORD

YEMANJA €€

Plage du Carbet
© 0596 38 93 69
Restaurant et plage. DJ le dimanche avec ambiance musicale.

Yemanja est la déesse de la mer, adulée en Amérique latine. Ce restaurant situé au bord de l'eau lui rend hommage. On est en premier lieu attiré par une déco contemporaine très soignée, toute de bleu et de bois vêtue. La carte fait la part belle aux poissons issus de la pêche locale comme le délicieux « croustillant de marlin aux graines de sésame ». Les cocktails sont délicieux, à siroter au moment du coucher du soleil sur la plage. Ambiance musicale très sympa le dimanche soir avec animation de DJ, sans doute pour attirer les belles sirènes venues du large ?

RESTAURANT 1643 €€€

Anse Latouche © 05 96 78 17 81 - A la sortie du Carbet en direction de Saint-Pierre. A 200 m à droite après le tunnel.
www.restaurant1643.com
Ouvert midi et soir, de mardi à samedi ; dimanche midi uniquement. Addition moyenne 40 €.

C'est dans une ambiance chaleureuse que Serge, le nouveau propriétaire, et son équipe vous accueillent. En cuisine, le chef distille une cuisine créative aux accents créoles et aux saveurs du terroir. La carte est audacieuse et originale : crème brûlée aux crevettes, polynésien de poisson du jour, raviolis aux crevettes et noix de Saint-Jacques, ou encore magret de canard farci au foie gras. On savoure ces assiettes copieuses sur la grande terrasse face au jardin. Le soir, l'ambiance se fait plus romantique, à la faveur des lumières tamisées. Une belle adresse !

WAHOO CAFÉ

Plage de grande Anse
© 05 96 74 69 95
Accessible en voiture.
Ouvert 7/7 jours de 10h à 23h (2h le week-end). Concerts avec DJ Deep House le week-end.Carte de petite restauration.

Le Wahoo s'est fait une beauté, la déco a été intégralement repensée. Installez-vous confortablement les pieds dans le sable et laissez-vous transporter par la beauté du soleil couchant en sirotant un cocktail. Lieu de rendez-vous de nombreux locaux pour l'apéro, l'ambiance est conviviale, c'est *the place to be* sur la plage du carbet. Une restauration légère complète désormais l'offre avec une sympathique carte de snacks, composée de balaous, accras, rillettes de poisson frais et son fameux burger avec son pain fait maison aux piments végétariens.

DISTILLERIE NEISSON

Le Coin
© 05 96 78 03 70
www.neisson.com
Ouvert du lundi au samedi de 8h30 à 17h.

Créée en 1932, la Distillerie Neisson est l'une des dernières distilleries familiales en Martinique à cultiver sa propre canne à sucre. La terre volcanique sur laquelle pousse la canne est sans nul doute le facteur qui donne une saveur si particulière à ses rhums. Les amateurs de rhum blanc prétendent que le « zepol karé » (son flacon est carré) est le meilleur et le plus doux de l'île. Depuis peu, la distillerie Neisson produit le premier rhum agricole A.O.C. bio du monde. Le visiteur suit les différentes étapes de fabrication à travers une brochure explicative.

FRAÎCHEUR DES PITONS

Rue des délices, 50 Lajus
© 06 96 20 31 49
www.fraicheurdespitons.com
Ouvert du lundi au samedi de 10h à 12h30 et les lundis, mardis, jeudis et vendredis de 14h à 16h30, 18h15 les vendredis.

C'est Armelle, créatrice et maîtresse des lieux, qui vous reçoit dans cette jolie boutique accolée à son laboratoire de fabrication de poissons fumés : uniques en Martinique, ces derniers sont issus de la pêche locale puis fumés avec la bagasse de canne à sucre, de la sciure de mahogany et du sel de Guérande, le tout à froid. Ne manquez pas de lui rendre visite, elle se fera un plaisir de vous expliquer son travail. Puis repartez avec un de ses fameux morceaux ou encore des tranches de thon ou marlin, souskay ou rillettes fumés, le tout fait maison !

REVI MYREVIHOLIDAYS, NATURAL SPA & EXCURSIONS

Plateau Godinot
© 06 96 93 79 80
http://myreviholidays.com

Envie de vous évader et de vous recentrer ? Partez à la découverte de la nature formidable qu'offre la Martinique, guidée par une coach de développement personnel et de relaxation. De nombreuses excursions détente vous sont proposées pour de courtes retraites. Au programme : dégustation d'eau de coco, réveil corporel, gommage au sable noir, plateau de fruits frais et jus locaux, bain de rivière, soins de beauté naturels, activité Zen art et méditation.

© LES ARÔMES

© LES ARÔMES

© LES ARÔMES

LES ARÔMES €€

13 Avenue du Général-de-Gaulle
✆ 05 96 62 43 22
www.lesaromes.fr
Ouverts de 11h30 à 15h du lundi au samedi, et le vendredi et le samedi soir. Fermé le dimanche. Addition : 25-30 €.

Vous ne pouvez pas manquer ce délicieux restaurant à la façade orange vif en passant dans le bourg du Carbet. Sa jolie petite carte attrayante évolue au fil des semaines. Ici, il n'y a que du frais dans les assiettes, le chef faisant appel aux producteurs locaux, dans le respect des saisons et des produits. Vous y dégusterez un délicieux tataki de marlin et chaque semaine on vous propose un plat végétarien, le tout bien installé sous la charmante terrasse ombragée côté jardin. L'équipe est très sympathique, un agréable moment de détente et de découverte culinaire.

© LES ARÔMES

© LES ARÔMES

WAHOO CAFÉ

Plage de grande Anse
✆ 05 96 74 69 95 - Accessible en voiture.
Ouvert 7/7 jours de 10h à 23h (2h le week-end). Concerts réguliers le week-end. Carte de petite restauration.

Le Wahoo s'est fait une beauté, la déco a été intégralement repensée. Installez-vous confortablement les pieds dans le sable et laissez-vous transporter par la beauté du soleil couchant en sirotant un cocktail. Lieu de rendez-vous de nombreux locaux pour l'apéro, l'ambiance est conviviale, c'est *The place to be* sur la plage du Carbet. Une restauration simple et authentique complète désormais l'offre avec une sympathique carte de snacks, composée de balaous, accras, rillettes de poisson frais, fish and chips et son fameux burger avec son pain fait maison aux piments végétariens.

TCHÈK SA

Espace Aimé-Césaire
✆ 06 96 03 17 56
Ouvert du mardi au dimanche de 9h30 à 18h.

Quand on prend la route pour aller à Saint-Pierre, c'est la boutique à ne pas manquer au Carbet, dans l'espace Aimé-Césaire. Au bord de la route, dans une jolie case créole abritée d'arbres majestueux, vous trouverez des créations d'artisans locaux, des pièces uniques à tous les prix, mais aussi des produits cosmétiques naturels fabriqués dans les Caraïbes. C'est Edhéna, propriétaire de la boutique et créatrice, qui vous reçoit et vous conseille ; elle est la créatrice de la plupart des modèles de sa boutique ainsi que d'une gamme naturelle de cosmétiques.

ALEX CROISIERE GRENADINES

✆ 06 96 53 19 72
www.croisiere-grenadines-et-caraibe.com
Croisière all inclusive, sortie week-end ou à la journée à partir de 90 €.

Alex et Hélène forment un duo skipper et hôtesse très pro, toujours disponible et de bonne humeur. Ils connaissent les îles Grenadines, Saint-Vincent et Sainte-Lucie comme leur poche et adorent vous emmener dans les meilleurs spots, à bord de leur catamaran, un Hélia 44 tout confort, baptisé *L'Incroyable*. La capacité d'accueil en croisière est de 8 passagers. Les séjours sont à la carte : croisière long séjour, à la journée pour naviguer sur la côte nord caraïbe, ou pour un week-end.

CAPTAIN TOSH

✆ 06 96 34 08 88 - Accessible en voiture.
Trois catégories de balades en mer : découverte cétacés, pêche sportive ou «sur-mesure». Sortie demi-journée 45€.

Envie de naviguer ? De partir à la découverte des dauphins, tortues, cachalots et autres baleines à bosse ? Réservez vite votre excursion sur le *Miss Tais* avec le Captain Toch ! Il vous fera découvrir, au fil des anses sauvages du Nord Caraïbe, des eaux turquoises à en perdre la tête ! Un petit creux ? Une collation fraîche et locale est comprise dans la formule (ananas, melon, maracuja frais) accompagnée de rillettes de poisson sans oublier le fameux ti-punch martiniquais ! Découvrez aussi la pêche sportive pour ceux qui ont le pied marin... Une sortie géniale !

SAINT-PIERRE ★★★

La « capitale » oubliée, l'ancien « Petit Paris » des Antilles, la rivale de Fort-de-France, la ville du mont Pelé… Les appellations ne manquent pas pour qualifier Saint-Pierre, fondée en 1635, ancien centre de l'activité économique et culturelle de la zone caraïbe, dont l'existence s'est brutalement arrêtée le 8 mai 1902. Durablement marquée par l'éruption de la montagne Pelée, répertoriée comme l'une des catastrophes naturelles les plus meurtrières du XXe siècle, Saint-Pierre, classée Ville d'Art et d'Histoire, semble sortir doucement de sa longue torpeur, notamment grâce au tourisme et aux plongeurs qui sillonnent sa magnifique baie.
La statue de Frank Perret, vulcanologue américain, vous accueille à l'entrée de Saint-Pierre. En face, la montagne Pelée domine majestueusement la contrée, à condition que le soleil soit au rendez-vous. Elle affirme son autorité et sa puissance, terrible sentinelle que les Antillais d'aujourd'hui savent respecter. Coincée entre la montagne et la mer turquoise au-delà du sable gris, Saint-Pierre se présente sous l'allure fleurie d'un bourg martiniquais comme un autre : des bougainvillées, des cocotiers, une animation insouciante dans les rues. Seules quelques ruines rappellent un lourd passé, aujourd'hui englouti. Il flotte un parfum de nostalgie ici. La circulation se fait par deux routes distinctes, en sens unique. Les touristes, qui investissent le bourg par myriades d'autocars, contemplent, entre deux verres de jus frais, cette ville qui leur sourit en cherchant vainement ce qu'il n'y a plus à voir. Le marché aux poissons, entièrement refait récemment, donne sur le front de mer, adossé au marché couvert. Sur les hauteurs de la ville, de très belles villas jouissent d'un panorama d'exception. A proximité du 8 à Huit, des bouis-bouis où l'on trouve un peu de tout.
Pour retrouver l'histoire locale et se familiariser avec le monde des volcans, rendez-vous au Mémorial de la Catastrophe de 1902 pour une visite guidée personnalisée de la célèbre éruption meurtrière de la montagne Pelée. Pour les vestiges, la visite de l'ancien théâtre s'impose. Dans les ruines, une superbe statue semble interroger le ciel et symboliser *Saint-Pierre renaissant de ses cendres* à la manière du Phénix. A quelques mètres de là, derrière vous, l'ancienne prison de Saint-Pierre avec le cachot du prisonnier Cyparis qui fut protégé miraculeusement du souffle de l'enfer. À cause d'une bagarre avec un ami, il se retrouva enfermé dans la prison de Saint-Pierre lorsque la catastrophe survint.

NORD

Il fut le seul rescapé reconnu, le seul à ne pas avoir respiré le gaz mortel. Il aurait pu figurer dans le *Livre des Records*. Comme cela n'existait pas, il entra au cirque Barnum, où on l'exhibait comme une bête curieuse.

Histoire

Le 8 mai 1902, alors que les élections législatives battent leur plein, le volcan retentit et il s'en émane une épaisse fumée noire. La ville est alors la cible d'une pluie de roches et de boue à la chaleur démentielle. L'éruption détruit et submerge les 2 985 habitations réparties dans 103 rues, ses 26 000 habitants et les navires présents dans la baie. Saint-Pierre couvre alors une superficie de 75 ha, la capitale de la Martinique est plongée dans l'obscurité. Le volcan montrait des signes d'activité depuis avril 1902, un mois avant son explosion. Dès lors le ministère aurait dû faire évacuer la ville, témoin de son réveil. Un seul survivant, un miraculé : Louis-Auguste Cyparis, qui doit son salut au fait d'avoir été emprisonné pour une rixe. Les ruines de son cachot sont encore visibles.

Se loger

Tout comme la grande majorité des communes du nord, le choix de Saint-Pierre comme lieu d'hébergement relève rarement du hasard. A ceci près que nombreux sont les plongeurs et randonneurs qui se rendent spécialement dans cette région ou à proximité. Les amateurs de plages de cartes postales devront s'orienter vers le sud.

ANCIEN THÉÂTRE

Rue Victor Hugo

Aussi appelée Salle de la Comédie, le théâtre de Saint-Pierre est au XVIIIe siècle une célèbre scène aux Antilles où se produisent des troupes de renommée. Il accueille les pièces les plus prisées de l'époque comme *Le Barbier de Séville, Le Mariage de Figaro* ou encore *Le Déserteur* de Michel-Jean Sedaine. Comme le reste de la ville, le théâtre a été emporté par la catastrophe de 1902. Ses ruines sont aujourd'hui relativement bien conservées et suscitent de nombreuses visites. Une très belle balade avec la Montagne Pelée en arrière-plan.

ANCIENNE ÉGLISE DU FORT

Ouvert tous les jours mais sans horaires précis.

Tout commence avec une simple petite église en bois, sur un soubassement de pierre, construite en 1640 dans les débuts de la colonisation. Reconstruite par le père Farganel en 1680, elle est désormais dotée d'une magnifique charpente en carène de navire, et d'un clocher séparé du corps central, sur une petite place pavée. Elle sert de sépulture au marquis de Caylus, gouverneur des îles Sous-le-Vent. L'édifice perdra son toit lors du cyclone de 1891, mais c'est en 1902, avec l'éruption de la montagne Pelée, qu'elle entendra sonner son glas.

Saint-Pierre.

© DEPAZ

© DEPAZ

© DEPAZ

© DEPAZ

HABITATION DEPAZ

Plantation de la Montagne Pelée
✆ 05 96 78 13 14
www.depaz.fr

Ouverture de la boutique et du Château du mardi au samedi de 10h à 13h et de 14h à 16h30. 2h : site + château + dégustation

Avec ses espaces verts et sa vue sur la mer, la distillerie Depaz bénéficie d'un cadre majestueux. Le château Depaz, construit entre 1917 et 1922 par Victor Depaz, à l'identique de la demeure dans laquelle il passa son enfance, surplombe un magnifique parc de 5 hectares aux arbres centenaires. Le visiteur aura également le plaisir de découvrir les différentes pièces de l'habitation : hall d'entrée, salle à manger, fumoir, salle de jeux, salle d'archives ainsi que le bureau de Victor Depaz. Grâce à un circuit libre avec panneaux didactiques, vous pourrez flâner dans ce lieu empreint d'histoire ainsi que le long des allées du domaine. La visite de la distillerie Depaz vous permettra de découvrir tous les stades nécessaires à l'élaboration de son rhum. Un petit musée du rhum est adossé à l'un des chais de vieillissement du site et entouré d'anciennes machines. Différents objets utilisés pour la production du rhum y sont aussi exposés, la plupart en cuivre. Vous pourrez également voir le moulin à canne, la roue à aube et la Case à Louisette. A la fin de votre visite, une dégustation vous sera offerte à la boutique où sont exposés les productions de la Distillerie Depaz et d'autres cadeaux éventuels originaux à offrir.

La Montagne Pelée vue de Saint-Pierre.

LE NORD DE L'ÎLE
À LA DÉCOUVERTE DE LA SCIENCE DES VOLCANS

CENTRE DE DECOUVERTE DES SCIENCES DE LA TERRE

Lieu de mémoire en hommage aux victimes de la catastrophe du 8 mai 1902 qui emporta 28 000 âmes et qui raya de la carte la ville de Saint-Pierre. Le Centre de Découverte des Sciences de la Terre, ouvrage de référence parasismique est un lieu de rayonnement de la culture scientifique notamment dans le domaine des sciences de la Terre.

Habitation Périnell 97250 Saint-Pierre

Tel. : 0596 52 82 42

MAISON DES VOLCANS

La Maison des Volcans est un Centre d'Information et de Documentation spécialisé en Vulcanologie, avec une bibliothèque sur les éruptions de la montagne Pelée de 1902 et 1929, la géologie et l'astronomie.
Une exposition permanente fait connaître les risques sismiques de notre région et les volcans de la Caraïbe.

Av. Edgard Nestoret Imm. Magalon 97260 Morne-Rouge

Tél. : 0596 52 45 45

www.collectivitedemartinique.mq

ANCIENNE PRISON

Rue de la Prison

L'ancienne Prison de Saint-Pierre est célèbre pour avoir abrité le cachot de Cyparis, «l'unique survivant» de l'éruption de la Montagne Pelée. Lorsque le volcan est entré en éruption, Louis-Auguste Cyparis qui y était alors prisonnier pour avoir agressé un camarade au couteau, a été blessé par la fumée brûlante dégagée du volcan mais grâce à son enfermement, a survécu à la catastrophe. Il a été retrouvé 3 jours après par les sauveteurs du Morne-Rouge. Aujourd'hui, le cachot accessible aux visiteurs figure comme l'un des lieux historiques de la catastrophe.

ANSE TURIN

Anse Turin

De Saint-Pierre, on y parvient par un tunnel en découvrant d'abruptes falaises ocre percées par les boulets de canon des navires anglais au XIXe siècle, qui pensaient attaquer Saint-Pierre. C'est ici, sur cette plage de sable noir, que Gauguin résida de juin à octobre 1887. Peu de personnes le savent mais cette plage abrite de belles épaves facilement accessibles car près du bord, elles gisent à peu de profondeur. Elles sont matérialisées par des bouées jaunes. Pour repartir, on longe de nouveau la mer en admirant le vol des pélicans.

CATHÉDRALE NOTRE-DAME-DE-L'ASSOMPTION

Rue Percée

© 05 96 78 13 83

Ouverte tous les jours sans horaires précis.

Appelée aussi Notre-Dame-du-Bon-Port, la cathédrale de Saint-Pierre, inscrite aux monuments historiques, avec ses deux clochers, domine la rade. Edifiée au XVIIIe siècle et remaniée vers la moitié du XIXe siècle, elle n'échappa pas à l'éruption de 1902. Grâce au soutien financier de Victor Dépaz, la façade fut relevée. Le maître-autel en marbre de 1784 représente une Cène joliment manufacturée. Les vitraux réalisés par l'artiste martiniquais Victor Anicet datent de 2006.

CENTRE DE DÉCOUVERTE DES SCIENCES DE LA TERRE

Quartier La Galère © 05 96 52 82 42

www.collectivitedemartinique.mq/le-centre-de-decouverte-des-sciences-et-de-la-terre/

Ouvert du mardi au dimanche de 9h à 17h. Durant les mois de juillet et août : 10h-18h. Tarif 5 €, réduit 3 €.

A travers ses expositions permanentes et temporaires, le centre offre dans ce lieu symbolique du souvenir de l'éruption de 1902 de la montagne Pelée, un outil pour découvrir et mieux connaître les sciences de la Terre. Dans un bâtiment conçu selon des techniques parasismiques novatrices, il propose des expositions sur des thèmes d'actualité, concernant notamment les risques naturels majeurs.

MÉMORIAL DE LA CATASTROPHE DE 1902 - MUSÉE FRANK A. PERRET

169, Rue Victor-Hugo © 05 96 78 15 16

https://www.memorial1902.org

Ouvert tous les jours de 9h à 18h. Tarif : 8 € adultes, 6 € pour les 7-17 ans. Gratuit pour les moins de 7 ans.

Le plus ancien musée de la Martinique, fondé en 1933 par le volcanologue et philanthrope américain Frank A. Perret et propriété de la ville de Saint-Pierre, a été entièrement rénové en 2019 par la Fondation Clément. Ce nouveau bâtiment ultra moderne en béton abrite les vestiges de l'éruption du 8 mai 1902. La nouvelle façade en bois brûlé est un symbole à la fois sobre et puissant au cœur de la ville. La collection présentée dans l'exposition permanente témoigne des éruptions de la montagne Pelée et de la destruction de Saint-Pierre en 1902. Le parcours, organisé en trois séquences, permet de découvrir la ville à la veille de l'éruption, de revivre l'enchaînement des événements autour du 8 mai 1902 et de comprendre les conséquences de cette catastrophe qui fit près de 30 000 morts et raya Saint-Pierre de la carte. L'exposition présente les objets portant les traces de l'éruption, des photographies et des films anciens sur la ville vers 1902 tandis que des audioguides dispensent aux visiteurs des témoignages des habitants et des rescapés. Enfin, le mémorial dresse la liste des 7 000 victimes identifiées à ce jour sur les 28 000 disparus estimés. La collection de verres déformés par la forte température ainsi que deux cloches montrent l'impact de l'incendie qui s'est abattu sur la ville après la nuée ardente. Cette visite est une expérience forte.

OFFICE DU TOURISME

Rue Victor Hugo ✆ 05 96 78 34 05 - Centre-ville, en bord de mer.
www.saintpierre-martinique.fr
Ouvert lundi, mardi, jeudi et vendredi de 8h à 16h ; le samedi de 8h à 13h (horaires sujets à modification).

Ce petit office de tourisme au cœur de Saint-Pierre rassemble de nombreuses informations, brochures et indications pour visiter Saint-Pierre, ville d'Art et d'Histoire, et les environs. Il existe ainsi des visites guidées et thématiques de la ville, organisées sur réservation et en petits groupes. Le fascicule *Laissez-vous conter Saint-Pierre* notamment est un excellent compagnon pour vous guider à travers une visite libre de la ville. Les ruines n'étant pas fléchées, on vous conseille de vous les faire indiquer, ce serait dommage de passer à côté !

CYPARIS EXPRESS

Rue Bouillé ✆ 05 96 55 50 92 - Devant les ruines du Figuier, côté mer. Parking pour les passagers.
www.cyparisexpress.com
Départ à 11h du lundi au samedi ; le mardi et le jeudi à 14h30 (haute saison uniquement). Adulte : 15 €, enfant : 7 €.

Une visite guidée de Saint-Pierre, ville d'art et d'histoire, à ne surtout pas manquer ! Aux côtés de Fernand Pain, traversez un siècle de ce «petit Paris des Antilles» détruit en l'espace d'une nuit, le 8 mai 1902, et perdez-vous dans les vestiges d'une des plus célèbres catastrophes de l'humanité... Fernand connaît également sur le bout des doigts l'histoire de sa ville et de son île. La billetterie et le départ du petit train sont maintenant installés rue Bouille. Tour de la ville en train pour la première partie de la visite puis visite des ruines à pied.

RELAIS DU PARC (PNRM)

rue Victor Hugo
✆ 05 96 52 79 80
www.pnr-martinique.com
Ouvert du mardi au samedi de 9h à 14h.

Le Parc naturel régional de la Martinique propose ses relais à différents points de l'île afin d'apporter toutes les informations sur les visites de sites, randonnées et balades à faire dans les communes avoisinantes. Une boutique propose également une large variété de produits issus des savoir-faire locaux et artisanaux. Des visites guidées sont disponibles sur réservation et des audioguides pour des visites libres sont mis à disposition des visiteurs. Sans oublier les cartes pour se repérer à travers les innombrables randonnées qu'offre le coin.

VILLA BAYA €€€

Sainte Philomène
✆ 06 96 24 23 21
www.villa-baya.com
Tarif à la semaine 1645 € ; Tarifs de 220 à 240 € la nuit avec un minimum de 3 nuits.

Imaginez un petit coin de paradis au bord d'une plage de sable noir quasiment privée... C'est dans ce cadre idyllique à la sortie du bourg de Saint-Pierre, en direction du Prêcheur, que se niche l'extraordinaire Villa Baya. Toutes les pièces s'ouvrent sur la mer et la plage. Le style chic et épuré s'intègre parfaitement dans le décor naturel. La villa dispose de deux chambres avec salles de bains privatives. Le coin de vie se prolonge à l'extérieur par une magnifique terrasse. On descend à la plage par un petit escalier privé. Sublime !

BAGUET SHOP €

Rue Victor Hugo
✆ 05 96 78 12 50
www.baguet-shop.com
Ouvert tous les jours de 9h à 17h.

Que ce soit à emporter ou à consommer sur place, l'enseigne Baguet Shop de Saint Pierre affiche, comme les autres boutiques de la marque, une décoration chic et contemporaine. Dès le matin, du pain frais, des viennoiseries et des pâtisseries attendent les gourmands. Pour déjeuner, on vous propose de délicieux sandwichs confectionnés sous vos yeux avec des ingrédients frais (on peut choisir son pain et sa garniture), ainsi qu'un vaste choix de pains. Sans oublier les plats cuisinés, les tartes salées ainsi que des salades composées et variées.

CERCLE DE SAINT PIERRE €

100 rue Bouille
✆ 05 96 97 59 30
Ouvert du mardi au samedi de 11h30 à 14h30 et de 18h à 21h30. Fermé dimanche et lundi. Prix moyen 10 €.

Cette crêperie conviviale offre aux promeneurs une oasis de douces saveurs. C'est dans une agréable salle climatisée s'ouvrant sur l'immensité de la mer des Caraïbes reflétée par de larges miroirs, que chacun trouvera la crêpe dont il aura rêvé : bretonne à souhait comme la complète oeuf miroir ou caribéenne. Les plus gourmands apprécieront la créole, glace cacahuète et noix de coco nappée de caramel au beurre salé, chantilly maison ! Les glaces et les sorbets sont également au rendez-vous et tous confectionnés sur place. Une adresse gourmande à souhait.

© CRÉOLE ART CAFÉ

© CRÉOLE ART CAFÉ

© CRÉOLE ART CAFÉ

CRÉOLE ARTS CAFÉ €

103 rue Victor Hugo
✆ 05 96 97 67 87
www.lesaromes.fr
Ouvert tous les jours (sauf dimanche) de 10h à 16h.

Cette ancienne case créole traditionnelle est la première bâtisse à avoir été reconstruite après l'éruption de la montagne Pelée. Elle vient d'être rénovée et transformée avec beaucoup de goût par Juliette, tout en conservant son authenticité. Le lieu est ouvert tous les midis et offre une petite restauration concoctée au quotidien avec des produits issus du terroir local. On adore la rillette de marlin, le tataki de thon ou la fricassée de chatrou. La salle est agréable, fraîche et climatisée, et l'ambiance est conviviale à souhait. Un vrai coup de cœur.

© CRÉOLE ART CAFÉ

© CRÉOLE ART CAFÉ

LE GUÉRIN €

Place Félix Boisson

✆ 05 96 78 18 07

Au premier étage du marché couvert.

Ouvert tous les midis sauf le dimanche. Menu à 15 €.

A l'étage du marché en plein centre de la ville, face à la mer, ce restaurant où Livia et Simon cuisinent les produits frais du marché est une immersion dans l'ambiance locale. On y accède par un escalier et on découvre un univers coloré, bruyant, convivial, avec toute une batterie de mets typiquement créoles : assiettes Doudou ou du pêcheur (en direct de la mer) et spécialités locales (accras, boudin créole, féroce d'avocat, fricassée de chatrou...). Très ventilé, c'est un lieu très sympathique, assez pittoresque et incontournable à Saint-Pierre.

LE TAMAYA €

85 rue Gabriel Péri

✆ 05 96 78 29 09

Ouvert toute la semaine le midi avec fermeture hebdomadaire le mercredi. Ouverture le soir le week-end.

Le Tamaya ressurgit de ses flots grâce à Peggy et Jean-Luc, les capitaines de ce vaisseau coulé lors de l'éruption de la montagne Pelée en 1902. Embarquez-vous pour une traversée hors du commun dans le grand large de la gastronomie : pavé de thazard, sauce citron, ouassous flambés au rhum vieux, cuisses de grenouilles à la provençale et andouillette de Troyes sauce moutarde. Sans oublier les incontournables profiteroles de Jean-Luc et leur chantilly maison. Rapport qualité-prix de rigueur. Accueil convivial et souriant de vos hôtes polyglottes.

L'ALSACE A KAY €€

75 rue Gabriel-Péri

✆ 05 96 67 53 65

Ouvert lundi, mardi, vendredi et samedi de 11h à 21h. Mercredi et dimanche de 10h30 à 15h. Fermé le jeudi.

Les jarrets de porc braisés, la choucroute, le baeckeoffe ou le kougelhopf se dégustent dans une salle à manger digne d'un conte de Hansel et Gretel. L'Alsace à Kay vous propose également de déguster les saveurs authentiques martiniquaises chaque jour renouvelées. Au rez-de-chaussée, une étonnante épicerie fine *made in* Alsace avec vins choisis, confitures, confiseries, bretzels et autres merveilles. Les plus : une belle salle climatisée, des expositions d'artistes locaux, des concerts live, une vue exceptionnelle sur la rade.

LE MOULIN A CANNES €€

Distillerie Depaz

✆ 05 96 68 04 42

Ouvert tous les midis du mardi au dimanche (fermé le lundi). Réservation recommandée. Carte : 40 €

Après avoir exercé dans un étoilé Michelin à Paris, Gil Malidor, jeune chef martiniquais, a choisi l'enceinte de la plantation Depaz pour revenir au pays et proposer des saveurs créoles avec des recettes totalement revisitées. Ses plats « signature » sont les Agathes de lambis, petites billes de lambis farcis à l'intérieur ! On apprécie aussi la pluma au caramel épicé et ananas, les frites de manioc et les fameuses écrevisses de Mangatal (producteur local) au vieux rhum Depaz ! Concluez votre repas par un délicieux tiramisu aux raisins confits au rhum vieux.

ARHUM GLACÉ

71 Rue victor Hugo

✆ 05 96 97 93 72

Ouvert de 11 h à 18h30 tous les jours sauf lundi et mardi.

Un véritable artisan glacier à découvrir absolument lors de votre passage à Saint-Pierre. Audrey et Aurélien se sont installés dans la commune où la grand-mère d'Audrey avait autrefois un commerce. Aurélien est pâtissier confiseur depuis 20 ans et il a officié dans de belles maisons réputées en Métropole. Il présente aujourd'hui ses propres collections de glaces, sorbets, desserts glacés, crêpes et gaufres. Le style est raffiné et contemporain et la qualité des produits au rendez-vous. Testez sa glace à l'italienne artisanale fabriquée sur place, un régal !

VILLA SAINT-PIERRE

Rue Bouillé

✆ 05 96 78 68 45

www.hotelvillasaintpierre.fr

Fermé le lundi et le dimanche soir.Salon de thé et roof-top.

L'hôtel éponyme a ouvert un restaurant-salon de thé qui se décline en plusieurs espaces : une salle climatisée pour les amateurs de fraîcheur, une terrasse avenante face à la mer et un magnifique rooftop totalement inédit à Saint-Pierre. La cuisine est locale, colorée, basée essentiellement sur des produits locaux. On adore les apéritifs «sunset» du roof-top en fin de semaine, histoire de prendre un peu de hauteur, admirer cette admirable baie et siroter un cocktail. Bravo à cette jeune équipe qui a dynamisé et rajeuni ce lieu pour en faire un incontournable.

LE ZINC DU NORD CARAIBES

145 rue Bouillé

✆ 06 96 89 60 29

Ouvert le lundi, le mardi et le jeudi de 9h à 22h. Le vendredi et le samedi de 11h à 2h.

Ce petit bar bien sympathique au bord de la mer, dans le centre-ville de Saint-Pierre, est situé juste derrière le marché, offrant l'un des meilleurs points de vue sur le soleil couchant. Il est bien agréable de s'arrêter pour prendre un verre ou une bière dans ce lieu fréquenté par tout un tas de zingueurs, autant par les gens du coin que par ceux de passage. Le vendredi soir, c'est karaoké. Et régulièrement des concerts live s'invitent sur la petite scène improvisée. Suivez les actualités sur Facebook pour connaître les dates des événements.

MARCHÉ DE SAINT-PIERRE

Place Bertin

Ouvert du lundi au samedi de 6h à 14h.

Ce marché est un incontournable de toute visite à Saint-Pierre ! C'est aussi le lieu idéal pour rencontrer les Pierrotins, se familiariser avec les fruits et les légumes du pays, collectionner les saveurs, les épices et pourquoi pas s'y restaurer ! Vous trouverez ici le vrai marché typique antillais avec ses marchandes qui vous font découvrir les trésors de leur terre du Nord Caraïbe ou encore des petites mamies créoles qui vendent la production de leur jardin, sans oublier les pêcheurs de retour de la pêche. De préférence, allez-y le samedi matin.

LE 1902

143, rue Bouillé

✆ 06 96 18 03 47

Ouvert du lundi au samedi de 8h30 à 18h30. Le dimanche de 9h à 13h.

Cette boutique assez originale aux allures de caverne d'Ali Baba encourage la création artisanale locale. Pas étonnant puisque son propriétaire est lui-même un artiste. Vous y trouverez des produits variés : bijoux, parfums, souvenirs... Tout est fabriqué par des artisans, des autoentrepreneurs ou des petites entreprises issus exclusivement de la Martinique. L'attachant propriétaire prend le temps de vous conter la provenance de chacun de ses objets qu'il sélectionne avec soin. Des souvenirs uniques à des prix très accessibles.

SABLE ET CENDRE

115 rue Victor Hugo

Atelier créatif de conception d'objets, bijoux, cadeaux, décoration.

Une belle découverte, nichée au cœur des ruelles de Saint-Pierre. Miguelle, originaire de cette commune, a créé Sable & Cendre, son atelier artisanat d'art où elle fabrique et vend des objets en céramique. Miguelle aime surtout partager sa passion à travers des ateliers de découverte et des animations artistiques. Venez découvrir cette caverne d'Ali Baba et dénichez des objets de décoration et des bijoux, en grès, porcelaine, argile polymère... Laissez-vous tenter par un stage d'initiation à la poterie, le sourire et la bonne humeur de Miguelle feront le reste !

MALOU CRÉATION

Rue Gabriel Péri

✆ 05 96 78 21 12

En centre-ville.

www.maloucreations.com

Ouvert du mardi au vendredi de 9h à 13h et de 15h à 18h. Le samedi de 9h à 13h.

Dans les mains de Malou, couturière hors pair aux doigts de fée, le madras et la dentelle retrouvent leurs formes d'antan. La grand-robe, les douillettes et autres modèles sont tous réalisés à la main et personnalisables sur simple demande. Voilà près de trente ans que Malou collectionne et confectionne les tenues traditionnelles. Et sa passion est restée intacte. Dans sa boutique conçue pour le plaisir des plus coquettes, on trouve différents modèles de vêtements traditionnels antillais. C'est en quelque sorte ici le palais de l'élégance créole !

A PAPA D LO PLONGÉE

102 rue Bouillé

✆ 06 96 50 13 68

www.apapadlo.net

Ouvert du mardi au samedi de 9h à 17h et le dimanche de 9h à 13h. Départs à 9h et à 14h30.

Sur la plage de Saint-Pierre, cette association agréée Jeunesse et Sports est spécialiste de la plongée sur épaves. Dans une ambiance conviviale et toujours enjouée, des plongées Nitrox, Nitrox confirmé et Trimix sont organisées quotidiennement. Sortie sur les épaves mythiques de la baie de Saint-Pierre et tous les sites du Nord Caraïbe jusqu'au rocher de la Perle. Le club propose des plongées adaptées à tous les niveaux (1 à 4), des baptêmes ainsi que des formations pour les encadrants. Plongée de nuit sur réservation à partir de 4 personnes.

SYMBIOSE APNEE

Habitation Plaisance
9 lotissement Perinelle
✆ 596696403834
www.symbiose-apnee.fr
Rand'eau aquatique 49 € ; journée initiation apnée à 119 €

Symbiose est la seule école de plongée dédiée exclusivement à l'apnée en Martinique. Le centre offre un panel complet de prestations, que vous soyez un apnéiste confirmé ou totalement débutant. Pour les néophytes, la journée d'initiation à l'apnée est formidable de par son approche progressive. Les «Rand'eau aquatiques», accessibles à tous, sont une découverte du monde multicolore qui fourmille dans les eaux claires de la baie de Saint-Pierre. Toutes les activités sont encadrées par Olivier et son équipe de moniteurs brevetés d'Etat.

LE PRÊCHEUR ★★★

Commune de l'extrême depuis 1839, le nom du Pêcheur viendrait d'un rocher, aujourd'hui immergé, à la curieuse forme évoquant un prédicateur en chaire. Aujourd'hui, si l'ambiance y est attachante et authentique, on ne vient pas au Prêcheur par hasard. Mais pour visiter le magnifique parc de l'habitation Céron et lézarder sur le sable noir de l'anse Couleuvre, isolée et sauvage, d'où l'on devine au loin les côtes de la Dominique.

Balade

▶ **Au départ du sentier vers Grand-Rivière,** la maison Caritan marque le début d'une belle balade au nord de l'île. Suivre le plan départemental des itinéraires de promenades et de randonnées. La forêt abrite une faune peu courante en Martinique, comme l'iguane, la couresse (serpent), le dynaste. De magnifiques sentiers pour les bons marcheurs, mais aussi pour les promeneurs qui savent goûter le calme à un rythme approprié.

▶ **Si vous êtes tenté par un parcours un peu plus sportif,** le trajet Prêcheur-Grand-Rivière constitue la plus longue et la plus belle des grandes randonnées de Martinique. Il faut une bonne condition physique et une certaine endurance pour aller au bout de ce parcours de 20 km (5 à 6 heures de marche aller), mais on est récompensé par des paysages fabuleux, par des arbres exotiques, cacaoyers, caféiers, manguiers, et au terme de la balade, un bain de mer sur soleil couchant, exceptionnel !

▶ **Au lieu-dit la Grande-Savane,** vous rencontrerez l'une des plus intéressantes curiosités de cette randonnée : les sources chaudes, qui jaillissent de terre presque bouillantes. C'est sans doute là le sentier le plus fréquenté, avec ses anses, ses cascades et son charme sauvage. Il comporte quelques passages en rappel. Pour revenir, les randonneurs doivent passer par l'office de tourisme de Grand-Rivière (✆ 05 96 55 73 74) afin de réserver leur retour en yole par des pêcheurs habilités.

▶ **En continuant la route vers Grand-Rivière et l'Anse-Couleuvre,** la côte rocheuse est noire d'ébène et les vagues submergent fréquemment les rochers pour venir lécher la route. Le paysage change alors radicalement pour faire place à des falaises. On débouche ensuite sur l'Anse-Céron, où l'on trouve un spot de surf fort prisé. Les vagues sont régulières et hautes, déroulant, par houle du nord, du nord au sud. Seuls les connaisseurs et les pratiquants déjà confirmés s'y risquent. Le site de l'Anse-Céron est par ailleurs fort beau, avec une allée bordée de grands cocotiers.

Histoire

Les Anglais tentent d'y débarquer à plusieurs reprises et notamment à Fond-Canonville, en 1694. Partie prenante dans l'économie régionale menée par Saint-Pierre, le Prêcheur est le théâtre d'importants troubles à la veille de l'abolition de l'esclavage (1848). Dans une ambiance de plus en plus fébrile, une étincelle va suffire à déclencher le soulèvement de la masse servile. Devant la sérieuse dégradation de la situation et les nombreux morts, le gouverneur Rostoland est obligé de rendre public le décret abolitionniste avant l'arrivée de la commission officielle. En 1902, l'éruption de la montagne Pelée détruit en partie la ville et la majorité de la population fuit les lieux.

Plage de Prêcheur.

HABITATION CÉRON €€

Quartier Anse Céron
✆ 0596 48 27 53
https://www.facebook.com/habitationceron
Ouvert de 9h30 à 17h30 tous les jours en saison.

Une pause déjeuner au milieu de la nature sous un grand carbet. Ici, la cuisine incarne le courant «slow food» qui prône l'éco-gastronomie et l'alter-consommation. Une carte originale mariant produits locaux et savoir-faire à la française. Elle change au gré des saisons et elle est volontairement courte, simple, évolutive, rythmée par l'environnement. Le chef utilise les fruits et légumes cultivés sur place. La boutique de l'habitation vend les produits de fabrication maison élaborés avec les récoltes de l'habitation comme les confitures et le sucre d'atoumo.

La commune compte deux figures célèbres parmi ses visiteurs : Françoise d'Aubigné, la future Madame de Maintenon qui fut, durant plusieurs décennies, la maîtresse et la favorite de Louis XIV, et le curé de la paroisse, le père Dutertre, célèbre historien du XVIIe siècle. On ira voir le site marin, dit du « Tombeau des Caraïbes ». On raconte que les derniers Indiens caraïbes plongèrent dans le vide du haut de la falaise après s'être empoisonnés, pour échapper à la cruauté des envahisseurs européens.

CASCADE COULEUVRE

Sans conteste l'une des plus belles randonnées de l'île. Elle se fait sans grande difficulté sur 2,8 kilomètres à 170 m de dénivelé en moyenne. On y côtoie une faune et une flore riches, des vestiges historiques… Sans compter la rivière que l'on traverse par endroits. Et le meilleur pour la fin : une magnifique cascade de plus de 120 mètres de haut, formant un fin rideau glissant le long des roches et de la végétation. Son accès est proscrit par temps de pluie à cause de la rivière qui rend ses passages à gué trop périlleux. Comptez 1h30 de marche au total.

ANSE CÉRON

Route du Nord

A la sortie du Prêcheur.

Cette plage de sable volcanique gris noir bordée de cocotiers et de raisiniers est l'une des plus belles de l'île. L'une des plus fréquentées aussi, surtout le week-end ! Un petit sentier traversant les ruines de l'Habitation Couleuvre, ensevelies sous la végétation, vous mène jusqu'à la plage aux eaux limpides. Petit plus non négligeable : l'Anse Céron est équipée de tables de pique-nique et de douches. A proximité, l'îlet la Perle est réputé pour ses fonds marins. On croise parfois des invités surprises : chiens, chats et coqs.

TOMBEAU DES CARAÏBES

A 5 km au nord de Saint-Pierre.

A 5 kilomètres au nord de Saint-Pierre, un panneau indique la direction de cet énorme rocher. La légende raconte que les valeureux chefs caraïbes ont préféré se jeter du haut de cette falaise, après avoir avalé un violent poison, plutôt que d'être réduits en esclavage par les colons français. Nul ne sait si cette légende est vraie, laissant pour seuls témoins de grandes roches gravées, que l'on peut encore déchiffrer. Toujours est-il que c'est ici que la mémoire amérindienne est régulièrement honorée par certains groupes indépendantistes.

NORD

© JVPHOT - SHUTTERSTOCK.COM

Plage de l'Anse Belleville au Prêcheur.

HABITATION CÉRON ★★★

Quartier Anse Céron ✆ 0596 48 27 53
https://www.facebook.com/habitationceron
Ouvert de 9h30 à 17h tous les jours. Visite du parc 8 € (5 € pour les enfants).

Classé parmi les plus beaux endroits de l'île, ce site se distingue par sa faune et sa flore exceptionnelles. Situé aux confins du Prêcheur, le somptueux parc de l'Habitation Céron, labellisé Jardin remarquable en 2015, a été aménagé sur d'anciennes terres agricoles afin de sublimer cette nature généreuse et les éléments témoignant du passé de l'habitation, tout en respectant l'âme des lieux.

L'Habitation Céron se mérite ! On la découvre après avoir emprunté la route qui longe le littoral de Saint-Pierre jusqu'au Prêcheur, tout au nord de l'île, côté Caraïbes. Un endroit certes reculé mais occupé dès l'époque précolombienne, probablement pour la qualité de ses sols fertiles enrichis par les cendres du volcan de la montagne Pelée, tout proche, et propices aux cultures.

Pendant deux siècles, ce site historique a été entièrement dédié à la production de sucre. La canne, pourtant, n'occupe qu'une partie des terres cultivables. Le reste est consacré à la culture du cacao, du café et du manioc.

En 1897, la sucrerie et la vinaigrerie (où la mélasse était transformée en tafia) sont supplantées par une distillerie. Puis l'habitation reste longtemps à l'abandon avant d'être rachetée dans les années 1930 pour y cultiver de la banane. A la fin des années 1980, les actuels propriétaires, la famille Marraud des Grottes, tombent sous le charme de ces lieux séculaires et décident de lui donner une nouvelle impulsion.

Mais avant, il faut tout « dégager ». Car, pendant toutes ces années d'abandon, la nature a repris ses droits et a envahi les lieux, recouvrant entièrement les ruines des bâtiments industriels inscrits au titre des monuments historiques et des cases où vivaient les esclaves.

Laurence Marraud des Grottes et son mari entreprennent alors un travail titanesque pour réhabiliter l'habitation et aménager un jardin arboré. Le couple opère là un coup de maître, tirant parti de l'existant et des éléments témoignant du passé de l'habitation. Ce jardin, Laurence Marraud des Grottes va le concevoir comme un tableau de peinture, avec des touches de couleurs par-ci par-là incarnées par les plantes ornementales à fleurs ou à feuillage coloré. Elle imagine un circuit mettant en scène la nature et la rivière Céron qui traverse l'habitation, faisant appel aux émotions et aux sens du visiteur : l'ouïe avec le bruit de l'eau, la vue avec cette palette végétale de couleurs, l'odorat et le toucher aussi… Mais toujours en procédant par petites touches et en respectant les lieux. La propriétaire veut à tout prix garder le mystère et le charme authentique qui se dégagent de cette habitation séculaire.

La visite du jardin est prétexte à une jolie balade, que chacun peut faire à son rythme. Le parcours longe une allée d'arbres fruitiers et de cocotiers avant de déboucher sur les ruines des anciennes sucrerie et vinaigrerie. La voie pavée, bordée d'édifices qui étaient d'anciennes cases nègres, rappelle le passé esclavagiste. On contourne les anciens bâtiments industriels en suivant un chemin qui enjambe un cours d'eau. Et c'est là qu'apparaît le parc, débordant de plantes et de palmiers. Immédiatement le regard est happé par les zamanas ou arbres à pluie majestueux qui occupent tout l'espace. L'un d'eux, et c'est le clou de la visite de l'habitation, a reçu le prix du public lors du concours du plus bel arbre de France en 2015. C'est le plus grand et le plus vieil arbre de Martinique, sûrement l'un des tout premiers introduits sur l'île à la fin du XVIIIe siècle pour ombrager et protéger les plantations de caféiers et de cacaoyers. Âgé de plus de 250 ans, il est impressionnant par son envergure : ses branches formant de longs bras enlacent le sol sur une surface d'un hectare. Dix personnes main dans la main sont nécessaires pour faire le tour de son énorme tronc !

Le chemin s'enfonce ensuite dans une forêt luxuriante à l'allure plus sombre : on y croise des fromagers, dont un très imposant avec d'impressionnants contreforts, des palmiers, des fougères…. La promenade offre des points de vue magnifiques sur la maison de maître qui surplombe le parc, une belle case créole parfaitement intégrée dans le décor, entourée de manguiers et de litchis.

Dévastée par l'ouragan Dean en 2007, l'habitation renaît encore grâce à la volonté et l'enthousiasme de Laurence Marraud des Grottes qui choisit alors de créer des bassins d'élevage d'écrevisses et de s'orienter vers l'agrotourisme.

L'une des pièces phares de ce projet agrotouristique est le restaurant. Sous l'immense carbet, le chef décline une cuisine éducative et intuitive. Ici, tout est fait maison : jus, cocktails, ketchup, mais aussi bacon. Les produits sont tout droit issus des jardins de l'habitation ou de producteurs locaux, dans une logique de circuits courts et de valorisation du terroir martiniquais. Avant de partir, faites un saut à la boutique pour dénicher de jolies idées de cadeaux très « tendance » et des produits 100 % locaux.

Débordant d'idées et d'énergie, Laurence Marraud des Grottes projette désormais de réhabiliter les ruines de l'ancienne sucrerie et de créer un cabinet de curiosités du cacao, avec une trace qui mènera des cases nègres transformées en ateliers de dégustation jusqu'à la plantation de cacaoyers. Celle qui est à l'initiative de la relance de la filière cacao en Martinique a l'intention de poursuivre le développement du cacao martiniquais : 10 hectares seront plantés prochainement en plus des 3 000 pieds actuellement présents dans la cacaoyère.

NORD

MATNIKNOTIK

✆ 06 96 07 48 98

Enfant du pays, pêcheur, plongeur et marin chevronné, Jean-Guy Gabriel vous emmène sur sa yole découvrir les fonds marins dont lui seul a le secret, les dauphins et cétacés dans les anses du nord de l'île, mais aussi faire du snorkeling, ou vous initier à la pêche à la traîne. Le tout en vous racontant les légendes sous-marines qui font partie de l'histoire de la Martinique et en vous sensibilisant habilement au respect de la mer et de l'environnement. Sortie à la demi-journée ou à la journée. Réservation recommandée.

FERME AGROÉCOLOGIQUE DU PRÊCHEUR

quartier Préville

Certifiée bio depuis mars 2019, l'ancienne ferme agro-écologique des Cols Verts est aujourd'hui cultivée par Pierre-Gilles Iman, ancien informaticien reconverti dans l'agriculture biologique. Ce maraîcher passionné, qui livre l'essentiel de sa production à la structure solidaire Ta Nou, y applique les principes de l'agroécologie (respect des cycles de la nature, association de cultures) ainsi que des techniques traditionnelles telles que la planche, le pit (fosse) ou encore le paillage naturel (chanvre, feuilles de citronnelle). Réalisée sur une terre d'avocatiers, la ferme d'un hectare alimentée par l'eau de la Montagne Pelée produit de nombreux produits maraîchers (tomate, salade...).

VILLAGE POMME CANNELLE €€

Morne Folie ✆ 05 96 65 91 35 - En arrivant de Saint-Pierre, première route à droite en entrant dans Le Prêcheur, puis monter pendant 500 mètres.

www.villagepommecannelle.com

Du studio au F3. Séjour à partir de 2 nuits à 152 €. Wifi, piscine à débordement et espaces bien-être.

Une charmante résidence hôtelière située en hauteur sur le morne joliment dénommé « Folie ». Elle offre un panorama inouï sur la montagne Pelée et la côte nord caraïbe. Les villas de type créole aux couleurs chamarrées se nichent dans un jardin. Elles ont été rénovées récemment : nouvelles literies, douches à l'italienne, décoration plus contemporaine. Côté détente : piscine à débordement, salle de sport, spa, table d'hôtes et un parcours de remise en forme. Ici, on cultive le calme, l'accueil personnalisé et le service. Un véritable coup de cœur !

LES BALADES EN MER DE POMME CANNELLE

✆ 05 96 65 91 35

www.villagepommecannelle.com/balade-en-mer/

Balade demi-journée avec collation à bord : 45 €/adulte (min. 6 pers).Journée : 75 €/adulte. Déjeuner sur la plage.

La famille Netala propose des balades en mer à bord de son superbe bateau (700 cv) de 10 mètres. En demi-journée, on vous conseille la balade à la découverte des plages du Pêcheur jusqu'à Grand-Rivière ; à la journée partez à la découverte du Nord Caraïbe : dauphins, snorkeling... Vous avez le temps ? N'hésitez pas et préférez le circuit Jules Verne : c'est le tour de la Martinique en 1 journée.Le bateau peut être complètement privatisé à la journée avec son capitaine, bien sûr !

VILLAGE POMME CANNELLE €

Morne Folie ✆ 05 96 65 91 35 - En arrivant de Saint-Pierre, première route à droite en entrant dans Le Prêcheur, puis monter pendant 500 mètres.

www.villagepommecannelle.com

Ouvert le week-end en basse saison ; du lundi au samedi en haute. Menu à 25 €.

La table d'hôtes offre une carte axée sur les produits frais et locaux uniquement, issus de leur propre récolte ou de producteurs du nord (sauf quelques viandes importées). On a le choix entre trois entrées, plats et desserts et un merveilleux cocktail du jour pour démarrer le repas. Le restaurant est situé à côté de la piscine et bénéficie d'une magnifique vue sur la Caraïbe. Consultez le site ou la page Facebook pour connaître les journées spéciales : récolte dans le verger, atelier culinaire avec le chef et dégustation sur place. What else?

VILLAGE POMME CANNELLE

Morne Folie

✆ 05 96 65 91 35

En arrivant de Saint-Pierre, première route à droite en entrant dans Le Prêcheur, puis monter pendant 500 mètres.

www.villagepommecannelle.com

Un nouvel espace bien-être complète la gamme des services proposés par le village dans un cadre authentique et intime. On profite dans un espace privé d'un bain bouillonnant avec vue sur la mer, d'un solarium, d'un siège massant et d'un sauna. Une carte de soins est proposée avec notamment des massages sur réservation. Un moment de détente et de relaxation dans un cadre naturel splendide ! Laissez-vous tenter par une journée complète dédiée à la détente et consultez la page Facebook pour connaître le calendrier des journées spéciales.

FONDS-SAINT-DENIS ★★

Les maisons rustiques s'éparpillent dans tous les recoins ombreux du Grand Nord. Le vieux chemin, la Trace, glisse en lacets serrés vers ce village fleuri de bougainvilliers et d'alamandas que l'on appelle Fonds-Saint-Denis. Vous voici dans le monde des sommets, du siffleur des bois, des gouffres et des rivières. Le petit bourg vaut le détour comme le rappellent son église bâtie à la fin du XIXe siècle, le bien solitaire observatoire sismique du morne des Cadets, et surtout les belles promenades qui s'en échappent. La commune offre d'ailleurs un point de vue incomparable sur la montagne et la mer en rattrapant la route de Saint-Pierre.

Balade

- A Fonds-Saint-Denis, découvrez l'église et le cimetière colorés. Au centre du bourg se trouve la ravissante place Jules-Pain qui porte le nom d'un ancien maire et sa fontaine. Face à l'église, le monument aux morts s'arroge un titre de gloire : c'est le plus petit de France !
- Entre la Trace et Fonds-Saint-Denis, après avoir parcouru quelques kilomètres, une petite route très sinueuse en pleine forêt descend au site d'Absalon d'où une balade en plein cœur d'une forêt tropicale très dense vous attend, accessible à tous.
- Pour les amoureux de canyoning, allez faire un tour à la cascade de Saut-Gendarme : on y accède par un petit escalier abrupt pour déboucher sur un petit pont de bois permettant d'admirer la chute d'eau. Le chemin depuis Deux-Choux se transforme véritablement en route de gorges après le site de la cascade.

CASCADE DU SAUT-GENDARME

Le long de la D1, à 1 km du Carrefour des Deux Choux. En direction de Fonds-Saint-Denis 1 km après l'embranchement avec la N3.

Au milieu de la forêt tropicale, une cascade de plus de dix mètres fraîche et limpide se jette dans un petit bassin où il fait bon se... rafraîchir (la température de l'eau avoisine les 16 degrés !). Son nom viendrait des nombreux gendarmes qui, depuis Saint-Pierre, s'y arrêtaient pour faire boire leur chevaux. On raconte que l'un d'entre eux aurait chuté en essayant de gravir la paroi rocheuse de laquelle coule la cascade. Cette aire de verdure et d'eau claire est idéale pour pique-niquer et pour écouter le chant des oiseaux.

RELAIS DE LA MAISON ROUSSE €

Quartier Fonds Mascret ✆ 05 96 55 85 49 - Première rue à droite après l'église de Fond-Saint-Denis. Continuer sur environ 1,6 km.
www.maisonrousse.com

A partir de 120 € la nuit pour 2 personnes. Ouvert du mardi au dimanche de 8h à 18h. Petit déjeuner de 8h à 9h30.

Cet établissement est installé sur l'emplacement d'une ancienne habitation de 1777 fondée par le sieur Rousse. La rivière du Carbet coule en contrebas et le panorama est exceptionnel, entre la forêt luxuriante et la plantation de fleurs tropicales. Le Relais abrite 5 chambres d'hôtes charmantes, équipées de la climatisation et d'une salle de bains avec douche et toilettes, une piscine et un deck en bois avec solarium. Et le soir table d'hôtes sur place pour ne plus avoir à bouger.

NORD

Église de Fonds-Saint-Denis.

OBSERVATOIRE VOLCANOLOGIQUE ET SISMOLOGIQUE

© 05 96 78 41 41
www.ipgp.fr/fr/ovsm/observatoire-volcanologique-sismologique-de-martinique
A 1 km de Fonds-Saint-Denis, prendre la D1 et poursuivre sur la D12, direction Morne des Cadets.

Un premier observatoire a fonctionné de 1912 à 1925 sous la direction du minéralogiste Alfred Lacroix. Lui qui avait tant étudié l'éruption de 1902 avait estimé que c'était depuis le Morne des Cadets que l'on pouvait observer le mieux le montagne Pelée. Puis l'établissement a fermé ses portes, ses activités ayant été jugées inutiles. Le réveil furtif de la montagne Pelée en 1929 incita l'Etat à reprendre ses activités de surveillance du volcan. Depuis 1935, l'Observatoire permet d'enregistrer les moindres soubresauts de la montagne Pelée ainsi que l'activité sismique de l'île en général. On peut aussi y découvrir le sismographe de vingt tonnes anciennement utilisé par Alfred Lacroix. On y accède à partir de la route de Saint-Pierre en prenant à gauche environ 2 km après la sortie de Fonds-Saint-Denis, fléchage « Le Cocotier ». La pente est par endroits très raide sur cette piste empierrée. De l'observatoire, qui n'accueille malheureusement pas le grand public, la vue à 360 degrés est absolument magnifique, l'une des plus réjouissantes de l'île, englobant les pitons du Carbet et la montagne Pelée. En continuant au-delà de l'observatoire, on redescend sur Le Carbet par une splendide petite route panoramique qui passe devant l'arrivée du canal des Esclaves. A noter qu'un nouvel observatoire en construction est pratiquement terminé, sur un morne pratiquement en face de l'actuel, une construction moderne qui domine toute la baie de Saint-Pierre.

HAMEAU DU MORNE DES CADETS €€

Morne des Cadets
© 06 96 37 96 74
www.tonton-leon.com

Dans la ferme certifiée bio de Léon Tisgra, il y a bien sûr des fruits et légumes cultivés avec amour par l'agriculteur mais pas seulement. Tonton Léon a développé en famille un concept d'agrotourisme, avec des bungalows et un gîte composé de trois chambres. La vue sur la montagne Pelée jusqu'à la mer y est époustouflante ! Pour les gourmands, Tonton Léon propose une formule petit-déjeuner et une table d'hôtes le soir avec des produits issus de son exploitation.

TABLE D'HÔTES DU RELAIS DE LA MAISON ROUSSE €

Quartier Fonds-Mascret
© 05 96 55 85 49
www.maisonrousse.com
Ouvert tous les midis sauf le mardi. Le soir uniquement pour les résidents du Relais.

La table d'hôtes du Relais de la Maison Rousse mérite le détour, même pour les non-résidents. Sur une jolie terrasse ombragée, on se délecte de spécialités créoles simples et savoureuses. Ici on travaille en famille et on cuisine avec les légumes et les fruits du jardin. Il est vraiment indispensable de réserver, surtout le week-end, car la table d'hôtes est prise d'assaut par les résidents de la chambre d'hôtes et les habitués. Bon repas assuré, à un prix correct, dans un cadre vert.

VERT-ÉVAD

© 06 96 33 93 20
http://vertevad.com
Prix indicatifs : De 50 à 70 € par personne. Formule aquarando 10 € par adulte, 7 € pour les enfants.

Encadré par un professionnel breveté du canyoning tropical [Max Saint-Jean], partez à la découverte de la forêt tropicale et de sa faune en descendant des cascades, mais aussi par plusieurs typologies de descentes différentes [toboggans, désescalade, tyrolienne, saut...]. Combinaison et matériel fournis. Qu'il s'agisse de canyons débutants [dès 12 ans] ou d'aventure pour un public confirmé, les sites sont le saut gendarme [Fonds-Saint-Denis], la rivière Mitan [Morne-Vert] et Fond Lottière [Grand Rivière]. Pensez à des vêtements sportifs, de l'eau et des baskets.

MORNE-ROUGE ★★

Perchée à 450 m d'altitude, la commune la plus élevée de Martinique s'agrippe sur les contreforts de la montagne Pelée. Rouge pour la terre volcanique, Morne car elle est lovée au creux de la montagne, la commune s'affirme comme telle dès 1888 au moment de repenser les quartiers de Saint-Pierre. Déjà victime d'un cyclone, elle ne fut pas épargnée par l'éruption de la montagne Pelée en 1902. La Maison du volcan rappelle l'événement et renseigne les plus curieux sur les mouvements volcaniques des flancs de la Pelée. Noyé de végétation luxuriante et de fleurs surprenantes, le relief de la commune fait figure de paysage parmi les plus beaux de l'île.Voici donc un bourg tranquille avec son supermarché, ses boutiques et ses bars alignés dans la rue prin-

cipale qui mène à la grande église de pierre. On peut y admirer quelques belles maisons coloniales et une baraque où l'on vend des coqs à l'entrée du bourg en venant de Saint-Pierre.

Balade

De Morne-Rouge en quittant la N3 sur la gauche, une route mène au pied de la montagne Pelée. En suivant la route vers Ajoupa-Bouillon, on trouve une plantation d'ananas au bord de laquelle on marque l'arrêt. Vous aurez peut-être la chance de croiser quelques marchands ambulants pour déguster du jus d'ananas à peine pressé.

Plusieurs randonnées permettent de pénétrer dans l'extraordinaire milieu tropical. En 1988, le conseil général de la Martinique a confié à l'Office national des forêts la tâche essentielle de reconnaître les sentiers les plus importants du tourisme pédestre et de les aménager pour votre accueil et votre sécurité. Un guide pratique, *31 sentiers balisés en Martinique*, vendu dans toutes les librairies, vous donne tous les détails, repères, points de vue, circuits botaniques et renseignements sur la faune et la flore.

- **Le circuit de Sainte-Cécile** (5 heures) pour ses points de vue remarquables sur les vallées alentour et les plantations.

- **La Pelée par l'Aileron** (5 heures). La Caldeira et le Chinois (2 km après le bourg de Morne-Rouge vers Ajoupa-Bouillon). Prévoir une carte détaillée, de bonnes chaussures de marche, un vêtement imperméable, de l'eau et de la nourriture. Circuit à faire de préférence entre janvier et avril. Il faut en effet glisser avec souplesse et maîtrise dans un collé-collé avec le circuit balisé, car les failles sont nombreuses.

- **Le Piton Gelé** (2 heures). Randonnée réservée aux excellents marcheurs, bien équipés et impérativement accompagnés d'un guide. La descente est éprouvante. De sauts en glissades, on revient sur nos traces. C'est un des sommets les moins connus des Martiniquais : un des sentiers les plus beaux et les plus physiques de l'île, entre Fonds-Saint-Denis et Morne-Rouge. L'hiver n'est pas la meilleure saison pour accéder à ses 924 m d'altitude. Il n'y a pas de sentiers répertoriés. Départ : parking de la trace des Jésuites, sur la route de la Trace. On se dirige vers le carrefour de Deux-Choux, à la rencontre d'une ravine sur la droite, à 30 m de là. C'est ici que débute le sentier ancestral (caché par la végétation). Un canyon de moins de 5 m de large, grimpant d'une manière « éperdue » ; à terre, roche ocre et boue argileuse, une nature démesurée. La progression est lente, faire attention à une éventuelle chute.

Après le canyon, une bonne partie du parcours s'effectue sur une ligne de crête de moins de 10 m de large. Les précipices sont masqués par une végétation luxuriante. Le tapis de mousse végétale reste un véritable piège mortel. Contact avec des fougères géantes : attention à leurs longs piquants noirs, qui brûlent la peau à cause d'une substance irritante. Contact avec les herbes couteaux : elles sont gigantesques et très coupantes. Variétés de petits escargots de toutes les formes et de toutes les couleurs. On émerge tout à coup du sous-bois pour se trouver à découvert, à flanc de sommet : on a l'impression d'être suspendu dans le vide. Spectacle à couper le souffle, la Martinique est à nos pieds.

NORD

© PACKSHOT

La ville de Morne-Rouge.

Balades sur la Trace des jésuites (5 heures). Un chemin intéressant qui débute à une dizaine de kilomètres au sud vers Fort-de-France, sur la gauche. Randonnées sur le morne Jacob. Le nom rappelle les jésuites qui les premiers tracèrent les voies de communication sur l'île au XVIIe siècle. Environ à mi-parcours on traverse la rivière Lorrain où la baignade est possible. La randonnée reste tout de même réservée aux marcheurs chevronnés, à faire de préférence par temps sec et toujours bien équipé (chaussures de marche, eau...).

Se restaurer

Morne-Rouge reste une petite commune rurale plantée au milieu de la végétation tropicale qui l'entoure. Difficile d'imaginer y dénicher lors d'un premier passage parfois inattendu de belles et attrayantes tables pour un midi gourmand ou un dîner hors du temps. Et pourtant, les restaurants, insolites, isolés, charmants et accueillants que vous retrouverez dans le bourg vous étonneront à coup sûr !

© GILLES MOREL

Plantation Beauvallon.

DOMAINE DE LA VALLÉE

Habitation Mespont ✆ 05 96 52 51 81 - Prendre la route principale de la ville en direction du nord vers la montagne Pelée. Au rond-point, tout droit. A 60 m, prendre à gauche. Une petite fontaine vous indiquera l'entrée.
www.martinique-domaine-vallee.com

Besoin de vous ressourcer au cœur d'une nature généreuse ? Bienvenue au Domaine de la Vallée, une ferme située sur les flancs de la montagne Pelée, bordée de deux rivières et d'une source naturelle. Au milieu des poules (certaines sont très rares), des dindons et des canards, la ferme dispose de trois maisonnettes tout en bois. Le site est magnifique et propice à de belles randonnées. Des visites commentées sont d'ailleurs organisées et vous pouvez acheter sur place des produits du terroir. Une immersion au cœur de la Martinique authentique.

MAISON DU VOLCAN

Avenue Edgar Nestoret ✆ 05 96 52 45 45
www.collectivitedemartinique.mq/la-maison-des-volcans

Ouvert lundi de 14h à 17h, mardi, mercredi, jeudi et vendredi de 8h30 à 17h, le week-end de 8h30 à 13h. Entrée : 4 €.

La Maison du volcan est un centre d'information et de documentation spécialisé en volcanologie avec une bibliothèque sur les éruptions de la montagne Pelée de 1902 et 1929 en géologie et astronomie. L'exposition permanente « Le ballet des continents et ses conséquences » informe sur les risques sismiques touchant la région ainsi que les volcans de la Caraïbe, et fait découvrir une riche collection de roches et de sables. Si la visite peut parfois être difficile d'accès pour les plus jeunes, on ressort avec une meilleure vision des phénomènes volcaniques.

PLANTATION BEAUVALLON

✆ 06 96 27 66 44
Sur la route de Morne-Rouge ; à 1,5 km avant d'arriver dans le bourg, tournez à droite, suivez les panneaux.

Du lundi au vendredi de 9h à 17h. Le samedi de 9h à 15h. Vente, livraison et expéditions de fleurs.

Ce joli domaine est entretenu par Monsieur Louis-Thérèse : il a créé ici un grand jardin entièrement fleuri d'alpinias de toutes les couleurs, de roses de porcelaine. Un petit parcours dans une nature restée sauvage au cœur de la forêt tropicale permet de découvrir diverses variétés de plantes, d'arbres et de fleurs. La balade est libre et commentée avec passion en fin de parcours par le maître des lieux. On peut acheter sur place de la vanille, de la cannelle et de la noix de muscade, produites et cultivées sur le domaine. Un superbe souvenir de vos vacances !

DOMAINE DE LA VALLÉE €€

Habitation Mespont ✆ 05 96 52 51 81 - Prendre la route principale de la ville en direction du nord vers la montagne Pelée. Au rond-point, tout droit. A 60 m, prendre à gauche.
www.martinique-domaine-vallee.com

75 € la nuit pour 2 personnes, F3 100 € la nuit. Petit déj brunch : 15 €, repas du soir : 30 €.

Situé sur les flancs de la montagne Pelée, au cœur de la forêt, le domaine s'étend sur 9 ha, bordé de deux rivières et d'une source naturelle. La résidence abrite 3 maisonnettes tout en bois et composées de 2 chambres, d'une kitchenette, de toilettes et d'une véranda, le tout entièrement autonome en électricité grâce à des panneaux solaires. Un studio est équipé pour les personnes à mobilité réduite. Le petit-déjeuner est particulièrement copieux, élaboré avec des produits issus exclusivement de la ferme : œufs, beignets de banane plantain, confiture maison...

CASE À LUCIE €

Rue Emile Maurice
© 05 96 52 57 61
lacasealucie.monsite-orange.fr
Prix indicatifs en basse saison : 65 € la journée pour 2 personnes, et 360 € la semaine.

Au Morne-Rouge, dans la fraîcheur et la tranquillité peléenne, cette résidence à 10 km de la mer est l'endroit idéal pour les randonnées en tous genres. Henri et Marie Nel vous accueilleront dans deux sympathiques trois-pièces de 80 m² constitués d'un grand séjour et d'une cuisine américaine. Ils sont meublés tout confort et très bien équipés, notamment avec lave-linge, TV, radio, table et fer à repasser, terrasse avec salon de jardin et barbecue extérieur. Ils peuvent accueillir entre deux et quatre personnes (jusqu'à six hôtes).

LA CHAUDIÈRE €€

Quartier Propreté
© 05 96 52 34 47
www.restaurant-la-chaudiere.fr
Ouvert tous les jours de midi à 16h. Fermé le mercredi.

La Chaudière est une véritable institution gastronomique à Morne-Rouge. L'établissement est géré en famille depuis plus de 10 ans. Aujourd'hui c'est le fils Gilles Malidor qui a repris les rênes des fourneaux, il revisite les recettes familiales avec un zeste de modernité. La cuisine est résolument créole dans sa version la plus raffinée. Optez pour un menu langouste avec un rapport qualité-prix inégalé. Les suggestions du chef s'affichent à la carte : roussi de *lambi* aux fines herbes, tomate farcie aux *titiris*, colombo de porc peléen... Service irréprochable.

L'ATELIER VERT

Quartier Chapeau
© 06 96 27 07 43
A la sortie de Morne-Rouge, en direction d'Ajoupa Bouillon.
Ouvert du mardi au dimanche de 9h à 17h30.

Dans leur atelier niché dans une adorable cabane en bois peinte en jaune et vert, Tyna et Zokou font la part belle à l'artisanat local. Outre leurs bijoux en graines péyi (grenn legliz, grenn job...), ils proposent également des créations de dizaines d'artisans locaux : produits cosmétiques naturels, vêtements ethniques, masques en bois... De quoi repartir avec un souvenir à glisser dans la valise. N'hésitez pas à aller faire un tour dans le jardin créole situé à l'arrière de la boutique : Tyna y plante des espèces rares qu'elle se fera un plaisir de vous commenter.

LE BAMBOU €€

Fond Marie-Reine
© 05 96 52 39 94
3 km au sud du Morne-Rouge.
Ouvert tous les jours de 11h à 16h. Menu de 22 à 35 €. Il est prudent de réserver le dimanche midi.

Line et Léo, heureux descendants de ce restaurant 100 % familial, ont agrandi, rajeuni et rénové la petite case créole en bois qui existait à l'origine.

Les spécialités à base de produits frais s'affichent à la carte : « le canari de mamie », une fricassée de langoustes, d'écrevisses et de crabes avec une sauce créole, présentée dans un canari (une marmite en terre cuite), le fameux « Poulet Coco » et la souris d'agneau au colombo Péléen. Terminez par les excellentes bananes flambées au rhum vieux ou le flan coco. On apprécie la gentillesse de Line et Léo.

© RESTAURANT LE BAMBOU

© RESTAURANT LE BAMBOU

NORD

LE DOMAINE D'ÉMERAUDE

Parc naturel de Martinique / Quartier Propreté
✆ 05 96 52 33 49 - Au départ de Fort-de-France : par la Route de la Trace, direction Morne-Rouge, ou par la côte nord Caraïbe, direction Saint-Pierre puis Morne-Rouge. - www.pnr-martinique.com
Ouvert tous les jours de 9h à 16h. Tarif : 6 € adulte, 3 € enfant de 3 à 12 ans, 4 € senior et étudiant.

C'est l'un des plus beaux jardins de l'île, à faire absolument en famille. Labellisé Jardin remarquable, le Domaine d'Émeraude a été entièrement conçu et aménagé par le Parc naturel régional de Martinique. Dans ce parc de 25 hectares dédié à la biodiversité martiniquaise, la nature est laissée telle quelle, sans fioritures, afin d'amener le visiteur à l'observer dans son plus simple apparat, belle et mystérieuse.

Créé sur le site d'une ancienne pépinière, dont les traces restent encore visibles, le Domaine d'Émeraude s'appelait autrefois le Domaine d'Estripault. Au XVIIIe siècle, il hébergea un temps des communautés d'acadiens chassés par les Britanniques. En 2011, il a été confié au Parc naturel régional de Martinique dont la mission est de protéger et valoriser le patrimoine naturel, culturel et paysager martiniquais. L'organisme, qui gère également le Château Dubuc sur la presqu'île de la Caravelle, l'a entièrement repensé pour en faire un conservatoire sublimant l'exceptionnelle biodiversité de l'île. Mais pas seulement, car le Domaine d'Émeraude se veut à la fois un lieu de balade en famille et un espace dédié à la découverte de la nature et de la culture de l'île, un site d'exploration et d'interprétation des espèces rares et endémiques de la Martinique. Ici, point de mise en scène : simplement une mise en valeur de l'exceptionnelle biodiversité martiniquaise.

Tout au long de la promenade et de la visite, plusieurs temps et espaces de visite sont proposés aux visiteurs, parmi les allées bordées de plantes ornementales, le bassin à jet d'eau à l'entrée du parc et les nombreux carbets invitant à faire une halte à l'ombre.

Il y a tout d'abord les quatre kilomètres de sentiers pédagogiques à travers la forêt tropicale humide qui permettent de se familiariser avec les principales espèces représentatives de ce milieu. Trois sentiers (15 minutes de marche pour le premier, 30 minutes pour le deuxième et une heure pour le dernier) sillonnent la forêt humide qui occupe près de 80 % du domaine. On se balade à travers les bananiers, les mahoganys, les balisiers (l'arbre symbole du parti d'Aimé Césaire), les fougères arborescentes et les flamboyants. Au gré de la promenade aménagée pour les familles (les poussettes et les fauteuils roulants sont les bienvenus !), on croise une centaine d'espèces botaniques typiques de Martinique.

Tendez l'oreille : vous entendrez sûrement le chant mélodieux du siffleur des mornes, un oiseau endémique des Petites Antilles. Levez les yeux : au loin, vous apercevrez de sublimes points de vue sur la Montagne Pelée.

Direction ensuite le Jardin des Origines qui abrite plus de 300 plantes et épices utilisées dans la cuisine créole et dans la pharmacopée traditionnelle caribéenne : roucou, cacao, tinin, basilic, menthe, cannelle, café (issu de l'Arabica Typica pour lequel le PNRM a mis en place un grand plan de relance de sa production), atoumo, prune de Cythère…

Dans cette zone, l'objectif est de sensibiliser les visiteurs aux traditions culturelles martiniquaises. Une maison créole a ainsi été reconstituée avec son jardin de subsistance constitué de plantes pour se nourrir et se soigner à proximité immédiate du lieu de vie.

Sur les panneaux sont indiqués, pour chaque plante, le nom créole et scientifique, et la famille à laquelle l'espèce appartient. On débouche ensuite sur la collection de plantes sous ombrières. Dans l'une des serres d'expérimentation loge une espèce hybride d'anthuriums (dont le nom signifie « arôme » en créole), mise au point pour résister aux parasites et aux maladies. La visite se poursuit par les plantes ornementales (rose de porcelaine, arbre à pain, cordyline, roseau des indes, reine de Malaisie…). On peut admirer quelques très beaux arbres et palmiers hérités du passé dont un beau groupe de pinots.

Ultime escale : le pavillon d'exploration pédagogique qui retrace l'histoire de l'île et de sa biodiversité et qui peut se visiter aussi bien au début qu'à la fin du parcours. Une véritable bibliothèque du vivant qui enchantera petits et grands. Ici, vous pourrez toucher, sentir et observer les merveilles de la nature de l'île. Les différentes mises en scène ludiques et sensorielles devraient charmer les plus jeunes, qu'il s'agisse des petits contes évoquant l'histoire martiniquaise fondée sur l'oralité ou l'animation visuelle et sonore de la vie de la forêt. Pédagogique et instructif, cet espace vous apprendra ce qu'est une mangrove et pourquoi il faut la préserver (car c'est là que les crabes se reproduisent) ou encore comment se forment les sols. Un espace regroupe des poésies locales ainsi que des citations et des proverbes régionaux. Sans jamais verser dans l'ennui ni la morale, la mission pédagogique du Domaine d'Émeraude est particulièrement bien remplie. Chaque âge y trouvera son compte et en tirera des enseignements précieux sur la faune et la flore martiniquaises.

Labellisé Jardin Remarquable en 2015, ce parc est un outil unique de préservation du patrimoine martiniquais. Tout au long de la visite, la nature est intelligemment mise en scène d'une manière subtile et non interventionniste pour s'offrir au visiteur telle qu'elle est. Dans cet écrin verdoyant, elle s'épanouit et s'exprime librement, loin des caprices de l'Homme. Avec le Domaine d'Émeraude, le Parc naturel régional de Martinique invite les visiteurs à mieux observer ce qui les entoure, en les faisant voyager au cœur du territoire martiniquais et en les encourageant à mieux le préserver.

PETIT COCOTIER

© 0596 96 07 67 76
www.petitcocotier.fr
3 paniers : équilibre moyen (26€), grand (39€), fruits (27€). 2 livraisons hebdo dans divers points relais de l'île.

Des paniers de fruits et de légumes sains, en circuits courts, accessibles en un clic : c'est le leitmotiv de Petit Cocotier. Les fruits, légumes et plantes aromatiques proposés poussent sur des terres certifiées sans chlordécone, cultivées avec des pratiques issues de la permaculture et de l'agroécologie. Pour Sébastien, André-Judes et Cédric, les fondateurs de Petit Cocotier, l'éthique est fondamentale dans leur démarche. Tous trois cherchent à valoriser la production et la consommation locales en proposant une agriculture saine et sans pesticides.

GAÏATREK

Quartier du Val-Joli
© 06 96 30 24 87
www.gaiatrek.com
Uniquement sur réservation. Minimum 2 personnes par sortie.

Rémy est un guide expérimenté passionné par son métier. A travers son agence Gaïatrek, il propose plusieurs parcours. La randonnée en forêt tropicale s'adapte aux marcheurs chevronnés et débutants avec comme récompense une magnifique cascade sous laquelle se rafraîchir. Les férus de sable blanc opteront pour une excursion mêlant plage, mangrove et « savane des pétrifications ». Les sportifs, eux, opteront pour la randonnée reliant le Prêcheur à Grand-Rivière, avec 16 km à parcourir (5 à 6 heures de marche) ou l'ascension des 1 397 mètres du volcan.

AJOUPA-BOUILLON ★★

Au centre d'un vallon verdoyant sillonné de rivières et coloré d'une multitude de fleurs tropicales, le petit bourg d'Ajoupa-Bouillon vaut le détour avec ses attractions naturelles et ses panoramas de choix : les gorges de la Falaise, l'aileron de la Pelée... D'ailleurs, la Grande Dame du Nord, visible depuis le bourg, ponctue majestueusement le paysage. Au détour d'un virage, on aperçoit quelques beaux points de vue sur le nord Atlantique. Avec ses huit rivières, les écrevisses sont la spécialité du village qui propose des « zabitans » (grosses écrevisses de rivière) à toutes les sauces. Le mieux est sans doute de prendre le temps de s'y arrêter.

ÉGLISE DE L'IMMACULÉE-CONCEPTION

C'est à partir d'une chapelle construite au XVIIe siècle autour d'une croix, sur un terrain qui servait de cimetière aux esclaves des habitations environnantes, qu'est érigée, en 1848, cette église paroissiale. Celle-ci résista miraculeusement aux cyclones et à l'éruption de la montagne Pelée. D'inspiration baroque, ses formes sont harmonieuses. Les deux transepts furent rajoutés en 1925, et le clocher en 1962 en remplacement d'un précédent daté 1880.

GORGES DE LA FALAISE

© 05 96 53 36 53 - Au sud du bourg, suivre les balises en empruntant la voie à gauche du calvaire. - www.tourisme-en-martinique.com/sites-incontournables/les-gorges-de-la-falaise/
Ouvert de 8h à 17h30. Visite guidée de 2 heures payante : adulte 7 €, enfant 4 €. Location de chaussures 2 €.

C'est l'attraction phare de la commune. On y accède sur la route de la montagne Pelée à gauche en venant de Morne-Rouge. Il s'agit d'une promenade le long d'une rivière entre deux immenses falaises au milieu de la forêt tropicale ; les gorges sont très spectaculaires par leur encaissement et leur emplacement dans la verdure. Peu à peu, on remonte vers les cascades. Les chutes d'eau environnantes offrent un fond sonore impressionnant. Des caissons étanches pour protéger souvenirs ou appareils photo sont disponibles. Maillots et serviettes recommandés.

LA CASCADE €

Gorges de la Falaise
© 05 96 53 35 61
Ouvert tous les midis de 12h à 14h30.

C'est l'une des adresses les plus typiques de l'île ! Le restaurant La Cascade est situé juste à côté des gorges de la Falaise et propose un accueil chaleureux et une cuisine créole délicieuse, parfumée et colorée, qui n'est pas sans rappeler les spécialités d'antan de nos mamies. Quand vous aurez goûté le poulet farci aux écrevisses – l'une des spécialités avec la christophine au crabe –, vous n'aurez qu'une seule envie, y revenir très vite ! Présentez-vous de bonne heure. Le restaurant est susceptible de fermer plus tôt selon son occupation.

MONTAGNE PELÉE ★★★

Point culminant, de l'île, le volcan de la montagne Pelée est un parc touristique de choix pour les randonneurs. L'ascension, accessible à tous, offre par beau temps un panorama superbe. Les bourgs de Morne-Rouge et de l'Ajoupa-Bouillon font office de points de départ pour entamer les nombreux sentiers de randonnée de la région. Pour tout renseignement sur les randonnées autour de la montagne Pelée, se référer aux bureaux touristiques comme celui du Parc naturel de Martinique de Saint-Pierre et ceux du Morne-Rouge. La Maison des volcans à Morne-Rouge pourra également offrir des informations utiles (durée et typologie des parcours, plans des sentiers...).

© STEVEGEER

Randonnée dans la Montagne Pelée.

LA MONTAGNE PELÉE ★★★

Point culminant de l'île à 1 397 m, la montagne Pelée inspire encore le respect et la crainte aux habitants qui gardent en mémoire la tragédie du 8 mai 1902.

Quatre chemins différents par longueur et par difficulté permettent d'effectuer l'ascension du volcan. Avant de partir, renseignez-vous pour savoir si le sentier que vous voulez emprunter est ouvert, et embarquez toujours avec vous de l'eau, un chapeau et de la crème solaire, de bonnes chaussures de marche et de la nourriture. Le temps, très capricieux au sommet, est rarement prévisible, et peut transformer une randonnée terriblement ensoleillée en petite tempête, en l'espace de quelques heures.

- **Le sentier de l'Aileron**. 2h30 A/R. Niveau moyen. Départ au parking du bar Le Refuge de l'Aileron.
- **La caldeira**. 6h A/R. Niveau difficile. Sentier raide qui rejoint le plateau des Palmistes et surplombe le cratère d'explosion. On croise trois refuges avant de redescendre sur le sentier de l'Aileron.
- **Depuis Grande Rivière**. 5h 30 A/R. Niveau difficile. Départ à l'angle du chemin d'exploitation de Beauséjour et de la D10. Traverser les bananeraies, prendre la piste forestière sur 1 km, poursuivre par une pente raide en gravissant le versant nord du cratère (morne Macouba).
- **Depuis Le Prêcheur**. 3h A/R. Niveau moyen. Depuis la D10 à l'entrée du bourg, suivre en direction La Charmeuse, poursuivre sur 5 km jusqu'au parking de Grande Savane. Peut-être le plus beau des sentiers d'ascension. On traverse d'abord des terrains cultivés, avant de rejoindre des sentiers rocheux et plutôt raides.

© FABIEN R.C. - FOTOLIA

La Montagne Pelée.

NORD

LA TRINITÉ ★★★

C'est sur ce territoire que se cachent deux des plus beaux endroits de la Martinique. La presqu'île de la Caravelle, au bout de laquelle les ruines du château Dubuc surplombent une mangrove. La presqu'île dépend en effet de La Trinité, cet authentique et paisible village de pêcheurs tranquillement dissimulé au fond de sa baie, où l'on aperçoit les vagues se briser derrière la barrière de corail. La journée, le village vit au rythme du marché et de ses commerces animés, avant de se vider progressivement le soir et de plonger dans une douce torpeur qui n'est pas désagréable. Un lieu attachant pour rayonner autour du nord-atlantique et du centre.

Tourisme

C'est à partir de l'îlet Tartane que commence une longue bande littorale (côté nord), entrecoupée par endroits : quelques plages se succèdent : la Batterie, Tartane, anse la Brèche et anse l'Etang (la plus connue), que l'on nomme volontiers celle des « surfeurs » bien que cela se passe en réalité juste à côté, au lieu-dit anse Bonneville (école de surf) qui fait face au rocher de la Caravelle. Dans ses parties est et sud, l'aspect sauvage s'intensifie, ce qui ne manque pas de se refléter sur les noms : anse du Bout, anse Chandelier, anse Bois Vert, pointe Caracoli, baie du Trésor (en contrebas des ruines, face à l'îlet éponyme), baie Granjean, Gros Raisin, baie du Galion (base nautique de Spoutourne)...

Transports

- **Voiture.** A 28 km de Fort-de-France par la N4. A 11 km du Robert par la N1.
- **Taxis collectifs.** Les taxis-co desservent la Trinité via le Robert. L'arrêt se trouve à la gare interurbaine à l'entrée du village au niveau du front de mer.
- **Bus.** Un réseau de transport urbain a été mis en place par la commune. Il dessert la commune de la Trinité et ses quartiers. La gare routière se trouve face au centre commercial Le Galion. Service de 6h à 20h environ.

ÉGLISE DU BOURG

Parmi les plus intéressantes de l'île, l'église de La Trinité incarne l'assise religieuse des colons. Construite entre 1708 et 1710, elle se démarque du plan rectangulaire traditionnel : elle est en effet bâtie sur un plan rectangulaire classique et le maître-autel est flanqué par deux autels latéraux. Détail original, le clocher est surmonté d'un minaret. Plusieurs fois rénovée, les catastrophes naturelles ne l'ont pas épargnée ! Sur le côté gauche de l'église, on aperçoit un porche qui donne accès au cimetière. Jolie vue sur le village.

FORT SAINTE-CATHERINE

A la sortie du bourg en direction du nord, vous pourrez admirer les vestiges de l'ancien fortin construit en 1658 lors de la fondation de la ville. C'est cette année-là que fut édifié le bourg de la Trinité avec l'installation des colons à l'entrée de la presqu'île. Là, ils choisirent de construire une chapelle en bois, au pied de la colline où se situe le Fort Sainte-Catherine. Même s'il ne se visite pas, ses ruines évoquent le temps où La Trinité était une garnison militaire de prestige, théâtre de nombreux affrontement entre les troupes anglaises et françaises.

LE JARDIN DE BONNEVILLE

Quartier de Bonneville
✆ 06 96 71 54 57
Du lundi au samedi, visites guidées de 9h à 15h ; dimanche de 9h à 11h. Adulte 8 €, enfant 4 €, groupe 6 €/pers.

Passionnés de botanique, Patrick et Sylviane Eugénia ont entièrement aménagé ce terrain abrupt et l'ont transformé en un magnifique écrin végétal, où prospère une multitude de plantes ornementales et d'arbres fruitiers exotiques : pommier cajou, carambolier, prunier de Cythère, manguier, goyavier fraise, abricotier péyi... En tout, plus de 150 arbres et arbustes cohabitent paisiblement en ces lieux. Ne pas manquer le verger d'agrumes, fierté de Sylviane. Après la visite, essayez la table d'hôtes, dont les mets sont élaborés à base de produits de l'exploitation.

NORD

MOULINS

La Trinité a la particularité de posséder les vestiges de moulins dans les habitations sucrières, qui servaient à broyer la canne et à extraire le vésou nécessaire à la fabrication du rhum. Actionnés par des bêtes, l'eau ou le vent, ils ont coexisté jusqu'au XXe siècle, même si, à partir de la seconde moitié du XIXe siècle, les moulins à vapeur ont peu à peu fait reculer les moulins à vent d'abord, les moulins à bête ensuite et enfin les moulins à eau. Malheureusement, la plupart ne sont visibles que de la route car ils sont implantés sur des propriétés privées.

USINE SUCRIÈRE DU GALION

Sur la N1, en direction du Robert

✆ 05 96 58 20 65

Visites pendant la période de récolte de mars à juin. Du mardi au vendredi de 9h à 17h, le samedi de 9h à 12h.

Créée au XVIIe siècle, l'Usine de Galion est la dernière et unique sucrerie encore en fonction de la Martinique, gardienne intemporelle de cette mémoire plus que centenaire. Pendant plusieurs siècles en effet, l'économie de la Martinique reposait presque exclusivement sur la culture et la transformation de la canne à sucre.

L'usine produit aujourd'hui une large gamme de sucres : cassonade, grands arômes... Sous forme d'économie mixte, elle produit également du rhum. Propriété des Dubuc en 1849, elle fut rachetée par Eugène Eustache, un négociant belge associé à Emile Bougenot, ingénieur qui contrôla sept des onze usines de sucre martiniquaises de l'époque. Au centre de la sucrerie se trouve un temple hindou, témoignage de la forte présence de travailleurs indiens sur l'île (fin du XIXe siècle) qui obtinrent la permission de construire leur lieu de culte. La légende raconte que, suite à une forte sécheresse, un prêtre indien organisa une cérémonie en l'honneur des dieux hindous et que la pluie arriva. L'usine se visite entre mars et fin mai (début juin selon les années), période de campagne sucrière et de récolte de la canne. La visite est particulièrement intéressante. A noter que les enfants de moins de six ans n'y sont pas admis.

Bon à savoir aussi : chaussures fermées obligatoires ! A l'issue de cette savoureuse visite, on fait un tour dans la boutique de l'usine pour goûter et découvrir les différentes variétés de sucres que commercialise l'usine du Gallion actuellement, et tenter de percer les mystères de fabrication.

VILLA BLEU MARINE €

voie n° 3 La Crique

✆ 05 96 58 14 14

villa-bleu-marine.fr

Tarif à titre indicatif pour 2 personnes : dès 445 € la semaine.

Cette résidence hôtelière est située dans un quartier calme, tout près de la plage de Cosmy. Elle se compose de trois jolis bâtiments de type créole comprenant chacun 4 studios duplex (12 studios en tout) et d'une très jolie piscine. Chaque studio possède sa kitchenette équipée, sa terrasse de plain-pied dotée d'un salon de jardin, une douche, des toilettes avec lavabo et un sèche-cheveux. TV, radio-réveil, mini-réfrigérateur, téléphone/interphone, draps et linge fournis : les studios bénéficient de tout le confort. Nombreux services (payants ou non).

LE DOMAINE SAINT-AUBIN €€€

Quartier Petite-Rivière-Salée

✆ 05 96 69 34 77

www.ledomainesaintaubin.com

Cottages 1 à 3 personnes dès 99 € la nuitée selon la saison. Suites-appartements et villas dès 1 790 €/semaine.

Au cœur d'un parc de 2 hectares entouré de jardins à la française, cette élégante demeure familiale construite en 1919 a été transformée en hôtel de charme en 1975. Les cottages disposent tous d'une terrasse et sont meublés avec goût (mobilier colonial, beaux tissus...). Piscine, salon, home cinéma, Internet, le Domaine est très bien équipé. Vue panoramique imprenable sur la baie. Dans ce cadre fascinant s'épanouissent 4 villas de standing, indépendantes, en location saisonnière, avec accès privatif. Un lieu d'exception, unique en Martinique.

BAGUET SHOP €

15, Avenue Casimir Branglidor

✆ 05 96 58 32 08

www.baguet-shop.com

Ouvert du lundi au vendredi de 6h à 16h30 et le samedi de 6h à 14h. Fermé dimanche et jours fériés.

A tous les moments de la journée, on vous propose de bonnes choses à déguster, à emporter ou à consommer sur place dans l'une des nombreuses adresses de l'enseigne, entièrement redécorées de manière chic et contemporaine à travers toute l'île. Dès le matin, du pain frais, des viennoiseries et des pâtisseries vous attendent ; pour déjeuner, place aux délicieux sandwichs confectionnés sous vos yeux avec des ingrédients toujours frais et le choix entre 5 variétés de pain. Sans oublier les plats cuisinés, les tartes salées et les salades composées.

BLEU OCÉAN €€

Anse Cosmy
✆ 05 96 78 30 55
Ouvert du mardi au dimanche de 12h à 16h. Addition moyenne 30 €.

C'est véritablement les pieds au bord de l'eau que vous serez entrainé dans une ambiance créole typique et chaleureuse. Evidemment, les spécialités créoles et de la mer sont au rendez-vous, telles que la persillade de lambis, le gratins de crevettes, les poissons grillés, mais vous serez surpris et subjugué par l'originalité de certains plats, à commencer par le flan aux letchis. Possibilité de réservations pour groupes ; ambiance musicale et loisirs. Événements et animations fréquents. Une adresse familiale et conviviale à souhait !

LA BRASSERIE DU MANOIR €€€

Domaine de Saint Aubin
✆ 06 96 02 21 41
http://domaine-saint-aubin.com
Le midi du mardi au dimanche de 12h à 14h30. Le soir en saison du mardi au samedi de 19h à 21h30. Prix moyen 22 €.

C'est dans le cadre somptueux du Domaine de Saint-Aubin qu'est née cette année la Brasserie du Manoir. Installé sur la terrasse de ce manoir du XIXe siècle, on pourrait imaginer voir arriver Clark Gable comme dans *Autant en emporte le vent*, tellement ce lieu est empreint de romantisme. On vous y propose une carte de brasserie qui allie les produits frais locaux au savoir-faire maison d'une bistronomie moderne. Pour vous régaler on vous conseille la suggestion du jour, par exemple le foie gras fait maison, une merveille pour les yeux et les papilles.

MARCHÉ

Rue Branglidor
Ouvert du lundi au samedi de 6h à 14h environ.

Animé et coloré, le marché traditionnel de La Trinité est un bon endroit pour acheter de savoureuses cuisses de poulet grillé, des fruits et légumes récoltés du matin, du poisson fraîchement pêché, du pain dans la boulangerie du coin, de quoi pique-niquer avant d'aller à la plage ou arpenter la presqu'île de la Caravelle. Caché sous sa grande halle entièrement restaurée, il abrite des étals bien garnis (épices, rhums arrangés, pâtés maison) ainsi que quelques stands d'artisanat local pour dénicher un petit souvenir à rapporter.

TARTANE ★★★

Classée réserve naturelle protégée, la presqu'île de la Caravelle dessine une pointe dans l'Atlantique. A Tartane, petit village typique, on prend le temps de vivre ! Commencez par les ruines du château Dubuc le matin, avant de partir pour une courte randonnée à travers la réserve naturelle de la Caravelle. Puis revenez profiter des plages de l'Anse-l'Etang ou de celle de La Brèche. Une piste parcourt la presqu'île en longeant la mer, laissant découvrir une vue magnifique agrémentée de quelques barques de pêche et de maisons à flanc de collines. A l'intérieur de la presqu'île, le paysage change. On bénéficie ici d'un environnement sauvage et préservé.

Histoire

Trésor, vous avez dit trésor ? Comme tirée d'un roman de Robert Louis Stevenson, l'anse jumelle à celle de Tartane fait battre le cœur de la réserve naturelle de la presqu'île de La Caravelle. La légende raconte qu'un fabuleux magot en ses eaux s'endormit et que la baie prit son nom dès lors. C'est à la lumière d'un phare construit en 1842 que l'histoire prend corps. Sur un amas de pierres, à quelques pas de là, l'habitation La Caravelle renommée château Dubuc depuis, domine depuis 1773 l'endroit. Dans ce théâtre fait de forêts sèches, de mangroves, de falaises déchirées par le vent et d'anses de sable blanc, se joue désormais à chaque marée l'épopée de Louis Dubuc du Galion, petit-fils de l'engagé dieppois le célèbre Pierre du même nom ou de celle de sa sœur Aimée captive d'un prince arabe, la sultane Validé. Le récit de la fortune des Dubuc édifiée sur les bénéfices du sucre, du tafia, du café et de la flibuste ravive le soir à la veillée l'imagination au fil des générations. Et c'est ainsi que de l'histoire d'un trésor enseveli naquit, un trésor de l'histoire.

Tourisme

La presqu'île de la Caravelle, classée Réserve naturelle depuis 1976, protège l'environnement de près de 150 plantes caractéristiques des petites Antilles et de 78 espèces d'oiseaux. Giflée par les alizés, elle est aussi boudée par la pluie. Les falaises les plus exposées sont recouvertes de prairies d'où il fait bon contempler un lever de lune. La forêt tropicale occupe le fond des vallons. Les anses de la baie du Trésor abritent la mangrove dans laquelle volatiles, crabes et poissons vivent paisiblement. Profitez des sentiers balisés pour découvrir toute un pan de la biodiversité de l'île tout en préservant un trésor écologique : une belle démarche éco-touristique !

FF 890176H

Transports

Si vous pensez vous déplacer assez régulièrement, il faudra compter avec la route. Bien placée pour rejoindre le nord ou le sud côté Atlantique, la presqu'île de la Caravelle se trouve assez éloignée tant de Fort-de-France (30 à 40 minutes, embouteillages le matin) que du sud et du nord côté Caraïbe. Ceci s'en ressent particulièrement au moment de la tombée de la nuit, lors du retour (nombreux virages).

DISTILLERIE HARDY

Bourg Tartane

✆ 05 96 58 20 82

www.rhum-hardy.com

Ouvert 7j/7 de 9h à 12h30 et de 16h à 19h. Visite et dégustation gratuites.

C'est au cœur de la presqu'île de la Caravelle que se trouvent les terres du rhum Hardy et sa boutique attenante. Si la distillerie n'est aujourd'hui plus en activité, la production de ce rhum mythique continue, sous la houlette de Jean-Pascal Hardy, l'un des héritiers de la famille Hardy. Il a décidé de redonner vie à cette distillerie en ruine en lançant une gamme de rhums d'exception. C'est à lui que l'on doit la qualité grandissante des rhums Hardy. Un projet de réhabilitation et de création d'un musée est actuellement à l'étude.

CHÂTEAU DUBUC ET SON MICRO-MUSÉE ★★★

Parc naturel régional de la Martinique

✆ 05 96 58 09 00

www.pnr-martinique.com

Visites tous les jours de 9h à 16h30. Adultes : 5 €, enfants : 2 €, seniors, lycéens, et étudiants : 3 €.

Entouré par un cadre naturel magnifique, le château Dubuc, ancienne habitation sucrière, domine la pointe de la presqu'île de la Caravelle. On s'y rend par un chemin caillouteux à 10 minutes à pied du parking. Sur le site, on distingue encore les vestiges de la maison de maître, les cuisines, les bâtiments industriels et les cases-à-nègres (pas de rue case-nègres à Dubuc). Ironie du sort : les cachots des esclaves sont les vestiges les mieux conservés du site. Le micro-musée présente différents éléments sur l'organisation et le fonctionnement d'une habitation sucrière et plus particulièrement ceux du domaine. La famille Dubuc est l'une des plus fameuses et des plus anciennes de l'île. Son implantation remonte à 1657. Pierre Dubuc, arrivé à la suite de Pierre d'Esnambuc, se serait livré à de nombreuses activités illicites, en étroite collaboration avec les flibustiers. Apparemment, le trafic « d'ébène » et de marchandises diverses, dérobées sur des bateaux arraisonnés, était la principale activité des habitants du domaine. Les marchandises étaient échangées contre de la viande et des balles à mousquet. Pour préserver les apparences, les Dubuc possédaient quatre sucreries. En 1770, ils achetèrent leurs lettres de noblesse. La branche des Dubuc resta sans descendance. La propriété tomba alors en ruine à la fin du XIXe siècle. Elle est aujourd'hui la propriété du Parc naturel régional qui y a entrepris un vaste chantier de réhabilitation des bâtiments.

NORD

© SOGOOD - ISTOCKPHOTO

Plage de Tartane.

RÉSERVE NATURELLE DE LA CARAVELLE

✆ 05 96 64 42 59

Deux circuits (un de 1h30 et l'autre de 1h20) dans cette réserve protégée où faune et flore s'épanouissent. Les sentiers parcourent le littoral en épousant le contour de la presqu'île. Les paysages sont superbes, les noms évocateurs : pointe du Diable, îlet Lapin, table du Diable, baie du Trésor. Du phare de la Caravelle à 150 m d'altitude, le panorama est grandiose. Sur votre chemin vous croiserez des gommiers, frangipaniers et de la mangrove. Une balade simple en famille.

LA CARAVELLE €€

Route du Château-Dubuc

✆ 05 96 58 07 32

www.hotel-la-caravelle-martinique.com

Ouvert toute l'année. Chambre pour une ou deux personnes à partir de 63 €.

© LA CARAVELLE

Un hôtel de charme très agréable niché dans la végétation, paradis des oiseaux, face à l'océan, à trois minutes à pied d'une très belle plage et à proximité de la réserve naturelle de la Caravelle. Les 11 chambres et salles de bain disposent de beaux volumes (de 32 m² à 43 m² dont terrasse) et sont ouvertes vers la mer. Elles bénéficient d'une terrasse-kitchenette d'appoint, d'une salle d'eau, de la climatisation, de la télévision TNT et du téléphone avec ligne directe. La vue sur la baie de l'anse l'Étang est magnifique et l'hôtel est bercé par les alizés.

CARAVELLE LOCATION

Quartier Fond Basile

LA TRINITÉ

✆ 05 96 58 68 95

www.caravelle.location.com

A partir de 16 € par jour pour une Renault Twingo en basse saison et 40 € par jour en haute saison.

Bénéficiez de l'expertise de Caravelle Location qui déploie ses service depuis 1991 ! La structure dispose d'un parc de 50 véhicules dont des voitures automatiques allant de la Twingo à la Peugeot 9 places Expert Combi. Tous les tarifs indiqués sont au kilométrage illimité et assurance tous risques. Les voitures sont toutes climatisées. La livraison est possible à votre arrivée à l'aéroport si vous réservez en amont ou au port de Fort-de-France si vous arrivez par bateau. Le formulaire en ligne sur le site permet de vous faire gagner du temps.

LE TI BATO

Tartane - **LA TRINITÉ**

✆ 06 96 17 05 71

www.letibato.com

Sortie à la journée (9h-16h) 55 €/personne (enfant 30 €). Sortie demi-journée (9h-12h) : 30 €/personne (enfant 20 €).

Excursion à bord du Sépia, un petit catamaran ouvert et confortable de dix mètres de long ! En petit groupe de huit personnes, découvrez la richesse de la réserve naturelle de la Caravelle depuis la mer. Entrez dans un monde d'écotourisme où le respect et la préservation de l'environnement imprègne les sorties et les façons de profiter des vacances. Au départ de l'Anse Spoutourne à Tartane, navigation de la baie du Galion à la baie du Trésor, snorkeling, baignade apaisante et pot de l'amitié ! Dépaysement écologique garanti.

FRENCH COCO €€€

33 rue de la Distillerie

✆ 05 96 38 10 10

www.hotelfrenchcoco.com

Ouvert toute l'année. Accueil 24h/24. Suite dès 250 €.

Lové dans un écrin de verdure aux limites du parc naturel de la presqu'île de la Caravelle, ce petit hôtel de luxe au style chic à la créole abrite 17 suites disséminées au creux d'un jardin verdoyant et reposant : de la suite de 40 m² à l'étage avec sa terrasse en passant par les suites de 50 à 60 m² en rez-de-jardin avec piscine et jardin privatifs. Son *lounge* à la lumière tamisée, son restaurant avec sa terrasse dominant le jardin ou encore sa déco vitaminée combleront à coup sûr votre séjour ! Le plus : le service de conciergerie de Philippe et son équipe.

CARIBOU BEACH €€

✆ 0696214641
www.cariboubeach.fr

Le Caribou est un ensemble de bungalows et d'appartements du T2 au T3, très bien équipés, idéalement situés sur la plage de l'Anse l'Etang à Tartane. Ils sont décorés avec goût et promettent de belles et agréables vacances au bord de la belle plage turquoise de Tartane. Les T2 sont équipés d'un lit double et d'un canapé-lit. Les T3, plus spacieux, offrent une chambre avec lit double, une chambre avec deux lits et un canapé-lit. A noter que tous les bungalows et appartements disposent d'une terrasse. Nombreuses activités à proximité : surf, randonnée...

VILLA LOUNA €€

28 Rue du Surf
✆ 06 96 98 60 00

A partir de 129 € la nuit pour le haut de la villa, 980 € la semaine en basse saison.

A 100 mètres de la plage des surfeurs, cette belle bâtisse de 100 m^2 (capacité d'accueil : 8 personnes) bénéficie d'une vue admirable sur la Presqu'île de la Caravelle. L'équipement électro-ménager est complet ; la cuisine américaine s'ouvre largement sur le salon. On apprécie la décoration contemporaine et colorée à l'image des Antilles, la terrasse, son deck et son jacuzzi...et la luminosité des pièces.

En rez-de-jardin de la villa, un studio et un appartement de type F2 sont également en location. Terrasse, vue mer et équipements très complets également.

LOCATIONS VUE TURQUOISE €€

30 rue du Surf
✆ 06 11 28 91 21
www.locations-vue-turquoise.com

Location de villas à Tartane et dans le reste de la Martinique. Villas 1 à 3 chambre à partir de 57 € la nuit.

Jean-Marc et Karine ont conçu 3 logements dans l'enceinte de leur résidence principale. Le cadre est agréable avec des grandes terrasses extérieures ventilées par les alizés. La villa « Ti Turquoise » est composée d'une grande terrasse de plus de 100 m^2, d'une petite piscine privative, d'une grande chambre de 30 m^2 et d'une grande salle d'eau. Une adresse vraiment agréable à vous conseiller ! Sachez que Jean-Marc est le fondateur de l'agence en ligne « Locations Vue Turquoise », qui propose des biens à la location saisonnière dans toute l'île.

VANILLE DES ISLES €

3, lot. Anse-Bonneville
✆ 05 96 58 06 82
www.vanilledesisles.com

Dès 580 €/semaine pour 2 personnes, 630 € pour 4 personnes. Possibilité de louer à la nuit (75 €/2 pers ; 85 €/4 pers.).

Située à l'entrée de la réserve naturelle de la Caravelle (1,5 km après le village de Tartane), cette jolie maison créole en bois se compose de 4 studios climatisés de 25 m^2 tout équipés avec terrasse de 10 m^2 et d'une belle villa tout confort pour 6 personnes avec parking. Entouré d'un jardin tropical, on peut profiter de sa piscine (petit et grand bains et nage à contre-courant) et de son bain bouillonnant. Vous serez proche de tout : de la plage (pour le surf ou le bodyboard, les vagues sont superbes à cet endroit de l'île), du bourg et de ses commerces.

LA TABLE DE MAMY NOUNOU €€€

Route du Château-Dubuc
✆ 05 96 58 07 32
www.hotel-la-caravelle-martinique.com

© LA TABLE DE MAMY NOUNOU

L'un des meilleurs restos de l'île. Le midi, on déjeune sous le carbet de la terrasse panoramique. Le soir, on opte pour la varangue ou l'intérieur personnalisé avec des objets chinés du monde entier. La cuisine est inventive et s'inspire des trésors du pays : calamars à la carbonara, pavé de thon aux graines de sésame, risotto aux trompettes de la mort, émulsion de langues d'oursins... Sans oublier les desserts maison : ananas en infusion de caramel aux épices et ses sorbets, soufflé glacé au shrubb, et « mojitomisu », que l'on vous laisse découvrir par vous-même.

NORD

LE PHARE €€

1 Lotissement Anse-Bonneville (entrée du Château-Dubuc) ✆ 05 96 58 08 48
www.le-phare-restaurant-martinique.fr
Fermé lundi et dimanche soir. Ouvert de 12h à 23h.

© LE PHARE

Situé à deux pas du phare de la caravelle, le restaurant éponyme est des plus agréables. Sa jolie salle à manger carrelée de rouge dedans/dehors s'ouvre largement sur la baie de Tartane alors que sur un grand tableau s'alignent des spécialités franco-créoles. La vue est splendide et l'accueil sympathique vous assure de passer un moment convivial. Un sémaphore où il fait bon se retrouver à tout instant de la journée. A ne pas rater si vous rentrez de la randonnée de la Caravelle, pour un moment de détente bien mérité après l'effort.

L'OASIS BEACH €

7 Boulevard François Mitterrand Tartane
✆ 0596582454
Ouvert du mercredi au lundi de 12h à 23h. Fermé le mardi. Addition boisson, entrée et plat autour de 25 €.

Situé en bord de mer, le restaurant constitue une bonne étape avant votre visite à la Caravelle de l'après-midi. Au menu : boudin créole, assiettes antillaises, poulet boucané, poisson grillé ainsi que le lambi grillé, et les desserts faits maison tels que le blanc mangé coco et le flan au coco pour un mélange de cuisines créole, française et indienne. Son atout le plus fort est de loin la sympathie du personnel et son excellent rapport qualité-prix. Vous apprécierez les brumisateurs installés aux quatre coins du restaurant !

TI CARBET €

Route du Château,
Plage de la Brêche
✆ 06 96 27 17 01
Ouvert tous les jours jusqu'à 16h. Attention, il n'y a toujours pas de toilettes.

Une petite paillote comme on les aime, tenue par Sonia et Henry, un couple de passionnés qui sera aux petits soins avec vous. Le Ti Carbet se trouve sur la plage de la Brêche, à l'ombre des arbres. On y déjeune pour un petit budget, en revenant de randonnée. De belles assiettes appétissantes qui fleurent bon les spécialités du pays : daube de poisson, colombo de poulet... Notez leur préparation de chatrou, souvent appréciée. Ajoutez à cela un accueil charmant et le tour est joué. Un bel exemple où simplicité rime avec qualité.

COCOA BEACH CAFÉ €€

Anse l'Etang
✆ 05 96 38 31 03
Ouvert du mercredi au samedi de 12h à 23h, de 12h à 16h le dimanche.

Restaurant de plage les pieds dans l'eau où Jérémie et son équipe proposent une carte uniquement à l'ardoise, un plat du jour créole selon l'arrivage et un plat végétarien sans gluten en plus de la carte. On aime les suggestions comme la salade bobun, le poisson à la tahitienne, le burger, la salade thaïe.... Un petit plus, un superbe coin lounge avec des balançoires et des hamacs pour se détendre et siroter un de leurs délicieux cocktails. Un petit secret : un jardin d'herbes aromatiques maison pour agrémenter les plats et la multitude de cocktails.

ITACARE SURF SHOP

Rue du Surf
✆ 05 96 58 01 43
Tournez à gauche avant le château Dubuc.
www.surfshop-martinique.com
Ouvert du mardi au dimanche de 9h à 18h. Fermé le lundi.

L'unique surf shop du spot avec une vue dégagée sur l'océan en pleine nature d'où l'on peut surveiller les vagues. Il est tout en bois exotique et bambou et ouvert sur l'extérieur. Surf wear au féminin et au masculin, des maillots de bain, des accessoires de plage (tongs, lunettes de soleil, colliers surfeurs...) et même des produits solaires. Sur place, vous trouverez également un shaper qui répare les planches, des boards à vendre ou à louer. Itacare Surf Shop propose également des cours de surf individuels et collectifs. Petit snack attenant pour se restaurer !

TI KAFÉ

✆ 06 96 79 13 33

www.tikafe.fr

Visite gratuite du lundi au vendredi de 7h à 14h30 ; torréfaction en direct de 7h à 13h.

Dans l'ancienne distillerie Hardy à Tartane s'est installée une brûlerie artisanale où l'on torréfie dans les règles de l'art une grande variété de cafés issus de la Caraïbe et de Martinique. Sur place, assistez en direct à la torréfaction de votre futur café. La liste des cafés est édifiante : Cuba, République dominicaine, Costa Rica, Honduras, Colombie, le certifié bio du Guatemala, l'étonnant et unique décaféiné naturel du Nicaragua et le café de Martinique. Avant de partir, vous pourrez acheter le café de votre choix dans le coin boutique de l'atelier.

BATEAU LA COLOMBE, BALADE EN MER

✆ 06 96 18 36 66

www.bateaumartinique.com

Balade en mer sur réservation, 6 à 8 personnes maximum et possibilité de privatisation à partir de 2 personnes.

C'est à bord de *La Colombe*, que Sébastien vous accueille pour une journée intimiste de balade à travers les incontournables îlets du Robert. Votre capitaine vous fera découvrir les 9 îlets du Robert et naviguer jusqu'à l'îlet Chancel où vous pourrez découvrir les iguanes et les fonds blancs du Trapèze. Sur l'îlet Madame, vous savourerez un colombo de poulet ou une langouste grillée suivis d'une banane flambée. Journée de dépaysement assurée avec Sébastien !

BASE DE PLEIN AIR DE SPOUTOURNE

Quartier Spoutourne ✆ 05 96 58 24 32 - A 500 m sur la droite avant le village.

www.accueil-martinique.fr/FR/visite-base-de-plein-air-et-de-loisirs-de-spoutourne_11470.html

Ouvert du lundi au vendredi de 7h à 12h et de 14h à 18h ; samedi de 7h à 11h ; dimanche de 7h à 10h et de 16h à 18h.

Sur la route de Tartane, dans un cadre bucolique, la base de Spoutourne propose une flopée d'activités : tennis, planches à voile, location de bateaux moteur, course d'orientation, plongée sous-marine, randonnées pédestres... La mer est ici d'un calme olympien. Les locaux y ont leurs habitudes, et les touristes aussi, de plus en plus, tant les lieux donnent envie de s'essayer à de multiples activités. Il faut dire que le cadre naturel est d'une beauté à couper le souffle !

CATAMARAN DELPHIS

Départ de l'anse Spoutourne

✆ 06 96 90 90 36

www.catadelphis.com

85 € par adulte, 50 € par enfant (de 2 à 12 ans) et gratuit pour les bébés pour sortie à la journée avec repas créole.

Pour ce départ depuis Tartane, le catamaran *Delphis* et son équipage vous invitent à la découverte des îlets et des plus beaux sites de la Martinique. Embarquement à l'Anse Spoutourne, dans la baie du Galion jusqu'au mouillage de la réserve naturelle de la baie du Trésor. Baignade, apéritifs, acras. Navigation ensuite vers la baie du Robert. Mouillage aux fonds blancs du Trapèze entre deux plages de sable fin. Un repas créole est servi à bord entre deux baignades paradisiaques.

NORD

NEW BLISS - ÉCOLE DE SURF ET DE BODYBOARD

28, rue du Surf ✆ 05 96 58 00 96
www.surf-martinique.com
Ouvert de 9h à 12h et de 14h à 17h sauf le jeudi. Cours initiation découverte en collectif : 35 €/ personne.

Au bout de la presqu'île de la Caravelle, Morgane et son équipe proposent des cours adaptés pour débutants et confirmés, par niveau et tranche d'âge. La « plage des surfeurs » est le meilleur spot de surf pour petits et grands en Martinique. Les vagues plus ou moins grosses selon la météo y déferlent toute l'année. Si vous avez envie de vous lancer dans ce sport des plus grisants, c'est vraiment l'occasion. L'équipe est charmante, professionnelle et à l'écoute de vos attentes.

SURF UP

19 rue du surf
✆ 06 96 77 73 60
www.martinique-surf.com
Ouvert tous les jours de 9h à 12h et de 13h30 à 17h.

Avec Vanessa et Romain, moniteurs diplômés d'Etat, vous pouvez surfer sur la vague ou découvrir en stand-up paddle les fonds blancs, des petites criques au calme à l'eau translucide, les tortues, sans oublier la superbe sortie au coucher du soleil avec des planches équipées de leds pour observer les fonds. Une activité étonnante, en total harmonie avec la nature, de même que le stand-up paddle yoga avec un professeur de yoga. Surf Up propose des cours de surf collectifs ou particuliers avec la possibilité de surfer sur différents sites de la Martinique.

GROS-MORNE ★★

Planté dans son théâtre de verdure avec, pour toile de fond, ces reliefs évoquant son patronyme, Gros-Morne est un bourg tourné vers l'agriculture, évoluant dans un environnement verdoyant à 240 mètres d'altitude. En ce lieu sain, les paysans cultivent depuis des lustres la terre en écoutant le chant des hauteurs.

A l'origine, Gros-Morne ne formait avec Le Robert qu'un seul quartier dépendant de La Trinité, avant de devenir une paroisse en 1743 puis une commune en 1837. Arborant le visage d'une Martinique authentique et préservée qui s'ouvre peu à peu au tourisme, Gros-Morne compte un nombre important de musiciens, d'artistes et de sportifs.

HABITATION SAINT-ÉTIENNE

✆ 05 96 57 62 68
Sur la RN4 en direction de Saint-Joseph.
www.rhum-hse.com
Ouvert tous les jours de 9h à 17h. Visites guidées sur inscription par mail tous les mardis et jeudis à 14h30.

Depuis 1994, Florette et José Hayot redonnent à ce domaine situé en plein cœur de la Martinique un nouvel élan. Ils perpétuent le savoir ancestral au sein de leur production qui se décline avec le traditionnel rhum blanc, reconnu pour sa fraîcheur et sa typicité, les rhums d'assemblage tels le VSOP et le XO régulièrement primés et les Expert Casks millésimés. La boutique de l'Habitation propose un large choix de produits ainsi que des dégustations gratuites. Profitez-en pour flâner devant les expositions permanentes ou temporaires honorant des plasticiens réputés.

© RHUM HSE

© HSE

NORD

© HSE

© HSE

© HENRI SALOMON

HABITATION SAINT-ÉTIENNE ★★★

✆ 05 96 57 62 68 - Sur la RN4 en direction de Saint-Joseph.- www.rhum-hse.com

Fief des rhums HSE, le site abrite neuf chais ouverts au public lors des visites guidées. Durant ces promenades les guides content les secrets de fabrication du rhum. Les visiteurs admirent également les 180 espèces végétales qui ornent le jardin labellisé « Jardin Remarquable » depuis 2015.

L'Habitation consacre la part belle à la culture puisque des sculptures enrichissent le parc. Les Foudres, nom donné à la boutique du site en hommage à Edouard Glissant abritent chaque année des œuvres d'art. Dégustation offerte et vente de la gamme complète des rhums HSE.

© HENRI SALOMON

© HSE

© DR

Gros-Morne.

ROYAL DENEL

Quartier Denel RN4 ✆ 05 96 67 51 23
www.denelmartinique.com
Réservation des visites conseillée.

Fondée en 1908 par le baron Pierre Daniel Jullien de Saumery, l'ancienne conserverie d'ananas, devenue aujourd'hui l'usine Denel, est spécialisée dans la transformation en jus et confitures de fruits issus majoritairement de l'île. Reprise par Royal, l'usine privilégie les circuits courts et se fournit auprès d'une cinquantaine de producteurs martiniquais en goyave, banane, prune de Cythère, canne, groseille et abricot péyi. Les particuliers peuvent aussi amener les fruits récoltés dans leurs jardins. Sur le site de 30 hectares exploité en agriculture biologique, et certifié Haute Valeur Environnementale, pousse une multitude d'arbres fruitiers qui viennent alimenter les quelque 2 000 tonnes de fruits transformés chaque année.

VANNERIE PAILLE CARAÏBES

2 rue de la Vannerie ✆ 05 96 69 83 74
www.vanneriedumornedesesses.com
Ouvert lundi, mardi, jeudi, vendredi de 8h30 à 12h30 et de 13h30 à 16h30. Le mercredi de 8h30 à 12h30.

Dans cette petite coopérative, ce sont les femmes qui perpétuent la tradition de la vannerie, que les Caraïbes auraient transmise aux nouveaux arrivants puis aux « neg mawons » venus se réfugier sur les mornes. Pour tresser les chapeaux, paniers, malles, tapis, sacs à main, sets de table et bijoux, elles utilisent deux plantes à fibres typiques de l'île : le cachibou et l'aroman. Tout se fait à la main : récolte, séchage puis tressage minutieux. Essayez de venir le matin pour voir les ouvrières à l'œuvre et assister à la démonstration des techniques de tissage.

MORNE-DES-ESSES ★★

Dernier refuge des Indiens Caraïbes, cette bourgade rattachée à Sainte-Marie est connue pour son savoir-faire en matière de vannerie. La petite ville a longtemps été le refuge des nègres marrons, ces esclaves enfuis des habitations et réfugiés en hauteur sur les mornes. La légende raconte que Morne-des-Esses est aujourd'hui l'un des quartiers généraux des sorciers et quimboiseurs de l'île. Légende urbaine ou non, toujours est-il que la petite ville coule des jours paisibles, dominant la côte atlantique et offrant des points de vue à couper le souffle sur la mer et les champs de bananes environnants. Un village agricole des plus attachants.

LE COLIBRI PARFUMÉ €€

33 Rue du Colibri ✆ 05 96 69 91 95
www.le-colibri-parfume.fr/
Ouvert du mardi au dimanche de 11h à 23h. Fermé le lundi.

On vient ici pour l'accueil familial ultra chaleureux et le panorama magnifique. Mais surtout on vient se régaler de spécialités antillaises préparées avec soin : tourte au lambi, oursin en coquille Saint-Jacques, cochon de lait ou encore le redoutable flan à la noix de coco, un incontournable pour terminer le repas sur une délicieuse note sucrée. Si le service est un peu lent, le résultat le mérite. Le cadre est reposant tandis que la terrasse s'ouvre sur la campagne verdoyante. La vue sur la mer y est époustouflante. Un endroit à essayer !

SAINTE-MARIE ★★★

Sur le littoral atlantique, la ville de Sainte-Marie, ouverte à tous les vents, est l'une des communes les plus importantes de la région nord-atlantique : elle est la quatrième commune de la Martinique par sa population et la première cité de la façade atlantique. Faisant partie à l'origine de la Capesterre qui revient aux autochtones, elle est très vite concernée par l'activité coloniale : l'importance de sa paroisse remonte à l'installation des moines dominicains en 1658 (le fameux père Labat notamment) venus exploiter la sucrerie de l'habitation Fonds-Saint-Jacques, mêlant volontiers prières et recherche industrielle. Si aujourd'hui la canne à sucre a été massivement remplacée par la culture de la banane, comme en témoigne un musée dédié à la banane, la célèbre distillerie Saint-James et son musée du Rhum demeurent parmi les lieux plus visités du coin. La petite commune animée vibre tous les matins à l'heure de son marché, mais c'est surtout le samedi matin qu'il faudra faire son marché, lorsque les agriculteurs du MANA investissent les lieux (il y a du monde !). Autre curiosité de Sainte-Marie : son célèbre *tombolo*, une petite langue de terre qui relie un îlet au littoral et permet une longue et plaisante balade.

ANSE AZÉROT ★★

Randonnée : 2 kilomètres.

L'Anse Azérot est un domaine créé à la fin du XVIIe siècle par le père Labat, qui voyait sur ce bord de mer la possibilité d'exploiter facilement des fours à chaux. Le sentier longe l'océan, ses plages et ses hautes falaises. Il est d'un abord très facile et, en le sillonnant sur toute sa longueur, vous découvrirez les vestiges de fours à chaux… C'est le meilleur moyen pour apprécier l'île dans toute sa splendeur.

Pour y accéder : sur la RN1, un kilomètre avant le bourg de Sainte-Marie, au niveau du carrefour qui mène au domaine de Sainte-Marie.

DISTILLERIE SAINT-JAMES ★★★

Le Bourg

✆ 05 96 69 30 02

www.rhum-saintjames.com

Ouvert tous les jours de 9h à 17h. Entrée libre.

Le Musée du Rhum Saint-James et la Maison de la Distillerie Saint-James située dans l'enceinte de la distillerie actuelle, encore en fonctionnement sur la plantation dans le Bourg de Sainte-Marie, sont des sites particulièrement bien aménagés pour vous permettre une très agréable découverte de l'histoire et des techniques de fabrication de ce fameux rhum.

Le site propose également une balade en train de 3 km dans l'ancien train des plantations qui servait autrefois à acheminer la canne à l'usine. Une visite des plus complètes !

NORD

Retour de la pêche à Sainte-Marie.

DOMAINE DE FONDS-SAINT-JACQUES

11 rue Pavé ✆ 05 96 69 10 12
www.collectivitedemartinique.mq/le-domaine-de-fonds-saint-jacques/
Ouvert du lundi au vendredi de 9h à 16h. Pour les visites guidées, prévenir 15 jours à l'avance.

C'est un élément majeur du patrimoine martiniquais. Le Fonds-Saint-Jacques a longtemps été le seul domaine agricole de la Martinique tenu par des religieux : sur une superficie de 230 hectares, il abritait alors un couvent et une sucrerie. En 1762, l'habitation comptait 500 esclaves. On y a découvert un véritable cimetière d'esclaves enterrés chrétiennement. Outre le joli jardin verdoyant, on peut visiter les vestiges de la sucrerie, de la purgerie et la chapelle Saint-Jacques.

ÎLET DE SAINTE-MARIE ET TOMBOLO

On assiste ici à un phénomène étrange : la mer se sépare en deux et laisse place à une bande de sable de 400 m de long créant un passage qui relie la terre ferme et l'île. Il relit la terre à son rocher et protège la ville de Sainte-Marie des raz de marée. Caprice de la nature, cette virgule de sable conjugue industrie et tragédie au passé. Cet îlet servit de fort et de port durant tout le XVIIe siècle, relayant les tonneaux de rhum et de sirop jusqu'aux navires ancrés dans la baie.

HABITATION LES PIEDS EN L'AIR

Quartier de Bezaudin
✆ 05 96 69 75 10
A la croisée de Bezaudin, suivre les panneaux signalétiques.
Sur rendez-vous pour les visites et les déjeuners.

Cette habitation agroalimentaire de transformation des produits vivriers propose une visite des ruines de l'ancienne usine (vestiges de machines pour fabriquer de la farine de manioc et de fruit à pain) mais aussi la découverte de nombreuses fleurs tropicales et plantes aromatiques (poivre, muscade, vanille, bois d'Inde...). Ici vous pourrez profiter de l'auberge Pied en l'Air à la cuisine créole avant-gardiste, mais surtout suivre un atelier avec Florence André, cuisinière hors pair.

JARDIN MUSÉE DE LA BANANE

Quartier Fourniols
✆ 05 96 76 27 09
www.museedelabanane.fr
Ouvert tous les jours de 9h30 à 16h30. En basse saison, les consulter. 7 €/adulte. 5 €/enfant.

La visite débute par des panneaux informatifs qui nous apprennent tout sur l'histoire de la banane, sa culture, son économie et ses bienfaits. Vous partirez ensuite découvrir le parc où s'épanouissent plus de 60 variétés de bananiers. Le sentier se termine par un voyage gustatif à la boutique qui regorge de souvenirs gourmands : vin de banane, ketchup de banane... Enfin, le restaurant la Bananeraie décline la banane de l'entrée au dessert. Une visite qui enchantera toute la famille !

HABITATION RORO

258 Rue Fond Chataigne
✆ 05 96 69 75 97
Visites sur rendez-vous uniquement.

L'exploitation agricole fermière est 100 % organique. Fruits et légumes y sont cultivés de manière traditionnelle dans le jardin créole. Le couple vous propose des visites pédagogiques gustatives et sensorielles au cœur de ses 3 hectares d'espace vert mêlant agriculture, faune et flore. Et ce, sur réservation uniquement. Ils accueillent de temps à autre des intervenants et artistes locaux au cours de journées découvertes thématiques. Attention, restez à l'écoute de vos sens pendant votre dégustation, car un quizz vous sera proposé après déjeuner.

OFFICE SAMARITAIN DU TOURISME

Rue Ernest-Deproge ✆ 05 96 69 13 83
www.saintemarie-martinique.fr
Ouvert du lundi au vendredi de 8h à 17h, samedi de 8h à 12h. Ouvert le dimanche (haute saison uniquement) de 8h à 12h.

Voici un office de tourisme dynamique et une équipe professionnelle dans ce berceau des traditions martiniquaises. Sur la place du bourg, vous trouverez de multiples informations sur les événements à Sainte-Marie mais aussi les offres de logement, les randonnées, les horaires des bus, les activités proposées, etc. C'est une mine d'informations pour tout visiteur qui souhaiterait organiser son séjour. Rendez-vous sur le site martinique.org pour télécharger d'autres documents.

DU CÔTÉ NORD ATLANTIQUE DES HABITATIONS VESTIGES DE NOTRE PASSÉ

DOMAINE DE FONDS-SAINT-JACQUES

Cette ancienne habitation fut fondée par le **Père LABAT**, missionnaire dominicain, précurseur, en avance sur son temps. Il était botaniste, explorateur, ethnographe, militaire, propriétaire terrien, ingénieur et écrivain. Le Centre Culturel de Rencontre Fonds Saint-Jacques a pour objectif d'intégrer le patrimoine bâti du Domaine de Fonds Saint-Jacques au projet culturel et artistique autour du patrimoine immatériel.

Fermé actuellement pour travaux.

194, rue du pavé Quartier Saint- Jacques - 97230 Sainte-Marie

Tél. : 0596 69 10 12

CENTRE CULTUREL ANTOINE TANGAMEN DIT « ZWAZO »

Cette habitation, ancien bastion culturel d'émancipation et théâtre de luttes syndicales, est un lieu de mémoire incontournable sur le territoire.
Datant du 18ème siècle, cette ancienne habitation sucrière est aujourd'hui un haut lieu culturel Nord Atlantique.

Rue Marcé BEDOUIN - 97218 BASSE-POINTE

Tél. : 0596 69 10 12

www.collectivitedemartinique.mq

TRAIN DES PLANTATIONS – DISTILLERIE SAINT-JAMES

✆ 0596633108

https://www.traindesplantations-rcs.fr/contact/

Départs du mardi au vendredi à 9h30, 10h30, 11h30 et 12h30, le samedi à 10h, 11h et 12h. Tarif : adulte 5 €, enfant 3 €.

A bord d'une ancienne locomotive qui servait autrefois à acheminer les cannes à la distillerie Saint-James, l'association Les Rails de la canne à sucre propose une promenade à travers les champs de canne et les plantations de banane. Au milieu des somptueux paysages verdoyants de Sainte-Marie, la visite alterne haltes explicatives sur les fruits, les épices, les plantes médicinales, et bien sûr les méthodes de culture de la canne et l'évolution des procédés de fabrication du rhum.

LE SAINT-JAMES €

Route de l'Usine

✆ 05 96 69 07 33

Ouvert du lundi au vendredi de 10h à 18h et de 10h à 22h le week-end.

Habilement intégré entre le musée du Rhum, la distillerie, le parc et la galerie d'art, le restaurant le Saint-James propose une carte variée de cuisine traditionnelle inventive et très abordable niveau prix : langouste du bon samaritain, filet de vivaneau au coulis d'écrevisses, assiette du Saint-James, gâteau maison, sans oublier le menu du jour qui est composé d'une entrée, d'un plat et d'un dessert. Des tarifs préférentiels sont proposés pour les groupes. Une adresse conviviale qui ponctue parfaitement la visite de la distillerie.

LE POINT DE VUE €€

Anse-Charpentier

✆ 05 96 69 05 22

Direction Marigot en sortant de Sainte-Marie.

C'est l'une des valeurs sûres de l'île. Ouvert sur l'Atlantique, à 50 mètres de la plage d'Anse Charpentier, le restaurant est renommé autant pour sa cuisine que pour son cadre : des panneaux sur les murs racontent l'histoire de l'île, alors qu'en arrière-plan, Monique, la cuisinière, propose plusieurs menus au choix à base de mets incontournables de la cuisine créole : colombo de poulet, poisson en daube, chatrou, écrevisses sauce créole, lambi, langouste grillée… On vous conseille de réserver. Pour les enfants, une aire de jeux est à leur disposition.

TI PUNCH COCO €€

Anse Azerot

✆ 06 96 77 58 29

Du mercredi au dimanche et les jours fériés de 12h à 15h. Prix moyen d'un repas à la carte 20 à 30 €.

C'est sur une plage sauvage de la côte atlantique, très peu fréquentée, un vrai petit paradis, que vous trouverez ce restaurant créole, où il fait bon se prélasser devant un repas créole dans un cadre au paysage de bord de mer exceptionnel. L'accueil que l'on vous réserve est aussi agréable que la qualité de ses plats créoles copieux et savoureux ; un petit conseil, gardez une petite place pour le dessert et goûtez leurs fameuses profiteroles exotiques. Une adresse à retenir autant pour sa cuisine que pour la beauté sauvage de la côte atlantique.

CLUB DE RANDONNÉES DE L'OSATOUR

62, Rue Ernest Deproge

✆ 05 96 69 13 83

Amateur de randonnée et de marche ? Le club de randonnée pédestre de l'Osatour existe depuis janvier 2000. Des guides professionnels encadrent les sorties à la découverte de la Martinique verte, dans le nord de l'île. De nombreuses sorties sont prévues avec les membres du club tout au long de l'année. Le club, très sympathique, est ouvert aux touristes. Renseignez-vous directement auprès de l'office de tourisme de Sainte-Marie qui est vraiment très dynamique.

LE MARIGOT ★★

Voisine du Lorrain, elle forme en 1837 avec elle la commune de Grande-Anse. C'est à partir de 1889 qu'elle devient indépendante. Après la fermeture de son usine centrale dans les années 1950, Le Marigot se tourne davantage vers la banane. Face à l'océan Atlantique, la ville offre, tout comme ses proches voisines, deux facettes : d'un côté la mer (notamment la baie de Fonds-d'Or) et de l'autre une nature généreuse propice au développement d'un tourisme vert, dominé par plusieurs mornes, Bellevue (694 m), aux Croupières (250 m), Palmiste (527 m). Une chose est sûre : ce « marais inondé » saura ravir les amateurs de calme et de retour à la nature.

TI'PARADIS €

Anse Charpentier
✆ 05 96 53 13 75

A partir de 310 €/semaine pour 2 personnes (en basse saison). A partir de 490 €/semaine pour 2 personnes.

Face à l'océan Atlantique à l'Anse-Charpentier, Timothy et Andria Thody ont aménagé un appartement F2 dans un site de rêve au rez-de-chaussée de leur villa créole bleue et blanche. Sur place, belle piscine à débordement depuis laquelle vous pouvez vous régaler de la vue sur l'anse Charpentier. Tout le confort s'y trouve, climatisation, kitchenette, terrasse dans un cadre naturel encore sauvage et plage toute proche. C'est un peu difficile d'accès, vous devrez emprunter un chemin très caillouteux et pentu sur votre gauche en sortant du bourg direction Sainte-Marie.

LE COIN DES BRAVES €

53 bis rue principale ✆ 05 96 53 50 14
Face à la mer.
www.coindesbraves.com

Ouvert tous les jours de 8h30 à 16h30. Le soir et le week end sur réservation. Fermé le mercredi. Addition moyenne 20 €.

Un établissement qui a basé sa réputation davantage sur son accueil chaleureux que sur sa cuisine. Vous pourrez néanmoins y savourer quelques petits plats créoles traditionnels (steak de lambis, fricassée de chatrou) et quelques spécialités plus internationales (crêpes, steak-frites...), en profitant de la magnifique vue panoramique sur la mer. Le restaurant propose également quelques plats à emporter. Le samedi, le poisson est en fête, ainsi que les concerts live et joueurs de bèlè. Une adresse qui ne manque pas de charme !

LE GRAND BLEU €

72 rue Principale
✆ 05 96 30 18 03
http://grandbleumartinique.com

Ouvert du lundi au vendredi de 12h à 15h. Le vendredi soir de 20h à 23h. Accès pour personnes à mobilité réduite.

Surprenant. C'est ce qui nous vient à l'esprit quand on découvre ce restaurant. Félix, le maître des lieux, vous mettra tout de suite à l'aise. Ce spécialiste des produits de la mer voit son travail facilité par la présence du marché aux poissons situé juste en face ! La terrasse accueille les habitués du coin qui viennent jouer aux dominos en sirotant un ti-punch. A l'intérieur, la salle est décorée de chapeaux et affiches de jazz. L'endroit idéal pour y découvrir les fameux brigots, la soupe de poisson locale, les z'habitants et le sorbet coco maison.

LE LORRAIN ★★

Dans cette région à l'écart des structures économiques et touristiques, cette commune a hérité du nom de l'un de ses plus importants habitants. Habitée très tôt, dès le Ier siècle, elle abrite des sites majeurs (les sites archéologiques des habitations Vivé et Fond-Brûlé), parmi les plus anciens de l'île. Ici, la banane est reine ! Avec sa voisine Marigot, la commune du Lorrain a été appelée Grande-Anse du nom de la baie qui l'encadre. Pourtant, malgré ses innombrables richesses agricoles, la commune n'a cessé de se dépeupler. Pour les amateurs de calme et de paysages sauvages, Le Lorrain demeure encore une terre bien préservée.

LA CASE À MANIOC

Quartier Vallon
✆ 05 96 53 41 45

Ouvert mardi et dimanche de 8h à 14h. Réservation conseillée. Entrée : 3 €.

Sur les hauteurs du Lorrain, la famille Ragald cultive depuis cinq générations le manioc. Elle est fière de transmettre ce savoir-faire ancestral. Ici, tout se fait le plus traditionnellement du monde : on plante le manioc, on le cultive, on l'arrache, et on le travaille pour le transformer en farine. Se succèdent alors différentes étapes : les tubercules sont râpés et pelés pour en extraire la pulpe, avant d'être cuites dans de grandes poêles au feu de bois. Dix minutes plus tard, la fameuse cassave, la galette des Caraïbes, est prête à être dégustée.

FERME DU MORNE-CAPOT

Habitation la pirogue Morne Capot
✆ 06 96 96 20 13

Michel La Rougery, le propriétaire des lieux, est le premier producteur de bananes bio de l'île. Le choix du bio, Michel l'a fait depuis longtemps : son père était agriculteur dans le conventionnel et lorsque Michel a repris l'exploitation familiale, cela a été un long combat pour parvenir à produire une banane saine et sans pesticides. Sa ferme s'étend sur plus de 37 ha labellisés Ecocert depuis 2014 avec des sols certifiés sans chlordécone. Outre la banane (dessert ou jaune), il produit des mangues, des avocats, du piment et bien d'autres cultures maraîchères.

BASSE-POINTE ★★

Rejoindre Basse-Pointe, c'est entreprendre un voyage dans les lieux mythiques des travailleurs indiens, les «coolies», après l'abolition de l'esclavage. Colonisée en 1658 dès l'expulsion des autochtones, la région, célèbre pour ses majestueuses habitations, se consacre à la culture du tabac et du cacao, remplacés par la suite par la canne puis la banane qui occupe désormais plus de la moitié des surfaces agraires.

Lotie sur l'un des versants de la montagne Pelée, la patrie d'Aimé Césaire (l'écrivain est né à Basse-Pointe) se laisse volontiers approcher par tous les amoureux de la nature car elle fourmille de randonnées et balades verdoyantes.

Tourisme

Voici un lieu étrange où les gens vivent face à la mer et voient par temps clair sécher les grands draps blancs des Dominicains. A cet endroit, les arbres penchés par le vent saluent les maisonnettes d'un bourg. Posé sur une langue de terre que borde la plage, il porte le nom d'une petite raie d'eau douce : le macouba. A la gauche de l'église Sainte-Anne, une rue pavée très en pente dévale vers la mer et semble se prêter parfaitement à un décor de film. C'est en lieu et place qu'en effet les marins d'autrefois faisaient rouler les fûts de rhum jusqu'au port.

HABITATION CHALVET

Rue Joseph Zéphir
✆ 06 96 82 48 99
Ouvert du lundi au vendredi de 9h à 16h, samedi de 9h à 13h. Réservation obligatoire. Tarif : 7 € (réduit 5 €).

L'Habitation Chalvet a grandement contribué à l'essor économique de Basse-Pointe. Elle fut l'une des plus grandes sucreries de l'île. Désormais consacrée à la culture de la banane, de la canne et de l'ananas, elle est la seule habitation ouverte au public. Les nouveaux propriétaires y organisent des visites guidées pour découvrir l'histoire de l'habitation, de la banane, et percer quelques secrets des plantes médicinales locales. On y apprend des tas de choses sur le passé de l'habitation et les vestiges datant de l'époque esclavagiste. Très intéressant.

HABITATION GRADIS

Habitation moulin l'étang
✆ 05 96 72 21 14
Ouvert du lundi au vendredi de 8h à 17h30.

L'habitation Gradis, futur centre culturel du grand Nord, théâtre de luttes syndicales, est un lieu de mémoire incontournable sur le territoire. Cette ancienne habitation sucrière du XVIIIe siècle est aujourd'hui gérée par la Collectivité de la Martinique qui fait revivre ce haut lieu du patrimoine de l'île. Le célèbre Pont de Gradis, qui relie ce domaine à l'habitation Eyma, permettait autrefois le transport de la canne par une des premières locomotives à vapeur.

Les ruines des bâtiments de l'usine sucrière rappellent l'importance de l'activité cannière d'antan.

Surfer, Basse-Pointe.

HABITATION PÉCOUL

www.fondation-clement.org

Ouverte uniquement lors des Journées européennes du patrimoine.

Datant de la seconde moitié du XVIIe siècle, l'Habitation Basse-Pointe était à son origine la propriété de Claude Poquet, personnage historique aux nombreuses casquettes politiques. L'Habitation devint propriété de Denis Pécoul, substitut du procureur du roi, à la fin du XVIIIe siècle, et c'est Jean-François Pécoul qui lui donna son nom définitif en 1777. Vers la moitié du siècle suivant, Auguste Pécoul diversifie les cultures en produisant, outre la canne, tabac, café et soie. La production est aujourd'hui uniquement bananière. L'agencement de la propriété est organisé de telle sorte que l'espace habitable des travailleurs en cases se déploie autour de la maison principale qui en est le cœur, et surplombe l'allée des cocotiers. Classée Monument historique en 1981, la maison de maître est assez bien conservée. De plan rectangulaire sans galerie, elle est surmontée d'un étage en taille de guêpe, au périmètre plus réduit. Signe de raffinement de la part des bâtisseurs : la pierre de taille des bâtiments est importée d'Europe. Les ruines de la cheminée de l'usine témoignent de l'activité cannière d'antan et deux temples hindous font preuve de la survivance des anciens Tamouls arrivés dès 1853 pour pallier le manque de main-d'œuvre suite à l'abolition de l'esclavage en 1848.

L'habitation se greffe au patrimoine de la célèbre Habitation Clément (Le François) et de l'Habitation Sucrerie en 2002. La Fondation Clément en est désormais la gestionnaire et l'ouvre au chanceux public au mois de septembre, lors des journées du patrimoine.

LA ROUTE DES HABITATIONS

Du Lorrain à Grande-Rivière, les champs de canne et de banane laissent la place à la forêt tropicale, véritable jungle sauvage. Ce trait de la D10 est familièrement appelé route des Habitations en mémoire des somptueuses plantations qui s'y trouvaient. Aujourd'hui certaines sont encore visibles mais demeurent privées : il faut prendre rendez-vous ou demander l'autorisation auprès des offices de tourisme de la commune pour l'Habitation Beauséjour à Grand-Rivière, les Habitations Perpigna et Chénaux à Macouba, et les Habitations Leyritz et Pécoul à Basse-Pointe.

TEMPLES HINDOUS DE BASSE-POINTE

A partir de 1848 et jusqu'en 1885, Basse-Pointe a accueilli plusieurs dizaines de milliers de travailleurs tamouls venus de Pondichéry en Inde. Ces «coolies», comme on les appelle ici, ont conservé leurs traditions et ont érigé des temples, notamment deux particulièrement importants à Basse-Pointe. Le premier se trouve après la rivière Pocquet, face à l'étang ; le second est proche de l'Habitation Gradis. On peut les visiter le dimanche et lors de la cérémonie de «Bon dit coolie».

LE PETIT PALAIS €

8 Rue Saint-Jean

✆ 05 96 78 90 04

A droite, à l'entrée de la ville.

Ouvert du mardi au dimanche de 12h à 16h. Le soir sur réservation.

Dans ce restaurant familial et convivial, on déguste une bonne cuisine créole traditionnelle, comme à la maison : accras, daube de poisson, poulet coco, ragoût de cabri, lambis, écrevisses et langoustes en fricassées... le tout accompagné de riz et de légumes du pays (haricots rosés, lentilles, bananes plantain). La terrasse au premier niveau et la véranda à l'étage sont parfaitement bien ventilées. A n'en pas douter, les lieux offrent un excellent rapport qualité-prix ! Et ne manquez pas l'accueil chaleureux à l'antillaise.

MACOUBA ★★

Longtemps habitée par les autochtones, Macouba est célèbre pour la culture du pétun (le tabac) ; suivront plus tard le cacao et le café. Quant à son nom, il faut chercher dans le domaine aquatique : le macouba est un poisson d'eau douce à la chair estimée que l'on appelle aussi plus simplement têtard et qui régalait déjà le père Labat, curé de la paroisse en 1696. Après la libération des esclaves en 1848, la terre, travaillée avec ardeur par les nouveaux venus des Indes, apporte une relative richesse à la commune. Cernée de maisons basses et de ruelles étroites, la commune, particulièrement paisible, semble être à l'écart du reste du monde.

© AUTHOR'S IMAGE

Vue sur Macouba.

ÉGLISE SAINTE-ANNE

Cette église est l'un des plus beaux joyaux d'architecture religieuse en Martinique. Édifiée en 1667 mais reconstruite en 1774 et encore en 1813, elle accueillit le Père Labat, alors jeune missionnaire dominicain, lorsqu'il arriva en Martinique. Sa charpente en bois est le résultat du savoir-faire des marins-charpentiers employés à la construction de bâtiments religieux. Un ravissant petit cimetière regarde la mer juste au dos de l'église. Son toit est particulièrement bas et proche du sol, ce qui peut surprendre, pour mieux résister aux ouragans.

HABITATION PERPIGNA

On peut encore admirer des deux côtés de la D10 les ruines de cette ancienne habitation sucrière transformée en distillerie au XIXe siècle et qui fait face à la mer. L'ancienne cheminée encore debout indique son emplacement. Moulin, chaudières et conduits d'évacuation sont encore bien visibles et évoquent le riche passé de son activité rhumière. La distillerie a cessé de fonctionner en 1963. Au terrain de foot, empruntez le chemin qui traverse les champs de banane et de canne : vous arriverez à un temple dédié à la déesse Mariamman

HABITATION CHÉNAUX

Jusqu'au milieu du XIXe siècle, les habitations Chéneaux, Macouba et Bellevue ne formaient qu'une seule et même entité qui produisait un merveilleux tabac. De l'Habitation ne sont conservés que deux piliers qui marquent les limites de l'ancien domaine. Les terres jadis dédiées à la culture du pétun (tabac) sont aujourd'hui vouées à la banane. Une jolie randonnée conduit jusqu'à un ermitage de l'époque, nommé La maison du Moine, aujourd'hui centre de mesures sismiques. On découvre les ruines de l'ancienne maison de maître ensevelies sous la végétation.

GRAND-RIVIÈRE

En Martinique existe une « commune de l'extrême ». On y accède par la « Porte de l'enfer » sous un soleil ardent en empruntant une route escarpée dominant la Grande Rivière. Sur ses rives se dresse un bourg aux petites maisons coiffées de tuiles rouges cintrées par une végétation luxuriante et une houle indomptée. Au bout du monde, encadrée par de hautes falaises battues par les vagues, Grand-Rivière tient son nom du cours d'eau qui la traverse. Seuls les va-et-vient incessants des pêcheurs qui rentrent et sortent du port (il n'y a qu'à voir le nombre impressionnant de gommiers alignés sur la plage !) perturbent la quiétude de cette petite commune.

DISTILLERIE J.-M. ★★★

Quartier Fonds-Préville
✆ 05 96 78 92 55
www.rhum-jm-la-distillerie.com
Ouvert du lundi au dimanche et jours fériés de 9h à 17h. Visite et dégustation gratuites.

Au cœur d'une végétation luxuriante, J.M est l'une des dernières distilleries artisanales de l'île. La canne provient de l'Habitation Bellevue sur des terres volcaniques particulièrement fertiles, propices à la culture d'une canne à sucre d'exception. Des cuves de fermentation en passant par les colonnes de distillation, la visite bénéficie d'une scénographie particulièrement réussie, mettant les sens du visiteur en éveil, le baladant au milieu des jardins jusqu'à la boutique où l'on peut déguster des single casks singuliers et d'exceptionnels rhums vieux.

© RHUM J.M

HABITATION BEAUSÉJOUR

Quartier Beauséjour

Ouverte uniquement lors des Journées du Patrimoine.

L'Habitation Beauséjour, savamment conservée, est probablement l'une des plus belles de l'île. Le domaine est toujours structuré comme à son d'origine avec la maison de maître en bois (1820), le pavillon d'entrée, la cuisine en pierre et la rue case-à-nègres où logeaient les esclaves. L'ancienne distillerie abrite actuellement le hangar à bananes. Une grande roue hydraulique y est encore conservée. Dans le domaine qui s'étend sur plus de 50 ha depuis l'après-guerre, la culture de la banane a supplanté la canne à sucre et le cacao.

RANDO GRAND-RIVIÈRE - ANSE-COULEUVRE

Des paysages sublimes qu'il importe d'avoir photographiés ou observés. Grand-Rivière et ses environs concentrent des lumières, des paysages et une atmosphère difficiles à dépeindre. Le soleil filtre à travers les bambous, l'air du soir est frais comme une feuille de menthe froissée, les vents enflent la mer d'une écume infinie. Un mince cours d'eau est surmonté d'un pont métallique dont l'importance peut surprendre : autant de points de vue inattendus et superbes à découvrir au fil de cette randonnée.

Randonnée Grand-Rivière – Anse-Couleuvre (au Prêcheur). La plus belle randonnée de l'île ! Avec un peu de chance, vous verrez les fameuses « matoutou-falaise » : les mygales ! Il paraît que c'est leur coin de prédilection. Pour votre information, elles sont protégées depuis 1995 et ne sont pas dangereuses, enfin, c'est ce qu'on nous a dit ! Vous rejoindrez la côte caraïbe à travers la forêt vierge (18 km de marche quand même). Vous découvrirez une végétation luxuriante : ouvrez bien vos yeux et n'oubliez pas l'appareil photo ainsi que le maillot de bain pour piquer une tête dans la mer en attendant le pêcheur pour votre retour en yole. Vous longerez alors la côte nord de la Martinique. Les falaises sculptées par la mer, les criques et les anses vous éblouiront par leur beauté. Vous passerez de la mer des Caraïbes à l'océan Atlantique. A votre arrivée à Grand-Rivière, vous pourrez vous détendre dans les remous de la rivière, pour un bain des plus vivifiants.

OFFICE DU TOURISME

Avenue du Général de Gaulle

✆ 05 96 55 77 77

Face à l'église.

www.grand-riviere.com

Propose des randonnées à partir de 15 € par personne avec guide.

L'office du tourisme de Grand-Rivière ouvre ses portes afin de faire découvrir la «commune de l'extrême» avec ses randonnées pédestres, ses excursions nautiques, ses visites guidées, la Vierge des Marins, l'église, le mur de Bellevue, le nouveau port de pêche, la rivière, le front de mer... Il se charge également de l'organisation des randonnées pédestres et des excursions nautiques dans son secteur, contactez les pour organiser votre retour en canot depuis l'Anse Couleuvre (Prêcheur) au terme de la randonnée qui relie les des côtes de l'île.

AU FIL DES ANSES

Boulevard Sainte-Catherine

✆ 06 96 38 90 68

www.aufildesanses.com/contact/index.html

Transfert après randonnée 15 €, balade en mer commentée 35 € avec collation. Initiation à la pêche traditionnelle 90 €.

Le capitaine Omer est à la barre et vous entraîne à bord de sa yole de pêche. Au programme, le canal de la Dominique et la côte sauvage du grand Nord de la Martinique riche de mille secrets : découvrez des criques et anses inaccessibles, faites vous conter l'histoire de la région, des premiers colons, des révoltes esclaves... Découvrez les secrets de la pêche au gros, approchez les dauphins, tracez jusqu'à la Dominique... Ici, vous êtes maître de vos envies et c'est par la mer que vous pénétrez ce Nord capricieux mais tellement généreux.

TANTE ARLETTE €

3 rue de Lucy-de-Fossarieu

✆ 05 96 55 75 75

www.tantearlette.com

A partir de 70 € la nuit pour 2 personnes ; petit déjeuner 10 € par personne.

Tante Arlette vous invite à découvrir ses 10 chambres de charme très joliment décorées. Les chambres ont chacune un univers propre aux noms évocateurs des Caraïbes, elles sont climatisées et disposent d'une télévision, du wifi et d'une salle de bains superbe avec douche hydromassante pour certaines (excellent pour les randonneurs !). Et un « petit plus » fort agréable : le solarium-bain bouillonnant et ses transats qui vous attendent pour votre détente. Nous recommandons cette adresse à ceux qui sont à la recherche de dépaysement et aux randonneurs.

DOMINIQUE

Mabrika ! Bienvenue sur l'île nature, la Dominique. Si vous êtes en quête d'une nature généreuse et exubérante, ce lieu est fait pour vous. Vous allez aimer la jungle peuplée de perroquets et autres centaines d'oiseaux, ses parcs nationaux, son littoral sauvage, ses sites de plongée… Vous apprécierez l'eau dans tous ses états, des sources sulfureuses chaudes aux lacs volcaniques en passant par les cascades et les rivières. Vous découvrirez la vallée de la Désolation, la Côte sous-le-Vent et ses marécages, ses mangroves, ses plages de sable gris. Si Christophe Colomb revenait, c'est la seule île qu'il reconnaîtrait, disent les Dominiquais ! L'accueil est l'autre point fort de l'île : les gens sont aimables, disent bonjour quand ils vous croisent et vous souhaitent la bienvenue. La Dominique est également la terre des Indiens Kalinagos, uniques descendants directs des Caribes. Ils sont environ 3 500 et vivent sur une partie de l'île.

Dominique
Passage de la Guadeloupe
Altitude (en mètres)
500
400
300
200
100
Route principale
Route secondaire
Ville
Capuchin Cape
Capuchin
Là-Haut
PENNVILLE
VIEILLE CASE
Clifton
Guillet
Morne aux Diables 861 m.
Douglas Bay
Tanetane
Thibaud
Paix Bouche
HAMPSTEAD
CALIBISHIE
P.N. CABRITS
La Source
Lagon
Crompton Bay
Larieu
PORTSMOUTH
Borne
Bense
Prince Rupert Bay
SAINT JOHN
Woodford Hill
Wesley
Océan Atlantique
Glanvillia
Picard River
Hampstead River
Toulaman River
Melville Hall River
Pointe Ronde
MARIGOT
Réserve forestière nord
SAINT ANDREW
Dublanc
Bioche
SAINT PETER
MORNE DIABLOTINS 1447 m.
Bataka
Hatton Garden
Monkey Hill
Crayfish River
Pointe Crabier
Salybia
St-Cyr
Colihaut
Anse-Gabriel
Réserve forestière centrale
Madjini Sineku
Batali River
Coulibistri
Macoucheri River
SAINT JOSEPH
Anse-Français
CASTE BRUCE
SALISBURY
Layou River
SAINT DAVID
Morpo
Méro
Bells
Belle Fille River
Morne Couronne
Good Hope
SAINT-JOSEPH
SAINT-SAUVEUR
Layou
Tarou Point
Campbell
Pont Cassé
Morne Trois Pitons 1380 m.
ROSALIE
The Cross
Mahaut
SAINT PAUL
PARC NATIONAL DE MORNE TROIS PITONS
Rivière Ciriques
Grand Fond
Mer des Caraïbes
Massacre
Roger
Morne Mocotrin 1221 m.
Morne aux Frégates
Cochrane
LA PLAINE
Pointe Giraud
Woodbridge Bay
SAINT GEORGE
ROSEAU
SAINT PATRICK
Giraudel
CARIB TERRITORY
Morne Anglais
Pointe Danie
DELICES
POINTE MICHEL
Bellevue Chopin
SAINT LUKE
Pichelin
PETITE SAVANE
Dubuc
Pointe Saint-Jean
Pointe Guignard
Tête Morne
FOND SAINT-JEAN
Stowe
BEREKUA
SOUFRIÈRE
SAINT MARK
Garnd Bay
Soufrière Bay
SCOTT'S HEAD
Pointe des Fous
Passage de la Martinique
5 KM

La Dominique, l'île nature des Caraïbes, est situé entre les îles de Guadeloupe (au Nord) et de la Martinique (au Sud). C'est une île sauvage au sein de laquelle la nature est omniprésente. N'ayant pas de tourisme de masse, elle est restée préservée, dans son écrin originel. Elle est la plus authentique des îles de l'archipel.
C'est pour cela qu'elle est une option parfaite à ajouter à votre séjour en Guadeloupe ou en Martinique ; Elle offrira un dépaysement total, facilement accessible par avion ou par bateau. C'est la plus Francophile des îles anglaises. Le créole parlé est similaire à celui des îles Françaises. Ceci vient de l'histoire de cette île, tour à tour colonisée par les Anglais et les Français, sous les yeux ébahis des indiens Kalinago, premiers habitants de l'île, et qui y sont toujours. La Dominique est ainsi la seule île des Caraïbes dans laquelle les descendants des Kalinago ont leur propre territoire, ont préservé leurs coutumes, faisant cohabiter un « Chef » et un député siégeant au parlement.
La Dominique est l'île des rivières, des chutes d'eau et des volcans. On y trouve aussi de nombreuses plages dont le sable va du blanc le plus clair au noir foncé. C'est le paradis de la plongée avec ses tombants vertigineux et une flore sous-marine préservée. C'est l'île des bains chauds, sulfureux, d'origine volcanique qui sont l'une des clés du bien être local. C'est l'ile du « Boiling lake », un des deux seuls lacs bouillonnants au monde. C'est l'île de la randonnée en forêt avec des petites balades accessibles à tous jusqu'au seul GR20 de la Caraïbe, représentant 14 segments permettant de traverser l'île du Nord au Sud : Le Waitukubuli trail. Sa population saura vous accueilir avec un grand sourire et vous faire ressentir que vous êtes un voyageur, et pas un touriste de masse.
Vous y trouverez des hébergements de tous niveaux , tous ou presque dans un esprit « eco-lodge »; Du plus simple chez l'habitant ou au sein du territoire Kalinago jusqu'aux hôtels 5 * (voire 6* avec l'incroyable Secret Bay, membre de la famille intime des Relais & Châteaux).
Nous vous attendons quelques jours pour vivre une aventure authentique, accessible à tous.

« La Dominique : Si proche ; Si différente . Authentique Dominique»

Visitez notre site internet francophone :
www.discoverdominica.com

Mr Collin Piper
Directeur de l'office du tourisme
de la Dominique

Dominica
THE NATURE ISLAND

SE REPÉRER / SE DÉPLACER

DE L'AÉROPORT AU CENTRE-VILLE

Renseignez-vous sur votre destination car il existe deux aéroports : l'aéroport DOUGLAS-CHARLES (DOM) situé au Nord-Est de l'île et celui de Canefield (DCF) situé au Sud-Ouest, à Roseau (la capitale). Vous ne trouverez pas de vols directs depuis la métropole. Vous devrez choisir tout d'abord un vol à destination de la Guadeloupe, la Martinique ou Saint-Martin et ensuite prévoir un transfert vers la Dominique en bateau (avec l'Express des Iles ou Val Ferry) ou en avion avec Air Antilles Express (qui atterrit à Roseau) ou encore la compagnie Winair depuis Saint-Martin.

ARRIVÉE EN BATEAU

L'arrivée par les ferries s'effectue sur le port de Roseau situé dans le centre-ville. En cas de forte houle, il peut arriver que le débarquement ait lieu sur le port de commerce situé, lui, un peu plus au Nord de Roseau. Dans ce cas, les loueurs de voiture et les chauffeurs sont prévenus et vous attendent sur place.

TRANSPORTS EN COMMUN

Un système de minibus, avec des rotations régulières, dessert l'île, jusqu'à des zones très reculées. Le tarif est très abordable (à partir de 1,50 EC$). Sur la route, il suffit de tendre le bras pour faire signe au chauffeur qui s'arrêtera. Les horaires restent assez aléatoires car les chauffeurs attendent le plus longtemps possible pour remplir leur véhicule de passagers pour rentabiliser au mieux le trajet.

- Le stop est très courant sur l'île. La population, particulièrement accueillante, ne rechigne pas à vous véhiculer. C'est assez pittoresque car vous pouvez vous retrouver installer à l'arrière d'un pick-up avec d'autres voyageurs. Soyez toutefois prudent car certaines routes sont assez sinueuses.

AVEC UN CHAUFFEUR

Un système de minibus, avec des rotations régulières, dessert l'île, jusqu'à des zones très reculées. Le tarif est très abordable (à partir de 1,50 EC$). Sur la route, il suffit de tendre le bras pour faire signe au chauffeur qui s'arrêtera. Les horaires restent assez aléatoires car les chauffeurs attendent le plus longtemps possible pour remplir leur véhicule de passagers pour rentabiliser au mieux le trajet.

EN VOITURE

- Vous devrez acheter un permis de conduite dominiquais. Il coûte 30 EC$ (environ 12 US$) et peut être acheté dans la plupart des bureaux de location de voiture et à l'aéroport. Les loueurs peuvent vous accueillir à la descente du bateau ou à l'aéroport. Si vous n'avez pas réservé, des loueurs sont présents.
- Vous devez roulez à gauche ! Pour faciliter la conduite, préférez déjà une voiture automatique. Méfiez-vous de vos réflexes : doublez par la droite ; un rond-point se prend par la gauche !
- Les routes principales sont en assez bon état mais certaines portions de routes ne sont pas encore remises entièrement en état depuis le passage de l'ouragan Maria en 2017. La plupart des routes intérieures sont sinueuses et peu éclairées. Les conducteurs locaux ont tendance à rouler vite et au milieu de la route, n'hésitez pas à klaxonner avant un virage pour vous signaler.
- Certaines routes indiquent les distances en km, d'autres en miles (selon la nationalité du constructeur de la route). Les limitations de vitesse sont indiquées en miles. Si vous avez un doute sur votre itinéraire, n'hésitez pas à demander à la population de vous aider ; les Dominicais sont extrêmement accueillants. La plupart des conducteurs s'arrêtent d'ailleurs spontanément pour s'enquérir d'un éventuel souci et vous assister lorsqu'ils voient un visiteur garé en bord de route.

SE LOGER

BUDGET / BONS PLANS

Les tarifs des hébergements sont assez similaires à ceux pratiqués aux Antilles françaises. Tous les types de logements sont proposés de la chambre d'hôte à l'hôtel ou la villa de luxe en passant par les appartements exploités en famille. L'île est engagée dans une démarche écotouristique excluant le tourisme de masse ; beaucoup d'établissements se sont orientés vers des hébergements, construits en matières naturelles, aux concepts originaux et situés en pleine nature. Ils fonctionnent en autosuffisance (récupération d'eau et énergie solaire).

De très bons complexes de luxe ont vu le jour (Secret Bay &CabritsResort à Portsmouth, Jungle Bay à Soufriere ...).
Les petits établissements (guesthouses, petits hôtels, cottages ...) permettent d'apprécier plus rapidement le mode de vie local.

C'EST TRÈS LOCAL

Les Kalinagos indiens natifs de l'île proposent des séjours chez l'habitant (à partir de 30 US$ la nuit) dans la réserve qui leur a été attribuée depuis 1903. Le Carib Territory est situé au Nord-Est de l'île.

VIE QUOTIDIENNE

ALLO ?

Le réseau est assez bien réparti ; le téléphone portable fonctionne pratiquement partout hormis dans les zones reculées que vous atteindrez lors des randonnées les plus longues. Vérifiez que vous disposez du réseau monde dans votre forfait internet pour éviter les mauvaises surprises à la réception de la facture.
Pour téléphoner :

- Depuis la Dominique vers l'hexagone : 011 + 33 + 9 chiffres (sans le 0)
- Depuis la Dominique vers la Guadeloupe : 011 + 590 (pour les fixes) ou 690 (pour les portables) + les 6 derniers chiffres du numéro
- Depuis la métropole ou les Antilles françaises : 00 1 767 + 7 chiffres du numéro.

URGENCES SUR PLACE

Pompiers : + 1 767 448 2890
Princess Margaret Hospital : + 1 767 448 08 13

AMBASSADE ET CONSULATS

L'ambassade de France est située à Sainte-Lucie.
+ 1 758 455 60 60 – www.ambafrance-lc.org - embassy@embafrance-lc.org
Urgences : + 1 758 484 3167

ORGANISER SON SÉJOUR

ARGENT

- La monnaie officielle est le dollar des Caraïbes Orientales (East caribbean dollar) indiqué sur les prix EC$ ou XCD. Son taux est fixe par rapport au dollar américain. Pour éviter toute mauvaise surprise, quand vous demandez à connaître un tarif, faites-vous bien préciser s'il s'agit de dollars américains ou caribéens.
- Taux de change : 1 US$ = 2,70 EC$; 1 EC$ = 0,37 US$. 1 € = 3,03 EC$; 1 EC$ = 0,33 €.
- Des distributeurs de billets sont présents dans Roseau, sur le port et à l'aéroport Charles-Douglas. Le change s'effectue dans les banques qui sont généralement ouvertes jusqu'à 14H. Les commerçants acceptent souvent de faire du change mais le taux pratiqué est moins intéressant.

PASSEPORT ET VISAS

- **S'y rendre.** L'île de la Dominique (à ne pas confondre avec la république Dominicaine) est située entre la Guadeloupe et la Martinique. Son nom lui a été donné par Christophe Colomb qui y a accosté le 3 novembre 1493. Il s'agit de l'île la plus montagneuse de la Caraïbe qui abrite environ 75 000 habitants (les Dominicais) dont 3 500 indiens Kalinagos, seuls survivants de la population originelle des Caraïbes.
Les visiteurs en provenance d'un des pays membres du Commonwealth n'ont pas besoin de visa. Ils doivent cependant être en possession d'un billet retour pour tout séjour de plus de 21 jours et d'un passeport en cours de validité.
Les Français peuvent entrer en Dominique avec une carte d'identité et un billet retour.
Les visiteurs en provenance d'Haïti et de la république Dominicaine doivent obtenir un visa.
- **À l'arrivée.** Vous devez remplir un formulaire d'immigration (recto et verso). Ils sont remis par les compagnies maritimes et aériennes qui desservent la destination. Ils doivent être complétés avant votre passage au guichet d'immigration. Attention, l'adresse de votre logement sur l'île doit impérativement être indiquée. En cas de besoin, des exemplaires de ces formulaires sont également à disposition avant le passage en douane (prévoyez le stylo !). Ne vous offusquez pas, il est très fréquent que tous les bagages soient fouillés.
- **Au départ.** Une taxe de départ de 86 EC$ (33 US€ ou environ 29 €) par personne vous sera demandée avant de quitter la Dominique (les enfants de moins de 12 ans en sont exemptés). Cette somme est à verser en espèces lors de l'enregistrement (en bateau ou en avion). Prévoyez ainsi du cash avant votre départ, vous pouvez payer en dollar EC, US ou en euro mais pas en carte bancaire.
Pour les départs en bateau par ferry inter-îles, les passagers (n'étant pas de nationalité dominicaise) doivent s'acquitter d'une taxe complémentaire de 10 US$. Cette taxe existe également pour les départs en avion mais elle est incluse dans le prix du billet. Elle a pour objectif de faciliter l'entretien et le fonctionnement des infrastructures maritimes et aéroportuaires.

PERMIS DE CONDUIRE

Vous devrez acheter un permis de conduite dominiquais. Il coûte 30 EC$ (environ 12 US$) et peut être acheté dans la plupart des bureaux de location de voiture et à l'aéroport. Les loueurs peuvent vous accueillir à la descente du bateau ou à l'aéroport. Si vous n'avez pas réservé, des loueurs sont présents.

SANTÉ

Il est interdit d'introduire des médicaments sur l'île : apportez votre ordonnance si vous suivez un traitement médicamenteux pour éviter tout litige à votre arrivée.

VACCINS OBLIGATOIRES

Aucun vaccin n'est nécessaire pour entrer sur l'île excepté pour les voyageurs en provenance d'une zone infectée par la fièvre jaune. Vous devez être toutefois à jour de vos vaccins.

LANGUES PARLÉES

La langue officielle est l'anglais mais le créole est utilisé au quotidien. Il permet aux visiteurs guadeloupéens et martiniquais de converser sans difficultés sans même maîtriser la langue de Shakespeare. Beaucoup d'habitants ont également des notions de Français, ne serait-ce que par le contact avec certains membres de leur famille qui résident en Guadeloupe ou en Martinique.

ELECTRICITÉ ET MESURES

Afin de pouvoir recharger vos téléphones portables ou tablettes, vous aurez besoin d'adaptateurs (mêmes modèles que ceux nécessaires pour les USA).

Chutes de Trafalgar, Parc national de Morne-Trois-Pitons.
© NAPA - SHUTTERSTOCK.COM

●● OUEST

La capitale Roseau, se trouve au sud-ouest, face à la mer. Plus au nord, le long de la côte ouest, les plages Mero, Batalia et Saint-Joseph sont très agréables, avec un sable aux teintes allant du brun doré au noir volcanique. La mer est très calme sur ce littoral et invite à la baignade. Un arrêt à Dublanc permet de s'enfoncer vers l'est à l'assaut du Morne-Diablotins et de son parc national.

ROSEAU ★★★

Au sud-ouest de l'île, face à la mer, la petite capitale d'environ 20 000 habitants possède quelques belles maisons créoles colorées avec persiennes et jalousies percées dans les murs. La ville abrite également un musée sur l'histoire de l'île. Au nord de la ville, au pied de la montagne Morne Bruce, vous pouvez visiter les jolis jardins botaniques de la Dominique. Roseau compte deux marchés, et celui de New Market est très animé.

●● NORD

Deuxième ville de l'île, Portsmouth est le point d'arrivée du sentier Waitukubuli. On y croise donc beaucoup de randonneurs, mais également des plaisanciers puisque la baie est facilement accessible par bateau. À ne pas manquer, le parc national des Cabrits et les ruines du fort Shirley. Vers le nord, les criques sont nombreuses et propices à des haltes *farniente*.

© EVENFH - SHUTTERSTOCK.COM

Le fort Shirley dans le parc national des Cabrits.

PAGES

338 **PORTSMOUTH**

Deuxième ville de l'île et ancienne capitale, Portsmouth doit l'essentiel de sa réputation à son port qui abrite de beaux bateaux anciens.

343 ## EST

Deux points d'intérêt majeurs sur cette partie de l'île : la réserve Kalinago Carib Territory, et le Parc national de Morne-Trois-Pitons. Dans ce dernier, certaines randonnées méritent l'assistance d'un guide pour être réellement appréciées sans courir de risques. D'ailleurs, pour le Boiling Lake, le gouvernement a rendu obligatoire la présence d'un guide auprès des visiteurs.

348 ## SUD

De Roseau jusqu'à Scott's Head, la pointe la plus au sud, vous traversez des petits villages de pêcheurs très agréables et paisibles. Ensuite, faites un arrêt à Soufrière où vous trouverez des sources chaudes. La pointe sud constitue un lieu privilégié pour observer des baleines dans la Réserve marine. C'est également le lieu où se rejoignent la mer des Caraïbes et l'océan Atlantique. Il s'agit sans nul doute d'un des sites les plus fabuleux pour la plongée et la baignade. Au sud de la Dominique, vous allez trouver plusieurs clubs de plongée qui vous emmènent dans des sites réputés pour la qualité de leurs eaux et beautés naturelles. Moins de bateaux, moins de pollution qu'ailleurs : c'est le grand avantage de la Dominique, la qualité de ses eaux.

350 **SCOTTS HEAD**

Cette pointe à l'extrême sud du pays, qui domine la baie de Soufrière, doit son nom au capitaine anglais Scott qui a repris l'île aux Français au début du XVIIe siècle. Les ruines du fort Cashacrou étaient leur poste de défense.

ROSEAU ★★★

Le centre-ville est petit, aussi le parcourir à pied est un plaisir. Les noms des rues sont en outre bien identifiés, de sorte qu'il est facile de se repérer. La petite capitale au plan en damier possède quelques belles maisons créoles de bois coloré. La plupart, non restaurées depuis la fin du colonialisme, sont en mauvais état. Elles témoignent de l'influence française et présentent un curieux mélange de structures simples et solides pour résister aux intempéries, et de riches ornementations. Au hasard des rues, vous pourrez admirer quelques vieilles églises, dont les fondations en grosses pierres remontent à 300 ans pour les plus anciennes.

MORNE BRUCE ★★

Prenez la porte d'Elmshall. Cette petite montagne est située derrière le jardin botanique. James Bruce, l'ingénieur et architecte anglais, a dessiné les plans de fortification de cette ancienne garnison britannique. De par sa situation très en hauteur, le site bénéficie d'une des plus jolies vues panoramiques de Roseau à l'endroit où se trouve le crucifix géant daté de 1920. Le moment idéal pour gravir cette pente verdoyante est la fin d'après-midi pour en profiter pour admirer le coucher du soleil et le voir se confondre avec la mer.

NEW MARKET ★★

Ce marché prend place à l'embouchure de la Roseau River. Il a lieu tous les jours sauf le dimanche. Le samedi matin, les divers étals, bien rangés et colorés proposant des fruits et des légumes, laissent planer les senteurs exotiques. Le marché aux viandes et aux poissons ainsi que le marché aux fleurs sont implantés au même endroit le vendredi à l'intérieur. Vous découvrirez les superbes fleurs exotiques avec leur forme et leurs couleurs si extraordinaires. L'ambiance qui y règne est populaire et gaie. Elle donne un bon aperçu de la convivialité de la population.

DOMINICA BOTANIC GARDENS ★

Bath Rd ✆ +1 767 503 4630 - Accès de George V Street vers le centre de Roseau.

Ouvert de 6h à 19h.

Au nord de la ville, au pied de la montagne Morne Bruce, vous pouvez visiter les jardins botaniques de la Dominique. Ils constituent le plus grand espace de la ville de Roseau. Le site abrite plus de 50 types de plantes indigènes et d'arbres importés ainsi que le perroquet de Sisserou, l'oiseau national de l'île. Les jardins ont été installés en 1890 à l'emplacement d'un ancien champ de cannes à sucre. Ils bénéficient de conditions climatiques idéales pour le développement des plantes tropicales. Ces jardins ont été organisés en deux parties, la première a une vocation ornementale, la seconde est dédiée au développement des plantes pour l'agriculture locale.

En 1889, le gouvernement royal décide d'encourager la diversification des cultures sur l'île. Il distribue des plants et des semis aux fermiers. Le site couvrait alors 40 acres, dont une partie plantée de cannes à sucre fut vendue au gouvernement par William Davies, propriétaire de Bath Estate. Le conservateur du jardin, Henri Green commence le gros œuvre de la plantation. En 1892, Joseph Jones reprend le jardin. Cette activité devient sa seule passion et la vocation de toute une vie. La fonction du jardin botanique est essentiellement économique et expérimentale. Les plantes exotiques ont été collectées à travers le monde entier lorsqu'il dépendait du jardin britannique royal de Kew.

À plusieurs reprises, le parc reçoit la visite de la famille royale d'Angleterre, dont la reine Elizabeth II en 1966 et 1985. Un terrain de cricket, le plus officiel de l'île, est installé dans le parc, ainsi que deux églises (anglicane et catholique), qui ont été construites entre 1800 et 1916. En 1930, le site est l'un des plus beaux parcs botaniques de toutes les îles anglaises. Le cyclone David a laissé des traces de son passage en 1979, il a détruit les arbres les plus impressionnants et les plus âgés du parc. On peut d'ailleurs encore voir les restes d'un bus sous un baobab que les rafales de vents violents ont couché sur place. Au fond du parc, il n'est pas rare d'entendre des perroquets chanter les louanges du passé.

Pour vous aider éventuellement dans votre visite, le département Faune et Flore propose un plan des jardins, légendé pour reconnaître les différentes espèces. Bien que les jardins aient souffert du passage de l'ouragan Maria en septembre 2017, la visite n'en reste pas moins agréable. « Les jardins » continuent de bénéficier d'un cadre idyllique pour les loisirs, les défilés et les célébrations. Sa beauté et sa sérénité en font l'un des véritables joyaux des Caraïbes.

OLD MARKET OF ROSEAU ★★

Il fut jadis le marché aux esclaves mais il a laissé la place aux vendeuses de vanneries et d'objets en bois, de tee-shirts souvenirs, de fruits, de disques de reggae... Typiques, l'animation frénétique et les vendeurs qui vous attendent pancarte à la main. Ce vaste marché est situé juste derrière le musée de la Dominique, devant la mer et non loin du port où débarquent les touristes. Il est considéré comme un spot incontournable pour les amoureux des lieux vivants et riches en partage… Un endroit incontournable à noter dans son carnet de voyage.

THE OLD MILL CULTURAL CENTRE ★★

Old Mill

✆ +1 767 449 1804

À 5 minutes au nord de la capitale.

Le centre est un parfait exemple de l'architecture du XVIIIe siècle. À l'origine, il accueillait les productions de sucre et de rhum. Il accueille désormais des expositions d'artistes et artisans locaux, des événements culturels... Juste à côté, visitez l'école dépendant de la division culturelle. Cet établissement, spécialisé dans la sculpture du bois, propose des objets artisanaux. Un lieu incontournable pour les amateurs et les passionnés d'art (ancien et moderne).

OUR LADY OF FAIR HAVEN CATHEDRAL ★★

20 Virgin Lane

À l'origine, l'église portait le nom français de « Notre-Dame du Bon Port du Mouillage de Roseau ». L'église est le siège du Diocèse de la Dominique. L'édifice de la cathédrale, dont les travaux ont commencé en 1916, vaut le coup d'œil, car il est érigé en pierres volcaniques. Construite dans un style gothique, elle constitue un exemple type de l'influence européenne sur l'architecture de cette époque. Sa structure est imposante avec ses statues situées au-dessus de l'entrée.

WOTTEN WAVEN ★★

Si vous n'aimez pas marcher, des sites géothermiques sont facilement accessibles par la route. Le petit village de Wotten Waven est situé au coeur de la forêt tropicale. Quelques minutes de marche mènent à la mare bouillonnante de Wotten Waven, au-dessus de Roseau, tapissée de dépôts jaunes et exhalant une forte odeur de soufre. On lui prête des vertus médicinales, notamment contre les rhumatismes. C'est également un moyen pour relaxer les muscles et se vider l'esprit après une journée de randonnée le long du Waitukubuli National Trail.

THE DOMINICA MUSEUM ★★

Dame Mary Eugenia Charles Blvd

✆ +1 767 448 24 01

Situé sur le front de mer et à proximité du marché de Roseau.

Ouvert de 9h à 16h en semaine, et le samedi de 9h à 12h.

Le musée est un petit bâtiment orange construit en 1810. Sur deux étages, la bâtisse, aux couleurs typiques de l'île, a été réalisée durant l'époque coloniale. Le très célèbre historien de l'île, Lennox Honychurch, a largement participé à la constitution d'archives pour les expositions permanentes du musée et ce dernier fait aujourd'hui référence sur la vie des Dominiquais. Sur les deux étages qui constituent cette bâtisse, vous découvrirez également des collections de photographies, et pourrez suivre la chronologie de l'île grâce aux objets récupérés.

DOMINICA

Financial Centre

✆ +1 767 448 2045

www.dominica.gov.dm

Ce site internet est à visiter pour connaître les données officielles de l'île et le système de fonctionnement de la Dominique. Il peut être très utile pour les personnes qui souhaitent s'installer sur l'île. Le site Internet est tout bonnement le site officiel du gouvernement de la Dominique – et il est uniquement en anglais. Vous y trouverez la liste des guides certifiés pour les randonnées, ainsi que des dépliants et informations touristiques. Le bureau donne sur le Old Market, un lieu où vous trouverez toutes sortes de souvenirs artisanaux fabriqués sur l'île.

OFFICE DU TOURISME

5 Great Marlborough Street
✆ +1 767 448 20 45
www.discoverdominica.com

Le bureau d'informations pour les touristes se situe sur le boulevard du bord de mer de la capitale, juste à côté du musée de la Dominique et de l'hôtel Garraway. L'office de tourisme travaille en étroite collaboration avec les établissements hôteliers. De nombreuses actions sont mises en place visant à mettre en avant les atouts de la Dominique et notamment la diversité de ses sites naturels. Vous pouvez également visiter le site officiel de Discover Dominica Authority qui correspond à l'office de tourisme de la Dominique et qui est très complet.

EXPRESS DES ÎLES

Port de Roseau
✆ +1 767 255 1125
www.express-des-iles.com
À partir de 79 €/adulte un aller-retour (sous conditions).

Les îles desservies par ces navettes maritimes sont Marie-Galante, les Saintes, la Dominique, la Martinique, Sainte-Lucie avec également des packages incluant l'hébergement. Pour plus de renseignements concernant ces forfaits, nous vous invitons à consulter les brochures éditées par l'*Express des Iles*. Elles sont disponibles dans tous les points de vente et sur Internet. Des rotations supplémentaires sont mises en place durant les vacances et les périodes de forte affluence. Comptez une heure de traversée pour les Saintes et Marie-Galante.

CANEFIELD AIRPORT

Saint Paul Parish
✆ +1 767 449 1199
A 15 minutes en voiture au nord de Roseau.

Canefield (DCF) est un des deux aéroports de l'île de la Dominique. Ce petit aéroport auparavant réservé aux vols privés et désormais desservi par la compagnie Air Antilles Express avec sa piste d'atterrissage de 945 mètres. Il est situé à 5 kilomètres au nord de la capitale Roseau (soit à environ 15 minutes en voiture), sur la côte Ouest de l'île. Le second aéroport est celui de Douglas-Charles (DOM) (anciennement l'aéroport Melville Hall). Il est situé au nord-est de l'île. C'est ce dernier qui accueille la plupart des visiteurs.

GARE MARITIME

Whitchurch & Co LTD
✆ +1 767 448 2181
Bureau ouvert de 8h à 18h.

Les navettes maritimes de la compagnie Express des îles effectuent chaque semaine plusieurs traversées (selon la saison) pour assurer la liaison entre la Guadeloupe et l'île de la Dominique. Ces bateaux de dernière génération sont des catamarans équipés de stabilisateurs qui sont assez confortables. Comptez environ 2 heures de traversée. Le bateau accoste sur le Port de Roseau à proximité du centre-ville. Des bars et des restaurants sont situés à proximité. Des taxis sont présents à votre descente de la navette pour vous proposer leurs services.

COURTESY CAR RENTAL

10 Winston Lane
✆ +1 767 448 7763
Bureau à proximité du port de commerce et de l'hôpital.
www.dominicacarrentals.com

Courtesy Car Rental propose un service de qualité à des tarifs abordables. Les véhicules (parfaitement entretenus) sont disponibles à l'aéroport de Douglas-Charles (ex Melville). Le bureau se situe près du port si vous arrivez par bateau. Vous aurez besoin de votre permis afin d'obtenir la licence locale. Autre condition, avoir au moins 25 ans et 2 années d'expérience de conduite. Une empreinte de carte de crédit vous sera demandée en caution. Ce loueur propose diverses catégories de véhicules 4x4, bien pratiques sur les routes sinueuses de l'île.

EDDIE TOURS & TAXI SERVICES

Grande savanne - salisbury
✆ 0017672452242

Eddy peut se charger de tout type de transport, entre les transferts à votre descente du ferry depuis le port de Roseau ou depuis les aéroports de Canefield situés à Roseau ou encore celui de Douglas-Charles qui se trouve au nord-est de l'île. Il propose des tours sur mesure en minibus afin de vous faire découvrir, en toute sécurité, toutes les richesses naturelles et architecturales de la Dominique. Très pratique pour les Français : Eddie parle notre langue.

La Dominique
Si proche et si authentique.
www.discoverdominica.com
Dominica
THE NATURE ISLAND

LA FLAMBOYANT HOTEL €

22 King George V Street
✆ +1 767 245 1040
www.laflamboyanthotel.dm
À partir de 136 $/nuit en chambre standard.

Difficile d'être mieux placé au centre de Roseau que La Flamboyant Hotel : il est implanté à seulement quelques pas de la mer et de tous les restaurants et bars du centre-ville. Les chambres, certes assez classiques, sont toutes confortables et compensent leur manque d'originalité par une touche de couleur présente également sur tout le bâtiment. Elles peuvent accueillir 3 personnes et sont équipées de la climatisation, d'un lit king size, d'un mini-réfrigérateur, de l'accès à Internet gratuit, d'un téléviseur et d'un balcon donnant sur la rue.

ROSEAU VALLEY HOTEL €

✆ +1 767 449 81 76
Dans la vallée, à 10 minutes du centre de Roseau.
Comptez à partir de 100 US$ pour l'hébergement seul. Petit-déjeuner anglais à partir de 10 US$.

Un hôtel abordable dans une charmante maison nichée dans la colline, repérable à sa façade rose orangé, et à ses menuiseries rouge vif. Il s'agit d'un petit établissement qui est composé de 11 chambres, toutes dotées d'une déco bien locale. Elles sont agencées différemment et 4 disposent d'un balcon avec vue sur la montagne. Certains appartements sont équipés d'une kitchenette. Sur place, un restaurant. L'établissement vous propose également des formules d'exploration de l'île et différents forfaits (lune de miel, observation des baleines, randonnées…).

COCOA COTTAGE €€

✆ +1 767 276 2920
www.cocoacottages.com
Chambre double à partir de 90 US$. Treehouse (2 à 6 personnes) : à partir de 200 US$.

À votre arrivée, Iris, la propriétaire, vous expliquera que son petit cottage a été construit avec amour. Et cela se ressent ! Les 6 chambres sont réparties au milieu de la forêt tropicale, dans la vallée de Roseau. Les discussions amicales et les rires des pièces communes (dont une cuisine) sont suffisamment discrets pour ne pas troubler votre tranquillité. À moins que vous ne souhaitiez vous joindre aux autres convives ! À 15 min de route du centre de Roseau et près de Trafalgar Falls et de Titou Gorges, Iris cultive également son cacao et fabrique du chocolat.

GARRAWAY HOTEL €€

1 Dame Mary Eugenia Charles Blvd
✆ +1 767 449 8800
Chambre double standard à partir de 105 US$. Suite à partir de 115 US$/nuit.

L'hôtel est situé sur la jetée, à quelques pas du centre de Roseau. Il offre à la fois une vue sur les montagnes et sur l'océan. Il dispose de 20 chambres et de 10 suites dotées de TV câblée, connexion ADSL, climatisation, ventilateur… Les hébergements disposent d'une vue sur l'océan ou sur les montagnes. L'établissement est dirigé par les descendants de James Garraway, premier homme de couleur à devenir gouverneur dans les années 1840. Deux siècles plus tard, la famille Garraway est toujours impliquée dans la vie économique de l'île.

MANGO ISLAND LODGES €€

Syers Estate
✆ +1 767 617 7963
www.mangoislandlodges.com
Chambre pour 2 personnes de 150 à 340 US$ en basse saison et de 160 à 360 US$ en haute saison. Taxes incluses.

Les propriétaires sont français. Leur accueil ainsi que celui de leur équipe est excellent. Ils sont tous aux petits soins avec leurs clients. Vous disposerez des meilleurs conseils pour visiter l'île. L'établissement dispose de trois catégories de chambres. Vous pouvez admirer plus de 130 espèces de plantes et de fleurs dans le jardin. L'hôtel propose une formule demi-pension (avec un chef qui sait s'adapter aux goûts de sa clientèle). Sur place également, une boutique d'artisanat local (vannerie, masques en bois, tee-shirts).

OCEAN & EDGE €€

Castle Comfort
✆ +1 767 616 7077
Fermeture en septembre. Chambre standard pour deux personnes à partir de 103 US$.

Ce petit établissement composé de 12 chambres à l'ambiance familiale est doté également d'un restaurant et d'un bar avec une terrasse qui domine la baie de Roseau. La cuisine proposée est d'inspiration créole. Les chambres sont simples, mais spacieuses et confortables avec une salle d'eau. Elles ont toutes été rénovées et bénéficient d'une vue sur mer ou sur le jardin. Elles sont climatisées et disposent d'un réfrigérateur, d'un téléviseur à écran plat, d'un bureau et du réseau wifi gratuit. Ocean & Edge est situé près du débarcadère de Roseau.

FORT YOUNG HOTEL €€€

Victoria Street
✆ +1 767 448 5000
www.fortyounghotel.com
Chambres à partir de 172 US$, suites à partir de 297 US$.

Comme toute capitale d'une ancienne colonie britannique qui se respecte, Roseau possède son hôtel historique, dans lequel se tiennent les réceptions de l'ambassadeur... Le Fort Young est ce qui s'en rapproche le plus, même si le service est un peu moins guindé qu'ailleurs. C'est ici que se tiennent un grand nombre d'événements culturels. Leurs chambres sont sans doute celles qui se rapprochent le plus du standard européen. Sur place, un restaurant-buffet au 5 étage (avec vue panoramique) et un snack-bar au niveau des différentes entrées de l'hôtel.

ROSALIE BAY €€€

Rosalie
✆ +1 767 446 1010
www.rosaliebaydominica.com
À partir de 147 US$.

Ce véritable sanctuaire est implanté à l'embouchure de la rivière Rosalie, avec une magnifique plage sur l'océan Atlantique et une baie paradisiaque à 45 minutes de Roseau. C'est un havre de paix. Ce complexe écotouristique est totalement inspiré de la nature y compris sa boutique. Les soins proposés au spa, la nourriture sont bio... Les cottages sont construits dans le style traditionnel. Les 28 chambres et suites de luxe sont climatisées, disposent d'un balcon ou d'une terrasse avec vue sur la mer, la rivière ou encore sur le jardin.

HARMONY VILLA €€€

Pont Casse - Layou Road
✆ +4 474 70 466 502
harmonyvilla.com
Tarifs selon la saison : séjour 3 nuits à partir de 1 095 US$ pour 6 personnes. Ce tarif comprend le petit-déjeuner.

Voici un véritable coin de paradis au cœur de la forêt tropicale. Harmony Villa constitue un lieu idéal pour vous ressourcer et partir à la découverte de la nature exubérante de la Dominique. Les segments 4 & 5 du Waitukubuli et des cascades sont à proximité. La villa dispose de 3 chambres sur 3 niveaux avec salle de bains privative. La villa peut accueillir jusqu'à 6 personnes avec un grand séjour, d'une cuisine ouverte et d'une grande terrasse avec le ronronnement de la rivière et le chant des oiseaux en bruit de fond. Les prestations sont de qualité.

CHEZ OPHÉLIA €

Copt Hall Estate
✆ +1 767 616 8000
www.chezophelia.com
Tarifs à partir de 82,50 US$/2 personnes. Petit-déjeuner continental 15 US$. Dîner 25 US$.

Ophélia compte parmi les figures de l'île puisqu'elle est sans doute la plus célèbre chanteuse de la Dominique. Ambiance locale assurée ! Elle parle très bien français et vous accueille avec beaucoup de gentillesse dans cet ensemble de 5 cottages divisés chacun en 2 appartements. Les hébergements sont situés au cœur de la vallée de Roseau et dans un jardin fleuri. Chacun des appartements est équipé d'un lit double et de deux lits simples, ou de 4 lits simples, d'une cuisinette (avec réfrigérateur, cuisinière et cafetière) et d'une salle de bain.

LE PETIT PARIS €

Angle de Kennedy Avenue et Bayfront
✆ +1 767 275 7777
Ouvert du lundi au jeudi de 8h30 à 16h et le vendredi de 8h à 22h. Pas de carte bancaire, paiement en dollar US ou ECS.

Ce petit établissement fait office de boulangerie et de restaurant, et l'équipe bien sympathique parle français (sa propriétaire est française). C'est un peu le petit bout de France que l'on retrouve ici avec de belles viennoiseries, du pain bien croustillant, des pâtisseries appétissantes... Au menu, des salades, des pizzas, des sandwichs et des spécialités bien françaises telles que le cassoulet, le camembert rôti, la quiche. L'ambiance est décontractée. Les portions sont copieuses. Il est possible de prendre des plats à emporter.

OLD STONE GRILL & BAR €€

15 Castle Street
✆ +1 767 440 7549
Ouvert de 17h à 21h.

Situé dans le centre-ville de Roseau, le restaurant Old Stone Grill & Bar, comme son nom l'indique dispose d'une jolie salle dont certains murs sont en pierre volcanique et une terrasse en angle de rue. Elle est agrémentée d'un bar offrant tous les alcools dont vous pouvez rêver dont de bons cocktails maison. Vous avez, au choix, une carte snack et une carte plus gastronomique (mais pas comme on pourrait l'entendre en France !). Le service peut s'avérer un peu long quelquefois et les plats indiqués à la carte ne sont pas forcément disponibles.

LES PALISSADES €€€

Victoria street
✆ +1 767 448 50 00
www.fortyounghotel.com
Buffet à 32 EC$. Brunch 65 EC$. Ouvert de 12h à 14h30 en semaine et de 18h30 à 22h du mardi au dimanche.

Il s'agit du restaurant gastronomique de l'hôtel Fort Young. Le restaurant est situé à l'étage. Il dispose d'une salle climatisée, mais également d'une terrasse panoramique des plus agréables. Un buffet de plats locaux y est servi chaque jour. L'ambiance devient beaucoup plus cosy pour le dîner chaque soir avec des lumières tamisées. Les plats proposés dans la carte du soir sont raffinés avec un bon choix. Pour les petites faims, un snack est situé dans le patio au rez-de-chaussée. L'établissement propose un brunch chaque dimanche matin de 10h30 à 14h30.

JUICEMAN'S CAFÉ

81 Goodwill Road
✆ +1 767 315 5556
Du mardi au samedi de 11h à minuit.

Un petit établissement sur la gauche, à la sortie de Roseau, en direction de Portsmouth, avant le port de commerce. Le lieu est pratique pour s'y désaltérer et manger un morceau : jus frais, burgers maison, salades avant ou après avoir fait une balade dans Old Market. La petite terrasse à l'arrière donne directement sur la plage : la vue bien dégagée est très agréable. Le propriétaire est très sympathique et vous confie son code wifi pour vous dépanner. L'établissement fait également discothèque le week-end et attire la population locale.

RUINS ROCK CAFE

King George V Street
✆ 1 767 440 5483
A l'angle de Hanover et King George V Street.
A proximité du Dominica's Museum.
Ouvert de 9h à 18h.

Vous comprendrez l'origine du nom de ce lieu en arrivant sur place ! L'établissement se situe à proximité des taxis qui vous transportent jusqu'à Scott Head, à proximité du port et du marché. Le dépaysement est garanti entre la décoration et la musique reggae. Le lieu est idéal pour un smoothie ou un rafraîchissement. Vous y trouverez un grand choix de rhums arrangés à consommer sur place ou à acheter, ainsi que des épices dans la petite boutique attenante au bar. Il est possible de déjeuner sur place : là encore, la carte risque de vous surprendre...

DIVE DOMINICA

Castle Comfort
✆ +1 767 448 2188
Plongée à partir de 65,80 US$. Sortie cétacés à 69 US$, snorkeling à partir de 32 US$.

La Dominique est réputée dans la Caraïbe pour l'observation des baleines. Ses eaux côtières profondes leur permettent de s'alimenter en toute sécurité. Le centre organise des sorties « plongée », mais également des « safaris océan » pour partir à la découverte des baleines et des dauphins d'une durée de 3h30 environ avec ti punch et jus de fruits au retour. Cette découverte peut s'effectuer également en sortie privée sur demande. Le centre propose également des tours de plongées en apnée au-dessus d'un volcan, dans la baie Champagne.

DOMINICA

Financial Centre
✆ +1 767 448 2045
www.dominica.gov.dm

Ce site internet est à visiter pour connaître les données officielles de l'île et le système de fonctionnement de la Dominique. Il peut être très utile pour les personnes qui souhaitent s'installer sur l'île. Le site Internet est tout bonnement le site officiel du gouvernement de la Dominique – et il est uniquement en anglais. Vous y trouverez la liste des guides certifiés pour les randonnées, ainsi que des dépliants et informations touristiques. Le bureau donne sur le Old Market, un lieu où vous trouverez toutes sortes de souvenirs artisanaux fabriqués sur l'île.

SEASIDE DIVE RESORT

Plage de Batalie
✆ +1 767 446 6522
www.sunsetbayclub.com
À 20 minutes au nord de Roseau. Plongée à partir de 81 US$, équipement inclus.

Ce club de plongée est attenant au Sunset Bay Club. Il dispose d'un personnel francophone. Deux bateaux de 7 mètres sont à la disposition des plongeurs (10 personnes par bateau). Le centre bénéficie d'une situation idéale sur la côte Ouest pour vous faire découvrir les merveilles de 13 sites différents qui sont à portée de main du Sud au nord-ouest de l'île. Les fonds marins de la mer des Caraïbes sont à votre portée avec des paysages sous-marins d'une extraordinaire beauté ! Le centre propose des tarifs avec ou sans matériel de plongée.

WACKY ROLLERS

8 Fort Lane
✆ +1 767 440 4386
www.wackyrollers.com

Depuis 20 ans, Wacky Rollers propose aux visiteurs des expériences mémorables en famille ou entre amis en toute sécurité. Avec cette équipe, c'est une journée placée sous le signe de l'aventure qui vous attend : tour de l'île en Jeep, descente de rivières en kayak, accrobranche dans les arbres, descente d'une rivière en bouée rapide (avec gilet de sauvetage, bien sûr)... Toutes ces expériences sportives sont encadrées par des professionnels très exigeants sur la sécurité, le tout dans la bonne humeur. La réservation est conseillée.

SUNSET BAY CLUB BEACH RESORT €€

Plage de Batalie ✆ +1 767 235 6522
www.sunsetbayclub.com

Chambre standard double à partir de 132 US$, pour une suite 162 US$ pour une suite. Petit déjeuner inclus.

Sur la plage de Batalie, le Sunset Bay Club est un ensemble de bungalows répartis dans un jardin tropical. Marcella et Rogers, francophones, accueillent avec plaisir et bienveillance les visiteurs depuis 1997. L'établissement dispose de quatre bungalows de trois chambres chacun, 8 chambres doubles, 4 chambres quadruples et d'une suite dotée d'une chambre double avec couchage pour enfants si besoin. Tous possèdent une terrasse pour un repos mérité après une journée de balade...

SAINT-JOSEPH

Situé entre la capitale Roseau et Portsmouth, sur la côte Ouest de la Dominique, le petit village Saint-Joseph compte un peu plus de 2 000 habitants. Point d'intérêt principal, la rivière Layou, la plus grande rivière de l'île, qui se jette dans la mer à une dizaine de km au nord de Roseau, près de Saint-Joseph. Vous pouvez suivre le cours d'eau en partant du quartier de Belles. Toutefois, prêtez attention aux rochers qui longent la berge, car ils sont très glissants et les rapides très puissants. La rivière permet de belles baignades au cœur d'une végétation exubérante, un superbe décor dans lequel vous êtes bercé par le chant des oiseaux.

TAMARIND TREE HOTEL €€

✆ +1 767 616 5258
www.tamarindtreedominica.com

Tarif mensuel long terme à partir de US$ 1 410 avec petit déjeuner (4 mois et plus).

Sur la côte Ouest, en surplomb de la plage de Salisbury, l'hôtel dispose d'une vue splendide sur la mer des Caraïbes. Les chambres de catégorie supérieure sont climatisées. Les chambres standards sont dotées d'un ventilateur. Les hébergements (sans TV) sont dotés d'une terrasse vue mer. Le restaurant, en contrebas, surplombe la baie (snack le midi et plats locaux le soir. Sur place, une piscine, un spa à la disposition des clients. Wifi gratuit. Annette parle anglais, français et allemand. Elle propose des locations longue durée pour la saison 2020-2021.

SALISBURY

Le village de Salisbury est situé au centre de la côte Ouest entre les deux plus grandes villes de l'île : Roseau (à 20 km au sud) et Portsmouth (à 25 km au nord). Vous trouverez quelques hébergements de diverses catégories dans les environs de Salisbury et des centres de plongée qui se trouvent directement sur la plage de sable noir. Le segment N° 9 du Waitukubuli National Train peut se rejoindre au niveau de Salisbury.

MORNE DIABLOTINS NATIONAL PARK

Dans le nord-ouest de l'île, près de Portsmouth, le mont Morne-Diablotins (1 447 m), ancien volcan, constitue le point culminant de l'île et le deuxième plus haut sommet des Petites Antilles après la Soufrière en Guadeloupe. Ce parc naturel de 8 000 ha protège des oiseaux menacés, tel l'Amazone impériale, emblème de l'île. Pour se lancer dans la randonnée, à partir du village de Dublanc, suivez vers l'est la balade qui mène au perchoir des perroquets de la Parrot Reserve, sur le flanc ouest de la montagne. Le sentier débute à 579 mètres d'altitude. Plus vous approchez du sommet, plus la vue sur Cabrits, Portsmouth et les villages alentour est sublime.

PORTSMOUTH

Deuxième ville de l'île et ancienne capitale, Portsmouth doit l'essentiel de sa réputation à son port qui abrite de beaux bateaux anciens. Chaque année en juin, lors du Festival de la marine, des courses sont organisées. Comme toutes les villes portuaires, Portsmouth compte de nombreux bars et petits restaurants typiques où vous pouvez vous imprégner de l'ambiance locale. Portsmouth est une ville attachante où il fait bon se promener car elle s'avère moins oppressante que la capitale Roseau. Elle dispose de beaux complexes hôteliers axés sur le bien-être qui devraient lui permettre une belle évolution dans les années à venir.

CABRITS NATIONAL PARK ★★

Au nord de Portsmouth, dans les ruines du fort Shirley, une garnison anglaise installée au XVIIIe siècle a laissé des canons en acier, que l'on retrouve sur le site surélevé. On y découvre également une magnifique vue sur la baie du Prince Rupert, qui est abritée au nord par la pointe des Cabrits. Elle tient son nom d'une vieille habitude des marins, qui y lâchaient des chèvres lorsqu'ils débarquaient : leur bétail vivait là en liberté jusqu'au retour des navigateurs, trop contents de retrouver de la viande fraîche lors de leur escale suivante dans les environs.

FORT SHIRLEY ★★

Entrée : 5 US$.

Il s'agit-là d'un des rares bâtiments historiques de l'île situés au cœur du Cabrits National Park. Cette ancienne garnison est bâtie en pierres volcaniques. Le site est bien entretenu et certains bâtiments ont bénéficié d'une restauration tandis que d'autres sont restés en ruine au milieu de la végétation. Le site est riche en anecdotes et les touristes découvrent ici une part importante de l'histoire de l'île de la Dominique décrite sur quelques panneaux. En effet, en 1802, la révolte du 8e régiment des Indes occidentales qui se déroule au fort Shirley aura comme conséquence l'octroi en 1807 du statut d'hommes libres aux esclaves soldats dans tout l'Empire britannique.

Pour vous y rendre, vous arrivez tout d'abord sur une première plateforme sur laquelle sont situés des canons pointés sur la baie de Portsmouth, qui rappellent que la Dominique a été l'objet de nombreux conflits et batailles navales (notamment entre les Français et les Anglais). En grande partie restauré sous l'impulsion de l'historien Lennox Honychurc en 1982, le Fort se décompose en plusieurs salles qui peuvent aujourd'hui, pour certaines, accueillir des conférences et des réceptions. Le point de vue sur Prince Rupert Bay y est superbe et l'ensemble du site est propice à de longues balades qui pourront vous permettre de réaliser de beaux clichés. Les moments les plus féériques étant le lever et le coucher du soleil. La balade est reposante même si le chemin est quelque peu en pente. Vous trouverez un snack-bar et une boutique sur place.

DOUGLAS BAY

Un parc marin, dans le parc national des Cabrits où vous pourrez plonger et nager en compagnie des poissons tropicaux, au milieu de solides coraux et autres éponges. Vous pouvez regarder, admirer tant que vous le souhaitez, mais interdiction d'y prélever quoi que ce soit ! À la fin de la pointe Douglas, une partie de la falaise s'est effondrée formant une incroyable crevasse. Un lieu devenu idéal pour les plongeurs expérimentés. La plage de Douglas Bay est l'une des plus belles plages de la Dominique dotée de sable blanc immaculé et d'une eau translucide.

PRINCE RUPERT BAY ★★

La petite marina et la plage sont parfaites pour les amateurs d'écoplaisance ! Pas de grosse infrastructure, mais beaucoup de charme. La plage de Prince Rupert est équipée d'une base de loisirs avec un carbet pour se mettre à l'ombre. On imagine sans peine les premières caravelles de Christophe Colomb abordant lors de son second voyage ce petit port naturel, qui deviendra ensuite une escale pour les conquistadores en route pour l'Amérique du Sud. Et puis c'est sur cette plage que certaines scènes de *Pirates des Caraïbes II* et *III* ont été tournées !

INDIAN RIVER ★★

À l'entrée de Portsmouth, se trouve l'estuaire d'une jolie rivière, l'Indian River. Un petit tour en barque colorée (à rames) est vraiment un incontournable de ce lieu qui est vivement conseillé par de nombreux guides. Ils sont une vingtaine à vous attendre, mais ils font partie d'une association reconnue par l'office de tourisme. Ces derniers vous livreront ainsi des anecdotes sur les lieux et vous informeront sur la faune (hérons, aigrettes, canards, lézards, mais aussi différentes espèces de crabes) et la flore environnantes. Vous pourrez notamment observer des arbres magnifiques (baptisés les « Bwa mang ») avec des troncs déformés et des racines ondulées. La promenade en barque dure une heure et demie environ, y compris la petite halte dans un bar au milieu d'un jardin tropical fleuri d'héliconias, de roses de porcelaine... pour déguster un cocktail explosif, le « Dynamite », ou un jus de fruits frais sans alcool.

Si vous n'avez pas le désir de sortir des sentiers battus, la découverte de la mangrove et la balade valent vraiment le détour. Un petit détour vous entraîne également vers la cabane ayant servi de décor à un des films de la trilogie *Pirates des Caraïbes*. L'émerveillement est garanti (mais sans les pirates, cette fois-ci, c'est promis !). Attention, pendant la haute saison des bateaux de croisière, les embouteillages peuvent subvenir sur la rivière... Le meilleur moment pour effectuer cette balade est sans doute d'y venir en matinée pour pouvoir profiter de la quiétude du site.

EXPRESS DES ÎLES

Whitchurch & Co LTD
✆ +1 767 448 2181
www.express-des-iles.com

Départs de la gare maritime de Pointe-à-Pitre. Rotation à partir de 79 € (sous conditions).

Les îles desservies par ces navettes maritimes sont Marie-Galante, les Saintes, la Dominique, la Martinique, Sainte-Lucie avec également des packages incluant l'hébergement. Pour plus de renseignements concernant ces forfaits, nous vous invitons à consulter les brochures éditées par l'*Express des Iles*. Elles sont disponibles dans tous les points de vente et sur Internet. Des rotations supplémentaires sont mises en place durant les vacances et les périodes de forte affluence. Vérifiez bien les horaires de départ la veille, surtout en basse saison.

VAL' FERRY

✆ +1 767 616 3457
valferry.fr

Rotations maritimes vers Marie-Galante, les Saintes, Fort-de-France, la Dominique.

Les navires de la compagnie opèrent des rotations entre la Martinique, la Guadeloupe, Marie-Galante, la Dominique au départ de la gare maritime de Pointe-à-Pitre. Les voyageurs peuvent embarquer avec leur véhicule. Elle assure également des rotations pour l'île des Saintes depuis la commune de Trois-Rivières située en Basse-Terre.

Le pass 2 îles donne accès à un A/R pour les Saintes et Marie-Galante, une formule idéale pour découvrir l'archipel. Les horaires et tarifs sont indiqués sur leur site. Toutefois, vérifiez les horaires, car ils sont sujets à modification.

PORTSMOUTH BEACH HOTEL €

34 Picard Estate ✆ +1 767 445 5142
http://portsmouthbeachhotel.dm

Chambre standard à partir de 90 US$/nuit. Studio avec kitchenette à partir de 120 US$/nuit.

Cet hôtel de 77 hébergements dont 25 studios est situé sur le front de mer à côté de la baie de Prince Ruppert. Il s'agit de la plus longue plage de sable de l'île. Les studios climatisés sont équipés d'un téléviseur, d'une kitchenette et d'un balcon. Wifi gratuit. Sur place, une plage privée, un spa, un centre de plongée et un restaurant-bar (ouvert de 7h à 22h) qui propose une cuisine variée avec salades, sandwiches, hamburgers, brochettes... Des packages sont proposés (2 nuits, petit déjeuner, déjeuner + visites). Restauration possible sur place.

MANICOU RIVER ECO LODGES €€

Everton Hall Estate ✆ +1 767 616 9343
www.manicouriver.com

À partir de 148 US$ la nuit pour 2 personnes selon la saison.

Ces *ecolodges* (*100 % eco friendly*) sont spacieux (50 m²) et meublés avec goût dans un environnement verdoyant. Les *lodges* possèdent tous une cuisine, une salle de bains et une chambre à part. L'électricité est fournie par les panneaux solaires et l'eau par la récupération des eaux de pluie ou de rivière. Le petit plus : une vue imprenable sur la forêt du Parc Cabrits et la mer des Caraïbes. Le restaurant Manicou by Smiles propose une carte avec une cuisine caribéenne santé, moderne et naturelle inspirée de ce que la nature offre de meilleur.

PICARD BEACH COTTAGES €€

✆ +1 767 445 5131

A côté de la baie de Prince Rupert.

http://Picardbeachcottages.dm

Cottage à partir de 150 US$.

Les *cottages* sont situés sur la plage et nichés dans la verdure. Chacun dispose d'une chambre, d'un salon-séjour avec kitchenette et d'une terrasse privative. Certains chalets sont situés directement sur la longue plage de sable fin, d'autres sont un peu en retrait (à 2 mn de la plage). Sur place : un bureau d'excursions, un spa, diverses activités nautiques, des cours de yoga, de Pilates… Possibilité de transferts jusqu'au port ou l'aéroport. L'établissement propose également des chambres (avec ou sans balcon) ou des studios à louer au mois.

THE CHAMPS €€

Blanca Heights

✆ +1 767 616 3001

www.hotelthechamps.com

Chambre à partir de 150 US$ pour 2 personnes.

Dans un petit village à la sortie de Portsmouth, entre mer et montagne, cet hôtel est bâti à flanc de colline se situe, près du fort Shirley et du Cabrits National Park. Vous trouverez des chambres spacieuses, bien orientées (certaines vers la mer), avec télé LCD (câble), accès wi-fi gratuit, réfrigérateur, bouilloire et climatisation. 2 chambres au rez-de-jardin d'environ 30 m² disposent d'une terrasse de 12 m², avec accès direct au jardin. Un restaurant et un sunset-bar/lounge complètent l'offre de séjour. Transferts aller-retour pour l'aéroport ou le ferry.

CABRITS RESORT & SPA KEMPINSKI €€€

Bell Hall road

✆ 001 767 6145725

www.kempinski.com/en/dominica/cabrits-resort-kempinski-dominica/

Tarif à partir de 375 US$/nuit pour 2 personnes.

Un incontournable si vous êtes à la recherche de relaxation et de services entre luxe et nature. L'établissement vous séduira par son design moderne conçu pour s'intégrer au paysage, dans le respect de l'écosystème. Les 151 chambres et suites de luxe et les six villas de plage disposent d'une vue panoramique sur la mer. Sur place, un centre de remise en forme de pointe, des piscines chauffées et naturelles, des restaurants, bars, lounge, un club enfants, des terrains de tennis.

THE PURPLE TURTLE €

Michael Douglas Boulevard

✆ +1 767 445 5296

Dans le centre de Portsmouth, sur la gauche en direction du nord de l'île.

Ouvert de 11h à 22h.

Vous ne pouvez pas manquer ce restaurant qui, faisant référence à son enseigne, est doté de teintes violette mais également orange. Il est situé sur la plage de Portsmouth. La grande terrasse permet de bénéficier d'un vue panoramique sur les bateaux qui sont au mouillage dans la baie. Ce restaurant de plage dispose d'une carte variée mais attention, tous les plats ne sont pas forcément disponibles surtout en basse saison. Des soirées sont organisées. Vincent, le propriétaire, dispose d'une chambre à louer à l'étage également.

SMILES €€

Everton Hall Estate

✆ + 1 767 265 0454

www.smiles-gourmets.com

Service midi et soir. Formule à 39 US$ (entrée, plat, dessert).

Le cadre vous séduira d'emblée avec sa vue imprenable sur le Parc des Cabrits et la mer des Caraïbes et son jardin privatif. Smiles propose une cuisine caribéenne, à base de produits locaux avec un savoir-faire français. Le chef Marc est aux fourneaux aux côtés de Yolanda et Alex, boulanger-pâtissier. Le restaurant possède son propre potager. Midi et soir, vous pourrez y déguster une cuisine saine, moderne, naturelle et inspirée de ce que la nature offre de meilleur. Tout les plats sont faits maison, à accompagner de rhums, de cocktails ou de bons vins.

SWIRLS CAFE

Picard

✆ + 1 767 316 8141

Ouvert du lundi au samedi de 11h30 à 18h et le dimanche de 15h à 18h. Ouvert les jours fériés.

Une adresse pour les amoureux des desserts qui veulent découvrir autre chose que la crème glacée, c'est-à-dire le yogourt glacé. L'établissement propose cependant tout un choix de crèmes glacées (plusieurs dizaines) aux saveurs locales à découvrir, des milkshakes, des boissons chaudes ou froides, des crêpes, des gaufres, d'excellents desserts… Le petit établissement a une allure très moderne (style américain) au rez-de-chaussée avec ses tabourets et la petite salle supplémentaire située à l'étage est habillée de poufs colorés.

RAINFOREST RIDING

Belle Hall
✆ 1 767 265 7386
www.rainforestriding.com/
Balade en forêt à cheval à partir 45 US$.

Découvrir la Dominique à dos de cheval… quoi de mieux ! C'est le pari lancé par Valérie, responsable du centre Rainforest Riding, qui organise des balades sur les plages (et dans la mer) et dans les forêts dominicaines. Cette Canadienne passionnée aura à cœur de vous faire découvrir des paysages magiques et de faire de votre expérience équestre un parfait moment de convivialité. En amoureuse de ses chevaux, elle en prend grand soin et cela se voit ! C'est un véritable plaisir de faire une balade en famille, car les enfants sont les bienvenus.

MORNE-AUX-DIABLES

Cette randonnée, d'une durée d'environ 4 heures, est assez éprouvante si vous n'êtes pas un habitué. La balade vous entraîne au travers de la montagne qui culmine à 861 m à l'extrémité nord de l'île. Il est composé de plusieurs cratères et d'un dôme de lave de 80 m de haut. Vous verrez de nombreuses sources de soufre actives situées le long de votre chemin, mais pas d'inquiétude, car le volcan est en sommeil. Le sentier traverse l'extrémité nord de l'île au niveau de Tanetane (près de Portsmouth, côté Nord-Ouest) jusqu'à Vieille Case, sur la côte Nord-Est.

CABRITS NATIONAL PARK

Au nord de Portsmouth, dans les ruines du fort Shirley, une garnison anglaise installée au XVIIIe siècle a laissé des canons en acier, que l'on retrouve sur le site surélevé. On y découvre également une magnifique vue sur la baie du Prince Rupert, qui est abritée au nord par la pointe des Cabrits. Celle-ci tient son nom d'une vieille habitude des marins, qui y lâchaient des chèvres lorsqu'ils débarquaient : leur bétail vivait là en liberté jusqu'au retour des navigateurs, trop contents de retrouver de la viande fraîche lors de leur escale suivante dans les environs. Sur place se trouve aussi un petit parc.

VIEILLE CASE

Côté Atlantique, la route serpente entre les cocoteraies, les bananeraies et des petits axes secondaires qui conduisent à des villages aux noms surannés, qui rappellent la présence des Français à l'image de Paix-Bouche, Vieille-Case… Sur la plage d'Antrou, vous assisterez au combat quotidien des pêcheurs contre les vagues. Il lutte tous les jours contre l'océan pour rentrer leur embarcation ! L'église du village, où officient des communautés fondamentalistes chrétiennes, est à voir pour ses peintures murales. Les deux sites incontournables dans les environs de ce territoire sont la plage de Batibou et le Parc national Cabrits.

PENNVILLE

Situé à l'extrême nord-est de la Dominique, le petit village de Pennville est le point de départ d'une des randonnées du Waitukubuli National Trail. Il s'agit du segment numéro 13 qui relie Pennville à Capucin. Cette jolie balade de 7,5 km comprend peu de dénivelés (à peine 300 m de dénivelé positif). La progression s'effectue au cœur d'une forêt proche du littoral, et de cultures en altitude. Ce parcours permet d'admirer de superbes panoramas sur la Guadeloupe. Cold Soufriere est situé à proximité et s'atteint rapidement à pied. Le site héberge un cratère : vous pourrez déceler des bulles de gaz dans les flaques d'eau autour.

HAMPSTEAD

Sur la route sinueuse qui longe la côte nord-est, d'adorables petits villages accrochés aux collines ou lovés dans les baies se succèdent : Batibou Bay, Hampstead, Point-Baptiste à Calibishie, L'Anse-Tortue, Woodford Hill… C'est sur cette côte que vous trouverez les rares plages de sable blanc de la Dominique. Juste avant Hampstead River, à cinq minutes, faites une halte pour découvrir l'une des plus belles plages de sable blanc de l'île, Hampstead Beach. Si vous avez vu les films de la série *Pirates des Caraïbes*, le lieu vous rappellera sans doute quelque chose : il apparaît dans une des scènes tournées avec Jonnhy Depp.

DOMINIQUE

CHAUDIÈRE POOL

Faites un petit détour vers l'intérieur des terres, et après le village de Bense, vous trouverez la Chaudière (ou Chaudron). Une descente d'une trentaine de minutes vous mènera à cette piscine d'eau douce alimentée par la rivière Hampstead. Il s'agit d'un bassin naturel creusé dans la roche de plus de 4 mètres de profondeur qui ressemble à l'Emerald Pool. On peut s'y baigner avec des enfants et même plonger. Un endroit superbe à découvrir absolument où vous pouvez prévoir un pique-nique ! Le trajet peut s'effectuer à pied ou en voiture.

NORTHERN FOREST RESERVE

Cette réserve de plus de 5 560 ha est accolée au nord du Morne Diablotin National Park, espace végétal, véritable poumon vert de l'île, accueille plusieurs espèces d'oiseaux et notamment celui qui figure sur le drapeau de la Dominique : le *sisserou parrot*. Les amateurs d'oiseaux rares pourront véritablement se régaler au sein de cette forêt aux mille couleurs... N'hésitez pas à vous munir de bonnes chaussures si vous souhaitez randonner : en effet, les petits chemins escarpés sont nombreux et ils peuvent être très glissants après le passage des pluies.

CALIBISHIE

Dans ce village de pêcheurs paisible où il fait bon vivre, vous avez une vue sur deux gros rochers que les pêcheurs du coin appellent « la porte de l'Enfer ». La vue est fantastique et l'ambiance est typique des petits villages côtiers de l'île. Il est possible de se baigner sur la plage de la pointe Baptiste et de plonger près de Toucari et Capucin (pour les plongeurs expérimentés) : y gisent les épaves de deux navires datant de la Première Guerre mondiale. Vous trouverez de nombreux restaurants en front de mer et une offre variée d'hébergements. À quelques km à l'est, Woodford Hill dispose d'une petite plage idéale pour les familles.

CENTRE D'INFORMATIONS TOURISTIQUE

Main road
✆ +1 767 445 8344
www.calibishiecoast.com
Ouvert du lundi au vendredi de 9h à 16h.

Au-delà du bureau d'information ouvert à Calibishie, vous trouverez une mine d'informations sur ce site dédié aux activités de la côte de Calibishie entre la liste des hébergements, des points de restauration, des sites à visiter... mais également une rubrique consacrée aux informations pratiques. Cette partie de l'île est propice à l'observation des oiseaux, de la faune et de la flore, aux randonnées pédestres, en VTT, à la baignade en rivière ; au snorkeling...

ATLANTIQUE VIEW RESORT & SPA €€

Anse de mai ✆ +1 767 445 4206
atlantiqueview.com
À partir de 163 US$/Chambre vue jardin/2 personnes ; de 193 US$/vue mer/4 personnes ; de 223 US$/Suite vue mer.

Cet hôtel de 35 chambres et suites dispose d'un emplacement privilégié. Il bénéficie de deux piscines, dont une sur 2 niveaux. Les chambres doubles disposent d'une « petite » vue sur la mer. Les autres chambres et suites bénéficient d'un panorama dégagé et sont prévues pour accueillir 4 personnes. Les suites disposent d'une terrasse. Sur place, une salle de fitness, un court de tennis, un bar-restaurant situé sur la terrasse extérieure et offrant un superbe point de vue sur la mer.

CALABISHIE COVE €€€

Pointe Dubique
✆ 7 4439876742
www.calibishiecove.com
Chambre 2 personnes à partir de 173 US$. 3 nuits minimum exigées. Tarifs dégressifs à partir de 7j.

Cet établissement de luxe propose deux suites très confortables (vue sur la mer, petit déjeuner servi directement sur le balcon, bain extérieur) et deux chambres finement décorées et donnant sur la mer également. La conception de chaque hébergement a privilégié le bien-être des occupants, entre un superbe panorama et une ventilation naturelle grâce aux persiennes en bois qui ornent les portes et les fenêtres pour donner cette impression d'ouverture sur l'extérieur. Les suites disposent d'une cuisine entièrement équipée et d'un espace repas.

MARIGOT

Marigot est, certes, le village le plus proche de l'aéroport Douglas-Charles, mais il s'agit d'un petit village de pêcheurs très tranquille. Ne vous attendez pas à y trouver la folle agitation qui anime les aéroports habituellement. Ici, tout reste paisible sans stress ! C'est dans ce secteur que la population parle le cocoy, un mélange de dialectes africains et d'anglais. Vous y trouverez quelques petits restaurants, dont le Pagua Bay House qui propose également des possibilités d'hébergements et qui bénéficie d'un panorama extraordinaire pour des couchers de soleil de toute beauté sur la terrasse du restaurant ou au bord de la piscine.

AIR ANTILLES

Douglas Charles Airport
✆ 0890 648 648
airantilles.com

La compagnie est dotée principalement d'appareils ATR 72.

La compagnie se positionne sur le créneau des prix. Elle effectue des rotations régulières au départ de la Guadeloupe et de la Martinique vers la Dominique. Vous pouvez réserver en ligne en quelques clics en temps réel et 24h/24 votre billet d'avion. La compagnie effectue la continuité régionale dans le cadre d'un partenariat avec Air France. Les rotations en provenance de Guadeloupe ou de Martinique arrivent à l'aéroport Douglas-Charles (ancien Melville Airport) situé au nord-est de l'île ou à Canefield Airport à Roseau, la capitale.

DOUGLAS-CHARLES AIRPORT (EX-MELVILLE HALL)

✆ +1 767 445 7109

Au nord de l'île, près de Marigot. A environ 1h30 de Roseau.

L'aéroport DOUGLAS-CHARLES (DOM) (anciennement appelé aéroport MELVILLE HALL) est situé au nord-est de la Dominique. C'est ce dernier qui accueille la plupart des visiteurs dont ceux de la compagnie Air Antilles Express (4 vols/semaine et tous les jours en juillet et août). L'autre aéroport, Canefield (DCF) était auparavant réservé aux vols privés, mais il est désormais desservi aussi par Air Antilles Express avec sa piste d'atterrissage de 945 mètres.

WINAIR

Douglas-Charles Airport
✆ +1 767 445 8936
www.fly-winair.com

La Windward Island Airways International, plus connue sous le nom de WINAIR, est une compagnie aérienne régionale fondée en 1961. La compagnie exploite des avions Havilland Twin Other et ATR-42 300. Elle assure un transport aérien dans les Caraïbes depuis plus de 53 ans. Winair propose des liaisons quotidiennes pour la Dominique.

Comptez 30 minutes de vol depuis la Guadeloupe. L'arrivée s'effectue à l'aéroport Douglas-Charles (anciennement Melville Hall), situé au nord-est de l'île. Les billets sont vendus sur place à l'aéroport.

PAGUA BAY HOUSE €€

Pagua Bay ✆ +1 767 445 8888

A 10 minutes de l'aéroport Douglas-Charles.

www.paguabayhouse.com

Hébergement à partir 210 US$/nuit. Petit déjeuner : 15 US$/personne.

Le Pagua Bay House est un établissement intimiste au chic discret mais efficace. Tout est étudié pour se sentir aussi bien que chez soi avec un personnel dévoué. Les 6 bungalows spacieux sont dotés de belles salles de bains et d'une décoration contemporaine. La piscine et la terrasse du restaurant disposent d'une superbe vue sur l'Atlantique. L'environnement est très agréable.

L'établissement propose les formules demi-pension ou pension complète. Bénéficiez d'une réduction de 10 % en réservant directement sur le site via le code : #islandlife10.

PAGUA BAY BAR & GRILL €€

Pagua Bay ✆ +1 767 612 6068
www.paguabayhouse.com

Comptez aux alentours de 30 US$ au déjeuner et 40 US$ au dîner. Restaurant ouvert de 8h à 21h30.

Le restaurant est situé dans l'enceinte du Pagua Bay House. Il bénéficie d'un cadre des plus agréables avec une grande terrasse ouverte sur la piscine et la plage. Il est équipé d'un mobilier chic et contemporain. Les plats sont principalement préparés à base de produits frais, notamment le poisson. Les cartes proposées pour le déjeuner ou le dîner sont très américanisées. Les clients extérieurs peuvent venir prendre le petit déjeuner, en réservant à l'avance. Les clients du restaurant ont accès à la piscine (sous réserve d'un minimum de consommation).

CARIB TERRITORY

Ici, vous entrez sur le territoire des Kalinagos entre Marigot et Castle Bruce. Cette communauté vit de l'agriculture, de la pêche, de l'artisanat et de la vannerie. Leur créativité ancestrale se retrouve dans les paniers, chapeaux et tapis en feuilles tropicales qu'ils vendent au fil de la route. Ils sont également experts dans la construction de canoës en bois de gommier. Ils ne vivent plus dans les huttes traditionnelles, mais un village a été reconstitué dans la forêt, le Kalinago Barana Auté (dans le village de Sallybia). À voir également l'église (situé à côté de l'école), pour son autel original en forme de coque de bateau et ses peintures murales.

ESCALIER TÊTE CHIEN ★

Balade à 15 minutes du village de Sineku.

L'escalier Tête-Chien est le nom que l'on a donné à une coulée de lave descendue de la montagne qui s'est ensuite solidifiée et qui se jette dans l'océan (près du village de Sineku). Cette gigantesque forme noire serpentant dans l'écume blanche semble bien se faufiler du haut d'un roc jusqu'à la mer. C'est assez impressionnant !

Une autre version évoque la légende amérindienne, ce serait à cet endroit qu'un boa constrictor serait sorti de l'océan pour gravir les marches, rejoindre la terre et créer le premier village Kalinago.

KALINAGO BARANA AUTÊ ★

Crayfish River
✆ +1 767 445 7979
www.kalinagobaranaaute.com

Ouvert tous les jours de 9h à 17h. Visite du site 10 US$. Spectacle culturel : 150 US$ par présentation de 30 minutes.

À l'initiative de la communauté Kalinago, s'est ouvert ce centre d'interprétation dont le but est de faire connaître aux visiteurs la culture amérindienne à travers un village témoin et des représentations de chants et danses traditionnelles. Des visites guidées régulières sont organisées en haute saison (en anglais), mais il est préférable d'appeler pour se renseigner, notamment en saison creuse. Sachez tout de même que les démonstrations de danse et de chant se font sur réservation uniquement. Le centre est situé le long des rives de la rivière Crayfish, près des chutes Isukulati. Une route secondaire avec parking a été construite entre le poste de police de Salybia et le site. Sur place, vous pourrez assister à plusieurs types de démonstrations : art de la vannerie, sculpture de calebasse, construction de pirogues traditionnelles, cuisson du pain au manioc, utilisation des plantes médicinales. Lors de votre visite, vous apprendrez également des informations précieuses sur les magnifiques faune et flore environnantes… Pour ceux qui souhaitent rester plus longtemps, le centre propose des hébergements chez l'habitant. N'hésitez pas à suivre le sentier autour du village, car les points de vue sont à couper de souffle, notamment celui donnant sur la côte Atlantique. Le centre d'interprétation se trouve sur la côte Est, près d'Isukulati Falls, et propose une boutique de cadeaux traditionnels ainsi qu'un snack gourmand. Un service de transport aller-retour (port de Roseau – Kalinago Barana Auté – Port de Roseau) est possible.

SALYBIA CATHOLIC CHURCH ★

Village de Salybia

Lors de votre visite dans le territoire Kalinago, demandez à votre guide de prévoir un arrêt à l'église de Salybia, car son autel est érigé en forme de pirogue traditionnelle. Elle est également dotée de peintures murales qui reproduisent l'arrivée de Christophe Colomb.

Vous pourrez également voir les pêcheurs partir en mer chaque jour, car la pêche est toujours une des activités principales des indiens Caraibes. Vous passerez près d'un cimetière allemand dans lequel reposent les corps de marins allemands échoués pendant la Seconde Guerre mondiale.

KALINAGO HOMESTAYS €

Crayfish River, Kalinago Territory
✆ +1 767 445 7979

À partir de 50 US$/personne. Petit déjeuner : 10 US$, snack : 6 US$, déjeuner : 15 US$, dîner : 10 US$.

Une très bonne initiative de la communauté Kalinago que d'organiser des séjours chez l'habitant au sein de la réserve dans un habitat plus ou moins traditionnel. Selon vos goûts, vous pouvez choisir une formule traditionnelle dans laquelle vous vivez vraiment la vie de vos hôtes, une formule plus adaptée aux habitudes européennes, ou un savant mélange des deux. Une belle expérience originale, qui se situe à la lisière de deux segments du Waitukubuli National Trail. Il est possible de bénéficier d'une formule incluant les repas.

ROSALIE

À ne pas manquer lors de votre passage à proximité du petit village de Rosalie, la toute dernière arche encore debout d'un ancien aqueduc qui transportait l'eau jusqu'à l'usine à sucre, et d'autres ruines, comme celle de cette plate-forme de grue ; une pièce d'archéologie industrielle imposante qui témoigne du travail mécanisé autour des bateaux. On y chargeait autrefois des marchandises des plantations avoisinantes (de sucre, de citrons, de café, de cacao, d'épices) qui étaient destinées au Vieux Continent. En longeant les bords de la rivière Rosalie, vous trouverez plusieurs grandes piscines naturelles puis une plage de sable gris.

LA PLAINE

Situé au Sud-Est de l'île de la Dominique (entre Rosalie et Boetica), la localité de la Plaine, dont la population ne dépasse pas les 1300 habitants, accueille plusieurs types d'établissements dont l'écotourisme est le maître-mot à l'image de l'éco-lodge Citrus Creek Plantation qui propose des villas et des cottages au bord de la rivière Taberi, le Rosalie Bay ou encore le River Side Café pour faire une pause déjeuner. Ce territoire paisible abrite également le musée du Rhum, une bâtisse datant de la fin du 18e siècle : la propriété produisait du sucre et du rhum et s'étendait du littoral de la Plaine jusqu'à la vallée de la rivière Taberi.

DELICES

En partant du village de Délices par la vallée de la Roche, vous devrez suivre un parcours d'environ 30 minutes de marche pour arriver au pied d'une des plus belles cascades de la Dominique, l'Emerald Pool, dans laquelle vous pourrez vous baigner en toute quiétude. Pour certaines randonnées (Boiling Lake, Victoria Falls...), le recours à un guide professionnel est recommandé pour des raisons de sécurité. Les guides suivants sont francophones : Andrea Bernard (✆ +1 767-277-1600 – andreab2009@hotmail.com), Nathalie Dalboussieres (✆ +1 767-616-7118), Samuel Fontaine (✆ +1 767-615-3734), Sebastian Gerwig (✆ +1 767-615-1317 – dominica.gerwig@hotmail.fr).

VICTORIA FALLS ★

À 30 minutes de marche de Délices. Niveau intermédiaire. Déconseillé aux enfants.

Au sud-est du Parc national Morne-Trois-Pitons se trouvent les magistrales chutes Victoria... La couleur de cette piscine naturelle est à couper le souffle ! En effet, elle varie du blanc au turquoise clair selon la couleur du ciel... En amont de cette chute impressionnante de plus de 50 mètres, vous trouverez un sentier traversé par des fougères arborescentes, d'anthuriums sauvages, de bambous et de fougères vaporeuses. Un véritable paradis sur terre pour les amateurs de belles plantes !

En redescendant, vous tomberez sur la rivière Claire, puis sur la rivière Blanche qui provient du boiling Lake. Il s'agit-là de deux sites très appréciés pour leur calme et leur sérénité...

Non loin de là, ne manquez surtout pas de rendre visite à Moïse le rasta, qui habite à l'entrée du chemin de Victoria. Vous pourrez notamment vous reposer autour d'un thé à la menthe poivrée (*peppermint*), ou d'un jus d'un fruit frais du jardin. Vous pouvez aussi lui commander un déjeuner végétarien (*I-tal food*). Un lieu hors du temps, avec des habitants très accueillants qui vivent en harmonie avec la nature et vous racontent des anecdotes et des histoires passionnantes sur leur île.

La présence d'un guide est vivement conseillée. Vous gagnerez des minutes précieuses que vous pourrez utiliser pour vous baigner dans les bassins d'eau chaude ; les guides connaissent les endroits précis qui permettent de traverser la rivière et votre sécurité est assurée (attention notamment aux crues soudaines après un épisode de pluies importantes).

MORNE TROIS-PITONS NATIONAL PARK

Ce parc de 6 800 hectares, essentiellement constitué par la forêt tropicale et d'une flore endémique, comporte quelques-uns des plus beaux sites de la Dominique : Emerald Pool, Boeri Lake, Fresh Water Lake ou encore Boiling Lake. Il doit son nom à une montagne constituée de trois pitons rocheux, le plus haut atteignant 1 356 mètres d'altitude. Ce n'est pas le plus haut sommet de l'île, ce titre revenant au morne Diablotins, 1 447 mètres, situé plus au nord-ouest, au cœur de la Northern Forest Reserve. Plus grand parc national de la Dominique, il est remarquable par la variété de sites à y découvrir et est inscrit au patrimoine mondial de l'Unesco.

DOMINIQUE

BOLI FALLS

Au nord-est du parc.

C'est une grande randonnée à ne pas rater si vous êtes dans les environs et en bonne condition physique. Partez avec un guide (voir liste des guides agréés par l'office de tourisme ou ceux indiqués dans notre présentation de Délices) et prévoyez un pique-nique. L'arrivée est fantastique : trois cascades aux piscines limpides, entourées de végétation et inondées de soleil, vous attendent. L'une d'elles n'est pas accessible, mais la baignade est autorisée dans les deux autres bassins. Restez vigilant à cause des roches glissantes.

MIDDLEHAM FALLS

Cette balade vous entraîne au cœur de la forêt du parc national Morne Trois Pitons via un chemin bien balisé et parsemé de jolies fleurs. Comptez au moins deux heures aller et retour avec du terrain pentu. Le sentier descend jusqu'à un bassin creusé dans la roche. Vous arriverez devant une gigantesque chute de 60 mètres de hauteur dont vous sentirez la fraîcheur. Une petite rivière étroite (Titou gorge) entre deux immenses falaises permet de se baigner (l'eau est froide). Les gilets de sauvetage sont obligatoires pour les enfants.

EMERALD POOL

C'est à travers le sentier le plus accessible du Morne-Trois-Pitons National Park que vous accédez à cet espace des plus magiques... Après environ 15 minutes de marche, accompagné par le chant des oiseaux et entouré d'une végétation luxuriante, vous arrivez devant une piscine naturelle aux eaux turquoise et émeraude. N'hésitez pas à profiter de la douceur de son eau pour buller tranquillement au soleil. Un conseil, évitez de vous rendre sur le site lorsque vous apercevez un bus sur le parking, car le lieu est assez petit et il s'apprécie plus dans la sérénité...

TRAFALGAR FALLS

Près de Laudat, au nord-ouest du parc.

Ces deux chutes d'eau, le « père » et la « mère », se jettent de 60 mètres de hauteur de chaque côté d'un morne dans le Rocky Pools. Prenez le temps d'admirer les mouvements de l'eau sur la pierre noire volcanique et la flore environnante principalement constituée de fougères et d'orchidées. Attention, soyez prudent dans l'eau et évitez les sauts ! La présence d'un guide n'est pas nécessaire, car du bout de la route, une marche de 15 minutes seulement vous mène au pied des chutes, où vous pourrez vous baigner dans une piscine rocheuse aux eaux turquoise.

FRESH WATER LAKE - BŒRI LAKE

A partir de Laudat,1h de marche conduit à ce « lac d'eau fraîche », dans un cratère à 800 m d'altitude. Vous pouvez également vous y rendre en voiture. L'endroit est remarquable pour la pureté de son air. Le lac d'eau douce, bordé de végétation luxuriante, s'est récemment vu doter d'une centrale hydroélectrique, nécessaire à l'approvisionnement de l'île en électricité. Après 1h de marche en plus, vous arrivez à Bœri Lake, lac de cratère plus petit à 900 m d'altitude.

VALLEY OF DESOLATION

Pour se dépayser totalement, rien de tel que de se rendre au cœur de la Vallée de la Désolation. Ici, les paysages se font lunaires et lorsqu'on y descend, la végétation disparaît, laissant nues les pentes abruptes de terre rouge du morne Watt. L'endroit contraste pleinement avec la végétation tropicale environnante... De là s'écoulent des rivières chaudes, à l'eau grise, bleue, parfois noire comme de l'encre, et parcourues de rapides et de cascades. Il est possible de se baigner dans certains bassins de ces rivières, dans une eau à une température idéale.

ROMAIN, 18 ANS.
CHASSÉ DU DOMICILE FAMILIAL.
PARCE QU'IL EST HOMOSEXUEL.
le Refuge
agir contre l'isolement des jeunes
ASSOCIATION RECONNUE D'UTILITÉ PUBLIQUE
HÉBERGEMENT TEMPORAIRE ET ACCOMPAGNEMENT PSYCHOLOGIQUE ET SOCIAL
DES JEUNES VICTIMES D'HOMOPHOBIE
LA LIGNE D'URGENCE 24H/24H 06 31 59 69 50
NFOS & DONS EN LIGNE : www.le-refuge.org
#LEREFUGE

POINTE-MICHEL

C'est également le lieu où se rejoignent la mer des Caraïbes et l'océan Atlantique. Il s'agit sans nul doute d'un des sites les plus fabuleux pour la plongée et la baignade. Au sud de la Dominique, vous allez trouver plusieurs clubs de plongée qui vous emmènent dans des sites réputés pour la qualité de leurs eaux et beautés naturelles. Moins de bateaux, moins de pollution qu'ailleurs : c'est le grand avantage de la Dominique, la qualité de ses eaux. Les amateurs de sports collectifs ne manqueront pas d'approcher les terrains de cricket ! Les parties ont lieu le dimanche en général.

GALLION

Gallion Road

Plusieurs balades sont à faire dans les environs : Galion, Soufrière, Bois-Cotelette. Sur les hauteurs du village de Soufrière, vous découvrez la vue époustouflante sur la baie et la réserve marine. La route qui vous y conduit est magique. Vous y trouverez les traces de l'activité volcanique autour de vous sur les mornes. Du temps de la colonisation anglaise, tout le village travaillait sur les plantations de citrons. Les Anglais récupéraient les récoltes grâce à un téléphérique qui partait du point de vue du Galion jusqu'à Soufrière.

CHAMPAGNE REEF ★

En sortant du village de Pointe-Michel en direction de Scott's Head, vous trouverez la plage Champagne, idéale pour la plongée. Cette plage et sa baie doivent son nom à son eau ; en plongeant, vous serez entouré de bulles résultant de l'activité volcanique qui s'échappent de sources thermales situées au fond de l'océan. Vous aurez réellement l'impression de nager dans le précieux nectar en compagnie d'une multitude de poissons dans un foisonnement de couleurs ! La découverte des fonds marins s'effectue aussi bien en snorkeling qu'en plongée bouteille.

SOUFRIERE SCOTTS HEAD MARINE RESERVE

Située à la pointe sud-ouest de l'île, à environ une heure de Roseau, cette réserve marine représente un des meilleurs endroits pour pratiquer le snorkeling et sans doute le plus populaire de la Dominique. C'est également un site fabuleux pour les plongeurs en quête de sensations. L'endroit est composé de coulées de lave, de grottes et abrite des gorgones, coraux et éponges aux couleurs éblouissantes, car il profite d'une excellente luminosité. La pêche y est interdite et de fait, la faune sous-marine abonde en masse. Les spots de plongée sont très nombreux dans cette zone : on en dénombre pas moins de dix, tous encadrés par d'excellents professionnels.

Citons par exemple la **baie Champagne**, entre Pointe-Michel et Soufrière, sans doute le site le plus connu de la Dominique. Les fines bulles de gaz (qui rappellent la fameuse boisson du Champagne) sont dues aux sources chaudes et aux fumerolles volcaniques. Un paysage magique qui ravira les grands comme les petits !

Swiss Cheese est une grande formation rocheuse. Sa grotte héberge des poissons-soldats. Le passage est littéralement rempli de poissons-soldats et de gorettes qui forment comme un rideau devant vous et s'écartent au fur et à mesure que vous avancez sans sembler trop effrayés.

Le **spot de Scott Head Pinnacle** niveau moyen). Vous êtes à 10 mètres de profondeur avec devant vous un cratère doté d'une dénivellation spectaculaire (plus de 36 mètres). Vous découvrirez une caverne abritant langoustes, hippocampes, barracudas...

SOUFRIERE

La plupart des sites de plongée se trouvent entre Soufrière et Scott's Head. De l'autre côté de la baie à l'Abyme, une falaise marine, abrupte et très profonde, offre un excellent site de plongée à découvrir absolument. Le Waitukubuli National Trail (dites « WNT » (en anglais), c'est plus simple !) parcourt 184 km, divisés en 14 segments (dont 3 fermés suite à l'ouragan Maria) de divers niveaux et longueurs. Il commence à Soufrière, dans le sud de l'île, et se termine à Cabrits dans le nord. La St Mark Catholic Church abrite une peinture murale décrivant la vie du village. Celle-ci a plus de 100 ans.

WAITUKUBULI NATIONAL TRAIL

Pont-Cassé ✆ +1 767 266 5852
www.waitukubulitrail.com
Pass à la journée : 12 US$ ou totalité des parcours : 40 US$.

La préservation du Waitukubuli National Trail est pérennisée par les droits d'accès dont chaque randonneur doit s'acquitter. Ces pass sont disponibles dans les centres d'accueil (ouverts 7/7) ou à la Division des forêts.

Il s'agit du plus long itinéraire de randonnée de la Caraïbe avec ses 185 kilomètres qui sont divisés en 14 segments de longueurs très diverses. Attention, certains peuvent être fermés en fonction de divers aléas climatiques notamment. Il parcourt l'île du sud (depuis Soufrière) jusqu'au nord au niveau de Cabrits avec des niveaux de difficulté variés. Chaque tronçon peut se découvrir indépendamment. Certains segments sont relativement faciles d'accès avec des pentes faciles et des ponts pour la traversée de cours d'eau. D'autres sentiers, de niveau moyen, peuvent convenir aux amateurs de randonnées : ils comportent des sections avec certaines difficultés à l'image des pentes abruptes avec un grand dénivelé. Enfin, les sentiers de niveau difficile sont à réserver aux randonneurs confirmés et en très bonne condition physique, car les pentes y sont les plus escarpées et les plus longues.

Segment 1 : de Scott's Head à Soufrière. *Terrain : niveau 3, rivière : niveau 0, dénivelé :niveau 4, durée : niveau 2, longueur : 7 km, marche : 5h30.*

Une étape relativement courte, mais déjà assez engagée qui démarre à l'isthme de Cachacrou.

Segment 2 : de Soufrière à Bellevue Chopin. ***ACTUELLEMENT FERMÉ.***

Le segment 2 est assez engagé, avec des ruptures de dénivelé, et très long au total. Pour rejoindre Bellevue Chopin (485 m), le chemin à gauche par Morpo vous conduira à travers la forêt au pied du morne Plat-Pays.

Segment 3 : de Bellevue Chopin à Wotten Waven. *Terrain : niveau 3, rivière : niveau 1, dénivelé : niveau 3, longueur : 15 km, marche : 7h.*

Le point de départ de cette étape est situé au col de Bellevue Chopin. Prenez plein nord. Au bout du dernier chemin, des piscines d'eau chaude sulfureuse vous attendent.

Segment 4 : de Wotten Waven à Pont-Cassé. *Terrain : niveau 2, rivière : niveau 1, dénivelé : niveau 3, longueur : 12,8 km, marche : 6h.*

Durant une petite heure, il vous faudra suivre la route jusqu'au petit village de Trafalgar. La fin de la randonnée s'effectue en forêt avec une dernière remontée et une longue descente sur Pont-Cassé.

Segment 5 : de Pont-Cassé à Castle Bruce. *Terrain : niveau 2, rivière : niveau 2, dénivelé : niveau 1, longueur : 12,8 km, marche : 6h.*

Le point de départ se situe un peu en contrebas du croisement de Pont-Cassé, en allant vers Castle Bruce. Dès la fin de la forêt, la vallée s'élargissant, vous vous rapprochez de l'Atlantique.

Segment 6 : de Castle Bruce à Hatton Garden. *Terrain : niveau 2, rivière : niveau 2, dénivelé : niveau 2, durée : niveau 4, longueur : 15 km, marche : 7h.*

Ce segment, côtier en grande partie, traverse la réserve Kalinago où vous rencontrerez de nombreuses communautés.

Segment 7 : de Hatton Garden à First Camp. *Terrain : niveau 2, rivière : niveau 2, dénivelé : niveau 3 ; durée : niveau 3, longueur : 12,6 km, marche : 6h.*

La difficulté de cette étape réside dans sa succession de montées, de descentes et de traversées de rivière. Le départ de cette étape se situe une fois la Crapaud Hall River franchie, à gauche.

Segment 8 : de First Camp à Petite Macoucherie. ***ACTUELLEMENT FERMÉ.***

Cette randonnée est vraiment longue ; les quatre premières heures peuvent paraître faciles durant l'ascension, mais la descente de Mosquito Mountain est sévère, surtout après les 5 premières heures.

Segment 9 : de Petite Macoucherie à Colihaut Heights. ***ACTUELLEMENT FERMÉ.***

Segment 10 : de Colihaut Heights à Syndicate. *Terrain : niveau 2, rivière : niveau 0, dénivelé : niveau 1, longueur : 6,2 km, marche : 4h.*

Il s'agit de l'étape la plus facile et la plus courte.

Segment 11 : de Syndicate à Borne. *Terrain : niveau 2, rivière : niveau 2, dénivelé : niveau 3, longueur : 10 km, marche : 7h.*

Il s'agit d'une étape longue dont la remontée vers Borne est difficile en fin de parcours.

Segment 12 : de Borne à Pennville. *Terrain : niveau 3, rivière : niveau 1, dénivelé : niveau 3, longueur : 9,8 km, marche : 7h.*

Son point de départ est situé près l'église de Bornes sur la gauche de la route. Là aussi, cette étape assez longue offre de très beaux paysages dans la montée depuis Borne jusqu'à Morne-Destinée. La randonnée s'achève par la côte jusqu'à Pennville.

Segment 13 : de Pennville à Capuchin. *Terrain : niveau 1, rivière : niveau 1, dénivelé : niveau 2, longueur : 8 km, marche : 3h30.*

Le point de départ se situe au niveau d'un petit bar de Delafort. Vous arriverez à un premier promontoire en suivant la rive gauche de Delafort River. Après quelques petits passages de rivière pour vous rafraîchir, jusqu'à Capuchin et le cap Merville, au nord-ouest de l'île.

Segment 14 : de Capuchin à Cabrits. *Terrain : niveau 3, rivière : niveau 1, dénivelé : niveau 2, longueur : 10,8 km, marche : 5h.*

Une bonne partie de la marche se déroule en bordure de mer, sur de gros galets avant d'entrer dans le Parc national des Cabrits.

DOMINIQUE

SOUFRIERE GUESTHOUSE €

Soufrière
✆ +1 767 275 5454
www.soufriereguesthouse.com
Lit en dortoir : 20 US$/personne, chambre double à 45 US$, chambre triple avec vue jardin à 55 US$.

Cette maison d'hôtes est idéalement située au cœur de la Soufriere Valley. Elle permet de profiter de nombreuses activités aux alentours. Ici pas de grand luxe mais des chambres propres et l'ambiance est conviviale. Vous aurez le choix entre des chambres doubles ou triples ou des lits en dortoir. Toutes les chambres sont équipées de brasseurs d'air et ont un accès au wifi. L'établissement propose également des lits individuels en dortoir. Vous pourrez partager la cuisine, un coin bibliothèque et une grande véranda avec hamacs.

JUNGLE BAY €€€

MORNE ACOUMA
✆ +1767 235 0025
www.junglebaydominica.com/
Chambre à partir de 203 US$, suite à partir de 374 US$ pour 2 personnes.

Jungle Bay, complexe de luxe construit dans l'esprit de l'éco-conception avec des villas en pierre volcanique et en bois. Diverses activités sont proposées sur place pour le bien-être ainsi qu'un restaurant. L'établissement est niché dans les collines de Morne Acouma. La vue depuis les villas est superbe. Les hébergements sont spacieux et luxueux. Scott Head, sanctuaire pour l'exploration sous-marine en plongée bouteille et en snorkeling est à proximité. Diverses formules sont proposées (lune de miel, randonnées, bien-être, plongée...).

SECRET BAY €€€

✆ +1 767 445 4444
A la sortie de Portmouth en direction de Roseau.
secretbay.dm/fr
Villa pour 2 personnes à partir 866 US$ la nuit.

Ce complexe écoluxe composé de villas isolées, de style résidentiel, qui sont situées au sommet d'une falaise et dotées de piscines privées. Chaque hébergement bénéficie d'une vue sur la mer des Caraïbes et la montagne. La mise en œuvre de cette structure, tout comme son approvisionnement en énergie font l'objet de pratiques écologiques et durables. Les hébergements sont nichés au cœur d'un jardin tropical et concilient savoir-faire local et design haut de gamme : les prestations sont de qualité (service de blanchisserie, hôtes de villas, conciergerie).

NATURE ISLAND DIVE

Gallion Road
✆ +1 767 2456505
www.natureislanddive.dm
Baptême de plongée : 95 US$. Plongée (plongeurs certifiés) à partir de 60 US$.

Par petits groupes, les guides de plongée vous mèneront sur des sites extraordinaires et peu fréquentés de cette réserve marine. La biodiversité sous-marine vous impressionnera par sa beauté. Pour les novices, les encadreurs auront à cœur de vous rassurer pendant toute la durée de l'expérience afin de vous mettre à l'aise. Une table de pique-nique sur place vous permet de vous restaurer après la plongée (prévoyez d'apporter le sandwich et votre boisson). Vous pouvez également louer un kayak ou un paddle pour partir tranquillement à la découverte du site.

SCOTTS HEAD

Scott's Head, c'est surtout un magnifique village de pêcheurs. De la petite plage au pied du rocher, plongée avec masque et tuba, superbe. Possibilité de faire du kayak ou de demander aux locaux de louer une barque de pêcheurs. Depuis cet isthme, facile d'accès à pied, on a une vue spectaculaire sur la baie de la Soufrière et la réserve marine. A voir également, la piscine d'eau chaude (d'origine volcanique) qui est le départ d'une jolie montée d'environ une demi-heure. Redescendez ensuite vers Grand Bay. Enfin, c'est à Scotts Head que débute le sentier de randonnée qui traverse toute l'île du sud au nord : le Waitukubuli National Trail.

© INGAL - ISTOCKPHOTO

Le village de Scott Head.

DOMINIQUE

ORGANISER SON SÉJOUR

La Martinique est une destination facilement accessible, sûre, et en plus, c'est un DROM, un « département et région d'outre-mer », autrement dit une collectivité territoriale française. Pour s'y rendre, il suffit d'avoir un passeport ou une carte d'identité en cours de validité et d'être à jour de ses vaccins traditionnels. Organiser son séjour seul est donc tout à fait possible. Une fois qu'on a déterminé ses dates de voyage (la meilleure période se situe entre décembre et avril), il ne reste plus qu'à réserver son billet et son hébergement. En revanche, cette étape nécessite de l'anticipation. En Martinique, plus on réserve en amont, plus on est sûr de faire des économies car la destination est plutôt prisée par les voyageurs. Vos billets et votre logement sont réservés ? Il ne reste plus qu'à louer une voiture (très conseillé), à mettre tongs et maillot dans la valise, et à vous imaginer sur le sable chaud.

ARGENT

Département et Région d'Outre-Mer français (DROM), la Martinique fait partie de la zone euro. Vous pouvez donc y effectuer vos retraits et paiements par carte bancaire (Visa, MasterCard, etc.) comme vous le feriez en métropole. Inutile d'emporter des sommes importantes en liquide. Tous vos paiements par carte sont gratuits et vos retraits sont soumis aux mêmes conditions tarifaires que ceux effectués en métropole (ils sont donc gratuits pour la plupart des cartes bancaires). De plus, les distributeurs et terminaux de paiement sont aussi sécurisés que dans l'Hexagone et les paiements sont majoritairement validés par code PIN.
En cas de perte ou de vol de votre carte hors de l'Hexagone, votre banque vous proposera des solutions adéquates pour que vous poursuiviez votre séjour en toute quiétude. Pour cela, pensez à noter avant de partir le numéro d'assistance indiqué au dos de votre carte bancaire ou disponible sur Internet. Ce service est accessible 7j/7 et 24h/24. En cas d'opposition, celle-ci est immédiate et confirmée dès lors que vous pouvez fournir votre numéro de carte bancaire. Sinon, l'opposition est enregistrée mais vous devez confirmer l'annulation à votre banque par fax ou lettre recommandée.
Pensez à prévenir votre conseiller bancaire de votre voyage. Il pourra vérifier avec vous la limitation de votre plafond de paiement et de retrait. Si besoin, demandez une autorisation exceptionnelle de relèvement de ce plafond.

BUDGET / BONS PLANS

Le coût de la vie en Martinique est de 40 % supérieur à celui de la métropole pour certaines denrées de base, mais égal ou inférieur si vous vivez simplement, à l'antillaise, avec les produits du pays. Pour vos achats quotidiens, la Martinique dispose de chaînes de supermarchés identiques à celles de la métropole. Vous y trouverez les enseignes Carrefour, Leader Price, 8 à Huit, Ecomax… C'est plutôt la facture qui va vous étonner ! L'alimentaire est beaucoup plus cher. Cela s'explique par le coût du transport et les taxes diverses, dont l'octroi de mer. La TVA est pourtant moins élevée (8,5 %). Pour réduire votre budget, tournez-vous vers les produits locaux, notamment les « légumes pays ». Le problème est de savoir comment les cuisiner, ce qui n'est pas évident pour des néophytes !

PASSEPORT ET VISAS

Un conseil : avant de partir, pensez à photocopier tous vos documents (passeport, permis). En cas de perte ou de vol, les démarches de renouvellement seront ainsi beaucoup plus simples auprès des autorités consulaires. Vous pouvez également conserver des copies sur le site Internet officiel (mon.service-public fr). Il vous suffit de créer un compte et de scanner toutes vos pièces d'identité et autres documents importants dans l'espace confidentiel.

© GAFFERA - ISTOCKPHOTO.COM

INTERVIEW

L'ASSURANCE VOYAGE, LE BON RÉFLEXE POUR PARTIR L'ESPRIT TRANQUILLE

avec CATHERINE DIBOUES, responsable du marché voyage, loisir et mobilités chez Allianz TraveL

En cas d'annulation de voyage, peut-on bénéficier d'un remboursement des frais engagés ?

L'assurance voyage propose une indemnisation lorsque l'on doit abandonner son projet de séjour pour une raison indépendante de sa volonté. Contrairement aux idées reçues, les assurances liées aux cartes bancaires ne proposent pas toutes une assurance annulation.

Que se passe-t-il en cas de retard de vol ?

Avec l'assurance voyage Allianz Travel, les frais supplémentaires liés à l'attente sont pris en charge, à partir de 2h de retard. Il peut s'agir des frais de restauration, de transport lors d'un changement d'aéroport ou d'une éventuelle nuit d'hôtel.

L'assurance voyage couvre-t-elle la perte ou le dommage des bagages ?

Allianz Travel indemnise les voyageurs en cas de bagages endommagés ou perdus par la compagnie aérienne. Cela comprend l'indemnisation du bagage et son contenu.

Quelles sont les destinations couvertes par votre zoning Europe svp ? Est-ce uniquement l'UE ou l'ensemble du continent européen ?

Les pays européens ont des accords avec l'administration française. Avant de partir, il faut demander la carte européenne d'assurance maladie. La sécurité sociale et la mutuelle prennent alors en charge les frais médicaux, selon leurs barèmes. Les frais médicaux étant majoritairement plus élevés qu'en France, l'assurance voyage permet de se voir remboursé du reste à charge.

En cas de souci de santé sur place, que faut-il faire ?

En cas de doute ou pour des symptômes légers, nous proposons un service de téléconsultation médicale, par téléphone et en visio, qui permet d'être conseillé et orienté par un professionnel ainsi que d'obtenir une ordonnance si besoin. Pour une situation plus grave, il est nécessaire d'appeler les urgences locales, dont les numéros sont disponibles sur notre application mobile. Une fois à l'hôpital et dans un état stable, on appelle Allianz Travel pour déclencher les procédures de prises en charge. Notre centre d'assistance fonctionne 24h/24, 7j/7.

© ELIZAVETA - STOCK.ADOBE.COM

PERMIS DE CONDUIRE

Un permis de conduire en cours de validité est exigé en Martinique.

SANTÉ

Principal ennemi de votre voyage en Martinique : le moustique. Badigeonnez-vous avec des répulsifs à base de DEET à des concentrations de 25 et 30 %, surtout si vous êtes habituellement apprécié de ces délicates bestioles, et mettez des vêtements légers mais couvrants. Vous pouvez en emporter avec vous mais les pharmacies martiniquaises sont très bien équipées. Dormez sous une moustiquaire.

Entre tous, un seul moustique est vecteur de maladie : l'*Aedes aegypti*, porteur du virus de la dengue. Ce virus provoque une forte fièvre, des maux de tête et de fortes courbatures. Bénigne la plupart du temps (mais très éprouvante), la dengue peut revêtir un caractère dramatique dans 1 % des cas et se transformer en dengue hémorragique, une forme dangereuse dans les Caraïbes, qui peut provoquer des saignements importants, un état de choc, voire entraîner la mort.

Le chikungunya est également présent en Martinique. La transmission se fait d'homme à homme par l'intermédiaire de moustiques. Après une incubation de quatre à sept jours en moyenne, une fièvre élevée apparaît brutalement, accompagnée de douleurs articulaires. L'évolution de la maladie est le plus souvent favorable et sans séquelles.

Enfin, depuis 2015, le sous-continent sud-américain est en état d'alerte face à l'épidémie du virus zika. Transmis par les moustiques infectés et vraisemblablement arrivé au Brésil lors de la Coupe du monde de football 2014, ce virus aux symptômes grippaux serait la cause de milliers de cas de microcéphalie du fœtus chez les femmes enceintes infectées. Fin 2015, toutes les régions du Brésil étaient touchées, ainsi que la Guyane française, le Suriname, le Paraguay, la Colombie et le Venezuela voisins. L'Amérique centrale (le Salvador notamment), la Barbade, la Martinique et la Guadeloupe sont concernées depuis janvier 2016, même si l'épidémie s'est calmée depuis.

Outre les moustiques, il y a également les yenyens, de minuscules moucherons qui ressemblent à de tout petits moustiques, qui piquent non-stop et sont très pénibles.

Parmi les espèces à craindre en Martinique, autres que le moustique, il y a les « matoutou-falaises » (tellement plus mignon que le terme de mygale à laquelle elle s'apparente, bien que moins dangereuse) et les scolopendres, ces délicieux mille-pattes qui provoquent une grosse fièvre et qui adorent les endroits humides, les douches, l'herbe grasse… Autre méfait de la nature, le mancenillier, un arbre qui pousse au bord de certaines plages : ne touchez ni ses feuilles ni ses fruits, brûlures et démangeaisons en résulteraient. Etant donné le risque de cigattera (une maladie transmise par consommation de poisson), ne consommez pas votre pêche sans avis autorisé. Enfin, le seul serpent venimeux des Antilles, le trigonocéphale, se cache dans les champs de canne à sucre. On l'appelle aussi fer de lance de la Martinique. Il est très dangereux pour l'Homme en cas de morsure.

Attention surtout au mancenillier, donc, un arbre très toxique et irritant. L'ingestion de son fruit, qui ressemble à une petite pomme, peut être mortelle. Localisé sur les bords de plage, il est généralement signalé par un panneau rouge.

VACCINS OBLIGATOIRES

Aucune vaccination spécifique n'est exigée.

La vaccination contre la fièvre jaune n'est pas obligatoire pour les voyageurs en provenance d'Europe ou des Etats-Unis, mais elle peut être exigée pour ceux qui arrivent de pays où la maladie est présente (Afrique sub-saharienne, mais surtout Amérique du Sud : Guyane, Venezuela, Brésil, Colombie, Equateur, Argentine, Paraguay, Bolivie, Pérou).

On vous conseille toutefois de veiller à ce que les vaccins recommandés soient à jour : diphtérie, tétanos, poliomyélite, hépatites A et B, coqueluche.

SÉCURITÉ

Il n'y a aucun problème particulier à signaler en Martinique. Cela dit, des règles de bon sens s'imposent : ne rien laisser traîner dans sa voiture, surtout qui soit précieux, ne pas se balader seul(e) la nuit dans des coins trop isolés ou dans certains quartiers de Fort-de-France.

DÉCALAGE HORAIRE

Il y a 5 heures de différence pendant l'heure d'hiver en métropole (quand il est 18h à Paris, il est 13h à Fort-de-France). Il y a un décalage de 6 heures en été.

LANGUES PARLÉES

Bien évidemment, en Martinique, la langue officielle est le français ! Mais la grande majorité des Martiniquais s'expriment en créole.

COMMUNIQUER

La Martinique jouit d'une excellente couverture téléphonique et Internet. Tous les hôtels et beaucoup de restos, de bars, et mêmes certains espaces publics disposent du wifi gratuit. Mieux que la connexion 3G et 4G.

ELECTRICITÉ ET MESURES

Vous trouverez du 220 volts sur toute l'île, ainsi que des prises françaises.

BAGAGES

Parmi les accessoires indispensables à mettre dans sa valise : le maillot de bain évidemment ! N'hésitez pas à en emmener plusieurs car ils seront votre tenue principale. Tongs et chapeau ou casquette compléteront votre panoplie de vacancier.

Emportez avec vous des vêtements légers : shorts, tee-shirts, jupes et robes légères. La température oscille entre 25 et 30 °C. N'oubliez pas vos lunettes de soleil qui protégeront vos yeux de la réverbération, particulièrement aveuglante près de la mer.

Indispensable, le spray anti-moustique pour lutter contre les nombreux insectes qui apparaissent en fin d'après-midi. Ils sont extrêmement petits et nombreux et le dicton « Ce ne sont pas les petites bêtes qui mangent les grosses » n'est pas toujours vérifié... Une crème de protection solaire à fort indice sera également précieuse. N'hésitez pas à choisir un produit spécial pour protéger la peau des enfants. Il est même conseillé de leur laisser un tee-shirt sur la plage. Une lotion après-soleil ou de la Biafine© seront les bienvenues après un bon bain de soleil. Cela étant, les pharmacies et grandes surfaces proposent toutes ces gammes de produits et n'ont rien à envier à la métropole.

Enfin, emportez aussi des chaussures fermées, voire de randonnée, plus adaptées que les tongs pour vos excursions dans le nord. Et enfin, les incontournables masques et tuba.

© AIR BELGIUM

© AIR BELGIUM

AIR BELGIUM

www.airbelgium.com

A partir de 404 € en classe économique, 739 € en premium et 1 739 € en business, bagages, repas et boissons inclus.

Air Belgium opère des vols directs au départ de l'aéroport de Bruxelles Charleroi. C'est une compagnie aérienne belge qui assure des liaisons long-courriers confortables et abordables, à bord d'Airbus A340-300. Leur crédo est simple : « Améliorez votre voyage en volant en *Belgian Class*. Profitez d'un vol agréable, de la générosité et du savoir-faire belge ». A noter que leurs tarifs sont clairs et incluent au minimum, un bagage de 30 kg les repas à bord et les taxes. Consultez le site pour connaître les horaires et les meilleurs tarifs.

© AIR BELGIUM

© AIR BELGIUM

© AIR BELGIUM

S'Y RENDRE

Au cœur de l'archipel des Petites Antilles, la Martinique, située à 7 000 kilomètres de la métropole, est accessible par deux moyens : la voie aérienne ou maritime. Pour venir y séjourner, c'est très simple. Depuis l'Europe, le Canada, les Etats-Unis et l'Amérique du sud, on l'atteint après quelques heures de vol. De nombreuses compagnies aériennes proposent quotidiennement des liaisons directes depuis les grandes capitales européennes et internationales. Mais la Martinique, bercée à l'ouest par la mer des Caraïbes et à l'est par l'océan Atlantique, s'atteint aussi par la mer. De nombreux opérateurs offrent des navettes depuis et vers les Caraïbes. Depuis l'Europe, c'est possible mais il faudra s'armer de patience et compter une dizaine de jours de traversée. Dans tous les cas, la Martinique offre une variété de paysages naturels spectaculaires qui vous feront oublier le temps de trajet et le décalage horaire.

AIR CARAÏBES

© 0820 835 835 - www.aircaraibes.com

Centrale de réservations : du lundi au samedi de 8h à 21h, dimanche et jours fériés de 8h à 18h (horaires Métropole)

Air Caraïbes propose des vols quotidiens entre Paris Orly 4 et la Martinique (Fort-de-France). Cette desserte est complétée par son réseau régional vers la Guadeloupe, Saint-Martin (Grand Case), Sainte-Lucie et la République dominicaine (Saint-Domingue). Saint-Barthélemy est aussi reliée par une desserte opérée par St. Barth Commuter.

La compagnie relie également la province et la Belgique grâce à Train + Air. Elle offre une liaison air-mer vers Marie-Galante, la Dominique et Les Saintes avec navigAIR. Consultez le site Internet pour bénéficier des promotions.

CORSAIR

© 39 17

www.corsair.fr

3 classes de réservation : la classe Economy, la Premium Grand Large et la classe Business.

La compagnie régulière Corsair dessert quotidiennement Fort-de-France au départ d'Orly 4. Si vous habitez en province, vous pouvez acheter des billets combinés, comprenant un voyage en TGV (partenariat TGV Air au départ de 18 villes métropolitaines), et le billet Corsair.

Corsair propose 3 classes de réservation afin de pouvoir satisfaire tous ses clients : la classe Economy, la classe Premium et la classe Business. Vous pouvez également adhérer gratuitement au programme de fidélité LECLUB Corsair.

AIR FRANCE

© 36 54

www.airfrance.fr

Réservations en ligne ou par téléphone, tous les jours de 6h30 à 22h.

Air France offre jusqu'à 14 vols directs hebdomadaires au départ d'Orly Ouest. La compagnie dessert Fort-de-France en moins de 9h à bord d'appareils offrant un haut niveau de confort et équipés de 3 cabines de voyages : Economy, Premium Economy (cabine intermédiaire) et Business. De nouveaux sièges équipent les cabines Business et Premium Economy et les sièges de la cabine Economy sont tous équipés d'écrans individuels offrant près de 100 films et 300 albums ainsi qu'un vaste choix de jeux vidéo.

EASY VOLS

© 08 99 19 98 79

www.easyvols.fr

Pour voyager malin, il faut faire ses recherches en toute efficacité, sans perdre trop de temps à jongler d'un site à un autre. Pour trouver le bon vol au bon prix, l'idéal est la plateforme comparatrice de vols. Easyvols permet de comparer en temps réel les prix des billets d'avion chez plus de 700 compagnies aériennes et pas seulement des compagnies low-cost. Vous pouvez économiser jusqu'à 70 % du prix si vous êtes prêts à saisir au vol les meilleures offres. Des avis avisés de clients sont aussi consultables sur le site Internet.